THE Enduring Strategic Brand
How brand-led organisations over-perform sustainably

品牌竞争力
如何打造持久战略型品牌
（上册）

[英] 卢克·巴丁 (Luc Bardin)
[英] 克拉拉·巴丁 (Clara Bardin)　著
[英] 埃尔莎·巴丁 (Elsa Bardin)

冯丙奇　郑为心
王艳萍　张语嫣　译
左向明

人民邮电出版社
北京

图书在版编目（CIP）数据

品牌竞争力：如何打造持久战略型品牌：上册、下册 /（英）卢克·巴丁（Luc Bardin），（英）克拉拉·巴丁（Clara Bardin），（英）埃尔莎·巴丁（Elsa Bardin）著；冯丙奇等译. -- 北京：人民邮电出版社，2021.3

ISBN 978-7-115-55112-2

Ⅰ. ①品⋯ Ⅱ. ①卢⋯ ②克⋯ ③埃⋯ ④冯⋯ Ⅲ. ①品牌－市场竞争－研究 Ⅳ. ①F279.16

中国版本图书馆CIP数据核字(2020)第220834号

版权声明

©Urbane Publications Ltd.2019

This translation of The Enduring Strategic Brand: How Brand-Led Organisations Over-Perform Sustainably is publisher by Posts & Telecom Press by arrangement with Urbane Publications Ltd.

本书简体中文版由中华版权代理总公司代理Urbane Publications Ltd.授权人民邮电出版社在中国境内出版发行。未经出版者书面许可，不得以任何方式复制或节录本书中的任何部分。

版权所有，侵权必究。

内 容 提 要

品牌管理与发展对企业有着至关重要的影响，而战略型品牌则在整个企业中承担着罗盘的角色，并可以创造长期价值。本书讨论了"持久战略型品牌"具体的创建，以及发展非凡的、具有转型能力的战略型品牌的方式，并提出了持久战略型品牌框架的 13 项要素。每一章都会展示一个实践案例来进行说明。本书分为上册和下册，可以作为现代战略型品牌管理的最佳实践的案例库，适合企业管理者阅读。

♦ 著　　[英]卢克·巴丁（Luc Bardin）
　　　　[英]克拉拉·巴丁（Clara Bardin）
　　　　[英]埃尔莎·巴丁（Elsa Bardin）
　　译　　冯丙奇　郑为心　王艳萍　张语嫣　左向明
　　责任编辑　周　璇
　　责任印制　陈　犇

♦ 人民邮电出版社出版发行　北京市丰台区成寿寺路 11 号
　　邮编　100164　电子邮件　315@ptpress.com.cn
　　网址　https://www.ptpress.com.cn
　　临西县阅读时光印刷有限公司印刷

♦ 开本：787×1092　1/16
　　印张：26.5　　　　　　　　　2021 年 3 月第 1 版
　　字数：577 千字　　　　　　 2021 年 3 月河北第 1 次印刷
　　著作权合同登记号　　图字：01-2019-5223 号

定价：179.00 元（上、下册）
读者服务热线：(010)81055493　印装质量热线：(010)81055316
反盗版热线：(010)81055315
广告经营许可证：京东市监广登字 20170147 号

他们怎么说……

"卢克·巴丁的这本书打开了战略价值创建的大门。他抓住了品牌的魔力,将无形资产的魔幻内涵转化为13项要素,这便于所有读者理解持久品牌建构的迷人艺术。"

——克劳斯·施瓦布教授(Professor Klaus Schwab),世界经济论坛创始人与执行主席

"我跟卢克·巴丁一起工作时,很重视他的建议。他的建议对于营销者而言十分有用,这就是为什么他是全球知名的营销者。我会激励其他领导者通过他提供的持久战略型品牌建构与发展方式的框架,学习他的见解与勇气。"

——约翰·布朗勋爵(Lord John Browne),英国石油公司前集团首席执行官

"那些已经捕捉到品牌的战略价值的首席执行官将会喜欢这本书,会发现这本书是基于研究得来的;那些仍旧迟疑不定的人也会发现这本书非常有启发性;那些忽略它的人则需要为他们的企业建构战略意义而继续努力。我希望这本书可以产生巨大的影响。"

——苏铭天爵士(Sir Martin Sorrell),WPP创始人与首席执行官

"卢克的书强调了如下两者之间的关联:持久并持续增值的品牌的创建;通过实施与调整获得市场与环境证明的有效的战略。"

——约翰·赖斯(John Rice),通用电气公司副主席

推荐序

众所周知，品牌战略很重要，相关专业的学生和从业人员都在学习品牌战略。可是，依然众所周知的是产品和企业的品牌生命周期却越来越短。这其实形成了一个矛盾。是至今为止的战略模式不适合今天的环境了，还是品牌战略制定不当，甚至是实施环节出了问题？这是一个很难解释清楚的问题。

在今天乃至未来更加数字化和网络化的复杂环境下，品牌战略的何去何从可能会是一直困扰学界和业界的问题。

本人一直认为企业战略的核心目的是生存和发展，所以企业战略其实就是一个长期化的设定。而今天的各种战略大都缺少长期的规划，甚至缺少帮助企业制定和规划整体战略的思维，自然就会出现实施的战略很难支撑企业的生存和发展的问题，品牌战略也不例外。

如前所述，未来的企业竞争会越来越激烈，甚至可以说过去形成的战略框架很有可能难以适应当今和未来的环境。因此，现在急需具有适应未来环境的兼备长期性和战略性高度的品牌战略的书籍或教材帮助学生和业界人士学习。

很感谢冯丙奇教授和人民邮电出版社在这关键的时候，翻译出版了《品牌竞争力：如何打造持久战略型品牌（上册、下册）》，这是莫大的幸事！该书不但重新梳理了品牌战略的时代价值，而且重要的在于该书没有在战术的层面上花费太多的笔墨，而是站在长期和有效的思维高度，用战略性逻辑阐述如何在激烈的竞争时代创造价值。

张宏
中国传媒大学教授、博士生导师
2020 年 12 月 24 日

译者序

参与翻译本书的人员共有 5 位，分别是：

冯丙奇、郑为心、王艳萍、张语嫣、左向明。

参与者的具体分工如下：

冯丙奇负责翻译第一章、导言、结论以及其他所有零散的内容，并对其他翻译者的所有翻译进行最终审校。

郑为心负责翻译第二章、第三章、第四章、第九章，负责对第五章、第六章、第十章、第十一章、第十二章翻译初稿的初步审校，并负责对第一章、导言、结论以及其他所有零散内容翻译稿的最终审校。

王艳萍负责翻译第五章、第六章、第七章、第八章。

左向明负责翻译第十二章、第十三章。

张语嫣负责翻译第十章、第十一章。

张悦负责对第二章、第三章、第四章、第九章翻译稿的初步审校。

在此对所有参与者的辛苦付出表示衷心的感谢！

因为不同翻译者在某些方面存在一些理解与表述方面的差异，因此目前的翻译版本中会存在一些不精准的地方。敬请各位读者批评指正，更欢迎联系讨论！

这本书只说一个框架，即：持久战略型品牌的要素框架。

这一框架说的是企业品牌，不是产品品牌。作者强调：企业品牌要想真正有效，必须是"战略型"的，而且要"持久"。这就是"持久战略型品牌"的含义。

这一框架包括 13 项要素，导言部分对这一框架进行了总体说明，第一章到第十三章对 13 项要素逐一进行说明。

本书原作者说：随着对这个框架的思考，发现还有另外一项要素也很值得关注。但是作者并没有把这项新的要素添加到框架里，只在第十三章之后的"结论"部分对其进行了简要说明。

因此，作者为企业提出的"持久战略型品牌"框架包括"13+1"项要素。

目前，我国对企业品牌的关注度不足，同时习惯用产品品牌的视角看待企业品牌。这明显不利于我国企业的战略发展。在这一方面，这本书可以给读者带来很多启示。

冯丙奇

2020 年 2 月 24 日

目 录

导言 //1

第一章　清晰的目标 //19

第二章　切实的原创文化 //41

第三章　兼顾功能与情感 //75

第四章　对外联系 //103

第五章　以人为本 //129

第六章　伙伴协作关系 //155

第七章　以客户为中心 //183

导言

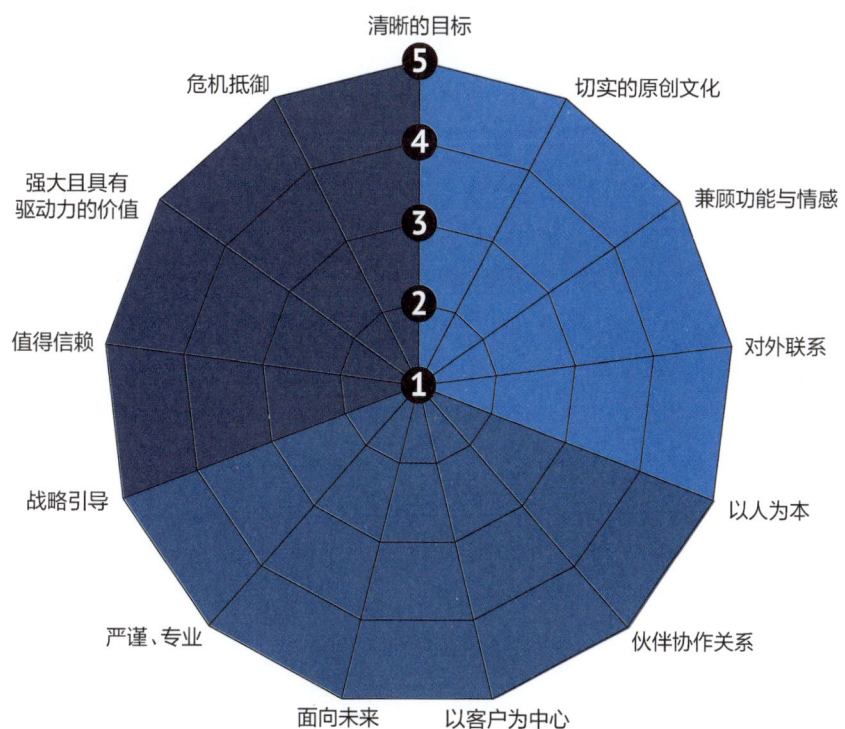

"帮助我们持续生存与发展40多年的关键要素,一直是品牌的力量与声誉。企业品牌自身就是一切:它将最终决定一家企业是否能够生存。"

——理查德·布兰森(Richard Branson),维珍集团创始人

2010年4月20日，英国石油公司委托的"深水地平线"（Deepwater Horizon）钻井平台爆炸沉陷。原油持续往墨西哥湾泄漏了87天，成为历史上最严重的漏油事故。在这期间的每一秒，原油都在持续泄漏，给当地社区与环境带来损害，并引发人们的关注。对于成千上万直接卷入其中的英国石油公司的员工（包括我）来说，那都是职业生涯中最具挑战也是最艰难的时期。

《品牌竞争力：如何打造持久战略型品牌（上册、下册）》这本书，并不仅仅包括我几十年以来在持续发展的品牌化企业中担任高管的经验，也不是仅仅阐述危机管理，身处"深水地平线"危机旋涡中心的几个月的时间里，我学习到很多宝贵的关于品牌的本质、力量与局限的经验，也明确了品牌与企业建构自己未来可持续的能力之间的关系，这些也将在书中呈现。

在我的职业生涯中，也有一些其他时刻促使我关注持久战略型品牌的内涵。比如，宝马汽车公司（以下简称"宝马"）与嘉实多集团（以下简称"嘉实多"）之间开创性的全球协作，促成了出现在宝马汽车发动机中的一种联合品牌的加油口盖。

到底是什么促使一种品牌超过其他品牌？我们怎样才能构建并培育一种始终适应世界变动的持久战略型品牌？我们如何确保我们的品牌更好地发挥其潜力？

图0.1 "深水地平线"危机过程中英国石油公司品牌标识遭恶搞

图0.2 宝马–嘉实多加油口盖

作为一名从业人员,通过跟其他众多品牌的高管们进行交流,我总结出13项建构持久战略型品牌所需的要素。这些想法基于我的实践经验,也基于我在战略营销第一线工作时对"什么会使我成为更好、更有效率的CMO"的理解。

之后,我基于一些"科学"理论对这一框架进行了进一步的巩固。所有品牌都可以基于这一框架来建构洞察力,并对战略性的优势与不足加以评估。我选取了20个品牌典范来支撑这13项关键要素。这20个品牌是所有论述的来源,也能体现出转变历程。我与其中一部分商业主管与营销主管进行了访谈,主要是以他们的经历来分析各自的成功之道。

这种方法的效果令人震惊。我将选出的战略型品牌典范的表现与标准普尔500品牌的表现进行了对比,时间跨度是2006年到2015年的9年。战略型品牌典范的平均收入增长速度是标准普尔500品牌的3.5倍;而在复合年增长率方面,战略型品牌典范是8%,标准普尔500品牌是3%。

为什么要写《品牌竞争力:如何打造持久战略型品牌(上册、下册)》?

创作这本书基于三项驱动力。

第一项驱动力:这本书以社会与品牌之间的张力为背景,一方面是数字革命引发过于迅疾的转变,另一方面是一些仍旧保持原样的基本道理。

说到转变,正如图0.3中所示的,可以简单想想一分钟之内互联网世界会发生什么,或者也可以感受一下脸书(Facebook)和谷歌(Google)带来的图景传播的迅疾转变,要知道两者吸引了全世界在线广告的72%。

- 763 888人使用Facebook
- 网飞(Netflix)观看时长69 444小时
- 1.5亿封邮件
- 优步(Uber)使用1389次
- APP下载51 000次
- 亚马逊销售203 596美元
- 上传65 900条视频与图片
- Spotify收听38 052小时
- Tinder登录972 222次

来源:Nicola Mendelsohn, Marketing Society Conference & Presentation November 2016

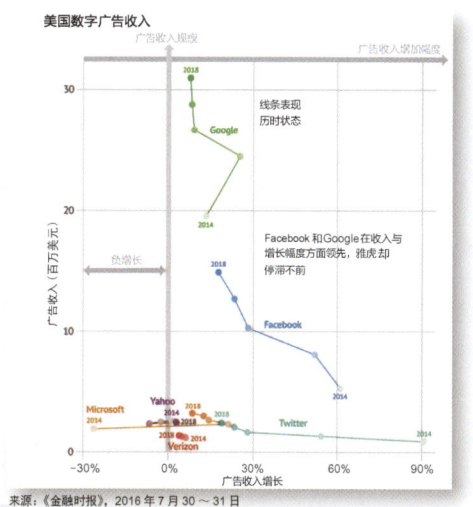

来源:《金融时报》,2016年7月30~31日

图0.3 数字技术导致的重大转变

虽然有这么多巨大的转变，但我们必须牢记广告大师比尔·伯恩巴克（Bill Bernbach）说的名言："对转变中的人进行讨论，是比较流行的话题。不过，传播者必须从不变的视角来关注人：强烈的求生欲望，获得尊重的欲望，获得成功的欲望，获得爱的欲望，照顾好自己的欲望。"

通过实际的工作经验，我看到企业与主管们正全力应付转变和不变这两项明显相互对立的事实，谈不上捕捉内在的战略机遇。

正是这种种因素，共同促成我完成《品牌竞争力：如何打造持久战略型品牌（上册、下册）》这套书，通过创作这套书的这一过程，我避免在最近的数字浪潮中迷失自己，同时，将目光聚焦于战略层面也促使我们的品牌实现了电影《豹》（The Leopard）里的威尔士亲王唐·法布里齐奥·萨利纳（Don Fabrizio Corbera）所说的："所有事都需要改变，所以所有事都会保持不变。"

第二项驱动力："深水地平线"危机，让我意识到一个难以接受的事实，即几乎任何品牌都无法面对极端情况的挑战。

这次危机是对价值 600 亿的品牌的一次终极考验。这次事件暴露了一个事实：我们并没有做好准备，因为在面对危机事件时企业并没有拿出最好的应对状态。

绝大部分企业都是如此。这意味着，我们实际上放弃了很多机遇，只是在风暴来临时进行被动防守，或者在和平时段做出偏离企业战略的决策。

我在英国石油公司工作了很长时间，所任职的岗位涵盖了集团副总裁、业务首席执行官、集团销售与营销总监。从开创到转变，从危机到恢复，我一直处于最前线。我将在这本书中从 3 个关键阶段来揭示英国石油公司的品牌，以显示品牌的重要性。

第三项驱动力：在我三十多年的职业生涯中，我一直跟品牌打交道。哪怕是在参加家人和朋友的聚会时，我也会一边烹饪并做好服务，一边关注着电视屏幕上出现的广告。

当我在周末带着蹒跚学步的孩子去超市时，我也会顺便确认业务分类计划是否已经在机油货架上得到了实施，即使这一做法会让我的同事们在周一早上非常沮丧，我也坚持这样做。

当然，在整个职业生涯中，我都在引领品牌化企业的发展，为其建构品牌，以便维持较快的发展速度和较高的回报。

"品牌就是我的世界。"

建构持久战略型品牌

品牌是我们的北极星。我们需要把最新的营销工具、最新的营销机构推出的"必杀技"或数字干扰现象抛在一边，去关注内在的重要方面。这不是说我们应当无视进步、趋势或新工具，而是说我们应当掌握它们，并正确理解它们，因为这都是需要我们真正关心的主要趋势。

没有比战略型品牌更重要的东西了，战略型品牌为整个企业担负着罗盘的角色，并可以创造长期价值。那为什么很多品牌无法挖掘其所有的潜力呢？

有多少企业能够拥有"自己的"品牌空间？哪家企业能够在几十年内持续保持品牌目标与愿景，并创造出无与伦比的利益相关者偏好？有多少品牌已经拥有了十分清晰的定位，并且企业、股东与顾客都持有相同的认知？

《品牌竞争力：如何打造持久战略型品牌（上册、下册）》的目的，是要展现由品牌转化为持久战略型品牌的历程。在第四次工业革命时期，需要怎样实现这一转化？

什么是持久战略型品牌？

很多人相信，品牌从来没有而且将来也不会像现在这么重要。

那么，什么是战略型品牌？有两种简洁的方式，可以解释它的含义：一种是"好到不能错过"的品牌；另一种是对于一家企业，已经不再是"企业引领品牌"，而是"品牌引领企业"。

对我而言，品牌是初始的、首先需要考虑的关系。战略型品牌与企业有非凡的关系，这种关系是在长期的日复一日的过程中发展起来的，是在跟利益相关者的互动过程中发展起来的。这些关系具有转换功能，可以发挥某种魔力，是一种可以将产品转化为快乐的体验。

或许是因为关系是品牌的本质，我经常把品牌比作人。一个人的实体就像一个品牌的功能性属性，一个人的精神就像一个品牌的情感因素，是其真正的价值与特征。

我们所做的事情以及我们带给社会的价值

▶ **角色**：我们在生活中所做的事，我们在社会中的主要功用

▶ **意图**：我们为什么存在，我们在角色中想要实现什么目的

▶ **差异因素**：为了实现意图，我们所做的独特的事情

我们是谁

▶ **个性**：我们如何表现自己，其他人如何看待我们，如何描述我们

▶ **价值**：我们信任什么，什么东西协助我们做出决策

▶ **行为**：能代表或标识我们的个性和价值的所有员工的日常行为

图 0.4　人的"品牌"

回到未来

《品牌竞争力：如何打造持久战略型品牌（上册、下册）》基于领导者的实践，通过众多品牌的案例来展现实用性知识。如果给我一次机会回到过去，让我在岗期间写这些内容，我可能会成为更好的业务首席执行官和首席战略营销官，我会更加清晰，更加自信，也会开展更加稳定的工作，进而促成更加明显的转变。因此我也想建议你进一步深入地思考品牌，因为品牌可以给你当下所做的事情带来转变。

"持久战略型品牌"系统：13项要素

《品牌竞争力：如何打造持久战略型品牌（上册、下册）》基于最佳的具体案例，构建出13项维度，这些是战略型品牌的关键要素，我们叫"战略型品牌要素"。要建构战略型品牌，需要所有13项因素同时存在。

这些要素的第一群组，像"原创文化"（culture born）或"完全真实"（radically authentic）这样的要素是关于基本层面的，即战略型品牌的身份与特征[品牌是"谁"以及"为什么"]；第二群组关乎战略型品牌的表现，比如人员与合作者的角色[品牌"怎样"运作]；第三群组与战略型品牌的影响有关，比如建构价值或获得信任[品牌的表现"如何"]。

13项持久战略型品牌要素是对传统营销方式的致敬，既获得了营销活动开创者的认可，也是一直以来我认为的一个有应用价值的简明工具。这两项系统的逻辑思路是类似的：开始于对自己身份的建构与理解；之后进行评估，确定行为方式，最终做出具体的表现。

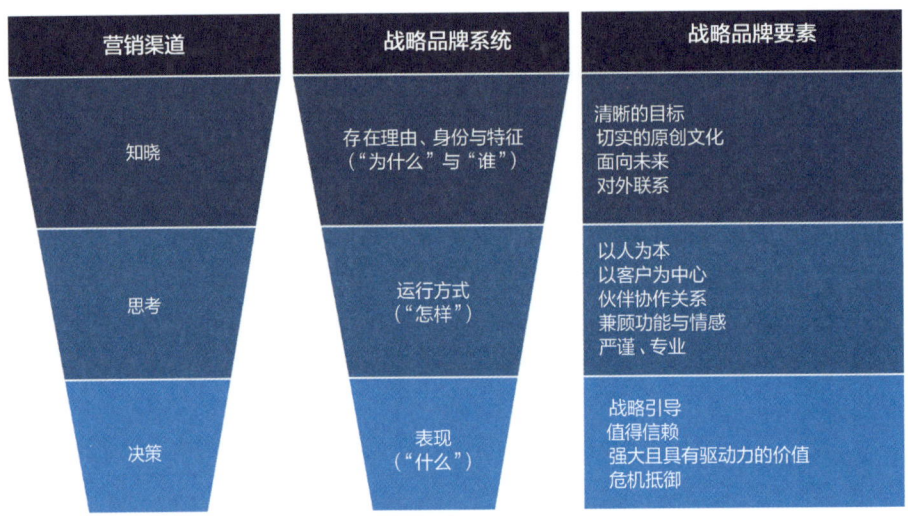

来源：《品牌竞争力：如何打造持久战略型品牌（上册、下册）》

图 0.5　持久战略型品牌的 13 项要素系统

我们来浏览一下 13 项战略型品牌要素，其中有一些我们与之进行过访谈的品牌冠军高管们的观点。

1. 清晰的目标

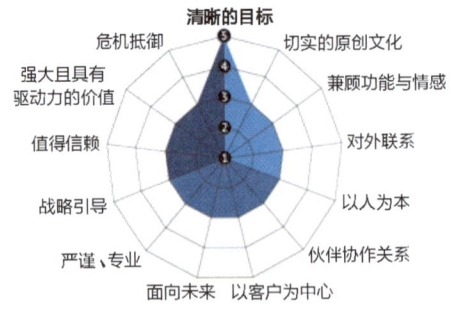

简单来说，一家企业的目标就是这家企业存在的理由，也是社会赋予这家企业参与社会的权力。亚瑟·W. 佩奇（Arthur W. Page）指出："所有企业都开始于公众许可，并经由公众认可才得以生存。"企业目标就是对"我为什么在这里"问题的回答。

这一目标的意义超越赚钱。从基本层面上讲，这一目标显示一家企业如何改进利益相关者的生活。最佳的品牌目标是要兑现企业改进社会与世界的承诺。目标与长久存续息息相关，只有最简明的品牌目标才可能持久，才会在持续转变的社会中发挥影响力。

一项坚实的品牌目标的价值权力（value power）是引人注目的。吉姆·斯坦格尔（Jim Stengel）的研究指出，"愿景观念引导"（ideals-led）的品牌的增长速度跟竞争者相比，要快将近3倍。

英国石油公司前集团CEO约翰·布朗勋爵（Lord John Browne）指出："品牌是把企业凝聚在一起的黏合剂，它指明了前进的道路与方向，可以向所有人传达信念。企业品牌其实与如何把自己的商品宣扬出去之间的关联不大。后者虽然也很重要，但实际上它们却并不是一回事。如果说品牌是黏合剂，那么目标就是检测企业可持续性的试纸。缺失了品牌或目标，企业将无法生存。"

2. 切实的原创文化

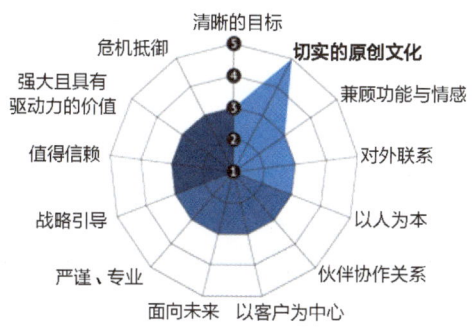

文化是建构企业及其品牌的中心要素。我坚持认为，包括目标在内的所有要素，都应当建立在对企业文化的深入理解之上。

我仍要强调，除非是人的改变导致了文化改变，否则文化是不会改变的，而是会不断地发展演变。我们将要从一些"科学"方面说明文化的重要性，所以在企业"要么成功要么毁灭"的生存方式的基础上，我们将会采取一种更加严谨的方式，来说明企业的品牌力量。同时我们还要说明建立在文化基础上的品牌，是如何动员其员工，并从员工的自发支持中获益的。

在一个由数字革命赋权给利益相关者组成的世界中，企业必须展现出前所未有的透明程度与文化真实性。丰田汽车公司（以下简称"丰田"）董事长内山田武（Takeshi Uchiyamada）说过文化真实性的重要性，"我已经在丰田工作了四十几年，丰田的思维方式完全受到创建方式的影响。丰田的创立开始于丰田佐吉（Sakichi Toyoda）的发明，当时，他的儿子丰田喜一郎（Kiichiro Toyoda）想在日本创立一家汽车企业。当今丰田的主导文化仍旧延续喜一郎的信条：接受挑战，创造一些全新的东西，支持那些接受这种挑战的人。"

3. 兼顾功能与情感

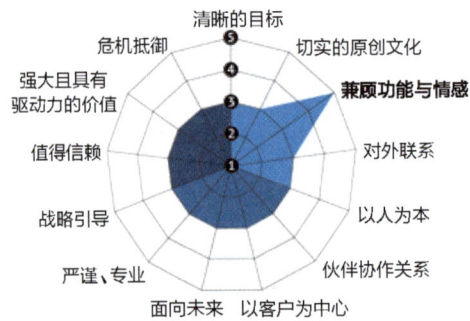

战略型品牌的建构，开始于对一项相关度高、具体、有价值且在特定目标引导下的功能益处（functional benefit）的建构，这一益处会持续发展。不过在竞争环境中，供给往往超越需求，在生产或分配含义上的差异很小。因此战略型品牌必须同时具有强烈的情感益处（emotional benefit），以满足顾客需求。

真正的问题是：如何建构起这种能够获胜的组合？我们将观察宝马是如何同时兼顾领先的功能益处以及深切的情感回报这两种要素的。

美国运通公司（以下简称"美国运通"）前首席营销官约翰·海斯（John Hayes）基于自己的经验，对"兼顾功能与情感"进行了解释：

"在商业中，尤其是在美国商业中，有一种侧重左脑思考并对所有对象进行理性认知的倾向。但是我们从最近的民意调查与选举活动中了解到，这种倾向不一定能够真正反映对市场的理解。

"情感因素很重要，但也很难应对，因为它们比较不确定。我经常对人们说：'我们说说你的配偶。说说你是如何在某一时刻做出和你的配偶相伴一生这一承诺的。我想仔细了解你做出承诺时已经完成的相关研究……'他们会问：'什么研究？'我会说：'你在做决定前没进行过研究？这是一项很重要的决定！'我们应当可以理解：他们仅仅基于情感做出决策。但我想说的是：'这样做风险很大。'通过这些交谈，人们开始意识到，他们在生活中的其他领域的行为方式跟在企业运行中的表现明显不同。意识到这点很重要，因为如果你要建构品牌，就需要按照企业运行中的行为方式去做。"

4. 对外联系

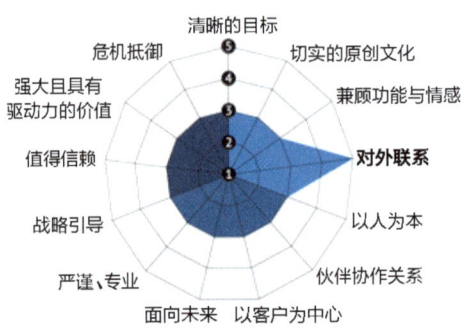

战略型品牌基于对外联系的深入关联。这种品牌对其受众有深入的理解，可以从利益相

关者处学习，并可以预测利益相关者的回应。这种品牌会建构出一种关系模式，基于这种模式，人们会感到获得重视，并期望对品牌提供自主的贡献，包括对品牌的忠诚与拥护。

外向联系的战略型品牌革新了规则，将目标对象转化为受众，将传播转化为对话，将交换转化为信任。在区域市场中，战略型品牌会使用当地文化中的文化符号、行为惯例与预期。

脸书欧洲中东与非洲地区副总裁尼古拉·门德尔松（Nicola Mendelsohn）指出："品牌越来越重要，因为品牌为人们提供了一种决策捷径：品牌帮助人们在当今可供选择的选项中更快捷地做出决策。品牌提供了一种情感关联，是人们跟某种产品之间的情感关联，这种关联基于很多人共享的对产品含义的解读。"

5. 以人为本

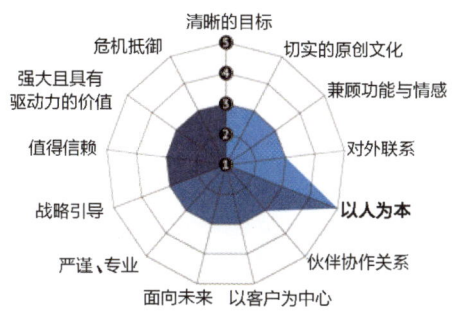

战略型品牌引导人们，充当人们的向导：品牌是人们做出决策时参考的最终框架，同时也决定着人们的行为。

总体而言，每位员工都是品牌代言人，有影响力的战略型品牌是比较透明的，是真正的"由内而外"（Inside-Out）。在企业层面，首席执行官与首席营销官在这一过程中扮演着关键角色，他们促使战略型品牌开始于人，最终也指向人。因为环境持续急剧转变，所以我们认为首席执行官需要始终作为"品牌冠军"（brand champion），而首席营销官应该作为"首席价值官"（chief value officer）。

斯宾塞斯图亚特（Spencer Stuart）公司高级合伙人格雷格·韦尔奇（Greg Welch）认为："大部分企业品牌的节奏，应该与首席营销官步调一致，需要有一种响亮的、协调的、有鲜明特点的声音。我也使用诸如'信徒'或'乐队指挥'这一类的词，来阐述如下观念：某些人应该作为品牌的建筑师、拥有者与监护人、牧羊人。我认为首席营销官是这类人的最佳人选。"

6. 伙伴协作关系

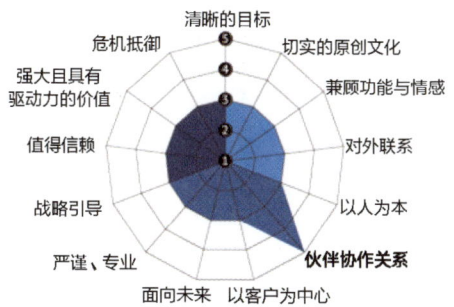

我们为什么要包办一切？我们是否对所有事务都很精通？我们是否拥有无穷资源？战略型品牌会建构起深度的协作关系与丰富的生态系统，以此来进行创新和提供服务。战略型品牌理解拥护的能量，这可以使其获得更高的回报，因为其协作者与利益相关者会将品牌的能量增值。

但协作关系的建立是可遇不可求的过程，成功之前很可能会失败。我们会分析协作关系的艺术性与科学性，以便发掘其对品牌的转化潜力。

IBM 品牌系统与人力资源前副总裁凯文·毕晓普（Kevin Bishop）说道：

"理想状态下，协作状态是品牌 DNA 的一部分，IBM 就是如此。我们公开地将其明确界定为我们文化的一部分，所有人都很清楚这很重要。协作关系需要强烈的共情能力，这往往是一种双赢组合。"

7. 以客户为中心

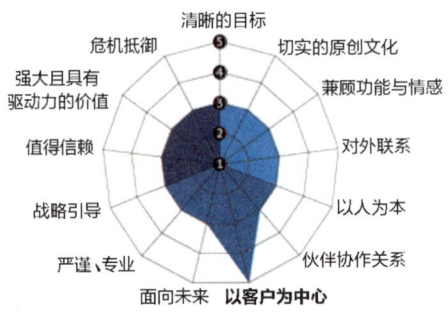

以客户为中心是一个被过度使用的概念。虽然所有企业都声称要以客户为中心，但在现实中，很少有企业能成功做到。战略型品牌会将客户放在企业目标的中心，企业不应对这一做法有任何的妥协。这就如同 O2 品牌的口号："只有你认为是满意的，那我们才会满意（If it is good for you, it's good for us）。"战略型品牌必须明确最终客户是谁。这一目标促使企业提供一种体验方式或一种生活方式的平台，用于激发目标客户。

亚马逊十分重视以客户为中心。亚马逊首席执行官杰夫·贝索斯（Jeff Bezos）表示："我们将目光聚焦于顾客身上，而不是竞争者身上，我们渴望创新与引领，我们乐意接受失败，我们有耐心进行长远计划，我们以在专业领域取得卓越的运营成果而骄傲。"

8. 面向未来

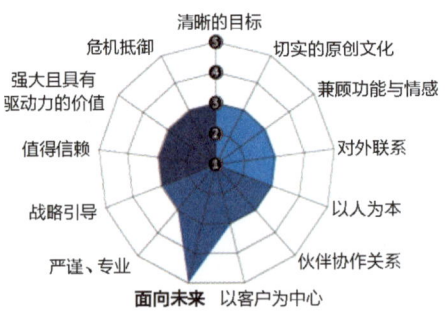

当今，企业面对的转变速度远超以往任何时候，这种转变可能是"优步化"（uberisation）、平台化（platformisation）或其他任何形式的转化。战略型品牌发展出两种富有魔力的能力来

应对这些转变；建构未来；相信未来，并能确保企业向未来转变。

我们会深入剖析第四次工业革命，我们会对一些持续的社会与跨种类的转变进行说明，这些转变建构着未来，对品牌可持续发展起着关键作用。

正如海尔集团（以下简称"海尔"）有关负责人所表述的那样："互联网时代带来营销的碎片化，传统企业的'生产－库存－销售'模式不能满足用户个性化的需求，企业必须从'以企业为中心卖产品'转变为'以用户为中心卖服务'，即用户驱动的'即需即供'模式。互联网也带来了全球经济的一体化，国际化和全球化之间的逻辑是递进关系。'国际化'是以企业自身的资源去创造国际品牌，而'全球化'是将全球的资源为我所用，创造本土化主流品牌，它们有质的不同。因此，海尔整合全球的研发、制造、营销资源去开创全球化品牌。"

9. 严谨、专业

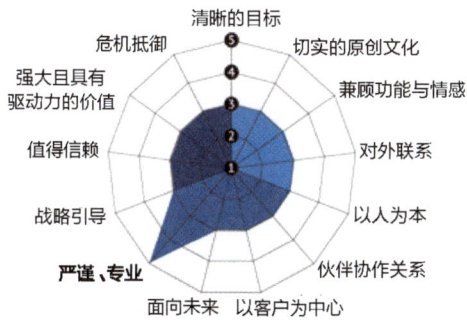

严谨、专业与执行过程的一致，被认为是当今企业成功的先决条件，这意味着这些因素的重要性几乎不需要进行讨论。但是执行过程中的彻底性（thoroughness），不只是战略型品牌建构的关键，也会对未来产生关键的影响，因为这实现起来很困难。

我们是否对银行、航空公司或公用事业机构的专业与执行一致性着迷呢？"执行即战略"（implementation is strategy），我们将会回顾那些高度纪律化运行的品牌的规则与实践。

美国奥林匹克委员会（以下简称"奥委会"）首席营销官丽莎·贝尔德（Lisa Baird）解释了奥运品牌对规则的引导："奥运品牌很有影响力，其含义与目标十分明确；其logo在全世界都很有影响力，它把奥运各个方面聚拢在一起；它始终不变，始终在提示人们其含义；它通过故事与关系对奥运会加以建构，并对奥运会进行了积极的描述；它在全世界拥有恰当合适的信息散播员，这些人试图让奥运品牌尽可能强大。这些因素促使奥运品牌成为一种非凡的品牌。"

10. 战略引导

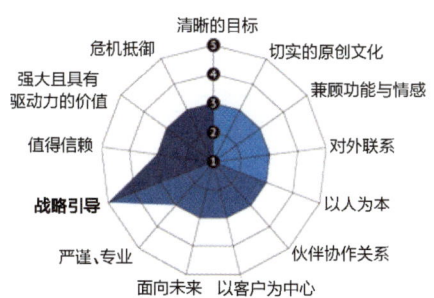

战略型品牌引导着企业的战略，促使企业业务在品牌的引导下不断发展，而不是将品牌作为业务战略转变的结果。

战略型品牌是企业的指南针，驱动着企业的参与战略、活动、人员与关系以及业务实践。它简化决策与行动，赋予人员一致行动的能力。

联合利华公司（以下简称"联合利华"）的首席营销传播官基斯·韦德（Keith Weed）指出："联合利华品牌的目标是嵌在业务模式中的。我们都一直明确（可持续生存计划）不是我们正在做的事情，因为它是一种道德义务或是一件应该做的好事。这是一种经济战略，现在已经有了回报。企业的目标持续保持不变，改变的只是表述方式。"

11. 值得信赖

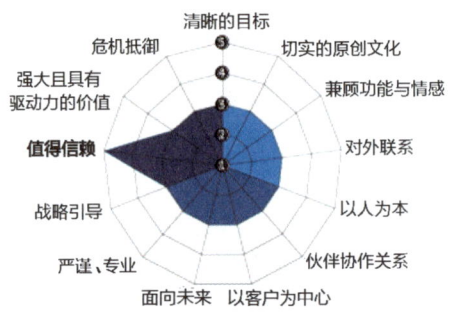

品牌实际是由其利益相关者"拥有"的。品牌的价值是由这些利益相关者对整个企业重视与尊重的程度来确定的。一家企业最期望获得的就是信任。无论在什么领域，信任都会转化为声誉，并促成更好的结果，但是信任需要去赚取。

塔塔集团（Tata Group）（以下简称"塔塔"）首席道德官和全球可持续发展委员会主席慕昆·拉詹（Mukund Rajan）博士指出："在几代利益相关者了解塔塔集团的历程时，信任一直是塔塔集团的支柱。我们获得的反馈是：塔塔是值得信任的品牌，是值得去与之做生意的企业集团，其产品与服务真诚为顾客提供价值，且从不违背承诺。

"我们的社会承诺延伸到对我们工作所处的社区的自然环境的热切关注上。这种社会承诺建构出一种亲和力，提升了利益相关者对品牌的认知。

"所以存在这样一种明显的认知：塔塔不止承诺做好业务，也承诺做好事。"

12. 强大且具有驱动力的价值

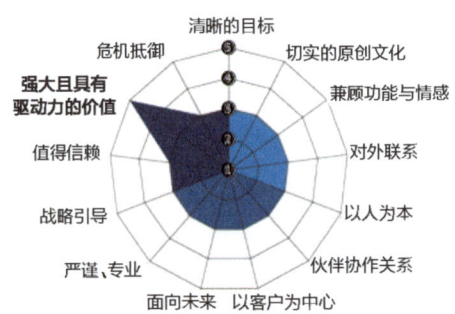

或许我应该由这一章开始写这本书,因为品牌最终是关乎价值的,这里的价值不只是财务价值。实际品牌与价值之间存在着完美的组合,但是要实现这一完美组合,却面临着挑战。首席执行官与首席财务官会联合起来,品牌基于这种联合来建构价值。我们如何展示品牌的这种能力?我们又如何对品牌的价值加以捕捉并进行评估呢?苹果公司(以下简称"苹果")的产品净利润率超过40%,这教给我们什么?商业模式必须清晰地将品牌与价值关联起来。因此,对品牌的投入不能是分散的,而是应当成为企业对价值建构与价值发展加以保护与促进的必要事务。

苹果的品牌价值超过1000亿美元,这意味着什么?战略型品牌的独立内在价值比较高,且会持续增长。一句话:优秀的品牌自身就是高价值资产。

O2公司(以下简称"O2")的首席营销官尼娜·毕比(Nina Bibby)解释说:"在O2,对于价值建构而言,品牌非常重要,以至于我们不是一个运营品牌的企业,而是一个运营着企业的品牌。品牌是脊柱、是中心,企业基于这一中心来建构价值,并提供其产品或服务。

在我们的世界中,大部分利润决定于获取与维持顾客的成本差异。这种差异会迅速影响到我们的基本效益。我可以对其进行量化,并很精确地告诉首席财务官:这就是我们要对品牌投入的原因,因为它会有所回报。"

13. 危机抵御

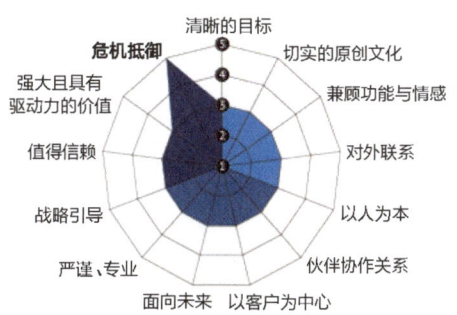

只有少数的品牌建构者在讨论战略型品牌时讨论危机抵御这一要素。危机是对一个品牌是否是战略型品牌的最终测试。实际上,真正的战略型品牌一直是在潜藏着巨大危机的背景下建构起来的。

战略型品牌必须是拥有良好声誉的强大蓄水池,以确保企业可以在任何危机中存活下来。不只是从危机中恢复过来,而且还可以超越危机之前的状态。康卡斯特NBC环球公司(Comcast NBC Universal)企业品牌与广告执行总监凯西·林奇(Kathy Leech)说:"一个战略型品牌会行动,会展示,但就是不讲述。"

我们将顺着2010年英国石油公司所面临的"深水地平线"危机事件进行说明。英国石油公司集团首席执行官托尼·海沃德(Tony Hayward)在当时表示:"危机越艰难,英国石油公司就变得越紧密地团结在一起。所以,变化越多样,英国石油公司协同面对世界的感受就越强……所有人相互支持,共同战斗。对于一家联合企业而言,这是一个独特的时刻。所有人都可以看到,我们在努力做正确的事情。我们没有藏在语言措辞的后面,而是尽我们最大的努力，在危机过程中担负起应尽的责任与义务。英国石油公司当时就是一只战斗号角。"

"持久战略型品牌"系统的组织与应用

你将在这本书里看到，我比较喜欢运用数据。不是因为这些数据包含着真理，而是因为它们可以帮助我形成观点。那么我们将如何使用13项战略型品牌要素呢？

如果你是一名董事会成员或者首席执行官，你可以使用这一框架来评定你的企业或询问自己以及团队成员一些深刻的问题；如果你是负责传播与品牌事务的首席营销官，你可以使用这一框架来进行自我评估，并用于引导团队的工作；如果你是利益相关者、股东或顾客，你可以用这一框架来评估自己的合作伙伴、投资行为或供应对象。

在完成《品牌竞争力：如何打造持久战略型品牌（上册、下册）》的过程中，我们组成了一个小组，成员包括商业与营销领导者，我们基于这13项要素，对20个精心挑选出来的不同的品牌进行评估。当这13项要素在书中反复出现时，你会发现，它们可以成为你评估自己企业的基准。

图 0.6 来展示"持久战略型品牌"系统视野中苹果的情形。苹果是过去五年世界上最有价值的品牌。虽然我们都知道苹果品牌已经十分辉煌、十分成功了，不过我们的13要素系统仍然显示：苹果在某一些方面仍然有潜在的发展空间，例如"协作关系""面向未来"和"危机抵御"，尤其是后两项。

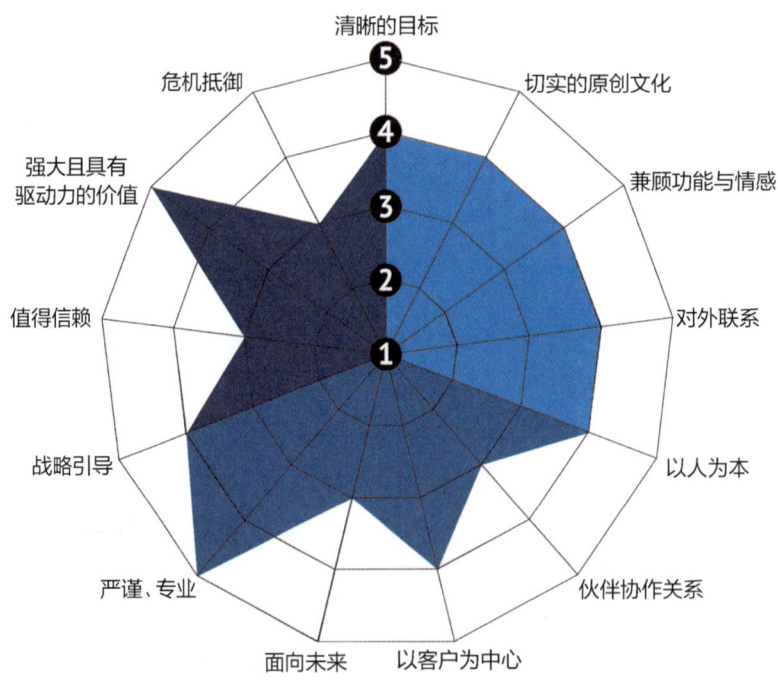

图 0.6　苹果持久战略型品牌的要素分析

持久战略型品牌

基于13项要素、精心选择的案例分析以及作者的经验,《品牌竞争力:如何打造持久战略型品牌(上册、下册)》讨论了具体的创建与发展非凡的、具有转型能力的战略型品牌的方式。每一种要素都通过一些最佳(有时是最差)实践案例来进行说明。

从这个意义上说,这本书可以作为现代战略型品牌管理的最佳实践的案例库。

战略型品牌典范

每一"要素"章,都会展示一个"品牌典范",偶尔也会不止一个。我们很谨慎地选择用"典范"这个表述。在《牛津英文词典》里,对"典范"的解释是:"作为一种值得人们学习的榜样;很优秀,在所在类别中特征很明显,或者可以显示所在类别中总体的状态。"

尽管每一个典范品牌都已经被认为是一个持久战略型品牌,但同时也会在某一具体的要素方面提供一个世界一流的最佳表现案例,比如,爱彼迎(Airbnb)的"外向联系"或丰田汽车公司的"原创切实的文化"。

在阅读每一个典范品牌故事时,你会发现我花了大量的时间来说明最佳要素之外的其他要素。这是因为我的一项突出发现,即其他要素与最佳要素联合起来,形成一个系统,建构出世界一流的品牌。这有点像学校里最优秀的学生那样:有特长,但对其他事务也都比较熟悉。

在我们多样化的访谈与讨论中,我们在所有的典范品牌中发现了一种共同的现象:没有一个品牌对现状满意,大部分都正在由各自坚实的基础出发,实施着大幅的转化。就在我们写下这些文字时,很多品牌仍在持续转变中。其中一些品牌正处于很有意思的阶段,比如:卡夫亨氏向联合利华报价1000亿美元,塔塔有限公司继承问题的波折,等等。我们不想在书中囊括所有这些发展与活动,但我们考虑在将来出版《品牌竞争力:如何打造持久战略型品牌(上册、下册)》的更新版本,以反映它们的持续发展历程。

"持久战略型品牌"系统

基于对本书中的典范品牌的分析,就有了"持久战略型品牌"系统。正如在图0.7中显示的,每种品牌都会在某一个方面取得5分的最高值,比如苹果与华特迪士尼公司(以下简称"迪士尼")的"强大且具有驱动力的价值"或塔塔的"值得信赖"。

一些案例在某一要素上获得最高值,比如大众汽车公司(以下简称"大众")的"危机抵御"或苏格兰皇家银行的"以人为本",但这并不意味着这个品牌在同一群组中一定是最好的,而是说这些品牌已经经历的或正在经历的历程是值得我们学习的。

典范案例的选择是一项挑战。虽然我个人对汽车行业比较痴迷,但为了让选取过程更加顺利,我们也试图涵盖更多的领域。这种复杂性也表现在最终的选择结果中。图0.8展示了"行业-国家"交叉矩阵。

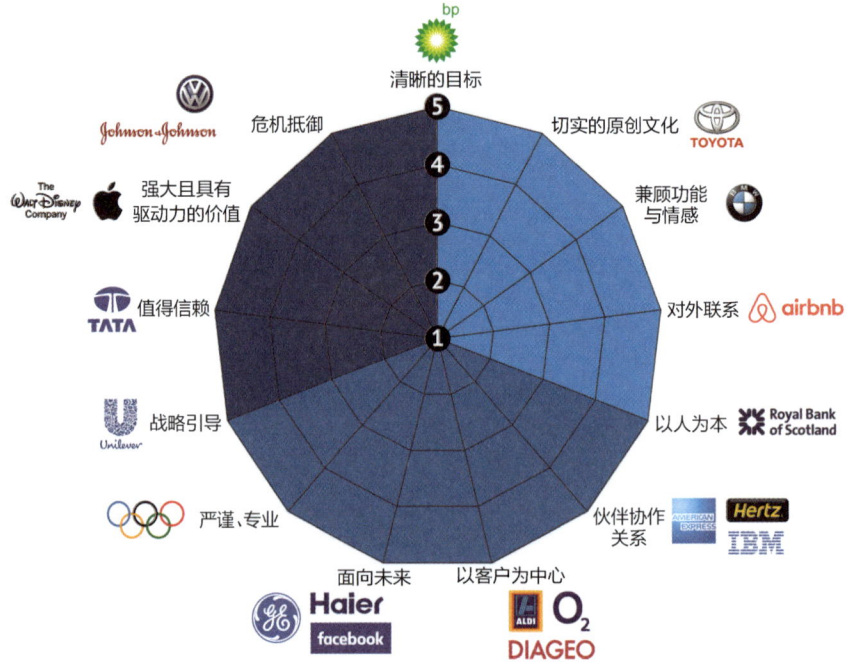

图 0.7 战略型品牌典范

图 0.8 战略型品牌典范的领域与起源区域

成为战略型品牌有什么好处？

毫无疑问，对战略型品牌进行分析的这种方式是有效的。这些品牌的表现，会经常被拿来与标准普尔 500 品牌对比（见第二章），并在 2006 年到 2015 年期间对这些品牌加以评估。结果很明显：战略型品牌典范的收入复合年增长率是 8%，标准普尔 500 品牌的平均增长率只有 3%。

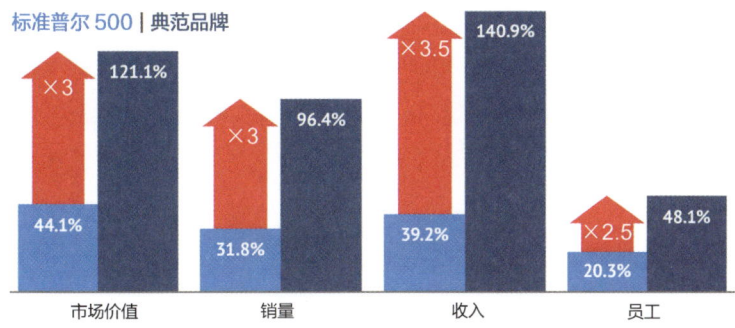

图 0.9　战略型品牌典范 VS. 标准普尔 500 品牌

战略型品牌的市场价值几乎增长了近 3 倍，它们的盈利增速是标准普尔 500 企业的 3.5 倍。这些品牌的用人规模增加了将近 50%，也因此创造了更多的岗位；与之相比，标准普尔 500 企业只增加了 20%。

WPP 集团（Wire & Plastic Products Group）首席执行官马丁·索罗（Martin Sorrell）表示："对品牌加以投入是有回报的。在过去 10 多年间，对 BrandZ 全球最具价值的 100 个品牌榜单中的最佳品牌进行的股票评估显示，它们的股价增幅是摩根士丹利资本国际公司（MSCI）全球指数品牌的 3 倍。摩根士丹利资本国际公司全球指数是一项全球股票的加权指数，其企业的表现，也明显超过标准普尔 500 企业。"

图 0.10　强势品牌在很大程度上跑赢了市场

《品牌竞争力：如何打造持久战略型品牌（上册、下册）》的价值

这不是一部学术作品，也不是一次全面的研究。相反，这本书是众多董事会成员、CEO 和 CMO 们都曾经为其品牌纠结过的观点与经验、各种问题与张力的汇集。

我们希望展示事物本来的样子，而不是讲述它们应该成为的样子。随后，我们将来自最高级别从业人员的真实案例，转化为易于理解且易于实践的战略型品牌系统。

这是一部战略著作，不是对技巧策略的说明；说的是如何绘制地图，而不是驾驶细节。

其目的是防止人们丧失战略性视角，或是在如此不稳定的时期丧失对重要事物的鉴别力，从而无法更好地建构最终的"武器"，即品牌。宝马管理委员会负责全球销售与营销的成员伊恩·罗伯逊（Ian Robertson）博士表示："驱动整个企业的是战略型品牌，而不是其他东西。为了促使品牌得以发展，你应当保持品牌的灵活性，同时也应当保持稳定一致性。"

我们早已经看到品牌管理与发展的重要性与影响，当然也看到了局限性，同时也看到了众多品牌没有成功挖掘各自的潜能。所以这本书就是建构持久战略型品牌的号角。

在拥有三十多年从业经验的从业者眼中，这是典范战略型品牌的声音。在我担任主管领导期间，我曾身处英国石油公司墨西哥湾危机的正中心，也曾带领面向顾客的品牌化企业年复一年地保持两位数的增长，也经历过极端的企业发展以及转型阶段。我很荣幸曾有机会深入很多大企业内部，与这些企业建立了非凡的协作关系。我曾与并不熟悉品牌或营销知识的首席营销官一起工作，也曾跟另外一群熟悉品牌或营销知识的人一起工作。我也在全世界范围内与战略、企业或营销层面位置最高的人员建立了友谊。

《品牌竞争力：如何打造持久战略型品牌（上册、下册）》的贡献者

首先也是最重要的，这本书是现实生活中众多优秀的品牌与优秀的主管们的体验、经历与表现的汇集，衷心感谢他们对本书的出色贡献。他们的观点与话语，占到了这本书的几乎一半的分量，因为这些都是他们的经验与实践智慧，这给我们提供了绝佳的学习机会。

在四十多位被访谈的对象中，有现任或前任宝马、英国石油公司、嘉实多、嘉能可（Glencore）集团、赫兹（Hertz）公司、约翰逊马修（Johnson Matthew）、丰田的董事长及董事会成员或首席执行官；有爱彼迎、美国证券交易所、帝亚吉欧（Diageo）公司、Facebook、福特汽车公司（以下简称"福特"）、IBM、劳埃德银行（Lloyds Banking Group）、O2、苏格兰皇家银行、塔塔、联合利华、国际奥委会的集团高管或首席营销官；还包括几位世界范围内的优秀领导者，比如：约翰·布朗（John Browne）、克劳斯·施瓦布（Klaus Schwab）、马丁·索雷尔（Martin Sorrell）；以及中介机构的领导者，如奥美的约翰·塞弗特（John Seifert）、斯宾塞·斯图亚特的格雷格·韦尔奇（Greg Welch）等。

《品牌竞争力：如何打造持久战略型品牌（上册、下册）》是一个充满激情的口号，为我们提供了一个机会，让我们反观总结，转变对品牌的态度，并将目光聚焦于战略层面。从宝马渗透到企业每一处的卓越的品牌精神，到联合利华的首席执行官保罗·波尔曼（Paul Polman）在改变衡量商业成功的方式上的勇气，这些都表明：战略型品牌具有转换性（transformational）角色。

《品牌竞争力：如何打造持久战略型品牌（上册、下册）》

同时，《品牌竞争力：如何打造持久战略型品牌（上册、下册）》这套书也比较有意思，适合进行阅读、分享与讨论。

之后的部分，我们首先将要对战略型品牌要素的第一项进行详细说明，即：清晰的目标。我们会通过英国石油公司及其"超越石油"的故事，来描述目标是如何促使品牌转化的。

第一章
清晰的目标

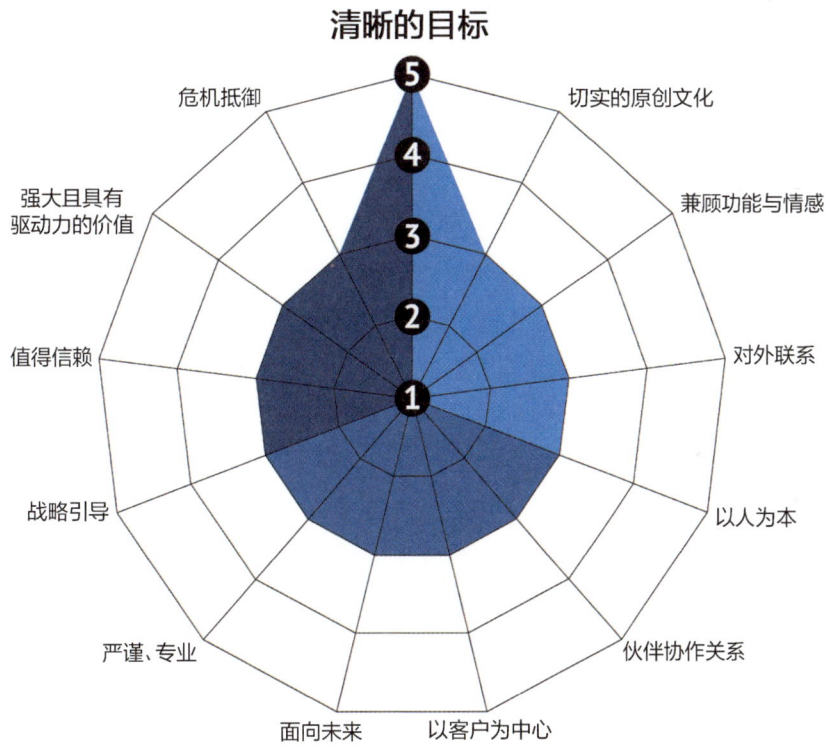

"简明的目标与原则会促成复杂且明智的行为。复杂的规则与制度只会引发简单且愚蠢的行为。"

——迪伊·霍克（Dee Hock），Vsia 国际组织创始人

一个内部故事

请设想一下下面这个故事的情景。2001年3月19日,一家全球石油公司邀请你作为其主管团队成员参加在剑桥大学的一次研讨会。研讨会的举办地有蜂蜜色的内墙,人们在这里向外可以俯瞰唐宁学院。巨蟒剧团(Monty Python)的约翰·克里斯(John Cleese)曾经在这里表演喜剧,理论物理学家约翰·潘德瑞(John Pendry)在这里开始研究人类历史上第一件隐形斗篷。这次研讨会,为数不多的科学家、工程师、财务与市场主管们聚在一起,从各自专业之外的不同视角来观察这个世界。他们努力思考并讨论了整整三天:怎样让资源的利用更可持续?怎样更公平地分配资源?

一位阿拉斯加生物多样性专家说明了鲸的生命周期。灰鲸在一生中是如何游400 000英里(1英里约合1.6千米)的,这个距离相当于往返月球一次;蓝鲸的心脏是如何大到跟一辆小汽车相仿的。他们发现,能源存在循环。1859年,作为能源来源的鲸脂油被石油替代……

他们根据世界总体情形模拟"地球村","玩"角色扮演游戏:假如10个人中有2个人是亚洲人,研讨会参与者就需要有相应的人来扮演亚洲人;假如10个人中有1个人正在忍受严重饥饿,就要有一位与会者扮演极度痛苦且到处寻找食物的角色。

我也是研讨会的参与者之一,相互争论使我们学到了观察这个世界及其脆弱方面的新方式。这三天结束的时候,我们会怎样呢?我们会从记忆中抹掉这一记忆,假装它从没发生过吗?我们还会继续向地球攫取并向世界提供石油,而不考虑其他吗?或者,我们是否会从更大的方面去看待问题,去寻找其他的替代方式呢?这次研讨会改变了我的生活,深深烙进了我的记忆。

英国石油公司在过去100多年的历史中,持续努力界定能源公司的含义。我之所以要讲这个故事,就是因为这次研讨会只是英国石油公司众多努力探索中的一次尝试。

一家石油公司,为什么会选择正面反对其传统商业模式的人员呢?因为这家公司勇敢。英国石油公司用这些经历来传达其品牌理念:"超越石油"。给我们带来了不同的观念,激励我们思考一家公司在社会中的角色。通过这种方式,我们才可能"主导"英国石油公司发展的正确方向,并促使其走向成功。

清晰的企业目标

简单来说,一家企业的目标就是这家企业存在的理由。亚瑟·W.佩奇曾在1926年到1946年担任美国电话电报公司(AT&T)的副总裁,也是该公司公共关系事务的创始人。他曾经指出:"民主社会中的所有企业,都因公众许可而开始,都因公众认可而存续。"

这一观点回答了两个既简单又复杂的问题:我们为什么存在?我们的存在是为了什么?它不仅关系企业如何赚钱这种最基本的问题,还可能影响企业改善利益相关者的生活的方式。

最好的品牌目标应当有所超越，还应当反映企业的承诺：让世界变得更美好。

尽管对目标的需求是必不可少的，但是目标的清晰度和简单性才是战略型品牌的独有特征。企业必须要理解、铭记且贯彻这个目标，企业的利益相关者也应当支持这一理念。

康卡斯特NBC环球公司的品牌营销执行总监凯茜·里奇（Kathy Leech）指出："真正的战略型品牌指的是：目标作为企业的核心，且得益于企业CEO进行的参与式传播，该目标具有相关性与真实性。除了CEO要坚信目标之外，企业的员工、董事会、供应商以及合作伙伴也都要坚信这个目标。企业的业务决策也是基于目标进行的，当企业遇到不可回避的决策时，必然需要考虑'决策是否要与我们的目标保持一致？'而答案永远是：决策要与目标一致。"

目标对企业的寿命至关重要：只有最简单、最清晰的品牌目标才能使企业经受住不断变化的社会环境，并发挥真正的、可持续的影响。

典范品牌具有令人信服的目标

在本书中，我们将会介绍一些具有"模范"表现的品牌。这些品牌都拥有简洁有力的目标。

IBM的目标是"利用科技让世界变得更好"。这一目标引导着IBM通过持续不断的再创造，在快速发展的技术及社会背景下完成了重新定位。

奥运会的目标是"通过体育建设更美好的世界"。它代表了奥林匹克主义所传达的体育运动精神造福人类的生活哲学，也表明了更广泛的全球奥林匹克运动的定位。

沃尔玛的目标是"节省顾客的每一分钱，让他们过得更好"。这个目标呼应了创始人山姆·沃尔顿（Sam Walton）最初的意图：降低产品价格，帮助人们给家人带来更好的生活。

塔塔的目标是"努力提高我们所服务社区的生活质量"。它由创始人贾姆谢特吉·塔塔（Jamsetji Tata）率先提出，直至今日仍然赋予了塔塔员工高度的工作使命感，同时也加强了利益相关者对塔塔的信任。

联合利华的目标是"让可持续生活成为常态"。这一目标在企业和社会之间创造了一种独特的联系。为了将这个目标内化于公司的每个部门，公司拥有的每个品牌开发出来的产品，都需要在经济效益与社会使命之间获得平衡。

脸书的首席执行官马克·扎克伯格(Mark Zuckerberg)曾在2012年对其"让世界更开放、更互联"的理念进行过令人难忘的描述。这一目标引导着脸书向移动手机领域进行了突破性的转变。

福特的目标是"领航机动汽车领域，让人们的生活更美好"，这一目标源自亨利·福特（Henry Ford）的决心：打造一款普通美国人买得起的汽车。这一目标塑造了今天的世界，并赋予福特经久不衰的独特使命感。

爱彼迎的目标是"让世界上每一个人都能在任何地方找到归属感"。这一目标推动着公司不懈努力，去创造一个更有归属感的世界。爱彼迎的目

标是将归属感从"家"延伸到未来的"一切"。

耐克公司（以下简称"耐克"）"为世界上每一位运动员带来灵感和创新"的理念，推动着耐克用系统化的方法改善人们锻炼的方方面面：从产品到体验再延伸到生活方式。

强生公司以"关爱全世界，一次为一人"为目标，不仅引导人们参与进来，还散发着人性化的温暖。

英国石油公司的"超越石油"表达了公司的承诺：在努力提供方便使用的能源的同时，承认自己并不完美，并决心加以改进。

"做得好"和"做得对"是一回事

无论是传统品牌还是新兴品牌，无论是传统产品还是数字产品，无论是欧洲还是亚洲，都有很多品牌有着明确的目标，它们的共同点是清晰、简单、成功。

我发现，这些品牌之所以经久不衰，是因为"认真地执行目标"和"做有社会价值的事"是一样的，并且是相辅相成的。这给战略型品牌的"目标清晰度"带来了一项终极考验：公司的商业模式和公司创造价值的方式，是否与目标一致？或者是否已经将目标内化于其中？

联合利华的"可持续生活计划"（Sustainable Living Plan）是否正在促进该企业的运行呢？联合利华很清楚地认识到这一点，并表示："联合利华拥有简单但很清晰的目标，即：让可持续生活成为日常现象。我们认为这是我们实现企业发展的长远的最佳方式。"

脸书的马克·扎克伯格同样热情地表示："通过聚焦于我们的使命，我们可以为我们的利益相关者与协作者长期创造最大的价值。"

其他企业的品牌目标也跟其商业模式紧密关联着吗？英国石油公司的目标是否同样植根于其盈利方式并与其紧密关联？如果你的品牌及其目标与你的企业的经济模式不是共生的，我建议你尽快发展你的目标，转变商业模式，或对两者都加以改变，以避免受挫。

对深层目标的广泛接受

大部分的首席执行官、高级主管、首席营销官以及相关人员都深信这一观点：目标对于企业来说相当重要。很多研究都验证了强大品牌目标具有明显的商业价值，以下是一些证据。

吉姆·斯坦格尔（Jim Stengel）与明略行公司（Millward Brown）联合开展的长达10年的发展研究，对五万多个品牌进行了研究。他们总结的前50个品牌被称为"斯坦格尔50"（The Stengel 50）。"斯坦格尔50"品牌都可以被界定为"理念引导"（ideals-led）的企业，其发展速度比其竞争者快3倍，同样，其投入的获益比标准普尔500品牌高出400%（注1）。

据报道称，在过去两年间，联合利华的"可持续生活品牌"（Sustainable Living Brands）的发展速度是其旗下其他品牌的2倍（注2）。

哈瓦斯集团（Havas Group）曾经对1500个全球化品牌进行过研究。研究结果显示，与同类品牌相比,"有意义的品牌"(meaningful brands)的经济收益高出 9 倍,获得的价格溢价高出 12%,重复购买率高出 5%(注3)。

然而,这一章不是要鼓吹这一观念,因为"为什么"要有一个目标是很清楚的。我将要聚焦于"什么"与"如何",即:拥有深刻的目标意味着什么?你如何为自己的企业制定一个简单又具有说服力的指导目标?

基于我多年的经验与实践,建构一个有明确、深刻目标的品牌会面临很多挑战,于是就引出如下几个问题:企业的目标从哪里来?强大且有远见的主管层是怎样界定目标的?如何建立起品牌目标并将其内置为企业的基本驱动力?我见过目标如何显示其力量以及如何丧失影响;也见过它如何无处不在,以及如何迷失。

英国石油公司的"超越石油"为品牌建构目标提供了一个教科书式的案例,因此我将主要聚焦于英国石油公司及其实践:英国石油公司为什么在 2000 年提出这一目标?发展、内化并传播这一目标的过程是什么样的?这一目标是怎样得到孕育并发挥效力的?

在这本书中你会发现更多的案例,这些案例显示深厚的品牌目标(deep brand purpose)是战略型品牌的必要要素,同时会给各自的企业带来明显回报。大部分章节都会显示不同的持久战略型品牌如何将其目标内化到企业中,并促使其成为企业运行的指南。

为什么需要一个"新的英国石油公司"品牌?

很多人听说过英国石油公司,但或许对英国石油公司及其品牌的故事不了解(或者不完全清楚),这是我准备讲述这一故事的另一个原因。我的讲述从对英国石油公司的一个简单介绍开始。

英国石油公司:从英国波斯石油公司开始的历程

现今,英国石油公司拥有 79 800 多名员工,在 70 多个国家开展业务,每天生产油当量超过 330 万桶,是世界上最大的企业之一。

英国石油公司诞生于 1909 年,当时名叫"英国波斯石油公司"(Anglo Persian Oil Company),公司员工数量很少,却拥有一项资本:一份有希望的特许权,得益于这一特许权,英国波斯石油公司在现在的伊朗发现并生产出了石油。1969 年,约翰·布朗从剑桥大学毕业并加入英国石油公司的时候,这一企业在阿拉斯加发现了石油。

图 1.1　英国石油公司标识的演变

英国石油公司的发展历史，主要经历了几个阶段：1909年的伊朗，20世纪60年代的阿拉斯加，20世纪70年代的北海，直到现今的安哥拉、墨西哥湾以及里海。在发展的历程中，英国石油公司一直引领着能源行业的潮流：建构关系、应用技术以及操作方式，这些往往都能推进能源行业的发展。

英国石油公司一直走在创新的前沿。比如，在1974—1977年间修建了跨阿拉斯加的输油管道，这一管道长达1200公里，是当时北美地区最大的工程；英国石油公司应用新技术，比如使用遥感成像和其他首创技术，促使其持续引领世界油气发展；英国石油公司的主要项目位于世界前列，比如，在休斯敦运行着世界最大的超级计算机，用于进行商业研究，成为世界处理巨量地球物理数据的中心。英国石油公司一直持续占据战略发展的前沿，持续进行自我革新，从1971年投资利比亚资产，到很多年之后，通过入股中国石油公司成为中国的最大外来投资者，并通过投资俄罗斯秋明英国石油控股公司成为俄罗斯最大的外来投资者。

在发展过程中，英国石油公司坚持"用负责任的方式向世界提供能源"这一信念。在过去的二十多年里，英国石油公司跟其他能源企业一起，在前所未有的全球经济增长与发展的时代中，做出了坚实的贡献。在这一时期，全球GDP增长了一倍（来源：Worldeconomics），全球能源消费技术增加了50%（来源：BP energy outlook）。

英国石油公司引领着全球能源产业的转变

对英国石油公司及石油产业而言，20世纪90年代是一个重大时期。当时石油价格处于有记录以来的最低点，因此整个产业都面临着挑战，所以对于这家全世界最大也最成功的能源企业而言，前景并不明确。

约翰·布朗对这些挑战并不陌生。他明白，对更好日子的期望不能作为一种战略。他与其团队意识到，当行业经济复苏时，如果没有一个具有全球规模的更强劲的能源资产组合来支撑未来的发展，那么英国石油公司就无法复兴。

当20世纪90年代末期石油价格降至最低点时，英国石油公司资产缩水到最低，他开启了并购的狂潮，这是行业历史中最大胆的做法。被并购的企业包括：阿莫科石油公司（Amoco）（获得消费者好评的美国零售品牌）、阿科（Arco）石油公司（美国西海岸品牌）、嘉实多公司（Burmah Castrol）（世界最大的润滑油企业之一，以下简称"嘉实多"）[我曾经担任嘉实多欧洲公司的首席营销官]。

图1.2　20世纪90年代晚期英国石油公司的兼并狂潮

英国石油公司将自己转化为一流的全球企业。但全球化发展也给企业内部带来了压力：这些被并购的企业怎样才能整合为一家企业？我们将要变成什么类型的品牌？

"新英国石油公司"战略型品牌的起源

我在2000年加入英国石油公司，当年英国石油公司并购嘉实多。作为一家全新的正处于变型期的企业，英国石油公司正在探寻自己的企业灵魂。英国石油公司需要回答一些关乎生存的问题，它需要一种目标，也需要一个品牌。约翰·布朗勋爵说明了他为什么如此强势地推进一种对清晰品牌目标的探寻："一个优秀的战略型品牌需要拥有一个坚定信念：我们不只是可以生产股东价值的企业，我们同时也展望建构未来。这是当时的坚定信念。这就是目标的清晰性。"

英国石油公司的变型

2000年，英国石油公司正处于转型的中期，当时公司自问了一系列问题：当粗放式的并购驱动的销量增加发生时，英国石油公司显得蒸蒸日上，这一过程到底发生了什么？当一家典型的英国公司变为世界领袖企业并引导着整个业界转型时，这意味着什么？当英国石油公司在仅仅一年中，员工数量增加了将近2倍时，对其企业文化带来了什么影响？

当英国石油公司自信满满地为整个世界担负社会职责，为企业未来面对艰难环境时的决策建构范本时，结果会是什么？当企业已经转型，企业不同部门面临挑战，企业行政与商业领导者被激发或被迫做出改变时，又意味着什么？正是这些问题（以及其他很多问题）激发我对英国石油公司的品牌进行细致的研究。

在接下来的14年里，我有幸在英国石油公司见证了约翰·布朗重新定义一家能源企业"能够成为什么样"的开创性愿景。我跟许多同事一起努力，使这一愿景成为现实，并亲身经历了大规模地落实宏大、大胆的想法会带来的后续挑战。

很多人已经总结过英国石油公司的品牌故事，但在英国石油公司发展为"超越石油"的过程中，它的内部都经历了什么呢？当我们遭遇来自勘探开发团队关于品牌方面的反对意见时，内部激烈的会议是什么样的？当我们失去了我们的偶像领袖约翰·布朗时，我们是怎样应对的？当我们与英国石油公司最坚定的人一起努力控制并修复"深水地平线"危机造成的破坏时，我们在美国休斯敦西湖园区的生活是否是目标导向的？

"大"品牌

跟其他大部分优秀品牌的故事一样，英国石油公司品牌转变的历程，同样充满着崎岖、风险与冲突。在20世纪的最初十年，英国石油公司发展良好，于是大胆地进行了并购，整合了一系列优秀的品牌。这导致英国石油公司在2007—2008年前后经历了大型的重置，这部分内容正是我将要在第十章详细说明的。在"深水地平线"危机之后，英国石油公司进入低迷期，随后又经历了缓慢的恢复。在第十三章里，我会分析英国石油公司的品牌在这次危机管理中发挥的角色。

在整个的发展过程中，品牌目标得以慢慢建构，当然也遭遇了挑战。最近约翰·布朗对我讲述了他认知中的品牌："品牌就是黏合剂，可以将企业整合在一起，彰显出前进的道路和方向，而且可以向所有人展示。企业品牌意义实际上跟销售东西的含义关联不大。当然所销售的东西也很重要，但两者不是一回事。品牌是黏合剂、目标是企业可持续性的试金石，没有品牌，就没有企业。"

约翰·布朗在其著作《联结》（Connect）中写道："最伟大的企业会将人力资源置于企业目标的核心地位。这些企业之所以这么做，基于的是他们对自己在世界上的位置的坚定理解。"

"太阳王"

关于约翰·布朗勋爵，人们已经说了很多，也写了很多。比如，《金融时报》将其称为"太阳王"（Sun King）。当我在闲暇时间的饭桌边谈论他时，我会说他是我遇到过的最聪慧的人，他有卓越的调查、收集资料、结构化思考、制定愿景与战略，并将它们呈现给他人的能力。

约翰·布朗教我如何将清晰与韧性进行最佳组合，如何看得更高更远，以及"最好的还在后头"。他告诉我，"商业就是选择，以及在这些选择中发现自信"。记得我有一次去摩纳哥参加F1大奖赛，在全程两天的时间里，他试图了解关于"顾客"（customer）的所有信息。就在那个周末，英国石油公司的"战略客户"（Strategic Accounts）业务诞生了，之后十几年我一直负责这一业务。

毫无疑问，在过去的15年中，英国石油公司的品牌持续努力进行自我界定，并试图变为持久战略型品牌。基于约翰·布朗以及奥美国际总裁兼CEO约翰·塞弗特（John Seifert）的评论，我将反思我们努力的成功与不足之处。从英国石油公司品牌诞生之日起，约翰·塞弗特就是WPP集团内部相关项目的领导者。

"新英国石油公司"品牌目标的界定

约翰·布朗曾用他富有远见的方式，提出了一个无比简单却又十分富有挑战性的问题："英国石油公司内涵（BP inside）到底意味着什么？"

为了回答这个问题，一个小型的全球品牌团队在2000年成立，其中包括英国石油公司所有部门的高层领导，这超越了传统的营销边界。奥美集团和朗涛品牌咨询公司（Landor & Associates）被任命来支持这一工作。这一任命与其说是正式的委任过程，不如说是基于约翰·布朗和英国石油公司对奥美集团名誉主席夏兰泽(Shelly Lazarus)以及约翰·塞弗特的信任。我不是这一团队的全职成员，因为我那时刚随嘉实多被英国石油公司"收购"。但我仍跟这一团队紧密协作，同时也被邀请提供想法与反馈。所有这些想法与反馈，都成为我后来思考的基础。

这一团队开始了一段令人着迷又让人生畏的旅程，团队试图为新能源巨头界定一个战略型品牌。简而言之，他们的使命是要为新时代的能源行业建构一种"新的英国石油公司"的品牌。他们需要思考英国石油公司的品牌与社会需求如何才能持久地统一在一起。

如图1.3所示，由于20世纪70年代长距离输油管道的开通、经济的匮乏，以及随后80年代和90年代经济与地缘政治的过山车历程，使得消费者与能源企业品牌之间的情感关联低于其他所有行业。当被问及"各品类和行业的领导品牌与消费者之间的联系有多紧密"时，只有 9% 的受试者选择了"汽车燃料"行业,而 60% 的受试者选择了"包装商品",41% 的受试者选择了"服务"。甚至"低频购买商品"(53%)的得分都比我们的行业高。这项数据说明我们还有很多工作需要去做!

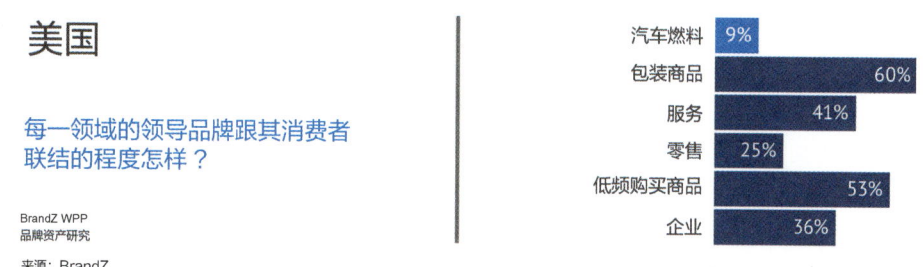

图 1.3　BrandZ 的品牌资产研究

能源悖论

石油仍是当今大部分经济繁荣与财富的基本能源来源。如果没有石油,我们将不得不人工从井里汲水,也不得不骑马或者乘坐马车去市场。实际上,对于我们社会中生活品质的基本需求而言,没有哪个行业能扮演比石油行业更基础的角色了,这些基本需求包括照明、取暖、流动与经济的发展。

不过,持续发展的工业时代以及由此引发的社会问题(从空气和水源质量议题到垃圾处理,从交通堵塞到全球都市化)带来的后果也持续对这个世界带来挑战。这同样也很明显,我们可以回忆一下 20 世纪 90 年代后期的现象:当时我们已经很接近引爆点,全世界大概有 50% 的人们即将生活在城市中。在过去的十多年中,世界上的巨型城市数量已经翻倍。同时,人为导致全球变暖的相关的科学研究也变得越来越充分和让人信服。

对于品牌团队来说,在生产者与消费者之间存在着一种"相互依存(co-dependency)"的关系。为了生存,所有的社会都需要能源企业,并进一步提升生活水准。当人们在清晨尝试开灯却无效,他们能接受吗?由于缺乏燃料而交通受限,他们能够忍受吗?如果由于没有电能而不得不在冬天受冻或者无法工作,他们觉得能行吗?

我们共同的经济发展以及生活方式的改善造成的越来越多的消极后果,导致了人们对我们这些最不可或缺的能源的生产者的失望。但别忘了能源消费与发展之间存在的简单关联,这意味着,世界的发展将需要更多的能源(顺便说一句,这个团队考虑的不只是油气,也考虑能源需求的总体快速增长,而这一需求的增长,在很大程度上是与煤炭相关的)。

更多的能源与更少的环境影响

我们将其称为"能源悖论"。对于整个行业来说,这似乎都是一项不可避免的挑战。但当时我们的结论是:没有任何一家能源企业,可以在不面对这一挑战的情况下蓬勃发展。所以,英国石油公司的行动计划,是约翰·布朗与英国石油公司在协调更多的能源与更少的环境影响方面的开创性做法的自然延续。

统一且目标明确的品牌

所以，英国石油公司就开始这样做了。英国石油公司的品牌团队负责制定一份企业议程，统一出一个多样化的新的公司组合（包括英国石油公司、阿莫科石油公司、阿科石油公司、嘉实多等），每一个公司都有各自不同的传统以及品牌观念。与此同时，企业品牌还要面对"能源悖论"的挑战。

当"新英国石油公司"开始对其未来、目标及其在世界上的位置进行重新界定时，约翰·布朗回忆说："未来很关键。另外，我们本应该一直坚守我们已经拥有的品牌，那是英国石油公司的保护盾，其中包括视觉识别的重要成分，而视觉识别意味着品牌实际上被困在了过去。因此，我们想做出改变，我们觉得这种改变很重要。"

"我们讨论企业的方式需要改变。如果仅仅考虑并购，那么旧的英国石油公司在财务和人力资源上，都已经沦为企业的少数。但是因为有了新的人员、新的场所、新的事务，所以我们已经不一样了，我们不得不深入思考这一新的现实。我们为相同的东西而奋斗，但是企业的巨大多样性和我们不同的未来必须强化这一点。"

与之相似，约翰·塞弗特回忆道："当油气和能源行业遇到外在环境与机会时，约翰·布朗有远见与雄心，将英国石油公司推到一个全新的层次。这是一个非凡的时刻。这就促成了英国石油公司对阿莫科石油公司、嘉实多以及最终阿科石油公司的并购，这都是一个新的企业宏伟设计的一部分。这是一个重大的挑战时刻：英国石油公司拥有了一段具有决定性意义的历史，但突然之间，由于收购的规模以及多样性，整个企业也变得有些不同了。"

"在我看来，这是一个转折点，任何一家经历了大规模转型之后的大型企业都应该自问：'好吧，我们将要成为企业集团的一个碎片吗？还是尝试去实施一些独特又持久的东西，即成为这个新扩展的企业的黏合剂和纽带？'"

对于我来说，一个值得注意的要点是：两位领导者都用了相同的措辞来描述企业品牌，那就是"黏合剂"。

关注气候变化

2000年时我们为英国石油公司（也就是这个新品牌的起源）确立的愿景是：大胆而勇敢。正如约翰·塞弗特所说："我无法想象一家企业身处一个领域，却试图努力建构自己的品牌，以期在远超其品类预期之外的领域发展。"

1997年5月，这一想法的第一批种子，在英国石油公司之外的世界播下。当托尼·布莱尔就任英国首相三周后，约翰·布朗在斯坦福大学商学院发表了至今仍很著名的演讲：聚焦气候变化。他不再讨论在能源领域集体的拒绝态度，而是戏剧性地就碳氢化合物和全球气候变化之间的联系问题进行更进一步的对话。

在这次演讲中，约翰·布朗谈到了英国石油公司作为一个公民和其他公民共同担负的责任。他的话在二十年后依然适用：

"我们都是同一个世界的公民，所以我们都必须为这个世界的未来与可持续发展担负责任。我们必须在我们所肩负的角色中承担责任：企业家拥有可以投入的资本，立法人员可以行使立法的权力，个体公民有投票的权利，消费者有选择的权力。

我们现在已经到了考虑环境问题的一个重要时刻：在这一时刻，我们应当超越分析，寻求解决方案并采取行动。这是一个寻求改变并寻求对企业担负的社会责任进行重新思考的时刻。

"但是，可持续性不仅关乎利润。真正的可持续性是既能获利，又能对我们所处世界的现实与关注点加以回应。我们无法与世界分离，因为这也是我们的世界。企业如果想可持续发展，就需要一个可持续的世界。这意味着我们需要一个这样的世界：环境平衡得以维持，与此同时人们可以享受取暖、照明和交通。尽管我们认为这些都是理所当然的，但是它们是由石油行业提供的。我认为这两者之间是不冲突的。

"我们采取的所有行动以及将要采取的行动，都试图确保这些目标之间的一致。不存在简单的答案，也没有什么高招，只能不断前行。我们一起前行，因为我们都致力于寻找答案。如果我们想应对并征服我们面临的挑战，那么政治、科学与企业领域必须协作。"

约翰·布朗的演讲立即获得了热烈的回应。他对气候变化科学研究提供支持，并公开承认化石燃料与气候变化之间的关系。他的这些行为打破了石油行业的固有体系，在全世界引发了讨论。

斯坦福大学的教授斯蒂芬·H.施奈德（Stephen H. Schneider）是一名气候研究者，他完成了第一本有关全球变暖的著作。当时他表示："整个行业一直拒绝承认全球变暖是一个问题，且时至今日仍旧如此。约翰·布朗的演讲是对这一状态的积极转变，他们开始脱离拒绝的路线。"

加州环境保护局局长詹姆斯·M. 斯特罗克（James M. Strock）也表示："这一勇敢的举动，将会为世界其他企业设定基调。"

英国石油公司"超越石油"品牌的诞生

正如之前说过的，在这次演讲的三年之后，英国石油公司在规模上已经成为世界能源企业的领导者。英国石油公司已经有机会在界定自己新的身份的同时，对自己的信念加以整合。在英国石油公司内部，人们都很兴奋，我们明白，这是一些非凡东西的开始。约翰·塞弗特回忆道："我们内部几乎用了一整年的时间，来讨论企业的目标与承诺。尽管这段时间很长，但是人们都很欢欣，这种状态很有力。不过大部分员工当时可能并不能够明确个人做出的贡献以及对各自角色的影响到底意味着什么。但是，所有人都沉浸在企业承诺的光芒中。"

在第十章中，我会分析我们是如何将这一新的企业品牌付诸实施，以及将其跟企业战略关联起来的。但事后看来，现在有一个问题持续困扰着我（以及英国石油公司的一些其他人员）英国石油公司战略型品牌是超前的，那么它对其他企业的作用，是否会超过对英国石油公司本身呢？"能源悖论"的概念打破了品牌"应当是什么"以及"应当说什么"的所有边界。借用约翰·塞弗特的话说："在界限之外着色（colouring outside the lines）"。

联合利华将其业务增长与消除其对环境的影响关联起来，阿迪达斯被《企业爵士》

（Corporate Knights）界定为世界可持续企业第三位。如果没有英国石油公司二十多年前鼓舞人心的引领，这些企业能获得如此成绩吗？

联合利华的首席执行官保罗·波尔曼（Paul Polman）在 2013 年 11 月 6 日被任命为世界可持续发展工商理事会（WBCSD）的主席。就在当晚，我跟保罗·波尔曼有过一次有趣的交流。保罗非常坚定地认为：企业开创者在建构企业愿景过程中扮演着重要的角色，同时，优秀的可持续的企业应当感谢英国石油公司扮演的引领角色。

很明显，英国石油公司是引发改变的媒介。约翰·塞弗特表示："你是否相信，英国石油公司'超越石油'的努力，提升了一家大型工业企业的责任水平，并为能源的开采与使用的长远发展建构出一个更负责任的社会环境？我相信你绝对会说这是对的。

"这是一种责任模式，这种模式本可能不会出现。我也坚持认为，正是因为英国石油公司促使能源领域内外的很多其他企业都越来越关注这一现象与需求。"

超越石油

这些都是 2000 年英国石油公司对其新品牌的思考。正如你可能感受到的，这种思考广泛深入地对企业的历史与文化进行了关注。这种思考不关注产品或者加油站的品牌建构，而关注高度敏感领域中的全球大型企业的长远角色与责任。简而言之，这种思考关注的是"新的英国石油公司"的深层目标，这一目标将会引导英国石油公司庞杂工作领域中成千上万的工作人员的日常行为。

约翰·布朗曾经评论说："我们把很多东西都植入了我们的品牌，包括：我们代表着什么，我们一直想做的是什么，我们跟人们互动的方式，我们对我们在世界上所处位置的想法。"

那么，品牌发展小组是怎么开展工作的呢？这个小组不得不把高度战略性的观点浓缩为语言、符号与仪式，这需要很多的练习。正如你预想的那样，以及结构化与战略引导型企业都会做的那样。不过，决策过程也比较和谐，因为这些努力植根于事实与未来的愿景。另外，英国石油公司的原有文化也是比较强劲的。

文化与价值观

约翰·布朗同样深知文化的重要性。这意味着，对于品牌来说，没有什么比拥有并代表它的人的文化和价值观更重要的了。

纵观其历史，英国石油公司既经历过灾难，也经历过辉煌，但其仍坚持自己的道路。这表明的正是英国石油公司人员的特征与文化。我认为（虽然其他人或许不同意），通过其严格编码的"价值观念与行为"练习机制，英国石油公司人共享的价值观念与共同特征是其文化的核心。这一核心可以首先被描述为：

- "做正确的事情"；
- "走在最前沿"；
- "与他人公开对话"。

这让这家企业显得很独特、很鼓舞人心，我将会在第十三章对此加以详细说明。第十三章会说明英国石油公司的战略型品牌在危机管理过程中扮演的关键角色。

在英国石油公司丰富而稳固的传统中,有近三分之二的非"土著"刚刚加入,它们都有各自强大的文化。所以,未来的挑战是要对足以代表"新的英国石油公司"的共享文化的共同且符合期望的特征加以界定。

相关的讨论很多样且很生动:英国石油公司文化传统的重要性是什么?我们应当更专注于现有的,还是更专注于我们希望成为的?要在短期"绩效"与"对环境负责"两者之间做出什么权衡?

最终,英国石油公司建构出一组4个核心价值观,如图1.4所示的:进取、绿色、绩效、创新。

图1.4 英国石油公司的价值观

很明显,这些价值观在本质上都很鼓舞人心,同时它们支撑着英国石油公司正在进行的努力,即在要变革并引领行业的充满激情的愿景的基础上,形成一种共同的文化。

本质与目标

为了增强新的企业品牌观,英国石油公司为其品牌核心"超越石油"建构出一套新的识别系统。

"超越石油"蕴含的信息是:"我们生产这一资源,并明确它并不完美,不过你们在消费它。因此,让我们共同努力,做得更好,让我们一起超越。"

在实践中,"超越石油"将代表3种努力的路径:
— 通过更好的方式来满足人们不断提升的对化石燃料的需求;
— 生产并提供更加先进的产品与服务;
— 推动向更明显的低碳经济的转型。

英国石油公司的品牌发展小组对这3种互补的路径进行了深入思考,并将它们作为品牌发展的核心。这3种路径被创造出来是因为它们能完美地将企业目标融入"新的英国石油公司"的每一部分;反过来,每条路径都能在实现企业目标方面发挥重要作用。

勘探与生产领域 — 上游将会提供更多当今需要的能源,但方式会不断改进。

精炼与营销领域 — 下游将会降低产品对环境的影响,包括产品的生产方式与消费方式。

同时,第三种领域也会被发展起来,一起推动这一转变。第三种领域就是再生能源:太阳能、风力和生物燃料。上述 3 种领域都会用各自的方式，共同促进向更好的低碳经济的转变历程。

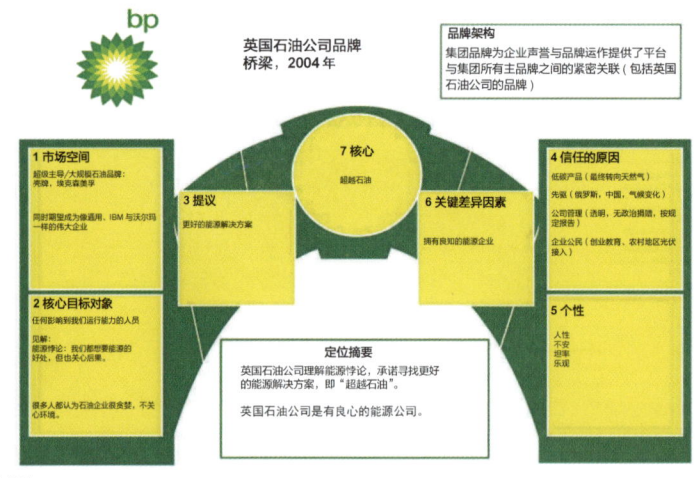

图 1.5 英国石油公司的品牌桥梁

这一目标很强大。回想起来，无论在企业内部还是外部，我们都没有有效传达并建构这一目标。经过很长时间之后，英国石油公司之外的很多人，都仅仅聚焦于我们的第三种领域，即再生能源，而公司内部很多人只聚焦于第一种领域。但是"超越石油"是一种深切的目标，这一点将在之后详述。

品牌架构

这一小组使用最严格的战略型品牌设计方法，与英国石油公司的其他主管们一起，为英国石油公司策划了一种统一的品牌平台，被界定为"超越石油"品牌桥梁（见图 1.5）。我喜欢这一工具，它跟联合利华使用的"品牌钥匙"（Brand Key）以及其他的一些方法相似，旨在促使品牌的核心定位跟其表达统一起来。英国石油公司的品牌桥梁会在之后的很多年持续引领能源行业，当然也包括英国石油公司本身。

符号与象征

企业及其目标和使命，都被植入新的英国石油公司的标识"太阳神"之中。这一标识涉及太阳和自然，通常被认为是动人的、有唤起作用的、新鲜的、有希望的、可靠的。英国石油公司也发布了品牌规则，是富于革新精神且雄心勃勃的规则，尤其是"无事故，对人无伤害，对环境无损害"。

在英国石油公司选择太阳神标识的背后，有很多的故事与复杂因素，尤其是这一标识跟当时另外一项很强大的选项即："V 字形"之间的对比。约翰·布朗相信视觉标识的重要性，并确信最后选择的标识要能代表他满怀激情设想和建设着的"英国石油公司"。出席当时标识最终决策会议的人员回忆说：约翰·布朗的母亲在最终的决策中发挥了重要作用。

来源：英国石油公司网站

图 1.6　英国石油公司的太阳神与"超越石油"

这是一个起点

既然"新的英国石油公司"的战略型品牌已被界定，那就需要对其加以表达与传播。

品牌内容及其激活

英国石油公司通过一系列创新性的"街头"活动，来激活新的品牌定位。这个系列的街头活动试图与思想领袖人员（当然也包括普通消费者）建构相关性与情感性更强的关联。这一传播模式基于"街头"大量的访谈，这些访谈试图获知公众对能源议题与能源悖论的看法，最终生产出来的视频在电视上播放，试图吸引并鼓励更多的人参与到这一重要的讨论之中。

新的品牌主张的真正核心是"这是一个起点"，一切都基于"超越石油"这一坚实且富有冲击力的品牌主题。我们需要确定："超越石油"不会误导利益相关者。我们不希望人们认为英国石油公司正在脱离石油天然气行业，或者认为英国石油公司现在就已经拥有了一套完美的能源解决方案。

来源：奥美集团

图 1.7　"超越石油"活动："这是一个起点"

同时，传播活动需要反映"超越石油"是如何被界定为一种承诺，承诺要用不同的方式参与这个世界，要将似乎无解的"能源悖论"作为共同责任。

"这是一个起点"试图暗示：我们很清楚，转向可持续经济需要长远的路程，但是我们依然很坚定地走出第一步，并坚定地走完每一步。"这是一个起点"也是一份邀请，邀请其他无论大小的企业都加入进来，做出各自的贡献。这是一项谦逊的信息，不承诺过多，且富有连通性。

大胆勇敢

虽然大部分广告的口号都足以完美概括一家企业的行为业绩，但英国石油公司的企业声誉活动却被设计得很大胆。这是一个真实的信号，这表明该公司在一个长期被认为没有音讯的领域里是有品牌差异的。这一活动的确做到了这一点。

从技术视角看，这一广告活动获得了成功，比如，获得了美国营销协会2007年的金埃菲奖（Gold Effie Award），当时的颁奖词这样说道："英国石油公司的广告活动是一个具有里程碑意义的平台，英国石油公司通过这一平台，试图改变世界对燃料的使用与认知方式，而燃料使用与认知的方式，对人类进步而言至关重要。"

品牌目标影响着企业战略与行为

新的品牌议题在英国石油公司内部激发了一波创新——从新的太阳能服务站，到在40个大城市推出更清洁的燃料。

英国石油公司在其上下游的提炼或化工厂等层面，都显著降低了对环境的影响，很多方面降幅达到了30%~50%。

来源：世界可持续发展工商理事会（WBCSD），英国石油公司，朗涛（Landor）

图1.8 系列创新举措

英国石油公司也与汽车行业的代工企业建立了低碳驱动的协作关系，试图在其产品与这些企业的引擎产品之间建立更好的技术性合作，以降低排放。我们也与主要的开明的能源使用者加以联合，以便携手在消费层面优化能源使用。这些能源的开明的使用者有：像联邦快递之类的快递企业，必和必拓公司（BHP Billiton）之类的采矿企业，沃尔玛之类的零售企业。我通过"战略协作"（Strategic Partnerships）项目跟这些企业进行互动协作，而这一项目是在名为"可持续移动性"（Sustainable Mobility）的战略小组的支持下进行的。

像风能、太阳能与生物燃料之类的可再生能源领域，财务视角中的投入回报率都比较低。英国石油公司在这些领域投入 80 亿美元，这导致一些投资者撤回了投资，但这一举措代表了英国石油公司的能源领域在这一话题方面的最强承诺。我们通过一些关注绿色环保问题的项目，开启了能源保护的历程。这样的项目如"BP Target Neutral"，一个试图降低排放的项目，它试图通过改进消费者的驾驶方式等，来降低消费者的燃料消费。

英国石油公司与美国普林斯顿大学和中国的清华大学等不同的高校、世界可持续发展工商理事会等全球化的商业机构以及全球各种非政府组织展开了令人振奋的交流与协作。

我们甚至承诺提供更优的零售体验，比如，有谁不希望加油站的厕所更好呢？

来源：奥美集团

图 1.9　英国石油公司零售"更好一点"广告

我们在年度的《可持续报告》中对进度加以评测并进行报告，这是现在的一种例行做法。但是在很多年前，当英国石油公司最开始探索这一做法并坚持继续进行的时候，这种做法还是很前沿的。

这些行为表现了品牌目标是如何转化为行动的。比如，"这是一个起点"（it's a start）邀请其他机构参与进来，并协同建构更强大的"超越石油"这一解决方案。

英国石油公司：有目标的战略型品牌

在 21 世纪最初的 10 年中，英国石油公司无疑是战略型品牌，正如图 1.10 所示。其"目标"与强大的领导机制——"领导者"结合在一起，其"面向未来"的路径无与伦比，其"战略引导"表现的是持续的行动，其"强大价值"表明的是扎实的运作性能以及无与伦比的"值得信赖"程度。仅在很短的时间内，这一品牌就经历了很多很多。

跟英国石油公司协作的很多机构都认可其品牌目标与信念。我们可以招聘到最优秀的员工，因为他们受到英国石油公司品牌的鼓舞。这也是我一直待在英国石油公司的原因，也是我对其拥有明显的尊重和丰富的情感的原因。

从人们被雇用的那一刻开始，他们就会读到英国石油公司的行为准则："你要保证自己做正确的事情。"这就是企业文化。我们对员工的行为以及对品牌价值的认可状态加以评测，并记录到员工的绩效计分卡上。这些价值观念在英国石油公司员工中的流通，就如同血液在他们的血管中流淌一样。其表现之一就是英国石油公司前首席执行官托尼·海沃德在2010年退休时说过的一句话："因为做正确的事情，我被塑造成了另类角色（villain）。"

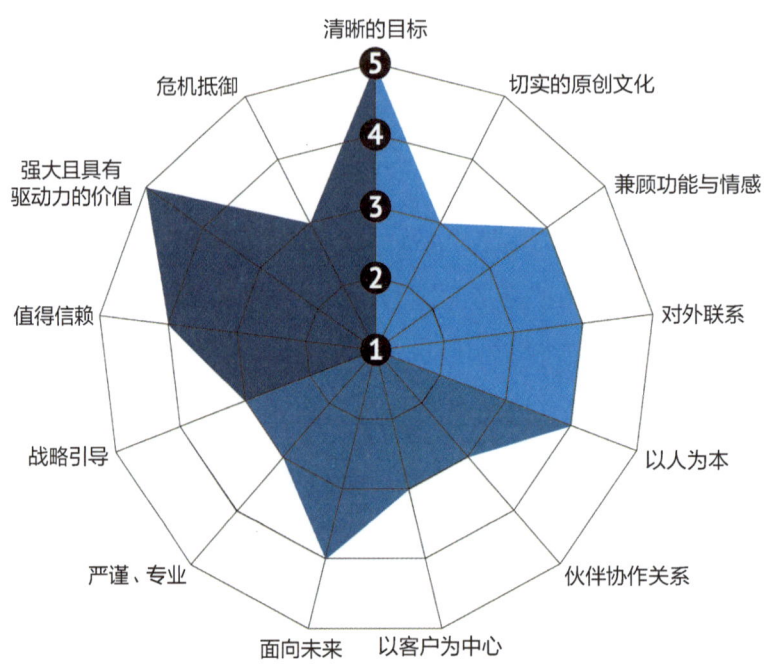

图1.10　持久战略型品牌要素：英国石油公司，2003年

至于目标，有什么比能为更好的未来铺路架桥，同时还受雇于一家成功的企业更鼓舞人心呢！

世界正在变化

2001年9月11日，对所有人来说，这个世界改变了。油价飙升，中东地区地缘政治紧张，中国、印度以及其他发展中国家的经济飞速发展，这些改变也给能源行业带来了新的变化。随着时间的推移，这一问题会加剧人们对可负担得起的能源获取、供应可靠性、低碳这3项关键的社会需求以及社会对这三者重要性加以平衡的方式的讨论。

可负担的能源获取

供应可靠性

低碳

图 1.11 能源的 3 项社会性需求

随着世界的变化，英国石油公司也在不断地发展。我记得从 2003 年开始，在公司内外都有激烈的讨论，关注我们在实践中对品牌以及"超越石油"目标的执行状况。约翰·布朗开创性的演讲 6 年后，英国石油公司已经开创性地成为对抗气候变化的先锋企业。

经过这一时间段之后，社会已经从期望状态转变为大规模的落实与实施状态。有一些重要问题需要解决：我们不还是一家主要的石油生产商和间接的主要污染者吗？我们在化石燃料与可替代能源之间建构的桥梁的实际程度与权重如何？

一些很迫切的非政府组织正准备公开质询英国石油公司的真正意图。这大部分是基于对"超越石油"的 3 种路径及其真正含义的误解。

在公司内部，已经存在一些挑战，比如：我们是谁，我们做了什么，我们怎样行动等。在这些挑战之外，很多小组都希望对前进之路加以简化，并希望重新聚焦，将过去所做的事情继续作为核心事务。所有这些讨论都提出了关键的问题：这些方面对品牌来说意味着什么？这是自 2000 年以来我们经历的最大的考验：英国石油公司能否不只是战略型品牌，同时也是持久的战略型品牌？

目标导向的战略型品牌建构的 12 个步骤

要把一家百年企业界定为有能力、有期望、有目标的战略型品牌，其中所需的强大领导力以及大量的事务与工作是一项挑战。但是，仍有很多企业都有意愿去制定或重新界定自己的品牌目标，并努力将自己建构成为持久战略型品牌。我相信有一种类似的路径，可以对这样的企业有所帮助。

如下 12 项十分重要的事务，有的是从我自己的经历中总结出来的，也有来自建构有目标的"新的英国石油公司"历程以及对其他经典品牌的观察。

（1）品牌目标必须由企业文化决定，并跟企业文化交织

员工能否回答"我们为什么要待在这里"这样的问题，并对答案满意？这一答案需要与如下因素相符：员工的期望、这些期望的价值、员工们想过的生活以及为其他人提供的东西。简而言之，就是答案要与员工的文化及企业的文化相符。从内在视角看，我相信"超越石油"与英国石油公司的深层文化一致。

（2）品牌目标必须能够反映商业模式

无论在企业内部还是外部，如果品牌目标与企业的主要焦点及业绩目标矛盾，那么这一目标将无法渗透到企业各个部分，也无法持续生存。在企业内部，员工将会按照自己认为对企业更有利的方式运行。在企业外部，股东与其他利益相关者将会强烈反对。联合利华付出非同凡响的努力，试图由其"可持续生活计划"汲取更多的独特价值。沃尔玛不会接受增加成本投入的可持续项目。在英国石油公司，我们有很多证据表明我们的价值观念，比如，我记得在我们的目标的支持下，我们在加拿大赢得了勘探许可证；或者我们与加工协作者之间建构起有效的共同价值。不过价值应当更系统地渗透到企业各个层面，"超越石油"应当处于我们商业模式所有支柱的核心。

（3）品牌目标应当清晰

品牌目标不需要多余的解释。对于英国石油公司而言，"超越石油"的说法意味着可以摆脱石油，寻找其他的可替代方案。约翰·布朗对此评论说："在实践层面，我相信存在很多不当行为。一些员工试图促使公众从字面上理解'超越石油'，而且现在实际已经有了这种解读。我们本应该通过持续强调如下内容来对其加以干预：我们不是要摆脱现在，而是要建构不同的未来。"

（4）品牌目标应当简明

品牌，尤其是品牌目标只有在简明到便于理解和记忆、鉴别和评估的情况下，才会与企业内外的人员牢固联系在一起。这种简明性的巨大成功的一种表现是：品牌名称演变成了行为动词，比如"让我们到那里爱彼迎（let's Airbnb there）"。

（5）再三重复强调：传播与广告的传统规则可以有效地应用于品牌目标

在很长一段时间内，员工开展品牌工作的各个方面都应该与品牌目标一致，这样品牌目标才会稳固。宝马的伊恩·罗伯森（Ian Robertson）解释说："人们只有对一致的信息会产生情感。话说出来很容易，但情感必须不断培养。"

（6）走向未来需要时间

受众只会拥抱可以解决问题并改善当前状况的品牌目标。脸书的尼古拉·门德尔松说："要理解消费者是谁、他们把时间花在什么地方，他们如何讨论自己的品牌，他们想跟自己的品牌怎样进行沟通，并把学到的东西放在首位。"约翰·布朗也告诉我们："英国石油公司的品牌、目标与定位都试图更好地反映未来。"

（7）强大的领导力，但不是单一的领导人

在企业历经的所有时期（无论是高峰还是低谷）持续推动崭新的目标，需要强大的领导力。蒂夫·乔布斯、比尔·盖茨、保罗·波尔曼（Paul Polman）、理查德·布兰森（Richard Branson）、杰夫·贝索斯、约翰·布朗以及其他一些优秀的领导者都对其企业的目标加以界定、

携载与体现。没有这些重要人物，品牌与品牌目标往往会落到像孤儿一样的境地。这正是约翰·布朗以及随后的伊恩·康恩（Ian Conn）离开英国石油公司之后，我所看到的情形。夏兰泽描述了品牌不被员工们共同拥有所导致的最坏（也是最经常出现）的情形："比如说，来了一位新的首席执行官说道：'给我创造一个新的品牌。我们的品牌不够时尚，太无趣了，属于上一时代。'这太天真了，因为你必须重新出发，而且在大多数情况下，企业DNA以及品牌目标都已经相当坚实和稳定了。"

（8）只有当目标被转化为经过严苛考验的战略计划时，才进行传播

联合利华的企业目标背后是一项坚实的计划，即"可持续生活计划"（Sustainable Living Plan）。这一计划又获得了每位个体消费者个人品牌的"可持续生活计划"的支持。在英国石油公司，我们拥有一些优秀的计划以及一些卓越的项目与创新，但却不是那么系统充分或者足够坚实。我们将目标渗透到企业各个环节，随着时间的推移甚至成为企业的一种挑战，尤其是在当外在因素促使企业为了生存而奋斗、重回基础的情况下。

（9）疯狂地执行

事实胜于言辞。我们现在身处消费者引导的数字化的社会，人们与品牌的联结是无处不在的，这就是所谓的"完全体验"，是对品牌目标持续的、强行的传达。目标引导着人们的行为，人们的行为揭示着目标。尼古拉·门德尔松表示："最大的影响来自解决最大的问题。当你面临在战略与执行之间的选择时，要选择执行。"

（10）少承诺，多做事

对期望加以管理。一些品牌目标的含义与影响力本身相当令人惊叹，但是也很容易被既得利益者驱使，去做超乎可能的更多更快的事情。驱动因素是好的，但如果无法信守品牌的承诺，就会导致失望与误会。约翰·塞弗特回忆了英国石油公司的类似情形："内向与外向的品牌传播都非常有力地兑现了承诺，因为这是那么的富有吸引力。最终，挑战转变为短期内通过足够的行动来完全实现它的能力。"

（11）绩效管理

目标也需要绩效管理。首先，应当关注目标自身：它是如何被嵌入企业的（如人员调查），它是如何被具体化的（如员工个体的"绩效合同"），它是如何被理解和评价的（如品牌指标、社交媒体监测）。然后，对结果加以测评。比如，联合利华为其目标导向的计划的经济性和社会性影响确立了评测指标与步骤，并对这些指标与步骤加以评估与公开。

（12）准备好迎接一个世代的漫长旅程

对品牌目标嵌入程度及其促成改变的影响力的最终评估指标，是其演变成文化并成为企业文化不可或缺的组成部分。基于目标，可以建构全新的企业。已经稳定的企业需要一代人的时间来建构目标并将确定的目标完全内化。如果没有其他突发问题的干扰，"超越石油"也是如此。埃雷兹·魏戈德曼（Erez Vigodman）曾经对我说："初创企业可以从确立终极信念与目标开始。但一家大型企业却不能这样奢侈。它需要描绘未来，然后逐步发展。"

我们希望所有品牌在这方面都能取得成功，让我们遵从本杰明·迪斯雷利（Benjamin Disraeli）的建议："成功的秘诀在于始终如一地忠于目标。"

第二章
切实的原创文化

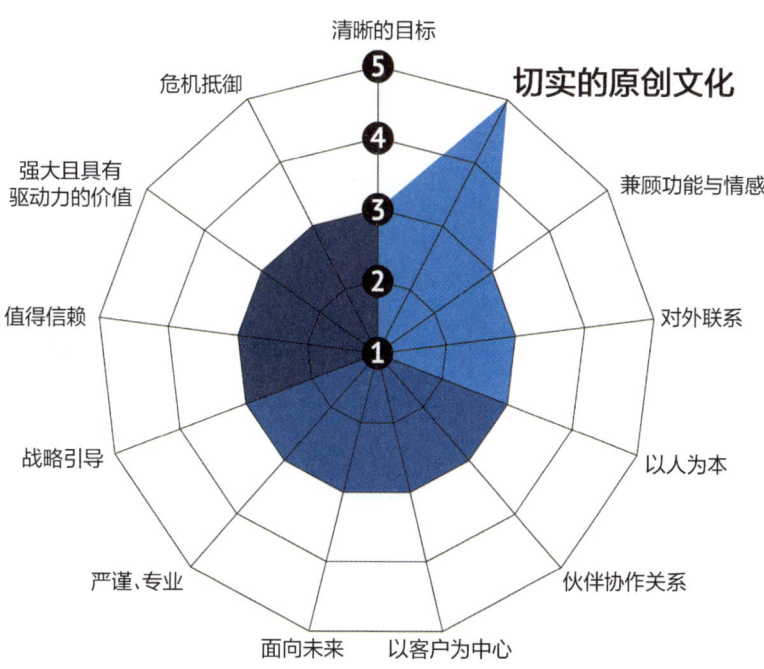

"文化就是在没人注视的情况下人们的所作所为。"
——美国西南航空公司联合创始人赫布·凯莱赫（Herb Kelleher）

文化是一切开始和结束的地方。文化差异能以无数种方式展示出来，有时候会突然把我们拉回现实。

2010 年，英国石油公司在墨西哥湾遭遇了"深水地平线"（Deepwater Horizon）危机，这是我所知道的文化占绝对支配地位的最佳案例。正如我在第十三章中详细描述的那样，不管当时的危机管理过程如何，英国石油公司的员工都回归到了文化上，并采取了相应的行动。托尼·海沃德跳上了第一班飞往休斯敦的飞机，并立刻采取了行动，英国石油公司的员工也都在为做正确的事情而努力。

后来，在这场法律战的核心，公众和司法的主要注意力集中在文化上。"英国石油公司是否有很大的疏忽"这一关键问题迅速发展成一场公开辩论："英国石油公司是不是投机取巧了？难道这家企业的文化就是粗心大意吗？"对这个关于文化问题的回答将会决定对英国石油公司的民事处罚，罚款可能涉及数十亿美元。

在我的职业生涯早期，我当年 24 岁，在欧洲工商管理学院（INSEAD）读工商管理硕士，在那儿我对文化差异有了转折性的认识。很多读者都听说过商战模拟（Markstrat），即战略营销企业模拟。规则是一组学生代表一个企业，与代表其他企业的小组竞争。

我们的商战模拟小组的成员有美国律师唐娜（Donna）、日本"观察家"高雄（Takao）、瑞士工程师弗朗索瓦（Francois）、英国 IT 专家约翰（John）、葡萄牙贵族罗伦科（Francois）和我。由于缺乏有意义的文化意识，我们的组合就像一张灾难配方。灾难以一次打斗达到高潮，身高 5.5 英尺（1 英尺 ≈ 0.3 米）的葡萄牙人罗伦科攻击了身高 6.2 英尺的日本人高雄。

文化的关键点

文化的概念很宽泛，所以这一章我们会以 3 种方式进行说明。首先分享一些关于企业界各种组织形式的知识，然后调查研究有关民族文化的科学，最后检验一个具有"切实的原创文化"的战略型品牌：丰田。

首先，请让我开诚布公地表达几个我比较认同的观点，我会在本章剩下的部分对它们进行探讨。

1. 文化是一个企业和品牌的有力定义者，其有形的表达方式和无形的驱动力如图 2.1 所示。正如前面章节所指出的，包括品牌目标在内的任何事情都应该源于对潜在文化的深刻理解。

2. 文化不会被迅速改变。进步性演化是可能的，但我仍然听到许多企业和领导者声称他们将会"改变文化……并且能够很快实现"，这就像声称人类将会主宰自然一样不现实。因为改变文化意味着改变一切，改变一个人或一个企业背后最强大的力量。要想改变一个企业的文化，就去改变人！或者就做好准备，迎接在实现目标文化之前的长达一代或者更长时间的演变。

3. 真实性是居于某种文化中的必要条件。一个与其文化相一致的企业相当于解放了它的员工，因为它的员工可以按照自己原本的样子去工作。这会产生一种"由内而外"的力量。

反过来，把一个企业和它的员工置于一个不属于他们的空间里，将会酿成大祸，而且这样一个企业将会被困在我们的透明世界里。

4. 关于文化的深度和真实性还不够。任何战略型品牌之旅都需要从一个完全可靠、没有偏见的文化评估开始。正如第一章所述，新兴的英国石油品牌做了一些这方面的工作，但它选择在一个期望的而非既定的文化背景下引用其品牌和战略。我已经看到了一些较好的做法，比如：一些品牌以深入的民族学调查开启了它们的旅程。

图 2.1　企业文化的有形和无形维度

必要的真实性

文化和真实性是内在相连的：没有文化的企业不可能是真实的。在现代社会，除了真实，我们没有别的选择。你会被识破，因为你不可能假装成一个并非你自己的人。品牌也是如此。

真实性可以让一个企业变得直接、充满活力，并且有自发性。而且只要你所做的事情符合你的目标群体的期望，真实性就会增强你成功的概率，因为消费者会喜欢你、信任你，你的朋友也会如此。如果你要假装成别人，你们的友谊可能不会长久。

英国石油公司面临的一些最具挑战性的质疑都是关于其真实性的：在提高能源效率意味着减少石油和天然气的消耗的情况下，它是怎么保证其能源效率第一的？在其利润全部来自烃（hydro-carbons）的前提下，它是怎么找到替代能源的？我们对奥运会和残奥会的支持，仅仅是因为与它们联系在一起能让自己看起来更好吗？发自内心地说，我知道我们的行为都是可信的，但从外界看，情况可能就有很大的不同，对此我们需要去理解和尊重。

在真正的企业，即"真实企业"（注1）在这方面已经积累了重要的知识和经验。图2.2列出了它背后隐含的关键原则。在考虑、建立或发展企业的文化和价值观时，在建立或管理多样的利益相关者关系时，这应该成为所有领导阶层都遵循的原则。当涉及沟通交流时，这些原则又能使企业获得新的媒体技能和工具。

原则列表

- 说真话
- 用行动证明
- 倾听消费者的声音
- 为明天规划
- 意识到一个企业的真正品质是由其员工传递的
- 在企业全局层面上，把公共关系放在至关重要的位置上
- 保持冷静、耐心和好脾气

来源：亚瑟·W. 佩奇协会

图 2.2 真实企业的原则

真实意味着践行和规划你的真正文化

所谓真实就是以你自己思考和行动的方式做事。对于一个企业来说，真实性有很多定义，我自己的定义是：真实性是企业文化在其一切存在和行为中的直接表现。

文化必须处于一个品牌目标、使命和战略规划的核心。一个品牌无论如何都不能与其企业文化相抵触。当一个品牌建立在文化之上时，它自然能够调动它的员工，并从他们的支持和能量中受益。

战略型品牌在危机时刻转向它们的核心文化能够做什么呢？与这个问题有关的故事有很多。例如，路易斯·郭士纳（Louis Gerstner）接管了一个苍老的、自满的 IBM，通过回归核心文化，使它获得了新生。

如今，数字革命、全球化和对利益相关者的赋权这 3 个关键的当代变化，推动企业在民主的信息渠道方面展示出前所未有的透明度。要建立一个独特的品牌和取得长期的成功，根本的真实性就变得更加重要了。对于消费者、投资者和员工来说，一个品牌必须对其文化有一个基本的认识，包括它的定义、它存在的原因、它意味着什么以及它与其他品牌文化的区别。

文化是什么？

迈克尔·D. 沃特金斯（Michael D Watkins）在《哈佛商业评论》上发表了一篇题为《什么是企业文化？我们为什么要关心它？》的文章，文章研究了关于文化的不同定义（注2）。这里我总结了其中我认为对建立一个战略型品牌最重要的一些部分。

"文化是企业做事的方式。"——罗比·加丹加（Robbie Katanga）

"文化是一个企业中一致的、可见的行为模式。亚里士多德说过：'我们反复做过的事造就了我们。'这将重复的行为或习惯提升到文化核心的地位，同时降低了人们的感觉、思考和信仰的重要性。它将我们的注意力集中于塑造企业行为的力量上。"

"企业文化是价值观和仪式的总和，它们作为'黏合剂'将企业的成员们整合在一起。"——理查德·佩兰（Richard Perrin）

"文化是意义的载体。文化提供了一个共同观念，这个观念不仅关于'是什么'，也关于'为什么'。在这个观点中，文化是关于'故事'以及强化这种叙事的价值观念和仪式。在这个故事里，企业中的人们是被嵌入其中的。为了更好地理解文化，它也注重符号的重要性以及理解符号的必要性，包括企业中使用的特殊语言。"

"企业文化是工作场所的文明。"——艾伦·阿德勒（Alan Adler）

"文化是一种社会控制系统。这里的重点是指出文化在两方面的作用，促进和巩固'正确的'所想所为以及制裁'错误的'所想所为。在这个对文化的定义中，关键的是人们必须遵守的行为'规范'以及对那些违反规范的人们施加的相关社会制裁。这个观点也关注企业的演变和对文化的塑造。也就是说，在过去，现有的规范是如何促进企业的生存的？注意：这个演进的观点中其实暗含了一种想法，即当环境发生重大变化时，已建立的文化可能会变成生存的阻碍。"

"企业文化是由我们所处社会的主要文化塑造的，尽管企业文化更试图凸显我们所处社会主要文化中的特定部分。"——伊丽莎白·斯嘉林加（Elizabeth Skringar）

"企业文化受其他文化的影响，并与之重叠，尤其是企业所处社会中更广泛的文化。这个发现强调了全球化企业面临的挑战，即当企业处在一个存在多种民族、地区和区域的文化环境中时，要怎样建立和维持一种统一的文化。"

伊丽莎白·斯嘉林加对民族文化的影响的这个定义正是我们特别感兴趣的，因为在这一领域，很多人包括商业领袖都有自己的见解，然而鲜有专家对此发表见解。目前我正与伦敦大学学院（UCL）一同对此进行调查，这项科学研究是关于文化和伙伴关系，以及企业间的合作是如何受到各民族文化的深刻影响的。

文化即品牌，品牌即文化

彼得·德鲁克（Peter Drucker）说"文化把战略当早餐吃"。如图2.3所示，虽然核心战略把目标朝向了一个方向，但如果那个方向是反主流文化的，那么它们将会遇到巨大的阻力。

因此，在开启品牌之旅前，评估公司的企业文化和特性是至关重要的。品牌必须源自文化，且必须"生于文化"。

这并非易事，我在英国石油公司也一直努力想要解决这个问题，不仅是在企业形象方面，在与其他企业建立伙伴关系方面也是如此。如上所述，文化实际上能阻碍战略上重要的关系。我记得在通用电气公司（以下简称"通用电气"）与英国石油的合作初期，在通用电气的洛克菲勒中心举行过一次会议。两支团队被各自的信念所驱使，他们对各自的信念同样自豪、自信，并本能地对彼此抱有敌意。后来，我们通过克服这些文化障碍建立起了牢固的伙伴关系，这是非同寻常的。

文化把战略当早餐吃

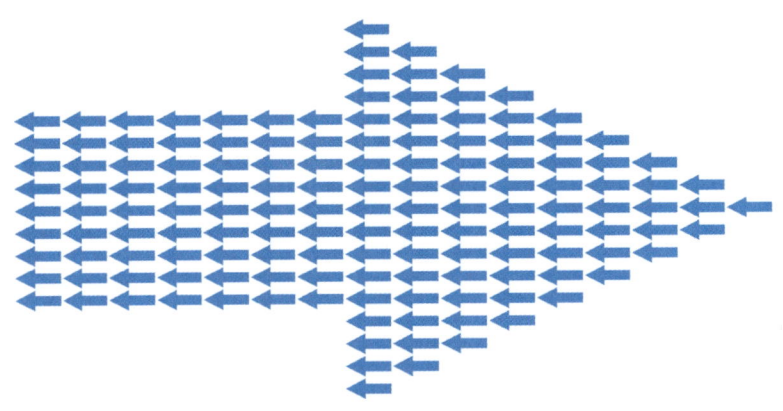

图 2.3 文化的主导影响

那么，如果文化既是一个战略型品牌的开端又是它的终点，我们对它的了解究竟有多少呢？

事实是，我们还没有理清楚。斯宾塞·斯图尔特顾问公司（Spencer Stuart）在其2015年年度报告《文化领先》（*Leading with Culture*）中对此做了很好的描述。为了更好地引导企业的活动，领导者们明确指出了企业的愿景、使命和战略。但是定义一种文化是很难的，因为潜在的驱动因素通常是隐藏起来的，它们建立在长期形成的一系列无意识的共同设想之上。文化无处不在又无处可寻，它在幕后默默地发挥着作用，指导着整个企业里的人们思考、决策和行动。

对于企业来说，文化的这种难以把握的性质既是挑战也是机遇。当你无法看见或描述文化时，很难知道它是有益的还是有害的。但是，正确的文化能够激发员工的想象力和潜力。吉姆·柯林斯（Jim Collins）在他的《从优秀到卓越》中指出，有着强大、有序的文化的企业成功的概率是其竞争对手成功概率的6倍，投资产生的回报是其竞争对手的2倍，销售增长和资产回报也明显优于那些文化较弱或失调的企业（注3）。

但是文化是一把双刃剑，一旦建立起来就很难改变。比如，如果人们普遍认为，一家企业成功的方式就是避免风险、保持低调，那么一个需要冒险和创新的战略就会面临不可抗拒的阻力。

我们的论点始于这样一种假设，即领导者们没有在文化上投入足够的时间、精力和关注。这一原因正如斯宾塞·斯图尔特（Spencer Stuart）所说（注4）："对很多领导者而言，文化给人的感觉是'软弱的'、模棱两可的……他们不知道从哪里开始，并且通常以他们希望实现的结果来定义文化，比如，一个消费者导向的文化，或一个结果导向的文化。但文化不是结果，相反，文化是产生那些结果的心态、设想和行为。"我们认为，一个企业需要关注自己的文化，否则就得承认自己并非一个战略型品牌。

文化来自哪儿?

文化的诞生和发展主要受3种因素的影响:创始人、企业的主营业务和我们所处的社会(见图2.4)。

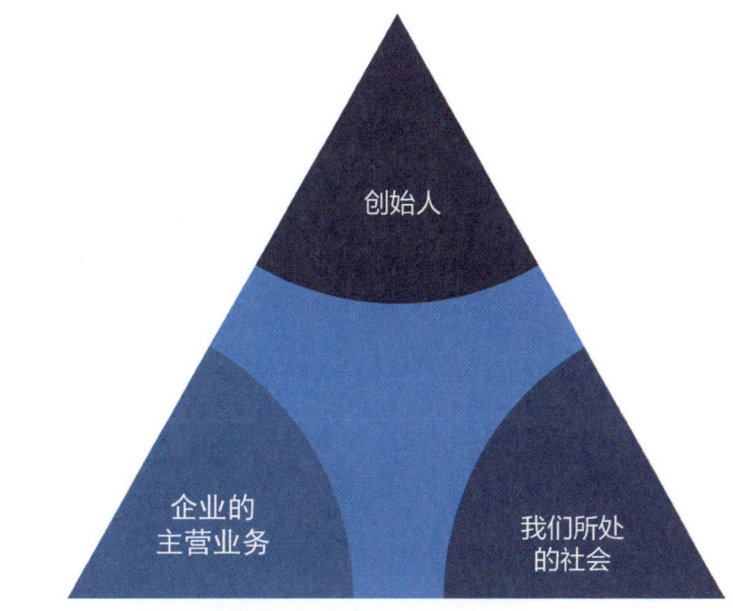

来源:《品牌竞争力:如何打造持久战略型品牌(上册、下册)》

图2.4 企业文化来自哪里

创始人

企业初创时期的文化与其创始人的个性、背景和价值观念关联在一起。在现代社会,创始人们的信念和行为界定了他们的企业文化。这样的例子很多,比如史蒂夫·乔布斯与苹果,伊隆·马斯克(Elon Musk)与特斯拉汽车公司(以下简称"特斯拉")及SpaceX(太空探索技术公司),杰夫·贝佐斯与亚马逊,马克·扎克伯格与脸书,布莱恩·切斯基(Brian Chesky)、乔·杰比亚(Joe Gebbia)、纳森·布雷查兹克(Nathan Blecharczyk)与爱彼迎,理查·布兰森(Richard Branson)与维珍。

这种现象并不鲜见,我们可以举几个例子。比如,丰田、IBM、宜家、奥美和亿康先达公司(Eggon Zehnder)的企业文化都可以追溯到它们的创始人,并且它们大多是以创始人的名字命名的品牌。微软公司(以下简称"微软")的进取型文化常常被归因于比尔·盖茨个人的好胜心。

 沃尔玛的创始人山姆·沃尔顿(Sam Walton)将它们的企业宗旨表述为:"帮人们省钱,让他们过上更好的生活。"这个宗旨体现在企业的各个方面,比如其位于阿肯色州本顿维尔的朴素的办公室,又或者是员工的仅为中等水平的薪资,还有有名的七点至九点半的周六早会。

同样,宜家的创始人英格瓦·坎普拉德(Ingvar Kamprad)也很节俭。为人所熟知的是,他鼓励经理们睡在自己的车里,因为这样可以节省昂贵

的酒店花销。这正体现了宜家的宗旨,即一切为"钱袋空空"的顾客服务。

以下几点展示了创始人对文化的塑造和引导作用是如何能被发挥、保持和增强的。正如塔利亚·鲍尔博士(Dr. Talya Bauer)和贝林·埃尔多安博士(Dr. Berrin Erdogan)在《组织行为导论》中(注5)做出的解释。

- 界定。特别是在生成一个清晰的宗旨、规则和政策时。
- 实施。通过以下方面来实现:人们的注意、选择和磨合;领导方式和工作重点;实体布局等视觉元素;仪式和故事。(见图2.5)
- 教育。通过员工入职培训及工具箱来实现。
- 管理。通过内部人员调查及平衡计分卡来实现。
- 奖励。通过把企业的文化要素嵌入奖励系统中来实现。

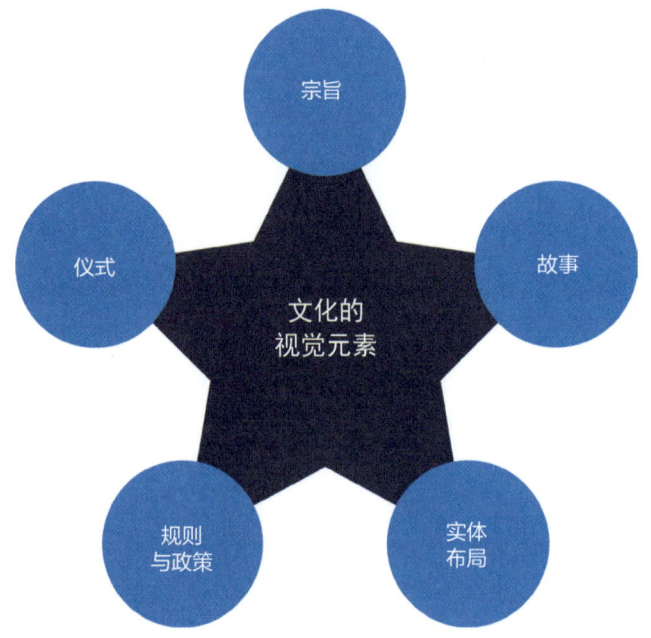

来源:塔利亚·鲍尔博士和贝林·埃尔多安博士的《组织行为导论》

图2.5 文化的视觉元素

让我们听听约翰·塞弗特(John Seifert)对新时期的创始人品牌的看法:"像IBM、通用电气、美国运通或福特这样的企业,它们往往始于创始人,比如C·沃特森(IBM)、亨利·福特(福特)。因此这些创始人与企业名、企业作为一个整体所代表的一切都有很强的联系,而这些,正是在一段历史时期内建立和传承下来的品牌资产和品牌故事。

"有一条金线贯穿于所有这些品牌,那就是它们都把定义公司的角色、责任、观点、行动、行为和绩效放在战略性的高度。

"爱彼迎和优步彻底改变了这种模式:他们用自己的品牌改变人们思考和行动的方式。这是数字经济和全球化的新现实。这与以往的模式不同:一家100多年的公司,它有一位创始人、一套哲学理念、一系列价值观和一种观点。新的模式是随着时间的沉淀,通过企业的经营方式、创造的价值和服务消费者的性质来建立的一个战略型品牌。这就引出了一个根本性的问题：未来的品牌建设将会是什么样的呢？

"这些年代久远、受人尊敬的品牌身上有很多值得学习的重要经验，特别是建立信任的经验。因为一个像爱彼迎这样的新时代的创始人品牌是很容易被另一个更可信的品牌复制和取代的。美国运通和其他企业的 CEO 显然被这些企业的问题淹没了，这些新时代的企业都想知道如何去建立一个可信的持久的品牌。"

企业的主营业务

部门或行业的特性和诉求在它们的企业文化中扮演着重要的角色（注6）。笼统地说，许多从事保险业和银行业的企业往往有一种基于稳定和规则导向的文化；而那些致力于高科技产业的企业更看重创新、灵活、快速采取行动，对规则和权威就没有那么关心；非营利组织则倾向以人为本。

正如前面所说的，一个企业的文化来源于它的创始人和领导人。在通常情况下，这些人有一个主营领域。

英国石油公司的领导者们多是力学或化学工程师。通常来说，他们倾向构建一种有序、保守、流程规范和层级结构的文化，在极端情况下，他们甚至将企业看作一个机器。而在另一个极端，软件开发创业公司拥有一种非常不同的文化观念，比如倾向打造一种更扁平的结构。

企业文化通过选择、训练、发展、评估和奖励得到巩固，而这些都与企业的主营业务相适应。

这并不是说企业的辅助业务领域就不重要，它们也能对企业的文化产生影响，但我们不能夸大这种影响，在紧要关头，专攻领域的文化比其他任何东西都重要（这确实会引发多样性的问题，但那是另一件事儿了）。

我们所处的社会

在我看来，并且也是一直让我惊讶的是，我们生活的社会（换句话说，我们的民族文化）仍然是企业文化的源头。它既是影响最深的，也是最不容易理解、考虑和管理的。

我在这一章开头提到过欧洲工商管理学院的多样化的文化，我们中大多数在全球化企业里工作的人都有过类似的经历。下面是我的另一段经历。

20 世纪 90 年代中期，当时我主管嘉实多欧洲（Castrol Europe）区业务。我的领导团队由这些人组成：丹麦人弗雷迪、英国人鲍勃、加拿大人罗伯、德国人托斯坦、意大利人切萨雷、奥地利人古斯塔夫和我这个法国人。我们这些人个性鲜明，都有极好的商业头脑，在公司被称为"最佳阵容"。然而由于在工作中我们没能有效地对企业文化进行更深入的理解，导致我们的实际工作处处存在着问题。我们都知道天堂和地狱的故事：在天堂，厨师是法国人、警察是英国人、机械师是德国人、情人是意大利人、银行家是瑞士人；在地狱，厨师是英国人、警察是德国人、机械师是法国人、情人是瑞士人、银行家是意大利人。在欧洲嘉实多，我们没有做到十全十美，并且我整个职业生涯中一些最深的伤疤就是那时候留下的。

文化是一个企业、品牌和营销的主要驱动力。虽然我的商业足迹遍布全球，有时候我觉得我懂了，可是时间越长我觉得在商业领域对文化有更科学严谨、更通晓透彻的应用越有必要。

民族文化的主要影响

接下来我们会围绕文化进行一些科学研究的调查。我要特别感谢国际跨文化管理培训研究所的汤姆·法德洪克（Tom Fadrhonc）和海伯·沃斯顿（Huib Wursten），他们的帮助使这一部分得以完成（注7）。

全球化并不意味着削弱文化差异

20世纪60年代早期，参与讨论全球化影响的人们认为，经济发展将会导致由消费者需求和品位的趋同引起的标准化。哈佛大学教授泰德·莱维特（Ted Levitt）的文章《市场全球化》经常被引用，文章说的是："世界的需求和欲望已经不可逆转地走向了同质化……"

2015年，斯坦福商学院进行了一项研究，考察了消费者在进行消费决策时，文化与个人知识或价值观念的作用。一般的文化知识是我们从父母和老师身上学到的价值观，他们是早年间对我们最重要的人。这些知识形成了我们的默认观念。

但是，我们也可能获得与这些已有的文化价值观念冲突的个人的或更多的一般知识。举个例子，一个在中国长大的女孩儿可能会认同与家庭成员保持和睦的重要性，但是在看了美国的文化偶像的照片后，她可能会穿一些她父母不喜欢的衣服。当压力迫使她快速做出判断时，她可能会倾向将自己的文化规范视为一种"默认值"；但是在仔细考虑时，她自己文化的某些方面又可能会动摇。这就和在危急时刻总是重新回归深层文化的企业一样。

欧洲工商管理学院的安德烈·劳伦（André Laurent）最近开展了一项跨越20个国家的商业研究，他询问管理者们："领导者们能回答下属的问题有多重要？"不同国家之间的差异是很显著的，如图2.6所示，有78%的日本人认为重要，而在瑞典，认为重要的人只占9%。

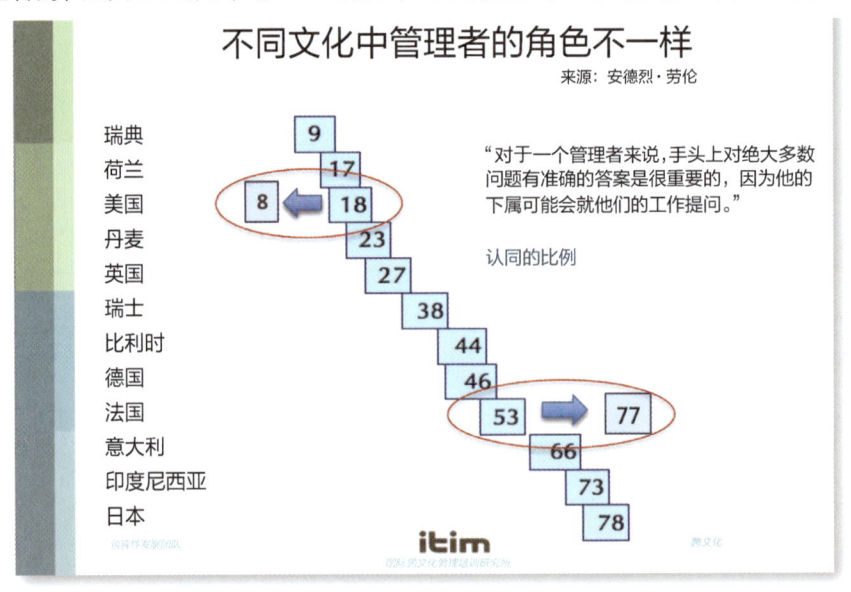

图2.6　跨国公司里民族文化的影响更重要

跨国公司的员工每天都与外国同事一起工作，当不同国家的员工被问及同样的问题时，差异明显增多。比如，在美国人中，认同的比例从 18% 降到 8%，而在法国人中，比例从 53% 增长到了 77%。

一个案例：民族文化的影响

与自来水相比，瓶装水是一种昂贵的产品，因此会有人认为，更富裕的国家消费得更多。然而，我们发现这与收入完全无关，比利时（或德国）的消费量大约比英国（或瑞典）多 8 倍。

为什么会出现这种情况？答案在于文化。决定因素是不确定性规避指数（Uncertainty Avoidance Index），这是一种用来衡量文化在应对不确定性时的舒适度的指标。分数越高，文化所需的确定性就越大。比利时和德国的不确定性规避指数都很高，所以他们需要瓶装水的确定性大也就不足为奇了。而另一边，英国消费者就更倾向承担自来水的"风险"。

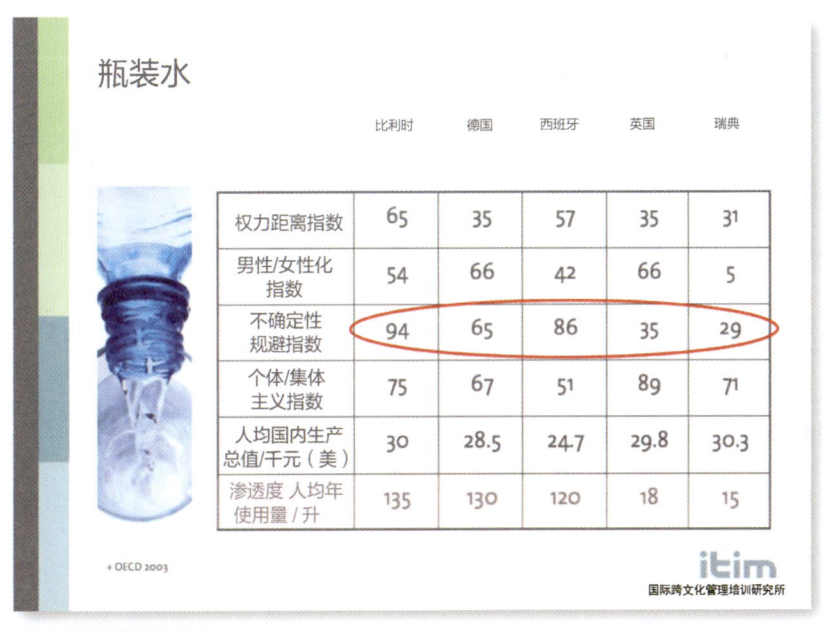

图 2.7　文化驱动瓶装水的消费

民族文化的科学

建立品牌需要共通的理解。可以将文化差异看成一个洋葱，有着不同的层次。洋葱的外层（符号、英雄和仪式）更直观，但也更浅显，正因如此，也就更可能改变。洋葱的核心代表深层次的文化和价值观念，是理解世界多样性的基础。

据《华尔街日报》报道，吉尔特·霍夫斯泰德（Geert Hofstede）是全球最具影响力的 20 个商业思想家之一，他主导了大量关于文化价值观念的研究项目。霍夫斯泰德在 0 分到 100 分之间对民族文化的维度进行了区分。原始的定量数据基于 IBM 的一项广泛研究，这项研究发放了 11.6 万份问卷，涉及 72 个国家和 20 种语言。这些结果通过来自不同学科的 40 多个后续研究得到了重新验证。每个国家的得分能够解释人们以及组织行为的差异。

让我们来看看霍夫斯泰德的 5 个文化维度（5D）及其对品牌、营销和广告的影响。

不确定性规避。这是指人们感受到来自不确定性和模糊性的威胁，并试图避免这些情况的程度。在不确定性规避性强的文化中，存在一种对建构生活规则的需要。专家们深信能力是一种强有力的价值。在不确定性规避性弱的文化中，人们往往更具有创新创业精神（见图 2.8）。

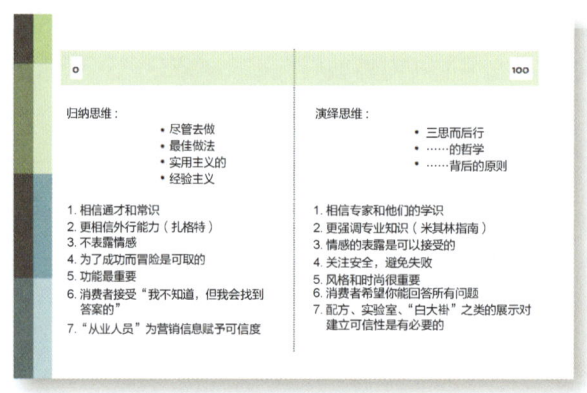

图 2.8　营销中的不确定性规避

在男性化文化中，主导的价值观念是成就、业绩和成功，地位显示成功；而在女性化文化中，主导的价值观念是关心他人及生活质量，她们的以人为本使"小"变得美丽，身份地位不那么重要。在男性化文化中，男性和女性的角色差异很大；而在女性化文化中，男女角色之间的差异就小得多（见图 2.9）。

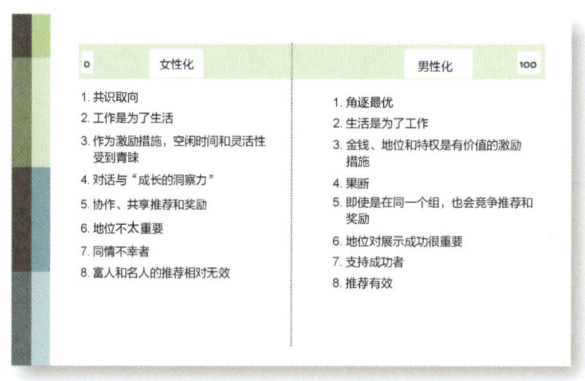

图 2.9　营销中的男性化与女性化

权力距离是一个社会中权力较小的群体对权力分配不均的接受度。在权力距离大的文化中，每个人都有他在社会中的正当位置，他们尊敬年长者并认为地位对展示权力很重要。在权力距离小的文化中，人们试着让自己看起来更年轻，有权力的人试图让自己看起来不那么强大（见图2.10）。

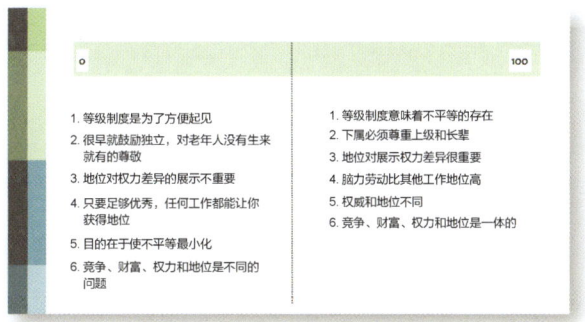

图 2.10 营销中的权力距离

在个体主义文化中，人们关心自己和他们的直系亲属；在集体主义文化中，人们属于照顾他们以换取忠诚的某个团体，一个人的身份是基于他所属的社会网络的。在个体主义文化中，沟通更直率；在集体主义文化中，沟通是含蓄的（见图2.11）。

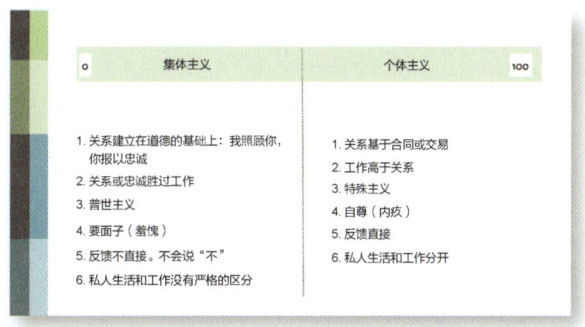

图 2.11 营销中的个体主义与集体主义

长期取向指标是衡量一个社会拥有一种务实的、着眼于未来的，而不是一种近期观点的程度（见图2.12）。

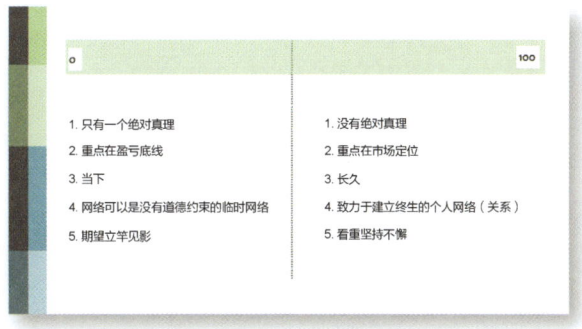

图 2.12 营销中的长期取向

如何应用文化科学去影响品牌和企业

所有这些对新兴的国际品牌意味着什么呢？要高效地建立一个跨国的战略型品牌，什么是应该做的？什么是不应该做的？

理想的结果是品牌在每一个国家都具有相同的含义——无论是在中国还是德国，美国或是阿根廷。包括耐克和可口可乐公司（以下简称"可口可乐"）在内的一些品牌被认为在一致性方面做得最好。

宝马的伊恩·罗伯森（Ian Robertson）详细阐述了汽车企业是如何在一致性和文化差异之间保持微妙平衡的。他说："我们不改变事物。企业所代表的一致性是不变的，不管是在德国，还是美国或巴西都是这样。我们唯一改变的就是表达的方式。所以，在中国，我们关注品牌的来源，因为持久在中国是一种强有力的价值；这种情况下，一个存在了100年的品牌很有可能取得更大的成功。"

正是因为记着这一目标，在面对文化差异时，我们就不可能为每一种文化都提供一种特定的执行方案。在仍能确保文化相关性的同时，我们需要规模经济。

高效地创建一个国际品牌：文化集群

因此，全球市场被划分为6个文化集群，日本市场作为单独的第7个。集群帮助企业组织它们的品牌和业务，以实现成本效益和跨文化的最大化影响，而不是把企业置于200多个国家及地区文化和它们的附属文化的变种中。

一个文化集群是指基于霍夫斯泰德的5D模型，共同拥有特定文化特征的国家群体。文化集群是基础的社会结构，它超越了人口统计特征、产业、社会和政府体系。6种文化集群对谈判、决策、消费者行为、企业家精神、激励、团队合作等问题都产生了影响，当然，也对品牌、营销和业务发展产生影响。

如图2.13所示，其中3个文化集群是"分层级的"（高PDI的），另外3个是"平等主义"的（低PDI的）。日本在等级结构中恰好处于中间位置，因此，它被作为第7种集群单独讨论。

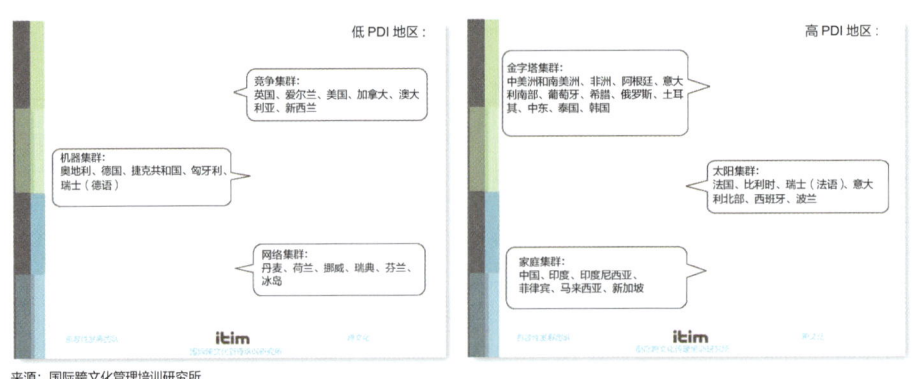

来源：国际跨文化管理培训研究所

图2.13　3个低PDI和3个高PDI的集群

让我们简要地分析一下这6种集群及每一种集群中的品牌影响。

文化维度的首字母缩写分别代表的是：

PDI：Power Distance Index（权力距离指数）；

UAI：Uncertainty Avoidance Index（不确定性规避指数）；

MAS：Masculinity Score（男性化指数）；

IDV：Individuality Score（个性化指数）；

LTO：Long-term Orientation（长期取向）。

集群 1：竞争集群

这个集群包括了盎格鲁－撒克逊国家，尤其是美国和英国。这里的关键是充分理解利己主义。涉及的文化在 PDI 上得分都较低，同时也是高 IDV、高 MAS、低 UAI 和低 LTO 的（见图 2.14）。

图 2.14　竞争集群

对竞争集群的品牌和营销启示：

1. 竞争和展示胜利都被视为积极的。展示成功人士的获奖感言能起到激励效果。成功孕育成功。说"我是最棒的！"并不会被视作夸耀。

2. 向人们展示为了成功而勇于冒险是积极的。创业行为被高度肯定。地位象征被视为激励性的。

3. 从业者的陈述比专家的声明更能得到肯定。思想是"归纳"的。通过分析实际案例，总结出什么是"最佳实践"。专家们的可信度较低，是因为他们被认为过于"学术化"，比如扎格特（Zagat）方法就比米其林（Michelin）指南更受欢迎。

竞争型集群中具有文化意识的品牌表达的一个例子是喜力公司的名为"演讲"（The Speech）的广告。该广告由盖伊·里奇（Guy Ritchie）执导，何塞·穆里尼奥（Jose Mourinho）主演。广告把曼彻斯特联队的足球经理打造成一个"上帝"般的角色，在一个暴风雨照亮夜空的背景下，他在纽约的一个屋顶上大跨步地走，"今夜，你们不扮演雄狮，因为你们是泰坦巨人，"穆里尼奥说，"因为今夜是比赛之夜！"当他为他的球队准备演讲时，穆里尼奥是男子气概和领导力的缩影，而这就是胜利的全部要素（注 8）。

同样，耐克的"如果你让我参加体育运动"（If You Let Me Play Sport）的广告颠覆了男性竞争的概念，它传达了一个强有力的社会信息，即体育对年轻女孩的好处，尤其在自尊心方面（注 9）。

集群 2：网络集群

该集群包括了荷兰和斯堪的纳维亚半岛的国家。它们共有的特征是：低 PDI，高 IDV，低 MAS，低中等 UAI 和低 LTO（见图 2.15）。

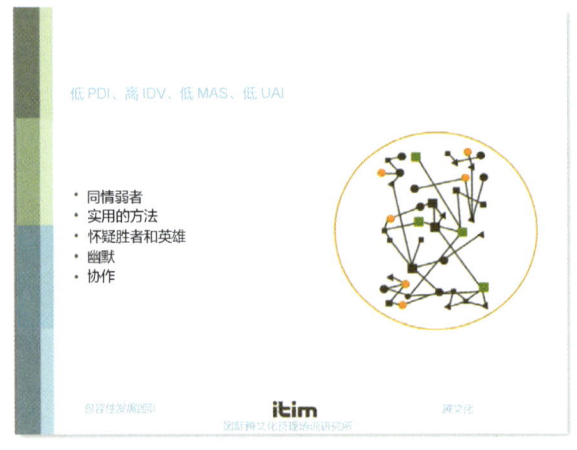

来源：国际跨文化管理培训研究所

图 2.15　网络集群

对网络集群的品牌和营销启示：

1. 人们怀疑"赢家"，同时同情不被看好的一方。这很快被视为吹牛，最好是能展示一些关于"输家"的幽默情景。

2. 协作是首选，竞争行为让人不安。这个集群更希望看见成功的人表现得"普通"一些，并且在发言时谦虚一点。

3. 实用的证据比专家的证明更可信，普通人的证词比学术性的"证据"更受欢迎。

4. 不喜欢身份地位的象征物。现实生活中，人们喜欢把身份地位显赫的人作为讽刺玩笑时的调侃对象。

网络集群中具有文化意识的品牌展示的一个例子是大众汽车的广告，广告中一个十几岁的男孩和他的父亲去买他的第一辆汽车，一辆二手的大众高尔夫。卖方是一位看上去善良的老夫人，当这位父亲检查汽车时她笑得很慈祥。他想他们碰上好事儿了，这位老夫人以前驾驶它的时候一定小心又谨慎。但是回忆以倒叙的方式呈现了这位老夫人对这辆车的真实使用情况：手刹转弯、闯红灯、特技过桥。老夫人看起来很开心，而父亲和儿子也高兴地把车开走了，并不知道这辆车狂野的过去。标语是："并不是每一个老夫人都值得信赖。幸运的是高尔夫值得。"大众高尔夫的可靠性和长寿命在广告中通过滑稽的讽刺被唤起，让人想起喜剧小品和黑色幽默（注 10）。

集群 3：运转良好的机器集群

该集群包括德国和奥地利。该集群最重要的特征是低 PDI 和高 UAI 的结合，这导致了一种对于结构的内化需求（见图 2.16）。

图 2.16 机器集群

对良好运转的机器集群的品牌和营销启示：

重视专业知识和专家人才。可信度非常重要，这就需要结构和精确。与消费者的接触应该是精准的、真实的、有组织的。对于这类文化来说，关键是建立可信度，这就需要有专业知识的人来支持产品或服务。质量缺陷应该以快速、规整、专业和有保障的方式得到处理。

1. 专家方法。人们的思维是演绎的，应该对专家给予最高的尊重。有学术头衔的人比非专业人员或从业者更可信。白大褂作为科学证据的象征受到认可，某一产品的资深"用户"也能作为一种可靠的来源。

2. 人们高度肯定系统的方法。正是这种对于结构的内化需求定义了这个集群。

3. 身份对于展示成功很重要。诸如昂贵的手表、服饰和跑车这些象征物是被认可的。

运转良好的机器集群中具有文化意识的品牌展示的一个例子是奥迪汽车公司（以下简称"奥迪"）的"领先科技"（Vorsprung durch Technik）广告。场景发生在一个具有未来主义、外观抽象极简的实验室里，这是奥迪设计汽车的地方。一位看起来年长的人，带着一股工程和设计"专家"感，正在通过高科技 3D 媒体观看奥迪的工程历史。在他扮演的魔术师角色的带领下，观看者看到了奥迪设计中各种各样的一等品，给人一种近乎"魔法"的感觉。在广告的最后，观看者从实验室里出来，看到了当下的奥迪汽车，"'领先科技'的口号不是说说而已，"画外音说道："驾驶一辆奥迪汽车，你就领先了 100 多年，这意味着在问题被提出之前，你就已经在寻找答案了。"整个广告是一个踏实、充满激情的承诺，即通过最先进的工程保持领先（注 11）。

集群 4：金字塔集群

该集群主要是土耳其、墨西哥、葡萄牙、俄罗斯和非洲国家。共有的价值观念是高 PDI，低 IDV，以及高 UAI、MAS 和不定的 LTO（见图 2.17）。

图 2.17　金字塔集群

对金字塔集群的品牌和营销启示：

1. 权威很重要。来自重要人的信息能产生巨大的影响。

2. 人们欣赏风格。在高 UAI 国家，人们通常对行为标准印象深刻。因此，礼节和行为规范被视为是积极的。

3. 专家方法。和运转良好的机器集群一样，人们的思维是演绎的，并且尊重专家。有学术头衔和科学证据的人更能得到认可。

4. 年长的人比年轻的人更可信。年龄等同于智慧。

5. 间接的信息更受欢迎，也更文明，因为确保人们不丢面子是一个现实问题。

金字塔集群中具有文化意识的品牌表达的一个例子是俄罗斯电视台上关于宝路品牌狗粮的一个广告。公园里，一个恶霸和他的忠实追随者们在恐吓小孩子。忽然，这个恶霸看到一个小男孩儿拿着些什么东西，要求看看是什么。小男孩儿松开他的双臂，露出了一只小狗。即使对一个恶霸来说，小狗也很可爱。看到它的第一眼起，恶霸就被融化了，他抚摸它、宠爱它，他的那帮忠实跟班也都那样做。回到家后，小男孩给这只小狗喂一碗宝路品牌狗粮，这时画外音响起："狗让我们变得更好，我们也努力为它们做到最好。宝路：为了那些让我们变得更好的事物。"这个广告是金字塔集群中的典型，一个"爱"胜过"恨"的温和案例，小狗的可爱让等级顶端的恶霸都变得更好了（注 12）。

集群 5：家庭集群

这个集群包括中国和印度，并且在很多方面与金字塔集群相似。两者最大的区别在于家庭集群的 UAI 较低（见图 2.18）。

图 2.18　家庭集群

对家庭集群的品牌和营销启示：

1. 低 UAI 意味着家庭集群中的变化比在金字塔集群中更快、更灵活。结构和规则更少。这让该集群很容易实现改变。

2. 年长的人比年轻人更可信，年龄与智慧等同。

3. 同金字塔集群一样，间接的信息更受欢迎，也被视为更文明，不丢面子是关键。

4. 权威很重要。来自重要人物的信息会被服从，并且重要人物有地位。

家庭集群中具有文化意识的品牌表达的一个例子是大卫·贝克汉姆在中国为捷豹汽车拍的一个电视商业广告，这个广告由马修·沃恩（Matthew Vaughn）执导。广告以过去那种黑白色彩开始，大卫·贝克汉姆准备驾驶一辆老式捷豹汽车参加比赛。之后，贝克汉姆驾驶着不同的捷豹汽车穿过不同的具有戏剧性的地形，广告的画面也逐渐过渡到了彩色。这趟旅程于伦敦结束，他排在一队捷豹汽车的最前面，带领着大家从威斯敏斯特桥上经过，跨过了泰晤士河。广告在他的画外音中结束，说的是："永不止步。"在中国，贝克汉姆是一位体育偶像，他在捷豹汽车的广告中出现，为这个品牌带来了声誉。他展示了家庭集群中的关键价值观念，即忠诚、仁慈、家长作风、性能、威望，这些也正是捷豹汽车公司想要通过他传递出去的（注13）。

集群 6：太阳集群

该集群包括法国和比利时。该集群与金字塔集群和家庭集群最大的不同在于它 IDV 高。这会产生张力：当老板在场时，人们会遵从老板的指令，但是当老板离开时，他们更倾向于遵从自己的方式。

图 2.19　太阳集群

对太阳集群的品牌和营销启示：

1. 人们高度认可风格。在高 UAI 国家，人们对行为标准印象深刻，所以正式和时尚的行为是重要的。

2. 专家方法。人们是演绎思维，非常尊重专家。有学术头衔的人更可信，白大褂作为科学证据的象征被看重。

3. 人们欣赏理智的方法。人们的思维方式是演绎的、"笛卡儿式的"，人们喜欢知识分子楷模。

太阳集群中具有文化意识的品牌表达的一个例子是意大利阿尔法·罗密欧（Alfa Romeo）汽车公司的一个商业广告。一个成功的商人驾驶着他的阿尔法·罗密欧汽车去圣彼得堡机场，为了赶上私人飞机去柏林参加一个重要的会议。然而，天气很糟糕，雪很厚，飞行员告诉他飞机不能起飞。商人看着私人飞机的机组人员，然后打开了他的导航系统，他一边问了句"你确定？"，一边驱车开始了他去柏林的旅行。私人飞机机组人员、美女的注目，更不用说阿尔法·罗密欧汽车本身，这些象征着成功和声望的东西都围绕着他。这个广告浸满了个人风格、走自己的路、阳刚之气和身份地位，因为这位商人有能力实现别人做不到的事情（注14）。

概括起来，对文化科学的高度重视，对集群和细分的严格实践，让企业能够有办法高效地利用资源，实现自己的品牌目标。

集群 7：日本

日本因其独有的特征被视为第七集群。让我们看得更详细一些，因为深入了解日本文化能够为接下来提到的丰田品牌故事提供一个有用的背景。

日本文化

中等 PDI 及中等 IDV

日本文化集群综合了中等 PDI 和中等 IDV。

中等 PDI 意味着管理既是自上而下的也是自下而上的，每一个层级都能做出决策，因为中级的管理者是有权力和影响力的。鼓励员工发挥主动性，尽管最终的实施取决于主管的批准。

相对于其他亚洲国家，中等 IDV 让日本成为最具个人主义色彩的国家。但与西方国家或者盎格鲁－撒克逊国家相比，它又是一个高度的集体主义的国家。关系和信任是成功的重要因素，并且和谐永远不应该被打破（见图 2.20）。

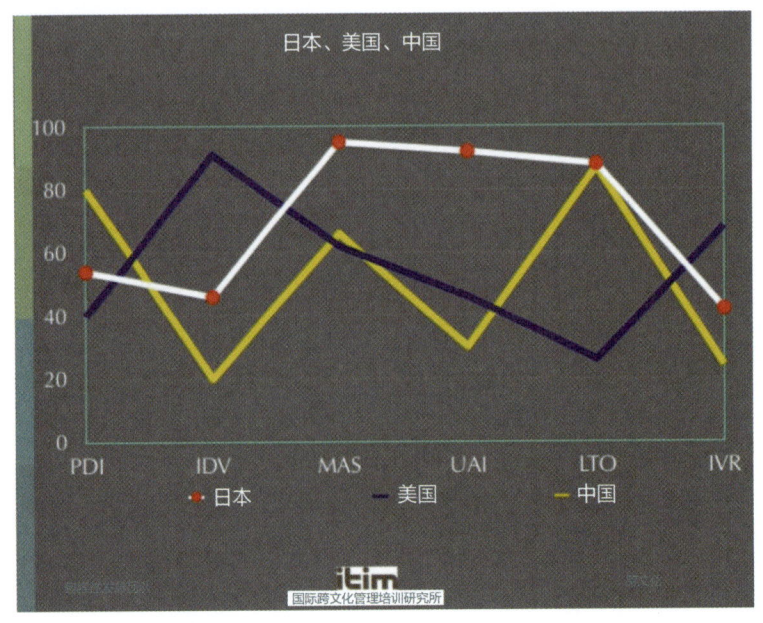

来源：国际跨文化管理培训研究所

图 2.20　日本与中国和美国的文化概况对比

中等 PDI 和中等 IDV 结合的结果体现在文化引导实践上，尤其是"报联商"（Ho-ren-so）和"根回"（Nemawashi）。

- **"报联商"：报告、联系、商量。** 一种反复的工作方式展示了日本上级与下属之间互动的特性。He-ren-so 基于这样一种工作观念，即工作是上级与下属作为一个团队的协作。其中下属牵头，上级以提供修正和改进建议的形式提供指导。
- **"根回"：建立共识。** 通过与决策制定小组中每一位成员一对一讨论建立共识，通常在正式会议之前进行。在日本，高层人士希望在正式会议开始之前能够对新提案提出建议、有所输入。如果在会议期间他们发现自己是刚知道某件事，他们会觉得自己被忽视了，那么他们就可能会仅仅因为这个原因而驳回该提案。

高 MAS 和高 UAI

日本也具有高 MAS（男性化指数）和 UAI（不确定性规避指数）。日本人活着是为了工作，事业排在家庭前面。组内的竞争以及成为最优（一番或 No.1）是很重要的，失败是不被容忍的。日本人通过经过反复考验的方法力求完美。

高 MAS 和 UAI 的结果反映在很多受文化引导的实践中，包括以下几点。

- **以诚待客（Omotenashi）。** 不仅仅是殷勤好客，完全是一种无私的待客之道。这种方式在申办 2020 年东京奥运会中得到了体现。
- **造物（Monozukuri）。** 技艺精湛的手工艺人将他们的全部身心投入到作品中，不计时间和成本，力求完美。"Mono"是制造的物品，"Zukuri"代表制作的行为。但是"Monozukuri"意味着简单地制作东西，最能表达这个意思的单词应该是"工艺"。
- **持续改进（Kaizen）。** 不懈地追求改进。渐进式的持续改进系统很大程度上归功于传统的手工艺人。作为一种力争完美的强效方法，这种方式已经闻名全球了。
- **武士道（武士守则）。** 新渡户稻造（Inazo Nitobe）将武士道描述为"刻在心上的道德准则和法律准则"。准则的核心是荣耀、纪律、礼仪（以礼待人或尊敬他人）和责任。

书面请示（Ringi）系统包含中等 PDI、中等 IDV、高 UAI 和高 MAS，是一种多层次决策达成共识的系统，每一个人都需要用他们的签章或个人私印在某一确定决策上签署同意。这种正式的、高度仪式化的系统，源于日本的高 UAI。

日本的独特文化对社会和品牌有相当大的影响。概括来说，日本文化重视和谐、协作以及对完美的追求，当然，这样说也许过于简化了。具体可见图 2.21。

日本历史

日本的独特文化源于它的历史。这里只说特别有启示性的一个方面。1600 年，在很长一段几乎无政府状态的时期之后，幕府将军德川家康推动了国家的重新统一，成功建立了德川幕府。德川幕府在 1633 年颁布锁国政策（或称"锁国令"），阻止外国人进入日本，违者处以死刑。这一政策同样阻止了日本人离开日本。这一状况持续了两百多年，一直到 1852

年才有所变化。

来源：国际跨文化管理培训研究所

图 2.21　和谐、协作和完美的日本文化

日本的军事统治、社会秩序、互相依赖、长期的自我孤立、对威胁的恐惧等，很大程度上解释了日本文化的独特属性。

对日本品牌和营销的影响

日本品牌的独特优势在于其具有达到完美的能力。日本人渴望经过一段漫长的时期能够将产品改进到卓越水平，这印证了它的高 UAI 和 LTO。一个很好的例证是，日本的火车晚点时间大约是每年 7 秒，这正是完美的修正和改进的结果。

由此而来的是，日本并不在最具有创新性的国家之列（见全球创新指数）。盎格鲁-撒克逊世界中的高 MAS、IDV 和低 UAI 解释了快速创新、精准在后的动力和速度。这与日本的文化恰好相反，体现在其中 PDI、中 IDV、高 MAS 及高 UAI 上。

在美国，相机、复印机、电话和汽车这些创新产品，主要销往大众市场。原本，硅谷和其他类似的地方被视为全球创新的中心，然而转变已经发生了。美国的公司，比如施乐（Xerox）公司和柯达（Kodak）公司，以及在较小程度上的三大美国汽车企业，都面临着来自日本竞争对手的挑战，因为日本企业已经完善了他们的发明，成功地给市场带来了高质量、令人满意的产品。

日本品牌，也包括其他立足于日本的品牌，一定是"生于日本文化"的，这意味着它们必须反映、灌输以及投射日本文化的精髓。

日本的非日本品牌中具有文化意识的表达的一个例子是耐克的一个广告。日本小学生的声音在吟诵着日本价值观的晨经，包括"不推进、不破坏""不偏离自己的道路""不要试图做你做不到的事情"，画面呈现的是年轻人用跳舞、足球、瑜伽、篮球、跑步等不同的运动方式表达自己，每种表达都赞美个性，并将自己推向极限。随着场景继续，进入一个狂热的结尾，吟诵在重复"清楚你的位置"中达到高潮。"不知本分，尽管去做"，这与广告中不断重复的吟诵内容完全相反，在广告信息中达到顶点。这个广告一方面颠覆了一个特别传统的日本价值观（清楚你的位置），另一方面，又与日本的深层文化相连，并且承认这种文化。本质上，耐克鼓励个人表达自己的同时也尊重他们自己的文化（注 15）。

战略型品牌：丰田

日本文化的背景对于丰田品牌的成功是一个有益的基础。我们选择丰田作为我们在"文化与真实性"方面的战略型品牌典范（见图 2.22）。

来源：丰田及世界拉力锦标赛

图 2.22　与丰田联名的世界拉力锦标赛获胜车

一段长期的关系和友谊

我与丰田的关系开始于 25 年前，那时我是嘉实多法国（Castrol France）的首席执行官。我们想要与高质量的原始设备制造商合作，而丰田名列榜首。就这样，我们开始了与亨利·库姆（Henri Combe）和让·保尔·韦雷特（Jean-Paul Verret）的长期合作关系，他们是当时丰田法国（Toyota France）的领导者。当我成为嘉实多欧洲（Castrol Europe）的首席执行官时，我负责与丰田的合作关系。我们在很多方面成了搭档，最明显的就是在世界拉力锦标赛（WRC）上，我们一起赢得过几次冠军。1994 年迪迪埃尔·奥里奥尔（Didier Auriol）夺得梦寐以求的世界冠军头衔时，我也在其中担任具体事务。

2000 年，英国石油公司收购嘉实多两年后，约翰·布朗和我当时的企业老板约翰·曼佐尼（John Manzoni）支持我成立了英国石油战略客户部。与丰田建立伙伴关系是一个主要目标，但这也是一个挑战，因为英国石油在日本没有品牌露出，之前与丰田也没有任何有意义的联系。相反，丰田与埃克森美孚有长期的合作关系，因为他们帮助埃克森美孚在战后重建了业务。

但是英国石油公司有两项特色资产：超越石油及战略客户。

超越石油：英国石油的品牌与丰田的可持续交通的愿景非常契合，这一共识引领两家企业为低碳经济采取了一系列措施。其中一个就是世界可持续发展工商理事会（WBCSD）。

多年来，我们共同领导了一项跨部门的工作，为可持续交通开辟了一条行业道路。2003年，全球大部分的交通和能源企业完成和批准了一份关于"2030年交通"的报告，也就是所谓的可持续交通项目组一号（SMP1）报告。10年来，我代表英国石油公司参加世界可持续发展工商理事会（WBCSD），与丰田的同事们不断地为我们行业共同的、相互关联的未来而努力。

在那里我与斋藤博士（Dr. Saito）、丰田章一郎博士（Dr. Schichiro Toyoda）以及赵先生（Mr. Cho）有无与伦比的关系。让我感到非常自豪的是，与丰田博士共同主持了世界可持续发展工商理事会里的另一个分水岭项目，该项目于2009年发布，是关于城市交通的，题为"交通促进发展"。

来源：中川辉之（Teruyuki Nakagawa）

图2.23　2012年伦敦奥运会上，向安妮公主介绍丰田博士

这些年我与很多丰田的同事都建立了深厚的友谊，包括渡边广由岐（Hiroyuki Watanabe）博士，他于2016年2月不幸离世，我在这本书中向他致敬。

战略伙伴关系： 英国石油公司战略客户部的目标是建立战略型关系，并在长期内促成转变的共同价值。在与伦敦的丰田公司进行早期交易后，一位杰出的伙伴关系经理，中川辉之（Teruyuki Nakagawa），被任命为延续这份关系的负责人。这是一场马拉松，我们从作为"ichiguen"（在日语中，就是"不太受欢迎的一次性访客"）的劣势位置起跑。但是英国石油有一个愿景，就是"超越石油"。它对全球能源拥有一个战略性的见解，在燃料和润滑油方面具有技术能力，在产业和市场上都有良好的足迹。通过从整合移动战略和联合技术的角度来处理这种关系，多年来我们逐步发展我们的伙伴关系，直到它成为我所经历过的最深刻、最令人信赖的伙伴关系之一。

多年以来，我坚持工作，对丰田的领导人产生了深深的敬意，尤其是斋藤博士（Dr. Saito）、泷本先生（Takimoto-san）、冈本先生（Okamoto-san）、奥田先生（Okuda-san）、内山田先生（Uchiyamada-san）（普锐斯之父、现在的丰田汽车公司董事长）和很多他们的其他同事。

简言之，在很长一段时间里，我有机会从内部体验丰田，看到他们的领导人在行动，发现他们的视野和品质。我对丰田公司的信任源于其贡献社会的两种方式：提供一流的汽车和移动解决方案；努力成为一种持续强大的力量。

丰田：源于文化的终极真实性

这关于丰田的终极真实性。他们就是他们自己，所见即所得。正如之前所说，他们的真实性来自企业最根源的文化，这也使得丰田成为一个模范品牌。

丰田作为一个品牌，它的真实性和一致性体现在战略型品牌六大要素上有着最高得分。战略型品牌的这6个要素分别是：切实的原创文化、清晰的目标、以人为本、伙伴协作关系、战略引导以及值得信赖（见图2.24）。我亲眼观察到了这些方面是如何相互加强来呼应丰田的深厚文化的。

切实的原创文化。 我从未见过像丰田这样根基如此深厚的企业。它与日本的关系是牢固的，并继续唤起丰田佐吉（Sakichi Toyoda）的原则。只需要参观丰田市的丰田博物馆，你就能发现这一点。丰田的董事长内山田竹志（Takeshi Uchiyamada）告诉我们："我在丰田工作了40年了。丰田的思维方式完全受其创立方式的影响。丰田始于丰田佐吉（Sakichi Toyoda）的发明，他成立了丰田自动织布机公司，现在是丰田工业（Toyota Industries）。他的儿子，丰田喜一郎（Kiichiro Toyoda）想要在日本建立一个汽车产业，不仅仅要发展汽车，还要发展整个产业。如今，丰田内部势不可挡的文化就是喜一郎遗赠的延续：迎接挑战以创造一些全新的东西，并支持那些接受挑战的人。"

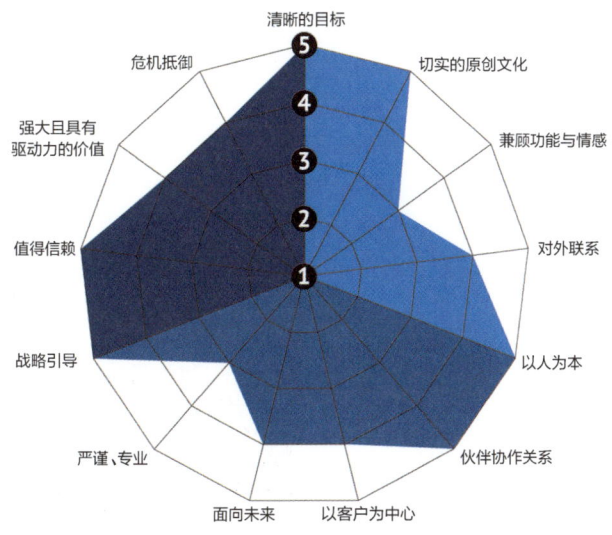

图2.24 丰田的持久战略型品牌要素

丰田汽车公司执行副总裁兼董事会成员迪迪埃尔·勒罗伊（Didier Leroy）也强调了丰田深厚文化底蕴的重要性（见图2.25）："重要的是记住我们的过去、我们的价值观以及与之相符的行为。我们生活在一个数字化的世界。联结和速度非常重要。对于丰田来说，这事关如何在世界立足，如何预测这些因素，如何在处于这种环境下的社会中运作，以及如何应用一贯的思维和分析，因为未来是不确定的。我们在一个发生着巨大变化的环境中工作，需要坚持一些基本的价值观念，这些价值观念在过去一直是公司的优势。这就是一家总在寻求最新趋势、忘记过去的公司与一家建立在坚实基础上的公司的差异，它受到过去的启发但仍然保持敏捷、灵活且适应性非常强。

"对于自身从日本社会中得到的东西,丰田保有深刻的感受。多年来,丰田的成长受到了日本客户的大力支持。因此在我们做的每一件事情以及我们现在所有的一切中,回馈社会、为日本社会以及这个国家的生活做贡献的观念非常强烈。其中有情感性的一面。丰田内部很多人问我,我们如何才能巩固日本社会在世界上的形象?丰田在2020年东京奥运会和残奥会上的角色会有助于实现这一目标。

"我们的文化源于这样的事实,即我们总是想要共同前进。你永远不能停下并且说你是最好的,因为总有进步的空间,归根到底,我们是一家永远不会满足的公司。"

杰克·霍利斯（Jack Hollis）是丰田汽车北美地区集团的副总裁兼总经理,让我们听听他对这种文化是如何显现的看法,"我热爱为这家永不停歇的公司工作。我们从来不说:'我们做到了,事情已经结束了。'这不仅仅是丰田持续改进的经营理念'Kaizen'（经营方法改善）,更是这样一种理念,我们想要的东西是遥不可及的,因此我们需要不断进步。

来源:丰田汽车公司

图2.25　丰田全球发展愿景的"根与果"之树

"不利的一点是,我们常常在等待行业创新,我们总是努力想要成为质量最优者。但是有句话是这么说的:'测量两次,裁剪一次。'有时我们公司甚至在最终裁剪前量了五六次,也正是因为如此,有时我们行动起来就很迟缓。

"现代社会更容易接受错误,但是丰田的深厚文化（尤其是在日本）并不接受错误,一次也不行。这就引出了一些问题,某些文化也许会在未来限制某些创新或冒险行为,而那是我们再一次加速成长的机会。我们应该尊重这些错误,它们是冒险旅程不可或缺的一部分。这是日本文化中仍需要改变的部分,而（丰田）章男［Akio（Toyoda）］正是这样做的。他提倡冒险，这是我在丰田 25 年来所经历的最令人鼓舞的事件之一。"

丰田的社会愿景和目标直接源自其文化。让我预先声明一个个人偏见：我曾在行动中多次看到这一目标，它是由丰田的领导阶层所拥有、规划和体现的，正是这一目标让我成了这个品牌的忠实朋友（意图清晰）。

迪迪埃尔·勒罗伊说："丰田在情感上与其提高和改变人们生活的愿望紧密相连，包括出行和很多其他的方面。

"这种愿望转变成对当今世界问题的理解。丰田希望让每个人都能继续前进，为他们提供交通便利，为老年人提供交通支持，帮助他们负担起家庭护理，改善空气质量，减少交通事故。

"丰田致力于提供改善子孙后代生活的解决方案。我们想要促成一个更加美好的世界。我们可能还提供不了最终的解决办法，但也许我们在理解如何解决这些问题方面处于世界领先地位。人们问我'你想要怎么做？'答案是：与全球社会相互影响，相互学习。"

杰克·霍利斯完全赞同这种观点："在美国，我的做法是增进对公司代表什么以及我们为什么存在的理解。我从丰田先生和迪迪埃尔·勒罗伊那里听到的，也是我从心底相信的是：我们的存在是为了长期改善每个人的生活。

"我们在世界各地拥有不同的品牌标语，但是它们全都有一个中心，那就是丰富每一个人的生活，创造一个更美好的社会和一个更优秀的丰田。"

以人为本。丰田公司最有趣的一点是，它是少数几家极少传达其价值观念的公司之一，这是我是在几年后才意识到的。相反，丰田用行动和预期行为取代了理论和言辞，为员工提供了一种发现和拥有自身价值观的方式（见上文罗比·加丹加："文化是组织的行事方式"）。换句话说，丰田没有就它们的价值观给出一个理论性观点，而是旨在让公司的每一个人都践行这些价值观。因此，"丰田之路"不单涉及原则，还涉及做事的方式。这些强大的行动和行为准则见图 2.26。

1	坚持立足长远的哲学理念，即使以短期的财务目标为代价也在所不惜。
2	建立不间断的工序流程以使问题浮现。
3	运用"拉动式"系统，避免生产过剩。
4	平衡工作量，要像乌龟而不是兔子那样工作。所以，要最小化浪费，不要让人员或装备负荷过重，也不要产生不平稳的生产水准。
5	暂停以解决问题，从一开始就重视品质。品质优先。
6	标准化的任务和流程是持续改善和员工授权的基础。
7	运用可视化管理，使问题无处隐藏。
8	仅使用可靠的、经过充分测试的技术来协助员工及生产流程。
9	培养这些人成为领导者：他们能完全理解公司的事业、践行公司的理念，并能把这些理念教给其他员工。
10	培养遵循公司理念的杰出人才与团队。
11	重视合作伙伴与供应商延伸网络，对他们提出高要求，并帮助他们变得更好。
12	亲自到现场查看以彻底了解情况。
13	做决策时慢慢来，努力达成一致，充分考虑所有选择；执行决策时要迅速。
14	通过不断的反思与持续的改进成为一个学习型企业。

来源：引自杰弗瑞·莱克的《丰田之路》，麦格劳·希尔出版社，2004

图 2.26 "丰田之路"的 14 条原则

这些原则为丰田内外的所有人提供了实际有用的指导。它们支撑着丰田的业绩、明确的目标及最终的真实性。

让我们听听迪迪埃·勒罗伊的说法："价值观和行为之间有很强的关联性。丰田不是一家从理论上吸收想法的公司，因为人们无法理解或掌握抽象概念，相反，他们必须亲身实践这些想法。这是日本人思维方式的一部分。看看日本人在软件方面的表现就知道了，我们不擅长完全抽象的工作。如果你让我们编写五行代码，我们的效率会降低，因为它过于理论化。然而，要制造世界上最好的集成电路，我们完全能胜任。我们制造的集成电路具有极高的精准度、质量和严谨性，是其他地方的产品都无法比拟的。但是普通的日本人没有受过理解复杂概念的训练。

"这意味着，如果不影响个人行为，绝大多数人将无法理解任何价值观。因此一个公司的价值观必须反映在其员工的行为中。'丰田之路'来源于公司的非凡起点：最初的想法是围绕着人，与他们合作，理解他们的问题并参与寻找解决方案。这不仅是一种工具，还是一种方法论，它是一种思维方式和一种绝对非凡的生活方式。"

这也与卓越的领导能力有关。丰田董事长内山田竹志的故事就是一个例子，故事讲述了他开发普锐斯的挑战性历程：

"在'丰田之路'中，你会找到非常重要的关键词，比如'团队合作''尊重'，而我最喜欢的词是'挑战'。

"作为开发普锐斯的总工程师，我的经验告诉我，人际关系中的信任是成功的重要因素。即使你不知道结果如何但仍试图取得进步，这是很可怕的，就像我们做普锐斯一样。在这样的情况下，信任关系是至关重要的。我是一名工程师，当我认为某人的想法是错误的时，就可能会和同事之间有一些争论。我总是很直率地表达我的观点，所以讨论会很激烈。然而，如果我不能说服别人认同我的想法，我就会让自己保持开放的态度，接受他人的意见。

"在类似开发普锐斯这样的风险项目中，我们通常会提出后备计划来支持主导计划。然而，在这种特殊情况下，我们将后备计划完全最小化了。这意味着，如果一个工程师提出一个好的策略，那么我将全盘采用，并对他说'你的计划非常好，所以我们将采用它'。我总是会面对面地做这件事，因为我认为，当总工程师直接告诉你那些话的时候，明显会让人更有动力。"

迪迪埃·勒罗伊基于这个想法，表达了我一直以来的感受："管理就是在团队中创造信任的氛围，这样他们才会想与你一起，为你、为这个公司、为一个共同的目标而工作。因为你能创造一个他们想去的地方，即使这是一份标准的、无趣的、重复的或者累人的工作，而你的目标是赋予人们以及他们所做的事情以意义。丰田的价值观之一是给每个人以挑战，无论他们处于什么样的水平，这个挑战与他们的技能相对应。丰田的两大支柱是持续改善和尊重，但这是对尊重的一种非常不同的理解：它意味着通过给予某人与他能力水平相适应的挑战来尊重一个人。我认为这是（西方）社会已经丧失并且需要恢复的东西。"

伙伴协作关系。丰田认为合作符合其真实性、清晰的目标、以人为本的方式，这不足为奇。作为英国石油战略合作伙伴关系的领导者，十多年来，我感受到了丰田的尊重、承诺和独创性。以下是内山田先生的观点："当我们与企业结盟时，我们总是思考我们是否能够与那些企业建立中长期的信任关系，而不仅仅着眼于短期的经济效益。如果丰田公司对短期利益更感兴趣，金融投资者也许会更喜欢它。但是我们并不这么认为，我们认为更重要的是与这些企业建立尊重和信任的关系，因为这使得我们能够以一种开放的方式共享策略并分享数据。如果我们不以长期关系为目标，我们就不会如此开放。坦白来说，如果一家咄咄逼人、急于求成的公司向丰田提出一项有吸引力的提议，不管这个提议多有吸引力，我认为我们都不会接受。"

战略引导。鉴于以上讨论的所有内容，现在我们需要看看这些特征是如何形成和引导战略，以及这些战略是如何实现的，尤其是在企业的全球增长过程中。

丰田的通用战略是成本领先的结合。初次质量、最小浪费、库存、响应时间等；所有市场细分的差异化；以及地理和市场渗透，增加新市场的份额或向新细分市场销售。但是，丰田有目的的长期方针超越了这一切，着眼于未来的交通和低碳社会。正如丰田在网站上所说："通过对传统技术的改进，以及在运用新兴技术方面的先驱性努力，丰田在开发环保汽车方面采用了重大步骤，这将帮助我们成为一个低碳社会。"

我所见过的最令人印象深刻的战略行动之一来自丰田章男（Akio Toyoda）。章男先生在 2009 年接管丰田，当时正值全球经济低迷之际，也是多年来丰田公布它首次年度亏损之后不久。他很快就面临着"意外加速"危机以及 2009 年和 2010 年在美国的召回事件，日本和泰国发生海啸，地震使得生产线被切断。在 2013 年的下半年，随着动荡时期的结束，时机来临，他分享丰田如何再次发起进攻。这是他在 2013 年 11 月 11 日接受《汽车新闻》（Automotive News）的采访时说的几句话：

"丰田汽车的年销量已接近 1000 万辆，全球没有一家汽车制造商的销量超过 1000 万辆。但是现在的丰田不追求销量。继续进攻意味着制造更好的汽车以及改变我们生产汽车的方式。我们销量的增长超过了我们人力资源的发展，我们正努力培养那些能够思考和理解拥有竞争力和可持续增长真正意味着什么的人。销量会成为结果，但它并不是我们的终极目标。实际上我并不赞同'成为第一意味着拥有最大销量'的观点……除非你成功地为每一位顾客一辆一辆地制造汽车，否则你不可能在总体上取得成功……我要说的是：让我们制造更好的汽车，让我们追求持续的增长，让我们成为一个更强的企业，然后我们就可以为整个社会做出贡献……这就像持续改善：你永远不会进入最后阶段，关键是让明天比今天更好。下次改善之前就是这次改善之后：一个改进的完成，是下一个改进的开端。"

丰田章男的强大领导力带来一种对公司各个角落的团结一致的动员，其共同目标是制造"更好的汽车"。这是文化驱动战略吗？绝对是啊！

值得信赖。信任是丰田公司根植于文化的真实性的一个关键结果：对公司所代表的东西及其证实自身行为能力的信任、对产品的信任、员工之间的信任、丰田与其经销商之间的信任、合作伙伴之间的互相信任等。有很多证据可以证明这一点，图 2.27 所示的《消费者报告》发布的《2017 年美国汽车品牌可靠性报告》是众多证据之一。此外，"最佳汽车选择"中的 3/10 来自丰田集团。

2017 排名	与 2016 年相比	品牌	排名	平均可靠性得分
更可靠的				
1	-	雷克萨斯	9	86
2	-	丰田	12	78
3	↑4	别克	4	75
4	↓1	奥迪	7	71
5	↑1	起亚	4	69
6	↓2	马自达	5	68
7	↑2	现代	7	66
8	↑16	英菲尼迪	4	62

来源：2016 年 10 月 24 日《消费者报告》

图 2.27　丰田品牌在 2017 年汽车可靠性排名中高居榜首

丰田：天生的"战略型品牌"特质

因此，丰田在"根植于文化"和"真实性"方面拥有完美的得分。它在清晰的目标、以人为本、伙伴协作关系、战略引导和值得信赖方面得到了高分。但是丰田以它自己的方式在其他要素方面也表现出色，让我们简略地评论一下其他的方面，并把它们与丰田的文化联系起来。

兼顾功能与情感

在"功能"上，丰田被认为是一个可靠的、令人信赖的品牌，这或许以其高质量的产品为人所知。正如杰克·霍利斯解释的："我们的出色产品是我们所做的一切的核心。我们是一家'无与伦比的汽车公司'。功能方面很强大，产品代表它们自己。世界各地的人们选择丰田是因为它就是最好的选择，有最佳价值，是最优产品，有最高质量，拥有最好的安全性。"

杰克对于丰田情感方面的看法（见图 2.28 中的设计 / 风格方面，丰田并没有出现在汽车制造商前十名里）是："我个人的目标是为了丰田成为心中的第一。如果作为一个品牌，你能够永远改变人们的生活，那么人们将会与这个品牌一起生活，并允许它成为他们生活的一部分。这将会变得情感化：他们会带着喜悦和赞美谈论这个品牌。

"从某种程度上来说，我们正在失去对我们品牌的热爱以及我们所代表的东西。让我们从理性和情感两方面来看：理性上来说，我们是世界第一，有最好的实用性产品；从情感上来说，我们与各种各样的公司在一起。

"我不希望永远拿丰田与其他汽车企业作比较，那种想法太狭隘了。当你想到我们的品牌时，它应该是与其他你可能想到的品牌处于一样的情感环境中，这种情感环境会引起消费者的情感反应。"

迪迪埃尔·勒罗伊把这一点归到文化上，解释了他看到的挑战和机遇："事物情感的一面不是日本社会与生俱来的一部分。对于像章男先生（Akio-san）这样的人来说，它是很自然的事情，他们有极好的国际视野、对世界的理解力和开放性。但对很多负责日常运营的人来说，情感意味着他必须微笑，所以他们就微笑，但那并不是我们的期望。

"我们与奥运会和残奥会的长期合作将有希望给这个品牌一个比我们今天更情感化的形象，这里提到的'这个品牌'我是指丰田、雷克萨斯以及所有的我们的品牌。我们有机会通过体育运动以及体育运动对社会的影响来加强我们情感化的一面。"

外向联系和以客户为中心

丰田有一个许多人都没有意识到的特殊方面，那就是尽管通过各种不同的方式，但它的确与传统的纪律严明、集中化的品牌管理和传播方式有着紧密的联系。

迪迪埃尔·勒罗伊解释说："丰田的全球市场营销还没有存在很长时间，甚至还不到五年。在全球营销之前，每一个人都在他们自己的领域里管理和发展他们认为合适的品牌价值观念。我们仍然相信，拥有强力、显著的地域特征是很重要的。我们采取一种小组合作的方式来避免重复，并寻求一致性和协同性。但同时，我们想要给每个地区和国家留下一些空间，让它们能够与当地文化联系起来，但各地区仍处于中心地位，并保留全部权力。"

杰克·霍利斯对此表示赞同："丰田的名字在日本、美国、欧洲或世界各地并不必然表示相同的意思。我们拥有一个全球的名字但未必是一个全球的品牌。即便如此，'丰田之路'仍是我们的工作内容和方法的基准线：尊重人们以及持续改进，即改善，是我们的两个主要价值观念。

"我们的品牌与大多数品牌的建立不一样。我们的'联结'和以客户为中心的一个重要部分基于我们与当地社区的零售商与经销商的关系。我相信这比任何其他的汽车公司都要好。在美国，丰田与车主及其社区联系最为紧密。这很大程度上归功于我们对经销商的投资以及我们与零售商和分销商之间互相信任的关系。"

严谨、专业

考虑到丰田的运作方式，很容易推断出它并不擅长始终如一地管理自己的品牌，更谈不上严谨和纪律。从一个全球性的视角来看这些以强有力的中央主导的方式经营得最好的品牌，这可能是公平的。杰克·霍利斯承认："现在，有人可能会争论说丰田是一个区域性品牌的联合体，没有一个像其他公司中那样可见的首要品牌。从市场营销的立场来看，我们没有全球性的活动，甚至没有人人都使用的材料。加上公司里的34万名员工单就对于丰田品牌代表着什么这一问题，你就可能会在世界范围内得到10到15个不同的回答。但最重要的是，对于他们为什么为丰田工作以及丰田代表什么这两个问题，每一个人的答案都很接近。"

面向未来

我与丰田的研发部门共事了许多年，我对他们能开发出一些跨领域的和满足消费者需求的好汽车一点也不奇怪。他们的长远眼光意味着他们会用一种基于独特系统的方式日复一日地研究和开发产品。但文化也是一个重要的因素，让我们回想一下之前对于日本文化的观察：当谈到在第一时间把某事做好并不断地完善它们时，日本在这方面是领先的，但是当谈到创新和跳出思维定式时，日本又比较弱。可以说，这在一定程度上与丰田是一样的。

2013 技术/创新

	因素得分	独立意识总分	分数
特斯拉	33.9%	116	7.5%
梅赛德斯奔驰	19.7%	404	26.3%
丰田	19.5%	920	59.8%
福特	19.5%	1,202	78.1%
宝马	18.2%	411	26.7%
凯迪拉克	18.1%	372	24.2%
奥迪	16.5%	241	15.7%
雷克萨斯	16.5%	269	17.5%
雪弗兰	11.3%	1,039	67.6%
讴歌（Acura）	11.3%	197	12.8%

2013 设计/风格

	因素得分	独立意识总分	分数
宝马	20.4%	411	26.7%
凯迪拉克	20.4%	372	24.2%
奥迪	20.2%	241	15.7%
梅赛德斯奔驰	19.6%	404	26.3%
雪弗兰	17.6%	1,039	67.6%
福特	17.1%	1,202	78.1%
雷克萨斯	17.0%	269	17.5%
法拉利	16.0%	134	8.7%
特斯拉	15.0%	116	7.5%
道奇	13.3%	589	38.3%

基于：家用车

来源：消费者报告国家研究中心，2014年1月

图 2.28　丰田品牌的潜在改进领域

这一现实反映在图 2.28 中的调查中，其中在技术和创新方面，丰田与福特并列，但是落后于特斯拉和梅赛德斯奔驰（当然总有例外，混合动力汽车和丰田普锐斯的发明就是一个重大突破）。

这些创新和设计方面的排名重要吗？也许不重要，但丰田的领导阶层需要意识到这些相对薄弱的领域并相应地采取行动，就像它最近在硅谷对人工智能方面的巨大投资一样。这种"反文化"的决定在 2016 年 6 月《金融时报》的一篇报告中得到了解释：

"世界最大的汽车制造商正在努力应对强化其软件和数据能力的需求，为了在开发能够自主避免事故的智能汽车的竞争中求得生存……6 个月前，丰田在硅谷建立了一个人工智能和机器人研究实验室……前美国国防部研究部门、机器人研发团队主管吉尔·普拉特（Gill Pratt）加入丰田，并被授权去做丰田鲜为人知的事：快速决策。自第一个实验室成立 6 个月以来，已经聘请了 70 名员工，其中包括前谷歌机器人技术负责人詹姆斯·库夫纳（James Kuffner）。第三个研究所也已经在密歇根安娜堡市成立，该研究所从丰田获得了 10 亿美元的初始投资。"

《金融时报》的报告对这一行动的文化层面发表了评论："在过去，丰田如此迅速地挖走一位外部高管并投资 10 亿美元，这是不可想象的。这与其个性不符，当企业做出与其个性特征不相符的事情时，我们得先看看结果会如何。"

强大且具有驱动力的价值

丰田品牌是该行业中价值最高的品牌。2016 年，它的品牌价值为 430 亿美元，与 2015 年相比，其足以引人注目地增长了 23%（见图 2.29）。

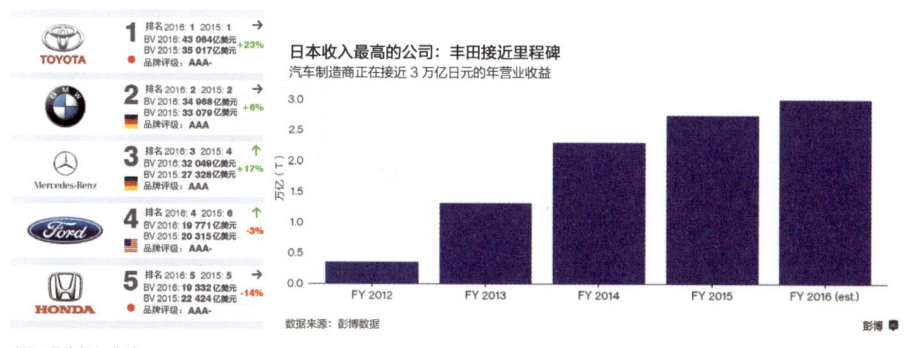

图 2.29　丰田品牌的价值及表现

因此，丰田品牌也创造了可观的价值。在 2015—2016 财年，它的收入达到创纪录的 3 万亿日元，相当于 260 亿美元。这比日本其他所有汽车公司的利润总和还要多，这也使得丰田成为日本有史以来第一家达到这一利润水平的公司。

危机防御

正如我们在前面提到的，丰田近年来面临着相当大的挑战。与品牌关系最紧密的一次危机发生在 2009 年到 2011 年的美国，当时丰田在驾驶员遭遇意外加速后被迫召回汽车。这件事我记得非常清楚，我相信对于丰田的文化和品牌来说，这一回应是绝对正确的，也是非常真实的，因为丰田的回应给它自己带来了许多的起起落落。

回应是"真实并且受控的"，当时的回应有一点脱离实际并且有些缓慢，这一结果根植于日本文化，导致丰田章男总裁向美国人民道歉，并在国会前鞠躬。

但很快，丰田的员工就变身为公司个人的、吸引人的、真实的发声者。图 2.30 展示了危机沟通的后续步骤以及丰田员工的行动是如何使问题得以用人性化的方式解决的。这是战略型品牌提供的关于危机沟通的一次教科书式最佳实践……

回应是"意图清晰、相互联系以客户为中心"的。不遗余力地确定问题的原因并开发系统性的解决方案。对 420 万车辆的召回建立在高水平的个人护理和对消费者的高度关注之上。

回应是"严谨、专业"的，也是"合作"的。丰田及其经销商同时动用了大量资源来尽可能完美地实施此次召回。

回应是"面向未来"的。丰田对此次事件进行了广泛的审查，结果之一便是对公司惯例的修正，将更多的权力下放给地区及当地的领导者。

最终，人们对丰田的"信任"很快得到恢复，而这场危机对丰田的销售、业绩和品牌感知影响很小，甚至根本没有任何影响。

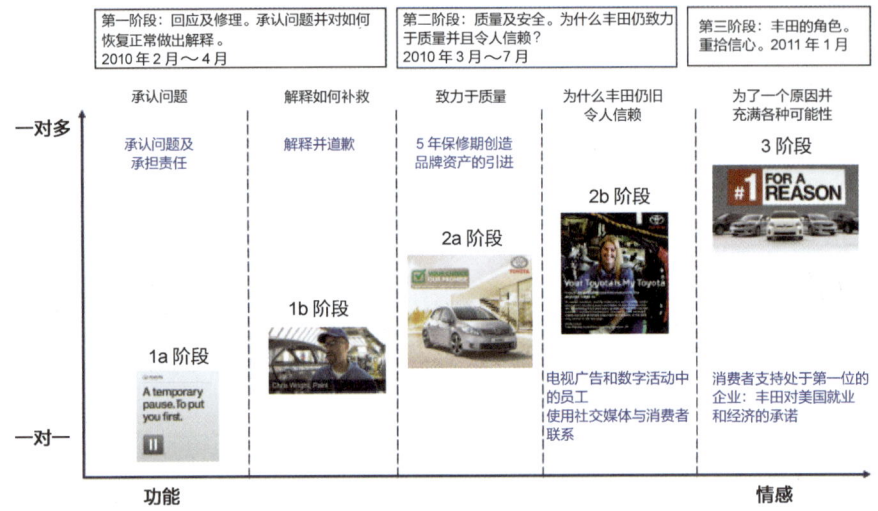

图 2.30 丰田的危机传播

总结

作为一个将整个职业生涯都投入国际企业、与不同文化打交道，并试图更好地理解文化和真实性是如何影响品牌的人，我知道要实现真正的文化协调是多么困难。鉴于此，我花费了大量的时间来思考和钻研关于文化如何作用于品牌影响力的研究和科学。

在我看来，毫无疑问，丰田是一个战略型品牌典范，它从其根深蒂固的文化中获得了巨大的成功，也将以其锚定的力量为基础继续努力。原因很简单，丰田的文化植根于世界视野中，包括深刻的目标、真实性和可信性。

没有一种文化是完美的，世界也正不断地变化。因此，正如前面所说，丰田的领导阶层在审视如何通过培养主动性和给予更多的主动权来推动文化的演进。从一个循环的角度来说，这种明确的考量说明了丰田的管理层把文化看得至关重要，文化的深度孕育着文化的卓越。而且，对于该企业致力于2020年东京奥运会和残奥会，我们也不应该感到惊讶，因为行动之外，是对随着时间而发生的文化演进的一种首要支持。

最后，我希望丰田的例子以及本章中的其他证据能够鼓励更多的人将文化明确、系统地放在我们追求的核心和起点，将我们的品牌打造成一个持久的战略型品牌。

第三章
兼顾功能与情感

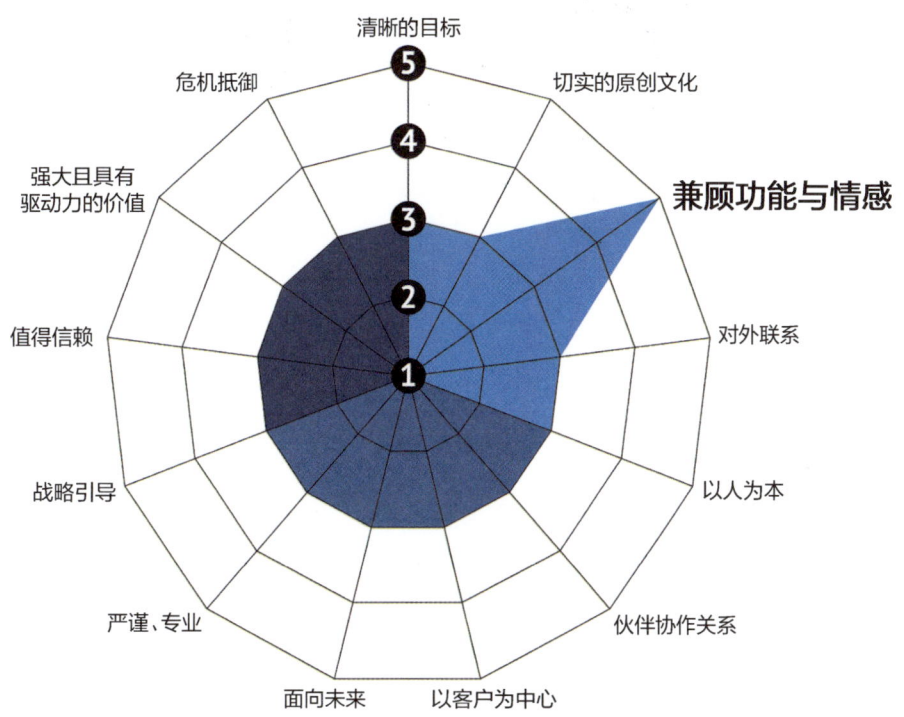

"我意识到人们会忘记你说过的话,会忘记你做过的事,但永远不会忘记你带给他们的感受。"

——马亚·安杰卢(Maya Angelou),作家

你也许读过安托万·德·圣·埃克苏佩里（Antoine de Saint-Exupéry）写的《小王子》（Little Prince）的故事，可能读过叙述者与小英雄相遇的那一章。它是这么写的：

"给我画一只羊，"小王子说，"……在我住的地方，所有的东西都很小。我就需要一只绵羊。给我画一只羊。"于是我就画了一幅。他仔细看了看，然后说："不，这只羊已经病得很厉害了。给我再画一只。"于是我又画了一幅。我的朋友温柔又宽容地笑了。"你看到了你自己，"他说，"这不是一只绵羊。这是一只公羊。它有犄角。"于是我又画了一幅。但还是被否定了，就像其他几幅一样。"这只太老了。我想要一只会活很长时间的羊。"这次我的耐心已经耗尽了，因为我急着想要把发动机拆开。所以我扔掉了这幅画。

对此我给了个解释。"这只是它的盒子。你想要的那只羊就在里面。"我很惊讶地看到我的这位小评判员脸上出现了一道光亮："这正是我想要的方式！你觉得这只羊必须要有很多很多草吗？"

"为什么？"

"因为我生活的地方所有东西都很小……"

"那儿肯定会有足够的草给它，"我说，"我给你的是一只很小的羊。"他低头看着那幅画。"也没那么小……看！它已经睡着了……"我就是这么认识小王子的。

我从小就一直喜欢这本书。不完全是因为怀旧，也是因为它能传递这么多成年人的经验。在这里，功能（即羊的画法）总是不够好。只有想象、投射和联想能够满足小王子的需求，用一个词来概括就是"情感"。这一观点反映在服务与产品的商业世界中就是，仅凭功能获胜是很难的，而且是不可能的，因为尽善尽美是不存在的。除非强大的功能与强大的情感利益结合起来。

开发功能性和情感性兼备的品牌

我仍记得第一次收到万宝龙（Montblanc）钢笔的那一天。那支钢笔是我 18 岁生日的礼物，对于我来说，那是一次转变，意味着我从高中生转变为大学生。

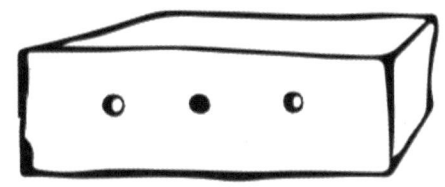

我对这件礼物有着强烈的、积极的内心反应。我曾很多次想从不同的家庭成员那里借一支万宝龙笔，但每次都被拒绝了。得到这个礼物后，突然间感觉自己变成一个有地位的人了。

万宝龙的品牌承诺是"书写的艺术"，体现了功能（即书写）与情感（即艺术）的结合。有成千上万个产品或服务很好地发挥了功能的角色的例子，但与之相关联的情感角色其实一样重要。

另一段记忆与宝马有关，作为对模范品牌的介绍，我们稍后将在本章进一步讨论。1997年，宝马和嘉实多就建立战略伙伴关系进行了深入探讨，合作范围远不止采购和供应，还延伸到了联合技术开发、供应链合作、为经销商和消费者提供联合服务、赛车运动，以及最终的品牌联想。我们将在第六章"伙伴关系"中对此进行讨论。

我的主要联络人是宝马当时的M系列性能赛车运动部门的主管卡尔·海因茨·卡尔布菲尔（Karl-Heinz Kalbfell）。卡尔·海因茨对摩托车倾注了一生的热情，我想在此缅怀他：2013年8月，他在布兰兹哈奇（Brands Hatch）赛道失去了自己的生命，当时他正沉醉在传统摩托车比赛中。多年以前的一个晚上，在宝马与嘉实多团队结束了漫长的一天会议后，我们在慕尼黑机场的希尔顿酒店喝酒。其间，他分享了一些回忆，关于他的第一批摩托车和他对它们使用的机油的回忆。他情绪饱满地描述了嘉实多R润滑油有多么独特的气味，这是他以及许多和他一样的人都非常喜欢的味道。他解释了这种感觉是如何引导了他深刻的直觉偏好，去与像机油这样的功能性产品、与嘉实多（他青年时期寄予了情感的品牌）建立起功能性伙伴关系。

乐高的总部位于丹麦日德兰半岛的比隆（Billund），在那儿参观他们的秘密仓库（乐高的记忆通道：LEGO's Memory Lane）时，我几乎总是能产生一种类似怀旧的情绪……这是另一个关于情绪驱动品牌偏好的案例。我在那儿与其他的参观者交换了意见，这种体验总是以意想不到的方式打动他们。这并不是简单的惊奇，还有一些别的东西：它给了你一张回到过去的票，回到那些早已遗忘的日子里的票。怀旧的情绪冲击着你的胃，那些关于圣诞节、父母、生日、塑料砖块的气味，在你的脑海中触发了各种各样的情感想象。那么你觉得我会经常给我的孩子们什么礼物呢？

通过功能联结，通过情感说服

在我担任英国石油公司集团首席销售和营销官的那些年里，我始终相信英国石油品牌需要触动内心，至少要与它试图加深印象一样——而且它完全可以做到这一点。但这对于我们所有的工程师来说并不是一场轻松的战斗！

和许多品牌的支持者一样，我深信一个战略型品牌必须从为其顾客和利益相关者提供一个相关的、切实的、有价值的、以目标为导向的、功能性的利益出发。事实上，战略型品牌需要在他们所做的事情上表现出色，他们必须持续不断地改进和更新服务和产品的质量。当然这并不容易，因为这需要始终如一的完美设想、执行和交付。

但是在这个常常是供过于求、生产和分配能力广泛可得、竞争意味着品牌努力提升其产品质量的世界，一个战略型品牌应该与强烈的情感联系起来。一个战略型品牌需要具备能够满足顾客情感需求的优势，要么是个人的生活方式，要么是社会的"我与世界"。成功之后，这些情感会在消费者与品牌之间建立起积极的关联。如果功能性与爱、喜爱、幸福或者满足相结合，消费者将会把自己交付到一段长期关系中。

认知神经科学引导品牌建设

关于是用理性还是感性的方式建立和传播品牌的长期争论似乎已经很大程度上被科学解决了，科学证实逻辑和感觉是相互交错的。《无意识的品牌：神经科学如何赋能（和启发）市场营销》[Unconscious Branding: How Neuroscience can Empower (and Inspire) Marketing]一书的作者道格拉斯·范·普雷特（Douglas Van Praet）用下面这个极端的案例来证明这一点："情感越强烈，信念越坚定，越倾向找出支持证据。我们不是出于理性，而是出于自我辩解。"（注1）

企业和市场营销人员对利益相关者的大脑做出决策的深层机制越来越着迷。现在可以获得大量的神经学知识，并且可以确定整个大脑区域都致力于感知和处理情感。在《市场营销中的情感科学：我们的大脑如何决定分享什么以及信任什么》（The Science of Emotion in Marketing: How our Brains Decide What to Share and Whom to Trust）（注2）一书中，考特尼·塞特（Courtney Seiter）总结了许多相关的研究：高兴和快乐是如何存在于我们的左前额叶皮层的；悲伤是如何存在于相同的大脑区域，但能通过产生皮质醇和催产素激活更多的连接的……比如为慈善事业捐更多的钱；恐惧是如何被称作杏仁核的大脑结构所控制并增加与人结盟的倾向的；我们的下丘脑如何使人生气，并对消极情绪尤其是愤怒产生真实又持久的影响的，比如让我们变得更加顽固。

科学家还证实，人们是感受在先，思考在后。考特尼·塞特说："情感大脑处理感觉信息的时间是我们的认知大脑吸收相同信息的时间的1/5。"谷歌的阿比盖尔·波斯纳（Abigail Posner）坚持认为我们不能低估理解情感科学在市场营销中的重要性。

神经营销学催生了"兼顾功能与情感"品牌

兼顾功能与情感对品牌来说意味着什么？"功能性"与"情感性"哪一个才是正确的方式？或者也许更好的说法是"兼顾功能与情感"，因为显然它们是紧密地协同"工作"？

首先，我们有具有价值的证据吗？答案是确定的，许多调查已经证实了一个简单的事实：说自己喜欢某个品牌的人所占的比例，与使用该品牌的人所占的比例，以及该品牌所带来的所有积极效益，是紧密相关的。

其中，英国广告从业者协会（IPA）研究了过去30年里提交给他们的"效益奖（Effectiveness Award）"的1400个成功的广告活动案例。这项分析是为了比较主要依靠"情感"的活动与主要依靠"信息"的活动这两者提高盈利的能力。图3.1显示，"情感性"活动的效果比只有"理性"内容的活动效果好2倍，与那些结合了情感与理性的活动相比也略胜一筹（注3）。

除了利润，同样的结论也适用于销售、市场份额、渗透率、品牌忠诚……以及价格敏感度。分析显示，情感品牌擅长降低价格敏感度，20%是一个普遍接受的溢价，这个溢价能够战胜那些亲和力弱的品牌。

持久战略型品牌是这本书至关重要的目标，于是英国广告从业者协会（IPA）给"功能性和情感性"确定了一个主要的时间维度。情感性品牌的市场定位和营销活动需要更多的时间去产生效果，但坚持下去的好消息是，随着时间的推移，它们会不断地提高生产力（见图 3.2）。

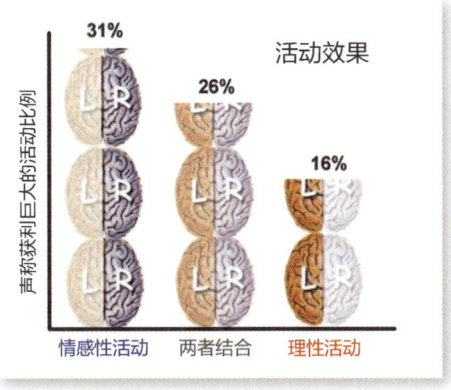

来源：罗杰·杜利；IPA 效益奖

图 3.1 理性品牌活动与感性品牌活动的影响对比

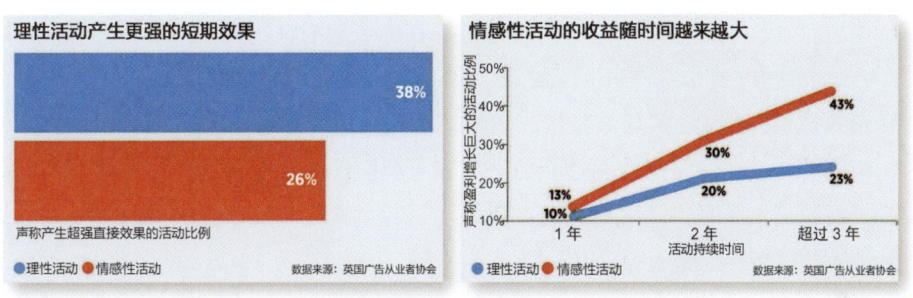

图 3.2 情感性品牌是有回报的，只是需要时间

《脑控术：运用神经学营销说服客户的 100 种方法》（*Brainfluence: 100 Ways to Persuade and Convince Consumers with Neuromarketing*）的作者罗杰·杜利（Roger Dooley）指出，建立一个能够与利益相关者保持真心诚意关系的情感性品牌并不容易，他也承认这需要时间。如果品牌"强推"情感的一面甚至超过了企业的实际情况，也是有风险的，并且品牌会因为出现脱节而受到损害。相比之下，基于功能方面的"杀手锏"去开发品牌是更简单的，风险也更小，但它们在影响力、利润和持久度方面通常"走不远"（注 4）。

不是每一个品牌都是宝马或者耐克，它们在各自渗透的情感主题中都表现突出，分别是"愉悦和驾驶的纯粹乐趣"以及"在运动中成功"；也不是每一个品牌都是可口可乐，它具有高超的讲故事的能力，能够通过日常的环境和语言讲述简单的"幸福"故事，进而建立起情感联结。根据我的经验，在非常明确"将情感维度牢固地嵌入品牌的结构中"所需要承担的重大承诺时，意图建立一个持久的"兼顾功能与情感"品牌绝对是正确的战略。

Mekanism 的战略家内森·金（Nathan King）有一个说法很好地表述

了我的观点（注5），我在这里借鉴一下："我发现最能吸引我的那一类产品，它们的利益都清晰直接，并且具有相关性。但如果信息的传送能在更深的层次上与我联结，我会记得更久，也让我更有可能购买。"

建立"兼顾功能与情感"品牌的框架

最大的问题是，如何将这种互相加强并实现共赢的智商和情商的组合构建到品牌中？要成为一个完美结合一流的功能利益与深层的情感满足的品牌是一个非常大的挑战，不仅因为这需要时间。事实上，我的经验是，只有持久战略型品牌能够实现这一目标，同样，一个品牌只有在设法解决这个问题后才会成为一个战略型品牌。稍后我们会思考几个做得很好的品牌。

凯度艾德惠研公司（ Kantar Added Value ）的全球首席执行官、凯度英国地区的主管巴特·米歇尔斯（ Bart Michels ）对如何在"兼顾功能与情感"利益之间取得平衡充满热情：

"一个战略型品牌是两件非常重要的事情的结合：它得是一个定位准确的品牌，又要是一个执行出色的品牌。"

"功能性"与"情感性"总是并存的

"无论说这两件事是截然不同的，还是说存在一个功能性利益和一个情感性利益，某个人选了其中一个或另一个，都是不可能的。没有所谓的'功能分化型品牌'。

"营销人员也许会说：'如果我推广一个功能性品牌，它的一切都是为了让生活更容易，那么这是功能性利益呢，还是情感性利益？'它可能表现为功能性利益，因为它意味着做事情更简单。但是与之关联的情感性利益或许是：'我觉得很巧妙，没有烦恼。'所以这个功能性利益也是具有情感性利益的。

"在数字世界，功能性和情感性越来越让人困惑了，因为你能够更加精准地定位，让事情变得更简单，减少时间和成本。我们把这些误以为是功能性利益，但我们一定不能这样想。功能性利益是品牌提供给人们的实用性东西（这些东西是人们认为有价值的）和它与人们生活相适应的实际的结合，但这总是给人一种情绪化的感觉。"

"功能性"与"情感性"必须长久地结合为一体

"功能性"与"情感性"长久地结合为一体要如何转化为品牌专家和战略营销人员的必修实践呢？巴特说这一切都取决于分类。首先，了解选择的关键驱动因素，然后推断这些驱动因素中哪些是功能性而不是情感性的，反之亦然。

"仔细想想你属于什么类别及其主要的驱动因素，这将决定你的功能优势与情感优势之间的最佳融合。

"'出色执行'的部分就是你如何把那个产品带进生活或者如何传递你的信息。以沃尔沃汽车和安全为例：你可以说保证你在车里的安全是一个功能利益。但沃尔沃是谈到了它擅长的所有安全特性，还是一些更大的事情？比如汽车能够保护你认为重要的东西……同时也可以让你探索、享受……然后用技术和安全特征来巩固和稳定人心，让你确定沃尔沃是最好的选择。

"概括来说，有人可能会认为，人们选择一辆汽车作为身份的象征。对一个汽车品牌的选择通常来说表达了'我和我的生活''我做什么以及我是谁'。它所做的事情、安全特性、低排放等多半是决策的增强剂，有时候是'借口'。

"在时尚界，有许多必备的功能性利益。在买一件耐克的上衣时，我必须确保它既能让湿气透出去又能不让冷气进来，不会因为经常洗涤就分解，也不会在我跑步的时候妨碍我等。我在乎它是什么样子以及让我感觉如何吗？当然在乎，因为我想要看起来像或者感觉像一个运动员，甚至可能比实际上的我更时髦、更整洁。所以你不得不思考如何优化'兼顾功能与情感'。

"金融服务业是一个参与度很低的类别。但是自相矛盾的是，人们在乎钱。所以，如果你是汇丰银行（HSBC）、苏格兰皇家银行（RBS）或者巴克莱银行（Barclays），你必须清楚自己作为一个盘算钱的品牌要说什么。'金钱是通向自由、商业成功、幸福、安全、圆满生活的关键，或者只是让每天的事务顺利进行。'然后你必须用功能利益来支撑这种信念：'我们有最佳的创新、最灵活的利率、最优的服务功能或者友好支持等。'"

我们中的许多人可能同意巴特的观点，但我们是否完全清楚我们的品牌战略性的"兼顾功能与情感"支柱以及它们是如何结合和互相加强的呢？我们是否明白这就是在我们的类别中创造"杀手锏"——差异的东西呢？整个企业是否都清楚要将这两个支柱一并动员起来日复一日地实现它们呢？

实现了"兼顾功能与情感"的品牌

让我们来看看公认的"兼顾功能与情感"的典型品牌以及它们是如何实现"兼顾功能与情感"的。我们的探索之旅从这一观念的早期出发，即从图3.3中2005年的榜单开始（注6）。

至爱品牌清单

雷莫（Remo）、掌中宝（Palm Pilot）、宜家、新加坡航空公司、A频道（A-Channel）、苹果、自由女神像、芬达吉他（Fender）、芭比、艾凡达（Aveda）、唐宁茶（Twinings）、野兽家园（Where the Wild Things Are）、BBC、宝马摩托车、让·保罗·高提耶（Jean-Paul Gaultier）、道奇蝰蛇（Dodge Viper）、绝对伏特加、松下工艺（Technics）、勃肯鞋（Birkenstock）、御木本（Mikimoto）、埃菲尔铁塔、蒂芙尼（Tiffany's）、水宝宝（Coppertone）、丰田、金宝汤（Campbells）、谷歌、马丁博士（Doc Martens）、埃麦尼吉尔多·杰尼亚（Ermenegildo Zegna）、班德堡（Bundaberg）、斯坦威（Steinway）、英国维珍大西洋航空公司（Virgin Atlantic）、iPod、脆奶油甜甜圈公司（Krispy Kreme）、维多利亚的秘密、贝克啤酒（Becks）、42纬之下伏特加（42 Below）、艾烈希（Alessi）、辛普森一家（The Simpsons）、尼康、雅乐思巧克力饼干（Tim Tams）、指环王、鲍德斯（Borders）、全黑队橄榄球队（The All-Blacks）、乐高、纽约时报、时代啤酒（Stella Artois）、迪尔玛（Dilmah）、麦当娜、泰特利斯特（Titleist）、雷克萨斯、迪士尼、玛丽·凯特和艾希莉（mary-kate&ashley）、皇家道尔顿（Royal Doulton）。

来源：斯坦福管理学院商业书籍摘要

图3.3 "兼顾功能与情感"的品牌

这是一个非常多样化的品牌清单——从城市地标到卡通和流行明星，他们都是人们不想放弃的。这些品牌的核心之处都具有"兼顾功能与情感"的特点。让我们举几个例子：

哈雷戴维森的"我们是哈雷戴维森"。哈雷戴维森在这个优秀的领域里很特别,多年来它有着不一样的品牌承诺,但这些承诺都始终围绕着一个观点,那就是没有什么能比得上一辆哈雷摩托车。他们现在的说法是承诺不管是在产品、经销商、网站还是社区的任何接触点都能得到一致的体验。一个清晰的情感联系在完美设计的功能表现中体现出来。

苹果的"不同凡响"也提供了一种有吸引力的功能性保证和情感性启发:产品的开发将永远是一流的保证,因为它源于以不同的方式看世界;你作为顾客,也许之后也能更好地以不同的方式去看待和体验这个世界。

如前所述,耐克对情感的偏爱很感兴趣。耐克的"为世界上的每一位运动员带来灵感和创新"从来没有实际地提到过他们的产品。相反,它邀请消费者进入了一个鼓舞人心的没有边界的世界,不局限于运动、服装或者装备。

可口可乐的"激发乐观和振奋的时刻"没有提到产品或服务。相反,它提供了一种"快乐"的生活方式,一种公司里的每一个人都会支持的生活方式。星巴克对生活方式的品牌追求与此类似:"激发和鼓励人文精神——每次一个人、一个杯子、一个社区。"

另外,一些品牌想要清楚地知道如何充分展现它们的功能角色,以及这会如何带来深层的情感利益。举个例子,万豪国际酒店集团(以下简称"万豪")(Marriott)采用了一种平衡的办法,即"低调的奢华,精心设计的体验,直观的服务"。不管您在哪儿,都能通过始终如一的服务和体验,保证您的幸福。

或者是沃尔玛的"省钱,让生活更美好",结合了低价的功能性利益和一个更高质量生活的情感性承诺。

这张 2005 年的榜单展示了"兼顾功能与情感"战略型品牌的特质:它们都很持久而且越来越成功。不过也有几个例外,比如诺基亚和掌中宝(Palm Pilot),它们在一个相对短的时间内失去了功能性优势和差异化。

聚焦情感性品牌的创建

"兼顾功能与情感"并不是一个新的想法。但是随着连通性和个性化带来的巨大机遇,这桩"美满婚姻"的强度、重要性和影响力在最近变得更大了一些。

人们购买产品的 8 种迫切需求

2001 年,马克·戈布(Marc Gobe)出版了《情感的品牌化:联结品牌与人的新范式》(Emotional Branding: The New Paradigm for Connecting Brands to People)。他指出,情感的品牌化首先源于企业的本质、目标和价值观念,甚至超过了其产品和广告。因为这一观点,他成为最早给情感的品牌化赋予战略性地位的人之一(注 7)。

我总是想知道如何更好地理解消费者的需求,即是什么促使人们在现在和将来购买一个品牌。这听起来像是一个模糊的问题,但是答案是显而易见的:连通性、调查、大数据主导的洞察等,这些都是营销人员会做的事情。我认为这还不够，我希望激励企业的领导者们更多地运用心理学并使用科学的方法，以更好地回答这些问题，并以此作为一种更好的倾听和决策的方法。

作为研究员和作家，万斯·帕卡德（Vance Packard）在他关于消费者动机的研究中指出了8种促使人们购买产品的"迫切需求"（见图3.4）（注8）。

1	情感安全的需求。"我们生活在人类历史上最不安全的时代。"所以我们想要得到保证，一切都很好。
2	价值保证的需求。尤其是因为我们生活在一个高度竞争和一定程度上没有人情味的社会。
3	自我满足的需求。不仅仅是"你够好了"，而且是"你是特别的，你是唯一的。"
4	对创造性的渠道和独特性的需求。
5	对爱的对象的需求。如果没有伴侣，通常也有宠物和其他的东西（为什么不呢）。
6	对力量感的需求。在开阔的路上骑摩托车的感觉，让你感受到力量。
7	对根的需求。特别是随着我们的移动性增加，我们很高兴去了解和感受我们的根、我们的家（当然，它可以是你内心的家，你灵魂里的家）。
8	永生的需求。部分是因为我们对死亡的恐惧，部分是因为我们需要"在世界上留下痕迹"，而不是在肉体死亡时彻底死去。

来源：万斯·帕卡德（Vance Packard）

图3.4 人的迫切需求

情感性品牌十诫

那么一个品牌如何运用这些激励因素中的任何一项或者多项组合来创建牢固的关系呢？首先是转换思路和搭建框架。在这里，我发现戈布的"情感品牌十诫"很有帮助，他把传统的方法转变为"兼顾功能与情感"的战略型品牌原则（见图3.5）。

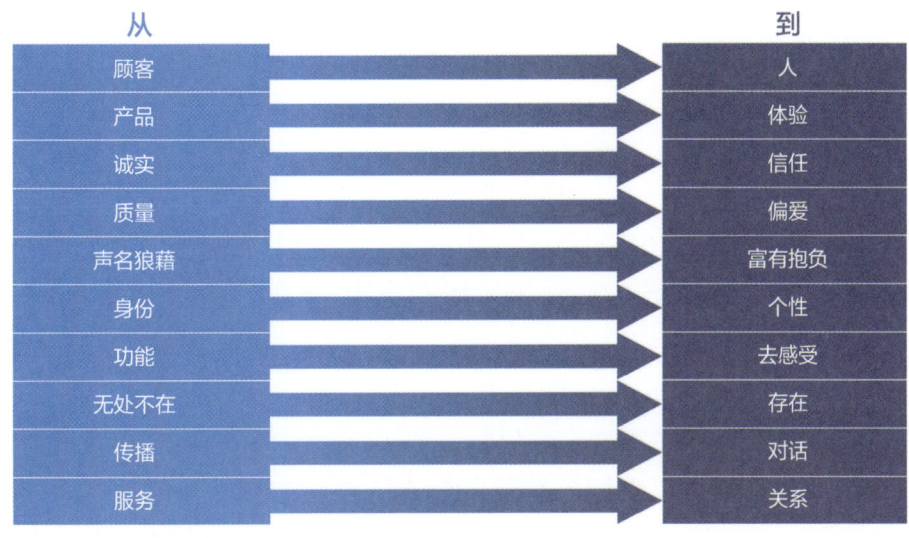

来源：马克·戈布-《情感的品牌化：联结品牌与人的新范式》

图3.5 戈布的"兼顾功能与情感"战略型品牌的10个原则

这些原则将使情感成为人们做出判断的基础，并与品牌建立新的联结。它们将会作为引导品牌从"功能为主的"性能转向情感性承诺，比如"你买的不是肥皂而是美丽""你买的不是橘子而是活力"以及"你买的不是车而是地位"。

一些读者也许不完全同意这一转变。我记得前段时间有一篇有趣的文章，题目是"品牌建设：功能是新的情感吗？"（Brand building: is Function the New Emotion?）。记住，情感与判断是"共存的"，而不是"可有可无的"。

情感性品牌的 4 种特质

这种转变一旦有了进展，成功的情感性品牌就需要锚定 4 种关键特质并实践它们（见图 3.6）。

核心实践

- 关系
- 感官体验
- 想象
- 愿景

图 3.6 情感性品牌的 4 种特质

每种实践都有无数的例子。包括：

- 关系。例：耐克成为其利益相关者生活方式的一部分。
- 感官体验。例：卡尔·海因茨·卡尔布菲尔对嘉实多 R 系列油的气味的喜爱，或者 Y 世代对阿贝克隆比（Abercrombie）风格的喜爱。
- 想象。例：苹果"创造与众不同"的使命。
- 愿景。例：IBM 从设备到服务、数据和人工智能的彻底的业务转变。

至爱品牌的科学

这一概念最近一次复兴来自盛世长城（Saatchi & Saatchi）及其时任首席执行官的凯文·罗伯茨（Kevin Roberts），他们在 2005 年引入了"至爱品牌"（lovemark）的概念（注 9）。

这招致了许多人的冷嘲热讽，但也获得了其他人的坚持。我接受怀疑者的观点，认为这种方法既不是革命性的,也不是说品牌将会消失并被提出的"至爱品牌"所取代,但我主要还是站在支持者阵营中。

正如我所说的,"兼顾功能与情感"对任何追求或现行的战略型品牌都至关重要,盛世长城的概念是有帮助的,因为爱的品牌而非"至爱品牌",代表着"兼顾功能与情感"的精髓。

爱与尊重

我也同意这样的主张,即与一个品牌(或一个人)之间最牢固、最长久的联结建立在"尊重"与"爱"的基础上(见图3.7)。事实上,这确实打动了我,因为我一直坚持一个观点,那就是"没有尊重,就没有爱"。

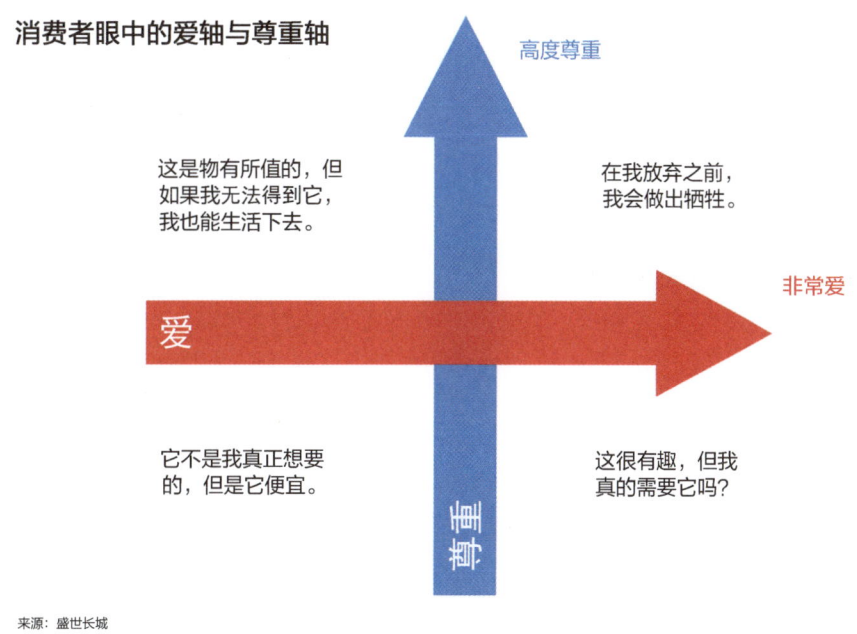

图 3.7 "至爱品牌"组合:爱与尊重

我在实践中使用"至爱品牌"(代表爱的品牌)框架的方式,这始于将"尊重"与"功能性"过于简单地等同起来。我的基本原理是,如果你没有做好你要做的事,或者没有扮演好你的核心角色,就会立刻失去尊重。你会尊重一个自己的工作做得不好、没有角色或角色很少、无意义或没有关联的人吗?

"兼顾功能与情感"的战略型品牌的12种属性和举措

盛世长城将戈布的一些框架(包括"十诫")发展和更新为12种属性和举措,我们已经将它们运用到了战略型品牌中,如图3.8所示。

3种特质和5种实践

盛世长城还将戈布的4种实践发展成3种无形的特质,从而构成了品牌的情感诉求……以及5种有用的原则和态度(见图3.9)。

品牌	战略型品牌
品牌	战略型品牌
信息	关系
被消费者识别	**被人们喜爱**
通用的	个人的
呈现一个叙事	**创造一个爱的故事**
质量的保证	感官的触动
象征性的	标志性的
界定的	**灌输的**
声明	故事
定义的属性	包裹着神秘
价值	精神
专业的	激情的创意
广告公司	创意公司

来源：盛世长城-"至爱品牌"属性应用于战略型品牌

图 3.8 "兼顾功能与情感"战略型品牌的 12 种现代属性

"兼顾功能与情感"战略型品牌的特质

神秘——翻译成伟大的故事、过去、现在和未来，梦，神话，图标和灵感。

感官享受——声音、视觉、触觉、味道和香气的影响。

亲密——承诺、共情和同情的特征。

兼顾功能与情感战略型品牌的原则

要充满热情
顾客能够嗅到虚假。
如果你不热爱你的事业，他们也不会爱你。

让顾客参与
让顾客参与每一件事，并做出自己改变的承诺，要有创造力。

图 3.9 "兼顾功能与情感"战略型品牌的特质、实践及态度

庆祝忠诚
如果你想要忠诚，你就必须始终如一。
改变是好的，但合作双方必须是自愿的参与者。

寻找、讲述以及重述伟大的故事
"功能性和情感性"品牌被注入了强大的故事，随着他们自己的时间沉淀，这些故事能变成传奇。

承担责任
"兼顾功能与情感"品牌对追随者来说是他们同类品牌中的佼佼者。
激情可以是强烈的。准备好迎接由你的品牌引起的反应！

来源：盛世长城-"至爱品牌"属性应用于战略型品牌

图 3.9　"兼顾功能与情感"战略型品牌的特质、实践及态度（续）

因此，我对品牌的信念和理解与万斯·帕卡德（Vance Packard）、马克·戈布以及盛世长城的框架非常契合，这些框架解释了为什么以及如何建立尽可能牢固的"兼顾功能与情感"的品牌，而这一点是作为战略型品牌的一个重要方面。如果你战略性地去做，带着决心并以证据为基础，结果将会是变革性的。

宝马："兼顾功能与情感"的战略型品牌典范

那么，哪个战略型品牌完美地实现了"兼顾功能与情感"呢？正如前面的清单所展示的，在激烈的竞争中这是一个很难回答的问题。但就选择宝马来说，我们拥有最足的信心。在解释原因及方式之前，让我们先来看看具有标志性的宝马的战略型品牌本身。

宝马：一个令人叹服的持久战略型品牌

这个选择的首要原因在于，宝马是一个多么有说服力的"战略型品牌"啊，这一点在针对 13 要素运行品牌时得到了证实（见图 3.10）。

我与宝马已经密切合作了将近 25 年，我想起了早些时候宝马与嘉实多之间的超凡的、广泛的、长期的合作关系。在 15 年间的大部分时间里，品牌关联有多样的表现形式：发动机、经销商、赛道、媒体、行业活动等。嘉实多与宝马品牌的显著关联仅仅开辟了品牌合作关系的空间，这一点会在第六章中有更多的介绍。

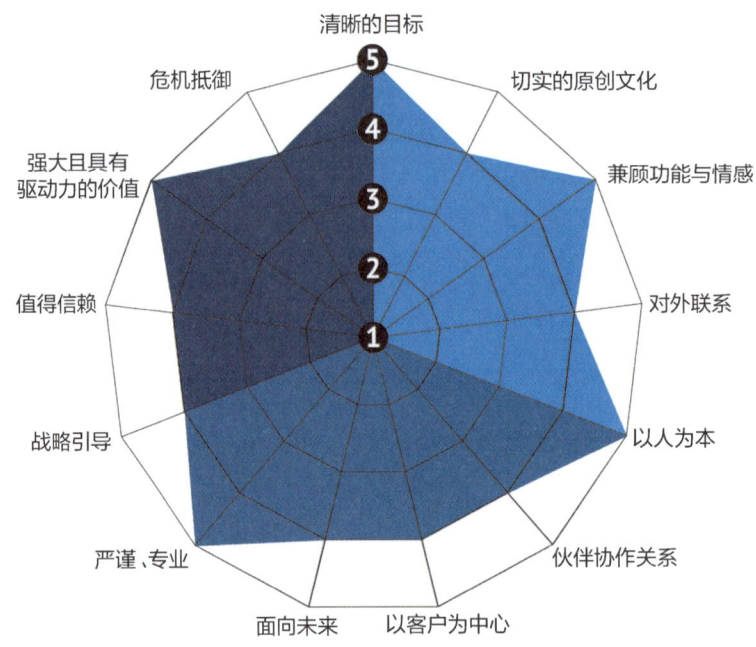

图 3.10　持久战略型品牌要素——宝马

终极的驾驶机器

我最近受伊恩·罗伯森（Ian Robertson）博士之邀参观慕尼黑宝马世界（BMW Welt）。自 2008 年以来，除了担任宝马公司管理委员会的成员，伊恩还主管宝马的销售和品牌以及宝马集团的售后，他是世界级的品牌领导者以及战略营销者。

来源：宝马

图 3.11　慕尼黑的宝马四缸大楼和宝马世界

在宝马的全球总部四缸大楼的 21 层吃午餐时，我们讨论了宝马品牌的魔力。再次去那儿实在是非常激动。在我坐的地方能够从内部看到宝马的董事会会议室，这让我想起了 1999 年的那一天，我带领嘉实多代表团向宝马董事会展示我们的合作愿景。我们当时非常糟糕，没有从宝马的角度充分考虑这个计划，会议以集团售后总监的一句"我们是不可能合作的"结束。值得庆幸的是，我的同事们对这个品牌的热爱以及对做好工作的热情让事情在之后出现了转变。

宝马品牌非凡的一致性

在宝马的日子里，当我和伊恩以及他的同事们讨论和回顾这个品牌时，它非凡的一致性再一次让我印象深刻。它似乎是一支完美的舞蹈，品牌的各个方面自然而然地互相加强着。而且，当它像这样运转时，当它自然而然地发生时，当它融入日常工作时，当它成为你自己时，它都看起来如此简单。让我们听听伊恩对于宝马战略型品牌的看法。

"公司的驱动因素是战略型品牌，而不是任何别的东西。人们常常犯这样的错误，说'我们有一个好的想法或者我们有一个好的产品，然后我们就创造一个品牌'，但那并不是实现一致性和持久性的根本因素。

"宝马品牌的基因拥有清晰的焦点，我们用它来吸引人才到我们的公司、激励公司内部人员、设计我们的汽车和服务、与我们的公众沟通、引导我们的经销商。这就是为什么我们在马路对面设有一个品牌学院，每年有成千上万的人在那儿专注于品牌学习，既有公司内部的员工也有我们外部的合作伙伴——因为这对每个人来说都不容易理解。

"我们的一部分信息是说宝马是终极的驾驶机器，那是我们沿用了45年的中心焦点，但和把这一焦点作为我们向外部世界传达的信息一样，我们还必须关注更加复杂的问题，那就是如何把这个概念灌输给来这儿工作的人们。如何确保无论他们在设计什么，终极驾驶机器的概念始终在他们的心里？"

你要坚持下去！宝马多年来使用了许多不同的口号——"我们不只是制造汽车，我们制造欢乐""终极驾驶机器""纯粹的驾驶乐趣""终极的驾驶体验"等。每一条信息都在不同的生命阶段和传播活动中被使用，而它们的变化给宝马带去了新鲜的面貌，但魔力就在于，无论口号如何变化，它们实际上说的都是同样的东西。

"愉悦"情感

"把一组单词挂在墙上或写在书上太容易了。你需要的是关于品牌的情感性背景。在宝马品牌的核心中，情感性背景是'愉悦'，那是我们希望我们的员工所拥有的，是我们希望我们的顾客能体验到的，是我们希望我们的产品所传递的，是我们希望我们的宣传所表达的。它是始终如一的：我们从未改变过'愉悦'。欢乐一直都在。

"'Freude（欢乐、喜悦）'是德语中表示欢乐的词。人们被宝马吸引是因为它是展示这一特性的品牌，然后欢乐会嵌入其他的子元素，比如'年轻'（见图3.13）。

"这个贯穿整个公司的一贯做法是战略型品牌的基础。你从品牌开始，最终，你有产品，你有服务，你有你所代表的东西。由于这种一致性，品牌背后的所有那些人都变成了最好的品牌大使，这支撑着我们的业务和我们的价值观念。

"你是如何实现这一步的呢？魔力就在于一致性——我们的品牌是任何一个你在公司里交谈的人都理解的东西，不管他们是在生产线上，还是在办公室或者是在经销处。

"企业当然会有起起伏伏，但即使是在困难时期，我们仍然希望人们去体验那种积极和兴奋。你必须不断加强它，所以我们在2007年制定了'第一'战略，而我们刚刚完成了定义'下一个'战略的过程。现在我们正在与公司里的每一个人就战略的意义以及我们如何发展业务进行沟通和互动。其中，'欢乐'扮演非常重要的角色。

"所以我们的核心始终如一。我们产品的开发方式、世界变化的方式、我们的商业模式发展的方式，这些都会有所不同，但品牌的终极核心始终是一致的。"

宝马"兼顾功能与情感"的魔力

"我认为人们会融入情感性语境中。我见过很多其他公司的'愿景使命'宣言，其中的一些很乏味，不含任何情感的东西。比如，一家公司说：'我们将成为这个领域里最好的，成为那个领域里最大最成功的。'那又怎样呢？"伊恩说。

"是情感促成了出色的营销、提供了优质的服务，其余的可以通过培训获得。一个品牌拥有核心的情感性背景是基本的。如果你具备一个情感性背景，那么向前多走一点也会变得更加容易。我们在公司里一直坚持的一件事就是让每个人都能体验产品，因为归根结底，那是我们的业务：我们售卖汽车或者提供服务。但我们也想在丁戈尔芬（Dingolfing）或者雷根斯堡（Regensburg）或者北美的斯帕坦堡（Spartanburg）的工厂里拥有那种欢乐。

"在当今世界，一辆汽车与另一辆之间的区别比以往任何时候都要小，品牌主张的背景也因此更加强大。那么，说到底品牌是什么？它就是一个承诺，它承诺用最好的设计、最好的技术、出色的创新、优质的服务、雇主和员工将会为你做更多的努力。在所有我们的客户知道的领域，我们都坚守我们的承诺。"

宝马的"兼顾功能与情感"标准

宝马最高级别的品牌宣言——"终极的驾驶机器"是关于"兼顾功能与情感"的结合。让我们看看每一个单词。

"机器"通常被视为功能性的，尽管把一辆宝马汽车简单地指定为一辆"机器"有一定的讽刺意味。

"驾驶"是一种行动的功能与这种行动的兴奋中所包含的被大量唤起的情感的结合。

"终极的"就太情感了，就像小王子和他的羊一样，留下了渴望和想象的空间。

与之对应的德文原版"Freude am Fahren（悦享纯粹驾趣）"承载了更多的情感，"愉悦以及纯粹的驾驶乐趣"是品牌宗旨和承诺的核心。

再想想"高效动力"，"高效动力"宝马的一个核心战略支柱。宝马集团所有的品牌和客户研究所（Brand and Customer Institutes）负责人约尔格·多曼（Jörg Dohmen），描述了宝马工作的这一战略引导是如何植根于"兼顾功能与情感"的："'高效动力'意味着我们同时在朝着两个方向努力——更多的动力，但是更少的燃油消耗。所以一方面我们致力于解决功能性的问题，也就是高效。因为理性上来说，一个消费者并不想花费更多给汽车加油。

"但另一方面，我们也在研究情感方面的东西，研究动力——顾客驾驶我们汽车时的体验。因为我们的顾客可能是理性的，但他们也想要享受驾驶。这对我们的工程师来说是个挑战，要同时达到更好的动力和更好的效能，但同时也要在一个整体范围内找到正确的平衡。

悦享纯粹驾趣　　　　纯粹的驾驶乐趣

来源：宝马

图 3.12　极具"兼顾功能与情感"的品牌宗旨

"当然，不同的产品也许会更集中于这些因素中的某一个——宝马 M2 是同一系列中最高效的汽车，但它主要是关于动力的；而一辆宝马 218i 更加注重效能，同时仍提供一种好的驾驶体验。所以你可以看到，清楚地了解每一款产品在整个产品范围内的合适位置为我们工程师的工作提供了一个明确的方向。我们始终记得，我们的工作永远不会结束，因为我们客户的需求在不断发展。"

根据约尔格的观点，图 3.13 展示了宝马是如何表达和链接其品牌属性的——一个理性与情感维度自然而然却又强大有力的融合，并且以欢乐为中心。

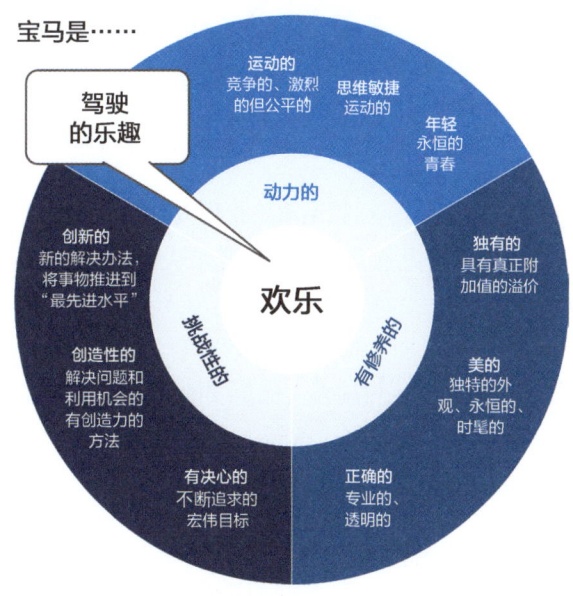

设计：《品牌竞争力：如何打造持久战略型品牌（上册、下册）》资料来源：宝马，从德语翻译而来
宝马："兼顾功能与情感"战略型品牌的无数例证

图 3.13　源自欢乐的宝马品牌属性

回到改编自盛世长城的爱的品牌模型，宝马从它的利益相关者那儿赢得尊重了吗，不管他们是员工、顾客、经销商、供应商还是东道国等？

人们不仅对宝马品牌有深层次的尊重，而且当他们把自己与宝马品牌联系在一起时也发展出了很大程度上的自尊（见图 3.14）。这种非常个人化的参与将对品牌的尊重提升到一个与大多数其他品牌完全不同的层次。

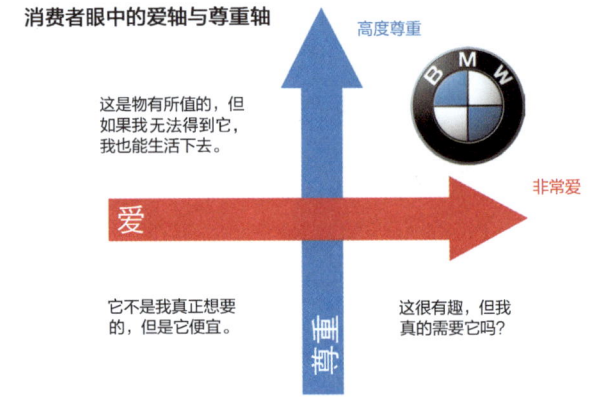

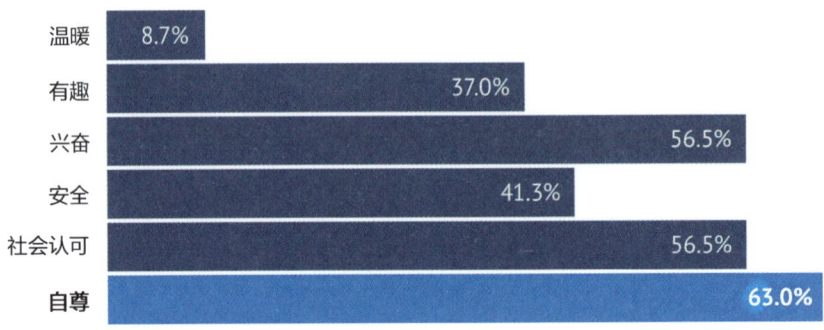

来源：营销专家林赛·孙（Lindsey Sun）

图 3.14　对宝马品牌的主要感受是自尊

至于爱，看看社交媒体就知道了，标题通常是正面的，而且经常使用这样的短语，比如"我爱我的宝马"。对品牌广泛的并且几乎是过度的爱是无须争论的，只是偶尔，品牌会面临"被势利小人所爱"的挑战。

那 12 个"兼顾功能与情感"的品牌属性怎么样呢？宝马是如何衡量它们的呢？看看图 3.15 中的清单，查看我们的评论，一贯地令人印象深刻，不是吗？！

最终，宝马在盛世长城的至爱品牌前 200 的排名中，遥遥领先于其豪车竞争对手。图 3.16 展示了他们如何认证宝马的无形品质并支撑其较高的排名。

"兼顾功能与情感"来自宝马的员工

对于伊恩·罗伯森来说，员工是一切。"品牌背景随着时间而改变。你需要培养它，因为外部世界的环境正快速改变，承诺必须不断演变，同时还要明确地保持其核心。

"在德国，宝马在最受欢迎的雇主名单里一直是数一数二的，甚至高于谷歌和众多新创立的企业。当新员工加入时，你给他们做介绍，他们是真的很高兴来到这里。他们对这个品牌感到骄傲和渴望，所以你将会以一个很好的基础开始。现在的挑战是让那种情绪持续下去，因为生意不好做，总有起起落落，而且我们在全世界有 12 万名员工——那是很多人了。

"我们会进行年度调查来估计员工的想法。基于情感的问题的结果全都以一个很高的水平反馈回来，毕竟对宝马的理解就在那儿。当然，关于我们的行事方式，总有想要改进的地方，但是对于宝马是一个了不起的品牌的认知却是相当肯定的——这一点从未被质疑。"

品牌	战略型品牌	持久战略型品牌 评估宝马
品牌	战略型品牌	√模范
信息	关系	√在每个接触点
被消费者识别	被人们喜爱	√并被渴望
通用的	个人的	√一个人——一种体验（戏剧）
呈现一个叙事	创造一个爱的故事	√人们爱他们的宝马汽车
质量的保证	感官的触动	√宝马是关于渴望和欢乐的
象征性的	标志性的	√"标志性的宝马"
界定的	灌输的	√身份感、归属、价格、欢乐
声明	故事	√100年之久
定义的属性	包裹着神秘	√技术、未来、情感
价值	精神	√"宝马精神"
专业的	激情的创意	√这就是宝马的承诺
广告公司	创意公司	√很多想法来自员工，因为员工是品牌的拥护者

来源：盛世长城的属性；由《品牌竞争力：如何打造持久战略型品牌（上册、下册）》做出评估

图 3.15　宝马与"兼顾功能与情感"战略型品牌的 12 个属性

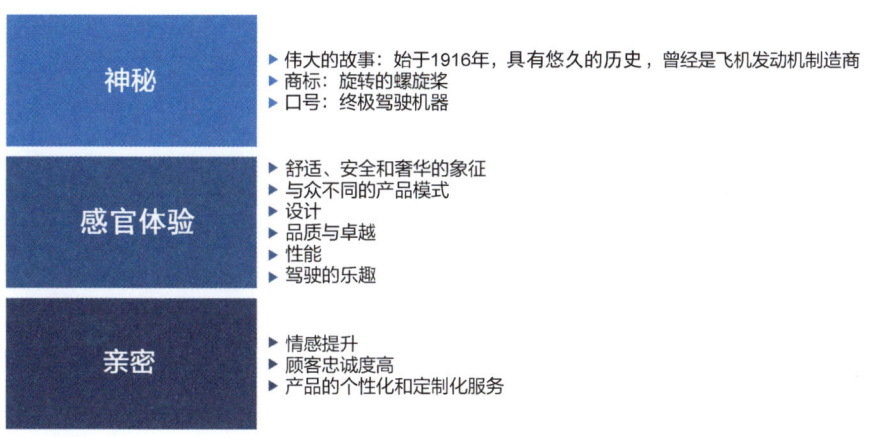

来源：盛世长城

图 3.16　"至爱品牌"模型中的宝马品牌

也许任何品牌都能做到这一点。但就像伊恩所说："你必须要创造它……然后培养它。"这就是我们看到的结构性承诺，比如宝马的品牌与客户研究所。随后我们将对这一研究所进行更详细的说明。

选择宝马品牌时的情感力量

宝马汽车公司制造了伟大、领先的产品,当然,该公司的成功很大一部分与它的系列汽车有关。但没人真正需要一辆宝马,不是吗?并且可以肯定的是,没有人绝对需要为一辆车支付一大笔额外费用。出现这种情况的原因在于品牌的力量,尤其是它将"功能与情感"相当独特地结合在一起的能力。

宝马之所以是这样一个品牌主导的组织,主要原因可能在于,实际上品牌本身就是答案,品牌本身能够回答任何人提出的关于宝马内部或关于宝马的"为什么"的问题。

这将我们带入了我最喜欢的商业指南之一,《从为什么开始:伟大的领导者如何激励每一个人行动起来》(Start With Why: How Great Leaders Inspire Everyone to Take Action),这本指南是西蒙·斯涅克(Simon Sinek)就"为什么"问题的杰作。西蒙从一些基础性的问题出发:"为什么有些人或者企业比别人或者企业更有创新性、更有影响力且更能赚钱呢?为什么有些公司能从顾客和员工那儿获得更大的忠诚度?为什么即使是在成功者中,也很少有人能够一遍遍地重复他们的成功呢?"

他的回答是,像马丁·路德·金(Martin Luther King Jr)、史蒂夫·乔布斯这样的人以及像宝马这样的企业看起来几乎没有共同点,但其都是从"为什么"开始的。他们意识到人们不会真正地为产品、服务、运动或想法买账,除非其了解其背后的原因。他解释说,那些在世界上最有影响力的人或品牌都以同样的方式思考、行动和交流着——从"为什么"开始,这与绝大多数人的做法相反。

在宝马周围行走你就会知道,几乎是任意环境下的任何一个人都能回答这些问题:我为什么在这儿?我为什么在做这个?我为什么要这样做?我为什么要买这辆车?作为我们所知道的最清楚、最令人印象深刻的品牌、组织和贡献者,宝马持久战略型品牌总能提供答案。

正如伊恩和约尔格所说,品牌为宝马从工程师到广告代理的广大基础员工赋予了能量,它为所有事情提供了一个清晰的目标和方向。在设计汽车部件、解决"是什么"前,工程师会想到品牌并问自己:"我为什么这样设计?"因为它服务于宝马品牌,服务于宝马的意义和承诺。

宝马品牌跨越国界的"兼顾功能与情感"

伊恩解释了为什么国际品牌的一致性如此重要:

"十二三年前,当我们进入中国市场时,面对的是一个对宝马知之甚少的消费者群体,所以我们必须建立情感基础。现在,我们在中国有将近16 500名员工,而且他们是品牌的优秀代表。但是整个传播策略已经做过调整——它必须不同于我们在德国已有的策略,我们在德国已经有100年的历史。具体说来,品牌的情感和年轻态在我们的传播中尤为突出,但我们以一种初创阶段的方式来处理,而不是以我们在德国、法国、英国或者美国那样更成熟的市场中会采用的方式来处理。

"这种保持锚定但也灵活的调整是起作用的。如今,宝马在中国已经排到了第一或者第二的位置。宝马的发展一切都顺利吗?当然不是。但是品牌主张的背景驱动着成功。2016年我们在中国售出了 50 万辆车，使之成为我们所有市场中遥遥领先的最大市场。这种情感背景、对品牌的忠诚和认同推动了我们的成功。

"尽管我们在某些市场上比在其他市场上更集中于某一主题，但该品牌的背景仍具有国际一致性。举个例子，在中国，我们做了很多关于这个品牌的历史即从何而来的传播，因为在中国，人们很看重长久。显然，无论在世界的哪个地方，我们都必须确保我们的服务支撑我们的品牌承诺：宝马不是你的普通用车，它也不会给你提供普通的汽车服务。它必须处在一个与其他产品不同的层次上。

"因此，这家公司所代表的一致性、核心点在中国与在德国、美国、南非或者其他任何地方都是完全相同的。有些公司在不同的国家会有完全不同的形象，然而我们希望我们的品牌形象在世界各地都具有一致性，核心必须得在那里。而'欢乐'从一开始就处于我们在中国传播的中心。"

宝马：天生的"战略型品牌"特质

"兼顾功能与情感"源于宝马品牌的核心本质，深层的目标、文化以及联结性碰撞为一个关联系统，共同铸成皇冠上的宝石。

宝马目标清晰

宝马数十年的深层次目标以及品牌背后"为什么"的强大力量已经证明了这一点。

实际上，参观宝马的总部，与那儿的任何一个人交流，都能证明这一点。《福布斯》杂志的发行人里奇·卡尔加德（Rich Karlgaard）写道："成功的企业在顾客和员工之间都能产生忠诚。宝马是一个很好的例子。它的顾客对宝马不仅仅是忠诚，他们还是宝马产品的'粉丝'和传播者。宝马是一个目标驱动的企业。'终极的驾驶机器'对宝马而言不仅仅是一句口号，它是一个永恒的目标，是存在的目的。"

拥有原创切实文化的宝马

伊恩呼吸着宝马真诚的文化："我认为我们的历史充分说明了作为一个公司我们是多么真实。宝马现在一百岁了，最初是从航空发动机开始的；然后在二十岁出头时，出现了高速动力摩托车；快三十岁时有了第一批汽车；到了三十五岁左右，我们有了赢得了大型比赛的汽车，比如一千英里拉力赛（Mille Miglia）。所以在八十年前，高效的性能和活力的运动就已经在我们的基因中了。

"每年我在一千英里拉力赛中驾驶的汽车（见图 3.17）与其他 1937 年制造的汽车相比都具有一些独特之处：全铝、轻质车身——830 公斤，六缸发动机。即使是这些细微小事，也都彰显着工程师的思维方式，哪怕是那些你可能不会期望能在当时的汽车设计背后找到的东西。例如，在换挡器周围有一个能看见路的缝隙。我第一次驾驶那辆车的时候，我并不知道它为什么在那儿。于是我就问机械师：'为什么那儿会有缝隙？'他们回答说：'噢，你待会儿会明白的。'当我在意大利开车的时候，我的确明白了。在到达罗马前，有一片寒冷的山地，地上有雪。当时，车底焊着一块板，它能够从穿过的废气中吸出热空气，然后热气就能从地板上的洞里进来。突然间我意识到我有了一个加热器！虽然车里没有正式的加热器，但是有从排气系统中转移到车里的热量，这实在是一种有效的废热利用方式——想想看，宝马公司的员工在 80 年前就想到了这一点啊！！"

来源：宝马

图 3.17　一千英里拉力赛中伊恩的 1937 年的宝马汽车

对外联系紧密的宝马

数字并不能说明全部，但是它们对宝马的联结性提供了具有启发性的洞见。宝马在脸书、推特（Twitter）、照片墙（Instagram）和优兔（YouTube）上是领先的汽车品牌，它在脸书上有 1900 多万名"粉丝"，将近 2000 万个"喜欢"，而在照片墙上的关注者接近 1100 万人。其中有一段 Facebook 视频的点击量为 2400 万次，浏览量达到了 1000 万次。

根据社会营销公司辛凯普思（Syncapse）的分析，宝马的平均"粉丝"价值超过了 1600 美元，是一个可口可乐"粉丝"数量的 20 倍。

"在这儿，我们的战略是提供参与度高的内容，它们是为每个平台的特定目标群体专门定制的。我们成功的一个原因是，我们花费了大量的时间去了解各种各样的社区，以便更好地理解他们——我们知道品牌的真实性和'亲密度'在我们的各种平台上的追随者中是很受重视的。"

因此，对于宝马而言，联结性是关于该品牌与个人及其生活的关联。让我们听听伊恩举的例子："宝马是年轻的，但其实我们的客户平均年龄都在 45 岁以上。其他的高端汽车品牌更甚。当我们在 2008 年和 2009 年开展'欢乐'活动时，我们决定将年长一些的顾客纳入我们的对外传播中，这是以前从未听说的。活动是奏效的，我收到了许多客户的来信，他们说：'你终于认出我是谁了。'我认为我们拓宽联结性核心的能力是很好的。

"它也与那些可能永远不会成为顾客的人的渴望有关。有一天，那是我住在南非的时候，我开着一辆新推出的宝马汽车，遇上了一个红绿灯。有几个人在卖太阳镜和物美价廉的纪念品，他们的反应很有趣：'哇哦，是新款的宝马——我以前没见过这款。'他们总是能知道最新款式的一切信息。这些人是有真正的渴望的，尽管他们可能永远都不会赚到足够买一辆新宝马汽车的钱,但是他们知道我们在传达什么,这意味着品牌传播是起作用的——那让我感觉很好。"

宝马:反复产出的实力

宝马品牌产生了什么样的结果?

宝马企业的战略由其品牌引导

伊恩从最开始就很清楚:"是品牌驱动企业,而不是任何其他的东西驱动企业。"

图3.18是从宝马的官方网站直接截取的。你能在其他品牌的主页上看到像宝马这样的对品牌的热情呼喊吗?

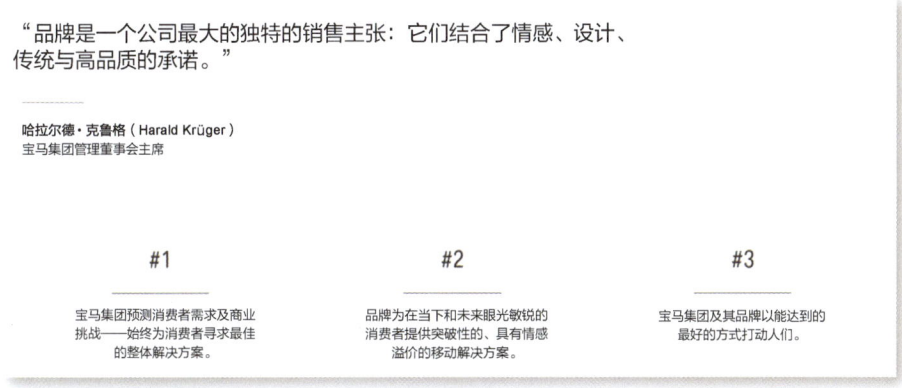

图3.18 宝马集团官方网站摘录

值得信赖的宝马

在声誉研究所(Reputation Institute)的全球声誉100强排行榜上,宝马始终保持在世界声誉最佳的5个公司之列,与谷歌、华特·迪士尼、苹果、劳力士或乐高等并列或者超越了它们。

我们来听听伊恩对于宝马如何建立信任的"艰难而又公正"的观点:"信任必须去赢得,如果你去看我们公司内部的指导原则,你会发现信任就在其中。这不仅是单方面的信任我们、信任我们的顾客和我们的产品,还是互相之间的信任。如果你不从内部开始信任,你就永远不会得到外界的信任。但这并不意味着我们是一家说'好吧,我相信你,所以让我们手牵手一起走进夕阳吧'的随和公司。我们是很严格且具有挑战性的,只是信任占其中的很大一部分。通常我们说什么,就会兑现什么。所以,我们对于自己将要说的内容会进行长时间的认真思考,这靠的不是运气。"

他补充道:"对汽车行业的信任并不像大约一年之前那么坚定。信任对于一个品牌来说是基础性的,所以我们现在更加专注于这一领域,看看我们如何才能真正地、持续不断地增进信任。"

具有"强大且具有驱动力的价值"的宝马品牌

宝马拥有近十年来持续增长的纪录。它每个季度实现了 20 亿美元的净利润，这是十分骄人的成绩；其单位营业利润率在 8.5% 上下浮动。

在 2017 年全球品牌价值 500 强的排名中，宝马品牌价值为 371 亿美元，比 2016 年增长了 6%，在世界上排名第 17 位。让人印象深刻的是，宝马品牌价值占了企业市值的 25% 以上。

危机抵御力强大的宝马品牌

当然，人们永远不会知道将要面对的危机是什么，但是一家大公司的首席执行官最近不由自主地跟我反映说："你可以看看宝马，它似乎从未卷入重大危机或丑闻，而不是很遗憾地如汽车行业的其他公司一样。它的召回要么次数很少，要么非常低调。"

在谈到处理危机或问题时，伊恩对宝马的理念和实践进行了反思："并不是所有的事情都总能得到解决。举个例子，这个行业整体正面临着召回数量不断增长的境况。有时候是因为我们犯下的错误，有时候是因为别人犯下的错误。不论哪种情况，我们都只是接受并处理它——我们来解决问题。

"我们当然能够试着推拒，但是只要被发现你在试图回避问题而不是解决问题，你就会失去消费者的信任。如果在某件事情上有问题，我们需要一种人们能够指出问题的文化，而不是一种试图掩盖问题的文化，这样问题才能得到解决。"

宝马：强有力的"战略型品牌"实践

宝马战略型品牌的成绩建立在强大实践的基础之上，它践行了一个战略型品牌应该具有的 5 项能力要素。让我们一起来检验更多的方面吧。

以人为本

这是宝马的一切开始的地方。的确，伊恩反复指出，人们在做什么以及做的方式上会受到品牌的引导，同样地，人们也在引导着品牌。因为"如果你的员工都不买，你为什么还指望你的顾客会买呢？每一位员工都需要成为出色的品牌大使。"

宝马的"品牌与客户研究所"——一个如此连贯一致又始终如一的品牌，它非常注意向整个组织植入品牌价值，这并不令人惊讶。

宝马集团在全世界有 16 个品牌与客户研究所，其中两个位于中国的北京和广州。宝马在这里培训员工，也培训代理商、供应商和其他的品牌代表。在慕尼黑，宝马每年通过 15 位培训员（全球共 60 位）培训 2500 人。

宝马集团的品牌与客户研究所的概念于 2002 年提出，自那以后，宝马在全球范围内教育和培训了大约 10 万人。我与约尔格·多曼进行了交谈，他热情地介绍了这个研究所。

宝马集团的品牌与客户研究所

为什么是品牌研究所？——"我们把品牌研究所视为一个工具，它能够为我们的品牌创造一致的理念，包括4个方面的内容：敏化、理解、锚定和转移。培训的每一个要素都至少牢记其中一个目标，并且，我们去解释品牌意义以及品牌创造价值的观念是非常重要的。课程内的其他4个要素是一个品牌化系统，包括品牌设计、信息、产品与服务以及品牌行为。"

品牌化体系——"我们相信品牌需要得到支持。根据情况的不同，品牌能扮演许多不同的角色，因此我们创建了一个品牌化体系，从产品名称到品牌架构，其中包括产品与服务的主要和次要的设计元素。"

品牌设计——"品牌以各种各样的基本方式出现：字标、商标、字体。这些要素是一个工具箱，用于2D（广告、印刷传单）、3D（零售、展会）和4D（网站、应用程序、汽车显示器）。这事关我们如何在实际的产品之外表达品牌。比如，我们的总部大楼可能代表与品牌相关的东西，因此宝马集团决定让卡尔·施旺哲（Karl Schwanzer）先生在1970年建造了四缸大楼。"

信息——"无论你向你的客户、合作伙伴、供应商或者其他利益相关者传达什么，都需要遵循一个一致的、持续的品牌识别形象。当然会有与你的品牌和商务计划相关的焦点话题，但基础始终是品牌标识。"

产品与服务——"许多品牌总会有特定的设计思路，这是代表该品牌的设计速记。举个例子，如果人们看到前脸双肾格栅和双头灯，他们会想'噢，这是一辆宝马'。同样独特的信号也适用于宝马旗下的服务。"

品牌行为——"品牌的行为方式是怎样的，你的行为方式又是怎样的？作为一个品牌的代表，你的行为直接影响着顾客或者潜在顾客的体验，进而影响他们对品牌的感受。你所做的每一件事都传递着一个信息，那不单关乎你在工作中的行为方式，也关乎你在私人生活中的表现，比如当你在你的邻居洗车的时候和他交谈。你有责任强调我们品牌的核心信息。"

培训是什么样的？——"培训往往持续一天。我们从介绍市场开始，在进入我们的品牌之家前，首先要提高常规意义上的品牌意识。我们会解释品牌架构以及它与宝马集团及其3个汽车品牌（宝马、劳斯莱斯和宝马MINI）之间如何关联。然后我们把每一个人带入品牌房间，每个房间都致力于一个品牌，也为相应的子品牌提供专门的区域。

"最初，品牌与客户研究所只专注于管理人员，但现在我们培训每一位员工，包括新员工在内。我们知道我们正与许多其他的培训项目竞争，有时候工程师会说：'我需要的

> 是对我的工程师进行技术培训或者技能训练，不是品牌培训。'我总是会说：'在你去攀岩中心做你的团队建设活动之前，先来这里开团队会议。这里的经历会给你提供一个工具箱，它能确保你的行为适当，符合品牌形象，并反映那些客户的特殊需求。'"
>
> **结果**——"我们知道它起效了。我们能够衡量我们的有效性，从我们的客户中选取代表进行满意度调查，其中平均90%的顾客表示满意。这是一个不错的结果，但总有进步的空间。
>
> "我们希望人们知道，品牌化不是说在你能看到的每一处都涂上一个品牌标识。它首先要考虑我们在长期内想要达到什么样的品牌价值，以及这对我们创造的产品或服务来说意味着什么。我们希望他们将这些课上所学带回自己的工作岗位，并能在日常的工作与生活中使用它们。"

领导力

对于伊恩而言，领导者的角色，包括他自己作为品牌拥护者的角色也一直在变化："在董事会以及我的高级团队中，我们负责运营方面的事务——因为我们能带来收益，而那是关键，但是我现在花费更多的时间去挑战商业模式的发展方式。五到十年前，商业模式很明确：我们制造汽车、售卖汽车、提供零件，我们为它们提供资金。那就是我们所做的。

"如今，'下一步'战略的很大一部分是关于数字化的。在这一领域，很多公司做出了非常大胆的陈述，然而却并不知道数字化的真正含义是什么。但是，思考什么是对的以及你如何为未来塑造一个积极的结果，这是需要不断仔细考虑的，而不是一句好听的口号。"

面向未来的宝马品牌

伊恩分享了宝马品牌是如何塑造和创造未来的，是如何具有前瞻性并带领整个企业进行转变并走入未来（见第八章）的——保持核心。"你的品牌必须具有灵活性才能发展，但也需要一致性来保证稳定。我认为很多企业失去了它们的锚点，它们一旦行动起来，就会开始漂流。因为它是宝马成为'终极的驾驶机器'以及'为顾客提供有史以来最佳的移动解决方案'的品牌承诺的重要组成部分，所以'未来拓展性'显然存在于宝马品牌的基因里。

"有一些规模那么大、人们认为不可能倒闭的公司倒闭了，因为它们失去了它们的核心。我们曾经制造非常大的、高性能的发动机，我们现在还做发动机，但我们也制造零排放的电动发动机。这些天每个人都在讨论自动驾驶，那怎么与终极驾驶机器适配呢？如果你仍保有自己的核心，那这都不是问题：技术可以放在最上面。正是这种在改变的同时也保持真实自我的能力让我们多年来能够成功——我们一直以来都做到了这一点。如今，这也是我们的顾客和我们的'粉丝'所期望的。"

伊恩分享了一个例子，来说明宝马战略型品牌将如何把企业带入一个转型的、更加光明的未来。"未来，我们相信个人的移动性依旧会保持流行，并且我们认为公共交通系统不会接管一切。但是，当今世界的普通汽车使用率为5%左右，大约是每天一小时零十分。

"如果你将使用率提高到50%，之后就会有更多的移动运转和更少的交通拥堵。那意味着我们的汽车销售量会减少吗？是这样的，今天的汽车行业的销售量是全球每年一亿辆新车，或多或少有一点浮动。我们是否正接近巅峰呢？也许是这样的，但问题是：在那一亿辆新车的销售量中，高档豪华品牌约占700万辆，那700万人必须挣相当多的钱，只有这样，他们才可以一天一小时地使用他们的高档车。

"如果你开始按分钟计算去销售汽车，这也是我们的汽车共享服务'马上开'（DriveMove）在做的，接触一辆高档汽车的群体范围被明显拓宽。因此，奢侈高端的服务对一个广泛得多的消费者群体来说变得可得，这就意味着你不再是与700万客户打交道，而是与6000万或7000万客户打交道。那么成功的关键是什么呢？就是品牌！

"是品牌激发了人们这样的渴望：'我是想要带走这个普通产品呢，还是拥有一辆只需多花一两欧元的宝马汽车？'这意味着品牌主张在未来将会比现在更加重要，因为品牌将会极大地扩展我们的客户群。"

以客户为中心的宝马

当我参观宝马世界（the BMW Welt）的品牌研究所时，我看到一位宝马员工正在我下面几层楼的地方向一位顾客交付汽车。这简直令人惊叹：他有空间，一个转台，正在耐心地带着新主人参观和体验那辆车。约尔格·多曼转向我说："这就是剧院！"

伊恩说："当涉及我们的客户时，我们完全清楚我们的工作职责，那就是在任何时间、在任何与顾客的接触点上，兑现我们的品牌承诺。我们持续地调查承诺的维度，并且每年在全世界各个国家对整个品牌进行衡量。在我们认为重要的事情上，我们会把自己与他人进行比较评估，并且调控我们的工作以确保我们始终在提高标准。

"对于我们来说，以客户为中心的另一个主要方面是，顾客对某些因宝马品牌的承诺而起的设想十分强烈。当他们开上宝马时，他们期待所有最新的技术。为什么不呢？如果自动驾驶是当下的话题，那么宝马当然也会有；如果你想要最新的零排放汽车，宝马就造出来。我们以推进创新和技术的边界而闻名——那是我们基因的一部分。所以，顾客期待着这些东西，因为宝马承诺说我们将会拥有它们——所以我们就会有的！"

这种关系正变得越来越个性化："现在围绕数字营销发生着很多变化，这一变化令人兴奋。它开启了与某个人或潜在消费者直接交流的可能性，并且是以一种与他们相关的方式。我们能够更加精准地定位人群，建立品牌意识和一种非常不同的、更加个人化的关系。当我们使用这种定制方法时，人们与品牌的结合会多得多，因为它的相关性使得我们与个体的对话更加直接。这比传统的大众营销有效得多，在传统的大众营销中，你可能做了一个很棒的电视广告，但却不知道谁在看这个广告，或者他们是否是对的目标受众。数字营销同样可以与社交媒体很好地互动，它正在支持我们在脸书和照片墙这样的平台上与我们的客户和'粉丝'对话。"

协作关系强大的宝马

宝马是一家真正地、平等地看待合作伙伴且很少或者没有支配感的合作公司吗？伊恩说：“伙伴关系对宝马非常重要,我们每一天都在寻求更多的合作——与亚马逊回声(Amazon Echo)的重要关系是最近的一个。采购方面以及公司与其供应商之间关系的衡量过程,可以很好地反映我们在合作方面的成功尝试。宝马作为一家值得为之工作的好公司,总是名列前茅。”

我们回顾了研究结果,宝马确实是第一或第二,在伙伴关系方面总是与丰田不相上下。纳入"与供应方关系的供应商关系(SuRe)指数评级"的一项2014年的综合研究显示,宝马在美国居领先地位,在亚洲和欧洲位居第二。

亚洲 排名	2014年		2013年	
	供应商关系指数评级		供应商关系指数评级	
第一	奥迪	697	沃尔沃	696
第二	宝马	643	奥迪	663
第三	福特	635	丰田	626

北美 排名	2014年		2013年	
	供应商关系指数评级		供应商关系指数评级	
第一	宝马	633	丰田	624
第二	丰田	632	梅赛德斯	613
第三	梅赛德斯	612	奥迪	610

欧洲 排名	2014年		2013年	
	供应商关系指数评级		供应商关系指数评级	
第一	丰田	646	宝马	649
第二	宝马	627	保时捷	634
第三	梅赛德斯	625	丰田	632

来源:全球产业资讯关键信息服务供应商(IHS Inc)供应商指数及汽车新闻

图 3.19　宝马在各地区的伙伴关系方面处于领先地位

严谨、专业的宝马

纪律是宝马品牌的一种存在方式,包括全球最高、始终如一的品牌执行品质。严谨和纪律如何从战略开始、调整并连续改进,让我们听听伊恩的说法:"品牌的环境在国际上具有一致性是很重要的。我们不会改变什么,但是,我们会对它们进行微调。"

以一种近乎循环的方式,这把我们带回宝马战略型品牌如何把大部分结合"情感性与功能性"的力量更好地去理解和实践这一问题上。回到小王子的智慧:"世界上最美的事物是看不见摸不着的,需要我们用心去感受。"小王子可能开过宝马汽车!

第四章
对外联系

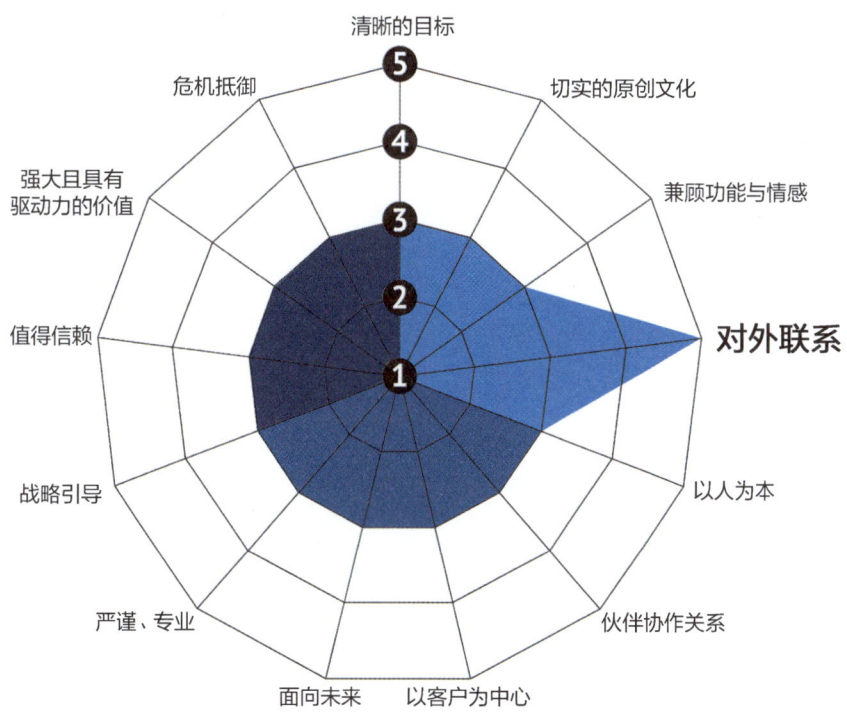

"联结（connection）是一种存在于人与人之间的能量，当他们感觉被看到、被听到以及被重视时，当他们能够不带怀疑地给予和接受时，当他们从关系中得到支持和力量时，联结就会存在。"

——布芮妮·布朗（Brené Brown）博士，休斯敦大学教授

在2007年到2013年的6年间，英国石油公司品牌团队举行了关于传播战略的例行深度会议。品牌总监邓肯·布莱克（Duncan Blake）、顾问执行嘉宾凯茜·利奇（Kathy Leech）和我都参加了这些会议。我们的讨论一直包括两个问题。

第一个，如果去掉我们的英国石油公司的标识，我们的传播看起来或感觉起来还会是英国石油公司吗？就内在来说，这就是我们过去常说的"邓肯测试"（Duncan test），但它也可能被更好地解释为"耐克测试"（Nike test）。

第二个，传播中是否包含硬性信息？或者不如说，是否给受众传达了清晰的利益？我们把这称作"卢克测试"（Luc test）。因为我执着于这样一种想法：只有当我们有一些明显有价值的、有益的东西（一些帮助、一个礼物、一种情感）可以提供给参与进来的受众时，我们才有资格发言。

这两个简单的测试都是关于联结性（connectedness）的。联结性显然是一个简单的概念，这个概念涉及品牌与其受众群中个体的关系有多深、多个性化、多相关、多显著、多有影响力。

街上的英国石油公司

联结性概念活跃起来的方式之一就是"街上的英国石油公司"采访法，即我们在街上停下来，询问人们对所谓的能源悖论（参见第一章）的看法。世界需要更多的能源，但这意味着更多的温室气体：我们应该怎么做？或者，可再生能源对环境更友好，但价格更昂贵，你愿意为此支付更多吗？

我们希望与社会进行这样的对话，而不管其中某些对话的获取有多么艰难。这些30秒和60秒的街头采访被制作成电视插播广告，并在全国范围内播出。

邓肯·布莱克是英国石油公司的全球品牌总监。他认为这一活动如此成功的原因之一在于它的真实性。"'街上的英国石油公司'讲的是真实的人和事。它反映了我们的目标群体，即意见形成者对能源问题的真实看法。有时我们被指控制造了这些采访，但我们绝对没有那样做过。这是英国石油公司品牌的精彩时刻，它正变得真正地与众不同。

"我们通过一个强大的创造性平台表达了一个强有力的观点，我们坚持并努力推动这个观点。我们因为那些信息变得非常有名，我们出名的方式是许多竞争者不会使用的方式，因为他们不断地改变他们的信息。'街上的英国石油公司'给人们带来了一些令人兴奋的东西，这些东西超出了最初的品牌承诺。"

我同意邓肯的观点。这种方法虽然并不完美，但也不是一个大公司的略显油滑的传播手段。它反映了一个组织的特性，即努力做到真诚地参与和联结。从意见领袖和意见形成者（我们的目标群体）的观点来看，英国石油公司品牌的确具有良好的联结性，并且胜过该领域的其他品牌，正如它在强有力的指标中体现出来的那样（见第十章）。

这一章写的是在当今世界作为一个联结性企业所拥有的转变力量。没有联结性，就没有战略型品牌！

联结性品牌

咨询公司 iCrossing 对联结性做了一个很好的描述："思考成功品牌如何进行市场营销的一种方式：关注受众，而不是目标；参与对话，而不是大喊大叫；建立有意义且持久的信任。"（注1）

我也喜欢迪阿吉奥（Diageo）的说法，即联结性表现的奖励是让你的品牌"真正具有标志性"，而不是"默默地毫不相关"（见图 4.1）。显然，你将会在"象限"和"属性"框架中为你的品牌寻找最佳位置。说真的，你会把你拥护的品牌放在什么位置呢？

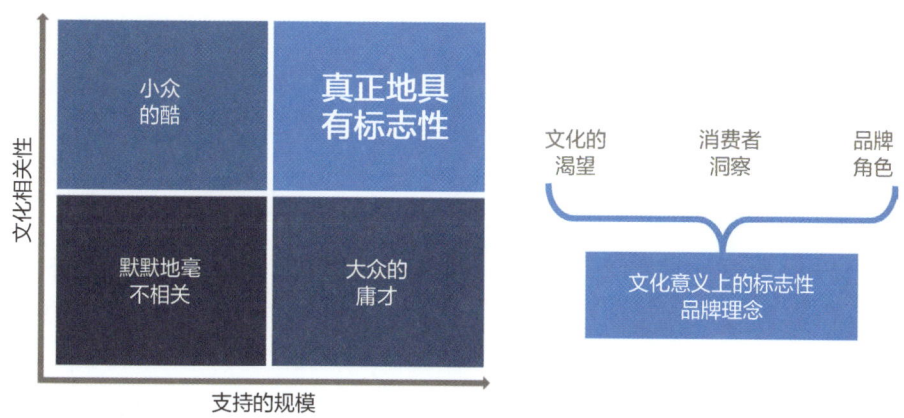

来源：迪阿吉奥，2015 年戛纳创意节

图 4.1 品牌联结性的象限（左）和属性（右）

标志性的联结性品牌的例子有哪些呢？我记得 2012 年《企业家》（*Entrepreneur*）上有一篇有价值的文章，它从受众的角度阐述了一个品牌空前成功的原因（注2）。即使在今天，这篇文章仍然非常切题并具有当代意义。

亚马逊（品牌标识）

亚马逊：变得个性化。亚马逊在培养与消费者的关系方面做得很出色，它能根据以往的购买记录、用户评价和评分以及提出补充性购买的建议来向消费者推荐产品，从而帮助消费者做出购买决策。

可口可乐：自我幸福。宝洁的前首席营销官吉姆·施腾格尔（Jim Stengel）发现，可口可乐做的每一件事都是受"我们如何提升、发展和创造幸福"这一理念的启发。其将这一信息传递到所有的消费者接触点。

联邦快递：信守你的承诺。联邦快递提升了自己的品牌，因为它认识到自己不仅与物流有关，还与它运送的包裹的内容——人们的财富、生计和未来有关。其将客户视为人，而不只是一些数字。

苹果商店：保持酷和有趣。虽然苹果（公司）品牌在联结性上得到的评级很低，但苹果商店正好相反。吉姆·施腾格尔（Jim Stengel）认为苹果商店是"历史上最好的零售尝试"，因为其希望人们受到鼓舞，并从其门店体验中感到更有信心。如何做到这一点？答案是雇佣有同理心的人，并且不以销售额来衡量他们。

耐克：可以做到的态度。耐克一直都以客户为中心，它拥有广泛的接入点，使得该品牌与运动员关联的同时也能与普通人关联。耐克与自我激励和做最好的自己有关，该品牌邀请每一个人都"Just Do It"。

福特：保持一致。福特基于稳定性和可靠性打造了一种牢固的联结。通过负责任地行事、关注客户和员工的幸福等行为，福特在提供"关爱"方面被认为是独一无二的。

爱彼迎：归属感。该品牌是诞生于开放的联结性，并以之为基础建立起来的。我们本可以选择以上任何一个品牌，或者更多其他的非美国品牌作为我们"联结"战略型品牌典范，但正如稍后将看到的，我们还是选择了爱彼迎。

战略型品牌联结性的钻石结构

近些年，我一直在寻找一些可以用来更好地建立密切关系的结构，于是发明和使用了图4.2中的联结性钻石结构。

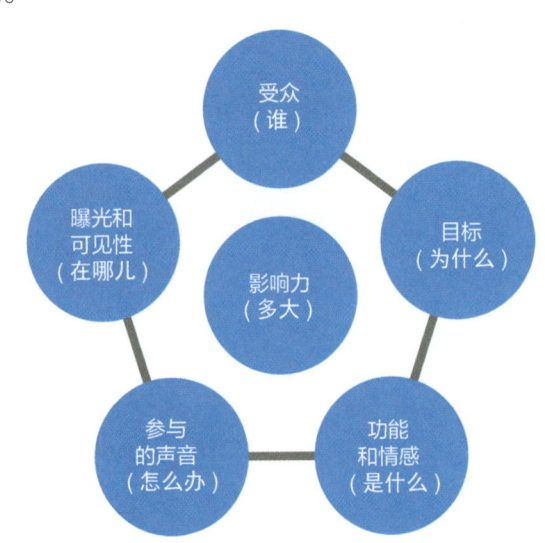

©来源：《品牌竞争力：如何打造持久战略型品牌（上册、下册）》

图 4.2　持久战略型品牌的联结性钻石结构

让我们更详细地看看钻石结构的6个组成元素，受众、目标、功能和情感、参与的声音、曝光和可见性，以及最终的影响力构成了联结性。在与迪阿吉奥的集团首席营销官西尔·萨勒（Syl Saller）、凯度艾德惠研（Kantar Added Value）的全球首席执行官巴特·米歇尔斯（Bart Michels）以及凯度艾德惠研文化实践部（Culture Practice）的全球负责人伊兹·皮尤（Izzy Pugh）就联结性这一要素进行交流时，我用这个钻石结构作为我们讨论的基础，并将其与他们如何处理联结性以取得胜利联系起来。

联结性钻石结构：受众（谁）

了解你的受众是非常重要的。品牌必须对其目标利益相关者有深刻的认识和理解，这样才能与他们建立联结。这类知识将引导品牌的实质和基调以及品牌与其受众之间的关系。

在"深水地平线"爆炸事件发生后的几天里，对英国石油公司而言，一类关键的受众是墨西哥湾岸区的人们，包括渔民和受到影响的当地商人。英国石油公司做了非常大的努力，寻找所有能够联系到他们的方法，并向他们说明应如何要求赔偿。我们必须识别那些需要我们帮助的人们，并且使用正确的语言和工具去支持他们。比如，我们在社交媒体上接触越南人的社区时，用的是他们的语言，因为他们是墨西哥湾岸区受到影响的一个重要的群体，但是他们并不总是能理解英语。

每一个受众都会有所不同，而且他们会以自己的方式与你的品牌进行连接。

西尔·萨勒解释了迪阿吉奥的方式："联结性品牌将目光投向他们类别之外的更广阔的世界，以了解他们应该为人们的生活做出怎样的贡献。在迪阿吉奥，我们谈论的是如何建立一个文化标志性的品牌理念。我们是这么想的：

1. 从提供一个对核心消费者有意义的渴望开始，这个渴望将为品牌赢得与其类别不同的文化独特性。

2. 了解这种渴望如何转化为消费者行为以及你的品牌能够帮助克服紧张的能力。

3. 在克服这些紧张并帮助消费者实现他们的渴望方面，品牌能够扮演什么角色，对此要有清楚和真实的了解。"

"我们对斯米诺（Smirnoff）所做的事情就一个很好的例子。皇冠伏特加是世界上销量最大的国际烈酒品牌：我们在 121 个市场一年售出 2600 万箱。它是一个价值 20 亿美元的品牌。但我们知道，保持平淡会有很大的风险，所以我们必须确保这种情况不会发生。我们正努力研究如何让皇冠伏特加成为千禧一代的文化偶像。由于他们的规模和影响力，这一代人正在不断地定义许多品牌的未来。到了法定购买年龄的千禧一代在皇冠伏特加销量上的表现优于其他群体。当我们聚焦于一个大的而不是小的文化视野时，皇冠伏特加的这一突破就来了。我们研究了对于这一代人而言什么是重要的，以及是什么使得他们不同于 X 一代或者他们的父辈。

"千禧一代是完全网络化的第一代，他们在网上生活，他们创造趋势，并且主动地利用包容性来实现积极的改变。我们将这种理念应用到皇冠伏特加中：我们的文化使命是使世界变得更加包容。这是一个很好的例子，能够说明一个品牌可以如何用一种真实的方式为其周围的文化做贡献。"

（我们稍后会在本章探讨与千禧一代建立联结的挑战和机遇。）

联结性钻石结构：目标（为什么）

目标给了我们一个简单的理由，来解释我们为什么与一个品牌联结和互动，如果这一点弄错了，那其他所有的事情也都会出错。西尔·萨勒说道："一般来说，营销人员完全高估了消费者对品牌的关注程度。人们出门并不是为了度过一个皇冠伏特加之夜，而是为了玩儿得开心点。所以，如果人们不关心你的品牌，那就把品牌变成他们真正关心的事物，让他们成为品牌的真实拥护者。这说起来容易做起来难，但是在一个像我们这样的以印象为导向的类别中，设法让品牌成为超越其类别的文化标志是很重要的。"

来源：迪阿吉奥

图 4.3 迪阿吉奥品牌的联结性

这一想法建立在第一章对品牌目标的探索上。在这里，我们将魔法从"目标"移动和深化到"联结的目标"上来，也就是品牌如何以一种相关的方式改善其利益关系人的生活。

巴特·米歇尔斯解释了"联结的目标"对他而言意味着什么："在许多其他的成功案例中，可口可乐试图用音乐和社交媒体与消费者建立联系。他们开展了一项病毒式的活动：创造最好的新舞步，然后人们把自己跳舞的视频发过去。这在优兔上获得了几百万次的观看。

"大约在同一时间，韩国的流行歌手鸟叔（Psy）发布了他风靡全球的单曲《江南style》。这后来成为优兔上观看量第一个达到 20 亿次的视频。即使没有精确的量化数据，但《江南style》对三星等韩国品牌的影响是真实存在的。

"为什么这两个优兔活动的影响如此不同呢？他们针对的是同样的受众，但是《江南style》是有趣的，并且触及了一些文化上相关的东西：它是真实的，而且在它背后似乎没有什么商业动机。所以，联结性就是在人们自己的语境中为他们想要的东西增加价值，并且真诚地做到这一点。"

巴特唤起了一种绝对的"联结性"现象——在这种现象中，幽默仍然是典型的民族文化，因此，《江南style》超越了国界。到 2012 年底，这首歌在 30 多个国家的音乐排行榜上都高居榜首。许多领导人都曾尝试过它的舞蹈动作，比如联合国第 8 任秘书长潘基文（他把它称作"世界和平的力量"）、美国第 44 任总统巴拉克·奥巴马和英国第 75 任首相戴维·卡梅伦。

联结性钻石结构：功能性与情感性（是什么）

这种情况下，"卢克测试"可能有助于准确评估一个品牌给消费者带来了什么，睁大眼睛去看看这一评估结果吧。当一个品牌兼具功能性与情感性时，即当它做了一些真正有用的事情时，当它易于与消费者互动并且与消费者建立起情感纽带时，不管那是一种渴望、一种满足还是一种联想，只有这个时候它才是真正地进行了联结。

很多时候功能性与情感性两者之间没有真正的区别。举个例子，一个为消费者"快速又轻松地"解决某件事的品牌，既提供了功能性的价值（快速而有效），又提供了情感性的价值（一种简单、轻松、舒适的感受）。我们在第三章里以宝马这样的典范品牌为例对功能性和情感性这一令人注目的结合进行了更多的探讨，但在这里重要的是要记住，"功能性与情感性"与"联结"到消费者是需要多么紧密地交织在一起。

联结性钻石结构：参与的声音（怎么办）

一个联结性品牌必须发展出一种独特的声音，让消费者感到被包括在内和被重视。这让他们愿意为品牌做出自己的贡献，比如忠诚和宣传。

在参与形式方面，讲故事是极为重要的。通过"品牌即故事"使得品牌能够与文化及其受众的需要相联结，确保故事和他们有重要关系，从而与消费者建立更深的情感联结并且增加影响力。在 2000 年时，约翰·布朗表达了他对"超越石油"的设想，英国石油品牌变成了我们未来世界的一个故事，在那个世界里，可负担得起的清洁能源将能够被 90 亿人使用。

联结性品牌应该使用一种沉浸式的文化方式：采用民族文化的文化符号、实践和期望，同时忠实于其目标、使命和运营框架（见第二章）。

渥尔达（Wardah）是印度尼西亚的一家护肤品牌，伊兹·皮尤认为它是文化联结的一个很好的例子。"渥尔达了解它所存在的女性的世界：它唤起了驱使现代女性去冒险和探索的渴望，也以一种与现代女性相应的方式提供了一种既独特又适度的美。全球的个人护理品牌必须非常努力地去交付一些具有相同真实性的东西，否则渥尔达很有可能将他们赶下榜首。"

联结性钻石结构：曝光和可视性（在哪儿）

联结性品牌必须高度可见，并且与其利益相关者有广泛的互动。在数字媒体领域，这种参与和活动必须跨越广泛的渠道。但这也与如何使用这些渠道有关：社交技术如何运用于与利益相关者的互动、交流和合作中。对话一旦开始，联结性品牌就可以并且需要通过提供新的内容和进行持续的对话来培养这种关系，单向、单次传递信息的日子已经过去了。

在这一点上，英国石油公司能够作为一个例子，在"深水地平线"爆炸和漏油事件发生后，它如何通过管控一个 24 小时的社交媒体与墨西哥湾岸区受影响的民众进行沟通。当美国入睡时，我们用上了澳大利亚以及中国香港的团队，以确保我们是全天候待命，并可以当场立即发稿。

随着社会的数字化，虽然渠道已经发生了巨大的变化，但我仍然固守一个古老但是持久的品牌目标：让别人谈论品牌，而不是让品牌谈论自己。当传播以品牌的代表、支持者和社区为渠道时，这一点就会实现。一个联结性的品牌能够"影响有影响力的人"，这意味着他们拥有一个针对性的方法去识别能够传播品牌故事的、具有文化影响力的重要人物。这些有影响力的人由两种不同的类型构成：一种是马尔科姆·格拉德威尔（Malcolm Gladwell）在

《引爆点》（*The Tipping Point*）中界定的"联结者"（connectors），他们是艺术家、作家、电影制作人、音乐家、博主或者那些帮助创造文化的文化导管；另一种是意见形成者，他们是被社交媒体赋权的消费者，能够自行控制品牌和文化（注3）。我们稍后将会讨论"公用事业仓库"（Utility Warehouse）的例子。

在英国石油公司，我们的关键受众是意见领袖和意见形成者，其原因是：能源问题很复杂，需要一定的认知及持续的关注。如果我们能够推进与那些参与进来、产生了联结的人的讨论，他们会反过来向社会、政治家和与能源有关的社区发出自己的声音并影响他们——这种影响有望是积极的。

来源：社交媒体周刊（Social Media Week）

图 4.4　推动深度联结性的多种基本渠道和有影响力的人

西尔·萨勒谈到了可见性和曝光（即"在哪儿"）的重要性："如果不去看我们周围的世界，我们就不会知道有 18 000 人参加了上一届职业游戏大联盟锦标赛（Major League Gaming Championship）。那是一个挤满了观看别人打电脑游戏的人的体育场，并且还有另外的 200 万人通过网络观看了这次比赛。这些成人体育赛事是需要我们学习如何参与其中的。这个'第三空间'是一个充斥着文化的空间，我们必须改变我们的商业模式以在这一区域变得更加显眼。这就是皇冠伏特加为节日的发展而投资的原因。"

联结性钻石结构：影响力（多大）

联结性当然与影响力、价值创造有关。通过使用大数据，联结性品牌应该从数量和品质上权衡前面讨论的3个领域：是什么（功能、有效性以及情感上的"品牌魔法"）；怎么办（参与和反馈的质量）；在哪儿（存在的强度和深度）。战略型品牌还将衡量经济输出以估量他们的联结性，比如净推荐值或者购买倾向。

对于联结性，除了这些相当传统的衡量尺度，还有更多需要了解和掌握的，比如某些被巴特·米歇尔斯和伊兹·皮尤称为一个品牌的"活力"的东西。

巴特解释说："联结性能够很好地预测未来的增长。我们使用一种名为'文化引力（Cultural Traction）'的专有工具开展品牌 VIBE（visionary、inspiring、bold、exciting）研究。从本质上讲，这个工具将品牌的联结性分解为4个主要方面：前瞻性、启发性、大胆程度、令人兴奋的程度。通过使用替代指标，你就能预测这个品牌是会越来越受欢迎还是越来越不受欢迎——这意味着你能够预测业务增长的速度是更快还是更慢。

"事实上在未来，VIBE 是品牌成功的一个可靠指标。我记得 2010 年到 2014 年间我们对苹果和三星做过一项研究。三星在新产品、赞助交易等方面非常活跃，它的文化活力测评结果非常积极，而苹果却处于静止。当时我们谁都没有表达观点，但我们后来都看到了：三星越来越强大。这是它第一次比苹果更加相关、更加联结——而我们的活力指标早就注意到了这一点。"

伊兹在汽车行业引用了一个类似的活力分析。"我们第一次做活力调查时，科技品牌包揽了所有的好名次，而汽车品牌则远远落后。但是在过去的 5 年里，汽车品牌爬了上来。福特决定表现得更像一个科技品牌而不是一个汽车品牌，它已经攀升了 11%。在开展了'做反派很好（goodtobebad）'的活动后，捷豹也上升了 11%，这一活动打破了性能汽车类别的规则，给该品牌赋予了一个阴暗面，这个阴暗面与其在技术上娴熟而情感上不那么吸引人的德国竞争对手形成了对比。接着他们就看到自己在美国的销售量增长了 20%。

"有趣的是，特斯拉在 2014 年获得了 VIBE 排名的第一位，超过了当时排在第一位的谷歌，并且得到了在之前 5 年从未有过的最高分，甚至超过了 2010 年苹果的指数。它拥有的文化活力几乎是我们期望从如此规模的品牌中看到的两倍。提到这个案例是为了说明（即使它将我们带回了 3 年前）：如果你只看传统的品牌健康测量标准，特斯拉只会是一个利基（niche）品牌，几乎不能与梅赛德斯奔驰或者其他的奢侈品牌做比较；但是，如果你看看它的文化活力，你将会看到一个完全不同的故事。对应的结果是：特斯拉在 2015 年的销量超过 5 万辆，几乎比 2014 年增长了 60%，接着在 2016 年又超过了 7 万 6 千辆。"

咨询公司 Truth 很好地总结了我们所说的作为一个联结性品牌而存在和传播的意义以及它与传统营销的区别（见图 4.5）（注 4）。

来源：Truth，2015 年 2 月 28 日，文化性联结性品牌

图 4.5　一个文化性联结性品牌与一个"做营销"的品牌

联结性品牌案例：公用事业仓库

我第一次了解到英国的"公用事业仓库"是在 2014 年、2015 年

的欧洲企业奖（European Business Awards）上，它获得了欧洲公选冠军奖（European Public Champion）。公用事业仓库是一家公共设施提供商，为全英国超过50万的家庭提供气、电、电话、宽带和移动业务。它使用一种完全不同的经营方式。

第一，它是完全整合的，消费者受益于一张涵盖了他们所有服务的单一月账单（这使得他们更容易管理他们的家庭预算），也享受到了来自伦敦北部独立呼叫中心的更好的消费者服务。

第二，它通过"公用事业仓库折扣俱乐部"（the Utility Warehouse Discount Club）来提供服务，每一位顾客都加入了该俱乐部，以此获得有价值的福利，比如家庭购物的返现。

第三，它不打广告，也不出现在比价网站上。但它拥有44 000个兼职的、不受雇于他人的合作伙伴，这些合作伙伴会主动向朋友和家人推荐它。

这种商业模式是完全建立在联结性上的。联系到我们的钻石结构，它始于一个简单清晰的目标，即立足于理解和处理消费者需求。这转化为一个明确的功能，即通过综合化服务简化人们的生活，以及在"花更多的钱就是浪费"的商品上为他们省钱。他们参与的声音和曝光完完全全是"人"的，他们拥有"俱乐部"的基调以及通过"满意的顾客"传递的可见性。

来源：公用事业仓库

图4.6　公用事业仓库联结性配方一瞥

很多人通过非常独特的方式，成为公共事业仓库社区的一部分。满意的消费者会接受一个课程，课程从消费者变成其朋友、邻居或者同事的积极推销者开始，之后他们就可能毕业成为授权的商业伙伴。他们通过公共事业仓库的"卓越学院"获取知识，并能够赚取兼职收入。他们中的一些人成了在社区活动中被认可的冠军和英雄。公共事业仓库声称拥有44 000人提供这种面对面的口碑营销，这些人与潜在顾客发展出一种基于社区的关系，他们的生活因为与公共事业仓库的联合而以各种方式得到了提升。对于一个新兴公司来说，这是一种有趣的联结，它打破了传统公共事业公司在商品化行业面临的客户流失的常态。

爱彼迎

 我们选择了爱彼迎作为在"联结"要素方面的战略型品牌典范,仅仅是因为这个平台的内在所涉及的一切都与联结性有关。

正如他们对自己的定义,爱彼迎是一个社区市场,是一个供人们发布、发现和预订世界各地的独特住处的市场。不管是一晚的公寓、一周的城堡还是一个月的别墅,爱彼迎都能够以任何价格在超过 34 000 个城市和 191 个国家将人们与独特的旅行体验连接起来。凭借世界一流的消费者服务以及一个不断增长的用户社区,爱彼迎是人们将自己的额外空间货币化以及向数百万受众展示它的最简单的方式。这种方式现在非常流行,以至于每两秒就会有一个人预订爱彼迎的房间。

大多数人都知道爱彼迎的联合创始人布雷恩·切斯基(Brian Chesky)和乔·吉比亚(Joe Gebbia)的故事。在 2007 年 10 月的工业设计学会会议(Industrial Designers Society Conference)期间,他们在旧金山向爱彼迎的第一批房客敞开了自己的家门。一位 30 岁的印度男士、一位 35 岁的来自波士顿的女士和一位 45 岁来自犹他州的 4 个孩子的爸爸,这些客人睡在他们家的地板上。他们每晚收费 80 美元。布雷恩说:"当我们跟这些人挥手再见时,乔和我看着彼此,想着,肯定能有比这更好的主意。"

"他们最终得到的不只是一个有些凌乱的房间里的一张充气床垫。他们知道了我们最喜欢的喝咖啡的地方,吃到了这个城市最好的玉米饼,还能在任何他们想出去玩儿的时候有朋友一起。他们离自己居住的地方有几千英里,然而却感觉就是在家里。尽管一开始只是几个朋友付房租,但是这样一种方式已经转变成比我们想象中更大、更有意义的事情。"

爱彼迎于 2008 年 8 月在加利福尼亚的旧金山成立,目的是"在人们对连接、理解和归属的普遍、强大的渴望背后联合一个社区……而那种对归属的渴望能够带我们去任何地方。"如图 4.7 所示,他们的参与度以惊人的速度大幅增长。

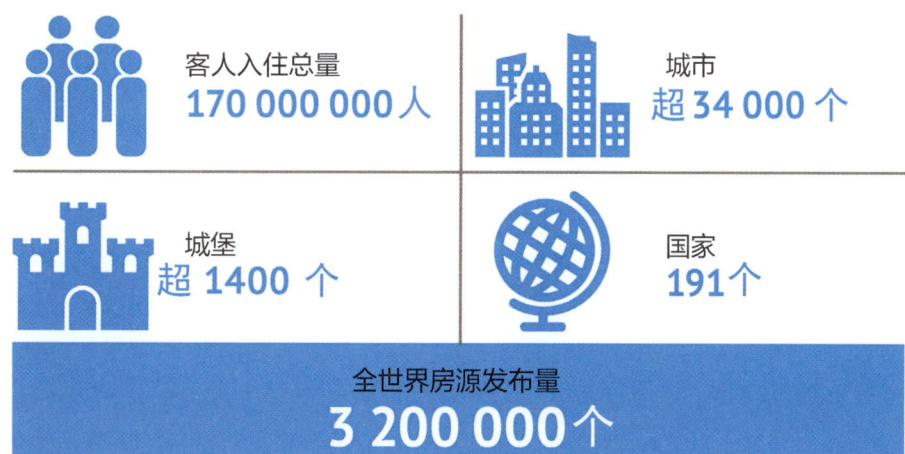

图 4.7　短短几年,爱彼迎的指标令人印象深刻

在很短的时间内，爱彼迎成了世界上最强大、最受喜爱的持久战略型品牌之一，是共享经济的典范。图4.8展现了我们研究过的最强大、最一致的战略型品牌之一——爱彼迎的持久战略型品牌。

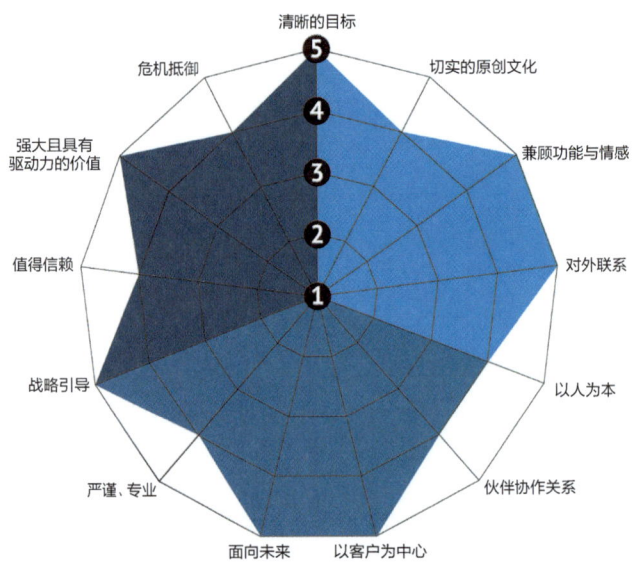

图4.8 爱彼迎的持久战略型品牌要素

内在联结的爱彼迎

我有幸与爱彼迎集团的首席营销官乔纳森·米尔登霍尔（Jonathan Mildenhall）见面，和他讨论是什么构成了一个战略型品牌，以及这如何关联到爱彼迎和可口可乐（在2014年加入爱彼迎之前乔纳森在可口可乐工作了7年）。

令我印象深刻的是，在我没有做出任何提示的情况下，他的第一想法就与我们的联结性钻石结构直接相关："首先，品牌必须要有一个超越其产品类别的使命。很多品牌之所以失败是因为他们不知道如何在他们的产品类别之外创造情感价值。看看可口可乐和爱彼迎，可口可乐的使命是创造一个更加幸福的世界，爱彼迎的使命是创造一个75亿人都能找到归属的世界。现在这种归属只是在家，但未来，它会贯穿整个旅游业。这个使命在我的有生之年是不会实现的，但它让人感觉很实在，因为平台上每一个单独的房间，以及我们安置在别人家里的每一个陌生人，都在创造一个拥有更深的归属感和信任感的世界。所以第一要务是树立一个品牌目标。

"第二要务是创造一个能够立刻识别和普遍理解的标志性标记。有一些很棒的例子，比如耐克和苹果的标志。无论你是在中国、南非、巴西还是加拿大，这些标志的含义都是一样的。

"第三要务是创造一个通用的理念。像迪士尼这样的公司非常善于在他们组织里的各个不同方面创造通用的价值主张。不管我是一个南非妈妈、韩国妈妈还是日本妈妈，迪士尼的价值主张对于我的家庭来说都是一致的。

"最后一个要素是,对人的价值有一个清晰的了解。想想可口可乐在印度和巴基斯坦设置的'小型世界机器'(Small World Machine),它让印度人和巴基斯坦人能够互相联系,实质上是让他们分享一瓶可口可乐。这个活动与销售可口可乐无关,而是把品牌对于人的价值的观点推向了世界。

"这和爱彼迎的'人类'(Mankind)活动一样:一个婴儿正走向门口,然后你听到安吉拉·贝塞特(Angela Bassett)的声音说:'人类善良吗?我们好吗?去看看。通过他们的窗户去看,这样你就能了解他们的想法;坐在他们的桌子旁,这样你就能分享他们的食物;睡在他们的床上,这样你就可以知道他们的梦。去看看,看看属于人类的他或她有多么善良。'我们不是要在平台上放置另一个家,也不是要出售一个夜晚,我们只是将我们的价值观念放在那儿。

"最终,一个品牌需要勇敢、信心和承诺来将内容投放到世界上,这些内容与销售产品类别或者销售业务的特定方面都无关,而与提升品牌所深切关注的人的价值有关。"

在不到4分钟的时间里,乔纳森就提炼出了爱彼迎在对外联系、清晰的目标、兼顾功能与情感、面向未来和战略引导这5个相互关联的战略型品牌要素方面的出色表现。图4.9展示了爱彼迎品牌的特征是如何与联结性钻石结构关联起来的,我们会在下面讨论每一方面的作用。

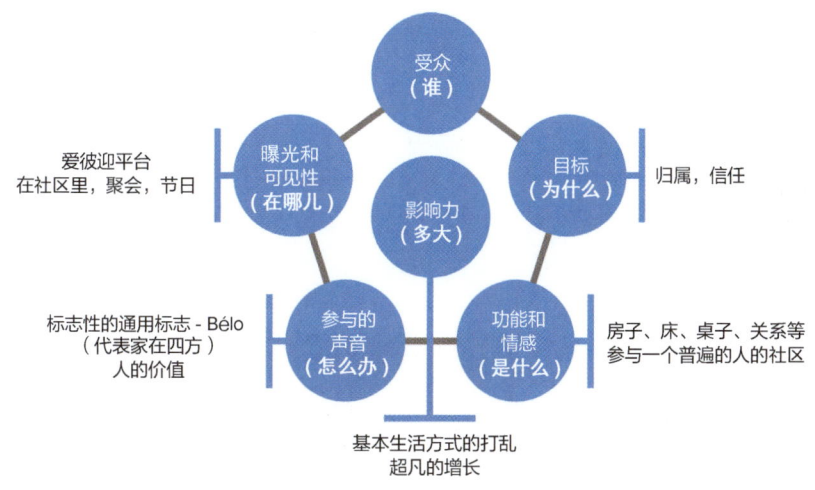

© 来源:《品牌竞争力:如何打造持久战略型品牌(上册、下册)》

图 4.9　爱彼迎完美的联结性钻石结构

正如前面所说,爱彼迎的实质和问题在于,它们与联结性密切相关。让我们看看这是如何运作的,从它们的目标到它们的品牌标志以及它的"联结"的共享使用。

目标清晰且兼顾功能与情感的爱彼迎

爱彼迎是一个连贯的品牌,它的意图、功能和情感通过它的标志呈现出来。乔纳森在这儿分享了他对可口可乐、耐克和苹果标志的想法,以及他想要让爱彼迎标志代表"可以属于任何地方"的追求。

"可口可乐是最早建立标志性标志的品牌之一——那个有轮廓的瓶子。那个瓶子被设计成能够保持低温,并且在全世界都具有相同的含义。它的设计甚至是 3D 结构的,以至于一个盲人都能感觉到它是什么。之后可口可乐带着那个 3D 结构并把它转变成一个 2D 的标示性符号,这个符号为人所了解,象征着可口可乐'激发乐观和快乐的时刻'的使命。这个瓶子的设计到现在已经有 102 年的历史了,所以可口可乐坚持这一信念已经有一个多世纪了。

"耐克的'钩'形标志大约在 45 年前推出,它在全世界都代表着速度、优秀和性能。它是一致的,它激发的东西对一个年轻的中国篮球队员和一个英国足球运动员来说是相同的。

"苹果的标识是世界上最有价值的标志之一。这并不意味着他们没有在文化方面始终如一地花很多时间为品牌建立文化价值,而是代表产品的卓越。而且,就像可口可乐和耐克一样,它在全世界拥有一致的含义。

"我们给自己的品牌命名为'Bélo'。它是'归属(belonging)'这个词的前 4 个字母,但是我们把重音放在'e'上,这样它听起来就更国际化。在下一个十年,我们的工作就是让这个品牌成为在世界范围的归属感的普遍象征。

"爱彼迎实际上有两个不同的标识方式。一方面,我们有一个名为 Bélo 的公司品牌,另一方面,我们有一系列社区标志,我们社区里的任何一个人都能够将其应用于他们的家里或生意中,这被叫作'创造爱彼迎'。

"从本质上来说,'Bélo'受到了爱彼迎的保护,就像苹果保护它的商标一样。但我们也分享了这个设计,来反映我们是一个由个体组成的社区,受到来自不同背景和信仰的人的支持,每一个人都带着自己的观点和故事。有了'创造爱彼迎',我们让每一个人都能在一个共享身份下创造他们自己的独特标志,这种方式是前所未有的。"

Bélo 标志   **创造爱彼迎**

来源:爱彼迎。左:Bélo 标志;右上:标志背后的 4 个含义:人、地点、爱和爱彼迎;右下:来自"创造爱彼迎"的独特符号的例子

图 4.10　爱彼迎标识的两种类型

面向未来并由战略引导的爱彼迎

鉴于爱彼迎的使命,它的引导战略指向一个更广阔的未来这一点并不让人惊讶。乔纳森

解释说："如果宝洁是关于妈妈们的，那么爱彼迎就是关于房东的。从历史上看，你必须要有一个家才能成为房主。我们在 2016 年推出的产品改变了这种情况，即使没有家，人们也有可能成为主人。这是一种不同的招待方式，它围绕着一种体验展开。举个例子，如果你对飞蝇钓鱼（fly fishing）、徒步旅行、艺术文化、品酒或者骑马有强烈的兴趣，爱彼迎会给你提供机会去招待别人并去分享这种热情。

"2016 年 11 月，我们在洛杉矶举办了我们的第四届房东庆祝节，来自全世界的超过 2000 名房东参加了这次活动。最大的新闻是我们重新定义了爱彼迎托管服务。现在，你甚至可以通过在爱彼迎平台上托管你的热情来挣钱。"

爱彼迎：一家社区驱动的战略型品牌

爱彼迎已经颠覆了传统酒店行业。现在，凭借其独特的联结性，它立志成为世界上第一家社区驱动的超级品牌，打破人们聚到一起的传统方式。

乔纳森解释说："'社区驱动'是什么意思？世界上最好的社区驱动的品牌是哪些？品牌世界之外的例子如足球俱乐部。其社区依循某种传统、仪式和权威，但是如果没有人来参加（比如进行足球训练等），这些社区就不会存在。这意味着这些社区品牌受行为、传统以及社区自身的特性所驱动。"

"像耐克、苹果和可口可乐这样的超级品牌是标志性的，它们得到了普遍的理解，并受到经营它们的营销人员的强烈保护。从历史上看，它们接受了自己作为偶像的身份，并且没有动员或者调动购买它们的人的创造性表达。"

拥有原创切实的文化、以客户为中心并重视协作关系的爱彼迎

"还从未有过一个超级品牌是受其社区的创造力、特色、活力和故事驱动的。我们通过从社区中挖掘出来并被我们转化为营销内容的故事来建造自己。

"我们想要通过解锁社区的创造力来创造一个社区驱动的超级品牌，这是以前从未有过的。

"我们会用和其他社区一样的方式建立我们的传统。就拿将社区聚在一起为例，我们既有本地的和区域的房主聚会，也有像我们在洛杉矶那样的年度国际房主聚会，我们用这些活动来庆祝我们的人类社区事业。

"为了让不同的爱彼迎社区能够互相交流、分享问题、提出问题，我们开发了专门的技术。比如，我们的房主能够通过世界各地的社区聊天室与其他房主联系。"

就像易趣一样，爱彼迎明白，它的房主不仅是消费者，也是商业伙伴。每年，来自 100 多个国家的 5000 多名房主受邀参加公司的房东大会（Airbnb Open），并被鼓励谈论他们工作的本质。这种方式将本地的房主与全球的爱彼迎社区联结起来，也帮助这个公司理解他们如何才能更好地为房主们服务。

关于爱彼迎的伙伴关系让文化联结性成为可能，还有很多其他的例子。你想待在艾比路录音室（the Abbey Road studios）（图 4.11 左上）——披头士乐队曾经录音的地方吗？或

者芝加哥艺术博物馆（左下），那儿有梵高著名画作《卧室》的真实还原版？还是开一辆奥迪前往爱彼迎设在死亡谷（Death Valley）最荒凉位置的住处（右上）？又或者作为Ben10（一部动画）的"粉丝"，在马克爷爷（Grandpa Max）的锈铁桶（右下）里度过一晚？

来源：爱彼迎

图4.11 通过深度的文化体验实现的爱彼迎的联结性

爱彼迎：联结性的下一个层级是参与

参与的理念将品牌联结性带入一个不同的境界。乔纳森说："我每天都穿耐克的运动鞋，我与耐克联结得非常紧密，但我完全没有参与到耐克的社区里。

"我们想改变爱彼迎在这方面的情况。我们希望人们不仅与我们联结，也希望他们能够与品牌互动，也就是参与。

"对归属感的需求是原始的。爱彼迎之所以成功，是因为我们挖掘到一些植根于全世界人们心灵深处的东西。最终，爱彼迎这个品牌属于社区。"

严谨、专业的爱彼迎

爱彼迎如何确保社区参与和品牌建设理念的成功实践呢？乔纳森说："这归结为三件事：第一，规定和鼓励社区践行关于归属感的正确行为和表达；第二，使社区能够深入地互相联结；第三，尽我们最大的努力确保每一个家、每一次交易、每一次互动都是安全的，以此来保护我们的社区。鼓励、实现和维护是公司扮演的角色，社区的作用是推动参与和互动。

"我们非常严谨地用数据衡量我们的影响力。在大多数市场，我们每周都会进行品牌跟踪调查，同时会进行一个更加详细的季度调查。我们测量品牌意识、品牌情感、考虑因素以及在不同市场中关于归属感的表达有多大程度的相关性。

"爱彼迎是一个21世纪的品牌，所以我们不必处理人们头脑中的遗留观念。因此，我们能够同时打造品牌并创建品牌的归属感使命。品牌追踪已经向我们表明，归属感的理念早已与我们的品牌紧密相连。"

以人为本的爱彼迎

爱彼迎的使命使该品牌完全以人为本并依赖社区中人们的行为方式。爱彼迎只控制低于 10% 的用户/租客体验，对房主的交付和体验控制得也不多。因此，这个品牌是其用户彼此交流互动的结果，爱彼迎品牌超过 90% 的内容是由用户决定，而不是由公司领导决定的。简而言之，是社区中的人定义了品牌。

那么爱彼迎品牌是如何为其社区品牌定义者提供引导的呢？乔纳森说："自 2016 年 10 月以来，我们要求每一位房东签署我们的'歧视与归属'社区承诺（'Discrimination and Belonging' Community Commitment），该承诺明确表明，如果你想成为爱彼迎房东，你就必须赞同这些价值观念。我们将会使用"很多胡萝卜加一点点棍棒"的策略来确保我们的价值观念能在整个社区得到保护。"

具有强大联结能力的爱彼迎

众所周知，由于爱彼迎的股权结构，了解其财务状况的细节是非常难的。但来自各种途径的充足证据显示，爱彼迎既推动着可观的价值创造，自身也具有极高的价值。

强大且具有驱动力的价值

根据美国投资银行考恩公司（Cowen & Company）的数据，爱彼迎在 2016 年处理了 123 亿美元的预定额，评估测算比 2015 年增长了 70%。一个相关的推测是，在 2016 年，这家公司自己从这些预定中获得的收益可能达到了 16 亿美元，因为爱彼迎从客人的付款中收取 3% 到 12% 的佣金，从房东收益中收取 3% 的佣金。

最近的资料显示，在 2015 年 7 月和 2016 年 7 月，爱彼迎都成功地申请到了连续的融资。在 2016 年 6 月，它还从多家银行获得了 10 亿美元的债务融资。7 月 8.5 亿美元的权益融资对爱彼迎的估值为 300 亿美元。这使得它成为旧金山湾区第二大最有价值的私营初创企业，仅次于优步科技公司（见图 4.12，中间的图片）。但是爱彼迎花费的资金比优步少得多，这让它有了强劲的获利前景。

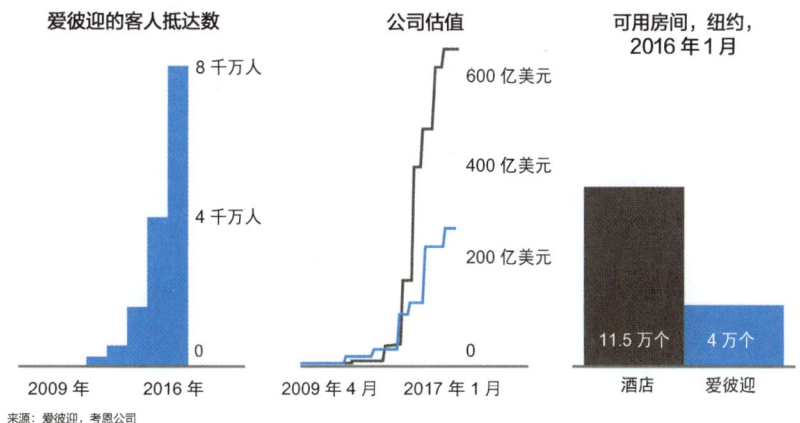

图 4.12　爱彼迎的关键指标

对于一家 2008 年才成立的公司来说，爱彼迎创造的价值是非凡的。其中的许多价值的产生可以归因于爱彼迎这个品牌。大量调查（见考恩公司，高盛投资集团）指出，旅行者对爱彼迎的满意度远高于普通的酒店（3∶1 的比例）。总体而言，爱彼迎得到了很高的支持率。因此，如果说爱彼迎的品牌价值至少与连锁酒店中最高水平的品牌价值（超过 80 亿美元）相近，也就不足为奇了。

值得信赖的爱彼迎

信任是爱彼迎商业模式中与生俱来的：整个公司的运行建立在一种信念之上，即人们彼此之间是相互信任的，这种信任大到能待在彼此的家里。2016 年 2 月，乔·吉比亚（爱彼迎的创始人之一）在优兔上分享了一段有趣的视频，他在其中分享了他对于"爱彼迎如何为信任而设计"的哲学理念。

信任扮演的角色通过以下数据点反映出来：爱彼迎已经营业了 1.23 亿个夜晚（并且还在增加）；房东对爱彼迎的评分为 4.9 分（满分 5 分）；爱彼迎与 Facebook 的用户关联数超过了 5 亿。

爱彼迎的利益相关者分析图一点也不简单，如图 4.13 所示。由于 90% 的品牌体验掌握在别人而不是它自己手中，这就要求爱彼迎与那些组成天然的爱彼迎社区的主体（房东、房客、合作伙伴），以及尽可能地与那些也许是或者就是充满敌意的受众（比如酒店、邻居、市政当局）建立深度联结的信任。尽管这些关系有时候在少数几个城市的状况是要多乱有多乱，但爱彼迎在其他 3.4 万个城市的利益相关者管理上做得很出色。

图 4.13　爱彼迎利益相关者分析图简化版

危机抵御力强大的爱彼迎

正如我们在第十三章中所讨论的，检验一个持久战略型品牌抵御反对、挑战以及任何正在进行或者可能发生的危机是很有洞察力的做法。那么，如果爱彼迎是联结性的典型代表，它的联结性在危机中会如何体现呢？在其发展过程中，爱彼迎曾遭遇了严重的批评和反对。我将使用纽约的这个案例来说明它面临的一个最大的挑战（尽管在柏林、阿姆斯特丹、巴塞罗那和魁北克等地也有同样的问题）。

继2011年纽约州裁定禁止出租住宅单元少于29天后，纽约州州长安德鲁·科莫（Andrew Cuomo）在2016年10月签署了一项法案，法案禁止爱彼迎房主出租闲置公寓少于30天。这项法案的支持者（以酒店工会和一些纽约市政府官员为主要代表）声称这事关保障性住房的问题，法案是一种反对商业经营者"占用他们控制的数千套可以租给常住的纽约人的公寓，并把它们变成一晚或两晚的住所"的方法。他们的主要论点是，爱彼迎剥夺了常住的纽约人的租房空间，包括许多曾经被纽约人占据而现在挤满了游客的地方。

爱彼迎的房东争辩说："这只是共享经济的一部分，因为爱彼迎让人们能够分享他们的房子，与保障性住房没有任何关系。相反，爱彼迎为'寻常纽约人'提供了机会，他们作为房东，负责任地分享自己的房子。它为游客提供了解决方案，为纽约提供了一种收入来源（估计每年9000万美元）。"

值得注意的是，这次集会是由纽约市的5个行政区的纽约房东俱乐部组织的，这也是爱彼迎社区深度联结的一种反映。装着超过80 000条支持房屋共享的信息的信箱也被送到了科莫的办公室。爱彼迎将房东俱乐部形容为"房东主导的地方组织，调动了改善邻里关系的积极性"。

乔纳森回顾了爱彼迎及其房东们是如何应对这些挑战的："爱彼迎的角色之一就是保护社区，反过来，社区对爱彼迎的参与度也极高。美国各地都有社区行动网络，它们能够帮助爱彼迎房东按照他们自己喜欢的方式运营。为此，爱彼迎坚守其职责以激励和保护不同城市的社区，但实际上是社区自身在推动行动和参与。"

纽约为爱彼迎的动员活动绝不是个例。去年秋天，在爱彼迎与旧金山的抗争中，由房东、房客和支持者组成了"民间投票集团"，为了打败F法案（一项支持对该城市家庭共享行为实行更严格管制的法案），他们敲开了成千上万户家门，参加了每一场立法听证会。再或者，在芝加哥房东俱乐部拜访了42次立法委员、给当选官员打了1500次电话后，芝加哥通过了一系列有利于爱彼迎的规定，允许该公司继续在芝加哥运营。像这样的故事还有很多。

当你的"消费者"变成了你的最佳活动者时，难道这还不是品牌联结性的定义吗？爱彼迎从一开始就与其房东建立了牢固的联系，通过他们自己当地的线上小组把房东们聚集在一起。随着爱彼迎平台的发展以及面临来自城市监管者们更严格的审查，爱彼迎的房东们采取了独特的措施，他们与当地的分会和志愿者团队一起建立了社区行动网络，以此来参加听证会、给在职官员写信并与当地的其他活动人士会面。因为预计会有一场更大的抗争，爱彼迎计划将其本地的64个房东俱乐部扩展到全球100个新的城市。

向爱彼迎学习：尽管去联结！

爱彼迎在用公司的直观理解展示着一种思路，那就是你的社区、你的消费者是你拥有的最好的营销资产。爱彼迎的联合创办人兼首席执行官布雷恩·切斯基表示，他听过的最好的建议是："有100个人爱你，好过10万个人不同程度地喜欢你。"这就是你保持联结的方法（注6）。

爱彼迎巧妙地将缺乏对消费者体验的控制所带来的挑战转化为他们品牌最大的机会和最大的成功。与其社区的一种共生关系使得爱彼迎能够与其利益相关者合作，共同打造这个品牌。爱彼迎不只是一个旅游经营商，它还为他们社区形成的个人联结创造空间。

当然，爱彼迎平台自身也适用于这种品牌建设体系。通过使用技术，他们能够确保用户群体之间的价值交流，这种价值并不直接为平台所有。然而，我认为，从建立一个强"联结"的品牌以及运用爱彼迎的一些一流的原则和实践中，传统的公司也能够获益匪浅，尤其是在成长和风险管理方面。

加深你的品牌与受众之间的联结——奇迹就会出现，快乐就会开始。也许约翰·列侬（John Lennon）的优美语句适用于持久战略型品牌，就像他希望它们适用于世界一样："你也许会说我在做梦，但我不是唯一的那一个。我希望某一天你会加入我们，到那时世界就会大同。"

更强的品牌联结性带来的三大机会

那么在哪儿以及如何应用爱彼迎的魔法呢？我们选择了三类在联结性中扮演至关重要角色的受众，但也许只有少数品牌做到了真正的联结。

首先，我们将回顾重要的两代人：千禧一代和白银一代。其次，我们将对全球品牌和本土品牌进行对比思考，因为，正如我在多年领导全球品牌业务的过程中所经历的那样，与本土冠军品牌相比，全球品牌面临着持续且不断增长的联结性挑战。

千禧一代

联结性对千禧一代非常重要。事实上，一些人给他们贴的标签就是"联结的一代"。就像西尔·萨勒之前说的，由于他们的规模和不断增长的影响力，这一代人正在定义着许多品牌的未来。这一点得到了简单的人口统计资料的支持：千禧一代有18亿人，到2025年，他们将会占劳动力的75%，他们是完全网络化的第一代人，不受地域或文化的约束。

为了正确地与他们建立联结，必须透彻地了解他们的需求和法则，以及这些需求和法则如何区别于他们的父母辈或者X世代。一般来说，这一代人可以被称作"务实的理想主义者"，他们具有以下特征：

他们来自哪儿： 数字革命的孩子；全球化；连续的危机和共享经济。

他们是谁： 自恋但也具有团队精神；无等级的；受过教育的；对改变持开放态度；乐观的；匆忙的；不忠诚的；忙碌的；有特权的。

他们如何生活： 立足当下（即时通信）；绝对拥有但分享；处于社区中（本土和全球的）；永久的内容创作者；有用技术的早期采用者。

他们期待什么： 一般说来他们有很高的期待。

- 工作上，快速晋升，不错的薪资，教练关系，改变；
- 建立财富与金融安全；
- 让世界更美好。

他们对品牌的特别期望：

- "实用是新潮流"，品牌必须提高他们的生活品质；
- 品牌应该予以娱乐，与他们共同创造，和他们分享反馈；
- 品牌应具有深层的真实性：千禧一代也被称作"企业黑客"；他们是非常敏感的"屁话侦探"，他们讨厌那些仅停留于促销和只停留于精心操纵的营销的品牌。

2016 年，我们与营销机构"远见工厂"（Foresight Factory）一起开展了定量调查并进行了分析。结果显示，千禧一代认为具有联结特征的品牌的优先要素是：名声、与我相似、真实。相比之下，对婴儿潮一代来说的优先要素更加看重功能性及其对"我"的直接影响，比如：质量、让我感觉良好、物有所值（见图 4.14）。

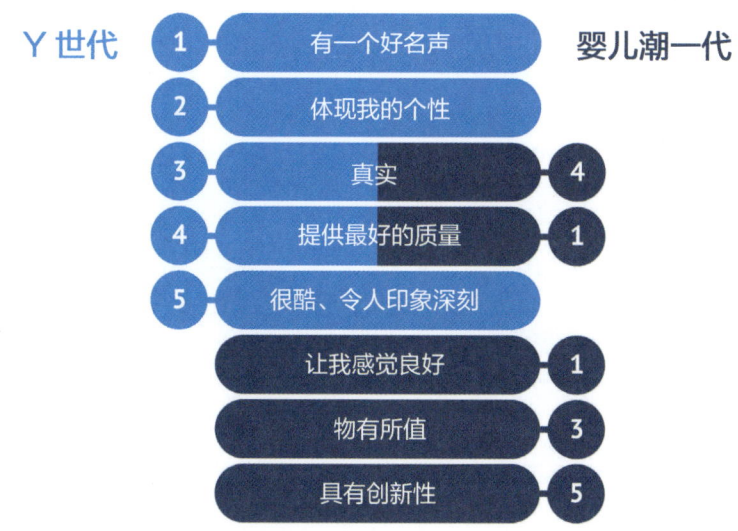

从重要（1）到不重要（未编号）
来源：远见工厂《品牌竞争力：如何打造持久战略型品牌（上册、下册）》

图 4.14 当今超级市场品牌的优先要素：Y 世代与婴儿潮一代

很明显，千禧一代需要与品牌有紧密的联结。图 4.15 显示了对这一代而言关键的品牌要素如何与联结性钻石结构相关。为了得到千禧一代的青睐，你的品牌是否有意将这些联结的要素作为实践的重点？

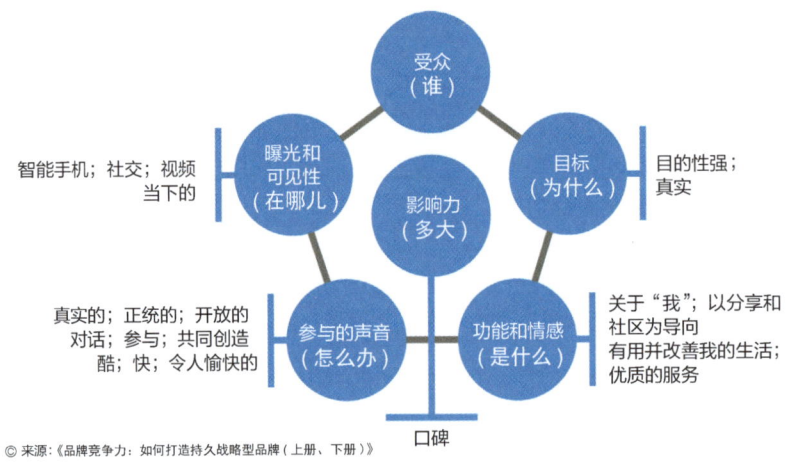

图4.15 千禧一代的联结性优先要素

白银一代

我在英国政府内阁办公室的顾问角色有助于我更深入地了解不同社会的宏大趋势。最近冲击我的一个趋势是世界人口高龄人数的惊人增长,如图4.16所示。我们都知道这个情况正在发生,但我们也许都没有经常关注确切的数字,也没有引起足够的重视。

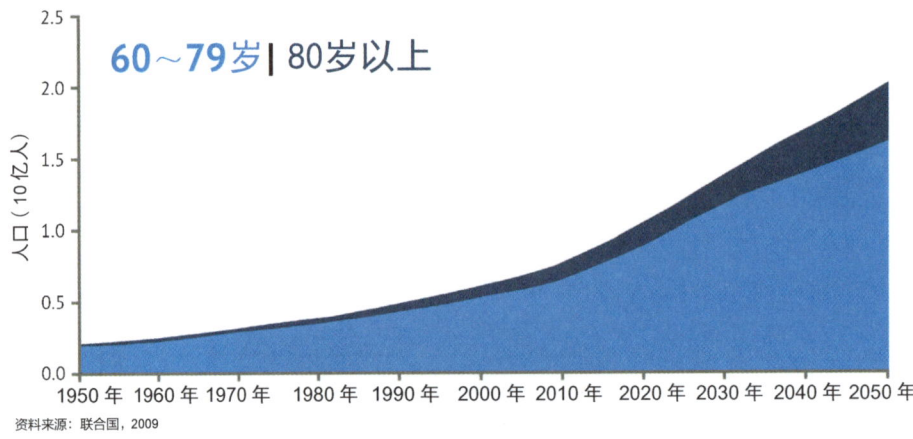

图4.16 2050年将有20亿人超过60岁

人口老龄化问题已经影响了很多行业：休闲、交通、食物、保险、居住、健康、安全、通信、互联网、体育、零售……所有这些市场都在努力适应,但它们的努力是否具有真正的联结性呢？让我们详细地看看这一代人的一些关键特征。

他们来自哪儿：年龄在55岁到69岁的"婴儿潮"一代；70岁以上的人；消费社会；就业和经济增长。

他们是谁：物质至上；雄心勃勃；机会主义；渴望个人成长；有职业道德；善于质疑。

他们如何生活："年轻",常常否认自己的年龄；有购买力（高于欧洲平均人口的

30%）；许多人仍在工作；以孩子为中心；消费；使用技术。

他们对品牌的期待是什么：大量的信息；物有所值；最好的质量；让我感觉良好；"让我保持年轻并因此与我建立友好关系"。

图 4.17 展示了对白银一代而言关键的品牌要素如何与联结性钻石结构相关联。尽管很多品牌已经在试图与白银一代建立联结，但仍有巨大的机会来完善这种联结并成为开启全球增长的主要来源之一。你的品牌如何呢？

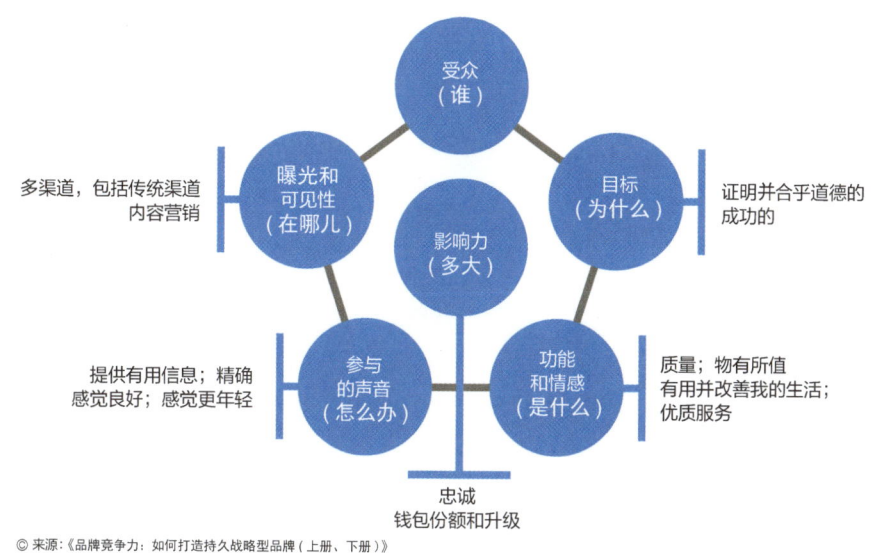

图 4.17　白银一代的联结性优先要素

全球品牌，本土品牌

如果"持久"的表现依赖联结性的建立，那么到目前为止，许多全球品牌在联结性方面已经做得很好了。但是在这个快速变化着的世界，面对一些重要的趋势，他们如何才能继续保持出色呢？英国石油公司作为面向消费者的品牌，我们全力解决了品牌架构的重要问题：我们面临着战略选择，一方面是全球品牌的力量，而另一方面是本土品牌的亲切感和关联性。

趋势的走向是什么？宝洁、联合利华、雀巢、通用磨坊、法国达能等，这些表现出色的快速消费品品牌面临着一个难题，即本土品牌的崛起。在 2016 年 7 月 9 日的《经济学人》中，一篇就这一现象是如何显现的研究中写道：一美元刮胡刀俱乐部（the Dollar Shave Club）控制着美国 5% 的剃须刀市场；丹尼尔·鲁贝茨比（Daniel Lubetzby）的水果坚果点心棒已经遍布了机场和沃尔玛商店；云南白药集团目前占据了中国牙膏市场的 10%；博蒂卡商业制药公司（Botica Comercial Farmaceutica）的香水销售额占巴西香水销售额的 30%，加力实业（Ghari Industries）洗涤剂销售额占印度洗涤剂销售额的 17%。在美国，大型快消品公司在 2011 年到 2015 年期间失去了 3% 的市场份额［见波士顿咨询公司（BCG）和信息资源有限公司（IRI）的研究］（注 5）。

图 4.18 展现了全球品牌相较于本土品牌的相对持续下滑趋势。应该指出的是，全球市

场仍在持续增长，但这个趋势其实是一个有启发性的指示，说明全球品牌并不总是能有效地与其消费者基础联结起来。

全球品牌下滑与本土品牌增长的份额百分比

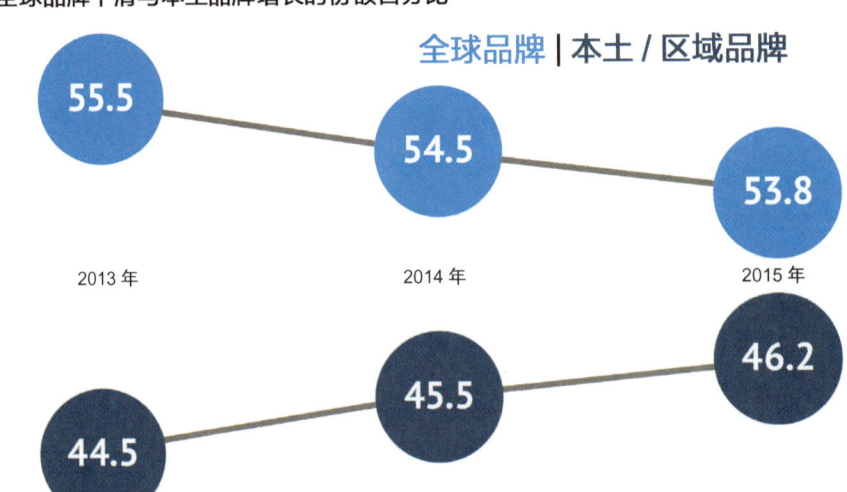

资料来源：凯度消费者指数（Kantar Worldpanel）- 捷孚凯市场研究集团（GFK）-IMRM-2015- 快速消费品

图 4.18　全球品牌的市场份额流失到了本土品牌

为什么在任何市场上的领先品牌大都是本土品牌？并且这一趋势正在继续朝这一方向发展？这种转变有多种原因：对较小品牌的更多信任、对手工版产品的喜爱、邻近贸易的额外便利、针对性的创新、环境或社会方面的考虑等。将所有这些归结起来就是文化的联结性。

两年前，WPP 集团的首席执行官马丁·索瑞尔（Martin Sorrell）腾出了两周的时间，参观了大约 20 家中国公司。最近他提醒我，在媒体消费习惯方面，中国人是超前的，并且"中国企业已经变得更具竞争力。因此，如果拿酸奶类别为例：伊利和蒙牛。不是雀巢和达能进行竞争，而是雀巢或达能与本土品牌的竞争。事实上，达能与蒙牛是有关联的。所以，宝洁不应该担忧联合利华，联合利华也不用担心宝洁。他们应该更加关注印度的那家小公司，它生产的是价格为一卢比的洗发精小袋子，那将会吞没市场。"

"他们迈向成功的原因是，他们开始以品牌的身份去考虑自己的业务，与他们的消费者建立联结。同样的事情也真实地发生在印度、巴西和俄罗斯。"

那么，各大品牌能否倾听、理解并去适应当地消费者的文化了诉求？他们能否发展出所需的"初创企业的速度、敏捷和灵巧"？这里引用了亿滋（Mondelez）的首席增长官蒂姆·柯菲尔（Tim Cofer）的话。他们能从实际中做到伊利在中国所做的事情吗？就像图 4.19 中凯度消费者指数所讲的那样。

想想一个全球品牌在实践中是如何运作的：它可以有一个良好的开端，凭借本土的联结团队在当地获得正确的文化共鸣——那些在口味、需求、欲望和经济等方面的差异。这往往会更具有挑战性，因为任何需要调整以适应本土的供给状态、设计或沟通都将经受企业和矩阵管理的辩论和说服。最好的情况下，具有联结性的"本土版"将最终赢得胜利……但这是需要时间的，并且经常发生输掉辩论的情况。

> **通过创新建立消费者信任**
>
> 在这张地图上，我们看到的大多数品牌都是本土的冠军品牌，这并不奇怪，他们开发的产品有效地识别并迎合了购买者的文化品味。
>
> 2015年，本土品牌柯兰大（Colanta）和伊利击败了其他受欢迎的本土品牌，分别上升到了哥伦比亚和中国的榜首。
>
> 2015年，伊利的消费者触达点（CRPs）增长了5%。
>
> 从会议室到广告牌，中国的乳制品品牌伊利在创新思维方面都是大师级的。它的领导人潘刚带领管理团队在欧洲进行了访问，参观了伊利的跨国同行、贸易机构和学术团队。
>
> 在一个全球的背景下，他们共同挑战了他们的创新技术，并围绕着企业文化、精准管理和食品安全进行了交流
>
> 与此同时，它的营销部门利用该品牌广泛的投资组合，建立心智显著性，推动增长。
>
> 超高温瞬时灭菌（UHT）的高端品牌金典牛奶（Milk Satine）在进行了全国性的营销活动之后销售得到了增长，该活动选用中国的流行歌手、歌曲作家和女演员王菲作为品牌的代言人。
>
> 伊利的风味牛奶饮料QQ星赞助了真人秀电视节目《爸爸去哪儿》，在其目标受众小孩子和父母之间很受欢迎。这给品牌带来了14%的巨大价值增长。
>
> 在高层的新思维和基层出色执行的推动下，伊利保持了其在中国消费者心中的良好声誉，并首次登上了中国排行榜的第一位。伊利拥有极高的渗透率（88.5%），这意味着有近90%的城市家庭都在买它。

来源：凯度消费者指数

图 4.19　一流的本地联结性：伊利在中国

问题变成了：随着由数字化所导致的个性化的快速成长，联结（或者缺乏联结性）将会改变商业模式吗？《经济学人》分析认为，快消品公司也许会变得更像大型的制药公司。虽然它们收购小公司或者与小公司合作，共同进行营销、分销和监管，但也试图保护自己的品牌。

规范化的"全球本土化"（全球化和本土化的混合体）能够成为结构性的解决方案吗？麦当劳经常作为标杆被引用，在强烈保护其一贯的消费者体验和品牌的同时，通过本土化的菜单、多样的广告等方式去适应次群体（国家的或者其他的）。

同样，迪阿吉奥的西尔·萨勒仍然坚定地以她的口号鼓励着全球品牌："全球性的活动不应该为了满足每个人的需求而妥协。"她的准则显然是影响力和价值创造的最有效点，并引导着全球品牌为获得许可和传播而进行的工作，即将全球性的理念与文化上联结性的执行结合起来。

创建真实的联结

对于所有这三类受众来说，联结性意味着两件事：第一，联结性是关于文化的联结性，是一种对受众来自哪里以及如何满足他们的需求的深刻理解。第二，联结性是物理的联结性，通过使用正确的渠道、正确的工具以及正确的强度来与受众进行有意义的互动。

爱彼迎秘诀的终极利用形式将会使你的顾客或利益相关者与你联结起来，帮助你进行一部分"营销活动"，成为你的拥护者，成为你的营销活动社群；他们是完完全全与你的品牌联结在一起的。对于他们每个人来说以及通过他们自己的沟通渠道来看爱彼迎的方式是有

效的!

　　这让我想起了"深水地平线"危机，多少让人有些不满意。当时我们的许多品牌经销商、经营英国石油服务站和零售店的商人都问，他们如何能够给我们提供更多的帮助。你可以想象，我们进行了广泛的交流，开展了联合的行动，而且我们的计划最终主要也是为了保护他们。事后看来，这是一个疏忽，我们没有利用他们的影响力，没有从中受益更多。

　　这些商人扎根于当地的墨西哥湾岸区或者更广阔的美国社区，赞助当地的运动队，在给他们的汽车和卡车加油时与当地人交换信息等。能够证明他们与社群联结的存在是拥有该公司品牌没有的东西：他们本可以成为我们最坚定的当地支持者，加强对形势的了解以及对英国石油公司在当地做出的巨大努力的尊重。这很大程度上是错失的机会，我希望当时自己能够再努力一些，因为在危机中，深度的联结是最好的做法。

　　再也不会有这样的盲点了，谢谢爱彼迎！

第五章
以人为本

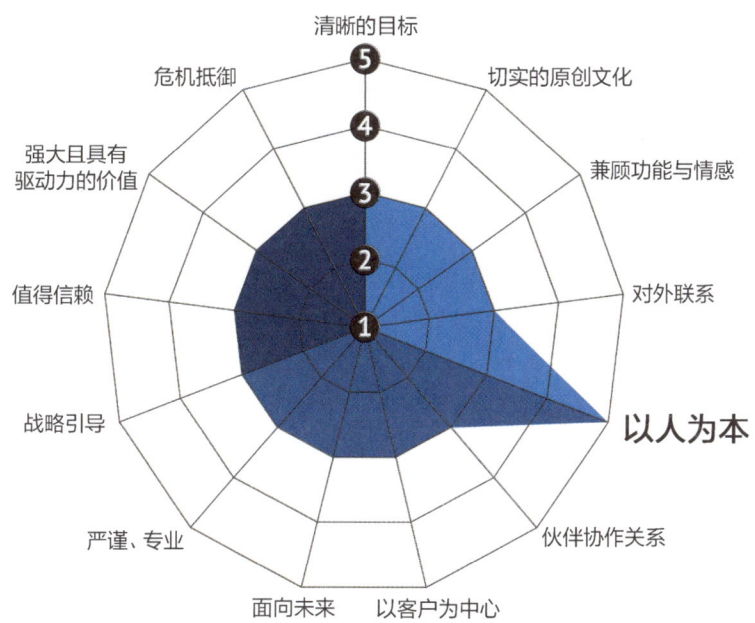

"伟大的企业创造意义。每一个企业都有一个名字,但这个名字的意义是由人赋予的。"

——理查德·帕斯卡尔(Richard Pascale),企业顾问、作家、学者能与出色的人结识、合作、深交,并见证他们对他人、企业、品牌的独特影响,我深感荣幸。1994 年 10 月的一个傍晚,我和约翰·埃利科克(John Ellicock)在斯温顿的伯麦之家(Burmah House)聊天。约翰是伯麦嘉实多集团(Burmah Castrol Group)的董事会成员,负责欧洲业务,是我十分尊敬的人。我们与人力资源部及其他人一起,花了大半天时间共同商议嘉实多地区首席执行官(Country Chief Executive)的人选。经过为期数月的选拔,我最终留了下来。最后,约翰递给我一份文件并严肃地说:"从此刻起,你就是品牌!"他决定任命我为嘉实多品牌在法国的首席执行官,递给我的文件就是我的任命书。

作为首席执行官,我的首要工作之一便是拜访诺曼底当地的团队和客户。按照嘉实多的传统,早餐期间,地区主管为我准备了一份报告。这份报告展示了几个该品牌参与赛车运动的视频材料。视频所展示的人物、他们的热情和表现,以及获胜时的场景都让人热血沸腾。

我当时 37 岁,之前一直在从事品牌业务。但前后这两件不同的工作的差异让我起鸡皮疙瘩:这一品牌会让我永远刻骨铭心,它将我的血液变成了它的两种颜色——红色和绿色。

我第一次深刻地感受到,品牌即人,人即品牌。

我从未忘记这一点,因此当英国石油公司收购嘉实多时,我为了"人"留在了英国石油公司。在那之后的十多年里,我一直是英国石油公司下游执行委员会人力资源协会的成员,这个委员会为大约 75 000 名员工及其全球的领导提供关怀。

"员工即产品"

维珍(Virgin)创始人理查德·布兰森(Richard Branson)"员工即产品"的观点说明了品牌与人之间的内在联系。我认为这种联系体现在两方面:品牌既引导人,又由人引导。

品牌引导人们

战略型品牌作为员工们的指南,会成为他们的基本参考框架,为他们提供行为界限,最重要的是,提供持续决策的空间。正如在第二章中提到的,品牌之旅始于文化,并从文化中衍生出目标和价值观念,再根据组织的精神内核制定战略,如图 5.1 所示。这些构成了品牌基础以及人们做出判断和行动的锚点:理想情况下,他们不需要被告知就能做正确的事情。

人们引导品牌

相对应地,每位员工都是品牌的形象大使。如果组织的员工不支持,就不可能有战略型品牌——每位员工都必须展现和代表品牌。剑桥大学全球领导力研究所(Cambridge Institute for Global Leadership)总裁兼首席执行官迈克尔·库利(Michael Kouly)表示:"企业文化是所有员工行为的总和。"员工与品牌之间的这种关系转化为品牌的实际日常表现,这是一种真实的、无拘束的由内而外的体现,没有华而不实的营销,有的只是普通人向世界展现组织的人情味。

在实践中,一个"人们引导品牌"的战略型品牌组织是真正的"一个公司",具有网络化的组织架构,通过跨职能工作组运营。与蜜蜂的蜂巢相似,它具有结构化的通信方式、复杂的架构、环境控制和防御,以及劳动分工。它能吸引和培养最优秀的人才,并由目标和满足感驱动而不是短期利润驱动。

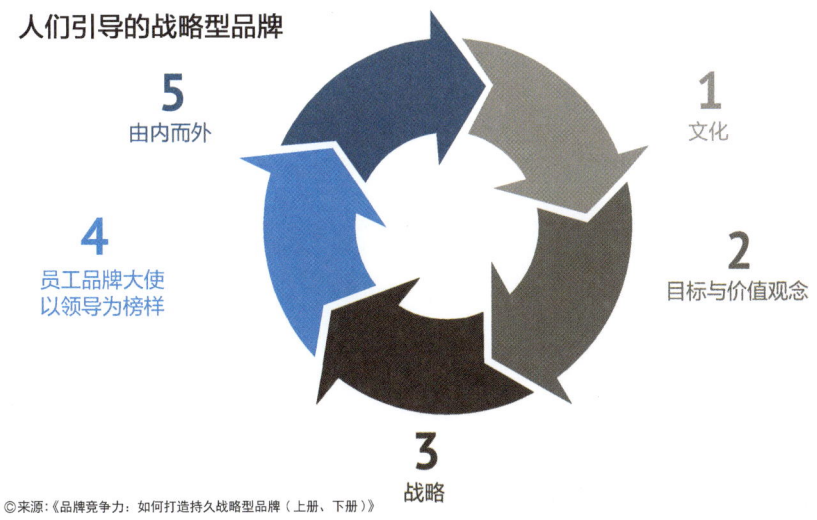

图 5.1　人们引导品牌:由内而外的良性循环

"品牌引导人们"和"人们引导品牌"这两个主题有着强烈的共生关系。鉴于"品牌引导人们"在第一章和第二章——意图及文化——中已进行了大量讨论,接下来将主要集中在"人们引导品牌"这一主题,尤其是创建战略型品牌所需要的组织和领导层。

影响战略型品牌的 4 类主要群体

在任何组织中,与品牌相关的人际网络都由 4 类主要群体构成:多元化的利益相关者群体、潜在员工,以及两位重要人物——首席执行官和首席营销官。

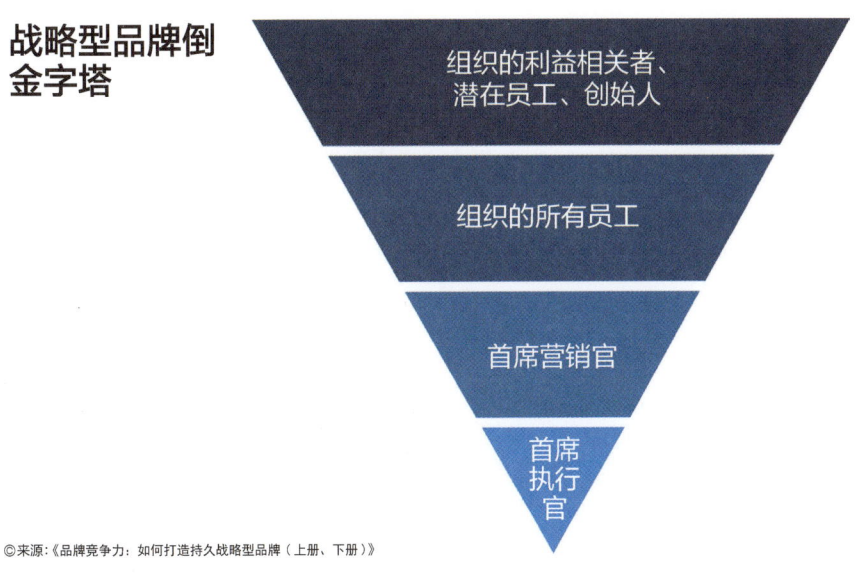

图 5.2　战略型品牌的人员倒金字塔结构

我们将持续反思以下每一个问题：他们如何成就或摧毁一个战略型品牌？他们有何行为，他们应该如何做？首席执行官如何任命他们的首席营销官？是什么促使首席执行官和他／她的首席营销官协同工作，并成功实现品牌使命？将首席营销官转变成"首席价值官"（Chief Value Officer）会怎样？

组织的员工：品牌合伙人

对于战略型品牌而言，员工是最重要的，正是他们让品牌在利益相关者和客户面前鲜活起来。战略型品牌是将员工与产品和服务联系起来的最好方式。如果没有这种联系，员工对提议和沟通的期望就会降低。

托尼·海沃德（Tony Hayward）说道："当我接手英国石油公司时，英国石油公司在'可再生能源领域'走得太远了，它已与公司90%的员工每天所做的事情脱节。因此，我们的任务是将成千上万的员工与他们应该关注的品牌重新联系起来。你的品牌必须与你的员工联系起来，而我们实现了这一点。"

总部位于芝加哥的斯宾塞斯图亚特公司（Spencer Stuart）的高级合伙人格雷格·韦尔奇（Greg Welch）在美国招募了许多知名的首席营销官。他把战略型品牌称为企业内部的战斗口号："在许多大型企业——无论是在金融、客户服务还是零售领域，重要的是让每个人都对品牌感觉良好并成为品牌的形象大使。为成为一个以品牌为主导的组织，你要确保所有人都是品牌的积极大使。因此，战略型品牌的工作之一就是在企业内部树立战斗口号的这种理念。"

运用最佳的战略营销建立与战略型品牌的内部联系

通过将许多外部实践的原则应用于内部传播，员工可以更好地理解战略型品牌，进而促使员工更深度地参与。

我将围绕以下8项原则对品牌"内部"最佳做法进行合理地说明。

1. 选择恰当的时机——通过清楚生动地阐明企业的特别之处，转折点也能成为重申品牌的理想机会。

在与阿莫科公司（Amoco）、大西洋富田公司（ARCO）以及嘉实多合并时，英国石油公司抓住了这一机会，就势推出了"超越石油"（Beyond Petroleum）。这种与过去的诀别赋予了每一家原公司的员工一个全新而独特的身份。在开展内部品牌推广活动后进行的一项调查显示，76%的员工对新品牌表示赞赏，80%的员工意识到了品牌价值，90%的员工认为公司正朝着正确的方向发展。

全新的领导层是内部品牌重塑的又一良机。员工们希望能立即得到新领导的消息，而在这种情况下他们通常对新想法持开放态度。卡莉·菲奥里纳（Carly Fiorina）接管惠普公司时正是利用了这一时机。

2. 将内部营销与外部营销相联系——员工所见所听的信息须与传递至市场的信息相同。然而，在大多数公司中，内部和外部对消息的传播并不一致。

WPP 集团的马丁·索雷尔（Martin Sorrell）表示："据估计我们一半以上的工作是针对内部而不是外部的。要让内部的群体站在你这边，使所有的员工和供应商支持你想做的事，并获得其他利益相关者的支持。品牌建设不仅是外在的，它还是内在的，要让你的员工生活在品牌中。"

当涉及执行层面时，连接内部和外部营销活动的最有效方式是制作针对内、外部两类受众的外部广告。IBM 在开展其电子商务活动时就使用了这一方法。该公司在《华尔街日报》上刊登了一则长达 8 页的广告以宣传公司的新愿景，这则广告既面向客户，又面向内部的利益相关者。这是一种昂贵的吸引注意力的方式，但如果使用得当，它将是一种强有力的传播形式。

耐克的许多高管被称为"企业说书人"（Corporate Storytellers）。他们刻意回避讲述财务上的成功，而专注于讲好"就这么做（just do it）"这一寓言，体现并强化了公司的传播和广告活动。

3. 为员工带来品牌活力——与企业建立一种超越任何特定体验的情感联系是企业内部的品牌发展目标。就员工而言，即使他们不与客户互动，也还是希望这种联系能够影响他们对待工作的方式。

正如在美国运通（American Express）任职 20 多年的前首席营销官约翰·海斯（John Hayes）在第七章中所讲到的："不是只有一个部门为品牌担心——几乎每一位员工都是品牌管理员，每天都要为 1.18 亿信用卡客户提供服务体验。"

一项专业的内部品牌活动旨在邀请员工参与到品牌的现实和情感中来，其形式与消费者活动非常相似——它包括一系列过程，从研究到传播策略的规划和执行等阶段。这应该是营销部门和人力资源部门的共同责任。

4. 切勿说教——员工对内部营销素材反感的原因之一是，这些材料通常由高层制作，因此似乎与日常的实际业务脱节——甚至更糟的是，它们通常显得高高在上。品牌领导者应进行研究以了解员工的真实想法，以及他们如何表达想法，继而制作出反映员工心声的营销材料。

当英国石油公司进行品牌重塑时，它为员工制作了一部影片，这部影片打破了常规，选择用普通员工而不是管理者来解释品牌愿景。他们没有照本宣科，而是真诚地表达了自己对公司的信心和期望。

5. 强调信念和决心，而不是意图——信念和决心展示了公司的内核。这种信念不应该随着时间的推移而改变。

意图则描述了实现业务目标的方式。虽然意图是必要的，但信念对员工更具激励作用，因为信念能促使他们主动关心某些事物。信念应该是内部活动的焦点，这意味着在选择行动方案之前，员工会考虑如何让方案服务于他们的信念和决心。

6. 使传播媒介成为信息的一部分——为了吸引受众的注意力并激发受众的想象力，你必须让他们感到惊奇和有趣——千篇一律且老套的备忘录和枯燥的陈述无法吸引注意力。的确，信息的形式与内容一样能说明问题。

英国石油公司希望向新合并的公司灌输信心，于是从所有部门收集了数百个事例和故事，并将它们列在一份名为"卷宗"（Scroll）的大型文件中。你无须通读整本书便能明白重点。这种近乎圣经式的表达方式所具有的象征意义赋予了这份文件一种庄严感，所以当这份文件在全公司发布时，员工们引以为傲。

7. 设计切合目标的材料——英国石油公司的"卷宗"之所以奏效，其篇幅是重点——众多故事的影响累积起来，而不是每一个故事的细节。但是，如果你指望人们在日常工作中真正使用你所提供的材料，那么在设计时就应该考虑到这些材料的易用性。一本巨著，无论多么美观，基本上都会被闲置于书架上，而书里的内容也很容易就被遗忘。

当 IBM 想要宣传为何 Linux 开源运动对公司十分重要时，它发行了一本便于员工开会携带的小册子。

8. 有趣和快乐——为了做到详尽全面，企业经常会制作一些自以为是或者枯燥乏味的内部传播素材。但如果能在其中注入快乐和趣味或者采取幽默的风格，那种情况就是可以避免的。

十多年前，当大众通过"驾驶者之选"（Drivers Wanted）的广告活动重新推出品牌时，它制作了一个视频广告，向员工和经销商展现品牌愿景。视频没有使用常见的演讲或者汽车美图，而是采用了一种奇特的旅行形式——两名年轻人在周六上午驾驶大众汽车外出办事，中间穿插着体现该品牌全新精神的标语。这支视频广告获得了巨大的成功，它以一种 PPT 演示无法实现的方式来宣传品牌，甚至成了首个电视商业广告的基础。

苏格兰皇家银行（RBS）如何激励员工

有多个品牌称得上是"以人为本"方面的典范。虽然不够完美，但有一个指标能说明问题，即为一家企业工作有多好。2016 年 10 月，《财富》杂志发布了全球 25 家最佳雇主年度报告，谷歌、SAS 软件研究所（SAS Institute）、戈尔公司（Gore Associates）、戴尔和戴姆勒金融（Daimler Finance）位列前五，凯悦（Hyatt）和玛氏（Mars）排名紧随其后（注1）。我们对所有这些案例进行了研究，发现有相当多的证据表明，员工与其企业品牌之间存在共生关系。

然而，我们却选择了英国第三大银行——苏格兰皇家银行（RBS）作为品牌案例。这并不是说苏格兰皇家银行是一个完美的典范，而是因为在 2008 年得到纳税人援助后，该行正努力重建声誉，并计划在 2020 年前成为"最受信任的银行"。它的故事提供了一点现实参照作用——因为很多其他公司能够从中找到自己。

苏格兰皇家银行：以人为本的品牌策略

2015 年夏天，苏格兰皇家银行任命戴维·惠尔登（David Wheldon）为其有史以来的第一个集团首席营销官，这是这家银行征途上的关键一步。首席执行官罗斯·麦克尤恩（Ross McEwan）表示："设立这一职位传达了这样一个明确的讯息，即我们将如何开展业务，如何为银行找到一个新的立足点。去年，我们开始将苏格兰皇家银行打造成在客户服务、信任和宣传方面的头号银行，并在成为一家将客户需求放在首位的更纯粹、更公平的银行方面取得了进步。"

有目标的品牌领导者

我与戴维认识很长时间了，他也是世界广告主联合会（World Federation of Advertisers）的主席和英国市场营销集团（Marketing Group of Great Britain）的主席。正如我们最近所谈论的，他这样看待自己的任职："我并不是金融服务方面的专家，我之所以被录用是因为我是品牌方面的专家，而苏格兰皇家银行将成为一家以品牌为主导的银行。品牌即目标，因为正是品牌构建了关系和声誉。"

戴维坚信，品牌、战略与员工息息相关："我回顾自己的发展轨迹时发现，人们会对业务战略和战略型品牌存在困惑，就好像它们是不同的东西，但实际上它们是一样的。作为一名营销人员，需要意识到一点：必须在合适的场合使用恰当的词汇。如果你不把'战略'和'品牌'放在一起，不把员工放在首位，你可能会被边缘化。"

在银行这样的服务业中，员工必须体现品牌，他们是最重要的形象大使。对戴维而言，苏格兰皇家银行的员工与战略型品牌的概念有着内在的联系："我们将把这里打造成一个任何从事这类工作的人都向往的地方。我们有非常敬业的同事——他们将帮助创造非常投入的客户并建立客户忠诚度。当吸引到更多的客户时，这些客户将会从我们这里购买更多的东西，这就是我们成为第一的方式。如果我们做到了这一切，他们甚至可能会为我们宣传。"

缓慢、深入、系统

但是如何做到这一点呢？戴维认为，创建战略型品牌的一个基础是与人力资源合作。他与苏格兰皇家银行集团首席人力资源官伊莱恩·阿登（Elaine Arden）就开展了密切合作，稍后将对此进行详细介绍。以下是他所遵循的一些基本原则：

品牌精髓——戴维运用了共同的目标、共同的价值观念和共同的话语这3项简单的核心要素，使每个人都能够围绕目标和愿景团结一致。"我们必须在内部与员工建立情感联系。这种情感联系能激发信心和激情，只有这样，你才能外在地遵从它。

"得慢慢来。如果说我学到了什么，那就是这比你想象中要花费更长的时间——因为我们必须带上所有人分担所做之事。我们必须增强自信，因为我们只有一次做好它的机会。"

领导力——正如当前在苏格兰皇家银行的经历，戴维强调了成为高管团队正式成员并发挥必要的领导能力的重要性。

我完全赞同戴维的观点，在英国石油公司担任集团副总裁的10多年里，有一件事是我一直坚持做的，即担任下游人力资源执行委员会（Downstream HR Executive Committee）的成员，这个委员会培养了大部分的领导者和人才。这让我看到了员工和领导者的真实情况，并培养了我在品牌方面的贡献能力。

系统化培训——市场营销和人力资源部门开发了一套关于苏格兰皇家银行如何运作的培训系统，名为"立志领导"（Determined to Lead），这是提供更优质服务的系统化方法。戴维承认："年轻时的我可能会对此嗤之以鼻。但现在我会说：太好了，这就是我们所需要的操作系统。"

回报——有合适的员工奖励和薪酬体系才能提供更优质的服务，戴维认为这些已经发生了改变。"在银行，我们不能再像过去那样奖励员工——因此我们正在改变这一点。当然，投资银行家的收入仍比大多数人高，但也更趋于平衡了。

"对于苏格兰皇家银行分行的一线员工，我们取消了销售激励机制，改为让员工们专注于为客户提供优质服务。他们按照这一优先顺序获得公平的报酬，我们对他们进行培训，以使他们具备专业能力来应对即将发生的一切。我们还努力使它成为一个令人振奋的、好的工作的地方，大家一起庆祝成功并对彼此所做的好事说'谢谢'。

"我们指出他们可能学到的东西，让他们有真正的本领去展现自己，去实现自我，去做自己想做的事。"

一致性——这一策略的复杂性在于将其应用到其他业务领域，例如，在企业银行，员工希望得到销售奖励。然而戴维说，他们越来越多地根据员工所做的事情和所做的方式，以及直观的财务表现来衡量。

得出结果——有效吗？戴维表示，当这种新方法被首次引入零售银行时，许多人认为销售额会大幅下降，但事实并非如此。而且"客户满意度已经到达巅峰"。

在苏格兰皇家银行，品牌和人力资源是一体的

伊莱恩·阿登负责管理全球9万名员工，她比大多数人都更了解合作伙伴的要求："我与戴维合作得非常好，因为战略、目标和愿景都与客户有关……并且客户通过员工进行交接。良好合作最重要的是，确保我们在外部投入的一切，我们的品牌传播与我们内部运营方式之间保持紧密联系。"伊莱恩评论了她和戴维共同遵循的原则：

原则——"我第一次见到罗斯·麦克尤恩时，他在澳大利亚联邦银行（CBA）工作。他向我描述了他们是如何从默默无闻变成为客户服务的头号银行的。他说：'我们反思后认为，是对客户的关心造成了这种差异。如果你想加强对客户的关心，你就必须表现出对员工的关怀，不仅仅是与客户直接互动的员工，还包括公司的每一位员工，并且要展现我们如何以关怀之心彼此交往。'"

简单——伊莱恩在人力资源领域20年的职业生涯让她明白，智力的和复杂行为的改变是不起作用的。她更喜欢实用的方法："当我们研究整个组织的服务行为时，我们关注的是一些'全心投入并坚持完成'或'积极主动'等实际的想法。我们在这方面培训员工并就这方面让其进行对话，让人们相互交流。我们保持简单。世界各地都有咨询公司热衷于为一线的和内部的服务人员开展复杂的项目，但这些归根结底还是一些核心的人类行为。"

团队支持——伊莱恩拥有一支由100多名绩效培训师组成的团队，这个团队与银行的高层领导合作，以有效地锻炼他们的技能。"这非常具体，我们将指导目标写下来，然后观察每个人，并给他们反馈，这非常实用。"

测量——苏格兰皇家银行建构了4个简单的核心行为，这些行为将在员工评估和年度员工调查中得到衡量。而对于资深的几百人而言，会就他们如何领导这些核心行为进行测量。

"领导力模型的原则之一是结果的力量,既包括积极的结果,也包括消极的结果。因为没有结果,就不会被重视。无论发生什么,我们都会注重测量。"

连续——伊莱恩表示,她非常保护自己所谓的"基石",不允许它们"被修修补补、被污染、被过于频繁地更新"。她解释道:"我们定义了 4 个简单的价值观念(见图 5.3),并与一万多人进行了为期一天的活动,试图将 4 个价值观念转化为'我将如何做'。我们花了两年时间才充分认识到'我知道这些价值观念是什么了'。"

※ RBS

我们的价值观念

我们只有一个简单的目标——服务好客户。

这是我们立志创建一家以持续优质的客户服务而闻名的银行的核心。

我们希望获得客户、股东和社区用户的信任、尊重及重视。

我们开展业务的核心基于一套共同的价值观念,这套价值观念并不新鲜,但它记录了我们在最佳状态时的所作所为:

服务客户

服务客户是我们的生存使命。
我们关注客户的需求并提供优质服务,以此赢得信任。

共同努力

我们互相关心,齐心协力。
我们在工作中展现最好的一面,互相支持以发挥自身潜能。

做正确之事

我们做正确之事。
重视风险,谨慎经营。
我们珍视公平性和多样性,以善意和正直的态度进行判断。

长远考虑

我们深知,只有当我们的客户和社区用户成功时,我们才能成功。我们以开放、直接和可持续的方式开展业务。

所有这些都在《我们的准则》中。

来源:苏格兰皇家银行

图 5.3　苏格兰皇家银行品牌以人为本的价值观念

"总部的一些人厌烦这些,于是想要改变一些措辞。我们说:'不,因为这需要数年时间,我们应该专注于更好地嵌入、简化或联结。'难道你以为我们没有认识到,你自己通过调整或改变所获得的幸福感或价值观念,与在9万人身上实际得到的更大规模的植入相比,是微不足道的吗?"

戴维和伊莱恩煞费苦心地指出,他们仍处于征程的起点。"我们已经在某些方面做得很好了,但并不是在所有方面都一直做得很好。当不同的部分结合在一起时,它才能真正开始产生作用。最困难的是行为和行动,但这才是最佳表现的驱动因素。这有点像一个控制我们神经的实验,但不同的是,这是你扭转组织的方式,这是你改变行为的方式。"

正如我们从戴维和伊莱恩那里所听到的,首席执行官罗斯·麦克尤恩是联合品牌之旅的核心人物。但是所有的首席执行官都这样卓越吗?

作为品牌标杆的首席执行官

对品牌而言,虽然组织中每个人都至关重要,但首席执行官却决定着一个战略型品牌的成败。正如在我成为法国嘉实多公司首席执行官时,约翰·埃利科克告诉我的那样:"首席执行官就是品牌。"

正是苹果公司的史蒂夫·乔布斯将"首席执行官就是品牌"这一概念提升到了一个全新的高度,他将自己的个性和审美灌注于计算机中。正如他所说,"很多时候,人们不知道自己想要什么,直到你把它展示给他们。这是一种概念,它让我们在知道这些产品是什么之前就想要它们。"

首席执行官和品牌之间的这种强烈的认同感可以很好地体现在本质内容上。因为当它起作用时,它是一件美好的事情,它是与联结有关的。乔布斯的热情让我们想要第一时间接触苹果的最新产品,而在此之前,谁会对购买电脑感到兴奋呢?

约翰·布朗(John Browne)也渗透进了英国石油公司的战略型品牌,他树立了信任和权威,树立了"做正确之事"的理念,尤其是在与国家元首和政府首脑打交道时。所以,他指导创建了当时该行业最好的勘探和生产组合。

组织品牌的标志性领导者的个人选择

我有幸遇见了许多战略型品牌的首席执行官并与他们进行了密切合作——还与其中一些人成了朋友。

为了充分证明这点,让我列举几个我认为可以等同于该组织品牌的"大"领导者的例子:

丰田章一郎(Shoichiro Toyoda)、张富士夫(Fujio Cho)和内山田武(Tekashi Uchiyamada)是丰田品牌的缩影,我们在第二章中讨论了如何做到这一点。

国际残奥委员会(International Paralympic Committee)主席菲利普·克雷文(Philip Craven)爵士向我们灌输了残奥运动的品牌价值观念:决心、平等、激励和勇气。当你与他交谈时，你感觉自己是世界上最重要的人；他以高尚的人道精神，展现出最坚定的决心。一个很好的例子就是，他决定以激励和平等的名义，禁止俄罗斯队参加里约残奥会。

杰夫·伊梅尔特（Jeff Immelt）对通用电气的成长价值观念——外部关注、思维清晰、想象力与勇气——进行了有力的诠释。我看到他不知疲倦地分享他的愿景并进行动员。我注意到他随时准备为艰难的抉择承担责任，并谦逊地进行深度学习。

弗兰克·威廉姆斯（Frank Williams）爵士的勇气令人着迷，而这种勇气在一级方程式赛车中是绝对必要的。在过去的几十年里，他冒着极大的风险将车队的车手从雷诺换到宝马，宝马换到丰田，丰田换回雷诺，然后换到奔驰。这并不是因为之前的选择不好，而是因为在当时的情况下它还不够好。

他们每一个人都以自己的方式成就了品牌！

品牌的全球标志性领导者

"品牌"的首席执行官最能提高品牌的知名度。首席执行官导师马丁·罗尔（Martin Roll）将其称为"领导力的浪漫"，他解释为："媒体和客户想要将品牌的成功和失败归因于某位高管。"

当代首席执行官们是关注的焦点，他们对企业品牌乃至整个社会都有着巨大的影响力。图 5.4 提供了各项调查所展现的个人影响力的衡量结果。

十大最佳首席执行官

声誉管理顾问（RMC）2015 年	《财富》杂志 2016 年 12 月
谢家华（美捷步，Zappos）	马克·扎克伯格（脸书）
理查德·布兰森（维珍）	杰夫·贝索斯（亚马逊）
马克·扎克伯格（脸书）	玛丽·狄龙（犹他美容）
马克·贝尼奥夫（销售力公司）	拉里·佩奇（阿尔法特）
玛丽·巴拉（通用汽车公司）	萨提亚·纳德拉（微软）
拉里·佩奇（谷歌）	布拉德·史密斯（美国财捷公司）
拉塞尔·西蒙斯（街头教父唱片唱片公司）	黄仁勋（英伟达）
蒂姆·库克（苹果）	程维（滴滴出行）
阿里安娜·赫芬顿（赫芬顿邮报）	罗德尼·萨克斯（怪兽饮料公司）
埃隆·马斯克（特斯拉）	马云（阿里巴巴）

来源：声誉管理顾问（RMC），《财富》杂志

图 5.4　首席执行官排名示例

事实是，给一家公司贴上人性化的面孔会增加关联性。我们可以从 J.K. 罗林（J K Rowling）努力出版《哈利·波特》系列小说的经历中找到共鸣。我们感受到了她的部分故事，并与这位缔造了出版史上最成功的专营权之一的女性建立了人性化的关联。每一个经久不衰的品牌都有自己的故事，而关于人的故事则能让我们在情感上产生深刻的共鸣。

战略型品牌首席执行官的关键作用

同样，当员工为了一个人而不是一个概念工作时，他们会深受鼓舞。华特·迪士尼和史

蒂夫·乔布斯的故事仍然激励着各自公司的员工，在工作中赋予了员工真正的使命感。他们定下了基调。

托尼·海沃德提醒我们成功的首要原则是："品牌就是言行一致，因此如果首席执行官的行为与品牌不一致，那就会有大麻烦。2000年，我是约翰的主要助手之一，我大力提倡英国石油公司推出'超越石油'。到2005年，我意识到它偏离了轨道，已经与我们大多数人的日常工作脱节，也不再与我产生共鸣。把它再带回来的过程很简单，因为我想的是让这个品牌反映我的感受。我认为通过'以上所有'（见第十章），我们让它再次引发了员工的共鸣。无论你是在可再生能源领域工作，还是在墨西哥湾生产石油，每个人都认同这个观点，它反映了这家公司的情况。

"如果你想改变文化，那就改变员工——品牌不应该表现冷冰冰的东西。品牌应该体现你看待世界的方式，你早上醒来所做的事，你每天所做的事，它应该是指引性的东西，这就是'超越石油'的起源。但后来发现我们错了，我记得在与阿莫科合并后不久，我给新招募的员工做过一次演讲。他们是业务部门的领导者，我通过品牌来向他们描述英国石油公司。这无关乎广告，而是关于品牌如何代表了我们思考业务的方式，我们如何开展业务，以及如何相信品牌是指引方向的北极星。"

个人与品牌：战略型品牌的首席执行官

作为战略型品牌的首席执行官，你需要具备展现企业文化、目标、使命和价值观的能力。你必须成为企业的标杆，同时也要做真正的自己。

在谈到我在嘉实多和英国石油公司的时光时，我说过"我的血液流淌着品牌的颜色"，因为这一比喻，描述了我遵从品牌定位的方式。托尼在谈到英国石油公司时也使用了类似的措辞："当你像我一样在一家公司工作了25年或30年，随着时间的推移，你会吸收这家公司的很多东西。如果你砍下我的头，流淌的将是黄色和绿色。毫无疑问，首席执行官有能力对他或她从根本上相信的品牌的要素加以干预。但是，他或她所相信的东西是由25年的经验所塑造的——以我在英国石油公司的情况为例，我所做的事，我所经历的东西，我去过的地方都是我的经验。如果我是局外人的话，情况可能就会有所不同。

"伯麦嘉实多公司前首席执行官、庄信万丰公司（Johnson Matthey）现任董事长蒂姆·史蒂文森（Tim Stevenson），谈到了首席执行官作为一名管理者的责任。我最近问他'成为品牌'是如何影响他自身个性的，它是否导致了因为需要为嘉实多品牌服务，而有意识地以不同的方式行事？毕竟，为嘉实多品牌服务更为重要。

"我记得董事长乔纳森·弗赖伊（Jonathan Fry）在任命我之前曾说：'你是否要成为嘉实多的首席执行官？在你回答之前，好好想想，这会让你变老的。'

"他的意思是，伴随着强烈的责任感，作为一位伟大传统的临时守护者，这一角色的压力巨大。就如何开展业务而言，你所做的任何重大战略决策都需要对品牌质量及其未来相当谨慎。这点已经具有相当大的压力了，再加上一份非常重要的工作、一家全球性的公司和大量的出差,这些会给你个人带来很大的压力。

"它对我有什么重要影响呢?可能有两点:一是在做重大决策时需要后退一步,回顾公司的历史背景、公司的起源以及它是如何走到这一步的。

"二是,我必须认真考虑被安排到公司最高层的那些人的品质、性格和心态。他们是否能够理解嘉实多作为一个品牌的意义,并能以恰当的方式对待它。"

现在我们到了关键时刻:最终目标是将卓越的业绩与战略型品牌首席执行官的身份结合起来,并使两者相互促进。

创始人兼首席执行官与公司首席执行官

许多声誉排名靠前的战略型品牌的首席执行官都是创始人,这并非巧合——维珍的理查德·布兰森、脸书的马克·扎克伯格、美捷步的谢家华(Tony Hsieh)、谷歌的拉里·佩奇(Larry Page)都是如此。

关键是要确保战略型品牌在领导层换任时能够继续存活、发展和繁荣。约翰·塞弗特(John Seifert)指出,许多创始人品牌会去和百年老字号的品牌领导者交流。"如果你去问美国运通的首席执行官,你会发现他已被新经济的期望所淹没。因为他们想要了解品牌的经验和教训以及世代相传所建构的信任。他们不会天真地认为,如果有一个更值得信任、更持久或任何一个弄明白它的人,美国运通模式就会很容易被复制并变得无关紧要。"

嘉实多就是一家成功实现从创始人到企业领袖的艰难转型的公司。蒂姆认为,嘉实多的基调是多年前由其魅力非凡、令人信服的创始人查尔斯·奇尔斯·韦克菲尔德(Charles Cheers Wakefield)定下的。在1899年,39岁的韦克菲尔德创立了嘉实多,专门销售火车和重型机械润滑油。有一张著名的照片,照片上他和他的工作人员上午时分在韦克菲尔德大厦的平顶上锻炼。蒂姆回忆道:"在20世纪30年代,这是一个领先于时代的非凡之举,但我认为它奠定了一种基调。从某种意义上说,公司文化中有一部分是你被一位关心员工、会关怀你的人雇用——而保持健康和强健就是其中的一部分。"

在新世纪,韦克菲尔德对两种全新的运动式装置——汽车和飞机产生了兴趣。该公司开始专门为这些全新的发动机开发润滑油,这些发动机所需要的润滑油需要在冷启动时足够稀,在高温下继续工作时足够稠密,这可以通过加入一定量的蓖麻油(castor oil)实现。他们称这种新产品为"嘉实多"。

在帮助发明了一种新型机油之后,韦克菲尔德开创了一种让客户注意到产品的方式:赞助。嘉实多的名字出现在航空赛事、汽车比赛和极速纪录挑战的横幅和旗帜上。当一个由嘉实多赞助的赛事获胜时,嘉实多的广告会宣告获胜者,并提到获胜者是与嘉实多合作的。在20世纪20年代和30年代,打破世界陆地极速的纪录有23次,其中有18次的发动机装有嘉实多。

蒂姆还认为,讲述创始人的这些故事是保持品牌生命力的一种方式,能够在战略决策中起到关键作用。"我们的董事长乔纳森·弗赖伊是该品牌的内置营销人员。只要有机会,他就会讲述韦克菲尔德的故事。我记得在会议上,当我们谈论一级方程式(Formula One)锦标赛赞助时,他说:'在进一步讨论之前,让我们都问问自己,查尔斯·奇尔斯·韦克菲尔德会怎么做——他是否会花掉这笔钱?'我们都想:'他会把钱花掉。'然后我们的战略主管说:'我们如何评估从中获得的价值?'当然,要为这类赞助设定度量标准是非常困难的,而最有力的回答是:'嗯,查尔斯·奇尔斯·韦克菲尔德会这么做,对他来说很有效,所以我们也会这么做。'显然,公司的历史和品牌的实力在当下的战略决策中发挥了重要作用。"

首席执行官作为主导品牌大使的风险

然而,让首席执行官担任公司的首席品牌大使是有风险的。当首席执行官和客户之间的关系受到质疑时会发生什么?同样,当公司领导者遇到麻烦时,员工也会将其视为个人背叛。

对外部利益相关者和员工而言,"最好的首席执行官"会在他们的岗位上待很长时间,这一事实可能会增大首席执行官担任品牌大使所带来的机遇和风险(见图5.5)。

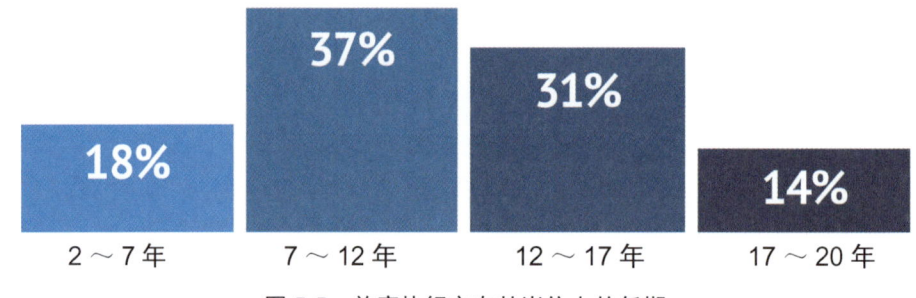

图5.5　首席执行官在其岗位上的任期

那么,围绕公司领导者打造品牌的相对风险和回报是什么呢?

我已经在第一章中写过有关约翰·布朗辞职的情况,可以说2007年他辞职的动机是很深刻的:"为了让英国石油公司脱离困境",从而保护品牌和员工。

品牌大使当得很舒适的领导者通常不会考虑继任规划。员工、客户和投资者都希望公司能比"大领袖"存活得更长久。实际上,那只是他们的期望,许多强势的领导者并不打算离职,因此他们拒绝培养继任者。

你要如何接替史蒂夫·乔布斯?蒂姆·库克(Tim Cook)是否给苹果注入了类似的品牌活力?谁将接替联合利华的保罗·波尔曼(Paul Polman)成为"可持续生活"的化身?或者塔塔集团的拉坦·塔塔(Ratan Tata)、维珍集团的理查德·布兰森、脸书的马克·扎克伯格?

如果一家公司想要比一位高调的领导者活得更长,那么它的声誉就不能仅仅基于某一个人的特质,它必须以全面且平衡的方式扎根于所有13个战略型使命。首席执行官可以是公司的脸面,但不能是整个公司的心脏和灵魂。

美捷步的战略型品牌首席执行官采取了由内而外的策略

"人们引导品牌"的战略型品牌企业的最佳范例之一是美捷步,美捷步是一家以客户服务闻名的线上鞋类零售商，它成功的部分原因是它吸引了最优秀的人才，目标和满意度是它的驱动力。

美捷步的首席执行官谢家华认为，关心盈利情况的公司应该让员工有家的感觉。

回到戴维先前提到的，关于对苏格兰皇家银行员工进行奖金之外的激励所面临的挑战，如果新员工在最初的 5 周培训课程结束后决定辞职，谢家华会为他们提供 2000 美元奖金。他对商业内幕网站（Business Insider）表示："我们想的是确保员工来此不仅是为了领薪水，而是确实相信这里是适合他们的地方……我们一直把企业文化和对待员工的方式放在首位。"（注 2）

谢家华的客户忠诚度团队每周 7 天、每天 24 小时接听客户的电话。他们无须考虑与客户通话的次数，也不需要考虑提高销售业绩以获取奖励，他们的宗旨是客户至上。一些以关怀客户为主题的故事已经被传为美谈。例如，由于一位客户要从成千上万双鞋子中进行挑选，以至于团队人员与这位客户的最长通话持续了 6 小时；据一位忠实的客户自己透露，因为家中有人过世导致她忘了将鞋子寄回美捷步，却收到了美捷步的慰问鲜花。

谢家华在透明度方面的追踪记录只是首席执行官体现品牌价值观念的一个例子。在担任领导初期，他曾使用推特亲自回应客户的赞扬和投诉。他还鼓励团队中的每个人都这样做，这清晰地展现了该品牌的核心价值观念之一："以谦逊的态度，建立开诚布公的交流关系"。

谢家华有力地说明了首席执行官对品牌的影响是由内而外的。在 CNN 关于"工作场所的幸福感和关键之处"的采访中，他说："我们关注的不是工作与生活的分隔，而是工作与生活的融合。在美捷步，大家都在消融界限。我们的目标是聘用那些个人价值观与美捷步的 10 个核心价值观念相匹配的员工，这样每个员工无论是在家里、办公室，还是社交媒体上才会自然而然地融入品牌当中。你不能强迫员工像一家人——实际上他们需要自己成为一家人。"

他对社交网络也有一个全新的营销视角，与以人为本的战略型品牌理念相契合。"对我们来说，推特、脸书、优兔、博客等都是与客户以及员工联系的方式。我们并不视其为营销渠道，而是联系途径，就好比我们将电话视为一种很好的联系方式一样。"

谢家华并不认为"满意的客户"和"快乐的员工"这些理念是一种奇特的商业衡量标准。"我们可以看到，（目前）并没有更多的美国企业关注这些事情，因为从财务角度看，这些东西所带来的回报通常是未来两到三年之后的事情，而许多企业关注的都是本季度或本年度的业绩。好消息是，不管企业喜欢与否，信息传播速度正在加快，企业变得更加透明。因此，品牌与文化之间所滞后的时间正在缩短——从长远来看，我认为'好人'会赢。"

首席执行官与首席营销官的协作对战略型品牌至关重要

WPP 集团的马丁·索雷尔对该品牌首席执行官和首席营销官的角色有着明确的看法："品

牌就是领导力，领导力，领导力。如果首席执行官免除了自己对品牌的责任，那你就有麻烦了。因为他们放权时会说'这对我来说不够重要'。

"首席执行官应该是品牌的守护者，具有品牌的愿景并且拥有一个能与之共享愿景的首席营销官，并被赋予实现这一愿景的权力。但在英国富时100指数（the FTSE 100）中，有50%的首席执行官曾担任首席财务官。品牌需要以有形的因素加以区分，比如产品的性能和价格，但也要考虑无形的因素，因为它们能让消费者感觉更好，并且品牌反过来也能体现这些无形因素，因此你需要从顶部构建它。"

斯宾塞斯图亚特公司管理顾问公司的格雷格·韦尔奇重申了他的理念，即首席执行官和首席营销官之间的共生关系对战略型品牌至关重要。"当我坐在自己的位置评估哪些公司做得好，哪些高管团队正在朝着同一个方向努力，哪些品牌正在赢得市场时，我通常会发现一个常见的现象，那就是首席执行官自然而然就会以营销为中心。美国塔吉特公司（Target Corporation）的首席执行官和首席营销官就是一个很好的例子——在这些职位上的几任领导者中，有一个以营销为导向的首席执行官就会有一个世界级的首席营销官。首席执行官为首席营销官的成长发展定下了基调。

"当我评估公司并问到为什么A公司做得好而B公司做得不好时，我通常会发现，来自健康型公司的首席营销官与其同事有着开诚布公的工作关系。他们意见统一，并没有不可告人的事情。"

苏格兰皇家银行的戴维·惠尔登反思了自己与首席执行官罗斯·麦克尤恩的关系："我相信，服务型公司的首席执行官是品牌总监，是品牌的最终拥有者，必须比任何人都更珍惜品牌。我对罗斯说：'你代表品牌，你就是我们的品牌。'所以，当我们处于危机之中，你要用直接、坦诚、冷静和从容的声音与人交流，这才完美，因为品牌就是这样的。

"你还必须有足够的勇气在事情不顺利的时候将事实说出来。所以出错之时我会告诉他真相，我想大多数首席执行官都会因为被隐瞒真相而感到痛苦。尽管将其锚定在业务绩效中，但它关乎建立人性方面的真理。建立这种信任需要一段时间，但如果你跟他交谈，他可能会告诉你这是为了找到适合这份工作的人选。"

尽管某些首席执行官可能会关注品牌，但同时他们也有很多其他的事情要做，他们只是没有做到公正地对待品牌的培育、成长和效益。他们需要与一位战略型的首席营销官齐心协力、全身心地关注这方面的领导。想想本书中所讨论的不可思议的合作搭配：苏格兰皇家银行的罗斯·麦克尤恩和戴维·惠尔登，联合利华的保罗·波尔曼和基思·威德（Keith Weed），爱彼迎的布赖恩·切斯基和乔纳森·米尔登霍尔，通用电气的杰夫·伊梅尔特和贝丝·科姆斯托克（Beth Comstock）以及最近的琳达·博夫（Linda Boff），国际奥委会的托马斯·巴赫和蒂莫·卢姆（Timo Lumme），IBM的基尼·罗曼蒂（Gini Rometty）和乔恩·岩田聪（Jon Iwata）。想想他们作为战略型品牌领导者的原始影响力，例如，宝马的伊恩·罗伯逊（Ian Robertson）、美国运通的约翰·海斯、英国电讯公司O2的尼娜·毕比、迪阿吉奥的西尔·萨勒（Syl Saller）等，我无法一一列举。

将首席营销官在组织中的核心角色重塑为"首席价值官"（Chief Value Officer）

格雷格认为，首席营销官应该是一个组织的心脏："公司的心脏需要在某处跳动。我相信这颗心脏即大多数公司的品牌核心，需要由首席营销官照看。需要有一种响亮的、一致协调的、有色彩的声音。我也使用诸如'信徒'或'乐队指挥'这一类的词来描述如下观念：某些人应该作为品牌的建筑师、拥有者与监护人、牧羊人。我认为首席营销官是最佳人选。

"就好比，如果我是苹果公司的首席营销官，我将极有可能成为公司高管并推动业务发展，因为我已经熟知营销、基础技术设施、客户关系、损益表和客户获取等方面的知识。虽然这是一项艰巨的任务，但我认为这是一个培养领导的好地方。

"我希望我所有的首席营销官醒来后都能时刻想着客户和品牌。他们的使命是：'拥有客户，才会成功'。而首席执行官显然还有其他事情需要处理，因此我认为不存在任何利益冲突。"

首席执行官应该任命哪种类型的首席营销官？

世界正在快速变化，首席执行官与首席营销官的关系应该变得愈发重要，接下来我们将看到，首席营销官的角色通常越来越模糊化，并逐渐与企业的价值核心脱节。

在第十二章"价值"这一章中，我们提出的观点是，品牌需要成为企业价值创造模式的核心。每个品牌都有自己特定的商业模式。

在这场巨变中，谁会是你在当今时代的首席营销官？如何给首席执行官们提建议，让他们对心中的理想型首席营销官进行精准而恰到好处的描述？相对应地，作为一位首席营销官，你在何处以及如何才能创造出最大的价值并实现个人的发展？

作为首席执行官，谁是我理想的首席营销官？

为什么通用电气公司的琳达·博夫、IBM公司的米歇尔·佩鲁索、福特公司的斯蒂芬·奥德尔（Stephen Odell）以及我都不是营销人员？为什么爱彼迎的乔纳森·米尔登霍尔、苏格兰皇家银行的戴维·惠尔登、美国运通公司的约翰·海斯都是世界级的专业战略型营销人员？无论何种背景，我们都肩负着改造品牌的共同使命。

就这一问题，我花费了相当多的时间与首席执行官们、首席营销官们及猎头公司进行探讨。并开始相信，在现代战略型营销中，持久的战略型品牌的首席营销官应该是理想的"首席价值官"，一个能够深刻影响可持续价值创造和增长的人。最近可口可乐用"首席增长官"（Chief Growth Officer）代替首席营销官的做法就是一个很好的例子，这也是可口可乐向担任新职务的弗朗西斯科·克雷斯波（Francisco Crespo）致以美好祝愿的机会。

在本章的最后几页，我将概述什么是首席价值官——首席营销官看起来可能是什么样的，以及首席执行官在选择他们的理想型首席营销官时的参照框架——并让首席营销官更有策略地发挥作用。

首席营销官的角色被"低估"了吗?

尽管所有的证据都证明首席营销官和营销的重要性与日俱增,但它们在组织中的作用却似乎越来越模糊。多种因素导致营销人员迅速告别了传统的舒适区。图5.6总结了商业环境下一些能引发反思的转型因素。

◎来源:《品牌竞争力:如何打造持久战略型品牌(上册、下册)》

图5.6 被低估……与不断提高的期望值

让首席营销官们认真审视这些前所未有的挑战,以确定战略应对措施并将它们转化为转型的机遇是应当的。但是,他们的重要作用往往被忽视了——大量调查表明,大多数高级营销人员都感觉自己在不断地"低能化"。

那么,让我们来看看,公司和首席执行官们如何才能从战略型营销中获得最佳效果,以及高级营销人员如何才能使他们的提议更具吸引力。

提高的期望值

首先,要更清楚地了解首席营销官能为价值创造带来什么,以及首席营销官作为首席执行官的"价值"合作伙伴如何发挥重要作用(见第十二章——价值)。

众多对当今首席营销官的研究表明,随着工作节奏的加快以及人们对其能为企业成就做出贡献的期望增加,他们的工作变得"无间断"。《哈佛商业评论(1)》中的一项关于营销领导力的调查显示,对营销在战略发展方面产生更大影响力的需求增加了20个百分点。但问题是:首席营销官们是否有能力发挥那么大的影响力?

从理论上讲,他们应该能。正如那篇文章的作者所指出的,当"市场营销表明,它正在为同行共同的商业目标而奋斗时,所有职能部门之间的信任和沟通得到加强并……实现高效能协作。"

然而在实践中,随着由孤立导致的隔阂和小团体越来越多,对高级营销人员的这种需求可能会转化为适得其反的竞争性的反应。

首席营销官必须不断地问自己："我给业务带来了什么影响？"对营销领导者来说，这无疑是一项很宽泛的职责，因为这需要具备高于营销部门的远见，并赢得首席执行官的信任和信心。这可能需要不同的架构，但至少，它需要深度强化的能力和实践，也需要在协作、团队建设和时间管理上的超群表现。

关于"营销代表什么"的不确定性在增加

实际上，成功获得董事会和执行委员会的认可的进展仍然是缓慢的。调查一致显示，营销人员对公司未来的愿景与所追求的路线之间存在脱节，这往往伴随着深深的挫败感。可以认为其中一个关键的原因是，太多人把大部分时间花在了传统营销、管理和卫生任务上。这并不奇怪，因为今天的传播速度意味着这些活动比以前复杂得多，因而也更重要，要求更高，更需专注。

因此，首席营销官的平均任期仍然很短，在三到四年之间（见图5.7）。斯宾塞斯图亚特公司2016年的同一项研究显示，平均任期从44个月降至42个月。相比之下，提到成功，想一想前面提到的几个名字，伊恩·罗伯逊、贝丝·科姆斯托克、乔恩·岩田、约翰·海斯、基思·威德以及其他人，他们在自己的岗位上干了多久才有机会带领品牌转型。

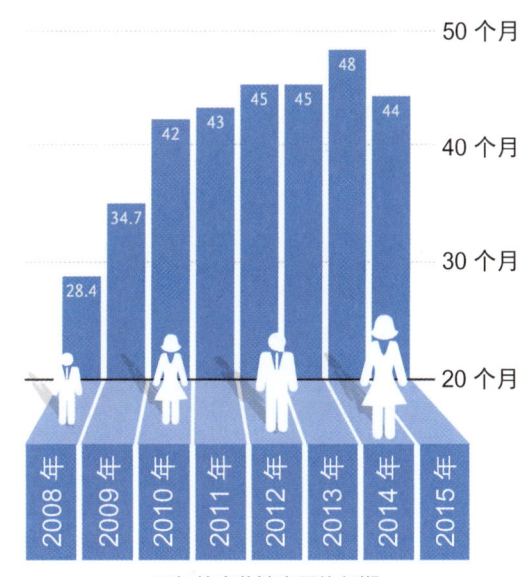

来源：斯宾塞斯图亚特管理顾问公司

图5.7 首席营销官职位的平均任期

同时，首席技术官通过大数据和数字化介入营销领域，首席客户、首席客户官（Chief Customer Officer）或首席体验官（Chief Experience Officers）出现，正在展翅发展的企业传播以及人力资源对员工品牌志在必得。以上列举的这些原因导致首席营销官的角色面临着被稀释和混淆的危险。

但对于首席营销官来说，有一个令人信服的商业和个人案例可以令其成为创造商业价值不可或缺的一部分。最终，这群战略型营销人员将成为首席执行官们真正依赖和奖励的对象。

最大的问题是：首席营销官是否能够胜任？这完全取决于他们在特定业务状况下对自身角色的战略清晰程度。他们应该拥有并支持公司的许多核心业务，但并不是所有业务，下面我们将对这点进行详细介绍。

从营销到战略型营销：首席营销官应该负责的领域

战略型营销人员需要装备自己以更好地助力图 5.8 中所概述的 6 个关键的组织重心。现在是时候让最敏锐、最勇敢、最聪明的营销领导者重新展示他们的领导力了。

◎ 来源：《品牌竞争力：如何打造持久战略型品牌（上册、下册）》

图 5.8　首席营销官应该负责的 6 个领域

首席营销官负责领域 1：价值创造战略

内部和外部的价值创造应该是现代营销领导者的核心工作。最优秀的营销人员将精力集中在组织目标和结果上，这些目标和结果对企业的绩效和可持续性至关重要（见第八章和第十二章）。

含义是：

做一个真正的战略家——2014 年，斯宾塞斯图亚特公司对 160 多名高级营销主管进行了一项调查，要他们评估一下首席营销官现在和未来要取得成功各需要哪些技能。超过一半的人表示，要具备一种战略性思维，更多的人甚至表示，在未来战略性思维将是一项至关重要的技能，并非只是重要，还是迄今为止在创意生产或分析方面排在首位的技能（注 3）。

做一个真正的领导者，而非执行者——在一个高度互联的世界里，这种转变并不容易。在这一世界里，人们的期望是，营销领导者应该立即知道并解决一切问题，从而降低任何声誉风险。但正如埃贡·泽德尔（Egon Zehnder）在《最高管理层对首席营销官的看法》（C-

Suite Perspectives on CMOs）一书中所提到的，他们应该是"一名乐队指挥，而不是一名战地将军"（注4）。

首席营销官负责领域2：端到端的毛利润

随着价值创造战略的制定，首席营销官需要从端对端的角度来看待收入价值的产生。由于这关乎盈利和亏损（损益表）以及净业绩，所以不仅是收入，首席营销官负责的领域也必然"包括"端到端的毛利润。

含义是：

做真正的首席增长官——那么，首席营销官们是在向他们的首席执行官们展示，他们能够全面地思考、交流以及处理资产负债表和损益表吗？或者，他们是否仍然过于关注品牌资产或关键的商业业绩指标（尽管这些指标很重要，但也使得他们对同事产生疏远感且显得自私自利）？

做真正的全才领导者和具有影响力者——成功将建立在能够更好地使用在整个组织中引起共情的语言的基础上，这是一个必须大力争取的立场。有影响力的营销人员是那些积极参与实际价值交付的人，他们充分融入了业务战略、计划和实施的整个过程（见第十章）。

首席营销官负责领域3：企业和员工品牌

战略型品牌比以往任何时候都更像是组织的北极星。它涵盖了组织的本质和目的、价值和信念、特质和雄心、价值定位和价值表现（见第一章）。

然而，调查显示，很大一部分首席执行官仍然认为，品牌本质上是标识和营销的人工制品，且往往被当作一项成本。"持久的战略型品牌"的全部目标就是倡导这种变革，并宣扬首席营销官在引领这一变革中所发挥的重要作用。

含义是：

做真正的品牌捍卫者和守护者——对首席营销官来说，没有什么任务比监督战略型品牌的发展和管理更迫切。用"b"来管理品牌是传统的营销方式；打造持久的战略型品牌是战略的最高境界。"它不应单单是消费品公司的头等大事"——这是 CSMO 公司一位员工的话，这家公司的品牌创造了全球最大的收益并经历了墨西哥湾漏油危机（见第十一章和第十三章）。

做真正富有同理心和包容性的领导者和同事——在还没有能够解决问题的有效平台的情况下，就踏上战略型品牌的征途，可能会遇到巨大的障碍。为提高品牌影响力，我们需要换位思考。首先要用那些人人都理解、重视并感同身受的语言来取代营销术语。在英国石油公司，我从上游部门的经历中学到了这一重要方法，甚至用"声誉""经营许可"或"使用权"代替"品牌"一词。

真正从他人的角度看问题——营销人员需要通过分析讨论优化资源配置和权衡回报率，来提高与财务人员对话的有效性。他们还需要与 IT 人员建立必要的合作关系，将技术嵌入营销驱动的业务当中并阐明其对绩效的影响。他们还需要与人力资源部门建立重要的合作关系，我们之前已经进行了讨论，在这样的合作关系下，战略型品牌才能在激励、招聘和留住人才以及产生"由内而外"的影响方面发挥关键作用。

首席营销官负责领域 4：重要的关系和伙伴

科技创造了无限互联的世界。胜利与构建联盟和生态系统越来越相关。关键市场的成功有赖于深厚的、相互信任的商业关系，如中国的"关系"（Guanxi）和阿联酋的"Wasta"（大致翻译为关系、影响力或熟人）。

含义是：

做真正的关系战略家——对于首席营销官和营销团队而言，有太多关系需要管理，所以首席营销官应该变得更具条理性。例如，绘制一张对价值目标和战略至关重要的关系和伙伴的图表。这一关系图应首先清楚地了解谁是最终的"客户"目标群体。在此基础上，本着"少而精"的原则，要果断投入所有必要精力与所选定的优先者建立伙伴关系，并将其他关系互动交给组织的其他部门。

说起来容易做起来难。因为这不仅关乎管理利益相关者地图，而且还要理解并利用影响力网络。还要掌握必要的专业知识，以便在建立和管理具有价值创造战略性转化潜力的深层伙伴关系的实践中脱颖而出（见第六章）。

真正地关注全球——有很多人谈论文化差异，却很少有人对如何在全球体系中运作有足够深刻而科学的理解（见第二章）。营销人员身处这样一个独特的位置，在这个位置上他们能够了解世界各地不断变化的增长模式，他们不仅能管控公司内部的效果，还能预见任何的不连续性。例如，当金融体系和市场发生强烈动荡时，他们应该成为应对市场弹性变化的人。

首席营销官负责领域 5：客户参与战略

营销总是与客户的声音联系在一起。但现在，它进入了一个新阶段，因为在一个紧密关联的世界中，总体客户参与度成为少数几个竞争差异化的来源之一（见第四章和第七章）。

含义是：

成为新时代真正的与客户有共鸣的声音——更深层次的客户关系可以将丰富的见解转化为实实在在的利益。一个令人信服的故事始于恰当的提议和及时的交付。那么，要想成为更好的品牌故事讲述者（无论是在内部还是外部），我们需要做些什么？首席营销官如何建立企业和客户之间的无缝关系？如何理解并参与数字化网络以维持品牌相关性（见第七章）？

成为真正的内部与外部的整合者——《麦肯锡季刊》（McKinsey Quarterly）指出："随着更先进的营销科学和分析方法的普及，营销越来越自然地超越了信息传递，变成了塑造业务的实质内容，尤其是客户体验、功能效益的交付以及开发新产品和服务的动力。"（注5）亚马逊是这方面的优秀榜样，因为它将客户的需求和期望内化为职责，并将营销、技术和运营融合为单个的产品和服务。

首席营销官负责领域 6：创新战略

不用说参与，首席营销官在创新战略中有多少领导力？显然，创新无法孤立地进行，只有与内部和外部的广泛人员建立正式和非正式的关系才能推行创新。那么，将这些观点和想法结合起来的作用是什么呢（见第八章）？

含义是：

具有真正深刻的见解，包括来自大数据的见解——这不是说要有大数据，而是说要有深刻的见解。正如"2020 市场营销调查"（Marketing 2020 Study）所言，"表现出色的人在从大数据中提取重大见解方面具有优势。他们将数据、知识和直觉融为一体，以便对自己的业务和品牌有一个清晰的认识。"（注6）营销人员天生具备深刻的洞察能力，应让他们持续地加入跨职能团队中，为创新提供信息并提供和制定方向。这将有助于打破职能上的孤立心态，改变创新战略的相关性和有效性。要做到这一点，首席营销官和他们的团队几乎需要重启数字系统，这当然是一项（大）数据处理和解读方面的相当高水平的技能组合，但是他们抓住了机遇并将风险最小化。

真正关注内容营销并选择新的工作方法——21世纪是内容、现实和物质的时代。我们的实践应该提供一种优势，应该专注于硬效益和卓越的执行力，抛开将"有……很好"的想法货币化的难题。以社会需求为出发点，市场营销人员可以用出版和广播的思维来设计故事的讲述和传播方式，从而发起、发展并参与相关的重要对话。

对于现实世界来说，首席营销官负责的这6个领域是否过于野心勃勃了呢？如果他们作为企业中的营销先锋，能够找到正确的平衡点，从而在企业独特的环境中获得了最佳的结果，那就不是。换句话说，如果首席营销官清楚他们应该拥有这些领域中的哪一个，那就不是（见图5.9）。

◎来源：《品牌竞争力：如何打造持久战略型品牌（上册、下册）》

图5.9 首席营销官应"拥有"哪些领域

合适的首席营销官是持久型企业的头等大事

每个组织都有自身独特的情况、优先事项和需求。因此，首席执行官和高级营销人员需要对首席营销官将会"拥有""领导""影响"或"简单旁观"的业务领域有一个统一和全面的了解，如图 5.10 所示。

©来源：《品牌竞争力：如何打造持久战略型品牌（上册、下册）》

图 5.10　首席营销官的领导力架构

一种尺寸并不适合所有人

有了这一认识，首席营销官将成为真正的、合适的整合者。通过放弃对"简单地旁观"领域的控制权，他们将在"拥有的"和"配合的"空间中获得权力并找准节奏，从而为公司及自己的利益服务。

很少有高级营销人员达到这样一种最佳状态。他需要与日常生活中的权力和传统，以及组织的期望作斗争。他需要获得这种权威——但那些对自己作为首席营销官的角色具有战略性认识的人会胜出，因为他们能够将企业的主要目标和成功与价值创造联系起来，从而对企业产生深远的影响。这就是你成为一个持久的战略型品牌的首席营销官……，成为价值创造的核心，成为企业的"首席价值官"的方法。

适合特定组织的首席营销官的类型界定

在特定组织的背景下，对首席营销官所负责的领域和其领导力框架之间的组合进行优化，可以确定候选人的理想画像——这正是首席执行官选择最合适的首席营销官所需要的。

下面是首席营销官的 6 类画像（见图 5.11）。那么，不同的首席执行官需要哪种类型的首席营销官呢？你是哪种类型的首席营销官，你又想成为哪一类型？

长远建设者	专注于未来愿景
改革创新者	专注于商业模式或提案的改革
赋权合伙人	专注于从所有利益相关者那里得到最佳结果
神殿守护者	专注于可持续性和长期声誉
客户大师	专注于客户体验
增长冠军	专注于业务增长

◎来源：《品牌竞争力：如何打造持久战略型品牌（上册、下册）》

图 5.11 你的首席营销官–首席价值官类型

长远建设者——专注于未来愿景，在配合负责"重要关系和合作伙伴"和"创新战略"两个领域的同时，他们慎重地掌管由首席执行官和"企业与员工战略型品牌"授权的"价值创造战略"领域。

改革创新者——专注于商业模式或提案的改革，是"创新战略"领域不容置疑的所有者。他们还掌管"价值创造战略"领域，推动企业进入具有竞争优势的未来。他们配合"重要关系和合作伙伴"领域，因为创新不再是孤身奋战。

赋权合伙人——专注于从所有利益相关者那里得到最佳结果，他们热忱地掌控"客户参与战略""企业和员工战略型品牌"以及至关重要的"重要关系和合作伙伴"这3个参与领域。他们的参与重心使得他们很少涉足其他领域。

神殿守护者——专注于可持续性和长期声誉，掌管"企业和员工战略型品牌"和"重要关系和合作伙伴"领域，他们强烈希望与企业建立积极的关系。作为第3个关键的利益相关者群体，他们配合"客户参与度战略"，他们影响着企业的"价值创造战略"和"创新战略"，使企业能够持续运作，并提升企业的声誉。

客户大师——专注于客户体验，是"客户参与战略""创新战略"和至关重要的"重要关系和合作伙伴"领域的所有者，这些都是确保价值主张以最高标准持续发展和交付所必需的。

增长冠军——专注于业务增长，这无疑掌控着"端到端的毛利润"和"客户参与战略"领域，并配合"企业与员工品牌"和"创新战略"领域。

这些只是详细定义的作为"首席价值官"的战略型品牌首席营销官原型的概况。那些能够招聘到"符合目标"的员工的企业，最有可能在未来实现业绩的显著提高。

持久战略型品牌首席营销官

如果你是一名首席执行官，或者首席营销官，为了面对任命或者成为最合适的持久的战略型品牌的首席营销官和"首席价值官"这一挑战，你必须强化这方面的技能和知识。

要做到这一点，首席执行官和首席营销官可能需要退回各自的角色，既要为首席执行官评估自己的组织，也为首席营销官评估自己的优势和关键差距。可以通过检查以下7个实际问题进行这一步。

- 在组织战略方面，首席营销官的角色是什么？在企业的特定背景下其角色应该是什么？
- 我们的主要增长来源是什么？对于可持续发展的未来，主要增长来源应该是什么？如何让首席财务官参与进来，以确保我们走在正确的发展道路上？
- 我们是否在调动他们／我们作为内容创造者和故事讲述者的专业技能，以创造一个简单而令人信服的、能在内部和外部产生一致共鸣的战略型品牌故事？如果没有，如何做到这一点？
- 我们是否仔细分析过我们／我所处理或应该处理的不同关系的状况？我们能够／应该更好地优先处理它们吗？我们如何将潜在的转型伙伴关系转变为战略伙伴关系？
- 我们所有人是否齐心协力地将利益相关者和客户的需求和满意度当作生死存亡的大事？首席营销官是否有权在战略上高举客户的大旗？如果没有，如何做到这一点？
- 我们的公司是否拥有最能盈利的、能够带来竞争差异化的创新理念资源？我们如何才能变得更好？
- 最重要的是，为培养自信的"首席价值官"，需要进一步发展哪些关键的个人技能？

一旦这样做了，首席执行官和首席营销官就应该在"拥有""配合""影响"或"简单地旁观"上保持一致。我们很容易被短期压力和不断变化的世界分散注意力。这种方法将使首席营销官专注于真正重要的事情，从而更好地为企业和首席执行官服务。

再次回到戴维·惠尔登之前的观点，最好的营销人员总是把"战略"和"品牌"放在一起。因此，让我们扩大得胜者——首席价值官的俱乐部吧！

第六章
伙伴协作关系

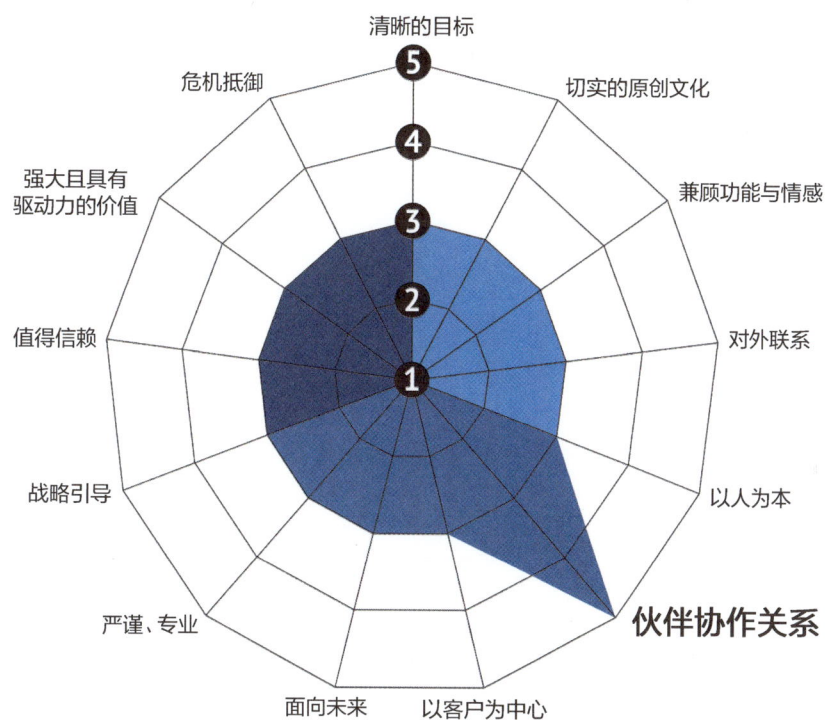

锁链系不住婚姻。是无数细线经年累月地把人们缝合在一起的。

——西莫内·西涅莱（Simone Signoret），演员

我们在前面的章节中提到，品牌是一种关系，而战略型品牌就是一种协作关系。如今，关系比以往任何时候都更能定义战略型品牌。将关系转变为适当的协作关系的机会正在改变游戏规则。我毕生的职业生涯都在致力于打破界限、简化对接，并在我所服务的品牌和其利益相关者之间创造"我们（WE）"的力量。良好的深度协作关系所带来的战略转型让我深受鼓舞——尽管我也经常因为看到这些协作关系走向失败或是在挣扎中勉强维持而感到失望。

协作关系，特别是品牌的协作关系，提供了获取、创造、增长和效率的最有效点——这在很大程度上是一个未被开发的机会，可为相关各方创建独特优势并创造转型价值。多年来，我逐渐意识到，建立协作关系不仅是一门艺术，也是一门需要高度自律的科学。基于这个信念，我在 2013 年出版了《战略协作：转换机遇并实现持续性成功》（*Strategic Partnering: Remove Chance and Deliver Consistent Success*）一书，该书提倡建立协作关系，并阐述了品牌如何从建立关系转变为通过转型和创建协作关系实现蓬勃发展的战略型品牌。（注1）

我提到过 2004 年在慕尼黑值得纪念的那天，宝马和嘉实多商讨共同开发和销售高级润滑油的全球性合作，这将包括有待定义的品牌联想。当你想到宝马品牌，想到它的纯粹性和影响力，你可能会认为它永远不会接受任何形式的品牌合作——当然也不会接受与一家润滑油公司合作。

经过一整天的讨论和协商，直到晚上 10 点，受到托尔斯滕·林道（Torsten Lindau）的启发，我们从烟雾缭绕的会议室里冲出来，仔细查看停放在公司停车场的一辆宝马汽车的引擎盖内部。托尔斯滕·林道可谓我所见过的最好的战略合作领导者之一，他主管着英国石油公司和德国汽车制造商的战略协作关系。

在我们各自的领域中，这还是首次将高档能源品牌与高档汽车品牌紧密联系在一起。更重要的是，在使宝马真正成为宝马方面，这一能源品牌将起到核心作用——在其发动机中，嘉实多品牌的油箱加油盖将是合作的特色。在之后的许多年里，这一联合签署对两个品牌都产生了物质价值，在（产品等的）研究和开发、市场营销和客户优惠、售后服务和赛车运动等不同领域都显而易见。

建立战略合作关系后，宝马和嘉实多联合开发了先进的产品配方，估计节省了 5 亿美元的开发成本。嘉实多在宝马全球网络中的市场份额升至 90% 以上，宝马也从全球化的、一致的、高质量和完美执行的售后润滑油营销计划中受益。联合品牌项目对各个品牌的忠实客户都产生了积极的影响。

即使是最坚强的心也需要保护

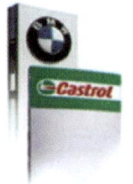

来源：英国石油公司和嘉实多广告

图 6.1　宝马 - 嘉实多的品牌协作案例

英国石油公司的大部分下游业务都基于开发先进且高效的燃料,而另一个与此类工作密切相关的行业是汽车行业。尽管如此,两者的关系几十年来却一直充满挑战,因为为达到监管机构在燃油效率方面的要求,双方都试图将责任和投资推给对方。2002 年,英国石油公司试图改变这一不良方式,与几家汽车公司发展了协作关系,选择它们作为合作伙伴并相信其在能力、判断力、善心和诚信方面的潜力(见第十一章)。2003 年,英国石油公司与福特汽车公司建立了广泛的协作关系,特别是在欧洲,而且至今仍积极合作。如图 6.2 所示,这种协作关系采用了多种形式,涉及了多个领域,还包括了一个强势的联合品牌营销协会。

来源:英国石油公司和福特广告的持久战略型品牌

图 6.2　福特与英国石油公司的联合品牌营销案例

福特和英国石油公司建立了高度信任关系,他们整合产品组合策略,共同开发先进的燃料配方,整合供应链的方方面面,制造新的营销机会,共同营销并联合品牌。商业和品牌效益(包括效率和利润)达到了数亿美元。

多年来对这些协作关系的发展过程进行监测,让我学到的最重要的一点是,它们彼此之间是如此不同:每个协作关系都有自己的核心目标、特性和重点。因此,在汽车领域,我们与宝马的协作关系和与福特的协作关系是非常不同的。同样地,与福特的协作关系又和与丰田的协作关系非常不一样。

英特尔公司(Intel Corporation)(以下简称"英特尔")是进行广泛品牌协作的标志性开拓者之一。1990 年,尽管在原始设备制造商(OEM)中已经建立了作为高质量微处理器生产商的声誉,英特尔仍然需要将自己与竞争对手区分开来。为实现这一目标,英特尔决定推广自己的产品,在产品上贴上大量的内置英特尔的"成分"标志。1991 年,英特尔推出了合作计划,制造商将英特尔的标志放在广告和其他营销材料中(注 2)。

结果引人瞩目:整个组织的活动都围绕着这一品牌。英特尔赢得了终端消费者的信心,他们认为这些标志代表着质量和可靠性。并且到 1995 年,欧洲 94% 的个人电脑买家熟悉英特尔的标识，而 1991 年时，这一比例仅为 24%。英特尔与 IBM 和康柏（Compaq）等高端品牌建立的联系给人留下了一种持久的印象，即他们创造了值得为之付出更多的东西。这是一个双赢的局面，因为它也直接为个人电脑制造商的活动做出了贡献：从 1991 年到 1997 年，为了在广告中使用英特尔标志，英特尔和个人电脑制造商共花费了 34 亿美元；其中超过 20 亿美元直接来自英特尔。到 1998 年，英特尔控制了全球 90% 的个人电脑微处理器份额；2001 年，英特尔被列为世界第六大最有价值的品牌，估值达 350 亿美元。

发挥魔力的一个关键要素和英特尔与 IBM 战略联盟背后的某些原则有关：双方都不高度依赖对方，但从合作中各自获得了可观的益处；除去有利因素（主要是品牌提升）和不利因素（品牌稀释），双方的品牌都从协作中获得了极大的好处。

图 6.3　IBM 与英特尔的标志性品牌协作关系

协作，协作，协作！

战略合作是最重要的商业实践。我所出版的《战略协作：转换机遇并实现持续性成功》一书阐述了协作关系发展过程中各个阶段的最佳做法，以防陷入许多现存的陷阱。为避免重复，《持久战略型品牌》仅关注品牌的协作关系方面。

为何你要一个人做？你一个人能做好每一件事吗？你是否拥有无限的资源、职权、能力、学识、影响力或声誉？如果你对这些问题中的任何一个问题的回答是"不"，那么你如何获得你所缺少的东西呢？当然，你可以通过并购或从供应商那里购买或租用你所需要的东西。但是，你能通过这些传统的方法得到所有东西的最佳效果并实现真正的差异化吗？你能从与购买服务的普通关系中获得最佳成效吗？

解决之法是建立协作关系。协作关系是指将那些能够补充或完整彼此使命的不同组织聚集在一起，从而使他们能够专注、卓越并灵活地携手为受众提供受众所寻求的、符合受众预期质量的体验。

苏格兰皇家银行集团首席执行官罗斯·麦克尤恩（Ross McEwan）在接受普华永道（PwC）采访时解释道（注3）："在某个阶段，我们的组织曾在国际投资界拥有 18 种产品。我们发现，我们确实只擅长 5 件事，而这些正是我们的客户愿意接受的，他们重视我们在这些领域的专业性，但他们从来不认为我们擅长这 18 件事。所以如果其他人擅长另外的 13 件事，我们会考虑与他们合作。我认为这就是为所有人做所有事情的意义所在——我认为你做不到。"

新西兰恒天然集团（Fonterra）的首席执行官特奥·施皮林斯（Teo Spierings）表达了同样的观点："我们遵循的指导原则是，专注于自身优势并不断发展壮大，然后在我们可能并不那么擅长的领域进行协作。"

正如来自普华永道第 18 次年度全球首席执行官调查（18th Annual Global CEO Survey）

的调查结果，如图 6.4 所示，其中鼓舞人心的消息是，首席执行官们普遍认为，从战略上讲，协作变得越来越重要。

51% 的首席执行官将在未来 12 个月内加入新的联盟

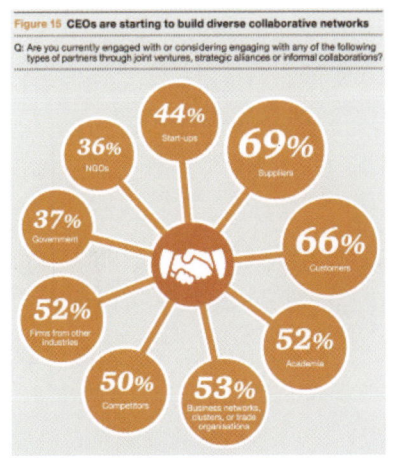
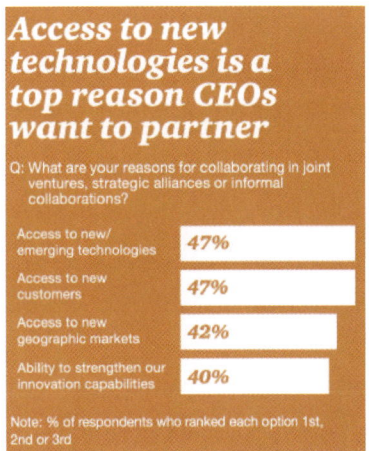

来源：普华永道第 18 次年度全球首席执行官调查

图 6.4　首席执行官们进行协作的强烈动机

我们将在本章后面的部分对此进行更多的讨论，但真正的问题是如何协作，即组织如何展现综合全面的能力以在协作关系中真正地发挥作用。

在第四次工业革命中，协作是社会运作的方式

世界经济论坛 – 达沃斯的创始人和执行主席克劳斯·施瓦布（Klaus Schwab）教授就协作关系是如何简单地成为社会运作的方式写道："一个客户体验、基于数据进行服务和通过分析实现资产绩效的世界需要新的合作形式，因为创新和分销的速度正在加快……当企业通过合作创新来共享资源时，可以为双方以及开展协作的经济体创造重要价值（注 4）。

"最近工业巨头西门子（Siemens）和创新机器学习公司阿亚斯迪（Ayasdi）的合作就是一个例子，西门子每年在研发上的支出约为 40 亿美元。"他补充道。

西门子有 34.3 万名员工，而阿亚斯迪只有 100 名员工，但这种互利的合作关系使初创企业能够在处理真实世界数据的同时验证其软件，而西门子则能从阿亚斯迪新颖的分析方法成果中获益匪浅。

克劳斯·施瓦布接着说道："然而，这样的合作通常远非如此简单。它们需要双方的大量投资来制定企业战略，寻找合适的合作伙伴，建立沟通渠道，调整流程并灵活地应对协作关系内外不断变化的情况。有时，这些合作会催生全新的商业模式，比如城市汽车共享计划，这是协作关系链中最薄弱的一环。公司需要抛开市场营销和销售协议来理解如何采用全面的协作方式。第四次工业革命迫使企业在实践中思考线下世界和线上世界是如何合作的。"

最好的协作关系源于对未来的共同理解。对英国石油公司和福特公司而言，这是一种对背景环境的共同理解，即未来将是低碳的，而两家公司的目标都与这一未来有关。

克劳斯·施瓦布认为，对协作关系的需求不仅限于创新理念，还包括良好的领导能力："在第四次工业革命中，为开发情景智能，决策者必须首先理解多样化网络的价值。他们只有在高度关联并跨越传统界限的良好互联的情况下才能面对严重的破坏……只有通过与商界组织、政府组织、民间社会组织、学术界和年轻一代的领导者合作，才有可能全面了解当前的情况。这对于开发和实施将导致可持续变化的综合理念和解决方案至关重要。

"这一原则根植于多方利益相关者理论［世界经济论坛通常称之为达沃斯精神（the Spirit of Davos）］。行业和专业之间的界限是人为划分的，而且这一做法越来越适得其反。现在比以往任何时候都更有必要通过利用网络的力量来建立有效的协作关系，以消除这些壁垒。如果企业和组织未能做到这一点，也并未建立多元化的团队来履行承诺，它们将很难适应数字化时代的发展。"

事实上，我们已经拥有了克劳斯·施瓦布所描绘的未来。纽约大学斯特恩商学院的潘卡伊·格玛沃特计算发现，目前美国前1000家上市公司40%的收入来自联盟，而在1980年时这一比例仅为1%。

协作关系将战略型品牌作为一种独特的关系进行建设

正如我之前所说，品牌和协作是"关系"这枚重要硬币的两个面。与此同时，随着客户和品牌之间协作关系的民主化，品牌关系正在发生转变。例如：优步（Uber）改变了司机和乘客的角色，爱彼迎（Airbnb）改变了房东和租客的角色……

艾希尔（Nowhere）的创始人尼克·尤德尔（Nick Udall）博士说："在当今世界，成功的品牌需要与合作伙伴及价值链共同创造。这种创造性很令人兴奋，但是需要一种不同类型的领导。它不再是关于在领域内或通过权威的领导，而是关于保留空间。在这一空间里人们可以在新的交点聚集在一起，坚持各自的立场，踏入未知世界，并且足够久地保持不明了的紧张状态以便涌现新的思维和行动模式。这也需要领导者用故事激励我们前进，并解放我们的成见和习惯，这些都是推动创新和改变的关键和核心。"

2016年5月9日的《哈佛商业评论》发表了一篇由马克·邦切克（Mark Bonchek）和卡拉·弗朗斯（Cara France）合写的题为《作为一种关系去创建品牌》（*Build Your Brand as a Relationship*）的分析文章。作者认为，随着时间的推移，品牌经历了各种各样的心智模式（注5）。

第一种心智模式是"品牌作为实物"，即品牌就是你所创造的东西。

然后这一模式从一项特征到一种"感知"，从一个物体到一种"理念"、一个你内心期盼的单一的想法或概念。在这种观点下，品牌不是你创造的东西，而是你管理的东西。苹果品牌就是这种"感知"模式的强大领导者。

现有模型中盛行的是品牌作为一种"体验"，品牌是利益相关者对产品或公司进行体验的容器，这种体验不再随着时间推移进行管理，而是每时每刻进行交付——亚马逊可能会被认为是"体验"模式的典范。

◎来源:《品牌竞争力:如何打造持久战略型品牌(上册、下册)》

图 6.5　作为一种关系的品牌的 4 个不同阶段

据作者所言,新兴的模式是将品牌作为一种"关系"。他们论文的实质是让组织重新定义当前的关系,主要是事务性的和单向的关系,这将使它们更加协作、对称和互惠。所以在酒店业,从房东与租客到居民与居民,例如爱彼迎(Airbnb);在出租车服务中,从司机与乘客转移到朋友与朋友,例如来福车(Lyft)及他们的标语"你那位有车的朋友";在金融服务领域,从发卡机构与持卡人到俱乐部与会员,例如美国运通;或游乐园,从操作员与搭乘者到演员与客人,例如迪士尼(Disney)。这一方式给未来带来了大量转型的机会,我们可以问问自己:如何重新定义医生与病人、教师与学生、制造商与买家等?

在这一背景下,品牌的空间和机会是无限的。

协作时代

我相信我们已经进入了协作(co-,拉丁语中"with"的简化形式)的时代。虽然这只是个开始,但以下 7 种协作方式已经在重塑现代企业并重新定义其品牌:

1. 人机协同(Cobot 或 co-robot)——用于在共享的工作空间中与人类进行物理上的协作;
2. 协同竞争(Co-opetion)——竞争与合作的理想结合;
3. 协同构建(Co-construction)——关系的转变,例如教师和学生之间的协作关系;
4. 联合办公(Co-working)——将共享的工作环境与独立的活动相结合;
5. 协同经济(Collaborative economy)——又叫共享经济、合作型消费或对等经济,通常基于通过以社区为基础的线上服务进行的点对点交易;
6. 共同决策(Co-determination)——管理层和员工在决策过程中合作,层级较少。这一点越来越重要,特别是在 Y 世代和 Z 世代;
7. 协作社(Co-operative)——为满足人们在经济、社会和文化方面的共同需求和愿望而自发组成的团体。

在第四次工业革命中,即在"关系"与"协作"的时代,战略型品牌并非只有功能性的关系,它还构建并保持与利益相关者的协作和协作关系。一切交往都是本着互惠互利的原则,否则根本不会互动。双方都衷心希望通过换位思考以及相互给予和接受来建立关系。

战略型品牌促进了与利益相关者的协作互动。由于其不可能独自完成所有工作,因此建立了深厚的协作关系并创造了丰富的生态系统以进行创新和提供服务。别人对你的品牌的赞美远比你自己的广告更有力。"协作"战略型品牌的回报要比一般品牌高得多,因为其他资源对其活动做出了有意义的贡献。

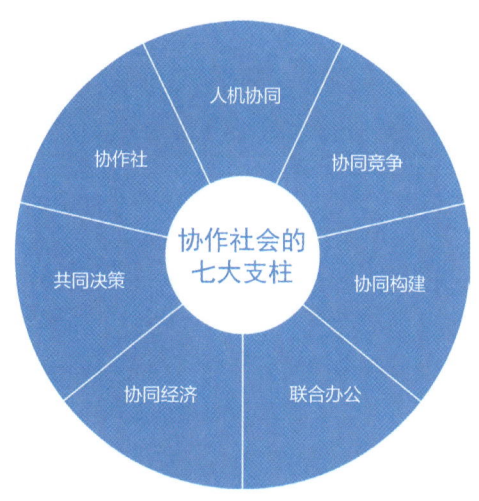

来源:《品牌竞争力:如何打造持久战略型品牌(上册、下册)》,数据来源于《回声报》,2016 年 12 月

图 6.6　协作社会的七大支柱

那么,如何才能在新兴的社会和企业形态中表现良好、取得胜利并发挥领导作用呢?如何培养广泛而深度协作的能力呢?接下来我们将探讨这些问题,看看如何建立协作关系,品牌在协作关系中的作用,以及协作关系对开发和建设"关系"型品牌的影响。我们还将探讨生态系统对品牌的影响,因为它可以说是最先进且发展最快的协作形式。

3 种主要的协作品牌类型

如图 6.7 所示,品牌践行 3 种主要的协作关系:能力型、联合提供型和品牌化。它们并非相互排斥,而是相辅相成,每一种都是前一种类型的发展或扩展。

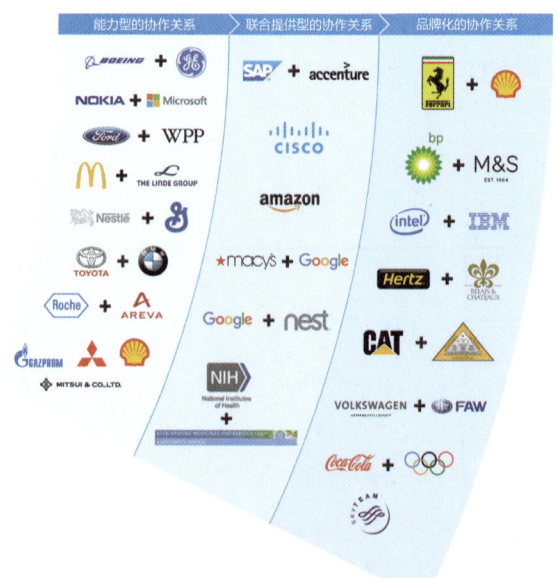

来源:《品牌竞争力:如何打造 持久战略型品牌(上册、下册)》

图 6.7　能力型、联合提供型、品牌化的协作关系类型

类型 1：能力型的协作关系

这是迄今为止最常见的协作形式。本质上，这些协作关系的目的是改善或增强其中一方的品牌业务，同时也为另一方带来商业利益。在实践中，合作伙伴 B 为合作伙伴 A 带来了关键的能力或资源（技术、资金、一整套功能、一项罕见的技能、更高的供应安全性或更低的风险），因为 A 需要这些能力或资源来筹划并执行其战略意图。对合作伙伴 B 的好处有：进一步学习、知识应用、发展、直接的财务益处等。对合作伙伴 A 的好处则具有不同的性质：促进增长、转变报价、提高效率和降低成本等。

这样的例子数以千计，包括：通用电气（GE）和波音公司（Boeing）的优化发展协作，为波音飞机安装和维护通用电气的发动机；WPP 集团（Wire & Plastic Products Group）携一流团队和全套营销服务，打造福特（Ford）品牌；雀巢与通用磨坊（General Mills）的全球谷物协作关系已建立 25 周年，而且其重要性一如既往；亿滋（Mondelēz）和脸书（Facebook）续签了全球战略协作关系，以运用与革新有关消费者的洞见；维拉（Vera）和 RFA（Richard Fleischman and Associates）宣布建立战略协作关系，为对冲基金和投资管理公司提供业界领先的加密和数据安全技术；天生制药公司（Innate Pharma）和赛诺菲制药公司（Sanofi）就使用技术和肿瘤细胞靶点的新型双特异性抗体签订了一项研究合作及许可协议；赛力士（Serimax）和德希尼布（Technip）达成了钢管焊接的战略协作关系；在金融科技领域，摩根大通银行（J.P. Morgan）与昂德克资本（OnDeck Capital）建立了白标合作关系，利用他们的技术在数小时而非数周内，迅速批准小企业贷款；星巴克与巴诺（Barnes）及联合航空（United Airlines）合作发展业务，与百事及卡夫（Kraft）合作扩大分销。

我们与赫兹国际（Hertz International）集团总裁米歇尔·塔里德（Michel Taride）探讨了战略协作关系："赫兹在协作关系上有悠久的历史。因为租车只是旅行链中的一部分，协作关系让我们能够提供无缝的旅行体验。举一个简单的例子，你可以在租车的同时预订机票，价格既便宜，又能根据特殊的旅程或客户的需求提供定制。

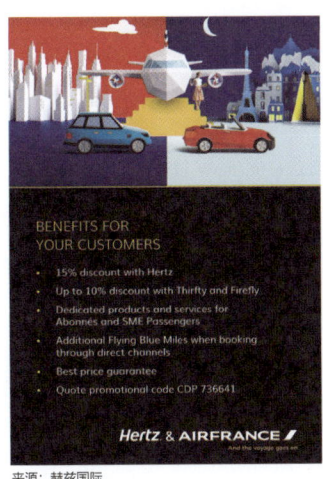

来源：赫兹国际

图 6.8　赫兹国际在旅行链中的协作关系案例

"我们与法国航空公司建立战略协作关系已有 28 年，我们在世界各地的法国航空公司的主要航点都有与我们的忠诚计划（法国航空公司的白金客户将是赫兹的白金客户）相匹配的优惠率、优惠待遇和快速通道选择。

"另一个动机是经济的。建立协作关系是一种经济有效的方式，可以通过有针对性地传播、市场营销和销售工作，将我们的合作作为分销、营销和推广产品和服务的关键渠道，从而吸引大量旅客。

"由于我们是一家拥有强劲品牌的全球性公司，我们与大型旅行社、航空公司、连锁酒店、巴黎迪士尼乐园等度假胜地、忠诚计划、信用卡公司和汽车制造商进行合作。具体来说，原始设备制造商将我们视为提供给客户进行的一次完美试驾，没有任何商业压力，并且可以自由体验。我们的协作关系通常是长期的，比如我们与美国汽车协会（American Automobile Association）、万豪国际酒店集团（Marriott）或者与我们长久合作伙伴美国运通（American Express）的关系。这些协作关系往往也是全球性的，比如我们与罗莱夏朵（Relais & Chateaux）的关系。"

大多数协作关系是第一种类型，即互惠关系，但多数情况下，它们并没有无限的转型潜力。

类型 2：联合提供型的协作关系

这些是迅速发展并具有世界影响力的合作。合作伙伴或生态系统将发挥个人能力和长处，以开发新的联合解决方案或业务模型。例如，智能电网技术，即"能源互联网"，需要多家公司共同开发智能能源管理解决方案。联合参与方包括公用事业单位、自动化软件开发商、智能电子硬件系统提供商、专业测试公司等。

书店和音乐商店正被亚马逊及其供应和物流生态系统所取代。我记得首次发布苹果手表时，蒂姆·库克（Tim Cook）曾宣称："再过几年，人们会说'我居然会不戴这款手表？'"与此同时，他也承认"功能有限"，而动态的应用程序开发者网络将很快使其丰富起来。

有许多规模相当大的转型性的"联合提供型"协作关系：苹果和 IBM 将 IBM 的分析和计算技术与 iPhone 和 iPad 的用户体验结合起来，开发了一类新的应用程序，将企业用户与其 iOS 设备上的大数据分析相连接；声田（Spotify）和优步（Uber）合作，在你乘坐出租车时播放你最喜欢的歌曲；梅西百货（Macy's）和谷歌（Google）合作，购物者可以使用谷歌搜索查看他们想要的商品是否有库存，这样他们就可以订购这些商品以便立即到店取货；思科（Cisco）和埃森哲（Accenture）创建了一个"团队"联盟，叫作埃森哲思科业务集团（ACBG），这是一次转型协作，其中一个团队能够交付所有的基础技术以及业务流程转型服务。

联合提供型生态系统

思科等公司将其未来的成功与合作能力挂钩。他们的愿景和合作承诺是与其他市场专家进行无边界合作，从而为客户提供最佳的解决方案。

为此，思科制订了一个多方面的协作计划（见图 6.9），并建立了一个全球合作伙伴生态系统，这些合作伙伴包括集成、渠道、技术和行业解决方案的公司以及服务提供商。他们共同提供一系列的咨询、转售、外包、服务和技术集成解决方案。合作公司包括埃森哲（Accenture）、苹果（Apple）、美国电话电报公司（AT&T）、富士通（Fujitsu）、江森自控（Johnson Controls）、微软（Microsoft）、塔塔咨询（Tata Consulting）和威普罗（Wipro）等。

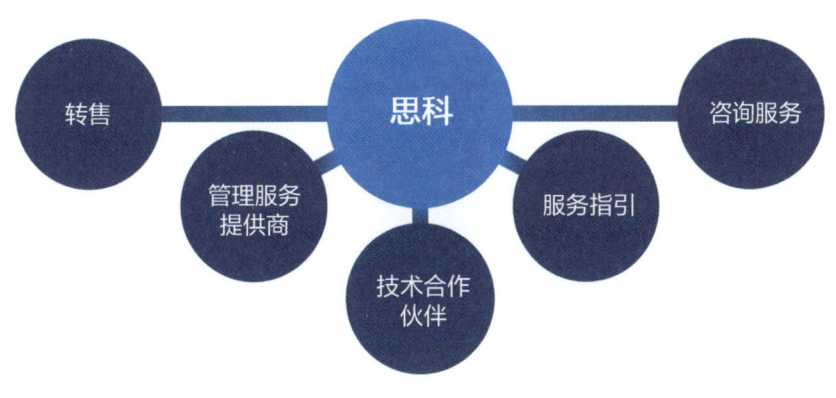

来源：思科官方网站的数据

图6.9　思科协作联盟和合作伙伴生态系统

品牌不再由单一的公司边界来定义，而是由最新的、复杂的客户体验或客户"关系"来定义。

同样，品牌不再由产品来定义，而是由高度相关的功能来定义——综合的客户体验的每个方面都需要得到完美的执行。国际品牌集团（Interbrand）北美首席执行官乔希·费尔德梅斯（Josh Feldmeth）在一项名为"凝聚力预判"（The Alpha of Cohesiveness）的研究中证实，生态系统提供了越来越多的用户体验（注6）："最强的品牌是通过最具凝聚力的商业系统打造出来的。"但归根结底，成功取决于完美的执行——克劳斯·施瓦布适时提醒道："结果的好坏取决于合作关系链中最薄弱的一环。"

乔希以苹果为例，展示了强大而全面的苹果品牌生态系统如何带来可观的价值，并指出"苹果卓越的功能集成模式，通过一定程度的互操作性将软件、硬件和其他接触点连接在一起，这确保了苹果产品的优质并规避了缺陷。"实际上，苹果在iPhone、iPad、MacBook、iCloud、App Store、Airdrop、Apple TV等产品之间创造了一种"全部适用"的环境。亚马逊（Amazon）、谷歌（Google）、通用电气（GE）、耐克（Nike）和宝马（BMW）等公司的生态系统也具有很强的凝聚力。

以亚马逊为例，尤其是亚马逊金牌（Amazon Prime）会员计划，其产品与增值服务（如视频、音乐和云服务）相关联，并通过便利物流和个人推荐进行交付。

乔希总结道，凝聚力驱动需求和价值。如图6.10所示，大多数发展最快的品牌都拥有高度紧密的生态系统，可以在所有接触点提供无缝、无摩擦和积极响应的品牌体验，如谷歌（Google）、苹果（Apple）、微软（Microsoft）、本田（Honda）和丰田（Toyota）。

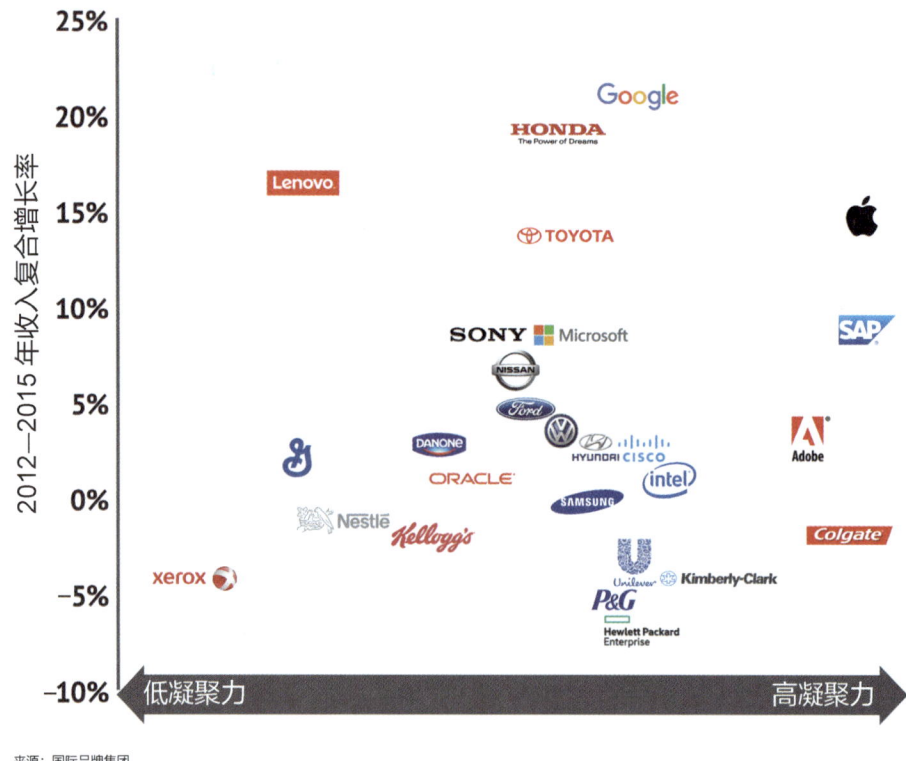

图 6.10 生态系统的凝聚力

一种快速发展的合作形式是与开发者合作，他们为苹果或谷歌应用商店提供服务，与为大型公司提供"发明"的基于创意的微型组织合作，例如为制药公司研发制药分子或为银行开发应用软件。吸引最优秀的人才是大型公司之间进行竞争的巨大战场，并且需要复杂的协作关系管理。

因此，战略型品牌需要协作以建立高质量、有凝聚力的生态系统，这种生态系统源于合作，并通过合作的方式加以稳定。反过来，他们将成为同行公司、小型公司或开发商寻求合作伙伴的主要吸引点。

类型 3：品牌化的协作关系

品牌化的协作关系可以产生最大的影响。这是指两个或两个以上的品牌联合起来，共同行动和传播，为其他品牌提供积极的品牌光环。在这样做的过程中，凭借"我的朋友的朋友就是我的朋友"这一简单的理念，他们提高了意识，增加了亲切感，发展了各自的"粉丝"和跟随者群体、社区和点赞者。他们提供了自己的凭证和推广影响力，以第三方的可信度代替自主的声音，通过提供新的付费渠道和营销渠道来优化传播预算。

这是品牌的"联姻"，两个或两个以上不同的品牌将他们的质量、资源、朋友、知识、精力和愿景结合在一起，以提升其产品。

我已经列举了宝马与嘉实多、福特与英国石油、IBM 与 – 英特尔作为品牌化协作关系的有力例子。其他例子包

括米其林和哈雷戴维森，以及他们建立的十多年的协作关系，以生产和推广共同研发的名为"Scorcher"的轮胎系列。这将米其林的技术专长形象带给了哈雷戴维森，也使得米其林在巡洋舰自行车领域获得了合法性。邦娜·贝尔（Bonne Belle）和胡椒博士（Dr. Pepper）研发并推出了联名润唇膏，这款产品在十几岁的女孩中风靡了几十年。宝马i8和路易威登设计的行李箱与车型完美契合，从形象的角度看，为宝马增添了另一种专享元素，提高了知名度，也为路易威登塑造了良好的品牌形象。

GoPro和红牛这两个动感十足、无所畏惧的生活方式品牌，正在联合开展品牌推广活动，其中包括"Stratos"项目，该项目中菲利克斯·鲍姆加特纳（Felix Baumgartner）从一个太空舱里跳出来，身上绑着GoPro，这是对人类潜力的重新定义，是两个品牌都有的特色。

精灵（Genius）和声田（Spotify）联合他们的补充服务——流媒体和音乐收藏，打造了一个名为"歌词背后（Behind the Lyrics）"的协作播放列表的联合品牌，附有歌词背景故事和便捷的功能。

通用汽车和IBM共同开发并于近期推出了"OnStar Go"，这是"汽车行业首个认知移动平台"，IBM沃森（Watson人工智能平台）引入了其对司机个性的独特认知，以使他们的车内生活更加舒适、安全和便捷。OnStar Go也将与品牌合作伙伴进行协作，例如提供汽油的埃克森美孚，用于移动支付的万事达卡，以及心享电台（iHeartRadio）。

色拉布（Snapchat）还与Square（提供移动支付服务）合作创建了正方形的色拉布支付服务（Square's Snapcash），借助双方在各自优势领域的信誉，创造了可观的收入并提升了品牌影响力。

你无须成为数字贵族就可以通过品牌化的协作关系进行业务转型。多年来，英国石油公司一直试图将其零售场所打造成为加油站结合便利店的最佳场所。由于不是杂货店专家，这些尝试成败参半，回报率也很低。此时，玛莎百货（M&S）对扩大"快捷食品店（Simply Food Stores）"的规模很感兴趣。

2004年，英国石油公司和玛莎百货达成协作关系，在伦敦的汉默史密斯开设了第一家商店。它是联名的，由玛莎百货经营前院商店，这就是第三种协作关系。玛莎百货和英国石油公司将各自的专业知识和资产带给对方，联合向客户推广产品，在网站上进行品牌联姻。

早期当然不容易。但12年后，这些搭档们在英国经营着248家工厂，前院商店的经营业绩也发生了变化……英国石油公司在2016年12月宣布，打算在其他市场复制这一模式。

赞助

其他主要类型的品牌化协作关系包括赞助和品牌大使。一家公司赞助一项体育、俱乐部、艺术或社会事业，并公开与之合作，使之成为品牌代表。例如，O2电信公司或宝马与英式橄榄球协作，丰田与奥运会和残奥会协作，英国石油公司与残奥会协作。对英国石油公司来说，这种协作关系展现了一个多元化、包容性的全球化组织（这一组织需要克服并走出逆境的宗旨、价值观念和行为，因为它努力"做正确之事"，并试图取得"开拓性的成就"。

来源：公司企业网站

图 6.11 品牌化协作关系的实例

品牌大使

同样，品牌大使的名字也会为品牌带来新的意义。香奈儿 5 号被玛丽莲·梦露赋予了不同的意义，同样，吉吉·哈迪德（Gigi Hadid）为盖尔斯（Guess）、乔治·克卢尼（George Clooney）为奈斯派索（Nespresso）、莱昂纳多·迪卡普里奥（Leonardo di Caprio）为泰格豪雅（Tag Heuer）、詹姆斯·邦德（James Bond）为阿斯顿·马丁（Aston Martin）都带来了不同的意义。捷豹请了斯蒂芬·霍金（Stephen Hawking）教授出演"反派绅士"，这对捷豹品牌来说是非常吸引人的。

大卫·贝克汉姆和温格（Arsene Wenger）曾是嘉实多的长期品牌大使，英国田径运动员杰茜卡·恩尼斯（Jessica Ennis）、美国游泳运动员内森·阿德里安（Nathan Adrian）和美国田径运动员桑亚·理查兹·罗斯（Sanya Richards-Ross）都是英国石油公司的品牌大使。英国石油公司和嘉实多属于同一个多品牌组合，但它们的品牌大使恰如其分地表现了它们的不同特点和意义。

赫兹与巴黎迪士尼乐园的品牌化协作关系典范

米歇尔·塔里德（Michel Taride）分享了赫兹与巴黎迪士尼进行品牌化协作的经验："我们合作了 20 年。我们建立这种协作关系的原因之一是，我们认为赫兹品牌需要更温暖、更贴近家庭、更有趣、更吸引年轻人——而迪士尼将帮助我们实现这一战略目标。

"我们没有将与迪士尼乐园的协作看作是推动本地业务量的一种方式，比如在该处设立驻点，每年增加几千笔交易。真正重要的是品牌，我们如何在传播和促销活动中使用迪士尼品牌形象？我们如何加入迪士尼的角色让我们看起来更温暖、更有趣？我们花了很多时间讨论角色，因为迪士尼在维护品牌形象方面做得很出色，并且在与谁合作、合作伙伴如何使用角色、使用频率和时间等方面都非常挑剔。

"这是我们喜欢长期协作关系的原因之一：你可以创建信任和声誉，以便巩固协议，并通过团队不断强化信任与声誉。

"我们在内、外部传播中广泛使用迪士尼品牌形象，将其作为我们产品的一部分，并将其放在我们的网站上，而我们的品牌形象同样被放在他们的网站上。我们获得了数千份进入迪士尼乐园的通行证，用以奖励我们的忠实顾客，并在其中一个迪士尼度假村举办家庭聚会。因为很少邀请孩子参加公司活动，这些活动显得非常有趣且特别。我们也可以奖励自己的员工和旅行社等中介机构。

来源：赫兹国际

图6.12　赫兹和巴黎迪士尼乐园品牌化协作关系的实例

"除了一些传统的商业协作关系外，迪士尼还有大约12个'战略联盟'，这些'战略联盟'通常是由一个专门的部门管理的多年期协议。赫兹是巴黎迪士尼乐园长期的战略合作伙伴之一，我们成熟的全球化品牌为他们提供了一种推广其度假村和特色的途径，雀巢、维萨和其他公司也是如此。另一个有趣的方面是，你如何渗透到迪士尼的生态系统中以寻求互惠互利关系？当然，它们是度假胜地，但它们也有品牌许可、电影和许多其他活动。例如，我们出演他们的电影《汽车总动员》。这是我们喜欢长期协作关系的原因之一：你可以利用协议建立信任和声誉，并在团队中增加信任和声誉。"

各大品牌正在并且应该继续寻求协作关系以提升其形象和影响力，以一种低成本、协同的方式提高受欢迎程度。简而言之，就是在拥挤的数字世界中脱颖而出。

风险－回报：高层管理人员通常会考虑的因素

我们不是都有过这样的对话吗：证明其价值以及风险的因素有哪些？

价值

经过反复论证，我绝对清楚品牌化协作关系的巨大价值。我相信回报会是投资的十倍甚至更多。

我与高层管理人员们进行了几十场关于"证明投资"的商业案例的激烈讨论，这些商业案例涉及各种协作关系，如商业项目、新的风险项目、像F1或奥运会等赞助项目。以下是我的一些想法：

1. 合作伙伴之间需要兼容的文化和相互关联的目的。

2. 明确的价值来源必不可少，即使只是为了确保协作关系能够很好地服务于品牌及其商业模式。

3. 现在的评估方法比以前好得多，尤其是在使用大数据时——例如跟踪客户从意识到决策的过程。应该构建一个明确的基准和一些质量的关键绩效指标，用以跟踪寻求价值来源的进展情况。

4. 中长期的承诺是成功的前提。不管人们的希望和想法是什么，初期都不会达成协作关系。只有时间才能改善合作状况，因为联合工作会不断深化，如图6.13所示。

5. 纪律严明的管理层必须有计划、有先见之明、雄心勃勃地管理品牌化协作关系。

我敢说，高层管理人员关于协作关系的谈话当然应该继续包括"证明"的内容，但这些内容应该更多地针对协作关系的本质，以及达到和实现其转型价值所需的过程。

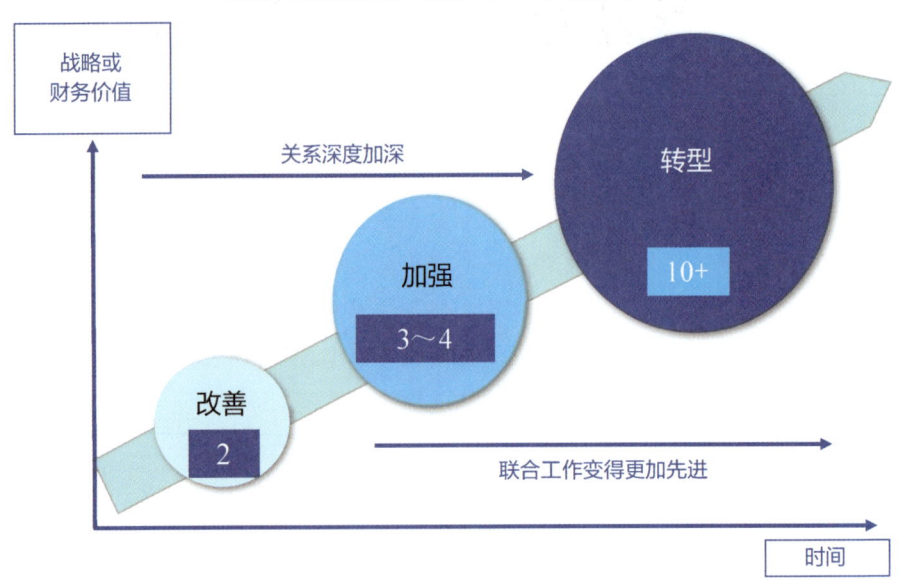

图6.13 协作关系的价值创造概况

风险

那么品牌稀释呢？其中一方改变战略方向会怎么样？如果丑闻发生在品牌合作伙伴身上

又会怎么样？

这些都是合理的问题，正如我所说的，在选择合适的合作伙伴时要格外小心。然后，如同在婚姻中，伴侣需要同甘共苦。让我回想一下福特和英国石油公司的战略协作关系，福特在 2008 年到 2009 年经历了一个财务非常困难的时期，以致于不得不打破我们的一些品牌合作承诺。在 2010 年，英国石油公司的品牌形象严重受损，鉴于我们联盟的公众形象，福特的形象也面临风险。双方对协作关系的坚定信念和强有力的领导使得联盟在其发源地欧洲经受住了考验，并日益壮大。在这里我要感谢福特汽车公司的刘易斯·布思（Lewis Booth）、约翰·弗莱明（John Fleming）和斯蒂芬·奥德尔（Stephen Odell）。

一个很好的协作案例：对首席执行官和首席营销官的邀请

我在此举一个合作的例子，这是英国石油公司、美国运通公司、IBM、福特和通用电气的一个共同之处：他们都与奥美（Ogilvy & Mather）建立了长期战略协作关系。我将提供美国运通公司的约翰·海斯（John Hayes）和奥美名誉董事长夏兰泽（Shelly Lazarus）的观点，而不是讲述英国石油公司的故事（我已经避开了这个话题）。他们的观点强调了将代理商作为合作伙伴而不仅仅是作为供应商来信任所带来的好处。

约翰说："在美国运通，品牌旨在营造一种归属感，而对客户来说，品牌意味着会员制。品牌越强，关系越深，对相关人员的价值越大，也就越稳定。随着时间的推移，美国运通公司加深了与客户的关系，这是它的优势之一。

"奥美每天都在帮助美国运通公司走向市场（前文提到的第一类协作关系），共同承担的责任体现了协作关系的深度。我们最好的合作伙伴了解推动我们业务发展的因素是什么，并且共同努力实现增长。多年来奥美之所以一直是美国运通公司的核心代理商，原因之一是他们真正了解这不关乎交易，而是为了推动我们核心的业务指标。他们不把自己视为服务提供者，而是共享成果的合作伙伴。在此基础上，可以充分发展真正的协作关系，因为它是达到真正的成功的基础。"

绝大多数品牌不再这样运作；他们更具交易性，更喜欢零基础营销、成本分割和采购。美国运通和奥美之间的关系会是未来的典范吗？

约翰说："采购是每项业务的关键部分。但真正的区别在于是成本还是投资。奥美致力于展现投资回报、投资如何提高收入、确定相关指标、我们寻求什么样的增长，然后回过头来看看我们正在做的工作以及针对增长目标的相应责任。这需要承担一些共同的风险，因为如果某项投资是为了增长，那么问题就必须是：'如果你的合作伙伴正从增长中获益，他们的风险是什么？'虽然该机构的风险不必完全反映公司的风险状况，但必须有据可寻。

"战术本身并不能促进业务增长，而只有品牌的长期发展或持续的客户体验也无法实现业务日常的或季度的增长。这并不是非此即彼：一个有用的合作伙伴应该能够同时在这两点上提供帮助，而且挑战和机遇就是在未来找到一种平衡。对此我很乐观，因为如果你了解一家企业的真正要素，你就会明白这种结合是什么并会取得成功。"

夏兰泽对此表示赞同："自20世纪60年代初以来，几乎就在美国运通信用卡诞生之初，美国运通和奥美就一直紧密联系在一起。当时，大卫·奥格威（David Ogilvy）的隔壁邻居就是美国运通首席执行官霍华德·克拉克（Howard Clark）。

"我们受邀去参加每一次会议，因为他们关心代理商的想法，我甚至会去参加人力资源会议，他们会在这样的会议上给人打分。我从未见过如此深厚的协作关系。

"所以我们一起成长，我们不只是被叫来做广告，而是从最初讨论商业战略时，我们就成了合作伙伴。这使得奥美的每个人都投入了全部精力：这是他们自己的业务，拥有全部所有权，奥美任何有才能的人都希望加入美国运通的客户团队。如果你向富有创造力的人提出一个足够大的问题，你会得到一系列非常有趣的答案。我们一起创造了这些广告：'出门别忘了带上它''你可认识我？''会员是有特权的''画像''发挥潜力''会员效应'等。

"就像所有伟大的协作关系一样，彼此关心，彼此忠诚。另一个最佳做法是，这种协作关系是全球性的：美国运通明白，他们的品牌是全球性的，该协作关系必须在全球范围内展开，而不仅仅局限于总部。

"在财务关系方面，我记得在一次著名的会议上，美国运通内部的一位员工说：'我们认为付给奥美的钱太多了。我们应该逐个国家地计算出实际工作量与我们支付给他们的报酬之间的关系。'当时卡务部主管郭士纳（Lou Gerstner）也在场。我记得这次会议从阿根廷开始，讨论了这样一些事情：'他们制作了四张海报和三封信以吸引信用卡会员……'不到四分钟，郭士纳就说：'停下来，这是在浪费时间和金钱。我们要做的就是同意支付一笔钱，然后在交货时进行评估。'我们当然会追踪时间等。但是，在奥美要花多少钱才能将美国运通推向目标品牌和业务领域，并期望我们最优秀的员工（无论他们在哪里开展业务）提供最佳的解决方案达成一致方面，这一点非常令人信服。这是一个现代模式，应该被广泛使用。

"郭士纳是这样想的：'你要成为任何专业服务公司中最赚钱的三个客户之一，因为那里有人才。专业服务公司以他们最优秀的人才应对最赚钱的客户。如果你找不到最优秀的人，那就继续前进。'事实上，代理商中越优秀的人，就越有权利或机会选择自己工作的地方。他们会说：'我真的很想在美国运通工作，因为他们问的都是巨大的问题，我可以做很棒的工作。'客户通常不会意识到他们所得到的工作质量有何差别。一小时的工作并不是一小时的工作，很难将其纳入购买标准并衡量质量的提高。"

在英国石油公司，我们完全享受并受益于这种合作代理模式。如果你想要战术和长期建设的最佳结合，想要世界各地最优秀的人才，想要解决巨大问题的最佳方案，那么你需要的是真正的战略协作关系。我随时都可以再来一次。

我们合作的战略型品牌典范：IBM

我们选择 IBM 作为合作伙伴的典型战略型品牌，是因为他们自然而然地做到了这一点，并且他们的品牌在这一要素上具有惊人的一致性。如图 6.14 所示，我们回顾发现 IBM 的品牌系统是由一个压倒性的"意图"（5）所驱动，这个"意图"是由"员工"（5）、"拥抱未来"（5）所拥有，并且是在"合作伙伴"（5）的基础上构建和改进的。

2002 年，我向英国石油公司提出建立专门的战略合作伙伴 / 客户业务，作为其中一部分，我建议英国石油公司下游执行委员会拜访 IBM 阿蒙克市的企业办公室。我们坚定而上进的首席执行官约翰·曼佐尼（John Manzoni）和拜访回来的执行团队都认为这是一个好主意！

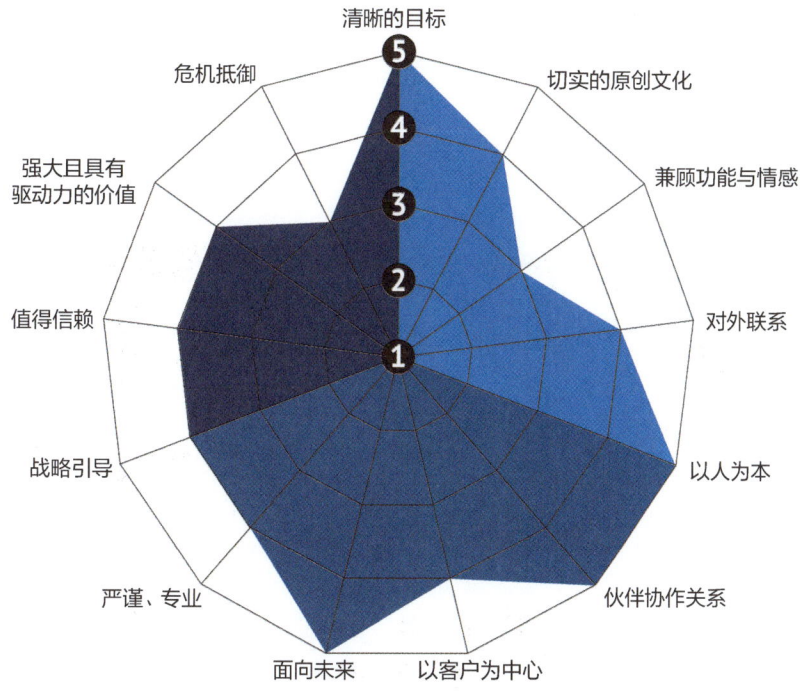

图 6.14 持久战略型品牌：IBM

协作关系是 IBM 的文化和宗旨的基础

我们与凯文·毕晓普（Kevin Bishop）进行了一次有趣的对话，他在 IBM 工作了 31 年，是 IBM 的副总裁，负责"IBM 品牌系统和员工队伍"，担任 IBM 首席品牌官超过 3 年，直到 2012 年底才卸去职务。"协作关系已深入我们的基因。它是我们工作的中心，因为它始于早期的创始理念，即 IBM 为何存在以及我们为谁服务。"

"IBM 的一切都回归了我们的创立原则和存在的原因，创始人托马斯·J. 沃森（Thomas J Watson）在组织理念中表达了这一点：'IBM 的存在是为了让世界更好地运转，让世界更美好。我们制造工具让事情进展更顺利，每个企业都需要更多的人去思考。'[意图和价值]"

我们的意图决定了我们的核心价值观念，关于这一点，郭士纳说："你可以改变 IBM 的一切，除了它的价值观念。"这就是我们以往一直在做的事情：改变我们的产品、经营所在的国家和地区，以及我们的商业模式，但我们始终坚持相同的核心价值观念。这就是现代企业的全部意义所在。在 105 年的历史中，我们只有 9 位首席执行官，这一事实进一步证实了这一点。在内部，我们一直试图明确这些价值观念是什么：

– 致力于每一位客户的成功——[以客户为中心]；
– 创新很重要——对于公司和世界而言——[拥抱未来]；
– 在我们所有关系中的信任和个人责任——[值得信赖]。

"我们用现代语言重新定义了我们的品牌价值，但其基本理念仍然完全相同——[关联、严谨、自律]。"

你可以从我们与客户的外部品牌合作中看到这一点，比如"小星球的解决方案""电子商务""按需业务""智慧地球"，以及现在的"超凡思维"——这些都是同一个组织理念的变体，以"我如何才能让世界更美好？"的现代表达将人们联系在一起。

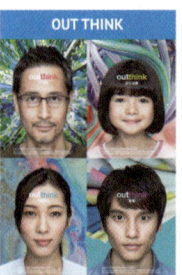

来源：《品牌竞争力：如何打造持久战略型品牌（上册、下册）》，使用了 IBM 广告

图 6.15　IBM 在关键转型时期的外部品牌协作实例

"例如，在'智慧地球'广告中，我们问道：'我们如何使用相互连接的仪器来获取新的智能，从而使某些事情运转得更好？'现在，随着认知智能和增强智能的发展，问题变成了：'你如何使用这些以前从未有过的工具来帮助解决以前无法大规模解决的问题？'这个想法带来了一系列你可以解决的新的问题，比如你如何知晓患者的疾病。

"我们与那些我们称之为具有前瞻性思维的人一起工作，他们对今天的工作方式感到沮丧，并认为自己可以做得更好。这直接将我们引向了协作关系的概念，如果我们从一开始就将新的技术能力带给这些有远见的人们，那么我们就会与他们、与客户一起合作解决他们的问题。"[协作关系与拥抱未来]

IBM 沃森：90% 的创新来自协作伙伴

"持久战略型品牌"团队研究了 IBM 沃森，这是协作关系类型 2 和类型 3 的典型案例，它在全球范围内具有重大的重要性和影响力。从本质上讲，沃森是一种认知技术，它通过理解自然语言、根据证据和数据生成假设，并在此过程中不断学习，从而更像人类而不是计算机来处理信息。专家们一致同意存在大量的认知技术，但这些技术本身并不能发挥多大作用，因为"90% 的创新将来自合作伙伴"。在 IBM 的案例中，沃森生态系统就是一种很好的合作伙伴。

来源：IBM

图 6.16　IBM 沃森的合作领域

IBM 沃森与数十家最好的全球性机构及许多规模较小的专业机构合作，使世界变得更健康、更安全、更有吸引力、更高效、更个性化。它几乎在所有社会和商业利益的领域都这样做：
- 认知医疗——如梯瓦（Teva）、辉瑞（Pfizer）、中国医院、美敦力（Medtronic）；
- 认知学习——如皮尔森（Pearson）；
- 认知交通工具——如通用汽车安吉星（OnStar）；
- 认知交流——如沃 Vonage 的呼叫中心技术；
- 认知零售——如 Reflexis Systems、Honest Café；
- 认知金融——如汤森路透（Thomson Reuters）；
- 认知产业——例如物联网领域的舍弗勒（Shaeffler）；
- 认知酒店——如 Connie、Zumata；
- 认知时尚——例如格池（Grech）、玛切萨（Marchesa）和许多其他品牌。

当然，IBM 的协作关系不会止于沃森。IBM 在云解决方案和分析等其他领域也有合作伙伴。引人注目的是 IBM 最近建立的庞大的协作关系：与苹果合作推出了定制云应用程序；与推特合作，开发分析了推文的工具；与腾讯合作，支持中国市场的访问和发展；与脸书合作，销售更具个性化和针对性的脸书广告和 IBM 营销云服务；与思爱普（SAP）一起提供思爱普的数据库云服务等。

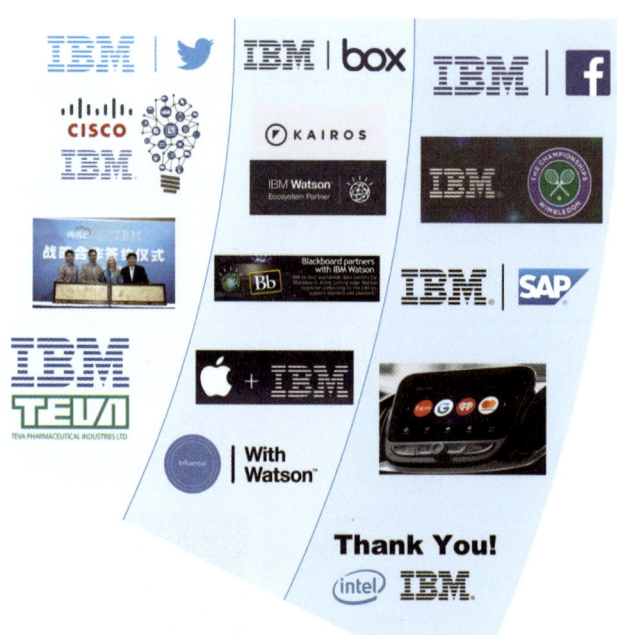

◎来源：《品牌竞争力：如何打造持久战略型品牌（上册、下册）》

图 6.17　IBM 引领所有类型的协作关系

IBM 及其 100 年的协作关系

正如凯文所说，这延续了 IBM 合作的传统和系统性做法。"当我们在 2011 年 6 月举办 100 周年纪念活动时，我们从世界各地挑选了 100 个故事作为'进步的 100 个标志'，以反映 IBM 的宗旨。第一个主题是'推进信息科学'，其特色是我们与哥伦比亚大学、美国国家科学基金会及其他机构的协作关系。

"第二个主题是'让世界更美好'。我们与许多不同类型的客户建立了协作关系，花旗银行就是其中之一，它也在举办自己的 200 周年纪念活动。在这个活动场合，花旗银行谈到了成为 IBM 客户已有 100 年的历史，并谈到了我们的持续协作关系，以重塑银行的本质。我们的合作伙伴还有美国国家航空航天局，他们说 IBM 参与了每一个太空项目并把人送上月球。我们还特别提到了博德研究所（Broad Institute）（与麻省理工学院和哈佛大学一起），他们结合基因组学和沃森研究癌症以及肿瘤产生抗药性的原因。

"第三个主题是关于'重塑现代企业'，关于同工同酬，关于基于人才和专业知识的平等机会，关于雇用有色人种和残障人士（这是在相关法案颁布多年前的事情）。每一个故事都意味着我们要与政府机构合作。我们与奥美合作已经超过 20 年了，奥美为 IBM 带来了一些特别优秀的创造者和富有思想的人才。"

这 "100 个标志性故事" 是一份启发灵感的读物（你可以在网上找到它们）。的确，令人印象深刻的是，IBM 长期存在的协作关系在规模上已成为全球的先驱并重塑了整个活动。你可以在 100 个故事里找到 IBM 协作关系的其他例子，包括：与马耳他（Malta）合作，开发第一个全国性的智能能源和水电网；与 Bharti Airtel 合作，为电信行业创造了一种新的商业模式，这种商业模式将加快印度市场的增长速度；与全英网球俱乐部（All England Tennis Club）合作，为温布尔登球迷带来创新体验；与中国广东的医院携手共建智慧医疗管理系统；与美国航空公司合作了一个为期 6 年的项目，开发了第一个在线预订系统，该系统被广泛应用并推广至其他领域。当然，除了上述提到的，还有许多其他的例子。

IBM 的合作"秘诀"

IBM 的合作"秘诀"是什么呢？凯文能给我们介绍一些公司在合作中取得成功的最佳做法吗？"理想情况下，合作是你基因当中的一部分，因为我们的 3 个核心价值观念是关于他人和关系的。在公开场合，我们将其明确地列为我们文化的一部分，每个人对预期都很明确，这很重要。协作关系需要同理心，并且始终都应是双赢的联盟，平等地致力于任何类型合作伙伴的成功：客户、学术和研究机构、我们的分销渠道、我们工作的社区等。我们认为必须理解对方的观点，并且他们必须成功做到这点。

"实际上，我们有一篇文章'教'客户如何成为更好的客户，即如何成为合作伙伴客户。它说的是：哪怕你在未达到技术水平之前就提出问题，我们也会把 IBM 最好的一面展现出来。但如果你只是告诉我们'我想购买这个盒子，或者那个软件，或者这段时间'，我们也会努力把工作做好，但效果并不会那么好。

"30 多年来，我们都有'业务合作伙伴章程'。这意味着你对我们如何合作、培训和概括合作伙伴，以及我们期望得到什么回报有明确的预期。正规的培训也很重要，你需要一个实践的模型，内含发展协作关系的步骤，这些步骤要深入到细节并足够详细，以说明如何很好地合作。

"你必须考虑整个问题。例如，我们与俄罗斯的自动提款机供应商发生了争执。我们和一些合作伙伴坐下来，画了一张价值图，图中显示谁在做什么以及各自的回报。我们意识到，我们忽略了客户价值地图的关键方面和他们存在的问题。这些问题与技术、软件或交易处理毫无关系，问题仅仅是在没有人被抢劫的情况下将现金存入机器。但在我们的社群里没有合适的合作伙伴来解决这个问题。

"当有能力的组织发现难以合作时，就会出现一个复杂的问题。就像任何关系一样，你必须在对方的地盘上与他们见面，并且尊重他们的界限。同样，我们的一部分做法是提供我们的知识和经验，并建议他们如何以一种更加协作的方式工作来获得更大的收益。一个很好的例子就是像 Linux 这样的标准计划或者人工智能方面的新的协作关系，因为每个人都拥有自己的专有标准，任何人都无法获得最大好处。很多组织一开始都持封闭的态度。根据我们的经验，你必须首先认识他们品牌的人、信任他们，然后尝试引入知识，扩大他们的视野，以更开放、更协作的方式工作。这是为了一起把蛋糕做大，而不是争着分割一块小蛋糕。"

IBM 员工"拥有"一个高度个性化的品牌

合作始于人，也终于人。在 IBM，成功的基础是品牌的个性化，以及品牌的一切是如何根植于员工的内心和思想之中的 [员工、领导、可信的]。以下两个事实就是很好的例子。

品牌就是 IBM 员工

首先，与英国石油公司、联合利华等公司不同，IBM 的核心价值观念不是"IBM 价值观念"，而是"IBM 员工价值观念"。前 IBM 首席执行官萨姆·帕米沙诺（Sam Palmisano）在图 6.18 中解释了品牌、其价值观念和深入的以人为本的过程如何为 IBM 员工提供空间和界限，并允许他们做出正确的判断和决策。

IBM 员工价值观念：

- 致力于每一位客户的成功。
- 创新对公司和世界都很重要。
- 在我们所有的关系中的信任和个人责任。

"如果无法通过组织结构或管理层的指示来优化 IBM，那你就必须授权给员工，同时确保他们以恰当的方式作出正确的决定。说到'权利'，我指的不仅仅是道德规范和法律法规，那些都是表面的。我指的是支持并赋予 IBM 战略和品牌生命力的决策，这些决策塑造了企业文化。这就是为什么价值观念对我们来说不是软弱无力的。它们是我们行事的基础，是公司的使命……你必须创建一个管理系统，赋予员工权力并为决策制定奠定基础，这与 IBM 的宗旨是一致的。"

萨姆·帕米沙诺，《哈佛商业评论》的采访：业务良好时领导变革

图 6.18　IBM 员工价值观念

这是一个普世的理念，它与托马斯·J. 沃森的信念不谋而合："在所有国家的所有地区，IBM 的精神、IBM 的内核和 IBM 的语言都是相同的。"

第二个事实是，如果你看看凯文的职位头衔就会发现他实际上是全球品牌领导力：并非首席营销官或品牌总监，他的头衔是"IBM 品牌系统和员工赋能"。这是把品牌和员工视为一体，品牌通过员工而存在。凯文回忆他任命这一职位时的对话："对话很简单。集团的首席营销和传播官并没有在白板上写上'企业声音、企业形象、企业思想、企业色彩、图像、品牌警察'等。他写道：'像 IBM 那样思考意味着什么？像 IBM 那样表现意味着什么？'IBM 的品牌战略首先是成为一家伟大的公司，然后他们将成为一个伟大的品牌。因此，品牌管理

不是管理我们的外表或声音，而是管理我们作为一个组织的思维、行动和表现。"

那么这些IBM人是谁呢？"许多应聘IBM的人不只是想从事炫酷的技术工作或拿一份不错的薪水，他们想与其他人一起解决有意义的问题。我们一直通过面试和练习相结合的方式来进行评估；我们主要考察的是个性行为特征以及工作所需的明确的个人和专业技能。所以我们会提问'好奇吗？是社交型的、开放型的吗？有事实和证据证明他们愿意表达自己的观点吗？他们是否愿意向他人寻求帮助并提问，以确保他们能正确理解？'我们的过程强化了这些东西。例如，员工以团队形式加入并以团队形式经历领导力培训和发展的各个阶段：在我30年的IBM生涯中，我一直和两名在我最初的入职培训中认识的人保持着朋友关系，并且在我不断的职业发展过程中，我在公司和世界范围内接触了很多人。

"在过去的10年里，我们收购了很多公司，并将所有的业务都外包出去，由于很多人都没有经历过这种个人选择，这就使得工作变得更加困难。为了改善这种情况，我们有重新参与的项目，以帮助他们理解成为IBM的员工意味着什么。"

IBM 员工就是品牌

"IBM的经验和差异化的主要来源是IBM员工是否真正实践了我们的价值观念和企业角色。在我的时代，我们用一些简单但有力的交流方式来探索角色的本质——比如是什么使詹姆斯·邦德成为邦德？大约有30本由3个不同作者撰写的邦德书籍，大约有50部由9个不同的演员主演邦德的电影。但你始终清楚什么是詹姆斯·邦德，什么不是，你清楚他的长相、声音、思维和表现。我们与世界各国大大小小的团体一起研究邦德，发现他总是进入赌场、玩玩小玩意、和恶棍聊天、追逐女孩、对老板厚颜无耻。我们会讨论邦德的长相、声音和表现意味着什么，这就是IBM：我们并不是要员工穿着制服，尽管IBM的外表、声音、思维和表现都有一些一致之处，而是如何以专家的身份来解决问题，如何作为一个团队来表现的同时重视个性，这就是我们的角色。

"IBM会'珍视奇思妙想'，因为我们需要多样化的想法和意见。有些人可能是执拗或逆向思维者，但他（她）或许是突破性想法的来源。即使他们不是，他们也可能是工作做得很好的人，是无论做什么都足够严谨和足够高质的人。品牌是许多人，是每一个IBM人，而品牌系统就是员工队伍。

"我们对领导团队充满信心，因为作为IBM的员工，他们关注的是基本性的东西。如果你读了这些天的财经报纸，你会发现关于IBM，有两种完全不同的流派：一种是只玩股票市场，在收入增长和市盈率方面打败我们；另一种是关注公司基本面并进行长期投资的人，例如沃伦·巴菲特（Warren Buffet）。在像现在这样的巨大变革时期，当我们的整个领导层被视为无法推动足够的收入增长时，你必须在炮火中继续做正确的事情。这就是吉尼·罗曼提（Ginni Rometty）（IBM的首席执行官）正在做的事情，这与106年来我们只有9位首席执行官的事实相呼应。在这些人中，只有一位来自IBM外部，那就是郭士纳。

"每位首席执行官都谦逊而善于协作。这里没有个人崇拜，没有重要的创始人或关键人物。首席执行官表达了他们作为大公司和大品牌管理者的角色。郭士纳在《谁说大象不会跳舞？》（Who Says Elephants Can't Dance?）一书中写道，'当我加入 IBM 时，我不知道成为 IBM 人意味着什么。但现在，我将永远是一位 IBM 人，终生都是。'"

建立信任和维持协作关系的长期领路品牌

这种非凡的品牌模式产生了卓越的战略型品牌效果。

战略指导和危机抵御

凯文说："我们身处技术行业，当然我们也研发新技术，但是我们的品牌和价值观念引导和驱使着我们将技术应用到值得解决的问题上，从而使世界变得更好。我们不仅关心创新，而且关心对世界至关重要的创新。我们是一个以盈利为目的的实体组织，但我们所从事的工作应该是人们关心的问题。

"当面对一些棘手的事情时，我们会回到品牌和它的价值上来，评估 4 个主要的利益相关群体——员工、客户、社区和股东——之间的利益平衡。例如，在全球银行业崩溃期间，我们经历了一段危机时期，当时我们几乎无法履行我们的财政义务。领导团队积极地讨论了这些问题，在这种情况下，我们决定优先服务于我们的员工，否则我们将失去他们，从而无法在好转的时期为我们的客户服务。但是在其他时期，结果可能是其他群体优先。这些讨论公开明确，我们试图忠于我们的现状和信念。如果公司没有这样的指路明灯和根基，那么一个管理团队、客户团队或非执行董事团队，就很难做出明智的选择。

"目前因为整个行业都在变化，我们没有推动收入增长。相反，我们正在投入资金进行转型，因为这种变革对社会来说确实至关重要。我们在沃森和人工智能上押下重注，吉尼在这方面得到了董事会和客户的大力支持。我们现在已经开始在这些新业务上取得增长，而这些新业务是整个公司所需要的。这与我们在其他重大转折点上采用的方法相同，例如在 20 世纪 30 年代或 50 年代提出新的战略计划，但是是在现代背景下的。这是公司的第一要务，也是一个伟大品牌的标志和体现。吉尼有时仍然可能会感到脆弱，但是我们是谁、我们的价值观念和我们的品牌在规划、转型、证明和交付所有这些里程碑上都建立了信心，我们会获得预期的回报。"

值得信赖

即使是通过观察合作伙伴的数量、重要性、质量和成果，也有许多迹象表明 IBM 是多么值得信赖。"值得信赖"是 IBM 的最高宗旨，因为它的第 3 个价值观念是"所有关系中的信任和个人责任"。凯文解释说："这适用于我们如何与同事、客户、供应商、合作伙伴、学术机构，以及所有 IBM 合作的各种类型的人一起工作，以处理值得解决的难题，并成功取得好的结果。"IBM 在国际声誉研究院（Reputation Institute）的排名中位列第 28 位，且其排名有明显的上升趋势。

强大且具有驱动力的价值

2016 年 IBM 的 Brand Z、国际品牌集团和品牌金融（Brand Finance）的平均估值约为

600 亿美元，全球平均排名第 13 位，这自然是对 B2B 和 B2G 品牌的肯定。IBM 品牌显然打开了驱动价值的大门。尽管绝对数字出现了正常的上下波动，但正如我们最近所看到的那样，在该公司进行重组而非推动营收增长之际，其销售收益率始终在 16% 至 18% 之间波动。

在 IBM，所有品牌的使命都汇聚在一起并促成合作。IBM 每天都会宣布我们所描述的 3 种类型之一的、全新的、重要的协作关系。这种方式体现在前总裁、首席执行官兼董事长约翰·R. 奥佩尔（John R. Opel）所说的话中："只要 IBM 还在运作，IBM 的员工就将自己视为业务合作伙伴，就会在我们所做的每件事以及我们如何做这件事上有个人权益。"这是一个很好的方式来表达"内部的合作伙伴与外部的合作伙伴"，这个观点听起来很符合郭士纳"由内而外"的信念。

IBM 首席执行官吉尼·罗曼提就协作关系的持久战略型品牌典范为我们做了最后的总结，她向我们展示了为什么 IBM 战略型品牌将继续通过协作影响和改变世界。

从长远来看，要做出正确的决定，进行长期管理并继续朝更高的价值迈进。我认为这就是我的工作。 吉尼·罗曼提	长期的协作关系预示着良好的发展：两个团队、工程师、设计师、顾问，他们在一起工作得很好。 吉尼·罗曼提 （与蒂姆·库克建立与苹果公司的协作关系）	对我而言，IBM 之所以一直是一个令人着迷和具有吸引力的地方，是因为公司及其员工对将技术和科学思维应用于重大社会问题的热情。 吉尼·罗曼提
你的价值不在于你知道什么，而在于你分享了什么。 吉尼·罗曼提		对我而言，我一直在学习，文化就是行为。就是如此，文化就是人们的行为。 吉尼·罗曼提
你要么根据客户的需求定义自己，要么根据你认为他们在未来的需求定义自己。所以，是客户而不是竞争对手来定义自己。 吉尼·罗曼提	我们认为这个时代是"人与机器"的时代——事实上我知道我们说的是人工智能，但它实际上是在增强我们的智能。人工智能是进行"监督学习"，而不是超越人类的智慧。 吉尼·罗曼提	客户说："你的战略是什么？"我回答："先问我相信什么。"这是一个更为持久的答案。 吉尼·罗曼提

第七章
以客户为中心

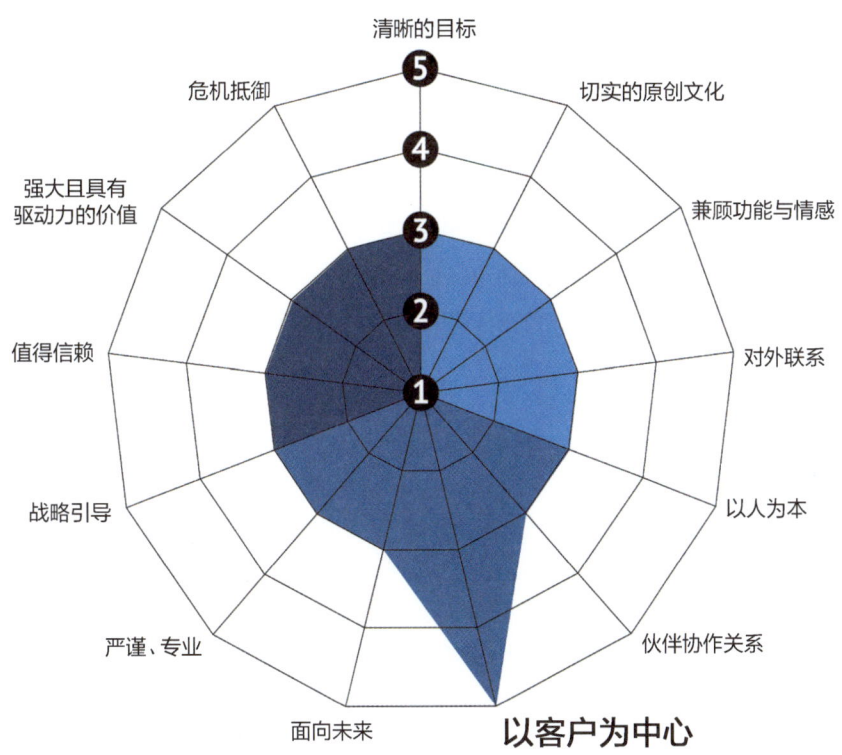

"我们将客户视为被邀请来参加聚会的客人,而我们是聚会的主人,我们每天的工作就是要让每一个客户体验都有所改进。"

——杰夫·贝索斯(Jeff Bezos),亚马逊创始人

如果我们反思不同行业的客户体验，我认为我可以肯定地说我们还没有达到那个水平。运输和公用事业公司通常在客户服务方面做得很糟糕，对消费者的关注也很少（如果有的话）。一些酒店尽力去改善这些，但还是存在很大的问题。电子商务两个极端都有，从亚马逊的卓越（我们将在后面讨论）到频繁的网络品牌灾难。很少有组织能够在客户服务方面始终表现出色，能够不断提供令人满意的端到端客户体验。

几乎所有高管或营销人员都会认同以客户为中心的重要性，但大多数品牌仍然没有恰当地做到这一点。的确，许多组织声称以客户为中心，但实际情况却截然不同。用 O2 的尼娜·毕比（Nina Bibby）的话来说，以客户为中心应该是一种"生存之道"。正如本章 O2、美国运通（American Express）和阿尔迪（Aldi）的示例，它不应该被简化为工具和战术的思想，而应该是文化和战略的指导。

以客户为中心的好处非凡：增长、利润、忠诚度、创新……而把这点做好是战略型品牌的最高目标。

当我遇到 B2B 或 B2G 的同事时，他们经常说，在战略和运营营销以及品牌发展方面，有很多东西需要向大型 B2C 快消品公司学习。这在许多方面的确如此，但在其他某些方面则不尽然。在英国石油公司及其战略客户业务中，我们的团队需要发展最高水平的以客户为中心，以便与最优秀的 B2B 或 B2G 组织打交道，从而达成战略协作关系。这也许是 B2C 可以向 B2B 学习的品牌原则，至少这是我在英国石油公司和其他合作伙伴的品牌中观察到的。让我们更深入地探讨以客户为中心。

以客户为中心

以客户为中心有众多不同的定义，尽管通常这些定义都指向同一个核心思想。以下是我们在《持久战略型品牌》中所使用的定义："与客户（或利益相关者）进行业务往来的一种方式，可在关系的每个阶段（从意识到购买等）提供良好的体验，以获得回头客、客户（或利益相关者）的忠诚度、客户（或利益相关者）口碑以及利润。"

如果我们现在将定义集中于客户（而不是其他利益相关者群体），那么一个以客户为中心的公司所做的不仅仅是提供优质的客户服务。相反，以客户为中心是一种文化，是整个组织共有的一种思维模式——不仅是在营销或销售领域，它还能转化为基于客户至上和业务核心的后续战略。亚马逊和美捷步（Zappos）都是以客户为中心的品牌典范，它们多年来一直围绕客户及其需求创建文化。

马克·德·斯万·阿伦斯（Marc de Swaan Arons）是凯度维米尔集团（Kantar Vermeer）的首席营销官兼执行董事，也是重要的"2020 年市场营销"研究的主要负责人（注 1）。他给我们举了一个恰当的例子："我最引以为傲的项目之一是为一家欧洲大型乳品公司的首席执行官设计的。他坐在一辆奔驰车的后座上，一根接一根地抽着雪茄，开车去位于德国和荷兰所有的农民合作社。我们曾经举办过一次'营销与洞悉'的会议，主题是'客户沉浸'。他站在台上，没有人知道他会说些什么。他首先向观众介绍了一位荷兰家庭主妇阿妮娅

（Anya），介绍她是如何工作的，如何做家庭主妇的，如何努力成为一名好妻子以及这些有多难。在最初的五分钟里，观众们哈哈大笑，因为他们从未听过他这样讲话。他共讲了20分钟，而在讲了10分钟后，房间里就完全安静了下来。他们已经意识到，这位首席执行官董事长，这位身着细条纹西装、抽着雪茄的男人，实际上比以往任何时候都更了解客户。他们发现他和阿妮娅（Anya）呆了24小时，陪她购物，去她工作的地方，在她做饭的时候待在她家，使用公司的产品并照顾孩子。这是一种真正的沉浸，无论是在功能上还是情感上。他与这位顾客建立了联系，并以一种优雅、理解和关怀的口吻讲述她的故事，这感动了房间里的每一个人。"

以客户为中心既是因也是果。说它是原因，是因为它使得许多战略型品牌至关重要，如"真实可信"和"品牌引导人们"。说它是结果，是因为要实现真正的以客户为中心就需要构成战略型品牌的一切要素：简单而明确的"目标""人们引导品牌""严谨专业"和"一贯的"执行、"协作"的方法，等等。

让我们来看看这方面的一些研究。

关于以客户为中心的一些数据

绩效

以客户为中心的公司比不以客户为中心的公司的利润率高60%。——德勤（Deloitte）

能够识别最佳客户并将其价值最大化的公司有可能将销售额提高17%。——沃顿商学院（Wharton Business School）彼得·法德（Peter Fader）博士

将客户保持率提高5%利润就会增加25%至95%。——贝恩公司（Bain & Company）

一个品牌需要12次积极体验才能弥补一次未解决的消极体验。——鲁比·纽厄尔·莱格纳（Ruby Newell-Legner）的《读懂顾客》（*Understanding Customers*）

客户对不良体验的诉说率是积极体验的2倍。——白宫消费者事务办公室（White House Office of Consumer Affairs）

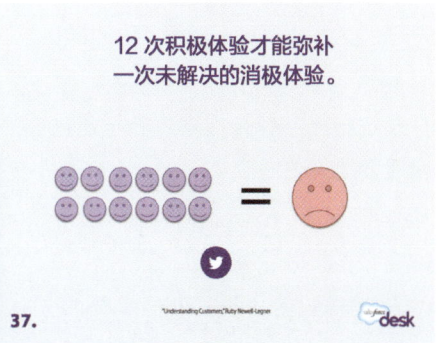

来源：嘉特纳集团（Gartner Group）、鲁比·纽厄尔·莱格纳（Ruby Newell-Legner）、赛富时公司（Salesforce desk）

图7.1 以客户为中心的回报和缺乏以客户为中心的风险

阻碍

使用数据为决策提供信息是以客户为中心的核心。然而，高层管理人员认为，涌入的海量数据既是障碍，也是机遇。61% 的首席营销官承认，在正确使用大数据方面，他们还有很长的路要走。——首席营销官理事会（CMO Council）和美国赛仕软件公司（SAS）

缺乏明确的客户所有权阻碍了公司真正以客户为中心。48% 的营销人员对其组织核心接触点接触客户并与客户互动的能力只有中等程度的信心。——首席营销官理事会

对大多数营销人员来说，以客户为中心是一个理想的目标，而不是现实情况，因为 70% 的公司在整合线上和线下客户数据方面的能力缺乏或欠佳，80% 的公司没有使用客户价值评分，74% 的公司无法实时识别客户。——Axciom 公司与 Digiday 公司

使客户满意并非仅是一项营销活动，客户服务、产品开发、研发团队、运营和信息技术等都发挥着作用。然而，只有 12% 的 B2B 市场营销人员表示，职能团队围绕整体客户体验战略紧密协作。——思爱普（SAP）公司和首席营销官理事会

据消费者称，客服人员有 50% 的时间并不是在回答他们的问题。——哈里斯互动公司（Harris Interactive）

机遇

63% 的首席执行官将以客户为中心视为 2017 年的三大投资重点之一。十分之九的美国首席执行官表示，他们今年将加强客户参与计划。——普华永道（PwC）

90% 的营销人员表示，客户个性化是他们的首要任务；他们认识到，方式越个人化，得到积极回应的机会就越大。——天睿资讯（Teradata）

58% 的营销人员表示，迄今为止，要建立真正的"数字原生代"文化，最重要的特征是以客户为中心，领先于数据驱动（40%）和任何其他标准。——数字营销社区（Econsultancy）

客户服务是以客户为中心的战略的关键组成部分。86% 的消费者表示，如果可以保证优质的服务，他们愿意支付更高的价格。最近 89% 的消费者由于企业的服务质量差而选择了其竞争对手。——哈里斯互动调查（Harris Interactive Survey）

银行和其他金融机构大幅加强了对客户的关注，去年以客户为中心的工作岗位增加了 52%。——澳大利亚 Seek 就业市场报告

与多渠道零售商一样，企业品牌也要求客户设定自己的偏好。与 2013 年相比，如今的品牌让用户设定自己品牌传播喜好的可能性要高出 62%。此外，他们有 89% 的可能性让用户选择他们接收的消息类型，有 48% 的可能性让用户选择他们希望接收这些信息的频率。——益百利市场服务公司（Experian Marketing Services）

45% 的 B2B 市场营销人员认为，他们以客户为中心的程度即使不高，也是良好的。45% 的市场营销人员认为，他们的客户会说，以客户为中心的级别已高达良好了。——思爱普公司和首席营销官理事会

以客户为中心所带来的机遇似乎是显而易见的，但最大的问题在于如何实现适当的以客户为中心，并且是在数字化时代实现这一点。

以客户为中心的十大关键原则

每家营销机构、大量的教授和众多的品牌对"以客户为中心"都有自己的看法，尤其是在涉及数字化带来的移动环境和内在变化方面。《持久战略型品牌》不是为了重复这些，而是分享从业者的想法和经验——我们如何在实践中朝着真正的以客户为中心的方向迈进？

在我看来，许多组织以客户为中心的方法都不完善。以客户为中心应该被视为一门科学、一个全面的系统。公司往往缺乏诸如"文化"或"人员引导品牌"这类的基础，因此导致了失败，至少在一定程度上导致了失败，因为他们无法将"以客户为中心"建立在这些基础之上。以下是我们所看到的以客户为中心的十大原则：

1. **文化和心态**——以客户为中心首先是一种文化和一种心态。
2. **目标导向**——所有成功的以客户为中心都是由深层目标驱动的。
3. **完全的体验设计**——对于任何产品或服务，都需要无与伦比的专注，以便在每个接触点上设计出全面一致的体验。分析客户旅程的每个细节，以达到卓越和一致性。高层管理人员和领导人员应该花大量时间实地或线上体验客户旅程。
4. **趋势整合**——通过持续不断的（重新）设计，在体验的早期阶段整合社会和行为趋势，从而实现你的客户从一个成功点到另一个成功点之间的无缝链接。
5. **客户作为合作伙伴**——客户应该被视为合作伙伴，双方的关系由共同利益所驱动，并在所有接触点中日复一日地保持着这种关系。
6. **跨职能团队**——销售、市场和售后是一体的，最好还能与研发相结合。从更广泛的角度来看，以客户为中心的组织通过跨职能团队运作，引领持续的、客户反馈而得的改进和创新。
7. **一线决策**——以客户为中心的品牌通过品牌价值、行为和能力发展为一线服务。组织是扁平的，实行的是倒金字塔结构。领导人员是推动者，为跨职能团队服务并以其在一线的成功来加以衡量。
8. **吸引人才**——在以客户为中心的企业中，人们要感到自己才是所在领域的首席执行官。他们必须是真正的人才，而组织应该专注于吸引最优秀的人才。
9. **空前的增长**——以客户为中心的品牌价值实现了前所未有的持续增长。绩效管理注重投入，遵循彼得·德鲁克（Peter Drucker）的指导思想："提高公司价值的唯一正确而有效途径是创造客户""员工应该能通过决策实现自身价值"。
10. **"我们就是平台"**——在经济的"优步化"中，以客户为中心的战略型品牌对于防止企业脱媒至关重要。战略型品牌引领着平台化的机遇，而不是作为第二梯队被平台化。

我们将在本章后面部分使用这10项原则来评估品牌以客户为中心的意愿和实践，并回顾3个风格迥异的特色品牌：O2公司、美国运通（AmEx）和阿尔迪。你是否愿意根据此框架对品牌进行客观的自我评估？

以客户为中心的循环

正如我在前面所说的，制胜而持久的以客户为中心源于一个全面和系统的过程，这实际上将十大原则变成了一个可操作的模型。

因此，我已经习惯于将以客户为中心的系统看作如图 7.2 所示的一个"循环"系统。经验表明，在实施此循环前建立坚实的基础并按顺序运行该循环非常重要。

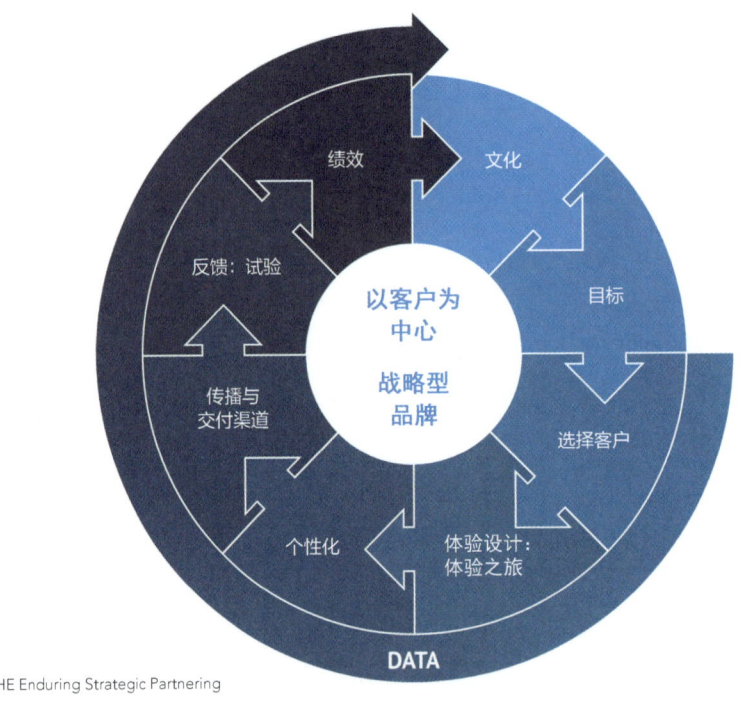

图 7.2　以客户为中心的循环

在第四章"对外联系"中，我们探讨了战略型品牌在与客户之间建立深度连接方面的重要性，但仅仅有连接是不够的，在第六章，我们讨论了协作关系。与客户达成协作关系可建立一种平衡的、高质量的关系，并且这种关系随着时间的推移可以带来最大的价值。我认为在这方面 B2B 可以教给 B2C 很多。

以客户为中心是联结与协作关系理念的结合。以第四章的"联结性的钻石结构"为基础，以客户为中心的循环应该遵循图 7.2 中描述的顺序，如下所示：

1. **文化与理念**——发展和建立以客户为中心的战略型品牌的首要任务是在文化上与之适应。组织中的每个人——不仅仅是那些营销或销售人员——都需要理解什么是以客户为中心，并真正以客户为中心。例如，应该最高水平地倾听客户。以客户为中心的组织信奉"没有客户，他们就无法在业务上取得成功。这些组织希望以客户的视角来看世界"。

2. **目标**——本书的许多编著者认为，一切都是由组织目标驱动的，比如你为何在这里，你在这里是要改变什么，以及你的品牌为何重要。当涉及合作的客户关系时，你的目标和行为方式至关重要。西蒙·西内克（Simon Sinek）说过："人们买的不是你的产品，人们买的是你的理念。"

3. 选择客户/受众——明确你的最终客户是谁，你想与谁建立关系，以及你不想与谁建立关系，这至关重要。选择的精准性至关重要，我认为这种历史形式就是"客户细分"。这种理解定义了组织的重点，即提供一个振奋人心的整体体验，并提供一个令目标客户满意的生活方式平台。我也目睹了有些企业试图提供所有人所需的一切，但我不相信这种方式可以支持战略型品牌的长期建设。在某种程度上，它们丧失了精准性和竞争优势，并陷入了激烈的竞争。

21世纪初，星巴克加快了开店速度，并增加了菜单上的食品种类。这让星巴克越来越像麦当劳或唐恩都乐（Dunkin' Donuts），而这两家连锁店反过来又在自己的产品中加入了具有价格优势的优质咖啡饮品，这使得星巴克的高价变成了弱项。最终，星巴克重新设计了其食品供应和门店，以迎合其核心客户的喜好，并重新创造了与麦当劳之间的空白空间。

因此，文化、目标和受众选择是以客户为中心的三大基础。

4. 客户之旅/整体体验设计——有了之前的三大基础，接下来就是战略。我固执地认为它的含义是：构建、塑造和实现完美的执行，支持"战略就是执行"的主张。

在此阶段，明确而精准地设计和测试任何服务或产品的总体体验和客户之旅至关重要。经过我的反复观察，我发现，"价值主张"设计是大多数公司认为最难做好的活动之一。在这方面，亚马逊是卓越的典范，它从任何可能的出发点去考虑客户旅程的每一个细节。

马克·德·斯万·阿伦斯认为："在耐克，曾有人做过一张图表，描述了所有影响顾客决策的因素。这趟旅程是让人离开沙发，知道去哪里跑步，听音乐（因为据调查90%的跑步者都听音乐），制订训练计划，查看准备工作或表现的进展。有10项这样的事情，他们并不直接关乎于短裤或鞋子，但他们关乎于耐克的宗旨'激发所有人的运动激情'。此后，耐克做出了战略选择，耐克表示作为一个品牌，他们可以在所有其他接触点上切实发挥作用，例如，率先创建并提供易于使用的在线跑步计划器，然后出现了NikeiD，它并不是为了直接创收，而是关乎建立品牌忠诚度和使用率。当然，最后两者都做到了。耐克需要以客户为中心，才能退一步说：'生活是什么样的？'"

我们希望与特定受众建立的关系类型是我们设计服务和体验的主要驱动力，这意味着"由外而内"元素——客户需求、空白空间和社会转变——当然是非常重要的。但"持久的战略型品牌"以客户为中心的方法始于"由内而外"——品牌、文化、基因、传统，明确了我们想要和能够提供的关系类型和体验，同时做真实的自己，而不是试图伪装自己。

5. 个性化——这是激活和实施的第一阶段。如今，数据的非凡可用性使服务、体验或关系能够根据每个客户的个人旅程进行调整，从而使其个性化。个性化是亚马逊成功的基础之一，并且已遍及各个领域，从先锋欧克利（Oakley）的太阳镜到出乎意料的美国银行（Bank of America）的个人信用卡。

6. 传播和供给渠道——这就是向客户传播或提供服务的方式，包括销售人员、数字渠道或实体商店。尽管如今数字渠道通常占据主导地位，这些服务也越来越多地由第三方和交付服务生态系统掌握。所有这些接触点都必须与品牌完全一致。

7. **反馈和试验**——现代社会可以通过多种渠道进行广泛的、直接或间接的反馈。我们应当收集这些反馈，构建为大数据并转化为见解，以引导持续改进或转型的方向。同样，反馈将指导试验，并成为测试创新的重要来源。

马克·德·斯万·阿伦斯认为："在这个每天都有反馈的世界中，正在发生着巨大的营销变革：当你每天都在收到反馈时，你就不再需要市场调研了！"

8. **绩效**——绩效是在整个循环中进行度量，并在循环结束时进行评估。以客户为中心有许多常见的产出绩效衡量指标，如增长、利润率、利润。还有另外3项同样重要的指标，我一直将它们视为持久增长、长期革新和业绩发展的主要指标：

- 忠诚度，即重复购买；
- 净推荐值（Net promoter score）（鉴于如今客户投入的影响至关重要，我们稍后将探讨有关阿尔迪在这方面的问题）；
- 战略型品牌关键指标。

然后，这个循环又从文化开始。尽管文化不会改变（参考第二章），但它可以发展、改进和调整，以更好地适应以客户为中心。

这是我的信念，即什么是必需的——十项原则和以客户为中心的循环。但让我们看看该系统是否适用于因以客户为中心而著称的3个品牌——O2、美国运通和阿尔迪。

O2品牌："客户是合作伙伴"的文化与理念

拥有2500万客户的O2品牌体现了以客户为中心的"文化"。只需看看"可信""大胆"和"开放"这3种明确的价值观念是如何从客户的角度、以"你"的视角来表达的。例如，"可信"的定义是这样的："如果它对你有好处，那么它对我们就有好处。"

尼娜·毕比是O2的首席营销官。我们就持久的战略型品牌展开了激烈讨论："在O2，我们说的是，我们不是一家经营品牌的企业，而是一个经营企业的品牌。对我来说，这就是所谓的'战略型品牌'：企业的支柱，企业宗旨的核心，如何创造价值以及如何提供产品或服务，简而言之，就是企业的脊梁。从表面上来看，O2几乎被认为是一个人。当我们在执行委员会做决定时，品牌总是以'这是O2做事的方式，这是我们的运作方式——或者这不是我们的运作方式'的方式出现。[**2. 目标导向** ✓]

"品牌只有本质上是客户的拥护者，才能持续和具长期影响力。这一直都是事实，现在尤其如此：在我们这个透明的世界里，客户很快就会察觉到，所宣传的品牌行为与品牌所提供的服务之间是脱节的。

"O2是一家以客户和品牌为导向的企业，其'以客户为中心'的理念有五项核心原则。"[**1. 文化和理念** ✓]

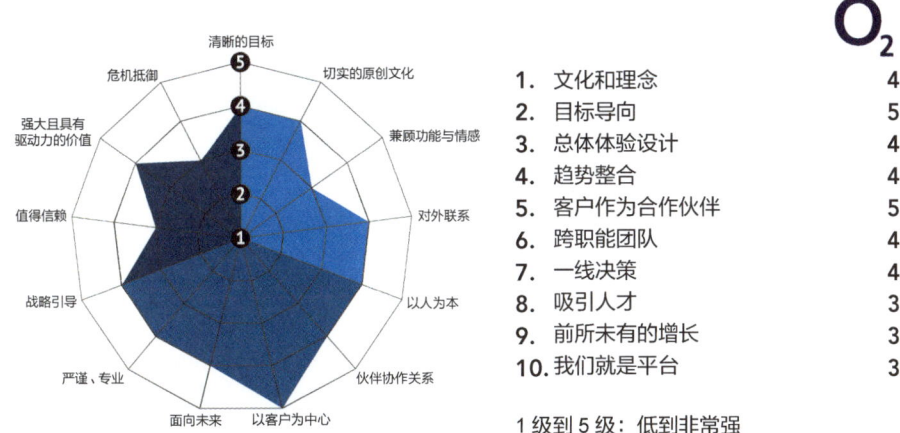

图 7.3 O2 作为以客户为中心的战略型品牌

O2：客户作为协作伙伴

"以客户为中心的首要原则是'协作关系'和'与客户合作'。这是一种平等的关系，不再是父母与子女的关系或成年人与孩子的关系，而是成年人与成年人的关系。在如今数字化的世界中，这一理念尤为重要。我们使用多年的父母与子女之间的沟通模式，即公司与客户的'我们与他们'，如今难以为继。当然，协作关系对客户来说必须是有意义的，这取决于你有多大决心去了解对他们而言重要的东西。这也会使之持久。协作关系必须建立在明确的价值交换基础之上：作为一家企业，我们是要盈利的，但这种盈利是双向的。只有为客户创造价值，我们才能因客户获得价值。"**[5. 客户作为合作伙伴 ✓]**

O2：平等

"第二项原则是：'O2 对所有客户一视同仁。'在许多行业，就如移动行业一样，当试图获得客户时，你会面临一种巨大的诱惑，那就是不断向新客户提供越来越优惠的价格。但这会导致你的老客户认为他们花了更多的钱来补贴新客户。O2 是首批承诺老客户可获得与新客户同样优惠的移动通信公司之一。这听起来理所当然，但令人惊讶的是，许多公司仍然没有做到这点。"**[5. 客户作为合作伙伴 ✓]**

O2：自由

"第三项原则是：'我们希望客户感觉自己是在旅馆，而不是监狱。'基于订阅的业务很容易让客户产生被束缚的感觉，所以随着时间的推移，我们进行了各种他们可以自由离开的创新。我们推出了'O2 复新（O2 Refresh）'计划，客户只需付清话费就可以提前解除合同。许多客户告诉我们，他们想使用 Wi-Fi 通话；虽然我们中的一些人担心这会影响我们的收入，但我们认为如果这是客户想要的，那么就应该启用，所以我们开发了'TU Go'来实现它。最终，它提供的优质服务吸引并留住了客户，本质上，O2 是一个人性化、个性化和为客户服务的品牌，它努力实现了这一点：2016 年，O2 连续第七次被 Ofcom 评为具最优质客户服务的品牌。"**[5. 客户作为合作伙伴 ✓]**

O2：创新导向的协作关系

"第四项原则是：'我们为了客户进行合作创新。'我们寻求与第三方的协作关系，以一种我们无法单独完成的方式，为我们的客户进行创新。这包括了赞助，赞助对我们而言是真正的合作伙伴，包括 AEG 的 O2 体育场、LiveNation（在全国有 19 所 O2 学院），以及我们已经合作赞助了 21 年的英式橄榄球。"**[4. 趋势整合 ✓]**

O2：鼓舞

"最后一项原则是：'努力为人民和社会做出贡献。'这可能听起来很老套，但是如果我们无法鼓舞同事，就更不能指望鼓舞我们的客户。这意味着任何大型活动都要从我们的同事开始。2014 年，我们从 O2 餐厅的午餐开始推出了'周一 1 英镑午餐'活动。2015 年，当我们发起橄榄球世界杯'玫瑰军团'（Rose Army）运动以激发整个国家的热情时，我们招募了 100 名英格兰超级球迷组成的'玫瑰军团'，而最初的 10 名成员就是我们的同事。我们是一家服务企业。传递品牌信息的不是广告，而是第一线、商店和电话上的同事。并且寻找机会回馈社会非常重要。"**[8. 吸引人才 ✓]**

O2：评估

"除了我们的文化，O2 将以客户为中心可持续化，因为我们将投资和回报进行了量化。我运用计量经济学模型来计算所宣传和推广的所有内容，对于诸如英国最大的数字化忠诚度计划优先权（Priority）这样的服务，我关注的是什么影响了关注度、忠诚度、复购率。我们在衡量投资结果方面做了大量的工作，并使我们的数据与首席财务官保持一致。"**[9. 前所未有的增长 ✓]**

美国运通品牌：一个拥有 166 年历史的、以客户为中心服务的品牌

美国运通品牌是一个基准的持久战略型品牌（见图 7.4），我们在第六章"协作关系"中详述了其协作实践的一个例子。

以客户为中心是美国运通品牌的固有属性，因为它每天向 1.18 亿位持卡客户提供的服务体验不断地重新定义了它的本质。公司通过其第一价值观念"顾客承诺"和"我们为所有客户提供卓越的价值主张"的经营原则来表达其以客户为中心的理念。**[2. 目标导向 ✓]**

人人都是美国运通的品牌管家

约翰·海斯（John Hayes）立即意识到了品牌的重要性："我们经常谈论品牌，因为它普遍被认为是我们业务成功的基石。担心品牌的不仅仅是一个部门，而是整个公司。公司的每一位员工几乎都是品牌管家——人人都感觉有责任维护品牌的宗旨和价值。

"因此，我们对品牌的定义不会因地而异，不会因人而异，也不会因业务部门而异。品

牌被阐释为特定的组成要素，但在公司内部被广泛地讨论、理解并变成了现实。"**[1. 文化和理念 ✓]**

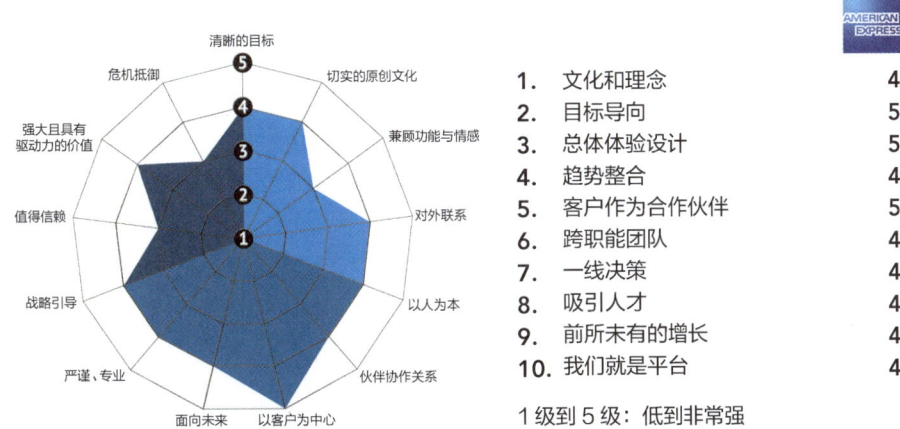

图 7.4　美国运通是一个以客户为中心的战略型品牌

美国运通的客户都是企业成员

要深入了解美国运通，首先要看其业绩的可持续性——过去 9 年，该公司的 CAGR（复合年增长率）收入增长了 3%，CAGR 净收入增长了约 4%。品牌成功地度过了金融危机和持续的行业转型，反映了该公司是一家持久的高绩效组织。**[9. 前所未有的增长 ✓]**

约翰·海斯解释称："从品牌的角度来看，最重要的是建立深度的关系。在美国运通，我们称之为'会员制'，这意味着一种归属感，一种很多事情都可以依赖美国运通品牌的感觉。美国运通也希望与潜在客户建立关系，希望成为特许经营的一部分。

"我对市场营销和销售的定义是，市场营销的目的是在市场上建立一种需求，而销售的目的是将这种需求转化为业务。如果体验某种特定产品和服务的愿望很强烈，那么从销售的角度来看，就会更容易实现转化，这也就使得一切都更有效率。

"品牌是创造市场需求的核心。美国运通之所以能在价值和创新两方面都如此成功，是因为它高度重视客户。这意味着你不仅要了解你的客户今天想要什么，还要预测他们明天想要什么，他们可能在何处寻找价值，还要了解这些与你的品牌价值和你所提供的价值之间的关系。美国运通非常重视这一点，这包括它认识到自己无法做所有的事情，并寻求合作伙伴以提供高水平的创新。"**[4. 趋势整合 ✓]**

美国运通：信任、安全和服务

关于美国运通在竞争激烈的行业中取得持久成功的秘诀，我问过约翰。"品牌的核心宗旨（也就是关系）是信任、安全和服务。这些不仅仅是功能性的，还具有重要的情感因素。

"信任是你从事金融业务时可持续发展的基础。基于你的行为，你会逐渐赢得客户的信任。并且随着时间的推移，你还可能获得现有客户及其之外的声誉信任。

"安全也是需要争取的，当在美国各地运送人们的贵重物品时，我们很早就开始通过货运代理业务提供安全保障。无论我们与哪个行业开展业务，安全始终都是人们如何看待和评价美国运通最为重要的一点。与该公司在具安全性的各个方面开展业务的简单性也是该品牌的核心。

"服务是品牌传递价值的核心。如今，这种服务思维已经应用到支付和旅游业务中，我们的身份完全是'美国运通的服务人员'。

"这3项相关的核心宗旨构成了美国运通品牌。每项宗旨及其组合都具有相当大的感情成分，因为美国运通通常可以帮助客户解决自己无法解决的问题。因此，很多情感来自客户体验：正确把握这一点是品牌的基础，从普遍意义上说，也是今天打造一个成功品牌的基础。"[5. 客户作为合作伙伴 ✓，3. 总体体验设计 ✓]

美国运通：受人尊重和与众不同

"如果你做生意的方式使你的客户感到'受人尊重和与众不同'，那沟通就是次要的。而受人尊重和与众不同是美国运通品牌两个最重要的方面。公司做了很多事情以确保你能感受到这些，尤其是在提供服务方面。"

一个例子是"周六小企业"。在这个活动中，个体的小型企业由于规模不够大，无法以任何有意义的方式进行自我宣传，而当他们与其他企业共同开展活动时就会变得更加引人注目。当卖家、买家和美国运通在当天的特价交易中齐聚一堂时，所有人都是赢家。

美国运通：领导者和基于原则的环境

"以客户为中心始于领导者，他们真正相信对待客户的方式对企业的福利至关重要。迄今为止，美国运通的领导者们相信要让人们和客户感到被尊重和与众不同，这种理念由来已久。这一点在整个公司都很普遍，也决定了公司的文化精神：'我们重视善待他人，无论是员工还是客户，因为为了让员工善待客户，我们就必须善待员工。'我们的员工必须感受到尊重和与众不同。

"最后，重要的是要有一个基于原则的环境，而不是一个基于规则的环境。在如此多的情况和如此大的规模下，仅凭一套规则，很难积极、全面地对待客户。你需要做的是建立公司运作的原则，给予员工服务客户和根据这些原则做出决策的自由。我们在公司的各个层面都开展了大量的培训和教育工作。当有人加入公司时，他们会经历一个帮助他们理解品牌价值的过程。这样的谈话会伴随员工的一生。"[7. 一线决策 ✓]

阿尔迪的品牌：客户作为合作伙伴的目标驱动体验

为准备"以客户为中心"这一章节，本书进行了定性和定量研究，以测试和确定驱动净推荐值（NPS）的特性，而净推荐值是以客户为中心的重要表现。专门进行趋势和洞察研究的营销咨询公司远见工厂（Foresight Factory）在进行这项研究时提出了一个首要的简单问题："是什么让消费者喜欢并推荐一个品牌？"我们和首席执行官兼合伙人克里斯托夫·茹昂（Christophe Jouan）从数据中得出了结论（注2）。

净推荐值（Net Promoter Score）

这项研究于 2016 年在包括美国、中国、英国、德国和瑞典在内的多个国家进行，涉及超市、银行、科技和"最佳品牌"等领域。分别对婴儿潮一代、Y 世代和 Z 世代进行了分析。此处不再详细介绍方法（该方法可以在远见工厂网站上找到），而只给出该研究的结论。

以英国为例，图 7.5 显示了是什么驱动了净推荐值，因而什么是以客户为中心的核心——诸如"物有所值"和"质量最佳"等功能属性的组合，还有一些如"真诚""鼓舞了我"或"使我感觉良好"之类的更情绪化的东西。

来源：远见工厂

图 7.5　英国品牌宣传的影响因素

阿尔迪以客户为中心的"秘诀"

德国零售商阿尔迪在这项研究中表现尤其出色。阿尔迪北方公司和阿尔迪南方公司在 18 个国家拥有超过 10 000 家门店，特别是在德国、美国和英国。它们增长迅速，例如，它们在 2017 年 2 月宣布在美国投资 16 亿美元进行扩张。尽管其他市场也适用类似的观察，但是在此我们只着眼于英国阿尔迪。

过去 4 年，阿尔迪在英国的市场份额翻了一番以上，达到 6% 以上，超过了维特罗斯超市（Waitrose）和最近的 Co-op，成为英国第五大连锁超市。

阿尔迪公司称，他们采取了一种"务实的经营方式"。虽然其他食品零售商有更精致的展示、更多的服务和促销活动来吸引客户，但阿尔迪的核心目标是"公平、高效地为客户提供有价值和高质量的服务"。**[2. 目标导向 ✓]** 该模型由"简单性、一致性和责任感"这 3 个价值观念驱动。精益生产，包括他们 90% 的产品都是阿尔迪的独家品牌，与这些价值观念密切相关，并且将节省下来的成本又回馈给了客户。

阿尔迪以客户为中心的"秘诀"似乎在于，他们将客户与超市的关系从纯粹的功能性关系，转变为更类似于"联盟"的关系。也就是说，消费者强烈认为阿尔迪站在他们一边，会帮助他们走出困境，而不只是一家超市。**[5. 客户作为合作伙伴 ✓]** 这使阿尔迪成为一个虽然低调但强大的、以客户为中心的战略型品牌。

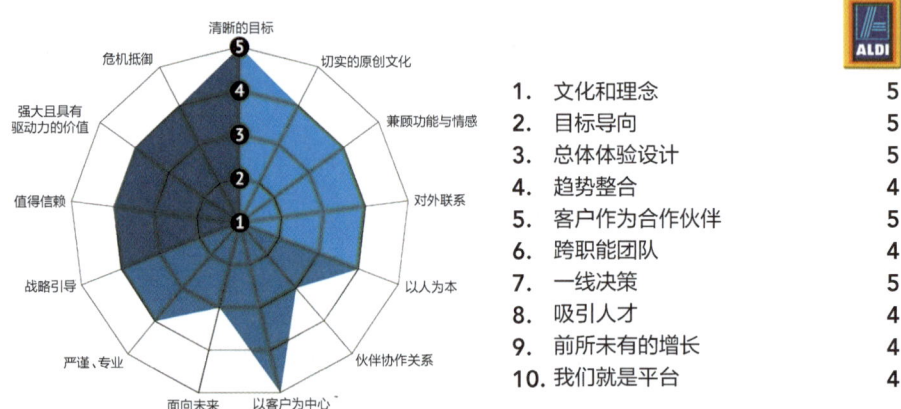

图 7.6　阿尔迪作为一家以客户为中心的战略型品牌

1. 文化和理念	5
2. 目标导向	5
3. 总体体验设计	5
4. 趋势整合	4
5. 客户作为合作伙伴	5
6. 跨职能团队	4
7. 一线决策	5
8. 吸引人才	4
9. 前所未有的增长	4
10. 我们就是平台	4

1级到5级：低到非常强

研究显示，迄今为止，与所有竞争对手相比，阿尔迪在所有客户中拥有强势品牌拥护者的比例最高——接近 70%，而在研究所涉及国家的所有超市中，平均比例为 48%。社交媒体上 48% 的正面评论证实了这一点，这一数值远远高于平均水平，较 2012 年的 27% 有了大幅上升。如图 7.7 中分析所示，我们的品牌属性研究解释了产生这种出色表现的原因。

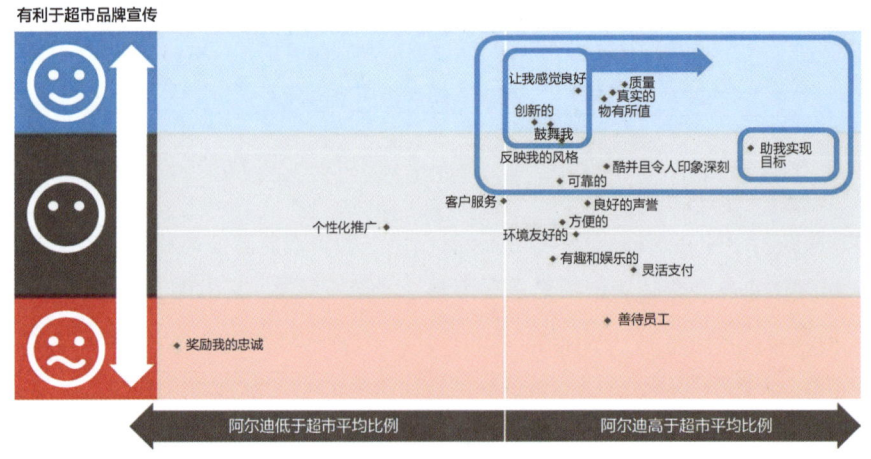

来源：《品牌竞争力：如何持造持久战略型品牌（上册、下册）》和远见工厂

图 7.7　阿尔迪品牌分析：所有的客户

阿尔迪：真诚、助我达成目标、高质以及物有所值

解释一下图 7.7：纵轴上的元素所处的位置越高，就越有利于超市的品牌宣传。在水平方向上，这些元素位置越靠右，阿尔迪与竞争对手相比就越好。总的来说，阿尔迪取得了出色的成果，大多数属性都高于平均值。有"真诚"和"助我达成目标"这些强大而独特的资产，满满的右上角元素反映了活跃的净推荐值背后最重要的标准所具有的强大竞争地位。这些是阿尔迪应该继续投资以保持其竞争优势的领域。而需要改进的领域是阿尔迪并没有真正差异

化的重要的客户标准，即："让我感觉良好""鼓舞我"和"创新"。

阿尔迪：品牌简约

那么，阿尔迪是如何取得这种优势地位的呢？从广义上讲，是因为他们以客户为中心。阿尔迪品牌非常简单，以至于在营销咨询公司思睿高（Siegel+Gale）的全球品牌简约指数（Global Brand Simplicity Index）中，它总是排在第一位，超过了谷歌、宜家或亚马逊。以下是思睿高在宣布 2017 年排名时所说的话："折扣连锁超市阿尔迪再次在全球品牌简约指数中位居榜首。它成功的秘诀是什么呢？简单的报价、低廉的价格、高质量的产品和优质的客户服务。客户还喜欢与竞争对手进行透明的价格比较，这让他们相信自己买到了最划算的东西。"（注3）

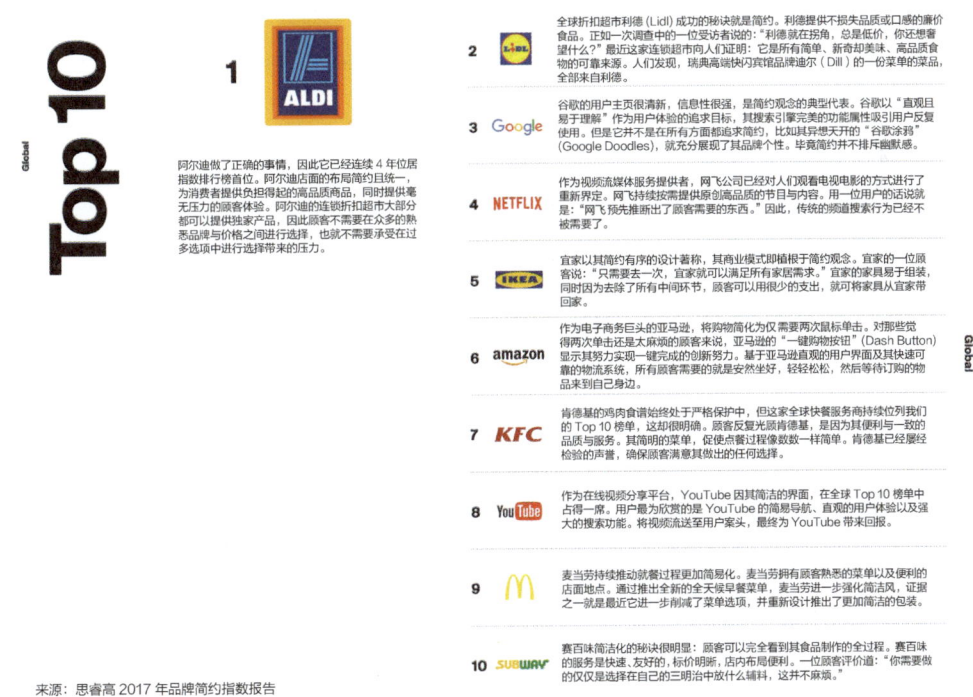

来源：思睿高 2017 年品牌简约指数报告

图 7.8　阿尔迪品牌在全球品牌简约中排名第一

阿尔迪从客户的角度出发，以可承受的价格提供高质量的产品，展示出一种真实，而非虚构的特性。**[5. 客户作为合作伙伴 ✓]**

阿尔迪：从文化和目标到行为

我们深入分析了阿尔迪品牌的行为和品牌属性之间的联系。图 7.9 总结了我们对"行动的结果"品牌建设的研究结果。阿尔迪的主要支柱之一是为客户提供最大限度的便利——产品选择的简约性和质量，适度而有效的店面规模，手推车、购物通道、收银台、条形码和包装的创新设计。**[3. 总体体验设计 ✓]** 例如，阿尔迪运用简单的创新方法来加快客户通过商店的速度——自有品牌产品有大量便于加快扫描的条形码，客户可以在商店通道打包好他们的物品以便为下一个购物者腾出收银台。

品牌属性、阿尔迪的行为和趋势		
品牌属性	阿尔迪的行为	趋势
助我实现目标	**预算平衡**：由于许多消费者关注生活成本和家庭预算的平衡，阿尔迪以合理、低廉的价格提供高质量的消费品（详见下文），可以在很大程度上帮助消费者实现预算平衡。	**最大化行为**，在经济衰退后的经济动荡中获得了突出地位，并在以下方面发挥了一定作用：许多消费者仍然对家庭经济状况感到忧虑，而阿尔迪的低廉价格帮助他们在不影响食品质量的情况下实现财务目标。
物有所值	**物超所值**：通过专注于几个品牌（甚至只有一个）的每一个产品进行选择，阿尔迪降低了采购成本并确保了最佳质量。例如，阿尔迪并不提供各种各样的橄榄油牌子，而是特供一两种。这意味着，阿尔迪的购买者可专心寻找物有所值的橄榄油，而且，由于阿尔迪将从该生产商那里购买所有的橄榄油，因此就可得到一个折扣价。而这些节省下来的钱会回馈到消费者身上。	正如上面所说，这种做法将行为和消费者冲突最大化，从而将商品与支出的比例最大化。阿尔迪明确强调以可承受的价格提供高质量商品，这也涉及日常生活中的特殊情况——消费者希望有一个庆祝和款待自己的理由，这意味着，如果一个品牌能将省钱措施与高质量和理想的产品结合起来，就能获得双重好处。
方便的、可靠的、创新的	**方便**：阿尔迪实施了一系列让消费者更加方便的创新举措。其中许多产品专注于加快消费者在店内的路线：拓宽收银台以容纳更多的产品，自有品牌产品有大量便于加快扫描的条形码，而且消费者在打包时无需在后面排队，可以在商店通道打包好他们的物品。最终的结果是更快地完成了商店购物，节省了消费者宝贵的时间。	这尤其关乎即将到来的功能性信任趋势：众所周知，消费者对企业社会责任的重视程度不如品牌，因为品牌能使他们的生活更加轻松并提供优质的产品。阿尔迪有意识地重新设计了商店，以加快顾客的购买过程从而吸引消费者，以及适应我们即将到来的趋势——即时性崇拜（Cult of Immediacy）。21世纪的消费者忙碌而不耐烦，助其更快地完成购物可以备受赞赏。
优质的客户服务	**提供服务**：通过提高服务速度和减少品牌之间不必要的选择的便利性（通过只关注每种产品的少数几个并确保可用产品的质量）来提高消费者体验。	如上所述，功能性信任在这里特别重要。此外，当可供选择的品牌较少时，为消费者提供建议更加容易，随之销售助理的工作也更加容易。
让我感觉良好	**健康提议**：阿尔迪还致力于帮助客户实现更健康的生活方式，提供广泛的低糖或无糖制品，提供多种蔬菜并且只在收银台展示健康食品。	阿尔迪推广更健康的零食和替代品的动力也符合社会趋势，例如节制社会（Society of Sobriety）。
真实的	**简约**：阿尔迪致力于简化产品。与主要零售商在大型商店中拥有 50 000 种产品相比，阿尔迪只拥有 1500 个杂货店。 **关联**：英国的许多阿尔迪商店都强调要售卖本地或区域性产品，例如当地啤酒厂的啤酒和当地农场的肉类（69% 的产品来自英国）。这有助于他们扎根社区，发挥当地自豪感。	简约可迎合多种趋势，尤其是那些有助于改善客户服务质量的趋势：巡航控制、管理透明度和个人世界。 追求真实的趋势体现了消费者对"真实"产品的兴趣和追求，这些产品通常被定义为本地产品、微型产品或"工艺品"。这与阿尔迪推广本地和区域品牌及产品这点非常吻合。

图 7.9　阿尔迪的品牌属性、行为和趋势

品牌属性、阿尔迪的行为和趋势		
品牌属性	阿尔迪的行为	趋势
鼓舞我	以最低的价格享受：这是一系列补充行动的结果：阿尔迪每周的水果、蔬菜和新鲜肉类交易；"特价商品"；价廉物美的葡萄酒、干式熟成牛排和廉价龙虾；以及持续提供的健康的替代品和零食可使消费者更快乐、更健康。	这符合节制社会的思维定势。
良好的声誉	承诺：节省开支的承诺——比同类产品便宜10%到15%，质量和整体体验的简单性帮助阿尔迪在消费者中维持了良好的声誉，并让消费者认为阿尔迪始终站在自己一边。	阿尔迪表示希望实现最大可能的节省，并将其回馈给消费者，这对他们的运营产生了积极的影响：消费者认为阿尔迪与自己站在一边，并且如上所述，帮助他们实现节省开支的目标。在此，功能性信任再次显而易见。

来源：远见工厂（Foresight Factory）和《品牌竞争力：如何打造持续战略型品牌（上册、下册）》

图 7.9　阿尔迪的品牌属性、行为和趋势（续）

阿尔迪和趋势

最后，这项研究考虑了各种趋势，并测试了快速增长的千禧一代客户群体成为强有力的品牌拥护者的可能性。该研究强调了千禧一代对"优质服务"的强烈需求。这本书远不是要提供咨询服务，而是要学习那些堪称典范的品牌的经验。但是，如果认为"优质服务"的重要性增强了——如图 7.10 中纵轴的箭头所示，由于阿尔迪在这一领域没有明显特色，那么零售商可能会考虑如何改善和推动这个领域与其他对其有利的社会和消费趋势。

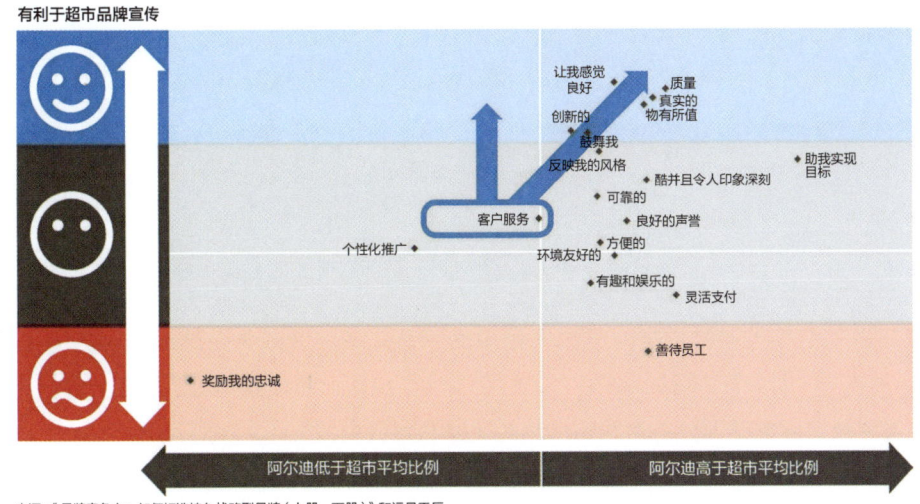

来源：《品牌竞争力：如何打造持久战略型品牌（上册、下册）》和远见工厂

图 7.10　阿尔迪品牌分析：所有的客户

阿尔迪的发展十分迅速：除了在便利的地点迅速开设新店外，他们的在线服务也迅速增加，并计划到 2022 年将英国的门店数量从 2016 年的 652 家增至 1000 家。线上与线下客户

服务领域的快速创新，都给阿尔迪带来了挑战和机遇。

巴特·米歇尔斯（Bart Michels）提出了一个强有力的观点："在英国零售业，阿尔迪正在重新定义价格、质量和体验之间的关系。他们相信这3样东西都是可以提供的，价格和质量之间不再需要取舍。因此，他们正在颠覆降低价格意味着降低质量的传统模式，转而将自身定位在'降低价格（相对于竞争对手）和提高质量'的明智选择。这种重新定位是战略型品牌的一项特征，而他们改变模式的另一种方式是对本地的重新定义。超市品牌通常被定义为本地品牌，但阿尔迪将英国特色——新鲜的英国农产品和英国奥运代表团的赞助——与性能良好的廉价德国产品结合在了一起。"

平台化以及品牌的作用和重要性

虽然O2、美国运通和阿尔迪都展现了当今世界上以客户为中心的最佳范例。但是，未来以客户为中心的组织是什么样的？

以亚马逊为例，让我们看看一个品牌是如何给其他零售和服务品牌带来巨大压力的。具体来说，亚马逊是否已经给阿尔迪带来了压力——或者将会通过提供新鲜食品带来压力？不管你是否喜欢这家在线零售商，它都通过了以客户为中心的10项关键宗旨测试，而且每一项都获得了满分5分，如图7.11所示。

amazon	
1. 文化和理念	5
2. 目标导向	5
3. 总体体验设计	5
4. 趋势整合	5
5. 客户作为合作伙伴	5
6. 跨职能团队	5
7. 一线决策	5
8. 吸引人才	5
9. 前所未有的增长	5
10. 我们就是平台	5

1级到5级：低到非常强

图7.11 亚马逊作为一个以客户为中心的品牌

亚马逊的品牌承诺是"拥有世界上最多的产品选择，并成为全球最以客户为中心的公司"。正如杰夫·贝索斯解释的那样："我们专注于客户至上而非竞争对手至上，渴望创新和开拓，不惧失败，考虑长远，并为我们卓越的运营感到自豪。"

毫无疑问，亚马逊在这方面做得很好，并且客户也赞同这一点：亚马逊在美国拥有超过1.2亿个账户，2016年美国又新增了1900万个Prime会员，最近还被列入了客户服务名人堂等。

股东们也喜欢这种模式，亚马逊、苹果公司、爱法贝（Alphabet）、微软和脸书如今已跻身全球市值最大的10家上市公司之列。作为行业领导者，亚马逊品牌正在持续地重新定义客户体验，并挑战零售和服务品牌。其他平台也在对各自所在行业的传统领先品牌施加巨大压力。这些品牌是以客户为中心的未来吗？

"平台化"的主要领域

在不到十年的时间里，正如图 7.12 所示，iTunes 和后来的声田（Spotify）重新定义了唱片业；网飞（Netflix）在 DVD 行业也是如此；借贷俱乐部（Lendingclub）正在进军银行业；瓦次普（Whatsapp）正在终止使用固定电话；优步（Uber）正在挑战汽车的代工生产模式；亚马逊和阿里巴巴正在重新定义购物；爱彼迎（Airbnb）热情而好客。与此同时，思科（Cisco）和通用电气正在重新设计行业，而谷歌和 IBM 正在医疗、通信和教育等领域掀起革命。在每一种情况下——这些也只是大浪潮当中最明显的例子之———客户都是转型的中心，他们获得了更好、更快、更便宜、按需、个性化的端到端解决方案。

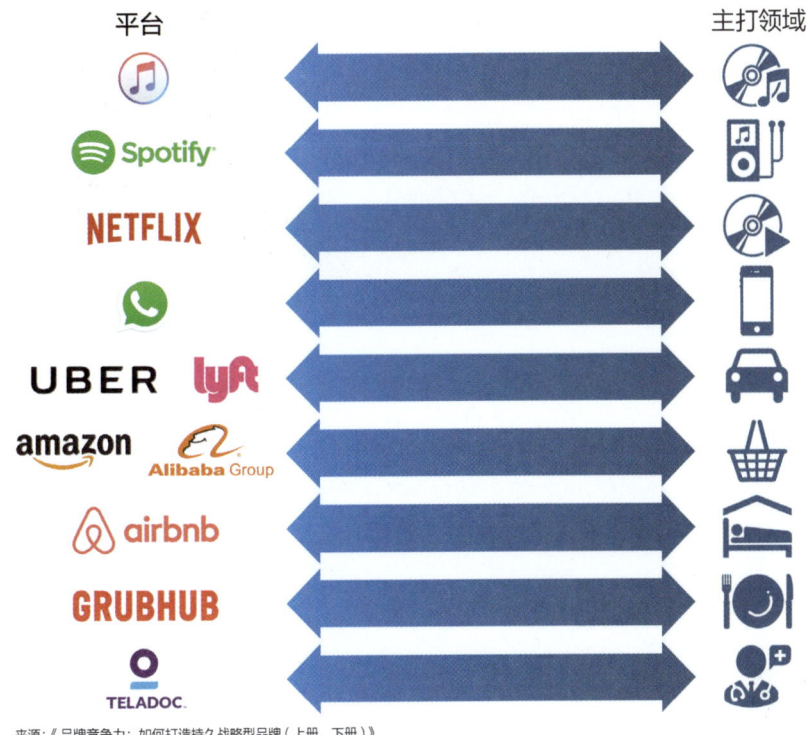

来源：《品牌竞争力：如何打造持久战略型品牌（上册、下册）》

图 7.12　以客户为中心的平台化

以客户为中心的平台化

曾经被称为经济"优步化"的现象，现在被普遍地称为平台化：用户和供应商之间的线上联系使双方能够进行价值交换。可以说，这一发展才刚刚开始，未来几年更多领域将实现更快、更深入的发展。如同脱媒现象，它切断了品牌与其用户之间的直接联系。

以共享经济及其对传统租赁行业的影响为例：根据普华永道的一项分析，如图 7.13 所示，2013 年，5 个主要的共享经济行业创造了 150 亿美元的全球收入，占所研究的 10 个行业的 5%。到 2025 年，这些共享经济行业预计将产生 3350 亿美元的全球收入，与它们正在颠覆的行业及其品牌的规模不相上下（注 4）。

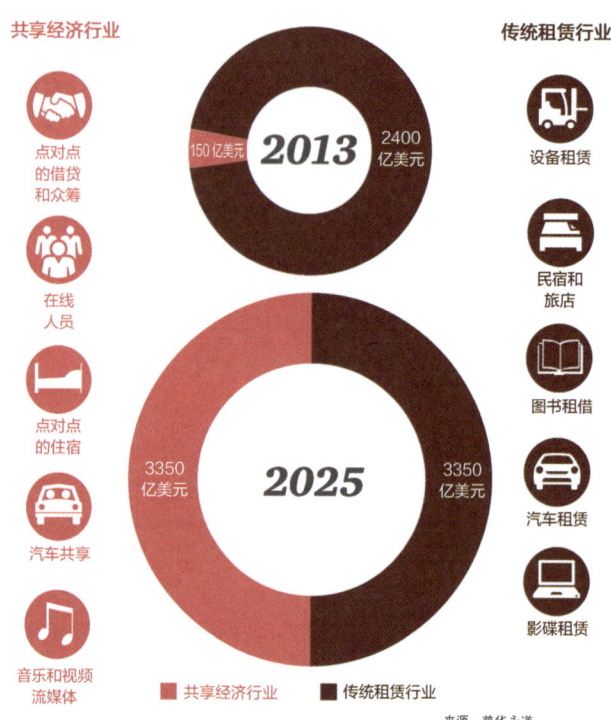

图 7.13　基于平台的共享经济的主要增长

在这种背景下，我们的关键问题是战略型品牌的作用是什么：在今天创建一个强有力的品牌诸如德意志留声机公司（Deutsche Grammophon）、索尼、华纳兄弟、摩托罗拉、通用汽车、沃尔玛、万豪（Marriott）或苏格兰皇家银行仍然重要吗？

脱媒：线上中介的发展

在第六章中，我们从赫兹公司的米歇尔·塔里德（Michel Taride）那里学习了协作关系。这里我们探讨平台化和脱媒现象："在旅游产业链中，有两个主要的趋势。一种是使用'垂直'模式的整合者。这些线上的旅行社提供一个综合的旅游方案，包括机票、酒店、租车和其他服务，而且和线下的价格都是一样的。例如，由于汽车租赁的收入不到旅行总收入的 10%，因此人们对我们的关注少于对酒店的关注。

"第二种趋势，是使用跨行业'横向'模式的中间商，在欧洲尤为如此。它们本质上是科技公司，自称为汽车租赁公司，通常得到大型公司或私人股本公司的支持，由这些公司整合汽车租赁供应并进入市场。他们没有一辆汽车或一个实体位置，但他们在线上营销、搜索引擎优化、自然搜索和付费搜索上花费了大量资金。他们给我们施加了很大的压力，要我们提供最低的价格，因为他们告诉休闲旅行者：'不管你去哪里旅行，我们都有你想要的租车服务。你无须浏览汽车租赁公司的网站，因为我们已经汇总了所有信息。'

"事实上，汽车租赁市场极为分散：有成千上万的汽车租赁公司参与其中，并由这些中间商提供资金，即使是非常小的本地公司也可参与。这是一个真正的战略问题：一方面，他们是一个重要的分销渠道，但与此同时他们又与我们竞争，我们彼此是 B2B 和 B2C 的关系。作为客户，你可以访问赫兹官网或其中一家中间商的网站。在那里你可以看到汽车租赁的页面，从赫兹到其他任何公司，从知名品牌到不知名品牌都有。

"这些网站引导客户对价格进行选择。我们公司每年在美国更改零售价格 30 亿次，每天在欧洲更改 300 万次。这些中间商将最新一代技术和机器算法应用于'游击式'的定价。他们花了很多钱在网上推销价格，并且还在显著增长。

"从品牌的角度看，风险就是成为一种商品。通过失去与客户的直接联系，人们就会被误导，从而认为一切都与价格有关，你可以立即与任何人进行比较。毫无疑问，品牌仍然是一种保障，客户往往愿意为一个知名品牌支付一定的溢价，但这也只是在一定程度上。这种'价格力量'不足以支撑我们作为运营商正常运营所需要的东西，不足以运营实体供应、购买汽车、维修车辆和租赁场所等。

"因此，我们需要展现我们的实际工作，继续改进并将客户体验差异化，以便他们能直接来找我们，而不是向其他人寻求一种不同的、有益的、简单的和具有价格竞争力的体验。品牌恰恰是实现这一目标的核心。"

赫兹应对这一挑战的战略回应既包括了需求细分、客户关系管理、服务差异化、体验管理；还包括价值品牌的品牌组合、定价政策、产能管理等。出于对赫兹计划的尊重，也因为它对于我们的目的而言太具体了，我们在此不再多说。但是赫兹的经验强调了这样一个事实，如今，任何品牌，即使是像赫兹这样好的品牌，也面临着平台化和脱媒现象带来的机遇和挑战，而发展战略型品牌必须成为应对机遇和挑战的核心。

品牌回应

面临这些挑战，大多数战略型品牌都有潜力脱颖而出，因为它们拥有良好的关系，并且应该对脱媒产生强大的障碍，而且它们"拥抱未来"的天性也将不断地支持这种发展。

以下是一些需要考虑的关键的做法：

1. 尽早识别破坏机制，以及潜在的或即将到来的破坏因素；

2. 要认识到，大多数"平台化"并不是革命，而是利用现有的动力，运用现有资产提供不同的包装、沟通和服务客户方式；

3. 制定明确的战略并培养能与破坏者相抗衡的能力；

4. 将平台化和脱媒引入品牌的模式以颠覆自己；

5. 了解并使用他们的方案：关注人才，投资核心技能，牺牲眼前的经济回报（比如股息）以建立长期的优势，注重细节，尽早尽快。借用贝宝（PayPal）前首席运营官雷德·霍夫曼（Reid Hoffman）的话来说，这些平台正在进行"闪电式扩张"，因此它们能够迅速、长期地获得大量客户。

6. 培养强烈的使命感和认同感，为客户提供文化服务。

理想情况下，现有的品牌和市场领导者应该重新考虑他们的领导方式，以维持其在业务部门和生态系统中获得和保持领先地位的能力。首先应从战略上明确品牌的角色和地位，并锁定其所代表的和最擅长的东西。

其中一个答案是成为像谷歌或亚马逊这样的某个领域内的"超级竞争对手"，当然这也是一个理想的定位，但只有少数拥有广泛而独特能力的品牌才有可能做到这一点。

成功的另一种方法是发展成为一流的生态系统参与者，并通过战略协作关系与他人合作（如IBM），以提供一个综合性的创新解决方案（见第六章——协作关系）。

第三种方法适用于庞大的客户群和收入联营，如汽车、银行、能源或消费者包装货物，在一个具有凝聚力的供应、大规模生产和分销的生态系统中，充分的差异化程度和寻求卓越（如花旗银行），将保护现有的客户基础并确保品牌在寡头垄断中的地位。

无论你怎么做，这个过程必须从为客户提供明确的战略开始。还需要强大的神经——在相当长的一段时间内"闪电式扩张"需要大量的资金，这意味着大多数平台和非中间商通常都有一个致命的弱点：他们的财务状况。2016年，优步亏损超过25亿美元，声田亏损1.75亿美元，而推特尚未建立一个可持续的经济模式。而且，它们需要尽早地公司化，比如销售和品牌化，因为客户需要完美的服务和产品，这些公司被迫从初创模式迅速扩大经营规模，而在初创模式下，他们只能在90%的时间里把事情做好。

战略型品牌关于以客户为中心的启示

让我们从"持久的战略型品牌"选出的品牌典范中吸取一些经验，基于数字化世界中以客户为中心的原则，战略性地转变为领导者或巩固领导者地位。

克劳斯·施瓦布（Klaus Schwab）："平台战略加上更以客户为中心和用数据提升产品的需求，使得许多行业从侧重于销售产品转向提供服务……这是一种从获取服务到提供服务的端到端的方式。"

约翰·海斯："美国运通是建立在平台上的，实际上是一个围绕双赢原则组织的买卖双方生态系统。它的强大之处在于，它不仅是交易，而且是与生态系统之间以及通过生态系统建立的完整关系，这很难被交易机会替代。"

张瑞敏："在海尔我们不再是发号施令的人。我们是将一切黏合在一起的胶水……因为用户偏好的快速变化代表了巨大的压力来源。"

乔纳森·米尔登霍尔（Jonathan Mildenhall）："爱彼迎是世界上第一个社区驱动的超级品牌。如果爱彼迎只控制了大约10%的用户体验，那么爱彼迎品牌的90%都是由其用户决定的，而不是由公司领导层决定的。"

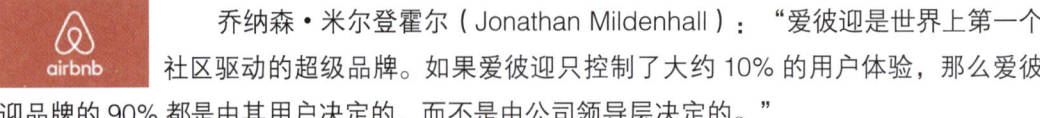

马克·菲尔茨（Mark Fields）："我们希望成为帮助人们移动出行的知名品牌，当我们说成为一家移动出行公司时，我们指的是最高水平的移动出行。这个定义是使人们能够在他们想要的地方生活、娱乐和工作……为此，我们的方法是首先颠覆自己。"

战略型品牌和以客户为中心在企业成功、社会和经济中发挥了前所未有的决定性作用。

THE Enduring Strategic Brand
How brand-led organisations over-perform sustainably

品牌竞争力
如何打造持久战略型品牌
（下册）

[英]卢克·巴丁（Luc Bardin）
[英]克拉拉·巴丁（Clara Bardin） 著
[英]埃尔莎·巴丁（Elsa Bardin）

冯丙奇　郑为心
王艳萍　张语嫣　译
左向明

人民邮电出版社
北京

目　录

第八章　面向未来　//1

第九章　严谨、专业　//27

第十章　战略引导　//49

第十一章　值得信赖　//77

第十二章　强大且具有驱动力的价值　//103

第十三章　危机抵御　//131

结论　//169

衷心感谢！　//189

注释　//199

关于作者　//205

致谢　//207

第八章
面向未来

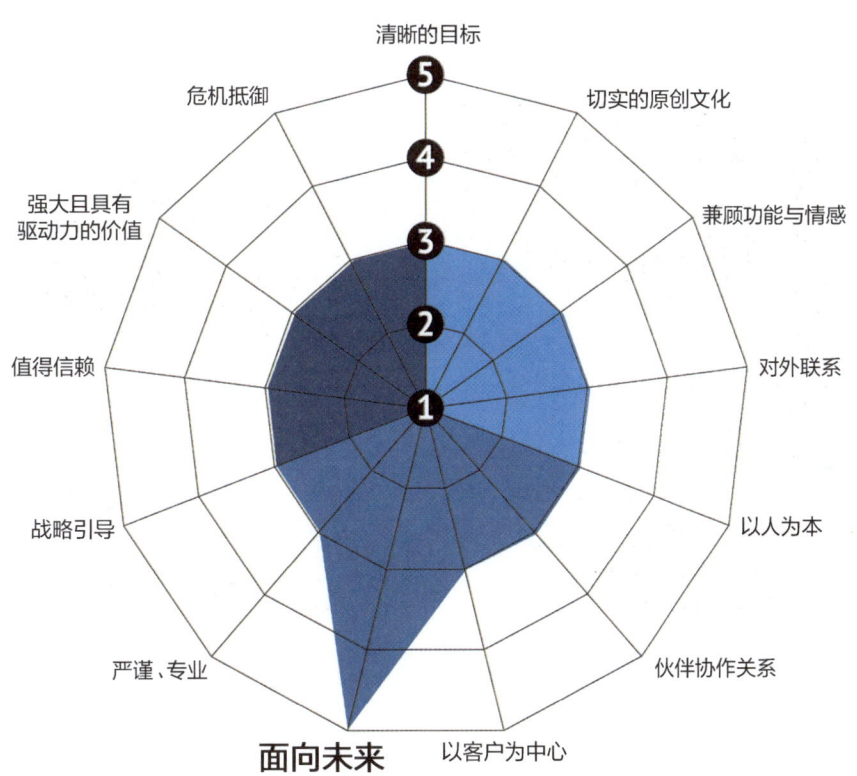

"一切皆须改变,故一切皆可不变。"
——萨利纳亲王唐·法布里齐奥(Don Fabrizio),《豹》(*The Leopard*)

我们所有人、董事会、首席执行官、首席营销官和领导人员，都需要将拥抱未来作为首要任务。因为历史的长河中有太多败于展望未来的品牌"墓碑"，我们不想加入他们的行列。仅举几例：柯达、诺基亚、沃尔沃斯（Woolworths）、泛美世界航空（Pan Am）、雷曼兄弟（Lehman Brothers）、马可尼（Marconi）、罗孚（Rover）、新星杂志（Nova magazine）、塔唱片（Tower Records）、宝丽来（Polaroid）、法国万能牌（Moulinex）、真力时电子（Zenith Electronics）、Borders、Blockbusters、安然（Enron）、奥兹莫比尔（Oldsmobile）等。

从以上品牌中你会发现，无法拥抱未来的并不仅限于科技公司。是的，柯达、宝丽来，还有诺基亚的倒闭，在很大程度上都是因为它们无法适应行业中根本而颠覆性的变革。然而商业街上的零售商边界书店、大片和沃尔沃斯，汽车公司罗孚和奥兹莫比尔，以及金融公司雷曼兄弟和安然也都是如此。由于各种不同的原因，这些公司也未能跟上时代的步伐，并为此付出了生命或财富的代价。

图 8.1　品牌"墓碑"的例子

我们无须告诉你当今世界的变化速度，但我们会告诉你，在竞争日益激烈的未来，保持企业品牌的形象是领导者能够采取的最重要的措施之一。

持久战略型品牌能够拥抱未来，并拥有学习和改变的能力。他们的领导者主要关注尚不存在的一切，而他们的团队则尽可能地处理现存的一切。这就是他们创造可持续成功的方式。

能够以一种他人无法看到的方式看到前方的路，这是所有战略型品牌都应在其组织内培养的一种能力。这不是在预测未来，而是作为一种能力、作为一个发展的平台来创建未来。

从汽车革命到移动革命

几年前，我在一个由时任巴克莱（Barclays）常务董事的戴维·惠尔登（David Wheldon）组织的巴克莱高级营销论坛上发表了《品牌、公民声誉和市场营销》的演讲。这让我有机会聆听到 Facebook 的天才人物尼古拉·门德尔松关于未来的精彩演讲。

当我开始写这本书时，我想如果能再次和尼古拉聊聊，并听听她对如何实现预言以及"面向未来"的品牌意味着什么的看法，那将很有趣。我们正处于第四次工业革命之中，她认为移动设备是继一个世纪前的汽车之后最重要且目前最具变革性的发明。

尼古拉："2016 年达沃斯世界经济论坛的主题是第四次工业革命，而 2017 年达沃斯论坛正是以此为基础的。我们从以前的工业革命中学到了：蒸汽、机械、电力、自动化，以及如今的数字化、移动化和电信。对我们现代生活影响最大的可能是亨利·福特（Henry Ford）的大规模汽车生产。福特不仅使得人人都可旅行，而且汽车的大规模生产促进了城市的诞生，将人们聚集在一起，并促成了我们今天所知的购物方式。伟大的科学技术发明对我们的生活既有短期的影响，又有中长期的影响。我认为手机也是如此。

"我不是预言家，并不清楚移动设备会如何改变世界的物理结构。但是这场革命的速度比以前快多了。你想想，电视花了 67 年才获得 10 亿用户，而手机却只用了 5 年时间。10 年后，地球上有 20 亿人拥有手机：全世界都可以上网。我们还没有达到这个地步，因为有 45 亿人仍然无法上网，但这是潜力所在。在 Facebook，我们的使命是让世界更加互联以实现更多分享。这种程度的全球互联互通以前从未有过。

"一个巨大的改变是，与传统媒体相比，人们花在数字媒体上的时间越来越多。这已经强烈扰乱了包括本行业在内的所有行业和领域。这种颠覆带来了恐惧和挑战，也带来了巨大的机遇。世界各地的生活水平都有所提高，有些今天的工作岗位在两三年前是不存在的，小企业与大企业拥有同样的广告营销机会。因此，尽管不同的机遇需要不同的思维方式和理念，但它们是难以想象的。"

持久战略型品牌的超级力量

进一步的全球化、数字化、"优步化"和其他类型的颠覆意味着，当今的组织正以前所未有的速度面临持续的变化和转型。一个有趣的例子是当下一分钟内发生的事情，具体如图 8.2 所示。

WPP 的马丁·索雷尔（Martin Sorrell）将品牌发展置于巨大变革的背景之下，例如在媒体消费方面的变革："在英国，传统报纸的发行量和广告收入大幅下降。另一方面，看看杰夫·贝索斯对《华盛顿邮报》所做的事情：让人关注我们所下载的以及在网上感兴趣的内容；让编辑人员开发并提供在线内容，并使人们为其想要的内容付费。

"2016 年，我们代表客户进行的最大的媒体投资是谷歌，投资额约 50 亿美元。到 2018 年，Facebook 可能将成为我们第二大的媒体投资，并且 Snapchat 到时会发生什么，让我们拭目以待。尽管如此，在传统媒体上的支出仍然巨大。例如，福克斯/新闻集团（NewsCorp）/天空（Sky）是我们的第二大媒体投资，每年大约投资 22.5 亿美元。

> - 763 888 人使用 Facebook
> - 网飞（Netflix）的观看量是 69 444 小时
> - 1.5 亿封电子邮件
> - 1389 人使用优步
> - 51 000 的应用程序下载量
> - 亚马逊上的销售额为 203 596 美元
> - 65 900 份视频和照片上传
> - 声田（Spotify）的收听时长为 38 052 小时
> - Tinder 上 972 222 条批评

来源：2016 年 11 月，尼古拉·门德尔松市场营销协会会议演讲

图 8.2　互联网的上一分钟

"我们正处于转型期，而当前谷歌就是颠覆者——他们提供了非常强大的一对一传播。但是他们也知道，现有的媒体仍然拥有非常重要的能力。数据显示，与传统电视和报纸的互动仍然比网络媒体更好。"

在这一背景下，战略型品牌必须拥有两种相关的超级能力。

超级能力 1：预见、塑造并创造未来

一个持久战略型品牌必须是该领域的开拓者。它必须是触角和准则，以对强或弱的发展信号和趋势进行分析并作出战略判断。它必须给予组织信心和指导，以主动发现并领导变革和创新。由于目前的趋势是"先入为主"，组织领导变革的能力是其决胜之处。通用电气和亚马逊品牌是这种超级能力的标杆。

超级能力 2：见证未来，并实现组织的未来转型

品牌需要做的不仅仅是经历变革。它必须带领组织完成转型，利用变革创造不同的机会和根基，并在转型期为所有利益相关者树立坚定的态度和信心。简而言之，"持久战略型品牌"必须稳固且具有"品牌未来"的生命力。IBM 品牌是这种超级能力的标杆。

尼克·尤德尔（Nick Udall）描述了"面向未来"的独特性，以及采取灵活的战略方法的重要性：

"世界变得愈加动荡、多变、复杂和不确定。边界越来越模糊，技术正在改变游戏规则，消费者获得了越来越多的权利，越来越多的事物相互依存。你无法再用一个静态的战略，比如一个从 A 到 B 的计划，来应对这些。大多数人并没有真正意识到他们现在所处的位置（A），并且一旦尝试和描述（B），一切都会变化并过时了。挑战在于学会运用新兴战略，这对大多数企业领导者及其利益相关者来说是违反常理的，但对创造者、创新者和企业家来说却是非常熟悉的。

"工作的方式就是感知未来的空白空间，带入你的差异之处并进行垄断，例如宣称、塑

造和创造你自己的空间。然后你需要创新方式，知道它（你对空间的理解）和你（你对自己是谁和能做什么的认识）会随着你的每一步而改变。

"归根结底，在这个不确定的世界里，你唯一能够抓住的就是你的自我认知和身份——核心目标和核心价值观念。当你在森林里迷路时，知道自己是谁能让你镇定，这样你就可以加深倾听，扩展感官，并注意到周围那些细微的、微妙的和短暂的线索，以帮助你找到最佳的前进方向。"

从品牌的角度来看，英国石油公司的"超越石油"计划完美地符合第一种超级能力，因为预言它能支持向低碳经济转型。随着转型的推进，它有可能成长为一个持久战略型品牌，但它没有足够的第二种超级能力，这意味着它需要一个足够强大的基础来创造未来，尤其是在品牌战略驱动力不足的情况下（见第十章）。

同样地，通用电气的绿色创想（Ecomagination）计划专注于清洁技术的创新，这是表达和传递通用电气对低碳世界的承诺的一种绝妙方式。当于 2005 年推出之时，专门的绿色创想业务和品牌推广极其成功，产生了巨大的影响。十年后，不论其成功与否——绿色创想计划的全球负责人德布·弗罗德尔（Deb Frodl）宣布，通用电气从其清洁技术投资中获得了 2320 亿美元的收入——可以说绿色创新计划不仅仅是辅助项目，从一开始它就是整个通用电气品牌和企业的事情。

未来促成了 Facebook

Facebook 是一个天生的"面向未来"的品牌：它创造了未来，并在本质上实现了向未来的转型。我问过尼古拉·门德尔松，她将与那些想要发展或管理"未来拥抱"品牌的人分享什么，她的观点可以概括为：

1. 永远有使命感；
2. 关注客户；
3. 沟通会不断变化；
4. 客观地关注未来。

她解释道："首先，您必须在未来的人们生活中树立品牌目标、使命和角色，但这一使命也必须与当今人们的生活息息相关。Facebook 是一家使命驱动型的公司：使命是使世界更加开放与连通，以便分享更多。通过'Facebook 的免费基础知识'之类的项目，我们正在帮助 45 亿无法使用 Facebook 的人。

"接下来，品牌应该通过关注消费者，即了解他们在做什么、他们的反应、他们的时间花费在哪儿，以及他们希望如何沟通，以此来颠覆自己。你把了解到的这些尽早地用上；你一开始就认为移动是第一位的，而不是事后再考虑的；并且突然之间，你就可以进行大规模的个性化营销了。我们经常被问道：'为什么广告不是针对我的？'

"你将人们联系在一起，然后他们可以以一种全新的方式与所关心的人进行分享。这在不断变化——已经从书面文字发展到照片，并且到现在的动态图像及沉浸式的视频。你可以预想到视觉传播将发生重大转变——这些我们称之为移动电话并将其携带在口袋里的超级计算机，实际上是极好的制片和摄影工作室。在一个信息泛滥的世界里，一张图片胜过千言万语，还能帮助你更快地编辑。这对传播有着巨大的影响，这也是我们在 Facebook 上投资了不同的视觉传播方式的原因。看看 Instagram：它有五年半的历史，目前拥有 5 亿用户。它诞生于移动领域和视觉领域，并抓住了这一趋势。

"最后，组织必须了解并运用新技术。2012 年年中，马克·扎克伯格（Mark Zuckerberg）如何将整个 Facebook 从台式电脑转型为一家以移动设备为主的公司的这个故事广为人知——他也承认自己早该这么做了。我们停下了手头的事情，重新调整了业务重心，在 18 个月内将移动业务收入从 0% 提升至 49%。

"如今，移动设备广告占我们广告总收入的 84%。我敢打赌，下一个大型平台将是虚拟现实（VR）或增强现实（AR）。人工智能（AI）已经存在于我们的生活之中，例如，当银行致电你时说：'您有一些支出，我们正在检查是否一切正常。'Facebook 可以使用人工智能来读取图片上的文字：我们可以使地球上 2.5 亿视障人士通过技术观看图片，并拥有更丰富的 Facebook 体验。"

马克·扎克伯格无法更好地预言未来：2016 年 10 月，全球所有互联网连接中的大多数，即 51.3%，是通过移动设备进行的，而台式机则为 48.7%，这是从未有过的。而就在 3 年前，台式机与移动设备的比例还是 3:1。扎克伯格承认，他应该更早地关注移动领域，这表明，重要的不仅是先发优势——尽管迟入市场会让你更难且更具风险，但客观地关注也能让你做到这一点。

预见未来

正如尼古拉·门德尔松所说，品牌（因此也是品牌的战略营销团队，见第五章）在预见和理解未来方面起着至关重要的作用。她提到，2016 年达沃斯论坛的主题是"第四次工业革命"。在接下来的几页中，我们将分享一些已经发生并正在创造未来的跨类别转变，这些转变对于品牌发展至关重要。然后，我们将更具体地说明这对几个选定类别的品牌意味着什么，尽管这些简短的洞见绝不能代替更深入的观察。我鼓励大家去读一读世界经济论坛（WEF）创始人兼执行主席克劳斯·施瓦布（Klaus Schwab）教授的《第四次工业革命》（The Fourth Industrial Revolution）（注 1）。

第四次工业革命

克劳斯·施瓦布教授首先就"面向未来"的公司和品牌发表了评论："第四次工业革命带来的第一要务是作为一名企业领导者，迫切需要审视自身和自己的组织是否有证据证明组织和领导具有学习和改变的能力？是否有快速开发原型和投资决策的记录？企业文化是否接受创新和失败？这些审视需要坚定而坦诚的考量。"

我们将从克劳斯·施瓦布教授和世界经济论坛团队的思想中获益，并且接下来的内容很大程度上归功于他们的研究。

影响全局的变革

正如尼古拉·门德尔松先前指出的那样，技术革新正以惊人的速度和规模在各个方面改变着世界。优步、爱彼迎和阿里巴巴在 20 年前时规模和影响都还很小，如今都已成为各自领域的巨头。iPhone 于 2007 年推出，现在全球有超过 20 亿部的智能手机。1990 年，底特律三大汽车制造商的总收入为 2500 亿美元，市值为 360 亿美元，拥有 120 万名员工。2014 年，硅谷最大的 3 家公司拥有同样的收入，约 2500 亿美元，但市值为 1.09 万亿美元，约为三大汽车制造商的 30 倍，雇员为 13.7 万人，几乎是汽车制造商的十分之一。2016 年十大上市公司中有 7 家是 2006 年排名中没有的。如果这 3 个最大的社交媒体网站与世界各国家人数相比的话，它们的用户数将会在人口前十的国家中占据第一、第四和第十的位置，而 Facebook 的用户数量几乎与中国的人口相同，如图 8.3 所示。

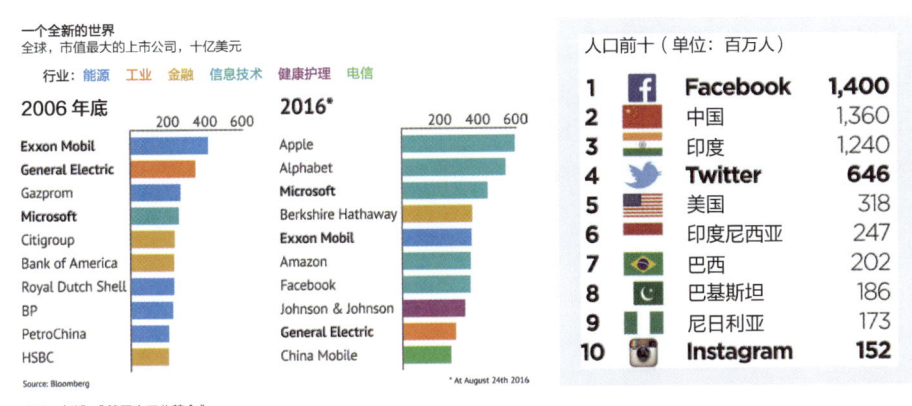

图 8.3　影响全局的技术引导的变型

驱动力

克劳斯·施瓦布教授的报告指出了这种转型的 3 个主要驱动力，它们都与数字化和信息技术的力量有关。

- 物理的：自动驾驶汽车、3D 打印、先进的机器人技术和革命性的新材料出现。
- 数字的：物联网（IoT）、经济和生活中无处不在的数十亿传感器和互联设备的大量涌入、远程监控、区块链和比特币，当然还有像优步或爱彼迎这样的经济型按需共享平台。
- 生物的：也许对普通大众来说不那么明显，但显示是巨大的，比如对数百万种基因变异的快速探索，由此产生的编辑人类基因的能力，以及不久后将可以编写 DNA 的合成生物学。这是一场医疗知识和医学的革命，就像通过改造动物的基因组来培养适合人类移植的器官一样，但这也将影响农业与营养学，而且在哲学层面对人性本身的看法也提出了质疑。

引爆点

2015 年底，世界经济论坛的一份报告公布了图 8.4 中的 21 个转折点，并将上述框架驱动因素描述为具体的现实。该表包含了预计到 2025 年会出现转折点的受访者比例。针对每一方面，本书对已经发生或正在发生的转变都增添了相应的例子和佐证。

预计到 2025 年将出现的转折点	受访者比例	当前的转变证据
1. 10% 的人身着可联网的衣服	91.2%	5 年内 5.14 亿只智能手表
2. 90% 的人拥有无限和免费的（广告支持）存储空间	91%	现有的免费存储空间最高可达 50GB
3. 1 万亿个连接到互联网的传感器	89.2%	到 2020 年，将有 500 亿台设备连接到互联网（2017 年预测数据）
4. 美国第一个机器人药剂师	86.5%	Rethink 机器人公司发布的 Baxter 机器人获得了强烈的反响
5. 10% 的近视眼镜可连接互联网	85.5%	眼镜当前已经上市了
6. 80%的人在互联网上拥有数字化账号	84.4%	3 家最大的社交媒体网站用户数比中国总人口多 10 亿人
7. 第一辆 3D 打印汽车投入生产	84.1%	通用电气的 LEAP 喷气发动机采用了 3D 打印技术制造的燃油喷嘴
8. 第一个以大数据来源代替人口普查的政府	82.9%	全球业务数据量每 1.2 年翻一番
9. 第一款商用的可植入手机	81.7%	数字纹身有很多有用的功能。电脑＋天线比一粒沙子还小
10. 5% 的消费品是 3D 打印的	81.1%	3D 打印机的出货量几乎每年翻一番
11. 90% 的人使用智能手机	80.7%	10 年内有 20 亿人拥有手机
12. 90% 的人都能上网	78.8%	今天，世界上 85% 的人距离移动发射塔不到 2 公里
13. 无人驾驶汽车相当于美国道路上所有汽车的 10%	78.2%	特斯拉已经在运行半自动汽车了
14. 第一例 3D 打印肝脏移植手术	76.4%	北京大学完成 3D 打印椎体植入
15. 30% 的企业审计由人工智能完成	75.4%	IBM 的沃森已经拥有比人类更好的功能了
16. 政府首次通过区块链征税	73.1%	2015 年，第一个虚拟国家 BitNation 诞生
17. 超过 50% 的家用电器和设备的互联网流量	69.9%	Nest 已提供可连接互联网的恒温器和烟雾探测器
18. 在全球范围内，通过共享汽车出行的人比乘坐私家车出行的人要多	67.2%	最大的零售商没有自己的商店（亚马逊）；最大的酒店公司没有自己的房间（爱彼迎）
19. 第一个人口超过 5 万人却没有交通信号灯的城市	63.7%	西班牙桑坦德市有 20,000 个传感器
20. 10% 的全球国内生产总值存储在区块链技术中	57.9%	Smartcontracts.com 提供可编程的合同，用于组织之间的支付
21. 公司董事会的第一台人工智能机器	45.2%	Concept Net 4 通过智商测评的得分超过了正常四岁儿童

来源：世界经济论坛的数据，由《品牌竞争力：如何打造 持久战略型品牌（上册、下册）》诠释

图 8.4　预计到 2025 年第四次工业革命的转折点

那么，转折点 4 和 14 对于医学、科技和制药品牌来说意味着什么呢？或者转折点 1 对于服装品牌来说意味着什么？或者转折点 7、13、18、19 对于汽车行业来说意味着什么？以及转折点 9、11、12 和 17 对于电信行业来说意味着什么？甚至都没有分析它们将对政府、金融部门或整个公司的运营产生的重大影响。对于品牌而言，了解这些主要的趋势对于它们应该成为什么样的品牌以及它们现在和未来如何发展超级能力，都具有相当大的影响。

巨大的影响

品牌在规划未来时应该考虑第四次工业革命的关键性影响。

对经济的影响——关于第四次工业革命对经济的影响存在许多争论。在此有一个较为乐观的观点：全球经济增长率将维持在每年 3.5% 左右，在新产品的推动下全球 GDP 在 20 多年内翻一番，发展中国家中产阶级群体的迅速崛起以及生产力高度数字化。人口老龄化和社会动荡的影响或许会减弱可能存在的更高增长率。

对工作的影响——对于这个高度敏感的话题，也存在着同样激烈的争论——但每个人都同意，新技术将以相当大的深度、广度和速度，极大地改变工作的性质。人们还普遍认为，有两种主要的相互对立的影响在起作用：技术对劳动力的冲击，同时为应对新的和更多的需求而创造更多的就业机会。这将意味着劳动力的替代和技术的快速转化。随着基于机器人而非人类的制造业"回流"到成熟经济体，这将迫使人们重新思考发展中国家的经济模式，当然，所有这些都极具挑战性和令人不安的。并且这只会变得更加复杂。牛津大学未来人类研

究所所长尼克·博斯特罗姆（Nick Bostrom）教授在他的著作《超级智能：路径、危险、策略》中谈到了智能爆炸。届时，比我们更加聪明的机器开始设计自己的机器（注2）。

对企业的影响——有许多变化的征兆，例如标准普尔500指数上市公司的平均寿命从60年缩短到18年。这一统计数据让我们看到了变化所具有的惊人的加速度及其在现实中对许多企业的意义。过去你可能有30年的时间来适应变化，但今天你只有13个月。带着这种紧迫感，将未来植根于自己。

在各行各业中，4种主要的影响是：

1. 客户的预期从产品转向体验；从所有权转向使用权；从群体转向"我个人"，尽管是通过点对点的共享获得的；从公司生产内容转向用户生产内容；从后期转向实时（如耐克+、苹果的iTunes）。

2. 通过数据提升产品性能，例如传感器引导的设备监测、预测性维护，以及一般情况下资产性能和寿命价值的优化。这些动态为使用价值定价等新的业务模型开辟了道路（如通用电气的物联网）。

3. 协作创新成了客户体验型世界的标准，多方将他们的技能带入了端到端服务。但是，成功开展这些合作具有挑战性，迫使企业从根本上改变它们的方法和做法[如海尔的平台化，参考下文和苹果手表（Apple Watch），见第六章]。

4. 需要或正在涌现新的运营模式，以更快地运行并适应技术潜力。例如，平台（见第七章）的所有权被使用权所替代（如亚马逊的金读（Kindle）、声田（Spotify）或爱彼迎）；或者全自动化生产取代传统的操作（如3D打印或人工智能）。

为了生存和发展，公司需要在创新服务中不断提高灵活性和速度。企业的形态可能会改变，大型组织越来越多地将其生态系统组织成许多创新型中小企业或初创企业。联合利华、联合利华旗下的风险投资（Unilever Ventures）和私人股本部门以及其他类似机构的设立，就已经证明了这一点。

对政府的影响——监管环境将发生巨大变化。一方面，将结合更多的立法来规范研究人员、企业和公民开发新技术所产生的影响，其中一些技术存在我们需要避免的风险；另一方面，权力从政府向松散的网络转移，公民运用技术表达自己的意见，调节所产生的影响并可能避开政府的监督。由于数字技术没有国界，这种趋势可能会强调城市（和地区）而不是国家作为创新中心的核心作用。事实上，帕拉格·康纳（Parag Khanna）在其颇具影响力的著作《超级版图》（Connectography）中指出，特大城市将成为全球人口和经济活动的中心，约50个特大城市将主宰世界，其重要性超过全球200多个国家及地区中的大多数（注3）。

对社会和个人的影响——在此我们不对安全和新的战争形式的重大问题发表评论。相反，让我们看看社会和公司是如何应对六大动态的：

1. 新的现代性与传统的和非世俗的信仰之间可能存在着对立，一些群体极有可能以极端的意识形态驱动的暴力对抗进步。

2. 资本替代劳动力所导致的，在那些引领创新且具备所需的高技术能力的人与被迫从事低技能劳动与个性化工作的当前中产阶级之间的不平等现象正在加剧，MBO机构预测到

2020 年全美 40% 的劳动力都是个体经营者。这已经转化为"赢家 vs 输家"或"被遗忘的人"的主要政治表现形式,比如唐纳德·特朗普(Donald Trump)当选美国总统,英国"脱欧",未来还有更多。

3. 个性化发展的意义、"我－我"社会,以及新的社区形式的出现,并不是由空间驱动的,而是由个人项目、价值观念和兴趣所驱动(见第四章爱彼迎的"归属"战略)的。

4. 通过思考某些技术(如控制人工智能、延长寿命、设计婴儿、记忆提取等)对人类真正意味着什么,来重新定义什么是人类。

5. 人际关系的转变,通过这种转变,我们与数字、高科技和移动设备的过度互动剥夺了人与人之间的联系,并因此丧失了同理心、深刻反思或实质性思考。44% 的青少年即使与家人或朋友在一起时也不能"脱离"科技产品,难道不是这样吗?

6. 随着大数据与技术互联的碰撞,隐私和私人信息的意义和实践发生了变化:一方面,数据的使用是现代经济成功的关键,另一方面,这可能会对个人产生巨大的、潜在的负面影响。

回想以前在英国石油公司或其他公司担任高管职务时,我认为我们并没有足够深入地拥抱未来,以塑造未来或引导品牌。现在我发现这变得更加容易,因为我已经能够回归到战略咨询的角色。从这个角度来看,我认为任何品牌都不可能在不了解和预先创建这些重大变化的情况下取得成功。

克劳斯·施瓦布教授阐释了参与的重要性以及如何恰当地应对第四次工业革命:"我们正处在这样一个时刻,对有目的的参与的需求正成为一个主要问题。对年轻一代来说尤其如此……我们有能力应对挑战,进行变革并制定政策,以适应(并发展)我们正在形成的新环境……我认为必须通过培育和应用 4 种形式的智力来适应、塑造和利用潜在的颠覆性,这 4 种形式的智力是:情境(思想)、情感(心灵)、灵感(灵魂)和物质(身体)。"

这正是持久战略型品牌的意义所在,也是这些品牌渴望提供的,以及必须实现的。

对于处在转型行业中的品牌来说,这实际上意味着什么?

我相信这一切都与品牌息息相关,那么我们如何在实践中将当前的第四次工业革命与创建战略型品牌联系起来呢?让我们看看这些系统性的变化是如何改变一些特定领域的现实的,我们在这项研究中得到了远见工厂(Foresight Factory)克里斯托夫·茹昂(Christophe Jouan)的极大帮助。

汽车品牌

汽车已经成为带轮子的计算机:电子设备大约占汽车成本的 40%。许多其他方面正在发生变化,例如从内燃机转向燃料电池和 / 或电力;开发自动驾驶汽车;从众所周知的汽车所有权转向按需用车和闲时共享;推广多渠道购买汽车,而不仅仅是经销商;从根本上重新定义出行的核心方式,尤其是在城市里。

那么,在这场革命的背景下,未来的汽车品牌是什么呢?在哪里可以实现盈利——生产汽车或开发授权软件?科技公司是否会重新定义、垄断和 / 或取代汽车公司的整合者角色,让谷歌、苹果、优步、来福车甚至是 Zoox 闯入市场，改变游戏规则？还是说汽车公司会加入科技行业？比如，福特创建了智能移动出行（Smart Mobility）子公司，作为一家独立的有限责任公司（LLC），像苹果一样开发软件和提供技术服务？

福特汽车公司执行董事长比尔·福特（Bill Ford）和总裁兼首席执行官马克·菲尔茨（Mark Fields）在 2014—2015 年度固定移动融合（FMC）可持续发展报告中提出了一个有趣的观点（注 4）："毫无疑问，我们正处于历史上最具变革性的时期。我们明白，胜利者将是创新者、颠覆者，以及那些愿意打破传统并寻求新解决方案的人。这也就是为什么我们要更努力地迫使自己像初创公司那样思考、行动和颠覆。我们将同时成为一家产品公司和移动出行公司。我们的愿景无非就是改变世界的运行方式。在福特，我们视其为最后的机会。事实上，就像我们的创始人在一个多世纪前发明汽车一样，这是一个巨大的机会。亨利·福特（Henry Ford）认为，好的企业可以生产出优质的产品，并获得可观的回报。他证明了，出色的企业可以在创造更美好世界的同时实现这一切。这就是每天驱使我们前进的动力。"

替代燃料汽车将占到现有市场新车销量的1/3	购买方式实现了数字化，但政策仍可决定经销商的命运	城市化将推动选择更小型、更清洁的交通
特斯拉效应 特斯拉与苹果、谷歌和可口可乐一起跻身全球最佳品牌 100 强 特斯拉 Model 3 预订量上升至近 40 万台 Model 3 是埃隆·马斯克（Elon Musk）的 iPhone 时刻 特斯拉通过具有快速充电和持久电池的高档汽车制造了电动冷却器。	36% 的 Y 一代已经在网上或有兴趣在网上买车，而不去汽车经销商那里买车 **行业语录** "我们将进行多渠道接触，适用于 i 系列产品以及其他产品。" 宝马公司销售及市场总监伊恩·罗伯逊（Ian Robertson） "我们希望人们开始通过互联网购买汽车。这距离我们的传统渠道可能只有半步之遥。" 通用汽车首席执行官丹·埃克森（Dan Akerson），2013 年 10 月 资料来源：FFonline Research 数据来源：2016 年 5 月英国 1002 名 16 岁以上的在线受访者	今天的汽车有 95% 的时间是停着的 **全球城市化** 45% 55% 62% 持续的城市化将给改善城市空气质量和避免对健康构成严重威胁带来压力 1.23m 3m 2013 年全球道路交通死亡人数 ／ 2012 年全球环境空气污染致死人数 世界卫生组织 2016 年全球环境空气污染报告 2014 年，联合国经济和社会事务部，《世界城市化前景》
个人和企业的出行系统将侵占城市空间，公共交通系统将失灵	你今日所见的汽车品牌不会是未来唯一的品牌	移动出行不会是唯一的交通方式，但个人汽车拥有量仍将下降
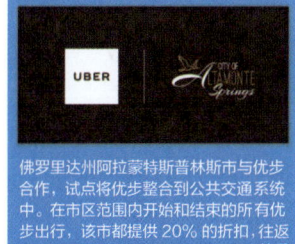 佛罗里达州阿拉蒙特斯普林斯市与优步合作，试点将优步整合为公共交通系统中。在市区范围内开始和结束的所有优步出行，该市都提供 20% 的折扣，往返于太阳火车站（SunRail station）的最后一英里则提供 25% 的折扣。	**行业语录** "汽车行业不怕他们（苹果）制造出优质的汽车。"捷豹路虎的沃尔夫冈·齐巴特（Wolfgang Ziebart） **购买汽车时品牌|型号的重要性** 总比例 48% 没车 34% 1 辆车 51% 2 辆车及以上 54% 资料来源：FFonline Research 数据来源：2016 年 5 月英国 1002 名 16 岁以上的在线受访者	 2016 年 3 月，奥迪在中国香港地区推出了其移动出行服务"家有奥迪（Audi at home）"，嘉里置业（Kerry Property）旗下龙山地产（Dragons Range Properties）的居民可以按小时或按天租用奥迪，只需通过智能手机应用程序注册他们的驾驶证和信用卡并提前预订。

来源：远见工厂和《品牌竞争力：如何打造持久战略型品牌（上册、下册）》

图 8.5 移动出行和汽车的未来

马克·菲尔茨继续说道："我们希望成为帮助人们移动出行的知名品牌，当我们说成为一家移动出行公司时，我们指的是最高水平的移动出行。这个定义是使人们能够在他们想要的地方生活、娱乐和工作……为此，我们的方法是首先颠覆自己。这意味着我们要少关注销售的'东西'，多关注使用情况。"

零售品牌

有了即时的在线连接，在今天和明天的零售业取胜与其说是关于商店或对购物体验的掌控，不如说是关于消费者的需求和如何满足需求。正如沃纳·赖纳茨（Werner Reinatz）在2016年3月的《哈佛商业评论》上优美地写道："在未来的零售业，我们从不停止购物。"（注5）确实，消费者一旦有需求便会越来越多地使用亚马逊或许多其他某一家线上购物网站购物。此外，现在可以使用快速扩展的在线功能，如亚马逊购物按钮（Amazon Dash），或"智能产品"消息，如惠而浦智能厨房套件（Whirlpool Smart Kitchen Suite）应用程序可自动重新订购从亚马逊购买的洗衣皂，自动购买许多不同的产品。以订阅为基础的平台正在改变着零售业，例如网飞提供视频服务，声田提供音乐服务，Zipcar提供交通服务，一美元剃须俱乐部（Dollar Shave Club）提供剃须刀服务。

随着这些模式的不断扩展和体验的增强，如在线产品个性化、增强现实（AR）改进的零售和自主配送等，仅举几例，实体店作为品牌体验和忠诚度的主要来源，如果不是多余的话，也变得不那么重要了。那么零售品牌呢？我们的观点是，品牌从未如此重要，所以品牌第一！简单来说，在客户的整个旅程中，无论线上还是线下，都要在多个平台上创造一致的体验，最重要的是鼓舞"客户总是在购物"。（我们已经在第七章中探讨了阿尔迪如何继续成功创建自己的品牌）

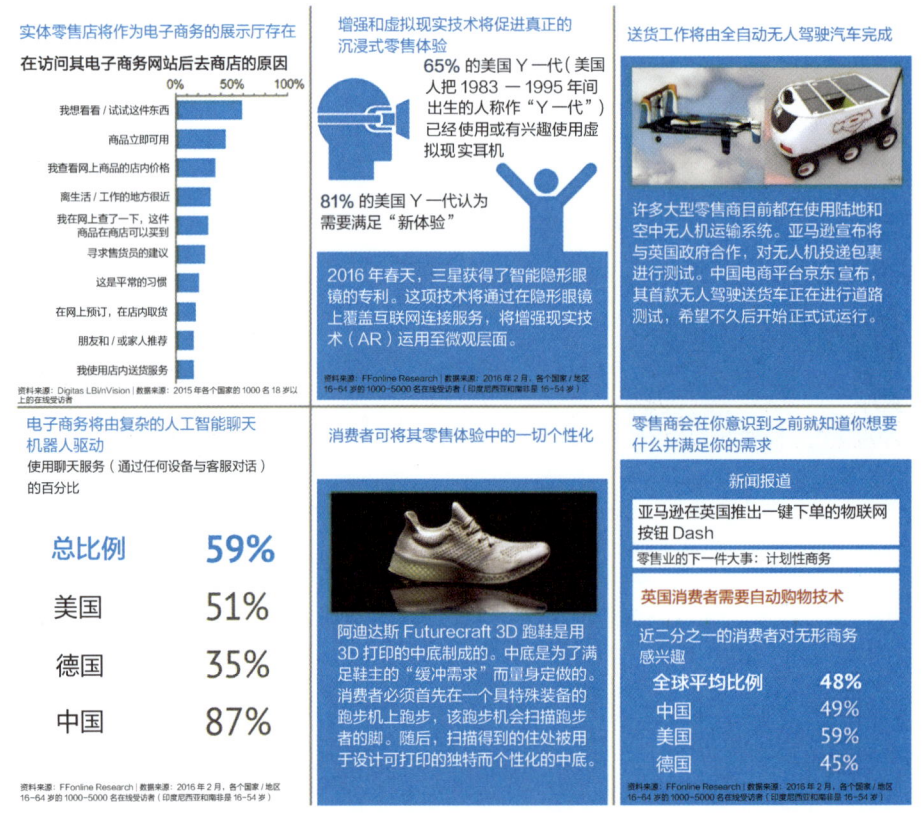

来源：远见工厂和《品牌竞争力：如何打造持久战略型品牌（上册、下册）》

图 8.6　零售业的未来

金融服务和银行业的品牌

颠覆来自四面八方，大量的挑战者银行、非传统参与者和金融科技公司正以更低的成本，用关注、灵活性、新产品和新服务应对银行业务的各个方面。这适用于借贷，包括 P2P 网络借贷；支付服务——跨境、清算等；零售银行业务；区块链和比特币；财富管理甚至是投资银行的关系领域，其中"机器人咨询"算法提供投资组合工具，成本仅为当前交易成本的一小部分。曾经对银行品牌的关系和忠诚度至关重要的商业街银行分支机构的前景如何？如今，大多数交易都可通过移动设备完成，全球 48% 的银行客户每周都使用互联网进行财富管理吗？

当然，重大的转型需要时间。许多金融科技公司无法按时履约，而大型银行已经做出反应了，包括收购金融科技公司——2015 年投资了逾 200 亿美元，而两年前这一数值为 40 亿美元。但是，在过去 12 个月中，18% 的美国千禧一代客户更换了他们的主要银行，而 55 岁以上的客户中这一比例只有 3%，我们可以由此得出什么结论呢？我最近参加了一个英国营销集团的晚宴，苏格兰皇家银行首席执行官罗斯·麦克尤恩（Ross McEwan）任主题发言人。他坦率地说："如果我们不能从根本上改变和提高，那么我们的业务将被蚕食。但是，如果我们能够证明自己有能力、信心、责任和诚信，我就有理由相信，我们能够在很大程度上防止'脱媒'。"

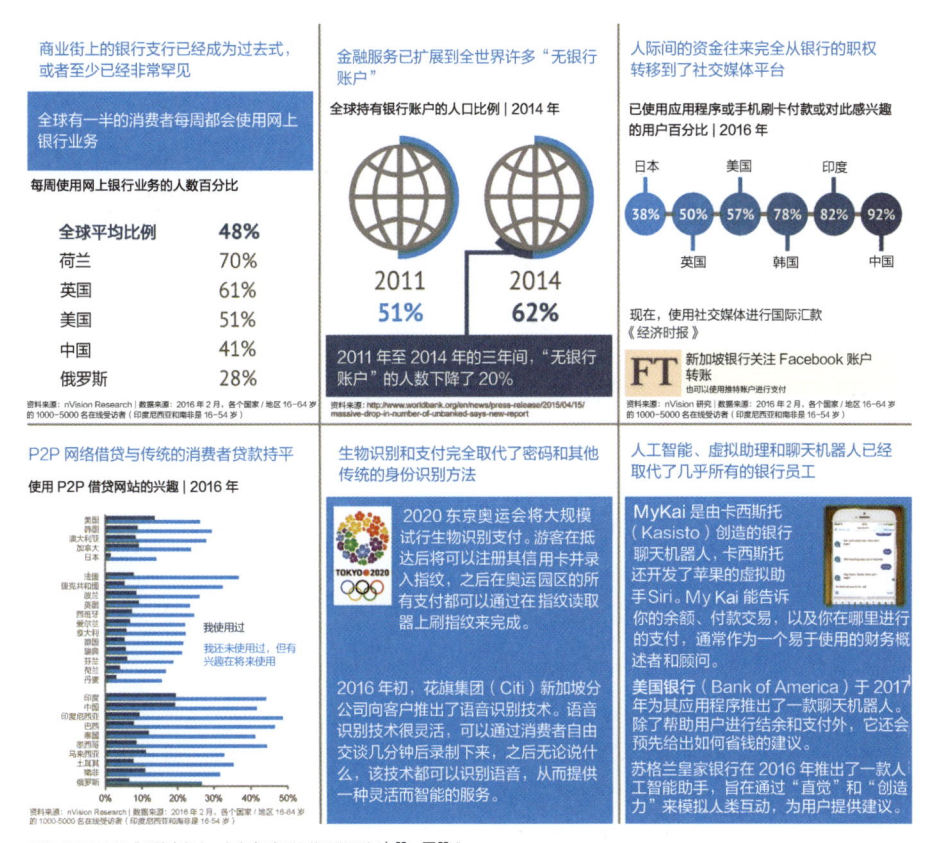

来源：远见工厂和《品牌竞争力：如何打造持久战略型品牌（上册、下册）》

图 8.7　银行业和金融服务行业的未来

医疗保健品牌

作为英国一家极好的、品牌文化深厚的 NHS 基金会专科医院的非执行董事，我对医疗保健领域特别感兴趣，我与卫生部合作，应对因日益增长的护理需求和不断改进治疗的成本带来的重大财务挑战。

通过开发新的诊断和治疗方法、患者记录的数字化，以及可提供大量患者实时信息的可穿戴和可植入设备的发展，医疗行业正在发生变革。这对于最大的医药科技和制药公司的品牌来说意味着什么？这些品牌主要根据他们下一个重磅产品、设备、分子或者药物的开发来定义自己。

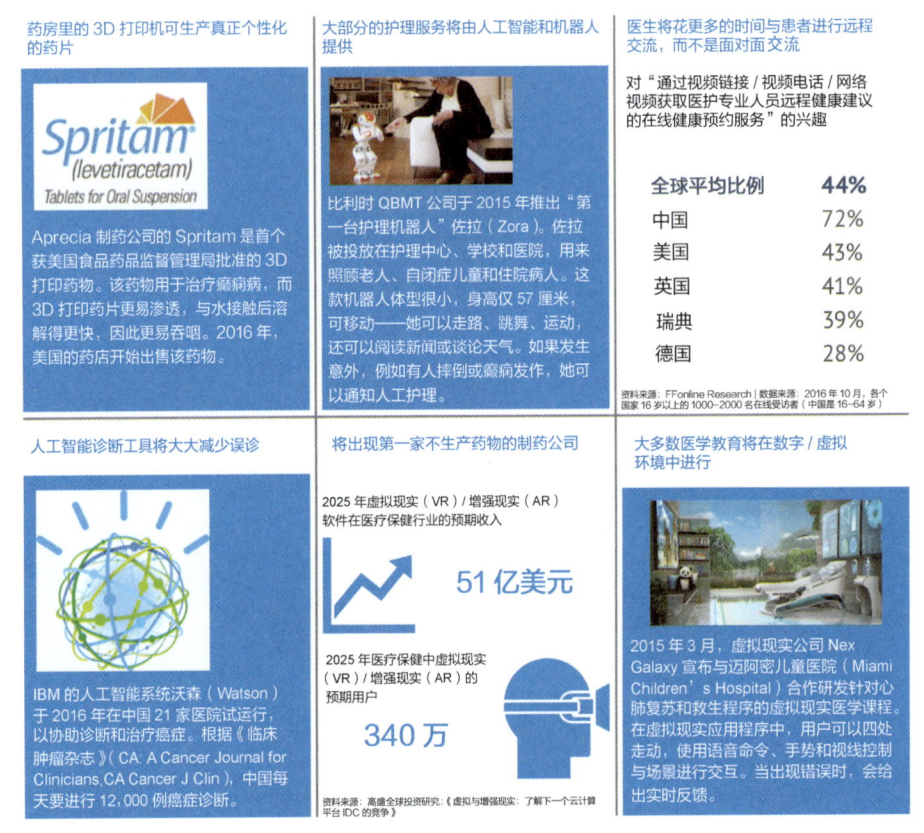

图 8.8 医疗保健行业的未来

制药品牌

制药行业的品牌前景非常诱人，我认为该行业的战略型品牌存在的问题和挑战是：哪个大型制药品牌将主要成为大型消费者品牌，从而引领行业的转型？回报相当可观（见第十二章——价值），因为看看全球市值最高的 100 家公司，有 18 家来自制药行业，但在按价值排名的前 100 个品牌中，却只有强生品牌一家，该品牌的价值可以说更多地受到其快速消费品业务的驱动。

除了品牌估值展现了洞察力，以下是一些推动变革的事实和趋势。

- 人口统计资料——世界正在变得老龄化和更加多病，未来可能会有相当大的增长，特别是在发展中市场。
- 政府和同行的监督——规范性利益相关者的干预越来越多，尤其是在合规、质量和药品价格方面。价格压力导致了整个客户群的大规模整合。
- 数字革命——许多迹象表明，该行业处于濒临崩溃的边缘，即将迎来一场电子医疗革命。
- 发展中的科学——生物学、新一代基因组学、大数据和精确诊断的结合正在重新定义结果。
- 激化的竞争——患者需求的变化给传统的商业模式带来了巨大压力。没有制药业根基的巨头正在进入市场，如 IBM、亚马逊、三星、谷歌、苹果和一些科技初创企业。
- 患者——患者的角色正在转变，因为患者之间的联系更加紧密，患者也更有能力，更加了解自己的遗传情况，清楚自己已经患有或将来可能面临的疾病。

聪明的患者——患者态度的变化代表了一个重大转变：他们的行为越来越像消费者，他们进行预防、预测，并投入更多的时间、精力和金钱来保持健康。患者希望获得授权，得到控制，被告知预先及可靠的信息。他们期望和需要的不仅仅是药物，例如，许多人正在寻找通向健康和远离疾病之旅的图解指南。他们希望与制药企业建立一种不同的、更紧密的关系，这对现有企业来说既是一个重大的威胁，也是机遇。

这些力量正在重塑竞争格局，制药公司有机会从只关注疾病、药物和治疗，转向更多地关注患者以及如何帮助他们更好地控制病情。这意味着制药行业从几乎纯粹的 B2B 转变为大量的 B2C（或 B2B2C），就像集成商和平台开发并提供服务和解决方案、设备和技术，以及个性化的治疗，从而在数十亿颗药之间建立大量的联系。

需要战略型品牌——有迹象表明，这种发展已初具规模，主要由中小型科技公司引领。但是，目前还没有一家大型制药公司的品牌决定采取激进的品牌战略，将患者的整体生活质量作为其目标。可以说，要成功就需要发展战略型品牌，至少基于 3 个原因。

- 大型制药公司在全球拥有数百种药品名称，因此它们需要一个强大而明确的战略型品牌来改变这种关系，并让患者认可这些品牌。
- 最大的威胁可能并不是来自老牌制药公司，而是来自谷歌、亚马逊、苹果等类型的公司。他们拥有很强大的品牌和消费者关系，具备与患者互动的重要能力。我们品牌墓园中的许多公司都犯了一个致命的错误，认为竞争在身边。
- 最后一个原因是，多年来，该行业一直在指责监管机构和环境，致使它们无法与患者建立真正的联系并进行对话。现在，患者推动了这种需要，给了品牌引领转型的空间和动力。

这一切都不容易。但是最高效的"面向未来"的公司是那些能看到自己行业之外的竞争对手的公司。所以，先行动起来吧，并顽强地"接受一切"。

现在，我将对两个恰恰做到这一点的品牌进行研究：工业 B2B 和 B2G 领域的通用电气和消费品领域的海尔。他们都在预见和创造未来，并在向第四次工业革命世界的转型中起到了带头作用。

通用电气：一个在 B2B 和 B2G 领域"面向未来"的战略型品牌

2006 年全球市值最高的 10 家公司，到 2016 年就仅剩下 3 家，通用电气就是其中之一。价值 353 亿美元的通用电气品牌在 2017 年庆祝了其 125 周年纪念日。但是不要搞错了，这不再是同一个通用电气，因为该企业具有独特的能力，能够预见未来，并走向了新的行业领导地位。

最近，我与通用电气的副董事长兼通用电气驻中国香港的全球经济增长组织（GE Global Growth Organisation）首席执行官约翰·赖斯（John Rice）进行了交谈。我提到了通用电气与英国石油公司之间的协作关系（见第六章），我深感荣幸能与约翰·赖斯——这一协作关系的先驱，保持长久的友谊。约翰·赖斯说："在 20 世纪，我们是一家大型金融服务公司，金融服务收入占总收入的 40%；还是一家消费品公司，经营媒体、大型家用电器、照明用品等。与 21 世纪一同到来的是，全球金融危机和金融服务与产业结合的重大问题。"

拥抱数字工业

"你会说：这个组合一直有效，所以让我们继续做下去。或者，这个世界将会改变，你必须将两者分开。与此同时，你会看到向数字化转型的早期迹象，并意识到数字化和工业化的结合很可能会发生。你必须决定我们是置身其中，促进它的发生，还是被浪潮所吞没。我们选择前者。"

在很短的时间内，通过重大资产处置——NBC 环球、通用电气、通用电气资本和对阿尔斯通与贝克休斯的收购——通用电气已对其投资组合进行了深度重组，并将其定位集中于选定的工业平台上：涡轮机、喷气发动机、石油和天然气服务、电力系统和医疗设备。所有这些领域都充斥着越来越多具互操作性的传感器、数据分析、软件控制和数字自动化。通用电气巨大的分析能力既用于通用电气的制造业务，也用于客户工业资产的管理。

"文化"和"目标"导向的通用电气品牌

我问过约翰·赖斯，通用电气预见未来并以这样一种深度和速度改变了一家有着 125 年历史的庞大而复杂组织的秘诀。显而易见的答案可能在于通用电气品牌自身的精髓，"梦想启动未来"。

 通用电气梦想启动未来

约翰·赖斯进一步说："这是一种文化力量，我们会通过简单快速调查 10 个问题来不断测试这种文化，以评估我们是否正朝着正确的方向前进：人们相信我们的数字化战略吗？他们认为我们足够关注客户吗？他们认为我们够简单吗？人们有试验空间，这是我们文化中的一个重要方面，但在大公司中却很难保护这个试验空间？

"我们行动能力的很大一部分还来自帮助每个人理解'为什么'。你如何获得 30 万人的购买力？在很多已经存在了一段时间的公司里，存在一种对'做什么'和'如何做'的固有偏见，而且没有在一开始就把足够的时间花在'为什么'上。当我们投资并不得不做出牺牲来资助我们的数字化工作时，如果人们能够回答'为什么它必须工作'以及'为什么这对我们很关键'，事情就变得容易多了。我不会天真到认为 30 万人都完全接受了我们所有的战略，但他们中的很多人已经接受了，我认为我们取得的进步是因为我们确实有领导和团队能够理解，并且准备执行，因为他们明白'为什么'。这就是品牌，也是成为品牌的原因。"

"以客户为中心"和"战略引导"的通用电气品牌

如前所述，我与通用电气在多个领域共事多年，我记得他们有两个执着的目标：成为一家"技术公司"，尤其是在他们的投资组合中进行交叉影响的创新；并将其价值主张建立在结果营销的基础上。两者结合的结果是，通用电气希望根据客户的使用周期成本而不是直接的设备来进行销售——举个简单的例子，通用电气如何通过优化设计、运营和资产维护的各个方面来降低英国石油公司每兆瓦生产的风力发电成本？

在 21 世纪最初几年，将生产率维持在过去平均 4% 的水平变得越来越困难，因为工艺改进的速度自然而然地放慢了。"为什么"问题是"客户生产力"，通用电气对这一以客户为中心的关注的回答是：数字工业。顺便说一句，与 21 世纪初相比，现在使用相同的风电设备可以多获得 20% 的电力。

数字工业意味着获取运营信息和开发分析，以优化资产绩效 [物联网]；[通过 3D 打印机和数字制造] 改变产品设计并提高产品质量；制造和操作流程自动化；结合基于解析和基于物理的分析来预测和影响机械性能和工业过程。

兼顾"对外联系"和"伙伴协作关系"的通用电气品牌

有人将这些工业互联网的多种应用称为工业 4.0，它需要一个操作平台。具有领导者和整合者眼光的通用电气，正在打造 Predix 平台。杰夫·伊梅尔特（Jeff Immelt）承认，通用电气将成为"在 2020 年前即可成为位列全球前十的软件公司"（见图 8.9）。

约翰·赖斯说："我们正在开发 Predix 作为工业互联网的操作系统——提供一个连接工业设备并使用应用程序分析数据和指导操作的平台。这是一个基于云的开放系统，我们邀请所有人参与其中，包括竞争者。我们与许多公司（2016 年底超过了 400 家）建立了协作关系，其中包括一些不属于我们行业的公司，因为我们相信，这是创建与消费者互联网上操作系统等效的工业标准的方式。"

通用电气：一个面向未来的战略型品牌典范

正如我们刚刚所证实的，通用电气品牌拥有一个完整的体系使其能够"面向未来"。约翰·赖斯的观察证实，它扮演着"预见、塑造并创造未来"以及"见证未来，并实现组织的未来转型"的双重角色。对剩余的战略型品牌要素回顾后也得出了这样的结论：通用电气是一个非常强大的战略型品牌，如图 8.10 所示。

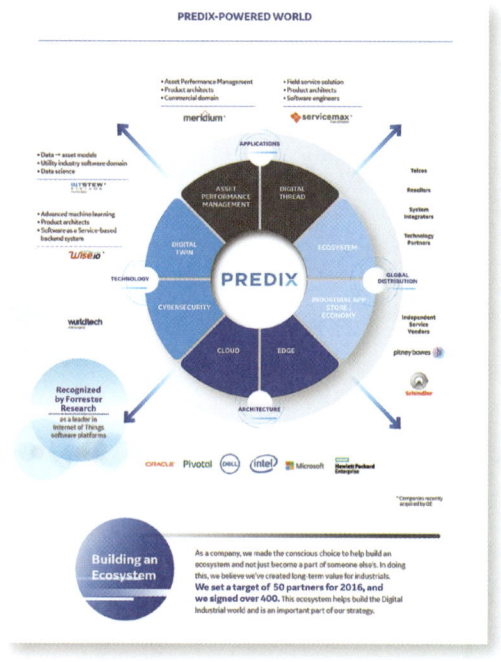

来源：通用电气企业网站

图 8.9　Predix 平台生态系统

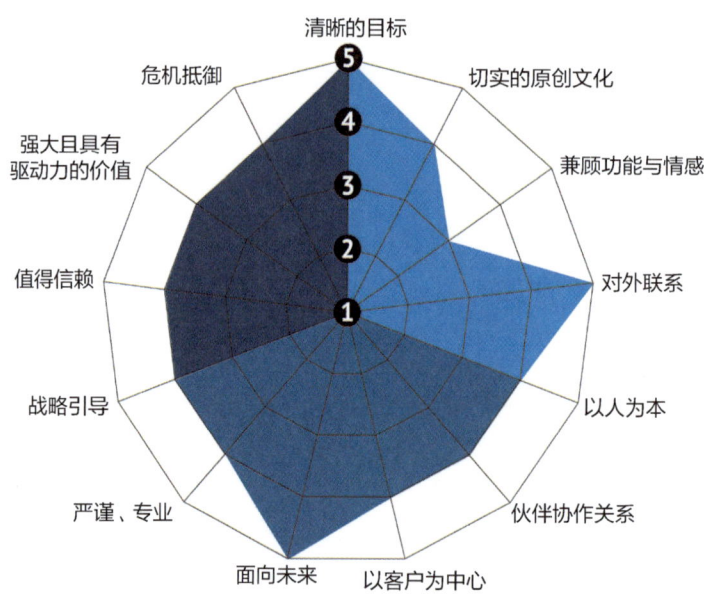

图 8.10　通用电气的持久战略型品牌要素

我向约翰·赖斯询问了他对品牌的看法，以及通用电气正在进行的转型意味着什么，例如，Predix 能否成为品牌？约翰·赖斯回答："品牌是我们存在的理由。它承载着我们的文化力量，代表了为什么；它是我们的信誉，使得我们能与国家的领导人会面；它让人们关注我们所知道的；它代表了我们的'通用电气商店'，这是我们在跨多行业业务中相当独特的一系列横向能力，也是我们主要的竞争优势之一。

"我们希望通用电气能够通过 Predix 平台为整个数字工业制定标准。我们的数字产品将被称为 Predix，它将成为一种品牌，就像 iOS 或安卓一样。Predix 与通用电气的关联方式与 iOS 与苹果的关联方式类似。"

毫无疑问，通用电气品牌将继续发展，尤其是在其表达方式上，以体现"机器感知、预测和应对其独特环境所创造的流程"，并秉承"数字优先"的立场。但如果我们能预测的话，它将继续依靠其根深蒂固的战略型品牌要素，以继续塑造未来并引领未来的转型。

海尔：一个在 B2C 领域面向未来的战略型品牌

Haier　与尼古拉·门德尔松一样，面对全球化和个性化，我绝对相信，拥抱未来的战略型品牌始于"关注客户"，无论它们的客户是谁。换句话说，"面向未来"与"以客户为中心"完全交织在一起，将前面的第七章与这一章联系起来。前面所描述的对汽车、零售、金融服务、医疗保健和制药行业未来的所有预期，实际上都是客户驱动的。

海尔的一切都在"面向未来"！将客户置于核心位置并推动这家市值 380 亿美元的公司采取一切行动以取得进步，在此引领下，该公司全力以赴，以强大的目标、速度和灵活性不懈地向未来转型。

海尔集团

海尔集团是一家总部位于中国青岛的跨国消费电子和家用电器公司，其主要产品有空调、手机、电脑、微波炉、洗衣机、冰箱、电视机等。1984 年，海尔首席执行官张瑞敏执掌公司时，该公司正濒临破产。在相对较短的时间内，张瑞敏带领海尔品牌在大型家用电器领域赢得了全球最大的市场份额，约占总零售额的 14%。

2015 年，海尔的全球收入达到了 1887 亿元（273 亿美元），之前 9 年的复合年增长率为 6%。总利润达到 180 亿元（27 亿美元），同比增长 20%，之前 9 年的年均增长率为 33%。此外，海尔集团在 2016 年以 54 亿美元的价格收购了通用电气的家电部门。[强大且富有推动力的价值]

除了这些事实和数据之外，海尔的品牌故事也非同寻常。这是一个典型的战略型品牌，不断参与一系列重大的"面向未来"的转型，这些转型服务于深层的"品牌目标"（5），并实现最终的"以客户为中心"（5）和品牌"联结"（5）。让我们来看看这些有远见的变革。

从商品到品牌

张瑞敏最早的"面向未来"行动之一，发生在收到一封客户投诉冰箱故障的信件后的最初几天。他把质检部的人叫到仓库，那里有 400 台冰箱。他们逐个进行检查，找出了 76 台有问题的冰箱，然后，他在街上将这些冰箱排成一排并用大锤砸烂了。他所传达的信息很明确：任何离开仓库交付的产品都将是一流的。

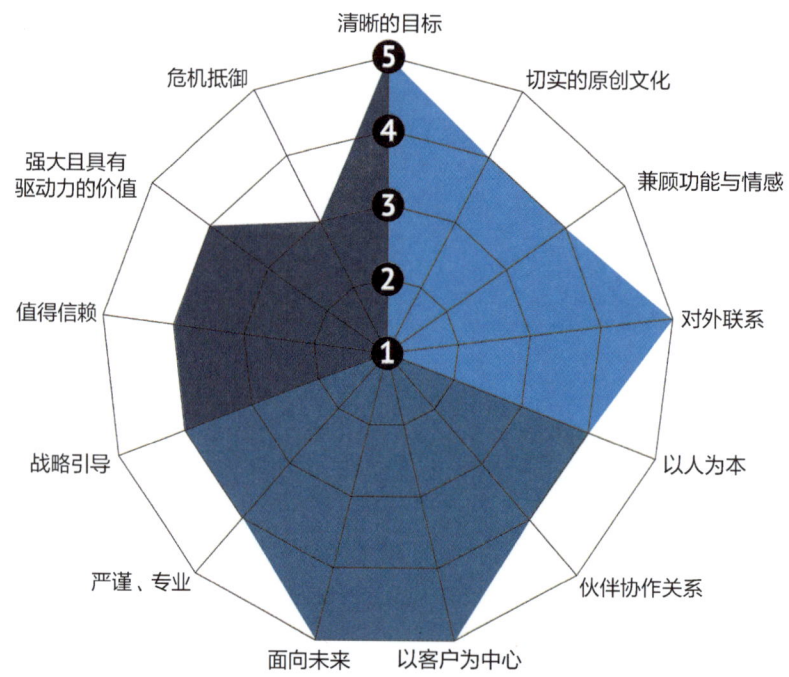

图 8.11　海尔作为一个"面向未来"的战略型品牌

张瑞敏深知品牌的重要性。海尔官方网站在"76 台冰箱"事件之后将战略发展的第一步描述为"名牌战略发展"阶段："当时正值改革开放初期，家电供不应求，很多企业努力上规模，只注重产量而不注重质量。海尔没有盲目上产量，而是严抓质量，实施全面质量管理，提出了'要么不干，要干就干第一'。当家电市场供大于求时，海尔凭借差异化的质量赢得了竞争优势。"品牌得以建构出来（注 6 和注 7）。

从产量到品牌质量

在海尔的复兴之初，张瑞敏就将海尔的商业模式转化为"为客户解决问题"，并以卓越的品质为基础打造品牌。这一目标转化为海尔的主要品牌价值观念——"是非观：用户永远是对的，我们需要不断地提高自己"——这是在公司战略转型的各个阶段中从未改变的价值观念 [目标；原创文化]。

对于海尔的员工而言，这意味着"用户永远是对的，应享有最佳和多重的选择，因此我们需要不断提升自我，通过在转型中创新来获得成功"。

这些深厚的品牌宗旨和文化赋予了海尔"面向未来"的品质。在过去的 30 多年里，这家公司不断地颠覆自己，成了以客户为中心"面向未来"的缩影。下面是海尔的持续改革，如图 8.12 所示。

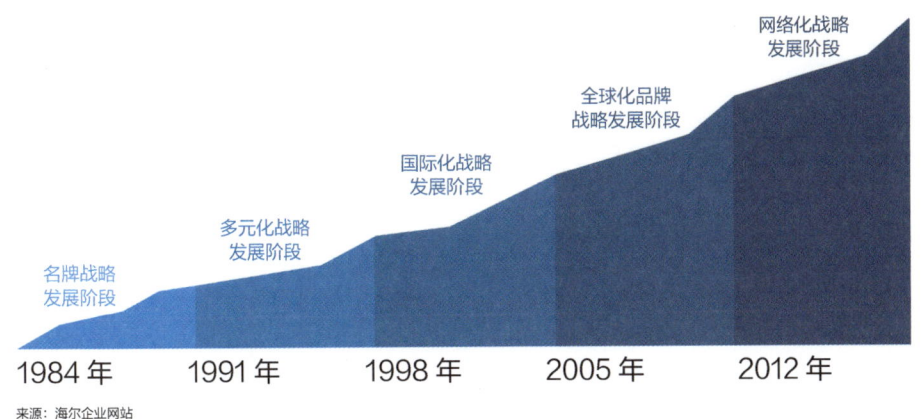

图 8.12　海尔"面向未来"改革的发展阶段

从产品到响应式服务

1991 年，海尔发现，竞争对手已经迎头赶上，质量也已经很好，其他品牌也越来越出名。因此，通过提供"星级服务"（Star Service），公司进入了创新的"优质服务"领域，员工将提供最高水平的响应式服务。这推动了一种新型的响应式客户服务创新，以满足独特的消费者需求。一个例子是，一名技术售后人员参观了一家农场，获知家用洗衣机被误用来清洗蔬菜导致出现故障，之后便推出了一款蔬菜清洗机。另一个例子是，"小神童"（the Little Prodigy）小型洗衣机的推出，最初的目的是提供日常和安全的内衣清洗服务。[兼顾功能与情感]

响应式服务能力的大幅提升带来了组织结构的转型，海尔绕过中层管理，由一线员工和技术服务人员将客户的想法直接传递给最高管理层。同样，部门之间的壁垒也被消除了，我们将在下文对这点进行更详细的描述。[对外联系]

从服务到客户亲密度

21 世纪初，当优质服务成为中国家装领域的标准时，海尔决定再次将重点从客户响应转向客户亲密度。简而言之，海尔的目标是预测客户的需求，而不是通过直接观察或反馈来满足需求。这需要对工作方式进行彻底的重新设计，海尔从之前的精益但仍相当传统的模式转变为所谓的"自主经营体"系统。

海尔决定再次将重点从客户响应转向客户亲密度。简而言之，海尔的目标是预测客户的需求，而不是通过直接观察或反馈来满足需求。

这使得公司分解成一个自下而上的结构，由几个"预期的"（而不是回顾性的）独立的"自主经营体"单位组成 [员工引导品牌]。他们的口号是"海尔与用户零距离"，本质上，海尔培养了新的想法，而不是根据客户对产品的反应采取行动。在这一点上，海尔甚至停止了广告宣传，因为直接在网上与消费者交流要好得多。[战略引导]

如图 8.13 所示，典型的"一级"经营体必须直接面对市场，了解客户需求，为客户提供合适的产品。每个经营体都具有小型初创团队的特点，通常由销售、研发、营销和财务部门组成,各部门直接与客户沟通,并不断相互协调。这些经营体不是永久分配的,而是通过内部竞争形成的。

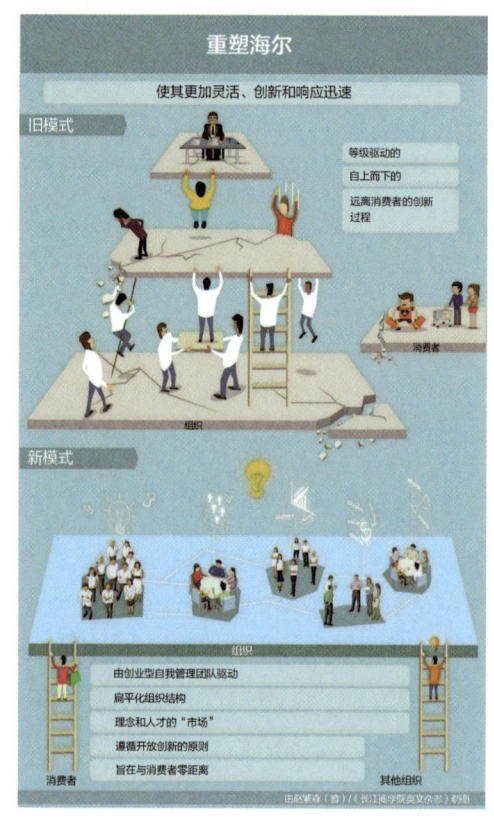

来源:赵繁森,《长江商学院英文杂志》(CKGSB Knowledge)

图 8.13　重塑"海尔与客户零距离"

例如,当海尔推出了一款三开门冰箱——侧面有两扇门,底部有一扇门——他们邀请员工竞争自主经营体的领导岗位,提交关于如何成功生产产品的计划。年轻的朴先凯（Pu Xiankai,音）因以富有想象力的方式描述了产品得以当选,从而领导这项业务;两年后,它创造了 15 亿美元的收入。为实现这一目标,朴先凯挑选了自主经营体成员,并负责管理相关的"利益共同体",这个共同体由内部人员和外部合作伙伴组成,帮助团队实现价值链。这种以客户为中心的组织模式远远超越了其他公司实行的"开放式创新"和"项目团队"结构,其更深入、更广泛、系统化、跨公司的特性使其纯粹而快捷。[严谨、专业]

海尔"用户永远是对的,我们需要不断提高自己"的基本价值观念要求每位员工都培养"创业和创新的双创精神"。就像在三开门冰箱的案例中,海尔鼓励每位员工从被管理者变为自己的首席执行官,从创新中创造新的价值并创造新的用户资源。因此,海尔吸引了最有才能的工程技术人员和业务人员。[品牌引导员工]

从全球化品牌发展中传递客户亲密感

海尔"面向未来"的理念进一步体现在,该公司很早就预见到数字化将改变实现客户亲密关系的条件,并以此推动其品牌转型。以下是该公司对这一举措的描述:"互联网时代带来了营销的碎片化,传统企业的'生产－库存－销售'模式不能满足用户个性化的需求,企业必须从以企业为中心卖产品转变为以用户为中心卖服务,即用户驱动的'即需即供'模式。

"互联网也带来了全球经济的一体化……因此,海尔整合全球的研发、制造、营销资源,创全球化品牌。"

海尔探索的互联网时代创造顾客的商业模式就是"人单合一双赢"模式。"人"即具有创业和创新双创精神的员工,"单"即用户价值。在这一模式中,每个员工都在不同的自主经营体中为用户(单)创造价值,从而实现自身价值(个人)。

例如,有 67 万人参与了一项在线讨论,主题是关于海尔的提问:"你想从空调中得到什么?""凉而不冷"的概念应运而生,成为海尔 2014 年发布的先进家用加热器/空调/空气净化器这些"天樽"系列产品的口号。但"凉爽"的概念不仅仅指温度:消费者想要的是不干燥或不含粉尘的空气,无噪声、防菌、设计美观方便、可通过互联网远程激活等的电器。甚至是在中国本地的传播活动中使用"凉而不冷"这样的客户用语,而不是专业营销用语,也反映了通过多层次的方法洞察消费者的"客户服务领导力"核心准则。

同样令人印象深刻的是,该设备的开发和推出具有跨职能的特点:当营销部门从海尔的在线客户互动中获得消费者意见时,制造部门已经在考虑这些对生产意味着什么,采购部门直接与供应商商讨采购的可行性,售后服务部门正在制订后续计划。每个自主经营体职能部门的代表直接与客户对话,为公司的消费者洞察能力增加了响应能力这一项。因为他们从一开始就紧密合作,所有这些部门的管理人员协调一致地向前推进,一旦出现任何环节的脱节,就立即解决。这使得产品开发非常迅速,一旦准备就绪就可以投放市场,而不是等待由一个部门将工作传递到下一个部门。

这个时候,如果我们没有注意到海尔完美的"面向未来"能够实现"以客户为中心"的各项标准,那我们就不够全面,如图 8.14 所示。[以客户为中心]

Haier

1.	文化和理念	5
2.	目标导向	5
3.	总体体验设计	5
4.	趋势整合	5
5.	客户作为合作伙伴	5
6.	跨职能团队	5
7.	一线决策	5
8.	吸引人才	5
9.	前所未有的增长	5
10.	我们就是平台	5

1 级到 5 级:低到非常强

图 8.14 海尔作为"以客户为中心"的战略型品牌

网络化战略发展

海尔推出的著名的"人单合一双赢模式",通过其"网络化战略"、彻底的地方分权化、去中介化和去官僚化,将海尔的客户服务领导力和以客户为中心的组织核心准则提升到一个新的水平。其基本思路是自主经营体的扩展,不仅与客户展开合作,还与世界各地的创新者展开合作,包括竞争对手和供应链成员。"新模式的基础和运行则体现在网络化上,市场和企业更多地呈现出网络化的特征。在海尔看来,网络化企业发展战略的实施路径主要体现在3个方面:企业无边界、管理无领导、供应链无尺度……不断为客户创造价值。"在实践中,海尔建立了以用户为中心的,共同创造、共同盈利的生态系统,为所有利益相关者增值 [协作关系]。组织结构仍以自主经营体为基础,但每个自主经营体都已发展成为一个网络平台,一个在互联网上分布的开放节点,其扁平结构没有层级组织。

公司无内外之分

在接受《战略与经营》采访时,张瑞敏说道:"我想将海尔变成一家基于互联网的公司,一家没有边界的公司……我们相信,公司不再有'内部'与'外部'之分。谁有能力,谁就来和我们一起工作。现在,海尔有很多企业家,他们不在公司内部工作……从长远来看,没有任何员工只有海尔这个平台……你可能会发现自己和一群昨天还不认识的人一起工作,而明天之后你们就分道扬镳了。人们为了特定的项目聚在一起,又在完成后分开。"[危机抵御]（注8）

以我们前面提到的空调为例,张瑞敏补充道:"我们得出的结论是,空调应能够测试空气的清洁度并进行智能控制……如果一台家用电器不能连接互联网,它就不应该存在……因此我们引入了三星和苹果,帮助我们满足用户的需求……我们在海尔不再是发号施令的人。我们是将一切黏合在一起的胶水……如今,用户成了我们研发过程的一部分。即使在产品研发成功之后,我们也会不断地进行修改,邀请用户和竞争对手参与其中,就像我们为海尔'无线家电'所做的那样。这意味着我们不再像过去那样完全保守秘密。"[值得信赖]

这一转型的其他影响包括,员工数与最多时相比减少了45%。但海尔的平台为整个社会提供了130多万个就业机会。

2016年5月,中华人民共和国国务院将海尔定为"大众创业、万众创新"的示范基地,海尔用"创业与创新的双创精神"来形容其30多年的品牌文化。

创建一个"面向未来"的战略型品牌

总而言之,Facebook、通用电气和海尔是否向我们展示了让他们如此坚定"面向未来"的原因？我相信答案是"是",而且主要的启示是,他们是典型的持久战略型品牌,并且通过以下所列的最佳做法体现了两种"面向未来"的超级能力。

预见、塑造并创造未来

1. 关注客户——海尔、IBM、通用电气、亚马逊、Facebook 及其他拥抱未来的品牌—

直都是这样做的。[以客户为中心]

2. 在分析趋势并采取行动时要全力以赴并严于律己——尼古拉对达沃斯的第四次工业革命，给予了关注并产生了深刻的影响。[对外联系]

3. 客观地关注未来——海尔做出了最根本的决策，包括组织方面的决策。[严谨、专业]

4. 合作，因为你既不能独自预见未来，也不能独自创造未来——通过将其技术与合作伙伴的应用专业知识相结合，IBM 不断发展协作关系以创造未来。[伙伴协作关系]

5. 颠覆自己——Facebook 花时间用手机颠覆自己……并且几乎不得不对此深感遗憾。[战略引导]

6. 看远点，立即行动——IBM 和通用电气都有长远的眼光，但是要加快在未来立即执行的速度。[战略引导]

见证未来并实现组织的未来转型

7. 永远有使命感，这样才能孕育文化——IBM 的"思考（Think）"具有这种内在的能力。[文化]

8. 坚定目标并加强文化——例如，海尔的"创业与创新双创精神"。[目标与文化]

9. 大胆并领先改革——例如，Facebook 的移动转型。[战略引导]

10. 打破部门壁垒——海尔缩短了命令链，以建立市场与领导者之间的直接联系。他们赋予了员工参与和引领未来的权力。[以人为本]

11. 打破内外壁垒——透明、由内而外、由外而内只是海尔的一种生存方式。[文化与透明度]

12. 创建快速应用技术的品牌文化——这相当于手机之于 Facebook，人工智能之于 IBM 和亚马逊，物联网之于通用电气，数字创新之于海尔。[文化与战略引导]

第九章
严谨、专业

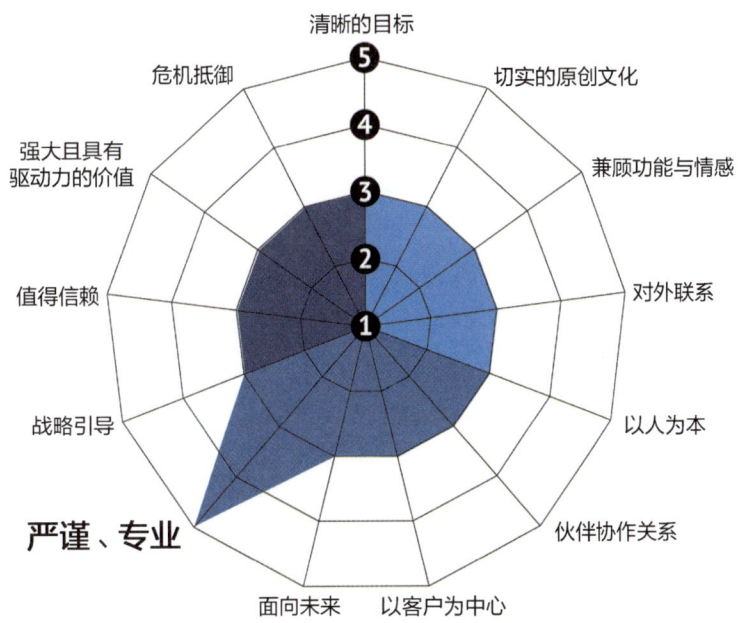

"严谨、专业是目标与成就之间的桥梁。不严谨、不专业作出的判断,是妄想的开始。"
——吉姆·罗恩(Jim Rohn),企业家、商业哲学家

一家丹麦的数字化学习公司、一家西班牙的食品零售商与一家法国的航空材料供应商，它们三者有什么共同之处吗？科莱欧在线（Clio Online）、阿米勒集团（Grup Ametller）和菲雅克航空（Figeac Aero）在产业、志向、规模方面非常不同，但它们都有一个非常相同的特征，这也是战略型品牌的关键要素之一，即：他们贯彻"严谨守纪"，从而实现完美的经营。

正是这种高质量的执行，将它们与竞争对手区分开来，在它们的利益相关者和客户的眼中，甚至是在欧洲商业奖（European Business Awards）的评委们眼中，定义了它们的差异化品牌（注1）。

因为它们都是欧洲商业奖的优胜者。欧洲商业奖每年在33个国家超过33 000个组织中进行评选，以便选出为数不多的最佳实业企业。

科莱欧在线是一个教育公司，为丹麦85%的学校提供帮助，为教师的工作赋权，为他们节省了24%的备课时间。这一切都始于2006年，当时有3位朋友产生了一个想法，他们想该如何利用技术使教师的生活更轻松。现在，科莱欧在线的营业额超过1000万欧元。我喜欢创始人贾纳斯·伯恩·索伦森（Janus Bern Sorensen）描述其公司目标的方式："600年前，古腾堡发明了印刷术，改变了图书出版业的面貌；今天，我们正努力在数字学习方面做同样的事情。"

菲雅克航空是法国的航空分包商，它是践行"严谨专业"的另一个优秀案例。该公司成立于1989年，初始资金是个人储蓄的18 000欧元，现在是世界上最大的"主要航空制造商的合作伙伴"之一，客户包括波音公司（Boeing）和空中客车（Airbus），营业额快速增长，达到了2.5亿欧元。

阿米勒集团是加泰罗尼亚的一家食品公司，仅在14年间就创造了西班牙最大的独立新鲜农产品公司。"严谨而有纪律"的注重整合流程确保了质量和经济，创造了1700个工作岗位以及一个包含着12家新店和3家餐厅的零售品牌。

过去的8年里，我与欧洲商业奖有着相同的信念，我以各种可能的方式参与其中——作为合作伙伴、支持者、评委、颁奖人，甚至是会议主席。参与欧洲商业奖活动的日子一直是我的商业日程中最有价值的日子之一：我为欧洲最好的（实际上是全世界最好的）企业感到兴奋、鼓舞和激动。

欧洲最好的企业和品牌

欧洲商业奖是2007年由阿德里安·特里普（Adrian Tripp）成立的一个极好的项目。它在欧洲的声誉现已经很好地建立起来了。在2016年和2017年的颁奖中，它们与33 000多个组织合作，联合营业额超过了1万亿欧元，雇用了270多万人，创造了超过600亿欧元的利润。

阿德里安描述了他们的目标："欧洲商业奖建立在一种精神之上，即创新、强劲和繁荣的商业能创造一个更加成功和繁荣的欧洲。我们相信，从失业到气候变化，从冲突到贫穷，在帮助应对本地区和全球面临的重大挑战方面，企业是其中最重要的角色之一。创建更强大、更成功、更创新、更有道德的商业社区，将会有助于处理上述的、以及更多的挑战。每年，欧洲商业奖都会对我们在欧洲有幸拥有的一些杰出人才和能力进行表彰。欧洲需要更多像这样的公司，我们希望欧洲商业奖能够激励更多这样的公司。"

图 9.1　欧洲商业奖颁奖典礼，米兰，2016

为什么在这里说到欧洲商业奖？因为在这些年，这些企业和获胜者的鼓舞人心的品质让我想起了重要的一课：最好的企业并不一定有最创新的想法；它们并不总是与最新的技术或者突破性的发明有关。相反，它们绝大多数是"严谨、专业"的，传统的企业在执行方面做得很好，无论他们做什么。正是这些企业一致的、系统的、深入的、坚定的执行力，加上对细节的极致关注，使得它们与竞争者们区分开来，定义了自己的品牌。

我见过数百家这样完美运作的企业，发现它们有 10 个相似点：

1. **在知名的、传统的领域开展业务**，但通过卓越的运营来发展和转变它们的行业，将经验带到一个不同的领域。随着技术和数字的快速发展，创新是持续的改善。

2. **由极其投入的、坚定的人来经营**，他们践行着最高水平的参与度。员工像领导一样说话和行动，拥有一种共同的主人翁意识。人是第一位的。

3. **团队领导而非个人领导**，尽管他们常常是处于第一代、第二代或者第三代的创始人企业，这些企业在几代人的时间里培养并确立了创始人的文化和价值观，使之成为一种团队共享的理念。

4. **领导阶层体现了一种倾听和学习的风格**。领导者是榜样，是受对机构深深的责任感驱动的榜样。

5. **以客户为中心**。不遗余力地倾听消费者，倾听他们的需要、问题、目标以及与企业的关系。

6. **始终如一的不断改进的精神**，随着时间的推移，打造起深层的能力和长处。任何错误都被视为机会，被整合进公司共享的知识和流程中。这能确保此类错误不会再次发生，也会促使持续不断的进步。

7. **公司的真实性**。员工遵循着组织的目标和交付模式，是公司内在的最佳体现。

8. **欢乐**。热情、信念、企业家精神以及"我能行"的态度为企业内外提供了一种相通的能量。

9. **利润是结果，而不是关键的行为驱动力**。为了品牌和企业的长期发展，做正确的事情永远比眼前的利益重要。

10. **惊人的利润和增长**。成功和令人信服的指标是参加欧洲商业奖的关键要求。两位数的回报率和多年的增长在候选企业中很常见，获胜者就更不用说了。

这些公司并不一定是光鲜亮丽的：它们不是精心制作的，也不是浮华的。但正如我所提到的，欢乐存在于其间。我还记得 2016 年赢得第一届欧洲商业奖的是一家克罗地亚公司，叫贝尔医疗（Belmedic），它得到的是欧洲最佳"顾客导向"奖。晚会上，它们那坐着 10 位女士的一桌比其他 600 位来宾加起来还要热闹！

它们是战略型品牌吗？大部分是，并且它们中甚至还有一些是最成熟的战略型品牌，虽然你也许并不知道它们。简而言之，它们印证了小说家乔治·艾略特（George Eliot）的伟大发现："天才最开始只不过是接受纪律的能力很强。"

严谨、专业地执行

"那些没有杀死你的，只会让你更强大。"就像最佳学习中常有的情况，我对完美运作的理解来自失败的尝试。

我记得在 2002 年，我的职责从领导英国石油的下游战略转变为帮助实施英国石油的 B2B 业务。这些航空、海运、船队、液化石油气、嘉实多 B2B 以及其他这一类的企业，能够从更加清晰的顾客细分、更先进的出价以及向市场转化的航线中得到机遇，这些机遇使我充满热情。我希望它们不再那么重视以资产和产品为驱动，并围绕消费者重新思考它们的模式——因此，少一些推动，多一些拉动。

当时，我们在世界各地开会，试图制定一个解决方案——我们七个人，包括我和这些企业的首席执行官们。从这次会议的规模来看，如果英国石油公司的这些部分都是独立的公司，它们每一个几乎都能排进富时指数（FTSE）前 100。如果英国石油航空（Air BP）更加关注像英国航空这样的个体客户，而不是主要关注它在不同机场的资产，会发生什么呢？我们能否开发一个英国石油团队（BP Fleet）的端到端解决方案，能否与联邦快递及其他全球主要的能源用户合作？在这些会议上，我的许多同事坚持认为，在我们考虑这些具有吸引力的商业选择之前，我们首先要做对基本的事情，那就是专注于资产、服务和品牌管理的"严谨、专业"。否则，我们的结局就会好比是在烹饪得很烂的食物上浇上美味的酱汁。

他们在顺序方面是对的，并且在建立基础方面做得非常好。在 5 年的时间里，这些企业在它们各自的领域里变身为无可争议的世界领导者,并逐渐适应了先进的附加价值商业模式。

"严谨、专业"的另一个例子,来自我创立并经营了10年的英国石油战略客户（BP Strategic Accounts）业务。这个部门的目标就是与世界上最好的企业建立真正并持久的伙伴关系。例如,英国石油公司与福特的合作始于我们打算共同开发"技术到市场"的解决方案。我们同意共享技术机密,以开发一个更好的联合性的能源加发动机性能。由此产生出另外10种合作活动,关键点在于,这种战略伙伴关系在执行方面是完美的,因为它是在一种深入共享的"严谨、专业"的基础之上建立和经营的。

斯蒂芬·奥德尔（Stephen Odell）是福特的执行副总裁,主管全球市场、销售和服务。多年来,我与他有着密切并且互信的工作关系。他谈到了打造福特品牌的复杂性以及它对极致的"严谨、专业"的要求。

"福特是一个很棒的整合者:我们与供应商打交道,也与经销商打交道,我们与第三方打交道,我们也与分销商打交道,我们还与合作者打交道,我们找到了一种方法,能整合所有的能力并将它们合在一起放进一个非常复杂的产品中,这个产品必须以一个很高的水平呈现许多要素,包括安全。正是我们执行这项任务的方式,帮助定义了福特这个品牌。"

真正的伙伴关系会导向相互依靠和信赖。稍有不慎便会毁了你与合伙人之间长期建立的信任、信心和信赖。对这些关键任务的管理以及完美的执行对福特来说至关重要——我们的业务需要能够日复一日、年复一年地传承这种优秀。

当然,"严谨、专业"在我们的零售业务中也必不可少:正如人们常说的,"零售就是细节"。从品牌的立场看,让"超越石油"在前院发挥作用的方法转变成"好那么一点点"的战略,这很大程度上取决于其通过我们的网络进行的日常一贯的执行。在做出承诺时,口头上保持谦虚,行动上加倍努力！这见证了我们仔细检查参观英国石油公司加油站的每一个细节:符合人体工学的汽油喷嘴、更干净的厕所、更快的排队、更多的停车位、一声友善的"你好"。我们全力以赴,让这些细节发挥作用,因为那正是我们兑现品牌承诺的方式,并且这种严谨会决定我们是谁。

没有"严谨、专业",就没有战略型品牌

企业家、作家吉姆·罗恩说:"成功只不过是每天都实践的一点简单的纪律。"那么多奇思妙想被扼杀,那么多基于资产的优秀企业未能发挥其潜力,都是不完善的转化和执行导致的。

每一天都更重要

如今,严谨、专业和一致性被认为是先决条件,但这也有不利的一面。这意味着它们很少被谈起。它们没有魅力,也不创造英雄。

这一章的关键论点是,执行的彻底性虽然很难实现,但它不仅是建立一个可持续战略型品牌所必须的,而且在未来也几乎可以独立地继续将品牌置于其竞争者之上。

作为一名工程师,我的职业生涯是从生产开始的,质量是绝对要保证的,我一直坚持认

为极致的"严谨、专业"是品牌和企业的核心基础,尤其是在与客户的每一个接触点上。作为一个消费者,无论品牌的活动范围是什么,当它没有表现出尊重、服务和努力时,我都会感到愤怒。我确信我们都有属于自己的最糟糕的消费者体验,但不幸的是,我最糟糕的体验来自法国巴黎银行(BNP Paribas)和法国航空公司(对很多人来说,这是一种"空中机遇",我也许不是唯一一个在旅途中两次打破他们的柜台的深度受挫旅行者……)。

这家银行和这家航空公司都有良好的资产和令人尊敬的产品供应,然而关于目的和努力的文化缺失、客户关系所必需的严谨的文化缺失,导致它们的品牌失败。相反,如果你首先关注这一点(从领导阶层开始),它将会是你建立战略型品牌时所能做的最好的事情,因为正如作家 H·杰克逊·布朗(H Jackson Brown)说的,"没有纪律的天才就像溜冰鞋上的章鱼"。

实施就是战略

坦率地说,我纠正这一错误的决心并不总是受到欢迎。有很多次在执行和董事会上,当我的"战略"陈述是关于做事情的方式、方法和原则,而不是充满希望的未来光辉时,我被断然否定了,理由是"不够具有战略性"。

1998年有一次特别会议,我们向集团首席执行官陈述嘉实多欧洲公司的战略,结果受到了严厉批评。我们希望通过会议解决一些棘手问题并得到支持,建立我们完成目标的"严谨、专业",而不是专注于我们战略上的远见卓识。那时候我们的老板对这些并不是非常感兴趣,他不想深入了解和执行他认为是细节的东西。

一直以来我发现,一个品牌和战略常常因为不够重视细节而失败。领导和管理的技能不仅创造愿景,也能帮助解决更加棘手的问题。我属于"实施就是战略"的思想学派,或者,更准确地说,我认为没有很好的实施,就没有真正的战略。因此我仍然坚信,如何实现目标如果在品牌和企业的战略中没有高于其他方面的话,也必须至少是一个关键方面。

所以,即使你并不是一直受欢迎,也请坚持这一点!我喜欢遵循环保人士米莲娜·格里姆波夫斯基(Milena Glimbovski)的建议,"做你自己的最佳顾客,过你的顾客的生活。"如果我是一个投资者,一个衡量领导力的关键指标将会是他们个人在领域内所花时间的比例,无论是在超市的过道上、与机组人员在航班上、消费者电话服务中心、银行分行或者是加油站。

"严谨、专业"的品牌房屋

一直以来,我对"严谨、专业"的心理印象都是一个分为三层的房屋,有地基、地面层和顶层(见图9.2)。每一层代表着"严谨、专业"对一个品牌不同层次的影响力和重要性。

房屋的必要地基:生存

对任何参与商业或交易并且可能重复它的双方来说,地基都代表着一种前提条件。没有地基就没有房屋,也就没有真正的品牌。在现在这个拥有高质量的品牌的世界里,利益相关者和消费者们将交付良好的、一致的机能视为理所应当,如果这没有实现,那就是一个重大的违背。

我正在英国航空公司的航班上写下这几行字,我得到了我期望的东西:机组人员提供的有纪律的标准服务。没有什么让人情绪高涨,除了一次非常合意的体验。我这一笔生意是他们应得的!

ⓒ来源:《品牌竞争力:如何打造持久战略型品牌(上册、下册)》

图9.2 品牌的"严谨、专业"房屋

房屋的地面:激励

房屋的地面层是一个重要的地方,包含大厅、厨房等。"严谨、专业"不仅是一个必要的背景,也是一个关键的附加价值,是关系和体验的积极贡献者。与其他的品牌维度一样,在客户和利益系相关者的选择、支持和忠诚方面,卓越发挥着充分作用。它是品牌语言的一部分,在品牌定位和传播中占有公平份额。许多奢侈品牌将会"居住"在房屋的这一层。整体的执行以及在体验中一致的奢华感是很重要的。

在英国石油公司,我们在加油站的"便利"商店也是地面层的居民。如果他们的产品提供、通道、提货、付款、停车和一般的便利服务都设计得很好,而且一贯执行得很好,那么这种严谨就是一种区分和品牌构建。

房屋的顶层:差异化

房屋的顶层包括起居室和游戏室,是娱乐和放松的地方。在这里,"严谨、专业"就是区别所在。

亚马逊毫无疑问是这一部分的领导者。一位商业伙伴最近总结说:"我不喜欢亚马逊,但我不能不用它们。"亚马逊建立了它在无与伦比的供应链上的主导地位,这条供应链一次又一次地满足或者超过预期地完成了交付。亚马逊内化了消费者旅程的所有方面,包括最具挑战性的方面,比如投诉、退货等,使解决方案变得简单。用营销词典里的一个常用短语说,亚马逊是"无摩擦体验"(frictionless experience)的典型代表。在这种体验中,人们不仅得到了他们想要的,他们不再需要任何别的东西,也会因为它所消除的麻烦、复杂、压力、时间损耗而重视品牌。在我们的卓越之家的最顶层,"严谨、专业"就是品牌制造者,与商业巨头斯蒂芬·佩尔森(Stephan Persson)的商业之道一致:"忠诚并不是靠成为第一赢得的,而是靠成为最好赢得的。"

如果你像我最近那样,参观位于伦敦格雷沙姆大街(Gresham Street)的劳埃德银行集团(Lloyds Banking Group)总部,你会看到电梯间两侧的巨幅海报上面写着：我们的目标是"帮助英国繁荣"，我们的使命是"为客户提供最好的银行"，我们的价值观是"把消费者放在第一位""保持简单""共同创造不同"。当你离开 8 楼的自动扶梯时，还会发现其他的海报，庆祝品牌的 250 周年和"帮助英国繁荣"。从大厅到走廊，你与品牌同在，就像商业银行集团总监兼首席执行官安德鲁·贝斯特尔（Andrew Bester）所说："我们全部的努力就是让劳埃德黑马飞驰得更快。"

"品牌对劳埃德银行集团来说意义重大。在执行委员会会议上，我们用整个时间的 5%来明确地谈论品牌。如果你现在将讨论的范围扩大至目标、价值观和未来我们计划要在文化方面做的事情上，这可能会占到我们时间的 20%。商务事业拥有全国四分之一的小额银行业务账户，其中我们为经济和其他活动提供了超过 20% 的资金，我们每天几乎能接触到这个国家的每一个人。

"对组织内管理所有这些接触点的人来说，品牌是一个关键的框架，通过提供我们正在做的事情的本质，让他们知道为什么他们在做这些事情，他们应该做什么以及他们应该如何做。考虑到我们的愿景是成为'对消费者而言最佳银行'，这一点就特别重要。举个例子，一个抵押贷款业务员应该知道，通过提供抵押贷款，他们将有助于支持建筑行业的工作。

"通过品牌坚守核心是至关重要的，因为即使我们的目标在 250 年里没有改变，但实际上我们做事的方式，尤其是数字化的方式，也在发生着改变，并且将会以前所未有的速度继续改变。这一稳定的目标，将会有助于理解和支持为什么我们每个人都在改变我们做事的一些方式。因为现在我们都需要对非中介化风险保持高度警醒，无论是在服务提供的方式上还是服务提供的成本上。"

与安德鲁共进午餐时的谈话使我的信念更加坚定：品牌真正的"严谨、专业"只会在它自然地源于一个深层的共同目标时出现。换句话说，"严谨、专业"不是强加于人的，而是从人们的个人意愿、信念和对品牌的尊重中自然产生的。

这里的"严谨、专业"能够帮助你回答你的品牌属于哪一类型或者你希望你的品牌成为哪一类型。从欧洲商业奖的众多获奖者到亚马逊再到劳埃德银行集团，许多品牌越来越将"严谨、专业"作为他们的定义者，这总会让我印象深刻。

这些是无聊又显而易见的现实吗？或许是，但它对持续战略性品牌来说是极其重要的。要将"严谨、专业"从一个良好的意图成功地转变为一个系统的现实，即品牌在所有的组织活动中日复一日的运作方式，是非常具有挑战性的，需要最佳的文化、目标、领导力、实践和激励。

严谨、专业对于品牌发展和管理的意义

很多组织在管理和规划自己品牌的方式上越来越遵守纪律。由于利益相关者与消费者需求所面临的环境和现实随着数字化、个性化、全球化和平台化发生改变，交付的一致性和有效性得到了相当大的关注，而战略营销资金通常又是非常有限的。

关于技术和实践的发展，我们在这里不是要详细说明它们是什么，而是要引导大家关注图 9.3 所示的品牌建设的所有领域。

第九章 严谨、专业

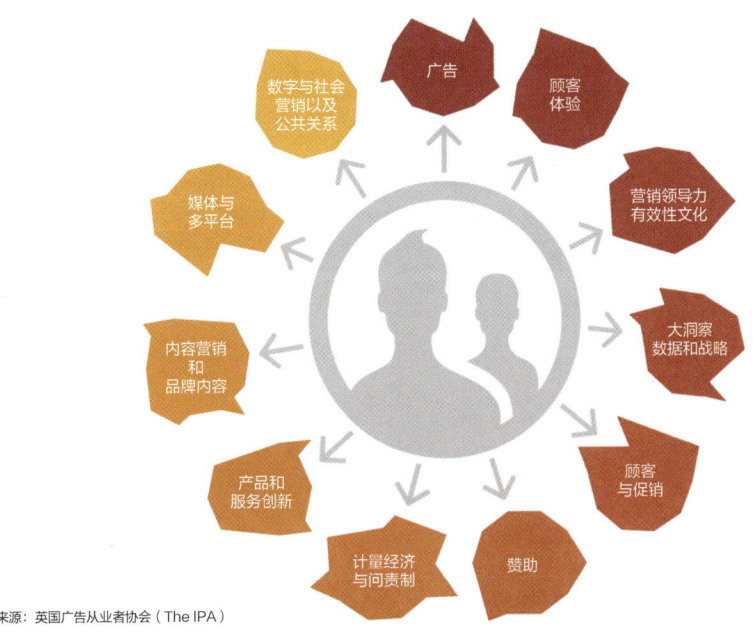

来源：英国广告从业者协会（The IPA）

图9.3 品牌严谨、专业的领域

2016年11月在伦敦，围绕有效性话题举办过一个为期一周的活动，叫"效应周"（EffWeek）（注2），这是有用聚合成功实践的一个例子。这次活动包括在英国电影和电视艺术学院（BAFTA）举行的为期两天的峰会，会上顶级营销人员分享了他们改善问责制和提高能力时遇到的挑战，并举办了20场卫星活动，品牌、专业从业者和行业机构评估和祝贺了最佳案例。谁会想到，度量、分析、工具和程序有一天会像创造力一样流行！

"效应周"由英国广告从业者协会（IPA）发起，德博拉·帕克斯（Deborah Parkes）策划。事实证明，我们生活在一个基于证据的世界，14个营销行业协会同意合作参与该项目，包括：英国广告从业者协会、国际传播测量与评估协会（AMEC）、英国数据营销协会（DMA）、市场研究协会（MRS）、互动广告局（IAB）、世界广告主联合会（WFA）、英国广告人联合会（ISBA）、英国公共关系顾问协会（PRCA）、品牌内容营销协会（BCMA）、内容营销协会（CMA）。

"效应周"的举行本身就告诉了我们很多关于当今商业的事情——人人都懂得，基于证据的决策是唯一的选择，组织里的每一个人都需要将"严谨、专业"集中应用于如何推动品牌发展上。这里举几个例子。

决策的脉冲测试（Pulse testing）。沃达丰（Vodafone）指出，有一段时间他们不满于营销投资方面做决策的基础。他们希望推动更多可信的问责制，怀疑基于"坏数据"的决策没有达到最优水平，希望对杠杆有更多的控制。在权衡了一些方法（计量经济学和归因模型）后，他们得出了所有的方法都有缺陷（相关性与因果关系或本质上的太长时间）的结论，并且建立了一个基于脉冲测试的新系统。这彻底改变了他们在所有渠道的媒体投资。

行为改变预测。 政府传播服务公司（Government Communication Services）谈到了他们开发的仪表盘，能够让他们更加了解政府每年运行的前25个活动。通过发明一种了解行为改变的早期指标的方法，他们能够预测有效性，并且更准确地针对某些项目调整支出，以确保纳税人的钱使用得当。

理解情感联结。 雷切尔·斯威夫特（Rachel Swift）是约翰·刘易斯（John Lewis）销售和品牌部门的领导人，她分享了他们如何将"情感联结"从他们的度量指标中分离出来。现在，经过多年的跟踪调查，他们知道了它对业务投资回报率（ROI）的影响。提高创造力是一个更好地与消费者互动的清晰战略，并且因为他们现在能够测量和解释这一点，他们的同事也变得完全支持。

成长的数据。 蒂姆·沃纳（Tim Warner）是百事可乐公司的洞察与分析副总裁，欧洲和撒哈拉以南非洲地区及全球创新实践主管，他描述了一个系统化的旅程，他们已经着手创造一个充分利用数据的环境，数据在其中变成了一项战略资产以及驱动更多有效性和成长的燃料。他发现，洞察功能需要专注于帮助企业领导者回答最重要的发展问题。他说，首先要清楚地知道这些问题是什么。

级联式学习。 迪阿吉奥（Diageo）谈到了通过围绕"证据"驱动文化改变来改善营销问责制。西欧营销与创意总监埃德·皮尔金顿（Ed Pilkington）说他的口头禅是"我不知道我不知道的事"，他鼓励团队中的其他人不断学习和实验，以不断进步。他建议说，级联式学习对迪阿吉奥来说是一个重点，个人受到邀请来参加培训课程，并在他们的企业内部网上获得与企业有关的评估故事。

失败；效率测试。 谷歌和巨人（Monster）分享了他们的公司对"测试和学习"的承诺，以及他们如何让失败变得正常——只要你失败得够快！对他们而言，这解放了员工，让他们变得受证据驱动，为通过仔细检查每一个细节来改善他们做的每一件事而激动。英国谷歌品牌解决方案部门的主管艾莉森·洛马克斯（Alison Lomax）说，在读了比尔·盖茨1999年的《未来时速——数字神经系统与商务新思维》（*Business at the Speed of Thought*）后，她确信企业需要利用技术创造一个"中枢神经系统"来实现更快的反馈回路。改变了的是，数据储存成本的大幅降低，这增加了处理能力和容量，为数字数据点和追踪工具的增殖提供了支持。现在一年进行数百次测试是可能的，而且不需要测量总人数或其他经费来适应这样一种方法。因此，企业里的严谨性是有史以来最简单的。

数据基础建设是必须的。 托马斯·H·达文波特（Thomas H Davenport）是巴布森学院（Babson College）和麻省理工学院的教授，他谈到了营销分析的4个时代，给读者一个企业通过技术和运用数据推动更好表现的快照，他还警告说那些尚未建立必要基础设施的企业会在眨眼间被取代。他传达的信息很明确：在所有程序中都要严谨，因为整理客户数据能够让你在未来为他们提供个性化的服务。

关于如何继续提升品牌发展和管理的"严谨、专业"，还有许多其他丰富的研究。有趣的是，我们观察到一些杰出的战略型品牌如何将这些先进的方法大量地结合起来——最好的正变得更好。

简要来说，"严谨、专业"是一个持久战略型品牌的开端和结束的主要部分。这也给了它 13 个要素中一个重要的位置。

奥林匹克品牌

我们选择奥林匹克品牌作为持久战略型品牌在"严谨、专业"方面的代表主要有以下 3 个原因。

- 虽然乍一看奥林匹克品牌不提供有形的、实际的产品或服务，而且它的主要利益相关者是参与体育运动的人及普遍的社会，但是像这样一个复杂的品牌，它有一些非常特殊的关于价值和影响的东西。这个品牌非常有代表性，因为它具有挑战性、精致性、全球性、B2C（企业到消费者的电子商务模式）+B2B（企业到企业的电子商务模式）+B2G（企业到政府的电子商务模式）、人性化、情感化、政治性和间歇性。
- 它的全球一致性让人印象深刻，尽管与强加的严谨相比，这更多的来自自律。我从"奥林匹克运动"（Olympic Movement）的规则中学到了很多有关打造印象深刻的战略型品牌的知识，我也希望读者能够发现他们作为例子的有益之处。
- 最后，在过去的 15 年里，我对奥运会和残奥会的理念以及它们分别在社会中扮演的角色很着迷。这包括尊重、情感和服务的愿望。

实际上我还有第 4 个原因：战略型品牌难道不是与成功的运动员非常相似吗？难道它们不要求绝对的"严谨、专业"吗；难道它们不需要深刻的目标并与它们的生态系统进行密切的合作吗？品牌和运动员不都是与人有关吗？表现和胜利不都是它们的终极目标吗？对这些类似问题的回答可能都是"是"，并且有望使接下来的故事充满欢乐。

奥林匹克品牌（用五环来代表）是一个战略型品牌吗？奥林匹克品牌能让我们了解现代社会和现代营销中的战略型品牌吗？奥林匹克品牌是怎么成为一个如此强大的"严谨、专业"的品牌的呢？答案就在下面我们要讨论的 13 项战略性品牌要素中（见图 9.4）。

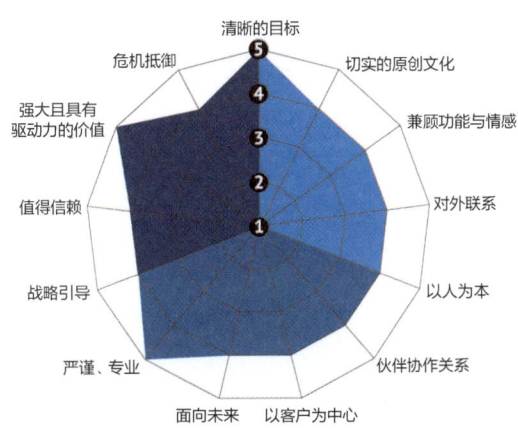

图 9.4 奥林匹克品牌的持久战略型品牌要素

严谨、专业的奥林匹克品牌

在见证了奥林匹克品牌的运作之后，我认为是以下两件事情的结合使得它成了"严谨、专业"的缩影：

- 由共同的目标和对奥林匹克理念和品牌的深深的敬意所引导的一种自我驱动的分散式规则。
- 在其复杂的情况中，存在一种比其他商业组织更加严谨的品牌管理实践。

保罗·戴顿勋爵（Lord Paul Deighton）是2012年伦敦奥运会组委会（LOCOG）的前首席执行官，那时我与他合作密切。我会永远记得他所说的以品牌为导向的自律的表现："在筹建2012年伦敦奥运会的实现和管理团队时，对我们而言，关键是要培养人们的信心和信任，让他们相信我们有基本的能力成为奥运会'魔法尘埃'的主办者。一旦人们意识到这有多珍贵，如果我们做得不好，他们就会减轻我们的负担，或者他们肯定不会加入。一旦他们发现我们做得很好，他们就会乐于与我们合作，因为我们能够把他们带到一个非常特别、积极的地方。"

让我们来探索一下，每个要素如何促成奥林匹克品牌的"严谨、专业"的系统。

超凡自律的奥林匹克品牌

丽莎·贝尔德（Lisa Baird）是美国奥林匹克委员会（USOC）的首席营销官，她谈到了管理这样一个复杂又特别的品牌所必要的严谨和自律："奥运会是作为一个品牌来管理的。但它是不同的，因为它不像企业那样被直接控制。奥林匹克品牌更像一个活动，几乎无处不在，得到全球认可。国际奥林匹克委员会（IOC）作为这个品牌的中心组织扮演着至关重要的角色，但它并不指定每一个细节的方向，因为它是一个活动而不是一个单一的实体。

"对这个品牌最大的影响来自每一届奥运会组委会。当然，奥组委与'奥林匹克运动'或国际奥委会之间有法律协议，但每个组委会如何执行他们的比赛在很大程度上取决于他们自己。然后是运动员，他们代表和象征着品牌，在一个公司里，你也许能控制品牌冠军，但你没法儿以同样的方式控制运动员。最后，在推进和规划奥林匹克品牌方面，有效的传统工具非常少。例如，用广告去说奥林匹克品牌是多么好，这是不起作用的。

"但奥林匹克品牌是强大的（见图9.5），但也许强大的品牌不是由中心控制的，而是相反，它属于组织内的每一个人。它拥有清晰的含义和目标；它拥有世界上最强大的标志之一；它不断提醒着人们它代表什么，比如像里约的难民团那样的想法；它通过积极的故事和关系来塑造比赛；它在全世界拥有直接的广播公司，这个投资是为了使品牌尽可能地强大。是这些东西使它成了一个非凡的品牌。"

这种规则形成了一种得到一致高度评价的宽波段的品牌属性，见图9.6。这种属性在紧跟着的里约奥运会上继续得到了强化。

我与相识多年的蒂莫·朗姆（Timo Lumme）谈过。他是国际奥委会电视与营销服务部门（IOC Television and Marketing Services）的总经理，这个部门也包括国际奥委会全球赞助计划部（IOC Global Sponsorship Programme）。蒂莫和他的营销团队梅琳达·梅（Melinda May）、丹妮拉·内格里达（Daniela Negreda）、本·希里（Ben Seeley）都认同奥林匹克品牌的独特性。

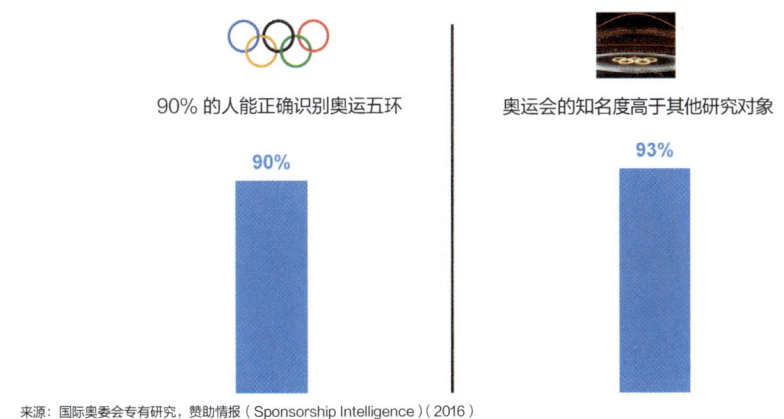

来源：国际奥委会专有研究，赞助情报（Sponsorship Intelligence）（2016）

图 9.5 强大的奥林匹克品牌

奥运会的属性

范围广，得分一直很高

包括"友谊""卓越"和"尊重"的奥林匹克价值观

从 2012 年伦敦奥运会开始得到强化

来源：国际奥委会专营研究，赞助报告（Sponsorship Intelligence）（2016）

图 9.6 鼓舞人心的奥运会

运用一种特许经营模式

蒂莫和他的团队说："奥运会是作为一个品牌来管理的，尽管它并不植根于一个企业或者一个单一产品。但是随着品牌的成长，我们不得不采用新的机制，以适应当今世界品牌营销者的方法和语言。我们通过多种规则来强化这一点，比如通过定期调查。

"它也许比第一眼看上去的更像一个公司。我们的产品是奥运会，我们必须确保它在定期的夏季和冬季庆典中的独特性。这是帮助我们在全世界 206 个国家或团体以及各类体育项目中维持并发展品牌的一个方面。这意味着每两年就要推出一款新产品或者进行一次再造，这在品牌管理方面是很强大的。并且我们还有开展广泛大量的其他活动的方案（见图 9.7）。"

作为一个合作者，我记得与"奥林匹克运动"就如何确保奥运会的持续性和不同届次运动会之间经验的分享进行了广泛的讨论，这也是蒂莫提到丰富多样的项目的目的。

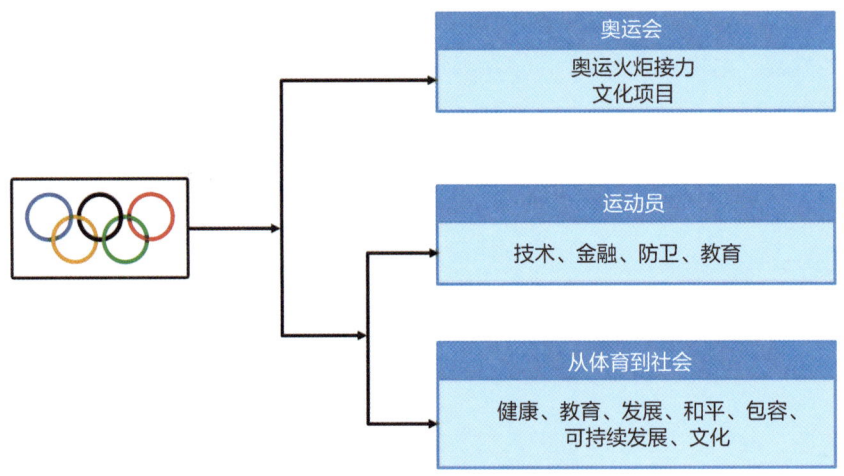

来源:《品牌竞争力:如何打造持久战略型品牌(上册、下册)》,基于国际奥委会的数据

图 9.7 奥林匹克品牌的活动框架

"如果你往回走 35 年,国际奥委会正面临着联合抵制的危机,它的金库空了,与各组委会的关系也不平衡。随着时间的推移,国际奥委会重新获得了对奥运会关键方面进行管理的权力,比如电视图像,还拥有了一个评估和批准组委会计划的机制。有了国际奥委会,我们能够应用一个发展完善但持续进化的特许经营模式。这个模式在里约奥运会上经过了极限的测试,但它仍然经受住了最艰难的环境。从某种意义上说,这就是拥有、开发和控制品牌自己的 IP 和生产资料。

"不管是直接负责还是授权给第三方,比如组委会、商业伙伴、广播公司或特许商,国际奥委会都为我们监督和管理自己的品牌提供了一种机制。"

从指导到指挥和控制,再到合作

"所有这一切都在演变,并且演变还会继续。在 30 年的时间里,第一个 10 年的标志是,认识到在我们的行动和他们的执行中需要更好的协调和一致性——有些领域是需要控制的。接下来的 10 年涉及一系列指挥与控制的章程。在过去的几年里,我们朝着更多合作的方向发展。这确实是《奥林匹克 2020 议程》(Olympic Agenda 2020)正在宣传的:我们如何从控制走向扩大的价值创造。

"总之,与组委会或赞助商打交道时,我们遵循一个工作框架,这个框架受奥林匹克品牌管理原则的支配。这些指导方针的目的不是限制,而是创造价值。品牌保护得越好,奥运五环保持的价值就越多。然后我们就可以继续筹集资金,再把它们投资回体育。

"我们既有资源又有法律地位来保护我们的品牌,而且还有必须遵守的相关规定,比如知识产权保护。我们也许是唯一一个有保护知识产权条约的品牌:《内罗毕条约》(Nairobi Treaty)的重点是保护奥运五环,共有 50 个国家签署了这项条约。我们的法务部有一个严格的、用途广的知识产权保护的登记程序,以确保其余 156 个国家的知识产权得到保护。

"说到主办城市,我们要求他们通过保护奥运会徽的法案。通常,这是根据一种奥运会法律制定的——里约奥运会和伦敦奥运会就是这种情况。

"这意味着我们将与当地的社区务实地合作，使他们能更好地与品牌互动。"

有些人也许会认为，国际奥委会没有、也永远不会有能力像宝洁或可口可乐那样，从总部控制品牌和组织。但这正是出于最充分的理由，体现了奥林匹克品牌的"严谨、专业"。它的不同之处在于，它的品牌生活理念、共同的价值观、执行以及对奥运五环的保护，都比大多数组织要强。就像丽莎·贝尔德说的："奥林匹克运动会是更高目标的一部分。它的力量在这个更高的层次。如果一个品牌不存在，比如苹果，那么会发生什么？也许三星会更强大，或者也许会出现其他的新品牌。那如果奥林匹克品牌不复存在呢？会发生什么？我们的世界会变得更穷吗？我们会更糟糕吗？从这些方面来思考像奥运会这样的品牌是很重要的。"

奥林匹克品牌的强大价值和驱动价值

2012年7月，正是伦敦奥运会的高潮时期，美国有线电视新闻网（CNN）的一篇文章问道："奥林匹克品牌比谷歌更有价值吗？"（注3）据我们所知，奥委会不进行品牌估价。然而，由于奥运五环在世界上的重要性，估值机构还是进行了评估，当时，品牌金融（Brand Finance）对该品牌的估值为475亿美元，仅次于苹果（706亿美元），与谷歌基本相等（474亿美元）（见图9.8）。

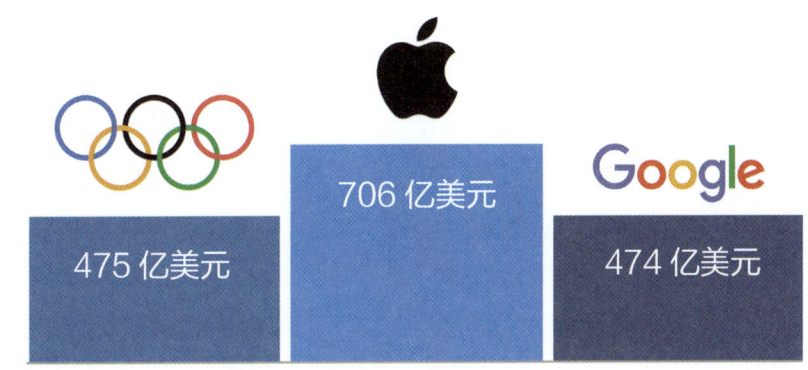

来源：美国有线电视新闻网（CNN），2012年7月25日。数据来源于品牌金融（Brand Finance）

图9.8 奥林匹克品牌的强大价值

最近的估值工作已经证实了奥林匹克品牌的非凡价值。2016年里约奥运会之后，我们从不同的机构收集起来的估价的平均值为600亿美元。这使得奥林匹克品牌跻身十大最有价值的全球品牌之列，而且有趣的是，它的价值超过了它的顶级赞助商，像丰田、三星、通用电气或可口可乐这样的品牌。

这种高价值直接影响着奥林匹克品牌创造和驱动价值的方式。其独特的平台大概可以被定义为"互动营销"，这是一种众所周知的方法，能够帮助企业保持与消费者的互动和持续的对话，并创造重要的偏好和忠诚。就奥林匹克品牌而言，这在相当大的范围内发挥了作用，并构成了3个主要的价值来源。

广播和顶级赞助。首先，国际奥委会接受主要的长期广播协议，比如2014年5月与美国全国广播公司环球（NBC Universal）签订的协议。这个协议生效的时间是2021年至2032年，价值76.5亿美元，另外还有1亿美元的额外签约费，用来在2015年至2020年期间推广奥林匹克主义和奥林匹克价值观。然后就是顶级的赞助合作伙伴：目前有13家顶级全球合作伙伴，比如可口可乐、麦当劳、通用电气、维萨（Visa）等。这些协议的规模从未停止增长。2015年3月，丰田宣布了迄今为止国际奥委会赞助的创纪录交易：如果算上早期的权限，据独立消息来源估计，这项为期10年的合同价值约为10亿美元。2017年1月，国际奥委会又与阿里巴巴签署了另一项具有里程碑意义的协议，协议有效期至2028年，据独立行业消息人士估计，该协议的价值超过6亿美元。

赛事赞助。第二个利益是每届奥运会的组委会——伦敦奥组委（LOCOG）、里约奥组委、平昌奥组委（POCOG）和东京奥组委，他们都从当地的合作伙伴那里筹集了大量资金以举办奥运会。例如，伦敦奥组委在克里斯·汤森（Chris Townsend）的领导下，筹集了近20亿美元来支持伦敦奥运会。除了13家顶级合作伙伴，2020年东京奥运会已经有了40家赞助商，"日本企业全体"都举手参与并做出贡献。

赞助商的价值。最后，除了经济效益之外，奥林匹克运动还为赞助合作伙伴创造了重要的价值，例如：

可口可乐是顶级合作伙伴之一，它在体育营销上的投入可能比世界上任何其他公司都多，而且从1928年以来它就一直是奥运会的合作伙伴。可口可乐前世界体育营销副总裁斯图·克罗斯（Stu Cross）说过："我们必须以一种让人们产生印象的方式不断地推销我们的饮料，即包装里的不只是液体，它还能使人精神焕发。奥运会为我们做到了这一点。所有那些乐趣和兴奋，以及它的全球性，最终形成了一种形象，让人们选择可口可乐，而不是其他的很多选择。"

奥林匹克运动为品牌带来了成果，宝洁公司（Procter & Gamble）2016年标志性和情感性的活动"谢谢你，妈妈——坚强"（Thank You, Mom-Strong）赢得了数十亿人的关注，它改变了游戏规则，在国际上开发了品牌使用和忠诚度，还使销售额增加了数亿美元。

维萨公司首席品牌和创新营销官克里斯·柯廷（Chris Curtin）说："2016年里约奥运会为维萨品牌在世界舞台上的提升提供了一个前所未有的机会。"维萨自1986年以来一直是国际奥委会的合作伙伴，并在里约奥运会期间庆祝其赞助奥运会30年，以令人鼓舞的方式回顾了一个全球化品牌、我们支付方式的改变和一些奥运会的胜利时刻如何交织在一起，以及它们的紧密结合如何使每个人受益。

值得信赖的、兼具功能与情感、具有危机抵御力的奥林匹克品牌

奥林匹克品牌产生了一种高度信任。从经验、回顾和对话来看，我们相信，社会之所以信任奥林匹克品牌，很大程度上是因为它强大的积极而持久的"功能性和情感性"贡献。

在他们的报告《我们如何知道2016年里约奥运会是一次成功》（How Do We Know that Rio 2016 Was a Success）中，奥林匹克运动避开了一些独特的贡献："普遍性和包容

性""在一个动荡的世界里,全世界团结在一起的唯一的全球性事件";"希望",因为这是第一个难民奥运代表队(Refugee Olympic Team)(注4)。

几乎没有其他的品牌能将"功能性与情感性"以如此高的水平结合在一起,这一点也不意外。在看过奥运会的老照片之后,谁没起过鸡皮疙瘩?谁没支持过自己国家的队伍或者喜欢的运动员呢?

但并不总是一帆风顺。经营奥林匹克运动充满挑战——不仅是国际奥委会,而且包括组织里的每一个部分。就拿2016里约奥运会来说,它安全吗?体育馆能及时完工吗?奥运会会让这座城市破产吗?在这些问题之上,在更大范围里,还有其他问题:奥林匹克品牌对寨卡病毒(Zika virus)的处理、涉嫌兜售门票、国际兴奋剂丑闻,包括俄罗斯的挑战、不参与、腐败等。这些问题导致一些人认为,奥运会没有创造一个"英雄般的体育荣耀遗产",而是在很大程度上成了一种媒体特许经营权,这没能充分尊重品牌及其理念。

任何个人的挑战或危机,或者两者的结合,都考验着对奥林匹克品牌的信任。它经受住这些挑战并且继续繁荣发展的方式使它与众不同;从这个角度上说,这一特点促使奥运会成为非常典型的战略型品牌。

我与奥林匹克运动有着一段长期的接触,我并不总是喜欢我所见到的。国际奥委会与金钱的关系并不总是对每个人的胃口,每一个动作都很重要:我对记忆中的2010年温哥华冬季奥运会豪华的奥林匹克俱乐部感到不适。管理也应该努力表现最佳全球实践,彰显高水平的行为道德标准。奥运会将会在很长一段时间内继续面临兴奋剂等挑战。

但是,在我与奥林匹克运动的独立并偶尔具有挑战性的接触过程中,我深信该品牌的重要性、积极影响和令人敬畏的本质。

蒂莫和他的团队说:"面临威胁时,国际奥委会更加主动地重申品牌的积极利益,而不是被其他力量或外部存在所挟持。奥林匹克运动经历过战争时期,当时奥运会被取消;发生过恐怖袭击;有些时候,人们觉得奥运会被某些政权利用以达到自己的目的;或者压力团体发起抵制运动等。但经历了这一切,奥林匹克品牌一直很有韧性,并继续吸引着人们和企业。这意味着我们现在更有能力思考未来,比如,我们的战略路线图,由现在的主席制定的《奥林匹克2020议程》(Olympic Agenda 2020)。

"最好是先发制人的改变,这使品牌'永不过时'。或者至少,品牌必须保持灵活性、相关性、可靠性和可持续性,这样,在我们这个瞬息万变的世界里,品牌才能经受住任何风暴。

"以2016年里约奥运会之前的俄罗斯运动员和兴奋剂丑闻为例。从一个实际的角度看,与奥运会的积极影响相比,这些丑闻对品牌的影响(如果有的话)是很小的。但这不是得意的理由。为了提高奥运会的公信力,必须在反兴奋剂斗争中选定立场。保持主动是很重要的。在那种特殊情况下,困难之处在于,很多人试图将奥林匹克运动置于守势位置,并且在某种程度上,他们成功了。

"从更广泛的意义上说,奥林匹克主义的概念存在着生存威胁。你不可能在一天之内解决非法兴奋剂问题。但人们应该看到,我们致力于以最有力的方式解决这些问题。正是品牌的力量给了我们行动的信心,给了我们谈论如何应对这些挑战的信心。

"奥林匹克品牌就是要让奥林匹克主义的理念常年保持活力。它是关于在许多不同的地区庆祝奥运会的独特性的;它是关于运动员的;它是关于通过体育战略实现我们的社会发展计划的;它是关于可信度的,关于拥有合意的、进步的管理基准的,是关于透明度的;它被认为是一个组织实体,不仅试图做正确的事情,而且实际上是靠其价值观为生,依据(有时甚至优于)社会和企业的标准行事。

"回到我们面临的挑战:我认为我们需要大胆一点。自从托马斯·巴赫(Thomas Bach)担任国际奥委会主席以来,他已经与140多个国家元首见面。据轶文说,这些国家元首告诉他,考虑到当今世界发生的所有消极事情,他们将奥林匹克主义视为积极事物,是希望的灯塔。尽管我们最不愿做的事是自吹自擂,但这应该鼓励我们进行积极的对话。"

奥林匹克品牌:原创切实的文化、清晰的目标、战略引导

那么,所有这些方面的非凡表现和适应力来自哪儿呢?毫无疑问,来自对奥林匹克主义含义的深刻理解。蒂莫和团队说:"奥林匹克主义被描述为一种生活的哲学,将体育置于一个为人类服务的位置。这是对现代奥林匹克运动创始人德·顾拜旦(De Coubertin)19世纪所写名言的解释。"(注5)(见图9.9)

《奥林匹克宪章》

奥林匹克主义的基本原则
(源自1896年《奥林匹克宪章》)

奥林匹克主义是一种生活哲学,它追求身体、意志和精神方面的整体平衡和超越。将运动与文化和教育融合一起,奥林匹克主义寻求创造一种建立在奋斗之上的乐趣,良好榜样的教育价值和对世界基本伦理原则的尊重。

奥林匹克主义的目标是让体育为人类的和谐发展服务,以促成一个维护人类尊严的和平社会。

体育运动是一项人权。每个人都拥有参与体育的可能性,不受任何歧视,并本着奥林匹克精神,以友谊、团结和公平竞争的精神互相理解。

图9.9 奥林匹克主义的原则

蒂莫补充说:"以奥运五环为标志的奥林匹克愿景是'通过体育建立一个更美好的世界'。这一愿景由价值观支撑,德·顾拜旦在其漫长、华丽的散文中写过,但我们总结为:'卓越、尊重和友谊'。这通过我们的3个任务来实现:确保奥运会成功举办;将运动员放在奥林匹克的中心位置;在我们的社会中推广体育和奥林匹克价值观。"

因此,奥林匹克品牌是文化驱动的、目标清晰的、真实的。它的核心是由120年的遗产定义的(见图9.10)。

就像所有优秀的品牌那样,国际奥委会对奥林匹克品牌进行了定期的调查,其调查细节

虽不公开，但总体结果是公开的。里约奥运会之后的报告（见国际奥委会新闻，2016年里约奥运会，可见度与知名度）提出："在所有调查的体育和娱乐事件中，奥运会的知名度和吸引力仍然是最高的。"

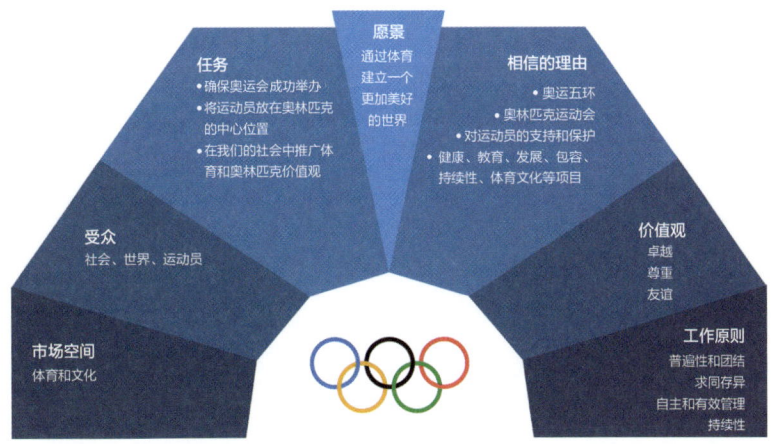

来源：《品牌竞争力：如何打造 持久战略型品牌（上册、下册）》，基于奥林匹克运动数据

图 9.10　奥林匹克品牌的精髓

此外，国际奥委会分享了由赞助情报（Sponsorship Intelligence）于2016年开展的一项专有研究，将一系列品牌属性与一流的品牌进行对比。这项调查有助于确定"在这些属性上，奥运五环比其他主要的全球品牌表现出色"（见图9.11）。在不知道使用了哪些基准品牌的情况下，得出的惊人结论是，奥运五环在每个单独的属性上都超过了最好的品牌，当你把所有这些属性都结合在一起的时候，它就会变成一个强大的品牌。

奥运五环的高级属性范围

全球性

多样性

鼓舞人心

卓越

友谊

乐观

包容

来源：国际奥委会专有研究，赞助情报（Sponsorship Intelligence）（206）

图 9.11　在主要的品牌属性上，奥林匹克品牌胜过其他全球领先品牌

以人为本的奥林匹克品牌

奥林匹克品牌善于自然地引导人们。蒂莫对团队说："奥林匹克主义的指导原则具体地指导我们的工作。举个例子，在国际奥委会的公司结构中，它们指导我们的年度和公司计划，也指导我们与利益相关者的关系。因为我们所做的一切都受《奥林匹克宪章》（Olympic Charter）的约束。

"它是我们工作的道德指南针，因为只有那样，我们才能忠于品牌。

"以谈判广播协议为例。如果你把独家经营权给某一方，你的交易可能会更好。但我们坚持认为，一定范围的报道是免费提供给尽可能广泛的受众。自20世纪50年代后期电视时代以来，这一直是我们广播权的基本原则。20世纪90年代，鲁珀特·默多克（Rupert Murdoch）提供了一项巨额金融报价，但是为了继续经营一家部分提供公共服务的广播公司，我们拒绝了他。金融报价更高，但不符合我们的指导原则。

"即使在当今快节奏的媒体环境下，这种做法仍在继续。例如，免费电视和收费电视之间的持续紧张关系：很多体育运动已经转向收费电视，但我们希望通过找到一种平衡来坚守我们的基本价值观，至少在免费平台上提供200个小时的免费报道。"

奥林匹克运动的核心是运动员。他们是品牌的代言人，如果他们中的任何一个偏离了奥林匹克运动会的价值观和预期行为，都会造成巨大的负面后果。美国游泳运动员瑞安·罗切特（Ryan Lochte）的情况就是个例子，在做了里约奥运会期间被持枪抢劫的虚假陈述之后，他被禁赛了。从积极的方面看，运动员作为榜样具有相当大的影响力——还记得杰西·欧文斯（Jesse Owens），他粉碎了希特勒想利用1936年奥运会作为"新雅利安人"榜样的企图。他与德国银牌获得者卢兹·朗（Luz Long）的绕场庆祝变成了一种胜利的象征，象征着体育精神战胜了纳粹意识形态。

丽莎描述了奥林匹克品牌的人文维度：

"奥运会的积极性也是运动员们共同取得的成就，这让品牌有了意义。而且这种现象每两年发生一次。

"这在实践中并不容易：让公司里的每个人都支持品牌，从来都不简单。一方面，运动员是奥林匹克主义的核心，他们的论坛就是奥运会本身。但另一方面，他们觉得自己并没有从奥运会中得到足够的认可或奖励。因此，这是奥林匹克运动的一个矛盾的部分，有待进一步发展。

"然而，是运动员创造了这个品牌。我认为奥运会给世界带来了英雄。在一个更简单的时代，世界上有过英雄、先知和知识领袖。也许某些诺贝尔奖获得者或者国家领导人仍将会成为英雄，但这种情况毕竟很少。我认为奥林匹克运动会的英雄填补了这一空白：我们身处文明社会，而文明社会需要英雄。"

外向联系并面向未来的奥林匹克品牌

面对日益复杂和充满挑战的世界，奥林匹克品牌既要扮演一种角色，也要承担一种责任，那就是"外向联系"和"面向未来"。里约奥运会后的一项调查显示,通过奥运会,不同性别和年龄段的人与奥林匹克品牌建立了一种牢固而积极的外向联系(见图9.12)。世界上有一半的人观看了里约奥运会的转播,有200多个国家及地区的奥委会成员参加,45%的运动员是女性,这也是奥林匹克运动的正当骄傲。

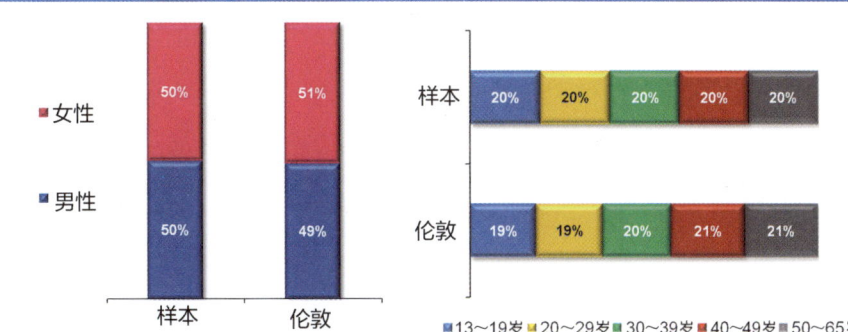

图 9.12　品牌与所有人对话

现在,这个品牌正在通过扩大它在通过体育改善人们生活方面的作用来展望未来。

蒂莫和他的团队说:"看看更广泛的奥林匹克主义的品牌,在社会上有一种很强的晋升观念。体育是联合国可持续发展目标的一部分。这帮助政治家认识到,体育是一种黏合剂,能将社会凝聚在一起,创造一种共同语言。

"我们有7个面向全社会的活动流。这些活动流从体育和平,比如每届奥运会之前在联合国签署的奥林匹克休战,到通过体育和很多其他的与联合国合作的人道主义计划的发展,把体育作为一种促进儿童健康的催化剂,或者在难民营开展体育活动等。我们还有一个被称为'体育包容'的活动流,是为了让更多的女性参加体育运动,这也关系到我们与残奥委员会的重要关系。(见图9.7)

"整个地区正在用2017年的新战略进行评估。指导方针还将包括一个品牌建设计划,以在活动和未来社会中发展奥林匹克主义。"

重视协作关系并以客户为中心的奥林匹克品牌

我与奥林匹克运动的合作经历并不总是很顺利,有时很艰难,因为存在界限和很多法律要求。我记得在2009年的冬天,我和蒂莫在伦敦敲定一项多国活动计划时,进行了激烈的争辩。我想,这是一个有意义的、对双方都有价值的结果,是一种构想的标志。

蒂莫和团队说:"我们把我们的商业伙伴关系比作一种婚姻。最终,你必须在第一次浪漫的邂逅后考虑关系的质量,评估你们是否有共同的价值观,你的未来伴侣是否言行一致。我们也会评估我们是否想与一家特殊活动领域的公司产生关联,然后考虑他们所在行业的公司类型，他们是如何被感知的，以及，比如说，他们是怎样对待客户的。显然，当需要根据商业环境做出现实决定时，我们有一些考虑是主观的，因此，在这一领域，我们运用指导原则来确保我们忠实于核心品牌价值观。"

奥林匹克运动有一个相当大的伙伴关系的足迹，从13个顶级合作伙伴（见图9.13）到数以千计的其他商业和非商业组织。其中一些伙伴，比如可口可乐，已经有近百年的历史了。

图9.13　奥运会的13个顶级合作伙伴

丽莎早些时候提到了另一个核心支柱，它既养育了奥林匹克品牌，又将它传播给了亿万人民——这就是媒体。蒂莫和他的团队说："1960年之前，即电视时代之前，奥运会通过分发来触达人们，方式主要是印刷、广播、口口相传、市政厅集会、影院等。电视问世后，成了现代奥运会的真正推动力，因为奥运会能够以视觉的方式触及世界各地的数以百万计的人。但它也创造了一个金融模式。现在我们进入了'媒体化'的第三阶段，即数字革命，借此，我们实际上能够与我们的受众直接联系、互动和接触。

"奥林匹克品牌的商业化在20世纪80年代开始于一个结构化的方式，最显著的就是顶级规划的出现。这意味着采取一种有组织的广播权方式，并让大企业参与赞助。通过他们的推广，这些企业使得品牌能够更广泛地传播给更多的人，从而形成一种良性循环。

"在一些较早的时期，我们能够控制信息传递的进程。国际奥委会在大约25年前注册了奥运五环的标志，所以推广的过程得到了根本的保护。我们有一个框架来管理我们的品牌，但我们也能根据与第三方建立关系的方式来管理它。

"数字世界是一个碎片的、难以控制的世界。我们从一个B2B（企业对企业）世界转向了B2C（企业对消费者）世界，在这个世界里，我们不需要经过像广播或赞助商这样的中介，而是可以直接与消费者对话。

"品牌是什么？从根本上说，它是你创造的与人的关系，建立在他们对你的认知上。能够与人们直接对话让我们感到很舒适，因为我们相信奥林匹克品牌的力量。反过来，当我们创造这些关系的时候，对话继续滋养着品牌，并给我们反馈，尤其是通过数字媒体来反馈。

"奥运频道会提供一个新的与人们互动并与他们联结的方式，不仅仅是与品牌或者标识，而且是与我们所代表的本质联结起来。那将会成为未来的一大部分。"

奥运会是一个非凡的品牌，它为许多其他的组织设定了方向。它的本质意味着它面临所有品牌面临的广泛机遇和挑战，尤其是那些想要成为"严谨、专业"的持久战略型品牌。正如蒂莫说的，奥林匹克运动会的愿景是与"通过体育建设一个更美好的世界"有关的一切。

第十章
战略引导

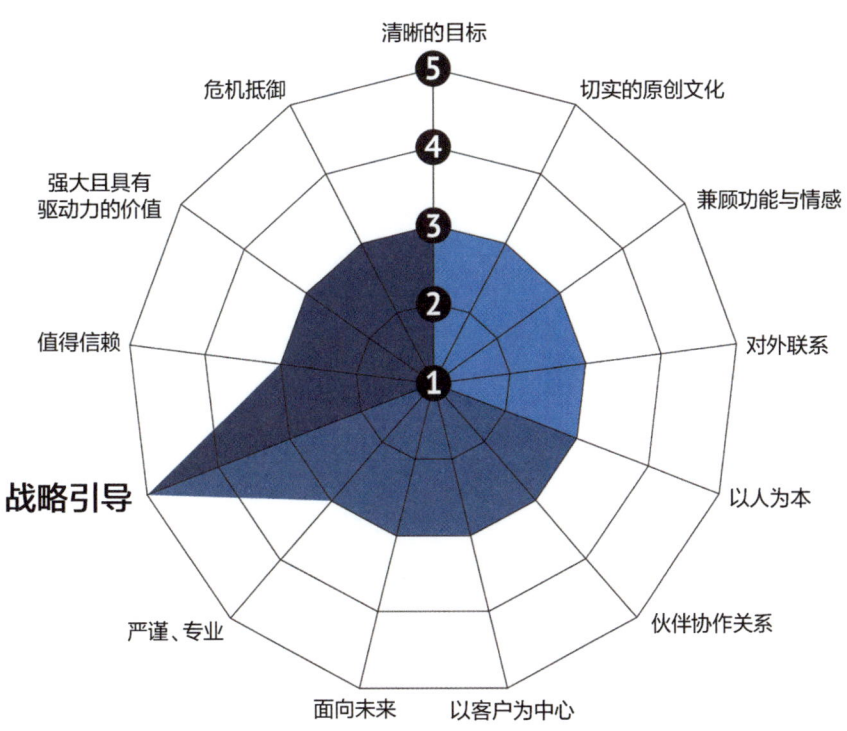

夫未战而庙算胜者，得算多也，未战而庙算不胜者，得算少也。

——中国春秋时期的军事家，孙武

创立一个战略型品牌并不是件简单的事情。从创立英国石油公司的那天起，我就非常清楚，我们的困难在于：在整个组织中，确保战略与品牌紧密关联。

在本章中，我们将探讨品牌如何在实践中推进战略。正如宝马的伊恩·罗伯森所言："战略是推进企业发展的动力。我们利用战略吸引人才，激励员工创造，也依据战略来设计产品与服务，并指导经销商。"

夏兰泽曾经帮助许多企业打造出了全球知名的品牌，她这样说明品牌与战略之间的关系："品牌是一个重要的组织原则，企业的一切都源自对品牌的理解和信念。尽管品牌并不能决定战略的具体内容，但是对品牌的深刻理解能够确保企业战略与品牌始终保持一致。"

在我的整个职业生涯中，我发现企业品牌与战略之间的关联一直困扰着我。对于嘉实多来说，是品牌驱动着战略；对于其母品牌英国石油公司来说，则是战略驱动着品牌，虽然这样说有以偏概全的风险。

英国石油公司与联合利华

我们将分别引用英国石油公司与联合利华各自的战略发展历程来探讨战略引导。这两家企业存在许多共同点。它们的品牌都旨在向可持续发展的方向转型：对英国石油公司而言，是"超越石油"的三段旅程；对联合利华来说，是"让可持续生活成为常态"的三大支柱。它们都是真正的全球化企业，在能源和消费品这两个重要行业中发挥着主导作用。它们重塑品牌的历程都开始于各自的商业领袖：约翰·布朗（John Browne）与保罗·波尔曼（Paul Polman）。

英国石油公司于2000年开展"超越石油"战略，9年后联合利华启动了"指南针"战略。单从这方面看，两家企业也在许多方面存在着不同。仅仅是对语言变化的分析就能揭示这个转变——在千禧年代初，可持续发展主要是企业的社会责任，而到了千禧年代末，可持续发展必须成为良好的规模化业务。

通过每个品牌的实例，我们可以思考如何用足够的毅力和承诺将"战略引导型"品牌置于决策的核心，从而创造出转型的结果。

可持续发展

可持续发展是一个有说服力的观点。我们应当让后代享受和我们同样舒适的生存环境，同时也要确保我们的企业具有竞争力。

过去的十多年来，我一直在监督英国石油公司在结合可持续发展与财务事务上的多方面尝试——推出英国石油公司的"相扑战略（'SuMo' strategy）"（可持续交通），建立数十个低碳战略合作伙伴关系，保持目标中立，加入世界可持续发展工商理事会（World Business Council for Sustainable Development）等。这十年间，我一直处于进取和集体学习的中心，把可持续发展从企业社会责任变成让企业增值的经营方式。我十分荣幸能够与丰田汽车公司的丰田博士和周先生（Mr. Cho）、联合利华的保罗·波尔曼、塔塔集团的拉丹·塔塔（Ratan Tata）及其他开明的世界商业领袖一同工作。

如果你的品牌目标是可持续发展，那么将品牌与战略联系起来仍然是一项巨大的挑战。因为社会的需求和回报是不牢固的。谁准备做出购买决策？更不用说对环境友好型方案给予更大关注了。哪位市场分析师绝对认可可持续发展方案应该跟更高的股价等同起来？

去问问雀巢和通用磨坊（General Mills）它们的近期收入有没有达标，重点是其更健康的产品和新鲜食品部门的收入。

或者是百事可乐的首席执行官卢英德（Indra Nooyi），她努力推进百事可乐的"有益类"产品线，结果却发现消费者还是更愿意买乐事（Lay's）、多力多滋、奇多（Cheetos）这类薯片产品。

百事公司的前总裁蔡恩·阿卜杜拉（Zein Abdalla）表示："每个人都在寻求向可持续发展转变，然而商业的巨轮并不支持这种转变。"

让我们来思考一下，为什么英国石油公司能够开创性地凭借其品牌导向的"超越石油"战略达到发展上限，实现一种许多企业可能都会认可的发展，联合利华又是如何通过"可持续生活计划"以及一种许多品牌都可能想要采用的方法，继续向大多数企业展示自己的发展路径的。

英国石油公司的品牌及战略（2006—2010 年）

首先，让我们回到第一章，在面临严峻的变化时，英国石油公司是否抛弃了原有的品牌？

2006 年英国石油公司的品牌处于何种境地？

那时候，英国石油公司可以说已经发展成了教科书级别的战略型品牌：它具有明确且差异化的目标与愿景；它当时正推进一系列的"超越石油"项目；它建立并维系了与利益相关者之间的信任；它从强有力的品牌领导力中受益。当时约翰·布朗勋爵宣称："在全球市场中，品牌塑造对吸引客户与业务至关重要。它不仅仅是几个加油站或者杆子上的标志的问题。它还关系到企业的形象及价值观，支撑你所做的一切和你拥有的全部关系。"

外部的机遇

到 2006 年，外界已经注意到了我们为这个品牌所做的努力。2002 年《今日管理》（Management Today）杂志将英国石油公司评选为最令人敬佩的企业，同时约翰·布朗勋爵荣膺最受欢迎的企业领袖。这是第一次有一家企业同时获得这两个最高奖项。2005 年《金融时报》（The Financial Times）在其全球最受尊敬的企业名单中，将英国石油公司评选为第七位。这些都是一部分明确的指标，展示了英国石油公司如何实现其成为世界一流品牌企业之一的目标。这对企业盈亏也产生了影响，例如，英国石油公司 2004 年全年的燃料和润滑油的销售额持续增长，并高于市场的增长。

英国石油公司首先是一个高度商业化品类里的上游能源开发商和供应商。有效的品牌塑造会有作用吗？《财富杂志》认为是有作用的，就品牌资产价值而言，它认为英国石油公司是2001年至2005年发展最快的十大品牌之一（注1）。扬·罗必凯（Young & Rubicam）的品牌资产评估（Brand Asset® Valuator）研究是世界上最古老和最大的品牌数据库，与斯特恩·斯图尔特咨询公司（Stern Stewart）的经济增加值分析相结合可以看得出来，英国石油公司的无形资产（包括其品牌）价值在此期间增加了70多亿美元，而它的大型能源竞争对手的无形资产价值却下降了。

内部的不确定性

但是有重要的信号表明内部的现实情况有所不同。据奥美的约翰·塞弗特（John Seifert）反映，这种情况让他想起了詹·卡尔森（Jan Carlzon）[北欧航空公司（SAS Airlines）的客服专家，也是《关键时刻》（The Moment of Truth）一书的作者]。20世纪80年代中期，卡尔森开创了这样一个理念，即当员工抛开其特定角色去承担责任时，就是实现优质客户服务的"关键时刻"，因而一切事情就都与顾客问题相关。

约翰·塞弗特表示："从约翰·布朗身上，我们看到了一位有远见的领导者，他在承诺的实际操作化之前不断思考。对英国石油公司而言，要在短期或中期内充分实现这一愿景，并实现愿景的全部范围和效益，是一个挑战。但是如果以20年、30年、50年为基准来看，你可能会赞同即使英国石油公司自身还未能完全享受其成果，但是它在更广泛的社会环境中创造了巨大的价值。有些时候，企业是变革的伟大推动者，只是变革的时机并不像人们需要的那样讲究。"

品牌并非始终是"战略驱动"

约翰·塞弗特还说："在2006年或2007年期间，人们对'超越石油'计划的兴奋开始减退。而且在如何使商业战略与公司立场相一致方面也缺乏启发。对于接下来的发展，我们没有做充分的准备去实现承诺。"

的确，"超越石油"的许多活动在经济上都不具备竞争力——尤其是替代能源领域的活动，它们都是零散的而非系统的。公司的绩效引擎，即其上游部门，远未被品牌宗旨所说服，因为他们试图在每桶石油20～40美元的市场中保持竞争力。

一起事件放大了英国石油公司的自我质疑。2005年3月23日，英国石油公司在美国的第三大工厂得克萨斯城炼油厂（Texas City Refinery）发生重大爆炸事故，致15人死亡。英国石油公司因此受到了严格的审查。而第二年阿拉斯加州的一条输油管道发生大规模泄漏，更是加剧了对它的审查力度。

这些严重的问题考验着英国石油公司的品牌与文化。实际上，我们勇敢地面对这些挑战，公开透明地处理问题，坚持不懈并完全遵从品牌行事。因此我们能够让英国石油公司在行业中保持值得信赖的领导者地位。然而，这些事件引发了对英国石油公司的优先事项的质疑：我们是否真的整合了阿莫科、阿科等收购来的公司，创建了一家统一运营的公司？我们的操作和安全流程是否足够稳健和系统化？绿色与未来能源的重要性与运营和技术相比是否被夸大了？

品牌地位

英国石油公司的情况是众多企业中的典型：振奋人心的愿景，深远的目标……还有将这些抱负大规模变成可信的现实的挑战。

如图10.1所示，当时许多关键的品牌使命尚未确定。尤其是以下三点：真实可信（因为品牌宗旨对大多数人而言在文化上并不是自然的事情）、员工引导品牌（因为目标并不是企业的基本要素）、驱动价值（因为目标并非短期的盈利工具）。

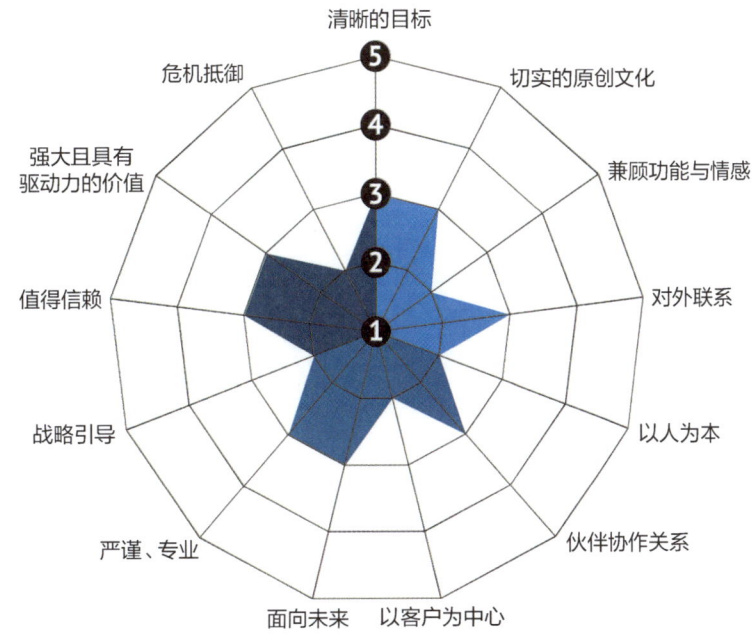

图10.1 持久的战略型品牌使命——2006年英国石油公司

不要误会我，其实英国石油公司的许多方面都运作良好，特别是我们发现并开发了一些世界上最好的油气田，还打造了一流的下游投资组合。但尽管获得了可喜的商业成功和大多数外部受众的认可，"超越石油"的品牌宗旨在引导和推动战略方面还有很长的路要走。

社会环境的重大变化

2007年，能源行业进入供需之间结构失衡的时期，这引发了一场根本性的变革，并加剧了英国石油公司内部的争论。全球能源产量无法与中国及其他发展中国家快速增长的需求相匹配，尤其是许多能源生产国还处于严重的不稳定时期。

图10.2显示了在约翰·布朗勋爵掌权时期，英国石油公司是如何在石油的供需之间取得相对平衡的。地缘政治事件时不时会造成短期的供求中断或行业产能过剩，但这个影响并不是结构性的（左图）。2007年，英国石油公司更换了首席执行官（这点我将在下面进行更

详细的讨论），对石油的需求开始在实质和结构上超过企业的供应。这种严重的失衡持续了超过 6 年，使得每一滴石油都成了令人垂涎的资产（右图）。

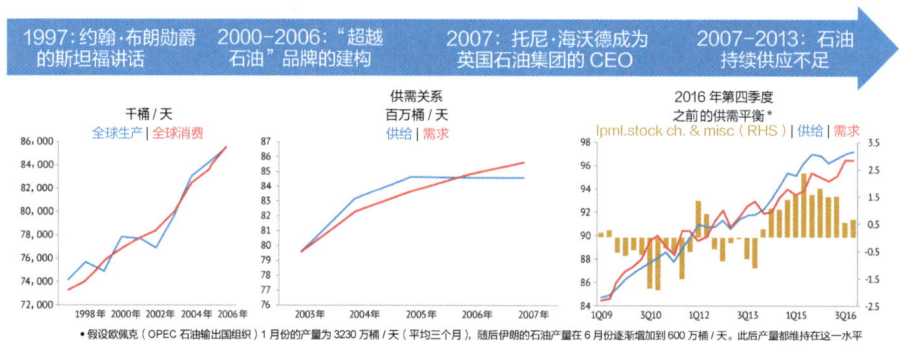

图 10.2　2007 年至 2016 年的石油供需平衡

因此，价格动态发生了巨大的变化，这对品牌环境产生了重大影响。如图 10.3 所示，我们从"约翰时代"每桶石油定价在 20 到 40 美元之间的供求相对稳定时期，进入一个前所未有的价格大幅上涨的时代（每桶石油定价超过 140 美元）。

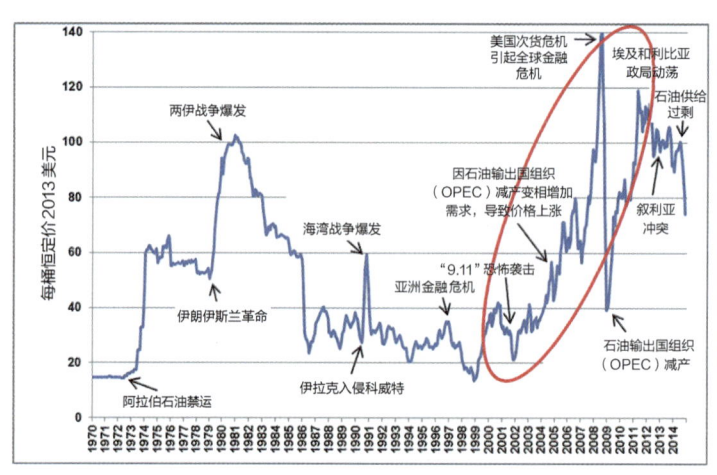

图 10.3　1970 年至 2014 年每桶石油的价格

从 2006 年到 2008 年，社会对能源的看法和关注重点发生了巨大变化。在"约翰时代"，能源供应的安全和负担能力并不是第一要务。这为公众考虑的第三支柱——环境提供了空间，当时的科学正在建立能源消耗与气候变化的风险上升之间的联系。它使"超越石油"变得联结性更强、相关性更强且令人鼓舞。

从 2006 年开始，所有这一切都发生了巨大变化，当时供应安全和能源匮乏成为社会的头等大事。有关环境的讨论几乎消失了，这对"超越石油"而言是一个不太自然的领域（见图 10.4）。

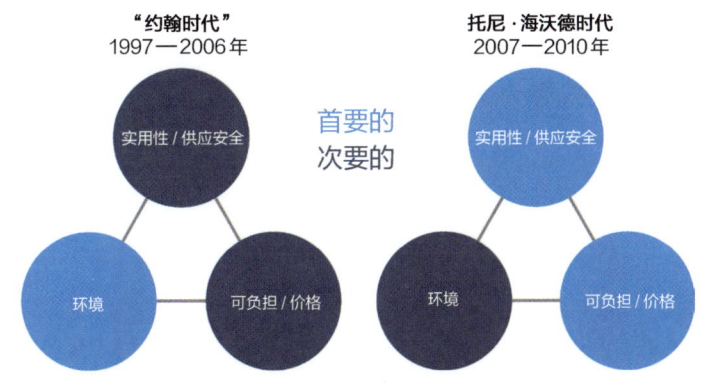

图 10.4 布朗勋爵和托尼·海沃德在英国石油公司任职期间的不同社会关注点

完美风暴

2007 年 5 月 1 日,约翰·布朗出于私人原因从英国石油公司辞职,还损失了 1550 万英镑的离职金。员工对此评判不一,但我很难过,并且仍然是他的支持者。正如官方所言,这是"英国石油公司的悲剧"。石油勘探与生产部门的负责人托尼·海沃德立刻接替了约翰·布朗的职位。一个月之后,约翰·布朗的另一位接班人,炼油与市场营销部门负责人约翰·曼索尼(John Manzoni)离开了公司,由已经是主要董事的伊恩·康恩(Iain Conn)继任。

在新任首席执行官托尼·海沃德面临严峻挑战的同时,英国石油对一些收购的老牌企业的深度整合仍然不完善,安全标准也似乎并未统一。此外,如图 10.5 所示,公司的业务业绩也不尽如人意,股价也与埃克森美孚及其他同行脱节。

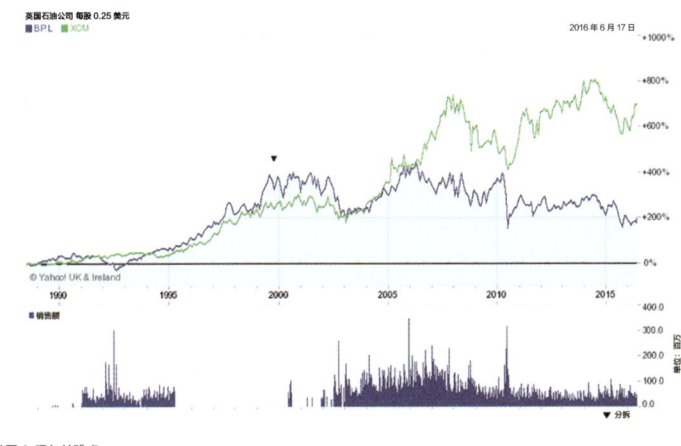

图 10.5 英国石油公司(蓝色)与埃克森美孚公司(绿色)的股价对比

在每桶石油都价值不菲的时候,英国石油公司投资组合中的特别资产依然未见增值。英国石油公司的员工因为失去了历史性的领导者而动摇，关于国际石油和天然气公司在高价格环境下将重点转移到供应安全这一问题上，他们也产生了分歧。

英国石油公司的品牌面临的挑战

在这些根本性转变的背景下，品牌必须真实地代表英国石油公司的核心业务战略，并通过深入的参与和建设性的对话来应对全球日益复杂的能源需求，这对英国石油公司的品牌来说至关重要。"超越石油"能够适应并支持这种急剧变化的环境吗？它能在创始人离开之后幸存下来吗？

托尼·海沃德回忆自己上任时的感受："一个品牌需要反映出你公司里的人每天都在做什么。在英国石油公司，我们让'超越石油'在'一个可再生的世界'发展得太远了，使得它与 90% 的人的活动脱节，这是一个大问题。因为这样一来，公司最重视的员工就会游移不定，与公司所倡导的东西没有什么关联。"

托尼·海沃德希望改变品牌在低碳未来方面鼓舞人心的地位，以反映公司的生产、性能和安全的日常现实。然后，他任命我，一个"超越石油"的皈依者，担任集团首席销售和市场总监！

我有幸监管品牌团队，开始了为期 3 年的最具挑战性和活力的旅程。我们将在内部就保留或放弃"超越石油"进行重大讨论——不管是英国石油公司内部还是外部，对许多人而言，这个品牌的本质已经与替代能源联系在一起了。英国石油的品牌总监邓肯·布莱克（Duncan Blake）回忆道："当时有一种紧张气氛：一些高管希望更多地讨论我们的核心业务，石油和天然气。不能说他们一点也不想谈论能源的未来，但是他们的重点不一样。另一方面，人们可以看到英国石油公司通过 2000 年至 2007 年的成功定位已经积累了惊人的资产。我们知道这对社会很重要，人们希望看到、听到并且相信一个解决能源悖论的品牌。"

英国石油公司品牌的愿景和本质

托尼·海沃德是实用主义者，他认识到英国石油公司在其主要利益相关者（包括政府、油气资源持有者和客户）的心目中拥有信任、影响力和权威。我们这个战略型团队非常清楚这个情况；尤其是具有启发性领导力的董事会成员伊恩·康恩和具有专业分析能力的品牌总监邓肯·布莱克和凯西·里奇（Kathy Leech）。

对团队而言，这个任务是在保持其本真的前提下发展品牌，而不是单纯地改变品牌。对我们来说，成功意味着要确保英国石油公司所面临的市场和现实不会改变核心品牌议程。因此我们要能够在实践中体现英国石油公司对社会的承诺，即它将如何为世界能源需求做出贡献，并在未来找到更好的解决办法。或者，我们冒着失去品牌本质的风险，放弃"超越石油"及其相当可观的积极意义和专营权。

品牌再情境化

我们不遗余力地开始对企业使命进行深刻的战略性反思。我们要如何设计才能实现英国石油公司竭尽全力提供更多能源的承诺，同时忠于"超越石油"的三段旅程（包括通往低碳经济的路径）？我们怎样才能成为坚定的保守派（有时我们会这样称呼我们的上游同事），并保持对品牌本质的忠诚？

在这种社会和内部背景下，我们为"超越石油"的下一阶段创建了一个框架：它将是强大的、涉及广泛的、务实的、联结的，具有可参与性和指导性。这个框架帮助我们在"超越石油"的基础上前进和发展，创造我们的新的表达和传播。

创建深度融合的品牌主旨

事后看来，这似乎很容易，甚至很明显。但实际上，那是我们努力之后的结果。我们从品牌的三段旅程中发现了其本质——"能源多样性"。我们甚至敢在我们的能源多样性组合中加入"零能源"选项。

能源多样性意味着英国石油公司会致力于开发所有形式的能源，这将有助于能源供应，并将含碳和低碳的选择结合起来。这难道不是"超越石油"的本质吗？这也正是我们的企业在现实中所做的，而且往往是独一无二的！难道我们不能将能源的3种社会驱动因素捆绑在"能源多样性"这一个现实中吗？品牌难道不能引导和回应企业的战略从而强化其作为战略型品牌的定位吗？难道英国石油公司不能再次强化其在重新定义行业议程方面的思想领袖角色吗？对我们品牌团队中的所有人来说，这些问题的答案都是肯定的。

为每一项业务都创造价值的品牌

关于多样性的说法……也反映了一个现实。以勘探和生产为例：有一种说法是"碳产品与无碳产品可以和谐共存"。另一种说法是"更多的石油、更多的天然气等于更多的能源，等于更多的多样性"。所有这些说法不仅适用于"超越石油"，也适用于我们每一个业务的形势、环境和战略。

邓肯·布莱克回忆说："权衡这些不同的观点，使我们产生了'能源多样性'或'囊括上述全部'的想法，以此作为将石油和天然气重新引入传播的方式，同时保留了'超越石油'的精神。"

校对品牌和战略之间的关联

邓肯补充道："这是非常重要的时刻，是一次重新调整了品牌和战略的突破。当时全世界都在寻找可以找到的能源，无论是什么形式。因此通过多样性（我们传播的实质）和相关的标杆活动来促使能源安全完全符合社会的需求。"

在完全遵循战略型品牌的管理原则下，我们研究了"超越石油"的本质要素，并在新的背景下对其进行了重新阐述，图10.6所示为进化的英国石油公司品牌桥梁。此前，"超越石油"从未如此认真地弥合过社会需求与英国石油公司商业现实之间的差距。

在这一点上，我们还没有在新的使命宣言和传播中体现重申的品牌。它不能是圆滑的、企业范儿或傲慢的。阐述它的语言必须清新谦逊、清晰易懂，而且必须能够产生影响。

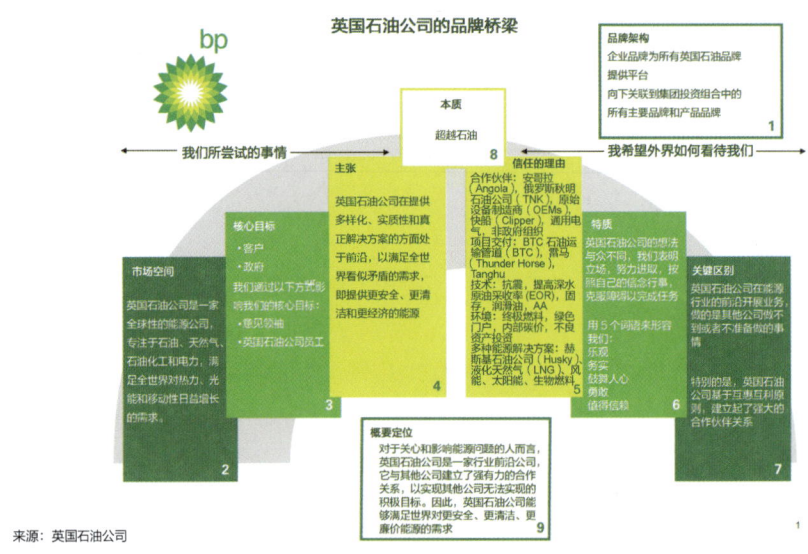

图 10.6 英国石油公司的高级品牌桥梁（2008）

品牌承诺

这个想法是"囊括以上全部"：主张能源多样性是通向更加可靠和安全的能源未来的一种进步而实际的方式。它不仅成了英国石油公司的品牌主张，还成了政治辞令的一部分。不仅是政治派系的两方，甚至连我们的竞争对手都对此达成了共识（见图 10.7）。

来源：英国石油公司

图 10.7 能源多样性之"囊括以上全部"的广告

传播的"载体"

我们选择的创意载体是通过图标来代表多样的能源，它简单、通用，并且具有吸引力（见图 10.8）。

来源：英国石油公司

图 10.8 能源多样性的"图标"

英国石油公司的品牌激活：内部争论和外部认可

尽管已经达到了一个似乎是品牌的最佳位置，但是内部争论仍然激烈，每个团体、国家和企业内部都有支持者和挑战者。在优先供应急需的石油和天然气的情况下，英国石油公司为什么要把自己打造成能源多样性的领导者（尽管它是其中之一）？为什么"保守派"工程师接受图标的表示方式而不是钻探设备或高科技成像的表示方式？

我记得我们第一次讨论核心信息和图标语言时，与英国石油公司的执行委员会（ExCo）团队举行了一次特别的会议。在座的许多人，特别是在勘探和生产方面的同事，正以对技术和生产的坚定信念，迎接直接和重大的业务挑战。在这场激烈的辩论中，我记得的是，这些图标是如何被当作"花瓶"而遭到反对的，一些参会的高管甚至将他们的手指指向了垃圾桶。

我们制定了一张由 70 位公司最高领导者组成的目标联络图，我们认为他们的意见对品牌未来的道路至关重要。我们试图按照孙武的指导："胜者先胜而后求战，败者先战后求胜。"通过让人们参与到对话中来，我们渴望创建出忠诚的品牌拥护者。

邓肯·布莱克回忆道："我们创立'超越石油'时，公司里有以些人对此感到不安，因为他们从字面意义上看待它：我做石油，而不想做石油以外的东西。然而，也有许多人被它所激发，并意识到'超越石油'是一个长期的旅程。随着'图标'运动的开展，一些人最初给整件事打上了'花瓶'的烙印。但我们继续这样做，过了一段时间后，我想他们中的大多数人都被我们争取过来了。"

正面的声音

我记得第一次举办的焦点小组访谈的主题是"超越石油"、能源多样性、"囊括以上全部"和图标的组合。整个品牌团队都惊呆了，怀疑自己是不是错过了什么环节！但访谈的反应普遍都是积极的，有许多出乎意料的良好反馈。正如邓肯所说："那是那种你一看到某些东西，就知道它会起作用并产生巨大影响的时刻。这在我的职业生涯中可能发生过三四次，但我知道这对英国石油公司来说绝对是一件绝佳的强有力的事情。"

我记得许多小小的鼓励：2008 年秋天，壳牌（Shell）董事长就"英国石油公司的广告质量及其积极影响"，出乎意料地称赞了我们的执行官；在与英国石油公司秘书长的一次会面中，他在对该品牌进行激烈辩论时承认"他的孩子们喜欢这个品牌广告"；托尼·海沃德在与公司的投资者关系部门的谈话中说："我们应该考虑与当前的外部公关活动建立强有力的联系，因为超越石油似乎进展得非常顺利。就连我妻子都同意这个观点。"

品牌团队获得了太阳神奖（Helios Award），那是一个重要的公司内部奖项。值得注意的是，2008 年和 2009 年的太阳神奖本身就非常"注重品牌"，这是英国石油公司内部的重大信号。

品牌激活带来惊喜

尽管有"花瓶"这样的负面评价，我们最终还是被委任去做我们认为的最好的事情。在多种直观的视觉信息中，我们强调了"能源安全"和"能源多样带来的实用性"之间的联系，并向世界传达了这一信息（见图 10.9）。

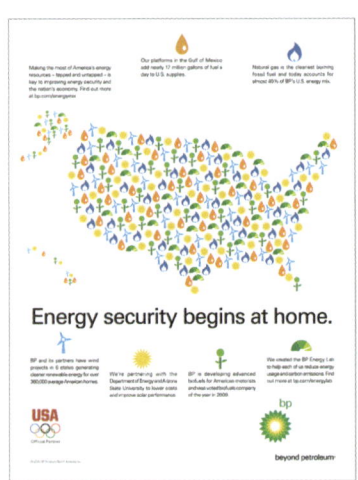

来源：英国石油公司

图 10.9　能源多样性"囊括以上全部"的激活

"囊括以上全部"继续定义能源对话，甚至成了美国总统政治斗争的中心。

2008 年的 9 月，参议院候选人约翰·麦凯恩（John McCain）宣布，"从各个方面着手解决能源问题"，并且在接下来的一个月中发布了他"囊括以上全部——核能、风能、潮汐能、太阳能、天然气以及煤"的能源计划。英国石油公司的能源品牌语言已经进入政治辞令。

同样，2012 年，巴拉克·奥巴马借用我们的语言来描述能源，其中包括"囊括以上全部的方法来减少对外依存度"和"囊括以上全部能源；足够使用 100 年的天然气"。希拉里·克林顿在 2016 年总统竞选中签署了"囊括以上全部"的能源政策（见图 10.10）。

来源：YouTube

图 10.10　美国总统候选人参议员约翰·麦凯恩采用"囊括以上全部"策略

这一推广"通过多样性实现能源安全"的和谐方法，在"9·11"事件过后的世界里占据主导地位，并且随着这一品牌语言渗透到政治辞令中，它最终超越了英国石油公司的品牌本身。

英国石油公司品牌的成果

从技术上讲,英国石油公司的品牌影响力是惊人的,它几乎独揽这一品类的优势。2009年,在美国,我们同行的超过三分之一的传播都归功于英国石油公司,而不是广告公司。图10.11 中的示例反映了这种情况,2009 年 7 月至 9 月期间,壳牌印刷广告显示,有 9% 的品牌联想归因于他们,而有 31% 归因于英国石油公司。我们的定位和信息对受众而言非常清楚,远超我们的同行。

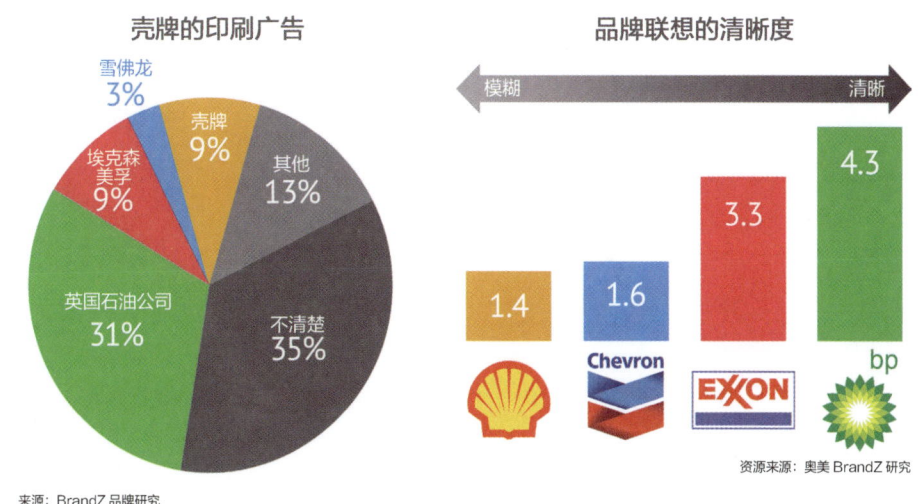

图 10.11　美国品牌联想的清晰度

如图 10.12 所示,与竞争对手相比,我们的品牌传播最终得到了大量有利和积极的反馈。

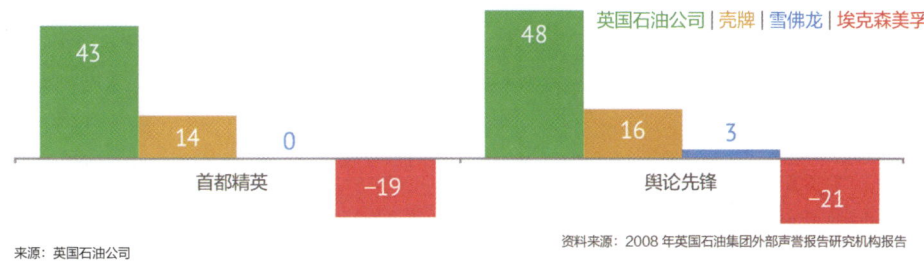

图 10.12　英国石油公司在美国与竞争对手之间的传播影响力对比

英国石油公司的品牌可以作为企业的战略指南针吗?

该品牌花了一段时间才提供了一个内部指南。新形势下,要使其再次具有深远的战略意义,是一段漫长的征程。事实上,我们经历了 30 个月的跌宕起伏、模棱两可和日复一日的类似探索。为了找到实现方法,品牌团队展现出了狂热的韧性,最终他们做到了。

保持低调

在担任集团首席执行官的早期,托尼·海沃德就认定,不可以"从背后领导"英国石油公司,因此,当务之急是改善业绩、确保进度安全,并解决公司的一些基本问题。一旦这些问题得到改善,就该退后一步,表达观点,规划未来。

托尼并不是不相信"超越石油"。他曾于2007年6月4日在柏林宣布:"在英国石油公司,我们喜欢说我们正在推进'超越石油'。不管是过去还是现在,这都不是对我们核心业务的否定。相反,它是关于三件事:更高效地生产更多的矿物燃料,更好地利用矿物燃料,并开始向低碳未来过渡。英国石油公司为从事石油和天然气业务而感到自豪。我们和我们的竞争对手,每天都在为数百万的客户提供优质服务,为生活中的必需品提供能源。无论是现在还是未来,'超越石油'都是对英国石油公司致力于在可持续的基础上发展业务的肯定。对我们来说,最关键的问题是气候变化。这个行业的每个人都必须正视这个事实:矿物燃料燃烧的气体排放占温室气体排放量的60%。因此,英国石油公司越来越注重具体行动,通过正确投资为限制碳排放的低碳经济做准备。"

但英国石油公司目前还不打算高调行事。相反,企业将保持低调,专注于运营和安全问题,直到我们恢复正常。在很多方面,托尼相信我们这些"专家"会为英国石油公司的品牌做正确的事。如果我们做不到,他希望我们能"大声说出来"。随之而来的不确定性以多种形式出现,下面几则轶事也许会有助于我们体会内在逻辑——许多资深的营销人员也许会看到一些自己的过去、现在和似是而非的未来。

英国石油公司愿景的裂隙

品牌投资达到了有史以来的最低水平,特别是在2008年。造成这种情况的原因有很多。首先是一项庞大的内部储蓄计划,用以恢复盈利能力和竞争力,这是绝对公平的。而品牌团队则努力基于已被削减的投入来获取最大的影响。

另外,一些同事看到了风险。品牌的地位和表现力都很强,并在公司重新声明之前,就开始明确界定了公司的观点。让我举个例子:2009年,整个公司以及我们周围的所有人,都对英国石油公司的企业故事越来越不耐烦。请记住,我们已经失去了标志性的领袖约翰·布朗,而我们正在用广播传播我们的品牌信息,用"囊括以上全部"来应对能源挑战。政府、其他公司,甚至是英国石油公司的董事会都开始打来电话说:"这是英国石油公司的愿景吗?这是企业的观点吗?我们能想当然地看待吗?因为我们非常喜欢它。"我记得在世界各地都有人问过我这些问题,甚至有一次是通用电气的董事会成员问的。但数月来,应该说是数年以来,我们都无法正式地予以肯定,因为直到2010年初,公司才准备真正以之为努力方向。

一致性

届时,公司的业绩、公司内部的简化和整合以及在安全方面的进步,都为战略前景提供了更大的空间。2010年2月5日,托尼在伦敦商学院(London Business School)发表演讲,这是3年来英国石油公司首次以"囊括以上全部"为中心阐述自己的观点。以下是一些重点内容,我们还添加了一些活动中的广告,来证明声音的一致性:

"在未来的 12 个月乃至更长的时间里，能源安全将主导政治和政策。那么，是什么保障了能源安全？我认为关键因素是多样性、竞争和效率（见图 10.13）。

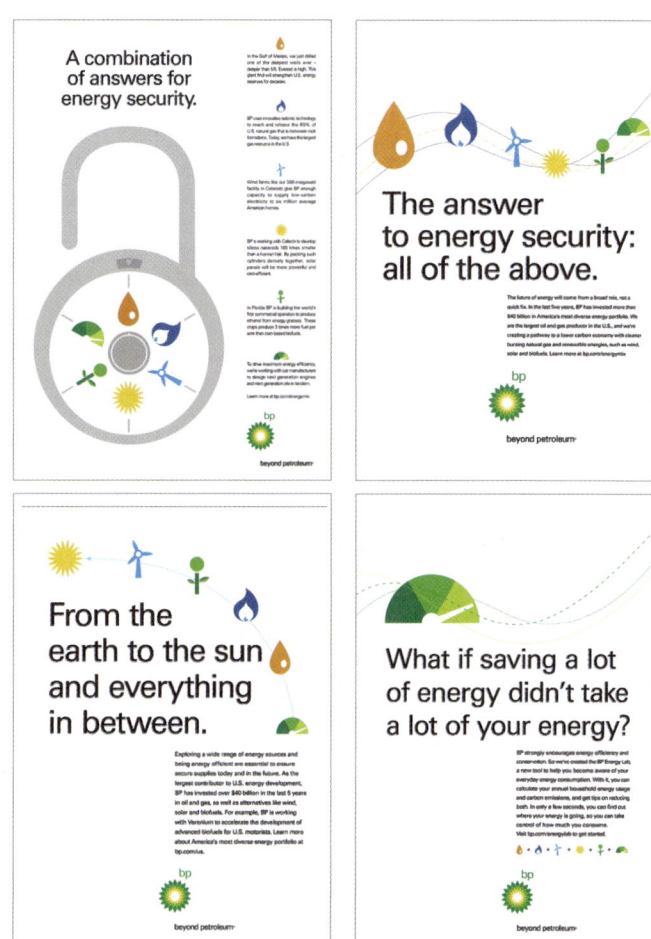

来源：英国石油公司

图 10.13 能源安全与低碳经济下的能源多样性

"英国石油公司的项目指出，到 2030 年，我们需要的能源将比现在多大约 45%，到 2050 年将会是现在的两倍。这将需要每年超过一万亿美元的投资。我们怎么才能持续地满足这样的需求呢？毫无疑问在能源结构方面需要有所改变。我们需要更多的低碳能源。同时我们需要更有效率地使用能源。但主要问题是，没有什么神奇的解决方法，20 年后，我们将需要各种各样的能源……"（见图 10.14）

"未来的能源将不仅仅是石油……关键在于，它将会是一个多样化的组合……我们相信会有一个广泛的和可持续的组合，包括石油、天然气、煤炭和可再生能源，并用创新和有效率的方式生产和使用它们。"

他的演讲是这样结束的："除了要确保不让子孙后代面临海平面上升的窘境，我们还需要确保我们在未来的十年里让灯继续亮着。如果我们能够同时应对这两个挑战，我们就能真正实现能源安全。"

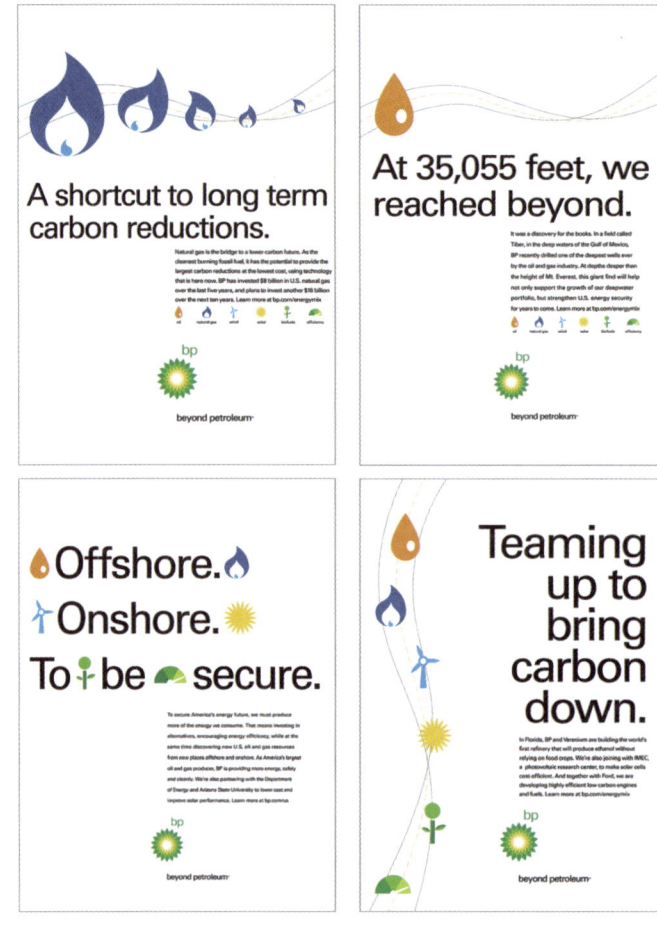

来源：英国石油公司

图 10.14　多元化的能源多样性

品牌再一次成了指南针。对品牌团队而言，那是一个值得庆祝的日子……也是一种解脱，因为品牌重塑所设定的愿景再次成了公司的北极星。

进化过后的英国石油公司品牌比以往任何时候都更忠于公司的特质，即"关注并做正确的事""在与他人的公开对话中，展现行业前沿的能力"。公司的四大价值观：进取，可靠，创新和绩效驱动，它们将成了公司文化的缩影并与品牌相吻合。

托尼·海沃德认为，在 2007 年到 2010 年的这段时间里，英国石油品牌取得的成就是事实："我们实现了超越石油的目标。把它与现在而非 50 年后的社会现实联系起来，与现在而非 50 年后的英国石油公司的劳动力联系起来。这是我们要做的主要事情，但这是非常大胆的，它让个人以从未有过的方式来实现它。"

这个故事告诉了我们什么呢？尽管"超越石油"被证实是有韧性的，也得到了有价值的重申，但是这些年我们从中学到了什么呢？

实践 1：强大的品牌宗旨是持久的。 英国石油公司的环境发生了很大的变化，但超越石油的三段旅程证明了品牌具有韧性，能够引导和支持品牌重塑（见图 10.15）。

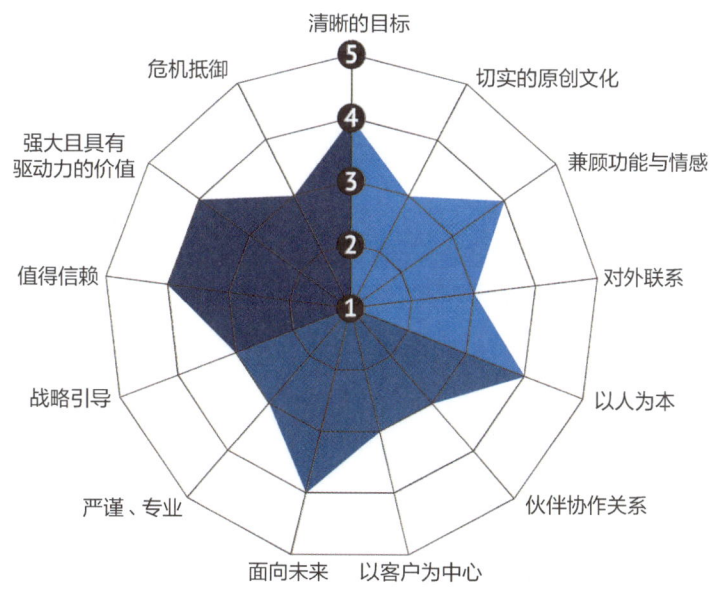

图 10.15　持久的战略型品牌使命——英国石油公司 2010 年第一季度

实践 2：在极端的商业情境下对品牌进行严格的测试。 在发展品牌宗旨和企业观点时，要针对企业所有的可能情况进行严格的测试——"超越石油"在"石油短缺"的经济中面临严峻的挑战。

实践 3：跨越受众的清晰性和联结性。 确保你的品牌宗旨明确、相关且与内外部受众相连接——"超越石油"还将得益于与关键受众的更广泛的联系……直到它将自己阐述为"多样性"。

实践 4：系统的、绩效管理的、嵌入式的计划。 品牌一旦建立，就没有商量的余地了，这要求所有的业务和个人为共同目的去制订、激活和衡量他们自己的相关激活计划——"超越石油"将会从早期制订的更彻底的实施计划中受益匪浅。

接下来我们来谈谈联合利华，这个战略型品牌在以品牌宗旨为导向的可持续发展战略方面不断获得强大的"牵引力"。

联合利华：从雄心壮志到贯彻落实

战略型品牌可能比其他品牌更容易发生变化，因为它们比大多数品牌更有意义、更有影响力、更有前景。

对全球范围的收购行动做出品牌回应

2017 年 2 月 17 日，卡夫·亨氏（Kraft Heinz）向联合利华提出了 1430 亿美元的收购邀约，金额令人震惊。此举遭到了联合利华的强烈拒绝，仅两天后，倡导该提议的 3 位巴西亿万富翁 [3G 资本] 和美国投资者沃伦·巴菲特（Warren Buffett）撤回了竞标。联合利华和卡夫·亨氏的联合声明表示："卡夫·亨氏对联合利华的文化、战略和领导力致以最大的敬意。"

联合利华的品牌回应给我留下了深刻的印象，让我们注意一下它的几个方面——你现在知道我是多么相信极端的情况下能考验一个品牌了吧。

从这些事件中的得到的第一个收获是，联合利华企业及其品牌组合在每个客户中都具有极大的吸引力。

联合利华本能地拒绝了这项收购交易，媒体报道了这样的评论："这些投资人[3G 资本]的想法让管理层、董事会和许多利益相关者反感。"为什么呢？因为品牌、文化和战略在这两种群体之间极为分化。

保罗·波尔曼通过投资品牌、投入资源开发公司产品系列和促进环境可持续发展来管理长期增长。他难道不是在上任之初就告诉投资者，除非他们准备为了长期的可持续性而牺牲短期利润，否则就不要投资吗？当你访问联合利华的公司网站时，它首先宣称"让可持续的生活成为常态"。

相比之下，3G 资本收购公司，通过零基预算法严格控制成本、节约投资，大幅裁员，从而在短期内优化运营利润率。该公司的网站是"一个绩效平台"。

联合利华对 3G 资本的吸引力是非常强的：它拥有 13 个年销售额超过 10 亿美元的品牌，在新兴市场的市场占有率很高，联合利华的营业利润率接近卡夫·亨氏的一半。计算依据是，如果将 3G 资本的管理原则应用到联合利华的投资组合中，特别是通过合并两家食品包装企业来削减成本，那么高额的溢价将带来短期收益。联合利华对这一逻辑的反对出于长期的考虑，因为如果你不介意零增长的话，削减成本可能确实有效——卡夫·亨氏在 2016 年的增长接近于零，而联合利华的增长率为 3.7%。

两家公司的品牌理念截然不同，策略也大相径庭。回顾企业的品牌根基及其独特的文化，联合利华对于并购的回答只能是"不"。

联合利华将利用这次事件加快自身的利润改善和品牌修剪计划，这是另一回事了。但它自己的零基预算与品牌和相关战略是保持一致的。

我与联合利华的互动已有很长时间，因此很高兴能与联合利华集团的首席营销官和传播官基斯·韦德（Keith Weed）共同反思品牌和战略，我们的对话主要发生在卡夫·亨氏的收购邀约之前。正如我之前所说，只有少数几个战略能像可持续发展战略那样具有挑战性，所以我对基斯的主要问题是："联合利华的制胜法宝是什么？"

简要介绍一下联合利华

基斯说："我们有联合利华的企业品牌及其旗下 400 多个客户品牌，比如家乐（Knorr）、梦龙（Magnum）、多芬以及立顿。我们的品牌遍布 190 多个国家，每天触达 20 亿的顾客，2016 年销售额为 527 亿欧元。公司 58% 的业务分布在发展中国家和新兴市场。"[宝洁和

雀巢分别为 37% 和 43%]

联合利华的标志是企业承诺让可持续生活成为常态的视觉表达。此标志在 2004 年推出，由沃尔夫·奥林斯（Wolff Olins）围绕"为生活增添活力"的理念而设计。每一个图标，从手到头发、鱼和心脏，都代表公司的价值观或公司的一个子品牌（见图 10.16 和图 10.17）。

来源：《品牌竞争力：如何打造持久战略型品牌（上册、下册）》，基于联合利华的资料

图 10.16　联合利华集团的世界级品牌实例

来源：《品牌竞争力：如何打造持久战略型品牌（上册、下册）》设计，基于联合利华数据

图 10.17　联合利华品牌的符号及其意义

所有人都认为，联合利华是一个强大的战略型品牌，如图 10.18 所示，分析如下。

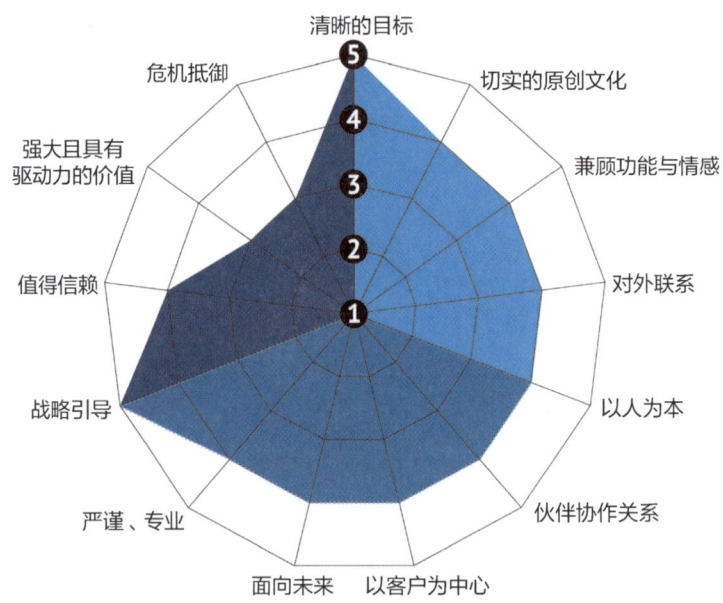

图 10.18　联合利华的持久战略型品牌使命

做好事才能把事做好

清晰的目标

在与基斯的任何谈话中都会出现联合利华的宗旨："我们对联合利华有一个明确而统一的宗旨，那就是让可持续的生活成为常态。这是一个关于'让清洁变成常态'的故事，是我们的创始人莱弗汉姆勋爵（Lord Leverhulme）在 19 世纪 80 年代开始生产日光肥皂（Sunlight soap）时的雄心壮志。所以我们一直把这个目标放在业务的核心。谈论'设计'我们的品牌观点是不真诚的，因为它是随我们企业的基因成长起来的。我们随我们的商业模式来阐述让可持续生活成为常态的愿景，也就是在减少我们的环境印迹和增加积极的社会影响的同时发展业务。"

切实的原创文化

正如我们从英国石油公司了解到的，嵌入品牌宗旨的首要挑战是文化。

2009 年 1 月 1 日，当保罗·波尔曼接替帕特里克·赛思科（Patrick Cescau）成为联合利华的首席执行官时，他提出了"指南针"战略，这一战略支撑了联合利华建立长期可持续发展业务的决心。2010 年，联合利华"可持续生活计划"（ULSP）启动，旨在将集团的规模扩大一倍，同时减少其整体环境印迹，提高其社会影响（见图 10.19 和图 10.20）。

基斯解释道："可持续生活计划"承诺：

- 到 2020 年，帮助超过 10 亿人改善健康与提升幸福感；
- 到 2030 年，将我们的产品对环境的影响减半；
- 到 2020 年，改善千百万人的生计。

图 10.19　联合利华当前背景下的愿景

图 10.20　联合利华"可持续生活计划"的三大支柱

员工引导品牌

虽然联合利华并不是第一家把可持续性发展作为目标的企业，但保罗需要运用他全部的个人领导能力、应变能力、决心和清晰的思维，才能在具体的可持续发展计划背后建立起真正的内部文化。通过与他以及他身边的人交流，我相信他是在坚定的务实信念中找到他的决心的：在一个资源有限的世界里，可持续地经营一家企业对长期增长至关重要，能够降低风险和成本。他坚定地相信企业愿景："发展我们的业务，同时使我们的环境印迹与我们的增长脱钩，增加我们的积极社会影响。"简而言之，为人类和企业做正确的事情是相辅相成和有益的 [面向未来]。

强大且具有驱动力的价值

这个大胆的愿景意味着保罗及他的团队日复一日、每时每刻都承担着压力。2013 年和 2014 年，该公司 8 个季度中有 6 个季度未实现销售目标。就我个人而言，我知道联合利华内部有传言；作为一名商业同事，我观察到一些投资者的担忧，比如有人在 2015 年初表示："我不反对波尔曼谈论的可持续性发展……但结果并没有那么好。"

这并非易事，但是保罗和他的团队坚持不懈，我很高兴看到他努力转型带来了增长和结构性成果。基斯报告称："联合利华'可持续生活计划'6年的投入使我们可以清晰地看到这个愿景是积极的经济驱动要素。6年来，我们的股票价格稳步上升，股东总回报率为220%。"（见图10.21）

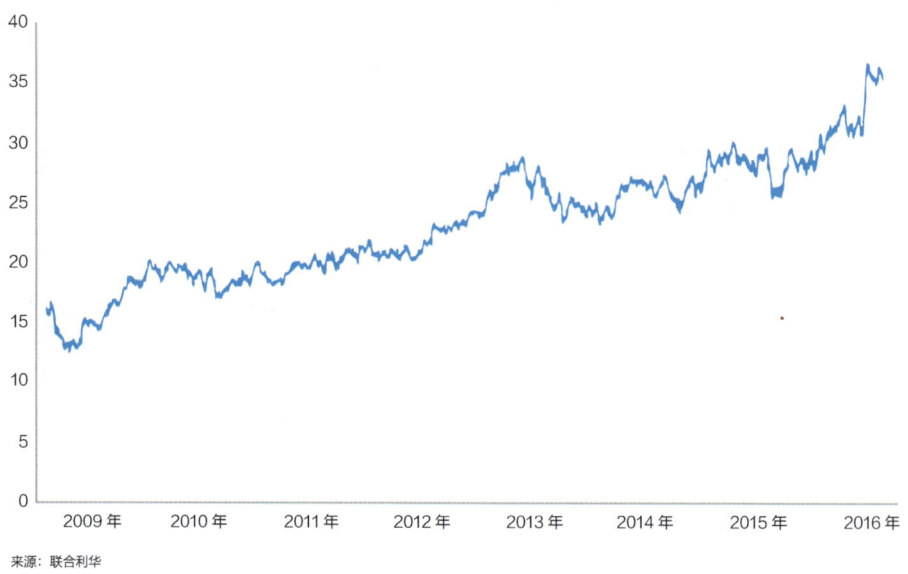

图 10.21　联合利华 2009—2016 年的股价

基斯继续说道："我们有强有力的经济证据表明，我们的可持续生活品牌，实际上引领了联合利华的经济增长。2015年，可持续生活品牌的增长速度比其他业务快30%，并贡献了整个企业近一半的增长。联合利华的战略也带来了显著的效率：自2008年以来，水、废物和能源效率节省了6亿欧元。"

我们的评估支持了基斯的观点：2016年，联合利华的基本销售增长率为3.7%，核心运营利润率升至15.3%。新兴市场（占集团销售额的58%）持续保持高于平均水平的增长，尽管季度间会出现明显的波动，尤其是在印度和巴西市场。市场和分析人士当时认为，在动荡的经济背景下，投资联合利华是一项"避风港投资"。

基斯还认为，另一个非财务业绩指标可以表明品牌取得的进展："联合利华在2015年道琼斯可持续发展指数（Dow Jones Sustainability Index）中排名行业第一。在富时社会责任指数（FTSE4Good）中，它的环境得分最高，为5分。2016年，在连续6年进行的全球可持续发展年度调查（GlobeScan/SustainAbility annual survey）中，联合利华在全球可持续发展企业领导者中名列前茅。同年，联合利华连续第二年被乐施会的品牌背后评分卡（Oxfam's Behind the Brands Scorecard）评选为最具可持续性的食品和饮料公司。"

联合利华："战略引导"要素方面的品牌典范

英国石油公司与联合利华的战略品牌支柱肯定有相似之处，它们的不同之处在于联合利华通过系统的战略和激活计划来实现品牌宗旨。基斯记得："在实施这一计划的过程中当然遇到了挑战，但品牌宗旨始终牢牢地站在商业模式的中心。这个计划涵盖了每个品牌和每个市场。其中一个挑战是，认识到每个品牌都在不同的历程中寻找自己在'可持续生活计划'中的社会目标，以及它们的决定性贡献是什么。一些品牌仍在开发中，但我们排名前五的品牌——家乐、多芬、奥妙、立顿、好乐门（Hellmann's）都是可持续生活品牌。

"一个品牌要被称为可持续的生活品牌，必须符合严格的标准，这表明它已经将可持续性融入其宗旨和产品中。其宗旨是提供特定的社会效益，而产品要有助于实现至少一个'可持续生活计划'的目标。

"例如，家乐正在尼日利亚解决营养不良问题。在尼日利亚，每2名育龄妇女中就有1人患有贫血，72%的5岁以下儿童患有贫血。家乐的方法是在其浓缩汤块中添加铁，并推广健康烹饪。多芬的'真美运动'（Real Beauty campaign）已经有十多年的历史了，它有一个非常明确的使命，就是通过这项运动来提高女性的自尊。奥妙的'有污渍，是好事'（Dirt is Good）活动，鼓励儿童进行更多的户外活动。立顿的100%天然茶包已经获得了雨林联盟（Rainforest Alliance）的可持续性认证。好乐门致力于可持续性采购和减少对环境的影响。拥有联合利华统一的品牌观念并将其与各个品牌结合在一起，是我们成功的关键。"

没有火箭科学，但明确的原则、计划与彻底的执行相结合，使联合利华成为世界级的"模范战略型品牌"。

促使联合利华成为"战略引导"品牌的六项最佳操作

我将评论我心目中的六项最佳操作，以及它们如何应用于联合利华品牌和多芬。

操作1：一个不容置疑的已配嵌入计划的企业品牌目标

品牌一旦被开发、确定和加强，就不再需要争论，也无法选择退出。每个业务和个人都不再想着"如果"的问题，而是"如何"的问题。"我"将如何为品牌"可持续生活计划"的目标做出贡献，并使其持续地对我们的战略和努力增加价值？

操作2：展开而不是集中：消费品牌将愿景变成现实

消费品牌构成了联合利华的大部分业务。跨品牌的横向团队，如创新、采购和运营，在实现品牌宗旨方面发挥着重要作用。但联合利华明白，将品牌宗旨部署到其业务中是产生影响的唯一途径，因此继续将可持续发展计划扩展到越来越多的品牌中 [真实可信]。

相比之下，在英国石油公司，尽管我们执行了一些真正有价值的业务主导计划（见第一章），但我们缺乏在所有业务中的一致部署，因此没有足够强大的所有权来获得适当而一致的影响。

操作3：为了品牌的商业利益激活品牌目标

战略激活的现实当然是复杂的，特别是如何使每个特定品牌的社会宗旨与该品牌自然契合，而不是从公司层面强加指令。联合利华一向清楚，它的目的不是道德，而是商业。正如基斯早些时候解释的那样，联合利华的品牌观念并没有盲目地决定对每个消费品牌采用"一刀切"的模式，而是将其作为所有品牌的框架。"毫无疑问，这是必须的，但是这取决于每个品牌确定其'可持续生活计划'中的角色以及它们可以做出的贡献。"

作为一个真正的品牌之家，联合利华尊重关键品牌架构原则的纯粹性：给品牌以空间，让它们形成自己的个性，在市场上竞争，不受任何限制性的约束或妥协。[客户中心；严谨、专业]

基斯用多芬作为可持续生活品牌的例子。多芬认为："我们鼓励女性与美丽建立一种积极的关系，帮助她们提高自尊，从而使她们充分发挥自己的潜力。2005年我们开发了'多芬自信养成计划'（Dove Self-Esteem Programme），去真正改变女性感知和拥抱美的方式，并建立健康的身体形象。具体来说，我们的目标是到2015年底，通过至少持续一小时的教育干预，在全球范围内触达1500万女性。"[兼顾功能与情感]

日益增长的连通性信号使基斯备受鼓舞："通过一个独特的研究项目，我们也有明确的证据表明，消费者喜欢那些带来社会效益同时又交付产品性能并且他们负担得起的品牌。我们的研究表明，54%的消费者希望购买更加可持续的产品，而且很多人已经这样做了。它还表明，消费者什么都想要：高性能的产品，合适的价格以及一个与他们有关系的目的。可持续发展与利润增长之间无须取舍。"[对外联系]

操作4：清晰透明的目标及其测量

作为联合利华的广泛的"可持续生活计划"中的一分子，每个品牌都有自己的功能，并制定了明确的目标。在集团的保护伞下，进度被透明地测量和公布[令人信赖]。我鼓励你对照它所设定的雄心勃勃的目标来回顾一下"可持续生活计划"的性能更新，这些目标都可以在网上找到。在图10.22中，我们以多芬为例来进行描述——它读起来很有趣。

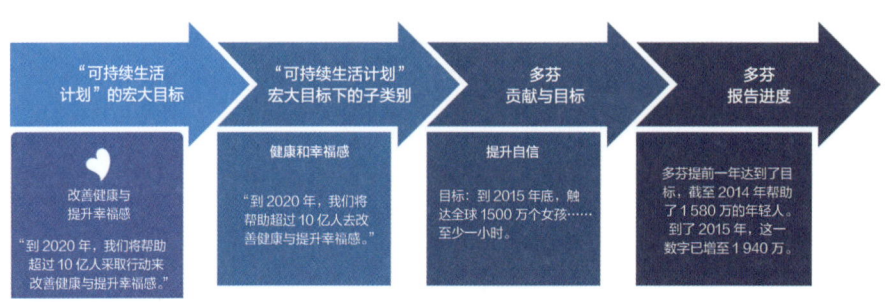

来源：《品牌竞争力：如何打造持久战略型品牌（上册、下册）》基于联合利华公司网站数据

图10.22 联合利华的"可持续生活计划"业绩报告

多芬评论道："我们扩大了'多芬自信养成计划'的覆盖范围，提高了质量，制定了具有成本效益和影响力的实施策略。我们为56%的年轻人提供了以教师为主导的课程……我们的成功主要得益于与世界女童子军协会（World Association of Girl Guides and Girl Scouts）的伙伴关系，它扩大了我们的数字业务，并促进了该项目在新地区的发展。"

操作5：有意开展的行动

非传统战略中总是存在巨大的文化挑战。实现真正的由内而外的文化进化，像是一场永无止境的讨伐，可能需要两代人来完成——但联合利华显然正在取得进展。2016 年，联合利华被 Glassdoor Employees' Choice Awards 评选为英国最佳雇主之一，排在第七位，是前十名中唯一一家快消品公司。满意度评分涉及一系列关键的雇主因素，包括"在整个企业中嵌入可持续发展的强大价值观"。在领英最受追捧的公司排行榜中，联合利华在快消品类中名列第一，全球名列第八 [品牌引导员工]。

操作 6：合作伙伴，合作伙伴，合作伙伴

我认为只有合作才能使可持续发展战略取得成功。在英国石油公司，我记得我曾与合作伙伴一起努力开展了一系列节能举措，如节能发动机和驾驶训练活动。同样地，在联合利华，十多年来，多芬通过与世界女童子军协会的合作一直在向数以百万计的女孩传递它的自尊理念 [伙伴协作关系]。

一般来说，合作是取得进展的前提，它具有 3 个重要的价值来源：通道、能力和资源。联合利华拥有数百个这样的合作伙伴关系：为了改善生计，它需要与农民建立信任的联系，以改善农业生产。它加入了非政府组织、联合国机构以及其他组织和公司，以帮助改变健康和卫生状况。它与非政府组织、联合国机构以及其他组织和企业一起，帮助改变农民的健康和卫生状况。它与公共、私营和非政府组织部门合作，以加强防灾准备，减轻灾害的影响。它与其他机构合作，例如世界自然基金会和全球食物银行网络（Global Foodbanking Network），以减少对环境的影响，改善人们的生活，支持零浪费。联合利华基金会是与非政府组织合作的中心。

2015 年底，在联合国旗帜下，193 位世界领导人达成了 17 项促进可持续发展的"全球目标"（见图 10.23），目标是到 2030 年，消除极端贫困、不平等和气候变化。联合利华为该联盟的建立做出了突出贡献，并以品牌的方式致力于此。

来源：联合利华

图 10.23　可持续发展的全球目标

联合利华品牌国际领导力的下一个阶段

对于以可持续发展为基础的品牌而言，其背景是在 2015 年底巴黎《第 21 届缔约方会议协定》（COP 21 agreement）后设定的。正如《联合国气候变化公约》的前执行秘书克里斯蒂安·菲格雷斯（Christiana Figueres）所解释的那样："我们花了数年时间创造了一个新的愿景，而现在，我认为我们必须用两倍甚至三倍的努力，才能使新的现实如我们创造的愿景一般值得称赞。而这将困难得多。"

奇怪的是历史总是重演。记得在 2005 年到 2010 年间，我经历了一波类似的讨论，当时的争论焦点从企业社会责任转向了商业，从愿景转向了行动。联合利华已经成功地实现了这一转变，并在大规模行动之中，处于罕见和值得称赞的地位。从过去的经验以及其他品牌的普遍的反应来看，我认为这个令人羡慕的地位引发了以下 3 个困境。

清晰的品牌化和品牌角色：推 / 拉

通过把消费品牌放在首位，联合利华本身仍然是一个相对"小"的品牌。仅多芬一个品牌就价值 53 亿美元，而联合利华的企业品牌价值才 43 亿美元 [参考品牌金融（Brand Finance）]。与此同时，联合利华的知名度相当高，而且增长迅速。

基斯告诉我们："在过去的 3 年里，我们通过'闪亮未来'（Bright Future）活动，开始逐渐让联合利华的企业品牌面向更多的消费者，这项活动的重点是帮助人们了解到，他们可以通过做出一些微小的改变来为子孙后代创造一个更加光明的未来。除此之外，联合利华的商标在包装上的知名度也有所提高，这也促进了联合利华品牌知名度的显著提高。"[对外联系]

"闪亮未来"是一个鼓舞人心的平台："我们相信，没有比现在更好的时机去为我们的孩子创造更好的未来。那将是一个人人有充足的食物，没有孩子饿着肚子入睡的世界。每个孩子都能平安长大，拥有一个幸福的童年。所有家庭都有充足的水来饮用、清洗、做饭和清洁。每个人都能在享受生活的同时为下一代保护地球。"

联合利华品牌未来的经济角色是什么？与消费者品牌的联系将如何发展？企业品牌和消费者品牌之间的"推－拉"组合将如何发挥作用？我们在英国石油公司也讨论过同样的问题，特别是在谈及亚拉（Aral）时（亚拉是一个来自德国的"明星"消费者品牌），而英国石油公司是我们的"明星"企业品牌。

专注于由少及大

可持续发展战略的本质是具有无限的影响力；他们在情感上消耗大量精力，并在道德上不断提出挑战——"如何说不？"，因为随时随地都会出现求助的需求。随着战略被部署到多个品牌、多个地区和多个团队中，最初的战略清晰性和关注点可能会变得松散，所有人都开始在短期利益视角的指导下做自己的事情。

联合利华将如何继续将精力集中于少数几个特定领域去发挥重大作用，而不是产生许多细小的影响？它将如何应对持续不断的挑战，在其他领域变得无情并且"说不"？因为联合利华及其消费品牌只有保持简单、长期一致、规模庞大、相互关联，才会为人所知。

可持续性的全周期端到端进程

一般来说，可持续发展计划的第一波战略和绩效进展，源于企业自身经营的重大内部改进：能源、废弃物、水资源等。但是到目前为止，最大的潜力源于消费者如何使用公司的产品。

在石油和天然气行业，10%～20%的二氧化碳排放来自企业的生产操作，其余来自消费者的产品使用（参考图10.24）。类似的模式也适用于联合利华，据估计，61%的温室气体排放量是由消费者产生的——尽管数据因产品使用情况而异。所以，如何在每天鼓励5次洗手的同时减少用水呢？如何在倡导淋浴和改善营养的同时减少温室气体（GHG）的排放呢？事实上，联合利华产品的温室气体的排放量自2010年以来增长了6%，而其工厂的排放量减少了39%（注1）。

图10.24 "自己"与"消费者"产生的温室气体排放量

联合利华致力于全价值链方法，"作为对其业务有真正影响的最有意义的反映"，以及透明的绩效报告。对于真正负责任的品牌来说，这是唯一可靠的方法，但也是具有挑战性的方法。正如我们从英国石油公司学到的，要对深刻的行为变化加以构建、指导和支持，以实现预期的端到端的进展，需要对系统和关系进行广泛的思考。

将消费者、监管者以及企业联合起来是最有挑战性的方面之一，最强大的战略型品牌能够并将在其中相关领域发挥重要作用。正如基斯所说："我们也要开始把品牌想象成和公民一样，肩负着促销、分享、创造曝光度并帮助做出改变的责任。"

将品牌转换成战略

让我们以基斯所说的联合利华的神奇法宝，即品牌与战略之间的共生关系作为结束语："品牌理念严格地影响和指导战略，因为品牌宗旨是商业模式的内在因素。我们一直都很清楚，不是因为这是一种道德义务或是一件好事我们才这样做。我们也很清楚，这是一项正在取得成效的经济战略。尽管表达方式可能会有所改变，但公司宗旨保持不变。"

正如联合利华所表现的那样，一个真正的战略型品牌与组织内部和外部的联系都是有目的的。对于很多公司而言，这是一段极具挑战性的历程，因为他们会体验到外界对品牌的认知与企业内部现实之间是脱节的。那我们要怎样才能做好将品牌转换成战略呢？

让我们用英国石油公司与联合利华联合得出的最佳操作来指导和执行从品牌开始的战略——图 10.25 总结了本章的学习要点。

> ▶ 在极端的商业情境下对品牌宗旨进行严格的测试
>
> ▶ 确保内部和外部受众的清晰性、相关性和联结性
>
> ▶ 品牌目标一旦确立就不可再协商，应立即制订嵌入计划
>
> ▶ 进行跨品牌和企业部署，而不是集中管理
>
> ▶ 要激活每个品牌的商业利益并交由各自决定
>
> ▶ 通过清晰透明的目标和措施进行绩效管理
>
> ▶ 嵌入行动的真实性，使其员工由内而外认可
>
> ▶ 合作伙伴，合作伙伴，合作伙伴

图 10.25 "战略引导"的战略型品牌的最佳实践

最后，让我们回顾一下战略型品牌的拥护者们是如何将品牌宗旨转化为战略的指导方针，并使这一原则成为经营之道的。

约翰·布朗勋爵："在全球市场上，品牌对于吸引客户和业务至关重要。它关乎企业的身份和价值观，这些价值观支撑着你所做的一切和你所拥有的每一段关系。"

伊安·罗伯森："战略是推进企业发展的动力。我们利用战略吸引人才，激励员工创造，也依据战略设计产品与服务，并指导经销商。"

夏兰泽："品牌是一个重要的组织原则，企业的一切都源于对品牌的理解和信念。尽管品牌并不能决定战略的具体内容，但是对品牌的深刻理解能够确保企业战略与品牌始终保持一致。"

托尼·海沃德："当你为一家全球性公司树立了一个品牌，而这个品牌却不能反映出你公司 90% 的员工每天都在做什么时，我会说，那你有大问题了。因为你身边的员工是公司最重视的人，他们四处走动，却与公司在倡导什么无关。"

基斯·韦德："在实施这一计划的过程中当然遇到了挑战，但品牌宗旨始终牢牢地站在商业模式的中心。这个计划涵盖了每个品牌和每个市场。其中一个挑战是，认识到每个品牌都在不同的历程中寻找自己在'可持续生活计划'中的社会目标，以及它们的决定性贡献是什么。"

第十一章
值得信赖

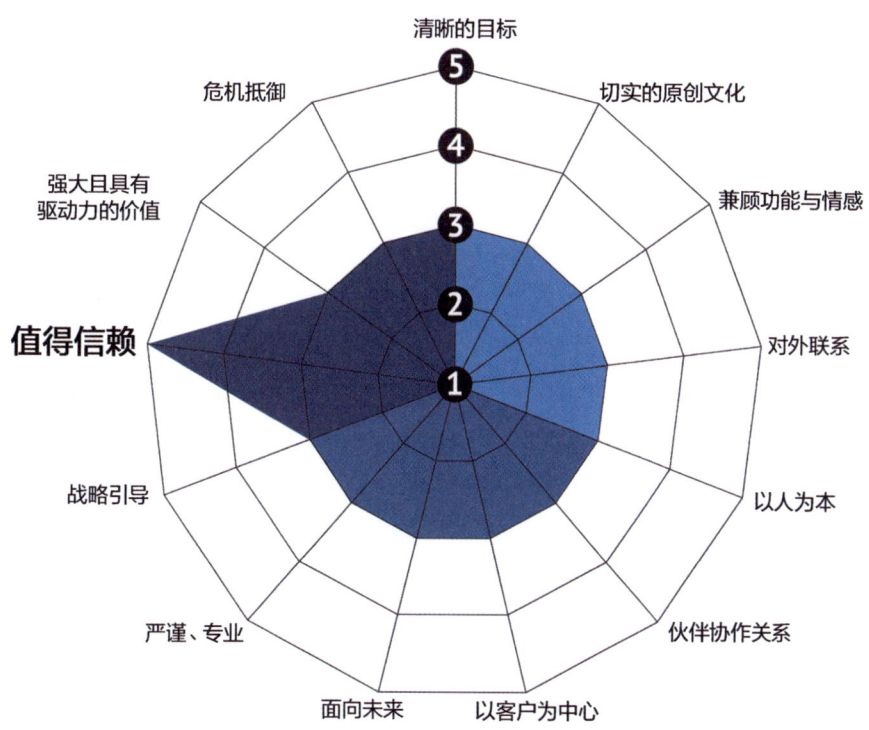

确认某些人是否可信的最好办法,就是信任他们。

——欧内斯特·海明威

信任是如今世界上最宝贵的品牌资产之一,是消费者广泛获取信息、反映政治和社会风气的结果。虽然信任是品牌不可或缺的一部分,但它却不一定能被企业很好地理解,也不一定总是能得到有效的管理。

如图11.1所示,过去的十年来,社会对公共机构的信任明显下降。那么品牌如何才能赢得信任,并从与主要权威人物的正面对比中获益呢?

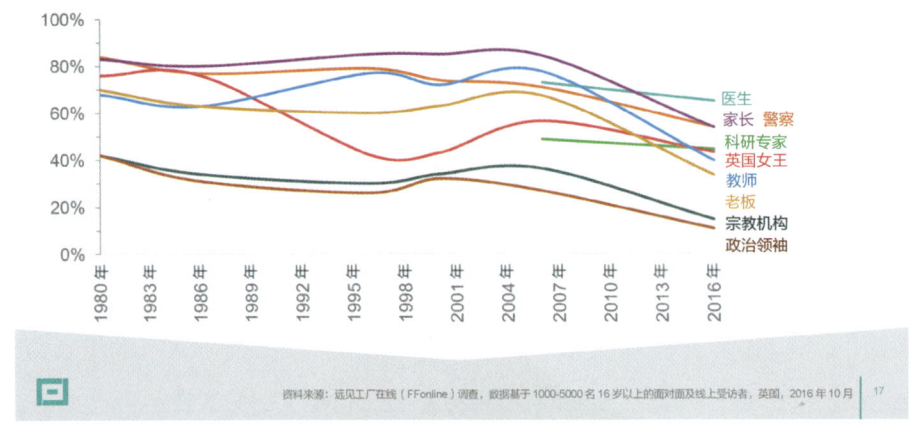

来源:远见工厂(The Foresight Factory),2016年10月

图11.1 英国公众对公共机构权威的接受度

毋庸置疑,信任、持续战略型品牌和战略价值创造之间有着紧密的联系,这是我和夏兰泽已经广泛讨论过的。她是通用电气、默克集团(Merck & Co.)、纽约长老会医院(New York-Presbyterian Hospital)、美国自然历史博物馆、世界野生动物基金会及其他一些机构的董事会成员,没有人能比她更合适来发表评论:"当人们信任你的品牌时,你就获得了广泛而深入的经营许可,可以跨行业扩展,这是一份大礼。"

夏兰泽的观点后面会讲到更多,但是其他一些品牌是怎样看待信任的呢?

福特的全球趋势及未来经理谢里尔·康诺利(Sheryl Connolly)认为建立信任从未像现在这样困难,但是"建立了基于信任的关系的品牌具有竞争优势"。

英国石油公司可能比大多数企业更需要来自所有利益相关者的高度信任,这体现在与阿塞拜疆或特立尼达及多巴哥等国的长期信任关系中。因为英国石油公司在这些国家开采自然资源,而为美国等国家提供国防燃料。这就是为什么在墨西哥湾漏油事件发生后,内部对话的主题从来不是"我们如何恢复英国石油公司的品牌?"而是"我们如何重建信任?"

对于我来说,随着时间的过去,我学到了一个重要的东西,我相信它从根本上适用于值得信赖的持续战略型品牌,它也已经成为一个能使人平静和强大的人生准则:"始终做正确的事。"

战略型品牌的信任问题

正如许多企业所经历的那样,公众对品牌缺乏信任会对企业价值产生巨大的负面影响。如图 11.2 所示,大众、塔吉特(Target)、麦当劳、国际足联、美极面条(Maggi noodles)都曾面临缺乏利益相关者信任的负面影响或者是失去信任的创伤,品牌和商业价值也随之流失。

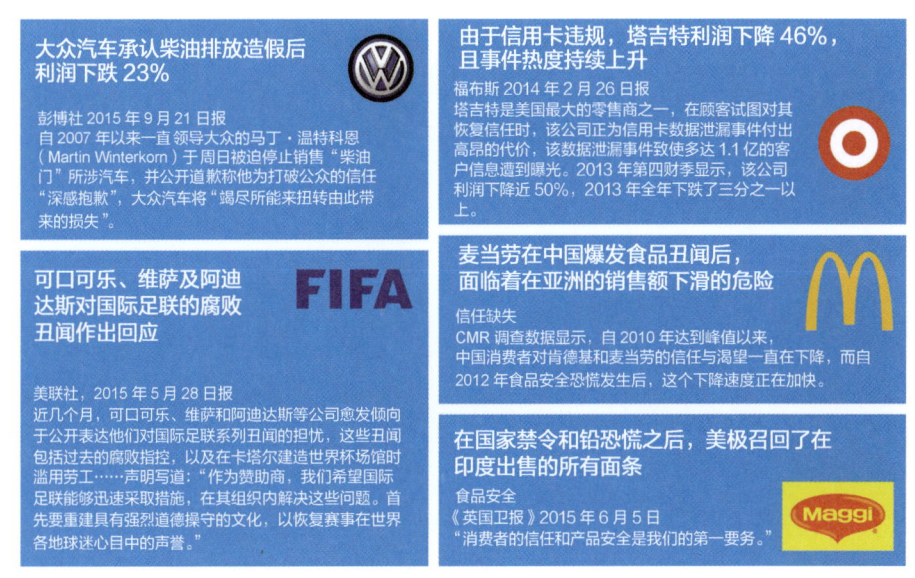

图 11.2　真实或可感知到的信任崩塌的例子

信任比以往任何时候都重要。2016 年美国《读者文摘》(Readers Digest)的一项调查发现,信任仍然是消费者决策的主要因素,78% 的调查参与者表示,他们会选择更值得信赖的品牌,而不是其他质量和价格相同的品牌。此外,该研究报告称,67% 的受访美国成年人更加关注值得信赖的品牌,另外有 67% 的人愿意支付更多来支持可信赖的品牌(注 1)。

其中有很多利害关系! 2016 年爱德曼信任度调查(Edelman Trust Barometer)对 28 个国家和地区的 33 000 多名受访者进行了调查,其中 68% 的受访者选择从值得信赖的企业购买产品,而 48% 的受访者拒绝从不可信的企业购买产品。同样地,有 59% 的受访者会积极推荐值得信赖的品牌,有 42% 的受访者会批评不信任的品牌(见图 11.3 和注 2)。

在消费者通过数字化影响力不断提升的新现实中,75% 的受访者表示,在与同伴交谈后,会做出购买方面的"关键时刻"的决策。当他们就品牌进行交流时,其他人在推荐品牌、消除疑虑和给予信心或反向指出风险方面发挥着关键作用(见图 11.4)。

我们是否应该在董事会和最高管理层会议中将信任列为一项管理标准?投资者是否应该将信任度调查作为他们三年现金流贴现模型的配套参考?我当然主张信任与企业管理和投资效益有巨大的关联,应将其作为企业未来业绩的主要指标。

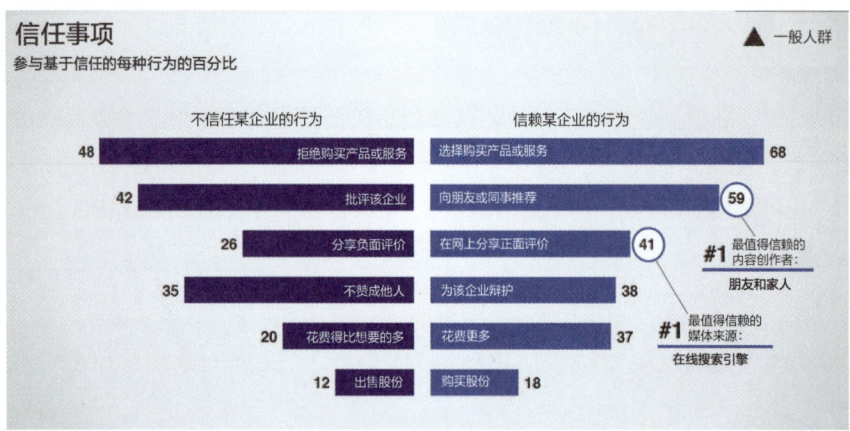

图 11.3 信任的重要性

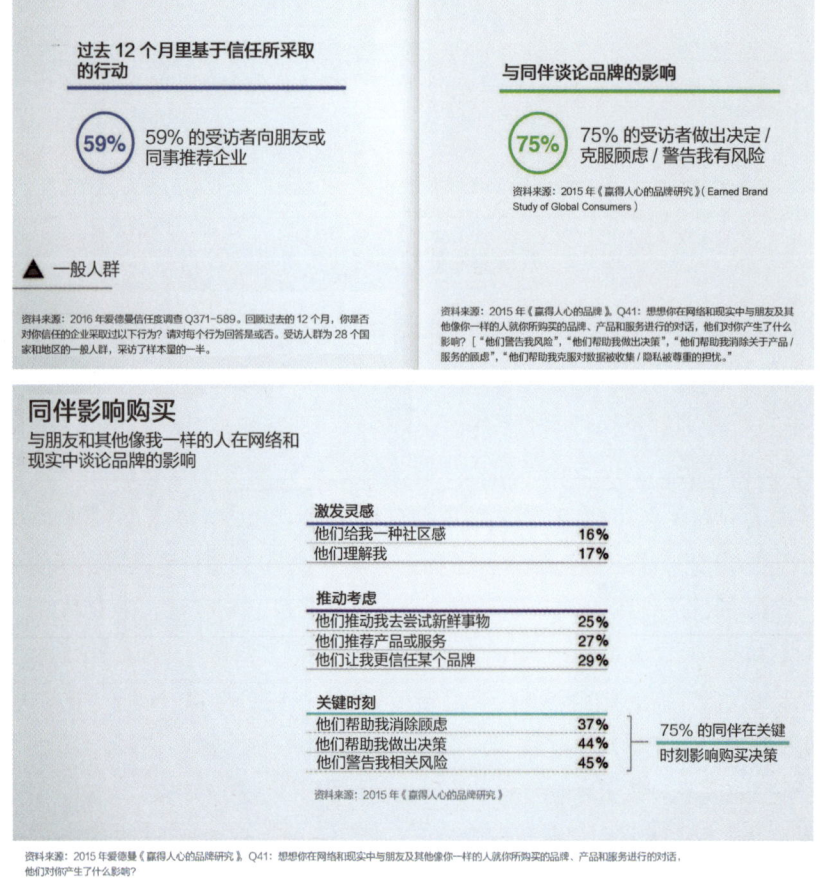

图 11.4 信任的同伴影响选择

对于战略营销人员而言，图 11.5 深刻地展示了一般人群与知情公众（也称为意见建构者）之间信任水平的差距越来越大。在过去的 4 年中，法国、英国、美国和西班牙等国家的这种差距急剧扩大，根源可能是英国脱欧，唐纳德·特朗普（Donald Trump）当选美国总统，法国极右势力崛起和"我们能"党（Podemos）在西班牙的出现。其实太多的政治家忘了，政治世界是另一个需要给客户提供全方位选择的市场。政府和企业都需要记住，每个声音（和选票）都很重要。

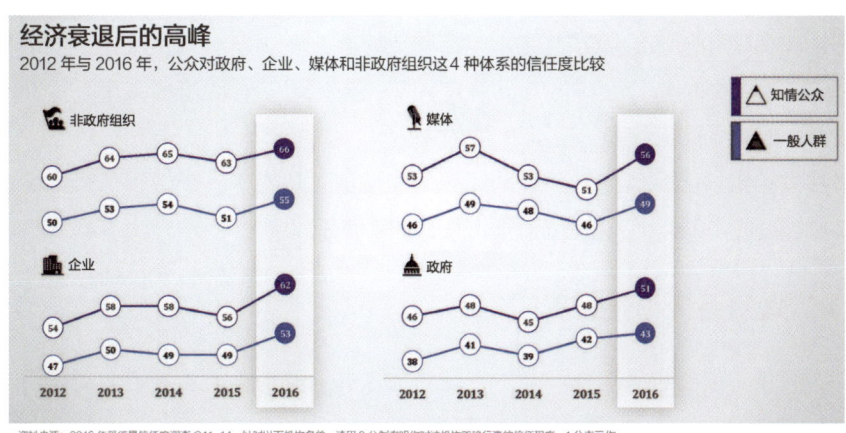

资料：爱德曼信任度调查和爱德曼品牌研究

图 11.5 受众间的感知差异越来越大

品牌信任的原因、内容与方式

信任不是宣传出来的，而是品牌自己赢得的。以下几个问题可以洞察构建和维护一个值得信赖的品牌的艺术与科学。

信任的风险与回报之间的平衡？ 在一个组织中，信任的崩溃会导致严重的后果。正如沃伦·巴菲特所说："企业建立起声誉需要花费20年，而毁掉它只需要5分钟。如果你考虑到这一点，你就会改变企业管理的方式。"那么我们为什么还要开发和依靠这种脆弱的品牌资产呢？我们该如何更好地理解和管理信任的风险与回报之间的平衡？

投资信任？ 几年前，我是未来基金会（Future Foundation）年度会议的主题发言人，当时我提问："你应该在信任上投资多少？"一开始我认为这是个愚蠢的问题，因为有这样的一个前提：你不能投资信任，因为信任取决于你是谁，而不是一些可以捏造的东西。但仔细想想，这其实是一个非常好的问题。

信任如何体现和创造价值？ 信任一个品牌能对企业及其业绩产生决定性的、积极的和持久的影响吗？这个影响是什么样的？品牌信任要如何体现？它的价值来源是什么？建立一个值得信赖的品牌需要权衡什么，要面对哪些风险？

如何建立和维护品牌信任？ 关键的问题是如何建立和维护一个值得信赖的品牌？企业社会责任和其他投资又如何呢？它们也可以巩固品牌信任。

值得信赖的品牌是什么样的？

首先，我们必须要定义信任。我一直认为信任有4种形态。让我们与《领导者的语言》（*The Language of Leaders*）和《用沟通鼓舞人心》（*Communicate to Inspire*）的作者凯文·默里（Kevin Murray）谈谈信任与领导力（注3）。

"品牌关乎关系，而关系是成功的引擎。因此当你思考一个品牌时，实际是在思考如何在企业的所有关系中建立、维持和发展品牌。当企业思考品牌时，需要考虑的不仅仅是它们向世界展示的形象，还有它们成功走向未来所需要的关系。

"关系，能让你立刻想到无形资产领域中'声誉'和'信任'的概念。10年前，大约80%的资产负债表是由有形资产构成的；如今情况恰恰相反，大多数资产负债表的80%以上是由你看不到的无形资产构成的：商誉、品牌、名声、信任。最终，对品牌及其声誉的信任为企业提供了运营许可，这可能是对所有品牌最有价值的影响。

"因此，信任具有巨大的价值。在当今的经济中，它的价值可达数万亿美元。公司内部、同事之间、员工之间、领导层与员工之间、部门之间、供应商与公司之间的信任，是企业能够在外部和内部顺利经营的润滑油。

"如果没有信任，你的企业所拥有的就只是规章制度。与信任相比，它们的监管成本很高，因为信任能缓和关系、促成事情的发生、加快事情的发展、解放伙伴关系、协同合作、共同创造——这些都是当今企业所需要的。

"因此，认为品牌是某些由首席营销官负责并可以向世界展示的东西的想法是一种危险的误解。信任并不是可以凭空制造的东西：它是值得诚信的结果。所以主要的问题变成了：'我们如何做才能更值得信任？'

"信任体现在3个方面。第一是能力：'你能做到如实告诉我你会做的事情吗？你能兑现你的承诺吗？'第二是判断力：'你是否做出过正确的判断？'第三是品质：'你有诚信吗？

你只是为了自己才这样做吗?你会骗我出高价吗?'"

信任的 4 种形态

图 11.6 中的"信任象限"展示了 4 种不同形态的信任,我认为它们构成了信任整体。与凯文的品牌资产模型相比,唯一的变化就是增加了"善行",将它作为值得信赖的品牌的一个基本特质。正如西奥多·罗斯福(Theodore Roosevelt)所说:"没有人在乎你知道多少,除非他们知道你有多在乎。" 善意意味着一个品牌意识到信任是互利的,它可以成功地保护你推进你的目标或者改善你的生活。因为某些品牌可能非常有诚信,但他们自己却并没有很在意。

	CAPABILITY 能力	CHARACTER 品质
OUT 外部	COMPETENCE 实力	BENEVOLENCE 善行
IN 内部	JUGEMENT 判断力	INTEGRITY 诚信

◎ 来源:《品牌竞争力:如何打造持久战略型品牌(上册、下册)》

图 11.6 "信任"象限:信任的 4 种形态

在这 4 种信任形态中,有两种具有功能性,即"能力"和"判断力",而另两种则具有情感性:"诚信"和"善行"。一个真正值得信赖的品牌需要兼具这 4 种形态。

迪士尼是一个值得信赖的品牌。可以说迪士尼是唯一能"胜任"其目标的;人们对它的"判断力"充满信心,并认为这家企业具有"诚信",同时人们对迪士尼"善意"的认知尤为强烈。

有谁会怀疑亚马逊的"能力"和"判断力"?亚马逊通过将顾客旅程的每一步都整合进核心功能中,使顾客需求简单地得到满足,这不也是在用自己的方式传达一种高度的"善行"吗?有些人可能会质疑这家在线零售商的"诚信",但总体来说,亚马逊是一个可信度很高的品牌。

在一系列事件对品牌造成负面影响之前,英国石油公司的品牌衡量标准反映出人们对这家企业"能力"的高度信任;借助"超越石油",人们对其"判断力"和"诚信"深信不疑,在与同行相比时尤其如此。但受众对该品牌的善意感知是割裂的:普通民众在这方面的信任度很低(就整个行业而言),他们感知到了权力和贪婪与善意之间的失衡。

品牌信任的规则存在例外吗?

一个有趣的争论是,有几家企业尽管并不具备这些信任形态,它们却非常成功。例如高盛投资、埃克森美孚及瑞安航空公司(Ryanair)。

RYANAIR 罗伯特·琼斯（Robert Jones）是沃尔夫奥林斯品牌咨询公司（Wolff Olins）的战略分析师，东英吉利亚大学（University of East Anglia）的客座教授，著有《牛津通识读本：品牌塑造》（Branding, a Very Short Introduction）。罗伯特告诉我："瑞安航空成为欧洲最大的航空公司，没有任何传统的品牌导向型业务的特征，甚至没有一个统一使用的徽标。然而，瑞安航空无疑拥有自己的品牌。它们的运营效率在人们的心中创造了一个非常清晰的品牌：他们清楚地知道该对这家航空公司期待什么，不期待什么。它的品牌是一个存在于消费者心中的外在理念，而不是一个内在的管理驱动力。从这个意义上来说，不是瑞安航空品牌使该企业取得了成功，而应该说是一种非常成功的效果在品牌方面的体现。

"在过去3年中，瑞安航空采用了一些传统的品牌化原则。它的现任首席营销官肯尼·雅各布斯（Kenny Jacobs）推出了一个'精益求精（Always Getting Better）'的内部口号和一个'廉价简洁（Low fares. Made simple）'的外部口号。在雅各布斯的领导下，瑞安航空极大地改善了它们的客户体验。但它仍然抗拒以品牌为主导的理念。它经营的是一门实用性、操作性的生意，而不是像维珍航空那样的高端品牌业务。这门生意要衡量的是它所提供的体验，而非品牌。所以瑞安航空的品牌是其所做的事情的结果，而非原因。"

因此，一个品牌在不具备这4个信任形态的情况下也有可能成功。瑞安航空、高盛投资和埃克森美孚凭借其"能力"赢得了极高的信任度，成为成功的品牌……但它们并不能被视为值得信赖的品牌。我们强烈认为，不完全的信任会是一个相当大的弱点和重大风险。

图11.7根据品牌产生的信任型态，对本章讨论过的品牌进行定位……或许你也想要通过这个坐标轴来测试一下你自己的品牌。

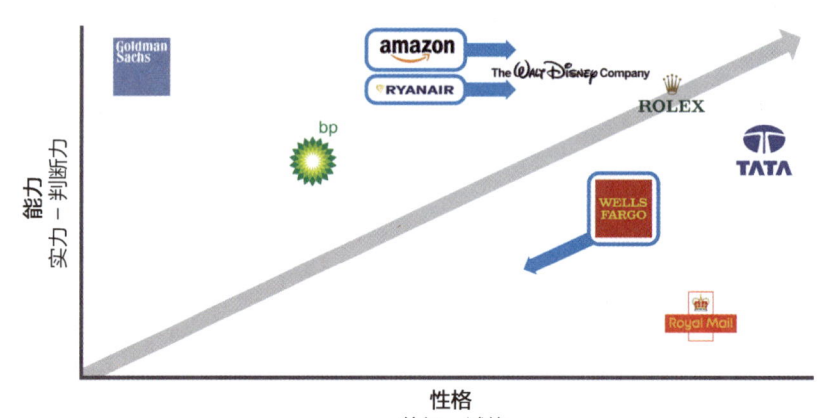

来源：《品牌竞争力：如何打造持久战略型品牌（上册、下册）》

图 11.7　根据信任形态定位品牌

如何建构信任：模型

企业应该如何建立一个值得信赖的品牌，从而产生更多的未来可持续价值？建立信任是一门科学。

我的经验是，在你自己的企业环境中使用下面的信任模型，将有助于增强你的品牌信任及其价值创造力。正如《信任的速度》（*The Speed of Trust*）一书的作者斯蒂芬·M. R. 科维（Stephen M. R. Covey）所说："与大多数人的看法相反，信任并不是你拥有或不拥有的某种温和、虚幻的品质；相反，信任是一种你可以创造的务实的、有形的、可执行的资产。"

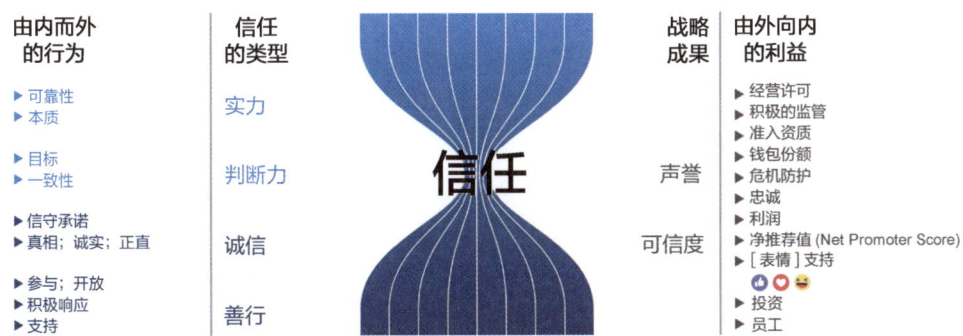

来源：《品牌竞争力：如何打造持久战略型品牌（上册、下册）》

图 11.8　品牌信任模型

再来看信任模型的中心，高水平的 4 种信任形态会帮助打造一个非常值得信赖的品牌，从战略层面而言，会给品牌带来强大的"声誉"和"可信度"。

在此基础上，利益相关者将以自己的方式（右侧所示）积极地表示支持。在 B2C 中，信任将吸引跨行业和跨地区的忠诚与利润。在 B2B 中，信任将打开市场，赢得钱包份额和更好的定价。在 B2B 中，信任将提供运营许可和更有利的监管环境。在社会上，信任将吸引媒体的支持，鼓励股东投资，并说服人们为品牌工作。

最终，我们希望信任能够带来积极的支持。正如图 11.9 所示的国际声誉研究所（Reputation Institute）的研究，"企业和品牌"比"产品和服务"更能驱动公众的支持意愿。企业家兼作家丽莎·甘斯基（Lisa Gansky）对此赞不绝口："品牌是一种声音，而产品是一份纪念品。"

来源：国际声誉研究所

图 11.9　企业和品牌是驱动性支撑

夏兰泽将信任、持久战略型品牌与战略价值创造紧密联系在一起：

"在过去的一段时间里，如果你和持有美国运通卡的会员交谈，他们会说：'考虑到所有因素，我只会和美国运通做生意，而不是任何其他类别的企业。'可能不会是蛋黄酱，但是几乎所有你能想到的类别。当人们信任你的品牌时，你就获得了广泛而深入的经营许可，可以跨行业扩展，这是一份大礼。

"信任也能在品牌脆弱的时候产生巨大的作用，因为坏事总有一天会发生。因此，作为一个值得信赖的品牌，让我们事先建立起商誉，做好应对这种情况的准备：公开承认错误；站出来向所有人承认你做错了；开除做错事的员工；全面召回问题产品，就像1982年强生公司的"泰诺"事件的熟练领导那样；尽早回应，不要让媒体来追问和指责你。"

毕雷矿泉水（Perrier，俗称巴黎水）之前的缺陷就是一个很好的例子。法国气泡水品牌因污染问题黯然失色时，代表"天然纯净"的毕雷矿泉水抓住了主动权，坦诚地向公众解释了这一问题。"首先，我们的产品可能会有少量的杂质，所以我们会立即下架所有的瓶装水；在水质纯度恢复到完美状态，并让质量得到系统保证之前，我们不会再进行产品销售。"这条消息被广泛传播，包括我在内的许多人都担心这次事件会永远损害该品牌的形象。然而真实的情况是，我们担心的事情没有发生，这也正是夏兰泽所强调的原因。

关于信任，一个最重要的洞见是，它是品牌赢得的，而不是宣传出来的。

正如夏兰泽所说，"如果你从战略的角度去经营一个值得信赖的品牌，那么你就要知道，你是通过行为来赢得信任的，而不是靠宣称自己值得信任就获得的。这完全是出于企业的道德、价值观、原则和行为。你的受众清楚，只有他们才能断定你值得信任。"

我让夏兰泽客观中立地说出几个值得信赖的品牌：

"强生，它体现了为什么当信任受到破坏时，企业的行为变得十分重要。沃尔沃是另一个例子，他们所做的一切都是为了确保你的安全。迪士尼的品牌也是毋庸置疑的。亚马逊正在成为一个值得信赖的品牌，因为它和这些企业一样，可以往不同的领域发展，并凭借信任将消费者维系在自己身边。

"自金融危机以来，如果你让美国消费者根据信任程度对银行品牌进行排名，排名第一的是富国银行（Wells Fargo），年复一年遥遥领先。这是品质和行为方面的问题：富国银行被视为'非华尔街'，它关心人民和小型企业，没有华尔街那些人的花哨心思。因此，当它在2016年10月曝光的假账户丑闻中失去信任时，后果是致命的。它败在值得信赖的品牌应该遵循的第一条规则上：'第一时间公开事实。'

"我有认识的人在富国银行开有账户，他们打电话给富国银行只是为了确认自己没有不知情的虚假账户。银行的客服中心说：'你为什么认为我们会这样做呢？'顾客回答：'你没看报纸吗？'这段对话意味着富国银行似乎并没有足够广泛地向自己的员工告知情况。"

信任评测

声誉是信任的结果，这意味着我们可以通过声誉来合理地衡量品牌信任。运用先进的回归分析法，大量的研究已经证明，值得信赖的战略型品牌和强大的声誉之间几乎完全相关。

我们从一些不同的来源和调查中借鉴了一些衡量措施：国际声誉研究所、《读者文摘》、The Good Relations Group Tripple G 评级、品牌星火国际（Brand Spark International）等（注4）。图 11.10 显示了其中两个品牌的结果。

图 11.10　国际声誉研究所和《读者文摘》的 2016 年企业排行榜

劳力士、迪士尼和谷歌在 2016 年的企业声誉排行榜上名列前茅，宝马、戴姆勒和乐高紧随其后，排在第四至第六位。这些品牌的主要特征是，在所研究的全部 15 个市场中始终能获得客户的高度信任。同样有趣的是，这些高信任度与战略型品牌的关键要素之间的关联是多么紧密——高质量的产品与功能卓越，开放式沟通与真实，对未来的远见卓识与面向未来，关心员工与以人为本等。

该研究的另一个关键之处是，综合声誉指数是逐年上升的，这意味着企业不能只保持强大的声誉和信任，还需要不断地努力提高它们。原地不动意味着倒退。企业有特定的空间来改善自己的企业叙事，既可以普遍提高公众认知，又可以增进人们对企业真正含义的了解。

最后，该调查中声誉和信任度最高的企业得到了超过半数受访者的积极支持，随着信任度的持续增长，这些支持率有时会上升至 80%。

规避为建构信任而产生的"掩饰型"企业社会责任陷阱

千万不要陷入一种陷阱，认为企业社会责任方面的投资可以成为建立信任的捷径。在过去，许多企业社会责任都被用作平衡股东、客户、员工、供应商和当地社区需求的战术借口。然而，除非企业社会责任与企业的核心目标有着内在的联系，并且是企业业务的核心，否则就不值得去投资，比如联合利华的可持续行动计划。作为联合利华的首席执行官，保罗·波尔曼说："如果不能开展业务，那么我认为它是不可持续的。"

企业社会责任很少有做得好的

多年来与英国石油公司和其他企业打交道的经验告诉我，大多数的企业社会责任活动是相当脆弱和低效的，除非它们能够满足以下标准：

- 真诚，如果做不到真诚，最坏的情况下，企业将表现为纯粹的利己主义；最好的情况下，也不过表现为开明的利己主义；
- 直接源于企业的宗旨和价值观；
- 在战略上与业务保持一致，致力于企业目标；
- 在组织中处于中心地位，而不是被置于边缘；
- 被多数人遵从和支持；
- 不用于转移企业对社会的负面影响，也不把它当作企业修复声誉的方法——这些是导致企业社会责任事与愿违的主要原因；
- 建立投资的有形影响，有绩效管理的存在和明确的价值创造模型；
- 通过嵌入式的志愿服务来为你的事业提供情报，从而在金钱之外增加价值；
- 是长期的，而不是短暂或投机取巧的。

企业社会责任通常做得不好

以下是英国石油公司前首席执行官约翰·布朗在其著作《联结》（注5）中对"企业和社会责任之死"的看法："企业社会责任，即投资界众所周知的'环境、社会、治理（ESG）'，并未实现其在企业和社会之间建立更牢固的关系的主要目的。事实证明，在企业丑闻面前，企业社会责任与企业的声誉无关。对于一个需要全局解决方案的问题，这只是个毫无启发性的小办法。在企业内部，高管们将企业社会责任视为一个空洞的、基本上无关紧要的成本中心。而对于民间社会团体来说，企业社会责任是无法实现其目标的毫无意义的宣传手段。双方对此都不满意。作为最早支持倡导企业社会责任的首席执行官之一，我觉得是时候宣告企业社会责任的最终消亡了。

"来自企业内外的批评都围绕着一个重要的点：企业社会责任从根本上与企业的核心商业目的和活动脱节。它存在4个主要缺陷：第一，企业社会责任的雄心壮志难以实现，因为它们缺乏诸如生产和营销等大支出型商业环节的积极参与；第二，集中的企业社会责任团队对外部利益相关者的看法往往过于狭隘；第三，企业社会责任过于注重限制负面影响；企业通常只把它看作是保护自己的声誉，或逃脱其他不可靠行为的手段；最后，企业社会责任计划往往是短期的。"

约翰·布朗引用了保罗·波尔曼的话，他同样描述了令人沮丧的现状："这就是企业社会责任在大多数企业里的运作方式。我并不想对此冷嘲热讽，毕竟这总比完全不作为要强一些。一位典型的企业社会责任执行官已经55岁了，他想在压力较小的岗位上再工作三年。公司里有一些正在进行的好项目，足以在年度报告中抢尽风头。他们与一些非常安全的非政府组织保持关系，送出一辆救护车，开设一家医院，与业务仅有一星半点的关联。但这只是事后的合理化，绝对不是商业模式。事实上，它与商业有很大的区别。

"企业社会责任与商业运作之间的脱节意味着，企业社会责任记录良好的企业也可能对社会造成巨大损害。苏格兰皇家银行（Royal Bank of Scotland）董事长霍华德·戴维斯（Howard

Davies）引用了少数几家投资银行的例子，这些银行在金融危机爆发前，'一方面具有非常好的企业社会责任，另一方面却完全不清楚自己业务的核心正在为经济和社会做什么。'对企业社会责任更为严厉的指控是安然公司（Enron），这家公司在美国有史以来最大的破产和企业腐败丑闻中倒闭。而在隐瞒债务和夸大利润的指控出现之前，安然公司一直被誉为企业社会责任的拥护者……"

用你的品牌战略改进社会

这并不是企业社会责任的丧钟，而是我们回归把企业社会责任做好所绝对需要的。爱德曼信任度调查提供了强力的激励，有 81% 的受访者表示，他们相信一家企业可以进行既能增加利润又能改善经济和社会条件的活动。这里有几个例子。

联合利华的可持续行动计划： 正如约翰·布朗所说："当联合利华想要改变其原料采购方式，以确保供应安全和农民生活得以改善的时候，他们会指示企业的采购团队，而不是企业的社会责任部门。"

爱彼迎的灾害响应行动： 在自然灾害期间和之后，为救援人员和流离失所的受难者找到临时住房是很难的。爱彼迎发动他们的社区，以支持地区和国家共同努力来解决这一需求。通过与地方、地区、联邦和全球救援机构合作，爱彼迎会自动联系受灾地区及其周边地区的房东，询问他们是否有多余的空间与无家可归的邻居分享。做出回应的房东选择列出自己的免费房源，爱彼迎则会免除所有的预订费用。该地区的房客和房东也可以获得爱彼迎全天候的客户支持。

丰田迎接奥运会和残奥会的方式： 在其承诺背后，丰田的社会驱动力是通过大力支持 2020 年东京奥运会来为日本社会服务；通过鼓励体育锻炼来使世界变得更美好；通过拥抱残奥会事业来提高包容性；通过向体育学习和与体育关联来改变移动方式。但是，丰田承诺的方式才是令人钦佩的地方：它不仅参与 2020 年东京奥运会的竞标，还承诺参与至少十年的奥运会赞助商竞标；它没有在与国际残奥会合作的过程中选择市场，而是一开始就申请了全部 206 个国家及地区；它致力于让体育成为品牌不可或缺的一部分，而不是让自己的参与合作仅仅成为一种附加条件。

英国石油公司的碳中和项目： 该计划通过资助有助于抵消二氧化碳排放的项目来中和碳排放。这项计划在早期实行起来很困难，因为它主要定位为企业社会责任，由企业领导。我记得宝马曾宣称："我们的目标不是抵消汽车的二氧化碳排放，而是要通过技术尽可能减少排放。"如今，得益于前同事安德里亚·亚伯拉罕斯（Andrea Abrahams）的推动，这项计划正在蓬勃进行。主要的区别在于，碳中和现在已经在企业中具有了战略意义，它已经被英国石油公司的主要业务部门采纳，并作为其解决方案的一部分加以利用。它已经不再是单独存在的项目，而是已经成为"减少、替代、抵消"排放的端到端计划的重要组成部分。

我不是一个"企业理想主义者"，而是一个"企业现实主义者"：只要做得好，企业社会责任和社会营销将是一件好事。

建立和保护值得信赖的品牌的 14 种方法

基于我们上面探讨过的要素,包括信任模型,夏兰泽的建议以及我们对企业社会责任的回顾,以下是我在实践中关于建立、维护、保护和提升值得信赖的品牌的一些想法。

1. 在建立信任时要谨慎并具有策略性:只有始终如一地应用品牌信任模型,你才能作出正确的输入即值得信赖的行为,从而产生信任,进而产生声誉和对品牌的积极行动。图 11.11 展示了简化的品牌信任模型:

来源:《品牌竞争力:如何打造持久战略型品牌(上册、下册)》

图 11.11　简化的品牌信任模型

2. 永远不要违背信任的四大支柱:兑现承诺;真诚地坚持自己的立场与言论;脱颖而出;提供始终如一的体验。

3. "每天早上照照镜子"——杰克·韦尔奇这样说。无须制定大量的规则或详细的法规,这是你和同事检验自己是否对工作感到自豪的简单方法。

4. 以品牌宗旨为生:大多数值得信赖的品牌完全符合他们的使命,因此不会有被误解或误传的风险,这是"做好企业社会责任"的主要过滤条件。图 11.12 所示是劳力士、迪士尼、谷歌和宝马的例子,更多的例子可参考第一章。

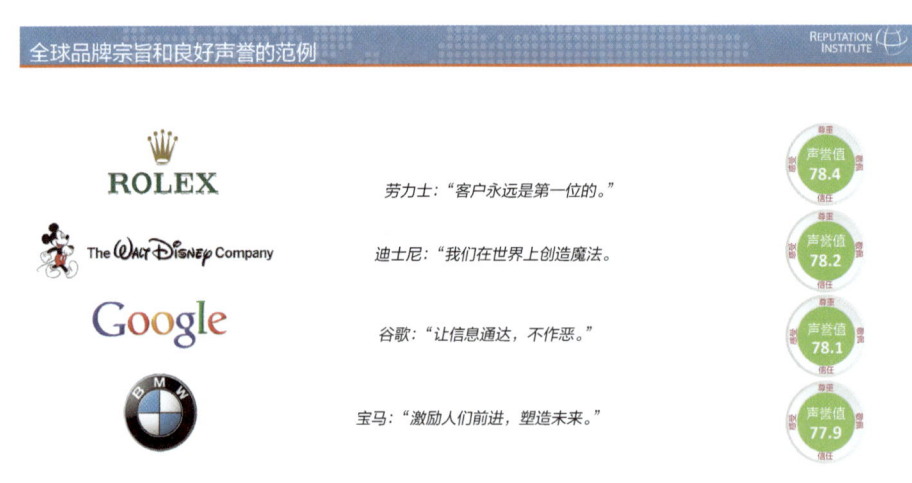

来源:国际声誉研究所全球声誉追踪

图 11.12　品牌如何通过深入贯彻品牌宗旨来赢得信任和声誉

5. 聚焦:要有选择性地做事,并把它做好。不要理想化。你不可能解决世界上所有的问题,但是你可以发挥巨大的作用,你的企业可以因为它所选择的领域而被人熟知和重视,甚至可以在声誉上"独占"这些领域。

6. 将执行和"小事情"放在首位：不要把大量的精力投入到宏大的营销计划中，而要重点解决利益相关者在企业各个层面中可能遇到的日常问题。在社交媒体无处不在的今天，做这些小事能让企业走得更远。

7. 信任：不存在信任的假设在很大程度上会导致做生意的成本和复杂性高。

8. 通过一系列基本的最佳实践来培养关系：彼此忠诚；绝不评判，首先寻求理解；与他人分享快乐；从源头着手解决问题；表达真诚的赞赏；帮助他人完成关键任务；"人不是问题，问题才是问题，要解决问题本身"；经常微笑；从"我能为你效劳吗？"开始。

正如科林·鲍威尔（Colin Powell）将军所说："士兵不再向你反馈问题的那一天，就是你不再领导他们的那一天。他们要么对你失去信心，觉得你帮不了他们，要么认定你不在乎他们的问题。不管是哪种情况，都是领导者的失职。"

9. 建立推荐和网络社区：法国的拼车服务公司巴拉巴拉车（BlaBlacar）表示："创建了社区，你就创造了信任。"他们通过自己的网络社区建立了信任，其中包括六大支柱：声明[你的个人信息]、评价[你的体验]、参与/承诺[预付车费]、积极主动[验证信息]、关系[与其他社交媒体参与者的互动]。他们已经达到了前所未有的数字信任水平（注6）。

10. 永远说真话：避免陷入广告的"美丽谎言"。由于想要"性感"的广告，一些品牌故事会被夸大、修改和理想化，以至于面临被人们误解企业真相和事实的风险。

11. 事实重于宣传——"事实胜于雄辩"。因此，企业要通过行动证明真相。人们普遍认为，一个企业90%的信任和声誉取决于该组织的所作所为，10%才取决于它所传播的信息。因为正如亨利·福特（Henry Ford）所说："你不能靠你将要做的事情来建立声誉。"

12. 说你能做的，做你所说的：做你自己。这是我最喜欢的指导原则之一，它很大程度上受到了ISO规范的启发，非常强大，而且实际上很有用。

13. 减少权力的不平衡：这是信任面临的最大挑战之一。企业和大公司在个人看来可能会显得没有人情味、独断专行，就像"独裁者"。从2005年起，IBM由CEO彭明盛（Sam Palmisano）领导，授权员工通过博客和社交网络参与Web 2.0的对话，通过与利益相关者建立有意义的关系来建立信任。

14. 对所有的受众一视同仁：不要分割信任！例如，向商务舱旅客献殷勤，但忽视家庭假日标准的旅客，这是灾难性的。为所有的利益相关者提供一致的体验对企业来说是巨大的挑战，但这是建立信任的必要条件。

也许你会想要拿这14条原则与塔塔集团鼓舞人心的故事做对比（这是一家来自印度的优秀的全球化公司）。因为塔塔集团以信任为核心，并且是大规模执行企业社会责任的世界级典范。

值得信赖的战略型品牌典范：塔塔集团

这是塔塔集团的标识：

获得信任的领导

这是慕昆·拉詹博士（Dr. Mukund Rajan）的邮件签名。慕昆·拉詹是塔塔全球可持续发展委员会主席，塔塔集团的首席道德官。

这是塔塔的使命宣言："基于'信任的领导力'，长期为利益相关者创造价值，进而在全球范围内改善所服务社区的生活质量。"

这是塔塔的使命和愿景贯穿整个企业的方式，以塔塔汽车公司为示例，你会在塔塔集团的业务中发现很多类似的例子。

使命

"塔塔集团的宗旨是提高集团所服务社会的生活质量。为此，集团要发挥独特的能力，不断提升在国民经济重要领域的领导力。"

愿景

"塔塔集团的名称是我们独一无二的资产，象征着值得信赖的领导力。我们将秉承宝贵资产，加强集团协作，扩展全球竞争力，实现可持续发展，取得长期成功。"

塔塔也意识到了品牌战略的重要性，信任与品牌密不可分。难怪塔塔是一个值得我们借鉴的战略型品牌。

多年来，我一直领导英国石油公司的"可持续交通"项目，并代表集团参加了世界可持续发展商业协会（World Business Council For Sustainable Development）。我有幸在许多场合看到了前主席拉坦·塔塔（Ratan Tata）对环境保护的个人承诺。他总是热衷于考虑环保的所有可能性，我记得他在探索把麻风树作为生物燃料来源或者用到氢能源出行方面所发挥的领导作用。我相信他的准则是环境 + 发展 + 商业的结合。这种长期的领导传统，或许可以解释为什么塔塔能在 2016 年可持续发展领导者调查中位列亚洲第一——因为它在促进可持续发展方面付出了大量努力（欧洲的联合利华也是一样）。

塔塔面临着任何品牌都不能幸免的挑战

就在撰写本章之前，塔塔面临的一个重大挑战已进入了公众视野。2016 年 10 月 24 日，塔塔有限公司（Tata Sons）的董事长赛勒斯·米斯特里（Cyrus Mistry）被罢免，其职位暂时由曾经执掌塔塔 21 年的前董事长拉坦·塔塔接任。他离职的原因包括与集团在处理英国塔尔伯特港（Port Talbot）总是亏损的钢铁业务方面存在战略分歧，以及集团担心他在职期间与日本 NTT 多科莫移动通信网公司（NTT DoCoMo）（以下简称"多科莫"）的承诺存在侵蚀公司道德原则的风险。

接下来的几个月里，米斯特里凭借多项指控发起了一场声势浩大的公开活动予以反击，这些控告直指"在欧洲的重大资产减记的风险""塔塔先生个人的一些无用的偏好项目，如塔塔纳诺（Tata Nano）""侵略性和冒险性的对外扩张"以及"扭曲的管理方式"。

2016 年 12 月初，塔塔达成了关于塔尔伯特港的救援计划，为其 8000 名工人提供重大救助。与多科莫的对话也仍在以不同的方式进行。2017 年 1 月 13 日，塔塔咨询服务公司（Tata Consultancy Services）的负责人纳塔拉詹·钱德拉塞卡兰（Natarajan Chandrasekaran）被任命为塔塔集团 149 年历史以来的第七任董事长。

我们在这里讨论不是为了评判米斯特里先生的指控，也不是为了详述拉坦·塔塔在员工信中称之为"动荡、浪费和破坏"的为期 3 个月的公开辩论。我们讨论的目的是反思品牌信任，因为这些事件的核心是信任的关键层面。

多科莫的故事很有启发性。2008 年，多科莫以 27 亿美元的价格收购了塔塔电信（Tata Teleservices）26% 的股份，旨在参与印度市场的巨大发展机遇。收购合同中包括一项"止损"条款，如果塔塔电信达不到业绩目标，塔塔有限公司有义务在 2014 年以投资价值一半的价格回购其股份，但塔塔有限公司并未履行这项条款。因此，多科莫的新管理层行使了退出条款。但这一行动随后被印度储备银行（Reserve Bank of India）和印度财政部阻止。在其他仲裁和法律诉讼中，多科莫指控塔塔有限公司向印度当局谎报事实以逃避支付赔款，塔塔集团对此予以否认。

几个月来，评论认为拉坦·塔塔对这些事态的发展越来越不满意，他的随行人员表示："塔塔先生是个守信用的人。如果他做出承诺，就会兑现诺言。"表面上拉坦·塔塔给多科莫的前任同僚山田先生写了一封信，说如果两人都仍然掌权，这个难题就不会出现。我们不评论功过是非，但塔塔集团的那位前董事长被认为在处理多科莫、塔尔伯特港等事件中背离了"集团精神"。

每个大型公司都会面临商业挑战，并会以自己的方式做出回应。他们的回应方式将取决于他们是谁以及他们的品牌价值代表什么……这些行动将进一步定义他们的品牌。正如下面慕昆·拉詹博士所阐述的那样，塔塔的回应方式是由信任指导的。

塔塔集团简介：品牌之家

1868年，贾姆谢特吉·塔塔（Jamsetji Tata）在印度孟买成立了一家贸易公司：塔塔公司。一开始它只是一家涉足纺织领域的工业企业，但很快便扩大了业务范围。如今，塔塔已经是一家跨国企业，雇用了超过66万名员工，2015年至2016年的总收入为1035亿美元，市值1160亿美元（截至2016年3月31日）。在21世纪前10年进行了对诸如泰特莱（Tetley）、环球电信（Teleglobe）、通用化工（General Chemicals）、卜内门（Brunner Mond）、捷豹路虎（Jaguar-Land Rover）和科鲁斯钢铁（Corus Steel）等企业的少量收购之后，塔塔集团目前大约有三分之二的业务都在本土市场之外。

塔塔集团由100多家独立公司组成，业务遍及六大洲的100多个国家及地区。它是一个真正的企业集团，业务范围遍及通信与信息技术、消费与零售、国防与航空航天、金融服务、制造业、基础设施和服务业。塔塔集团还拥有多个全球领先地位：它有排名全球前十的汽车制造商，市值第二大的IT服务公司，全球第二大的茶叶公司等。

塔塔集团是一个品牌之家，其集团的品牌万花筒如图11.13所示，我们将在后面详细讨论。2016年，全球品牌金融（Brand Finance）对塔塔集团多品牌资产组合的估值超过230亿美元。

图11.13　塔塔集团旗下品牌示例

塔塔有限公司是塔塔集团所有公司的主要投资控股公司和发起者。这是一家与众不同的公司，其66%的资本由慈善信托基金持有，该基金支持教育、健康、民生及艺术和文化等领域的慈善事业。

塔塔"言行一致",每年在企业社会责任方面的支出超过2亿美元。来自世界各地的超过70 000名塔塔员工注册参与了塔塔的志愿服务活动"塔塔参与"(Tata Engage),并曾在一年内为社会事业贡献了超过120万小时的志愿服务时间。

作为战略型品牌的塔塔

在我们持续的交流中,慕昆·拉詹博士给我留下了深刻的印象,特别是他对我们讨论的每一个问题都表现出的沉着自信。我感觉他以坚定的原则为指导,践行了这样一种理念:如果你想让你的品牌具有美德和值得信赖的价值观,那么就以身作则,做一个有道德的、值得信赖的人。

如图11.14所示,在本书的体系中,塔塔在全部13项要素中都获得了很高的评价。这项评估基于塔塔在印度的独特影响力,以及该品牌正在其他地方引起强烈共鸣并因此将能够在印度以外复制一致的形象和信息的信念。这一观点反映了塔塔电信总经理斯里纳特先生(Srinath)所说的:"我们的核心价值观是普适的。"

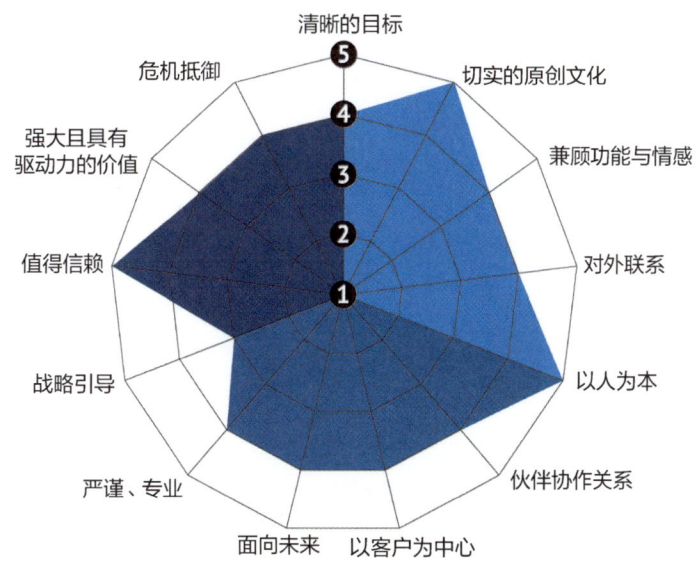

图11.14 塔塔集团的持久战略型品牌要素

塔塔品牌的独特之处在于,它在"切实的原创文化""以人为本",当然还有"值得信赖"这3个方面的综合评分最高。让我们来探讨"值得信赖"的理念吧,这是塔塔的核心。

值得信赖的塔塔

在摩根·威策尔(Morgen Witzel)的优秀著作《塔塔,企业品牌的演变》(*Tata, The Evolution of a Corporate Brand*)中,作者披露了塔塔高管的讲话,"对信任的重要性保持平静的激情。人们之所以信任塔塔,是因为塔塔有着悠久的传统,也因为塔塔人始终相信自己的使命。"(注7)

拉詹博士表示："信任已成为利益相关者世代相传的一种用以衡量集团的重要方式。"他对每一种信任形态都提出了自己的看法。

诚信："人们已经达成了一种共识，觉得塔塔是一个值得信赖的品牌，是一个与你做生意的企业集团，其产品和服务的真正目的是为客户提供价值，而且永远不会背弃承诺。塔塔被视为一个不仅致力于好好做生意，还致力于做好生意的集团。"

与目标一致的善行：这一观念是塔塔的核心，受到集团创始人贾姆谢特吉·塔塔早期哲学的指导，即"在自由企业中，社区不仅是企业的某一方利益相关者，而且实际上是企业存在的真正原因"。

拉詹博士还说："这一深刻的陈述与我们独特的所有权结构产生了共鸣。创始人的儿子们各自将其在塔塔集团的控股公司（即塔塔有限公司）的股权捐赠给慈善信托基金。因此，如今塔塔有限公司约三分之二的所有权仍归慈善机构所有。塔塔集团的前董事长杰汉吉尔·拉坦吉·达达博伊·塔塔（ＪＲＤ Tata）明确提出了这种托管理念：'塔塔创造的财富是为人民托管的，专门用于服务人民的利益。这样循环就完成了。从人民那里来的东西，已经无数次回到人民那里去了。'这种独特的所有权结构让塔塔员工对我们所做的工作及其良性循环有了更高的使命感，从而对塔塔的品牌产生信任。"

判断力："在20世纪90年代之前的几年里，经济形势受到严格的控制，这滋生了腐败。塔塔拒绝纵容腐败，因此我们的成长速度较慢。时任塔塔董事长的贾罕吉·塔塔（Jehangir Tata），从1938年到1991年任职了53年，他反复声明对我们的增长率感到满意，因为我们并未偷工减料。我们为建立一个基于信任的品牌付出了代价，在历史的重要时期，我们无法像竞争对手那样快速成长。但当情况发生改变时，我们建立在信任基础上的品牌的增长速度远比竞争对手快得多。"

以客户为中心的实力："我们都认为，在塔塔工作是为了更高的目标。这一点在许多危机事件中得以显现，比如2008年11月26日发生的孟买恐怖袭击。在帮助1500名客人逃生的过程中，塔塔有多达11名员工死亡，占酒店伤亡人数的三分之一。他们的最终献身就像众多塔塔员工一样，反映了一种更高的使命感，即帮助世界变得更加美好。"

基于人员、真实性与品牌原则及协作的值得信赖的塔塔

不出所料，塔塔的信任基础始于人。

以人为本

拉詹博士说："企业中的领导者需要用一个声音来表达价值观的重要性,因为企业的其他成员会从领导的语言和行为中获得启发。这很关键。我想不起拉坦·塔塔先生在担任集团主席期间,有哪一场讲话是没有强调我们价值体系的重要性的。

"当新员工入职时,我们会向他们传达企业的价值观、行为准则和轶事,以帮助他们了解企业应对危机和挑战的方式。这种讲故事的方式至关重要,因为需要让新员工相信,我们的价值观念不仅仅是书面规定。

"通常情况下,在特定的危机中,价值观的支持便会显露出来。20世纪70年代,钢铁工业由公共部门主导。我们拥有私人经营的塔塔钢铁公司(Tata Steel)和以创始人贾姆谢特吉·塔塔的名字命名的贾姆谢德布尔工厂。得益于创始人的远见卓识,贾姆谢德布尔成了一座欣欣向荣、精心规划的城市。后来新的工业部长出现了,他想将塔塔钢铁公司国有化,将它纳入已经非常庞大的公共部门。整个城市、员工、工会和当地市民都支持塔塔钢铁公司,他们表示将抵制政府将塔塔钢铁公司国有化的任何举措。最终,政府放弃了这个计划。当你面临这些关乎企业存亡的挑战时,由一个人们信任的价值体系所创造出的品牌的影响力就会彰显出来。

"事情总会出差错。我们决不能假设企业里的每一个人每时每刻都能符合企业的每一个价值观。因此,在有争议的时候,透明地做出回应并表明你致力于做正确的事情非常重要。在这方面有一个例子,是20世纪初我们处理的有关一家金融服务公司的诈骗事件。我们的做法超越了其他印度公司的做法,我们向监管机构披露了所有相关信息。我们起诉了该公司的高级管理人员,他们的总经理最终入狱。该公司的做法严重违反了我们的行为准则,所以我们想要表明自己的不满以及我们会对有罪的人采取行动。"

真实性、联结性以及以客户为中心

正如我之前所说的,如果一个品牌对不同的受众有不同的表现:对客户是一回事,对员工是另一回事,对股东则又是一回事。那么它的真实性和联结性是矛盾的。塔塔品牌最大的成就之一,就是它与所有的利益相关者共享的联结意义,如图11.15所示。塔塔品牌的任何一个核心方面都能与所有的关键受众进行有力且连贯的对话,与此同时还具有特定的相关性。

拉詹博士解释了塔塔是如何做到这种境界的:"我们一直在学习。努力确保地方的管理能够与社区很好地融合。在许多情况下,特别是在我们进行收购的时候,我们坚持并将现行的管理方式融入我们的思维方式和价值体系中。"

塔塔化工公司(Tata Chemicals)的总经理穆坤丹(R. Mukundan)进一步阐述了这个观点:"我们现在整合一项新收购的平均时间是50天。"当有人告诉他,整合收购的最短时间至少是一年,通常建议为三年时,他辩称:"我们寻求收购的是那些价值观与塔塔自身价值观相契合、企业文化能相互理解的公司。"

拉詹博士也认为:"价值观的一致性和管理层的稳定性能给予员工信心,让他们相信塔塔集团是一个致力于做正确事情的企业,我们有耐心且愿意投资于培训和教学。这在我们传递价值观时是有意义的。

	消费者	员工	金融界	政客	媒体	整个国家
社区服务	情感温暖与社区感	积极认同，努力支持像我这样的员工	创造稳定及长期价值	国家建设的有益伙伴	关于社会项目的故事源源不断	服务人民，帮助有需要的人
信任与诚信	对消费者的风险很低	信守承诺的雇主	低风险、安全可靠的投资	诚实、廉洁	诚实、廉洁	诚实、廉洁
公平与责任	低风险，产品有缺陷时会公平处理	愿意沟通并公平处理的雇主	透明、诚实且不偏颇	效果不确定	尽量公平地对待每一个人	尽量公平地对待每一个人
创新创业	产品优于竞争对手	进取的公司，有进步的机会	增长机会	不断为印度提供新的产品和服务	关于新产品和新创意的故事源源不断	提供印度需要的东西
全球期望	自豪，与世界上任何一家公司一样出色	员工可以自豪地为之工作的公司	增长机会	有助于提高印度在海外的知名度	有助于提高印度在海外的知名度	民族自豪感的源泉
质量和性价比	对消费者有利	诚实地与客户打交道，让员工感到自豪	经营良好的高效业务	效果不确定	提供人们想要/需要的东西	产品和服务值得信赖
对"善"的感知	"光环"效应感染消费者	"光环"效应感染员工	效果不确定	认可过去的服务，"光环"效应？	尽最大的努力遵守其原则	把印度的最大利益放在心上

来源：《塔塔，企业品牌的演变》，摩根 • 威策尔

图 11.15　与各种利益相关者群体有关的塔塔企业品牌面貌

"但在各个市场，我们也都表明了学习的意愿。例如，当我们更新我们的行为准则时，我们发现我们必须仔细地阐明关于举报的政策。许多举报人倾向匿名。我们的政策需要使员工放心，他们的身份将是安全的，他们不会被采取报复行为，所以他们应该勇敢地提出自己的观点。但是由于第二次世界大战在欧洲留下了传统，告密者会为人所鄙夷，我们与欧洲的同事进行了激烈的争论。我们被告知要避免传达出任何类似鼓励员工告密和揭露同事隐私的负面信息。我们需要对政策进行定位，以便员工理解我们的共同目标：如果我们都希望公司成功，希望当地社区受益，希望利益相关者获得价值，那么当有人发现问题时，他们提出问题就变得非常重要，这样企业才能够更加茁壮地成长。

"更广泛的观点是，要始终愿意学习，接受多元的文化环境，并愿意处理反馈。你需要顾及所有人。这并不意味着你必须是一个聒噪的民主主义者，而意味着你要对各种观点保持敏感。"

品牌的严谨、专业

"在任何大型企业中，你都需要系统和流程，也需要检查和制衡。你需要一个支持结构，在这个结构中，员工有责任解决困境，调查问题，并对企业是否践行其价值观进行报告。我们设有合规性相关的专员，还有'道德顾问'：那些存在不满、疑虑或身处困境的员工可以找到他们寻求帮助。"

同样的严格要求也适用于发展塔塔品牌。塔塔品牌的发展始于20世纪90年代初，当时拉坦·塔塔说："品牌是你可以依赖的东西；我们拥有声誉，却没有品牌。"如前所述，这与大多数情况相反，在大多数情况下，建立一个品牌的目的就是打造可持续的声誉。虽然塔

塔已经有了一定的声誉，但它仍然需要创造一个真正的品牌。

塔塔公开定义自己是一个品牌之家，包括了该集团在2000年后收购的几个全球品牌。其中一些品牌冠有塔塔的名字，而另一些则没有。拉詹博士解释道："在培育和支持那些由我们创立或收购的未冠名塔塔的品牌方面，我们有悠久的历史。例如泰姬陵酒店（Taj），它代表了我们的酒店业务，创立于1903年；拉克美（Lakme），我们创立于1952年的化妆品系列；沃尔塔斯（Voltas）空调；拉利斯（Rallis）农用化学品；泰坦（Titan），一个创立于1984年的手表品牌；以及维斯特拉（Vistara），我们与新加坡航空公司（Singapore Airlines）合资的全新全方位服务的航空公司。这些品牌并非都冠有塔塔的名字。每个品牌都需要与其客户群建立独特的联系。我们不想干涉这些品牌，除非我们需要用它去捍卫集团所代表的更大价值。捷豹路虎就是一个例子：2008年我们收购捷豹路虎时，它是一家举步维艰的企业，但是它仍在几代消费者的心目中拥有巨大的商誉。我们并没有影响这一已建立的联系，将团队的重心放在公司的转型上，将我们的资本用于新产品开发，并确保捷豹路虎品牌的有效管理，以此发出强烈的信号，表明品牌将继续存在并且取得成功。"

强烈的合作精神

如今，塔塔与新加坡航空公司成立了一家名为维斯特拉的合资公司。以下是这次合作的故事：

"20世纪90年代初，新加坡航空公司与我们接洽，希望在印度成立一家合资公司。印度政府支持这次合作有两个原因。首先，作为新的'东望（Look East）'政策的一部分，印度当时正在试图巩固与新加坡的牢固伙伴关系；其次，印度政府认为，塔塔在其国际航空公司——印度航空（Air India）被收归国有之前，与它一起开创了印度航空业的先河，完全有条件进行这项合作。印度航空公司在印度共和国成立后就被国有化了，但政府留用了我们的主席杰汉吉·塔塔（Jehangir Tata）作为印度航空公司的董事长，一直到1977年。

"印度在20世纪90年代出现了许多联合政府，其中一个联合政府颁布了一项法律，规定任何外国航空公司都不能持有印度航空公司的股权，该法规实际上阻止了塔塔与新加坡航空公司的合资企业的建立。20世纪90年代末，印度人民党上台，希望将当时已经陷入困境的印度航空公司重新私有化。在政府进行的招标程序中，我们入围了。但后来政府搁置了我们的申请，在21世纪初我们决定退出招标。

"当时我们的主席拉坦·塔塔给政府写了一封我所见过的言辞最严厉的信，他解释说，自20世纪90年代以来，我们在努力重返航空领域的每一个阶段都受到了阻碍。他告诉政府，经过近十年的努力，我们现在决定撤回合作。所以在这之后的13年里，我们没有和新加坡航空公司进行过对话。但是最终在2013年，该政策再经修改，允许外国航空公司收购印度国内航空公司的股权，从而使新加坡航空公司再次考虑投资印度。新加坡航空公司为了建立合资企业接触的第一家公司就是塔塔。

"因为当人们建立起信任时，它会世代相传。新加坡航空公司没有特别的理由在2013年重新选择塔塔：没有承诺，没有具有法律约束力的合同。但他们能强烈地感觉到塔塔是一个可以信任的合作伙伴。在最初计划的很多年后，我们终于达成一致，共同创立了维斯特拉。这个故事说明了建立联系的价值，人们希望你成功，并且相信你的企业类型是合适的，拥有能够与他们一起工作的可靠员工。"

值得信赖的塔塔在其利益相关者群体中创造长期价值

信任产生实质的核心利益。值得注意的是，正如拉詹博士极力解释的那样，战略是由品牌信念所主导的。

战略引导

"通常有两个因素能帮助我们做出正确的决定：长期主义和利益平衡。

"从更广泛的意义上说，作为一个集团，我们总是试图对我们投资的业务进行长远的规划。如果一家企业看起来步履维艰，我们不会以牛仔的方式做出反应，一夜之间关停它或者卖掉它。我们是有耐心的投资者，会尽可能多地支持这些业务。

"我们会去做任何有必要的事情：有时经济周期很尴尬，所以我们必须利用财务力量来维持企业运转；有时管理层可能需要帮助或更换。我们不会根据短期的信号做出下意识的反应。我们始终放眼长远。"

我们在英国观察到了这种做法。2016年12月7日，塔塔集团承诺在塔尔伯特港和其他钢铁厂确保就业和生产，从而结束了长达8个月的不确定性。

"关于第二点利益平衡：我们的使命是'基于信任的领导力，长期为利益相关者创造价值，进而在全球范围内改善所服务社区的生活质量'。在短期内，可能有一些选择会影响特定的利益相关者群体。这时你必须运用经验的智慧。这就是我们所说的利益平衡。

"举个例子，当一个企业在经济周期中表现不佳时，你必须考虑一些状况，比如员工的解雇计划。这显然对员工这一利益相关者群体不太好，但是对投资者利益相关者群体或债权人来说很重要。在其他情况下，企业可能会受到挑战，你必须保留知识型员工，这意味着你无法向投资者支付股息。我们去年在塔塔汽车公司就是这样做的。我们的主席明确表示：在这个时候，我们根本没有能力支付股息。如果你是短期投资者，请把资金转投到其他地方吧。

"一个企业会不断面临具有挑战性的决策。我们的理念是着眼于长远，在短期内做出选择，在利益相关者群体中创造最佳的利益平衡，在挑战结束后，每个人都有可能恢复到持续的盈利增长中。"

强大且具有驱动力的价值

关于值得信赖的塔塔品牌，有一个显而易见的问题是："是不是所有的品牌都创造了价值？"是的，从数字上看：2016年的净利润为50亿美元；全球品牌金融对塔塔的多品牌投资组合的估值在2016年超过230亿美元。与此同时，国际品牌咨询公司（Interbrand）将塔塔定位为最有价值的印度品牌，比其最接近的印度竞争对手高出97%。

这绝非易事，因为塔塔在许多不同的行业与对手展开竞争，其中有些行业是周期性的，有些是成熟行业或是处于极度竞争的行业。需要继续关注一些暂时或潜在的业绩不佳的业务。塔塔应对这些现实的方法融入了其价值观和基于信任的方式，包括其"利益平衡"和立足长远。

拉詹博士说："在信任的基础上建立我们的品牌有着显著的优势。我们吸引了一些全国最有才华的经理人。我们的做法也在债权人中赢得了强大的声誉。我们有着市场上最好的利率，因为人们用他们的钱信任我们。我们拥有一大批专注、长期的股东，其中许多都是散户投资者，他们购买塔塔的股票是因为他们相信我们承诺在一定时间内提供健康的回报。他们相信塔塔不会欺骗股东。所以我们被称为'寡妇'股票。

"被给予信任会带给你巨大的持久力。在过去的百年中，我们在每一个十年里，都占据了市场上的头号地位。当时代改变，就像1991年印度经济开放后那样，我们便能够成为增长最快的企业。如今，无论是从企业的营收（2015—2016年为1035亿美元）、销量，还是从员工数量（66万人）、市场数量（超过100个）等哪一方面来衡量，塔塔都是印度最大的企业。

"忠于我们的价值观可能意味着在某些时候增长会放缓，但这有助于打造一个非常强大的品牌，特别是在危机时期。"

面向未来

塔塔在过去3年中进行了350亿美元的资本投资，它一直在展望未来。它交付了新工厂，比如塔塔钢铁公司在印度建的年产量为600万吨的钢铁厂；新产品，比如捷豹XE；以及新技术，比如塔塔咨询服务平台，这是世界上第一个面向企业的神经自动化系统。

危机应对并兼具功能与情感

值得信赖的塔塔战略型品牌如何面对危机，例如早先提到的继任问题，它如何帮助企业赢得挑战？拉詹博士说："当你与你的利益相关者，比如你的客户、股东、债权人、价值链合作伙伴和员工保持信任时，很多人都会希望你成功。我们一直面临着一个极具挑战性的局面（如前所述，前主席赛勒斯·米斯特里宣布离职后引发的公开辩论）。在这种时候，商誉的基础将为你的品牌提供独特的支持。"

信任是塔塔的全球战略型品牌营销的中心

塔塔品牌有着明确的观点，即世界各地的客户都在寻找具有可信度和一致性且与之交往感觉良好的正宗品牌。塔塔将其总结为"不再是你买了什么，而是你参与了什么"。因此，塔塔集团正在推行一项全球战略型品牌活动，在这项活动中，企业品牌将会加强并受益于各个子品牌的活动，从而产生乘数效应。塔塔致力于这段漫长的旅程。

拉詹博士说："首先要了解公司的内部看法，这样品牌信息才能与员工的观点保持一致。然后，我们确定了品牌资产的关键驱动因素，并与多种受众类型的外部利益相关者进行了测试和排名，最后，经过大量的内部辩论和对不同信息证据的验证，我们就3个品牌的信息达成了一致：塔塔是全球性的；塔塔是值得信赖的；塔塔是一个好的企业公民。

"活动的核心就是我们的员工，他们将成为我们最好的品牌大使，并向所有其他利益相关者传达，塔塔是一个成功的、开拓性的、以社区为核心的全球企业。"

信任：一种文化和生存方式

我们的品牌信任模型的最终问题是"你相信吗？"《品牌竞争力：如何打造持久战略型品牌（上册、下册）》相信塔塔品牌！塔塔品牌的信任系统是强大的，并且具有很强的嵌入性。作为其他品牌的灵感来源，图11.16展示了一个简单的金字塔结构，它描绘了员工、真实性、规则和合作精神的基石如何支撑着深受信赖的塔塔品牌。

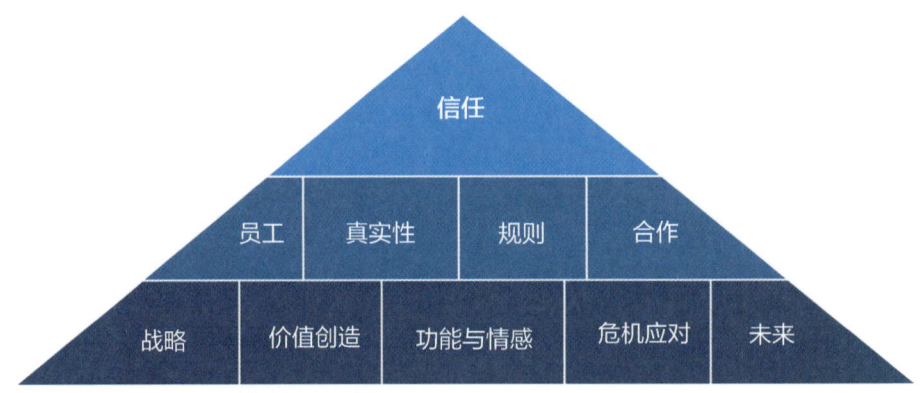

来源：《品牌竞争力：如何打造持久战略型品牌(上册、下册)》

图 11.16　塔塔值得信赖的品牌的支柱层级

塔塔的信任文化是企业架构的重要组成部分，也是企业的一种生存方式。更重要的是，我们相信，到2025年，塔塔将实现它的非正式目标，触及世界四分之一人口的生活，成为全球25个最受推崇的品牌之一。

因为我们相信塔塔品牌获得的信任的力量！

第十二章
强大且具有驱动力的价值

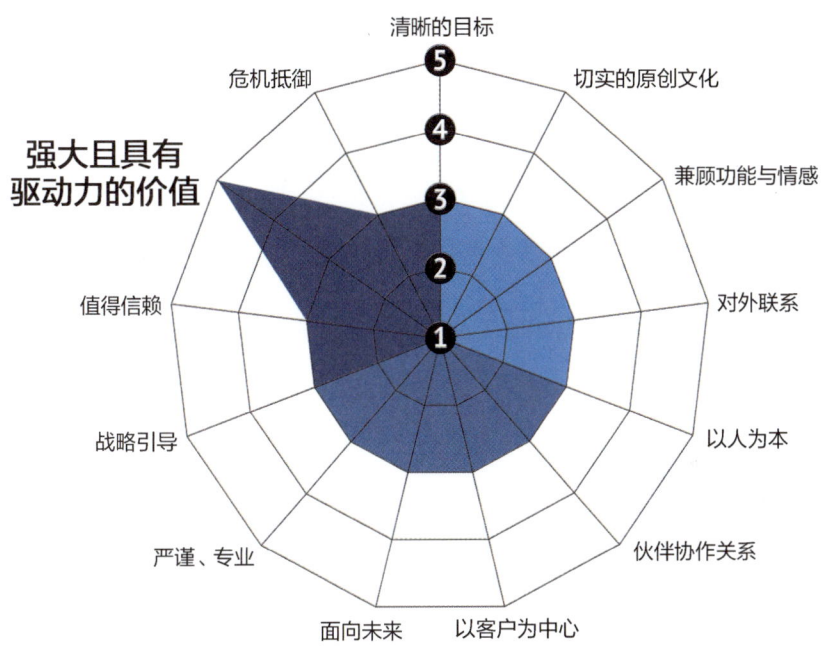

"人们知道所有东西的价格,却不懂得任何东西的价值。"

——奥斯卡·王尔德(Oscar Wilde)

如果在你 36 年的职业生涯中，有 34 年都在从事与品牌相关的工作（在对利润负责的情况下），那么对品牌与价值创造之间密切联系的感知可能会成为你的职业习惯。在担任战略主管以及英国石油公司首席营销官时，我的投资组合涉及数十亿美元的业务，并需要创建和有效利用品牌，以促使财务业绩持续增长。对我而言，创建一个成熟的品牌并将其转化为卓越的财务价值，几乎是一种本能。

然而，品牌与价值创造之间的关联并不总是像听起来那么明显。苏格兰皇家银行（RBS）的戴维·惠尔登指出，对许多营销人员来说，持续地关注价值仍然是一项关键挑战。他同时指出："如今，作为苏格兰皇家银行执行委员会的一员，我对商业的理解比以往任何时候都要深刻。我以前早就应该明确价值的重要性。因为在营销领域，除非你身处决策岗位，否则你是无法做出全面而准确的判断的。"

战略型品牌面临的价值挑战

"在了解执行委员会或董事会讨论的议题以后，你就会更好地理解应该从品牌和营销中传递什么价值，同时也会确定要传递的价值必须对人们有意义。

"回顾过去，我不敢相信，曾经的某些时候，我能在开会的时候那样侃侃而谈。现在我看到一些品牌或营销人员也有同样的行为，我总对自己说：'这样不对。'人们必须更商业性地对事务加以界定。之前我本不应该因为商业性的定位而自寻烦恼，因为当时我认为：'你没看到吗，它是多么的优秀？'现在我已经了解了。

"我确实认为，品牌和营销行业正处于一种危机之中，它们已经失去了自身的使命感。人们说：'应该更认真地对待营销。'而我的观点是：'不，人们之所以不重视它，是因为它本身不够严重。'"

战略型品牌的价值必要性

在嘉实多，我们生产并销售的每升发动机润滑油的售价比最好的香槟还要高。正如嘉实多前首席执行官蒂姆·史蒂文森（Tim Stevenson）所说，嘉实多在市场上的优秀表现意味着品牌及其营销代表着一切：

"下面的故事表明了一个道理：我们所做的一切都离不开品牌。有一年，嘉实多美国的首席执行官汤姆·克兰（Tom Crane）突然发现，公司的销售明显放缓了。我们非常担心汤姆的财务状况受到影响，所以对他的营销预算进行了估值。为了给品牌注入活力并把产品推向市场，我们每年都有大笔的媒体预算。我可以想象大家围坐在汤姆办公室（位于新泽西州的韦恩县）的会议桌旁边，讨论我们是否可以冒险削减 3 个月的媒体预算。我们当时用了这样的例子来进行类比：一辆汽车正在平地上行驶，而前方地面却出现了一个科罗拉多大峡谷那样大的裂口，在裂口的另一端依旧是平坦的地面。那个时候我认为：'好吧，如果可以快速地跨越这个裂口，那么我们就能走出这一困境，到达另一边的平地。到时候没有人会注意到我们已经扣除了 3 个月的广告预算。'

"然而，结果证明这是个错误的决策。3 个月以来，由于削减了营销预算，销售额出现了明显的下滑。这说明，品牌就在那里，它是必不可少的——我们有技术来保持品牌在技术意义上的活力，推动它前行，并让更多人知晓它，从而让品牌存在于人们的脑海之中。所以，对品牌的支持是至关重要的。这一案例发人深省，提醒我们关注一些品牌营销的基础原则。"

这和 BP 优途（Ultimate）（BP 的性能燃油品牌）的情况是完全一样的。在嘉实多的营销投资中，我们也经历了类似的症状和影响。BP 优途及其技术支持平台为自身产品带来了 15% 的总溢价，使其价格高于一般优质燃油；考虑到燃油量及其对利润率的影响，这意味着巨额利润。

上面两个简单的例子提醒我们，清楚地认知品牌与价值创造、投入与产出之间的联系是多么重要。简而言之，就是"品牌商业模式"。同样，为了呼应戴维·惠尔登提出的用"商业"术语来表达这一观点是至关重要的，"品牌商业模式"得到了董事会和管理层同事的支持，被证明是企业经营和业绩的重要组成部分。尼娜·毕比在第七章中谈到了这种管理层的统一战线是如何在 O2 公司形成的。

持续战略型品牌拥有并创造的价值

我绝对并本能地相信，战略型品牌和价值之间的联姻是完美且必要的。但它们之间的"求爱期"却会面临挑战。因此，我将其提炼为两个核心问题，我们将在接下来的几页中探讨：品牌自身的价值是什么，为什么它很重要？品牌带来的价值是什么，即品牌如何创造价值？

战略型品牌自身的价值

作为品牌的主要管理者，你如何判断自己在建设品牌方面是否取得了切实的战略进展？首席营销官们能够测量很多东西：意识、满意度、联结度、存在感、情绪等。但是他们如何知道这些测量恰当反映了价值创造（为品牌创造的价值或者品牌自身创造的价值）的正确成分呢？首席营销官们如何才能简单且令人信服地向众多利益相关者讲述自己的理念——尤其是那些有财务观念的利益相关者？

为了实现这一点，我决定使用一个相当简单和直接的工具：反复、一致、独立地评测品牌的内在价值。希望这个评测方法能够显示出品牌具有一定的价值，并且在不断地增长。因此，目标和评估标准就变得很简单了：去争取"更高的、不断增长的品牌价值"。

战略型品牌创造的价值

我们如何证明一个品牌给企业带来了实实在在的价值（无论这种价值的本质是什么），并能让金融市场、首席执行官和首席财务官们团结起来支持品牌？与蒂姆·史蒂文森的经历类似，哪些首席营销官还没有（也不会继续）与他们的首席财务官同事们就该在品牌上投入多少展开最激烈的辩论，尤其是在经济低迷时期？

WPP 集团的苏铭天提醒我，挑战依然严峻："《经济学人》指出，'品牌是像苹果和麦当劳这样多元化的公司拥有的最具价值的东西，品牌往往比公司财产和硬件设备更值钱。' WPP 旗下的华通明略公司（Millward Brown）估计，在标准普尔 500 指数的企业中，品牌价值占企业股票市值的 30% 以上。

"品牌必须像花园中的植物一样被呵护，必须被不断地培育、施肥、投资和修整。使用长期的方法才能实现长期的成功。如果你对品牌有所投入，你就成功了。例如，你每年对 BrandZ 调查中排名前十的品牌进行投资，会比你对 MSCI 全球指数（MSCI World index）（摩根士丹利资本国际公司编制的证券指数）中的品牌投资的结果好 3 倍。投资品牌的人能带来更高的收入同比增长，这是决定股东总回报的最大因素。

"不幸的是，上面这种情况并不总会发生。有许多因素可以解释这一点：全球 GDP 增速只有 3%～3.5%，很少或没有通胀，定价权极小，高度关注成本，首席执行官、首席财务官尤其是首席营销官的任期较短。

"如果你看看过去几年的标准普尔 500 指数的企业，它们现在将超过 100% 的利润作为股息和股票分发。可见企业缺乏对未来投资的信心。这是由后雷曼（Lehman）时代的避险情绪和短期主义驱动的。"

当人们成功证明了投资品牌的重要性时，它就与企业的财务现实情况和创造价值的必要性紧密相连了。

品牌自身的价值和创造的价值

因此，对于一个真正的战略型品牌的价值，我们有两个基本的要求：第一，它自身的内在价值能够被独立评估，同时也希望这一评估能够表明它是一项越来越有价值的关键资产。

第二，把品牌与价值创造联系起来的商业模式清晰化，让这一模式被每一个人接受并转化为现实。如此一来，对品牌的投资就不再是零零散散的，而是成为一种商业需要，这反过来又会保护并推动企业的价值创造和增长。

战略型品牌的强大价值

嘉实多的润滑油每升售价高于香槟，这清楚地证明了战略型品牌为企业增值的能力。同样，在饮料行业，1985 年皇冠伏特加被格瑞曼德（Grand Met，现在的迪阿吉奥）以 10 亿美元的价格收购，当时皇冠伏特加的有形资产只有 1 亿美元。这充分体现了品牌的价值之高。

迪阿吉奥品牌驱动价值的构建

如今，作为一家懂得战略型品牌建设的全球性公司，迪阿吉奥获得了高度认可。集团首席营销官西尔·萨勒（Syl Saller）非常清楚，从吉尼斯（Guinness）到尊尼获加（Johnnie Walker），从斯米诺（Smirnoff）到添加利（Tanqueray），她的品牌创造了更高的股东回报（注 1）："实践证明，以目标为导向的品牌能够创造更高的回报。在迪阿吉奥，我们早就认识到目标的价值：尊尼获加的目标是"庆祝个人进步"；斯米诺的宗旨是"为分裂的世界带来包容"；迪阿吉奥作为一家公司的目标是"精彩生活，欢庆无限"。人们因品质而赞扬品牌精神，但是他们的认可和共鸣来自我们的品牌宗旨。

西尔赞同戴维·韦尔登的观点，即营销人员需要更商业化地定位他们的业务（注2）。"营销需要成为业务增长的引擎，如果营销人员不是业务人员，这就永远不会发生。没有相应的营销准则会让你难以令人信服；没有对品牌的关注就难以找到业务的增长点。

根据以往的公司表现，西尔的表述十分可信。在我们写下这些话的时候，迪阿吉奥的报告显示，其2016年下半年销售额增长14.5%，达到64亿英镑。这家公司每年在广告和市场营销上的支出达25亿美元，在促进销售的短期投资和品牌价值的长期打造之间取得了堪称典范的平衡。所有这些都是通过严格且规范的测量和评估完成的，使用了先进的金融路径，比如：ROI式计量分析与零基预算（ZBB）。

如何评估战略型品牌的价值？

评估一个品牌的价值有多种方式、方法。许多蓝筹股公司，尤其是快消品行业，都有自己的内部做法。四大营销机构以及一些领先的全球营销机构也提供品牌值评估服务。

宏盟集团（Omnicom）旗下的国际品牌集团、WPP集团旗下的BrandZ公司以及英国品牌金融咨询公司是该行业的3家专业公司。他们的方法在一定程度上是不同的，因此，他们的品牌价值评估结果可能会有所不同。然而，相对于这3家品牌价值评估公司之间的差异，我更关心的是品牌价值评估本身作为股东、董事会和首席执行官、首席营销官以及财务和营销部门的战略工具的重要性。

国际品牌集团创始人约翰·墨菲（John Murphy）在他最近出版的《品牌之父》（*Brandfather*）一书中提到，他在20世纪80年代召回了一系列大手笔且高调的并购交易，包括迪阿吉奥旗下的斯米诺以及雀巢旗下的"能得利"（Rowntree）。这开始显示出无形资产的耀眼价值。在伦敦金融城的银行家和会计事务所都对此感到困惑时，作为一名品牌专家，约翰·墨菲发现了一个商机，那就是创造一种新的专业技能来为品牌赋予价值（注3）。

随后，约翰·墨菲和他公司的团队创建了一个品牌价值评估方法，评估了RHM食品公司（Rank Hovis McDougall）旗下的40多个品牌，因为该公司正面临一家澳大利亚公司的恶意收购。尽管收购失败，RHM公司管理层还是决定将6.5亿英镑的品牌估值纳入其资产负债表，这是品牌价值第一次体现在收购之外。从那时起，品牌具有价值这一事实就成了一个人们熟悉的概念。

约翰·墨菲指出："个性化的品牌分析产生了各种各样的见解，包括哪些品牌可以进一步延伸；哪些品牌接受了太多的促销，应该适当休养，进一步维护制度以及榨取利润；哪些品牌或许可以通过许可证协议朝国际化拓展；哪些品牌应该被放弃等。因此，我们开始意识到，我们的品牌价值评估方法是一种非常宝贵的（战略性）营销工具。"

然而，我猜想，更多的营销人员可能会把品牌价值评估作为工作手段，帮助他们建立和发展战略型品牌，并以更深入、更具战略性的方式使用它们。

戴维·黑格（David Haigh）是英国品牌金融咨询公司的创始人兼首席执行官（注4）。我请他思考我们为什么要评估一个品牌的价值，该如何去评估价值，以及品牌价值是如何创造战略和财务价值的。我将自己的经验和信念与戴维·黑格的理念相结合，以提供一个完整的"品牌价值评估者–品牌开发者"的视角。

为什么要评估品牌的价值？

优质的品牌价值所带来的机遇是丰富多样的，包括众多的战略性价值和绩效价值，如资产负债表的强化、品牌与企业战略、品牌管理实践的保障等。

确保恰当的品牌管理

我们经常看到，那些过去在品牌上投入巨资、创造了强大品牌资产的公司已经实现了高增长和高利润率。当他们变得沾沾自喜，并在几年后减少品牌投资时，他们的品牌资产评估结果就会萎缩。

伦敦商学院前高级研究员、《营销与利润》（Marketing and the Bottom Line）一书的作者蒂姆·安布勒（Tim Ambler）曾这样形容品牌："一个现金流的蓄水池，虽已盈利但尚未计入损益表。"将品牌作为一个蓄水池的形象，强调了一个关键点，如果你不继续把它装满，那么过一段时间就不会有多少东西出来了。有了定期的品牌价值评估，你就会知道你是否应该填补以及如何填补这个蓄水池！

品牌价值和股价

英国品牌金融咨询公司在品牌价值与股价之间建立了直接的联系。在"全球500强"品牌价值排行榜出炉10周年之后，他们决定回到原点。英国品牌金融咨询公司研究了品牌价值占企业价值30%或30%以上的品牌，并在具有高度代表性的强势品牌样本上，追踪了这些公司在1～10年间的股价表现。他们发现，这些公司的累计股价上涨了一倍，而且基本上都跑赢了标普500指数企业，涨幅超过50%，如图12.1所示。

这无疑说明了品牌"价值评估"具有战略洞察的作用，稍后我将在价值创造的直接影响方面回到这一点。如果品牌价值高意味着业绩好，为什么我们不让品牌价值更系统地成为投资者考量的一个关键指标呢？

品牌评估与品牌测评

有对品牌的评估，也有对品牌的测量。当下环境中，对品牌的测量仍然远远多于价值评估，我的经验是：两者都值得去做，这一点十分重要。戴维·黑格指出，其中一点引出了另一点："拥有一个品牌的原因是，它是特定产品、服务或交付类型的缩写。品牌是一个决策的触发器，通过培养品牌，你才能让人们在做出决策时迅速做出反应。品牌影响行为，所以如果你有一个非常强大的品牌，人们会为此花更多的钱，会更忠诚，会用自己的方式去找到它，会经常回购，会把品牌推荐给自己的朋友。有很多不同的消费行为都源自强大的品牌化的实体或强大的品牌。

"正因为如此，你才用许多不同的标准来测量人们对你的品牌的感觉，并了解如何将人们的感觉转化为更高的价值。所有这些测量标准都理想地指向一个问题：一个品牌的受众如何看待品牌？在受众有着一系列不同目标时，品牌将如何改变他们的行为？之后，这将如何转化为财务价值？"

股价相关性研究

2007—2017 年全球 500 强品牌相对于标准普尔 500 指数的表现。品牌价值/企业价值与股票表现以及品牌强度有着明显的相关性。

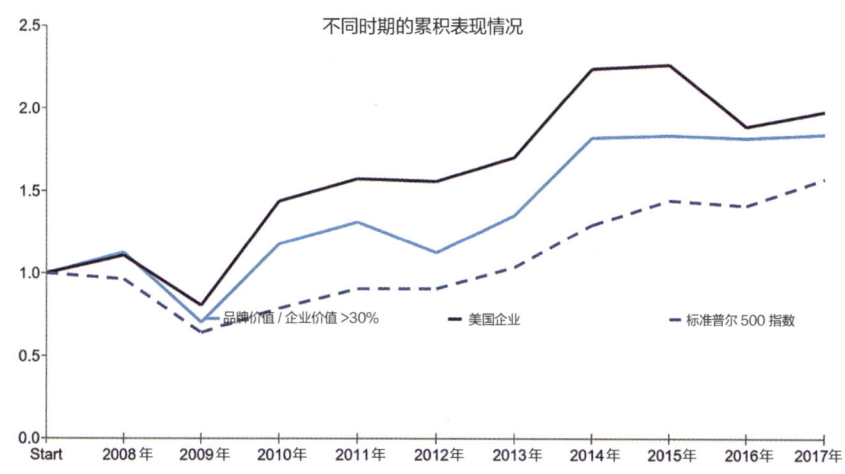

来源：英国品牌金融咨询公司

图 12.1 相对于标普 500 指数企业，品牌股价表现更高

营销人员测量他们的品牌，但他们使用的指标是否真正反映了一个品牌的持久影响和战略现实？我们的见解是什么？我们如何改进测量方法并从测量结果中收获点什么？它们是否往往只是市场泡沫的一部分，而不能反映真正的战略绩效周期和价值创造？

品牌价值：3 个关键指标

我认为有 3 个关键的品牌评估指标：（1）品牌价值；（2）品牌强度；（3）品牌价值与企业价值的比率。每一个指标都提供了丰富的战略洞察：如何发展品牌，以及如何进一步发展品牌业务。让我们继续探索。

关键指标 1：品牌价值

品牌价值是一个数字，是一个持续的商业行为过程的最终产物。一个专业的价值评估（反复的、目的性很强的、常规的品牌价值评估方法）以及评估的背景可以很好地反映出品牌在发挥其潜力以影响行为和决策方面做得有多好。我一次又一次地使用品牌评估，并建议更多地使用它们。因为一旦你理解了行为和品牌评估之间的联系，你就可以改进。

图 12.2 展示了英国品牌金融咨询公司在 2017 年发布的全球十大品牌。苹果的品牌价值

今年下降了 27%，而谷歌的品牌价值却跃升了 24%，从战略上来说，这意味着什么？还是说三星在经历了 Galaxy Note 7 危机后正在强劲复苏？

图 12.2　2017 年全球十大品牌排名

这些研究不仅着眼于年复一年的变化，而且关注更长的时期段：这是非常有见地的。戴维指出："从 2017 年的全球 500 强榜单可以看出，科技和移动端品牌占据重要地位：谷歌、苹果、三星、亚马逊、微软、威瑞森、AT&T、中国移动。将此与图 12.3 中的图表进行比较，它显示了全球最有价值的上市公司的市值，以及 2006 年至 2016 年的变化情况：科技和数码类品牌是新贵。"

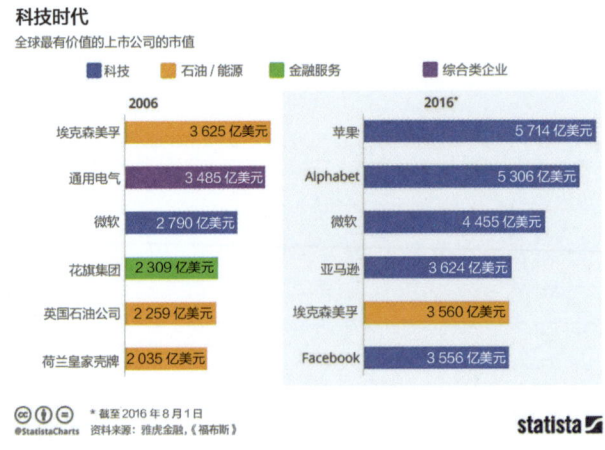

图 12.3　过去十年公司价值的巨大变化

每个公司的业绩记录都同样有趣，如图 12.4 所示。主要原因是品牌价值的增长速度非常惊人。

第十二章 强大且具有驱动力的价值

图 12.4 顶级战略型品牌明显的价值增长

值得注意的是，变化发生得很快：在领先估值排名 5 年后，苹果在 2017 年跌至第二位，仅次于谷歌，紧随其后的是亚马逊。我们可以通过 13 个战略型品牌的要素体系来预测未来的发展方向。

戴维的观点很有道理："许多简单的测量方法（源自复杂的评估过程）都可以建立在品牌评估的基础上。从那里，你可以看到你的进展，可以做品牌报告，可以与股东分享它，等等。所有这些都是战略上和财务上的贡献，对企业很重要。"

关键指标 2：品牌强度

品牌评估的组成部分之一是"品牌强度"。测量品牌强度的方法有很多。总的来说，品牌强度这一指标的相关性很强，因为一个"强大"的品牌是未来财务表现更强的领先指标。

我喜欢品牌强度（brand strength）指标，因为它是最能从本质上评估一个战略型品牌的指标，甚至比品牌价值本身更重要；品牌价值本身也包含一定的量化维度。2017 年的品牌强度排名如图 12.5 所示，乐高超过了谷歌和耐克，排名第一。

品牌强度是一个很有洞察力的测量标准；如果你看到你的公司在品牌资产和其他各种指标上做得很好，那么几个月或几年之后，它肯定会在市场获得成功。与业内同行一样，英国品牌金融咨询公司也使用自有的品牌强度指标。

戴维解释道：测量品牌强度需要像金融投资者一样看待一个品牌。"我们关注的是投资者会在意的平衡计分卡。首先是品牌投资的质量和水平，即投入。其次是品牌资产评估：'这个品牌有多出名？它与人们（外部和内部）有多相关？人们理解、思考和评价的属性是什么？品牌偏好有多强？'然后是产出指标：利润率增长、销售增长等。

"我们制作了一个平衡计分卡，考虑了这 3 个因素：25% 的投入、25% 的产出和 50% 的品牌资产的主导性指标。在我们看来，这就是金融投资者看待品牌资产的方式。因此，我们开发了一个评分系统，系统或许会显示：'通过一系列的指标测量，得出这是一个价值 X 亿美元的品牌。'

"但是，有一点很重要，那就是要深入了解这个品牌是否投入了大量资金，并在品牌强度上不断增强？否则，它可能是一个正在被榨干、品牌强度逐渐衰弱的品牌？还有其他需要考虑的因素吗？"

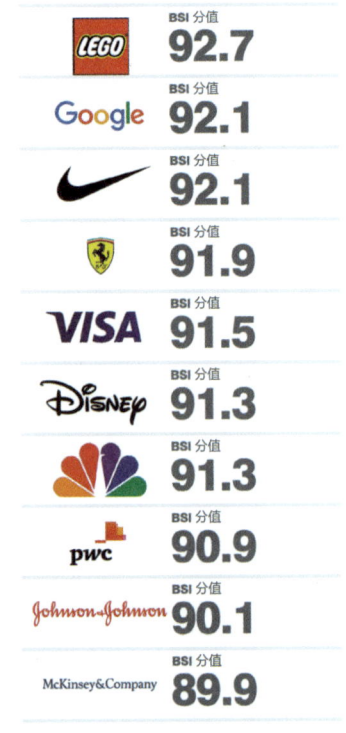

来源：英国品牌金融咨询公司

图 12.5　2017 年全球实力领先的品牌排名

关键指标 3：品牌价值与企业价值的比率

"品牌价值与企业整体市场价值"的比率也具有非常高的相关性，它反映了品牌对企业的重要性。

在竞争激烈的领域中，耐克的 40% 和 H&M 的 37%（见图 12.6）无疑是对表现出色的非凡品牌的致敬。相反，雪佛龙的 9% 以及相差并不太多的埃克森美孚等其他石油和天然气公司表明，能源行业对品牌的重视程度相对较低。

在某些情况下，一个企业近一半的价值在于它的品牌，或者只有很小的价值在于它的品牌，这难道不是必须要合理解释的地方吗？正如第三章所述，以占比率超过 25% 的宝马为例，品牌是宝马的执念；或者如第四章所述，麦当劳对品牌关联性的管理极其严格。

有一个关于战略洞察力的例子：当品牌价值相对于企业价值较高时，这可能表明金融市场低估了企业的价值。因此，你应该考虑收购它，因为公司的价值很低，但品牌的价值是高的，它是有前途的。这就是沃伦·巴菲特的行事风格，他倾向瞄准那些短期内陷入困境或价值被低估、但有证据表明其强大的品牌有潜力恢复价值的公司，随后他就从长远考虑培养它们。在过去的几年里，有相当多的交易——尤其是吉百利（Cadbury）——该公司在其品牌的重要性方面被严重低估。

品牌名称	2017 年品牌价值与企业价值的比率
耐克	40%
H&M	37%
百事	36%
京东	36%
梅塞德斯－奔驰	36%

品牌名称	2017 年品牌价值与企业价值的比率
中国平安	5%
雪佛龙	9%
品谱	10%
通用电气	10%
维萨	11%

来源：英国品牌金融咨询公司

图 12.6　品牌价值与企业价值对比的高低比率

将品牌价值评估作为战略引导的主要来源

我经常被问到以下关于品牌价值、品牌强度和品牌市场占有率的问题——最高管理层人员、首席执行官、首席营销官等人如何利用战略型品牌的战略价值作为发力点或者行动指南？这些指标如何帮助营销部门回答投资回报率问题？你认为品牌价值能为首席营销官们在董事会中争取到发言权吗？这个领域是如何变化的？为了确保战略型品牌价值被金融市场以及首席执行官、首席财务官们所理解和认可，在品牌旅程开始之初，你会给首席营销官们提供什么建议？简单的部分是什么，又有哪些是难一点的？

根据经验，以下是品牌价值评估带来的一些战略方面的好处。

引导 1：品牌价值评估引导品牌战略

品牌价值可以作为战略洞察的主要来源。我总结了关于品牌战略的简单矩阵图（见图 12.7），它将品牌价值与品牌强度联系起来。

让我们来看几个例子。

"拓展型"品牌：如果你有很高的品牌强度，但品牌评估价值较低（矩阵左上角），那么这意味着一个增长的机会。让我们以法拉利为例：它的品牌被给予一贯的高品牌强度评级（见图 12.5）。法拉利在被分拆出来进行首次公开募股之前，曾属于菲亚特。他们在首次公开募股中表现非常成功，在金融投资者中的评级也非常高。

为什么？这不仅是因为人们喜欢开着法拉利到处跑，还因为投资者看到了法拉利在扩大核心业务方面的巨大增长潜力，或者说，入股法拉利可以实现多元化经营，涉入多个不同领域。前任首席执行官卢卡·迪·蒙特泽莫罗（Luca di Montezemolo）认为法拉利是一个豪华利基品牌，年产量不会超过 7000 辆，因此不会将业务分散到其他领域，也不会实现不成比例的增长。他与法拉利母公司菲亚特克莱斯勒汽车公司的董事长塞尔吉奥·马尔乔内（Sergio Marchionne）意见不合，后者的观点是应当充分利用法拉利这一品牌资产。

来源：英国品牌金融咨询公司

图 12.7　品牌价值与品牌强度分析

类似法拉利的例子有很多。很多时候，收购是由投资者的观点驱动的，他们认为，与已开发的价值和增长相比，还有更多待开发的地方、未开发的价值和增长空间，而这些正是品牌价值评估以数字和洞察为基础并加以证明的。

"风险型"品牌： 如果你有很高的品牌价值，但品牌强度不是很强（矩阵右下角），这可以表明以下两种情况之一：该公司拥有很高的品牌价值，因为它们的财务表现依然强劲，但如果它们的品牌强度低于同一市场的其他公司，它们未来就很容易受到下跌的冲击；或者，如果品牌强度能够加强，它们可能会更有价值。管理层应该决定是哪一种，然后采取行动。

苹果在这种情况下非常极端。其非凡的市场价值和品牌价值是基于这样一种预期，即苹果将继续位居前列，拥有引领性的品牌和优异的技术。但新技术的差异化较小，面临着相当大的竞争压力，例如 iPhone。真正的创新需要时间来突破，比如 Apple Watch。管理层非常了解所需的风险化解方法，并已采取措施，包括快速投资于服务和应用程序，以及一种被牢牢掌控的苹果品牌生活方式生态系统。

引导 2：品牌价值评估引导商业策略

如果一家公司拥有强大的品牌价值评估和测量结果，那么首席执行官和首席营销官便可以凭借这一优势，满怀信心地采取行动并进行投资。

品牌价值评估可以向市场营销人员提供必要的信息和证据，让他们能够向董事会提出有力的论据，从而增强营销人员的实力。

由品牌价值评估及其基础测量得出的洞见所引导的实际行动可能包括：创建一个新的分

销网络，改变视觉标识，投资一个新的广告宣传活动，或在公关方面做一些不同的事情，改变产品或价格。同时，一个良性循环会开始生效：消费者将权衡各种选择，改变他们对品牌的看法和行为——所有这些都将反馈到下一次的品牌价值评估中。

戴维以石油行业的 Q8 品牌为例。"Q8 是一家由金融家们持有的经典石油公司，它有着古老的视觉标识。营销和传播人员觉得是时候重新振作了，但财务人员却提出了反对意见：'这有什么意义？现有的标识非常好。我们不要浪费数亿美元来重塑我们的 Q8 品牌网络，因为这只是浪费钱。'

"在这种情况下，营销和传播部门需要做的是证明，通过投资视觉标识，消费者的反应将是积极的：更多的人会被品牌吸引过来，更经常地购买和消费。然后表明，只有彻底改变品牌，这些行为才会出现。在这种情况下，你可以对品牌建模并显示财务结果，例如，花费 1 亿美元可能会一年多赚两千万或三千万美元，花费的钱用不了多少年就能还清，因此这是值得做的。同时你也可以一直追踪下去。"

另一个例子是赞助。怡安集团（AON）虽然是一家庞大的公司，但在其封闭的世界之外却相对不为人知，其品牌价值也被严重低估——这是一个典型的"低品牌价值/低品牌强度"的案例，它对应的是"回顾型战略"（见图 12.7 矩阵左下角）。这一位置意味着一个明确的机会，而赞助曼联足球俱乐部的决定，让这个无差别的保险品牌在全球范围内声名远扬。怡安集团的首席营销官菲尔·克莱门特（Phil Clement）表示："以'我们团结一致'为主题的全球宣传活动使公司的知名度提高了一倍以上。"

壳牌对 F1 赛车的投资以及对法拉利的赞助也起到了同样的作用，目的是打造并支持其增值燃料品牌 V-Power。

当然，这并不是什么新鲜事，但它或许是一种邀请，让我们始终如一地使用一种持久而严格的品牌价值评估工具，来揭示其潜在发展的可能。

引导 3：品牌价值评估提供投资回报数据

品牌价值的变化可以帮助评估对品牌的投资回报，因为这种评估为首席执行官和首席营销官及其董事会或执行同事带来了量化的稳健性。这种通用语言对首席财务官特别有帮助，他们将会理解并欣赏量化方法。O2 公司的妮娜·毕比评论道："我清楚地知道这些东西的成本，它们在提高客户满意度、推荐度和留存率方面带来了什么。例如，我可以量化获得一个新客户与留住这个客户的成本，或者将计量经济学模型应用到我们做广告、促销、增强客户考虑度和合作意愿等方面。我们讨论的所有事情都与首席财务官们保持一致。"

引导 4：品牌价值评估提供竞争情报

品牌价值评估收集了战略型品牌的大事件以及主导发展方向，并从中获取深刻的战略洞察，同时还提供了对竞争对手、行业和地域的有趣的动态分析。

从图 12.8 中可以看出，从 2007 年到 2015 年，科技行业的综合品牌价值增长了 2.5 倍，而银行行业的综合品牌价值增长了 45%——而且绝大多数在中国。那么未来的前景如何？一些企业是否有可能通过品牌来打破这种趋势？

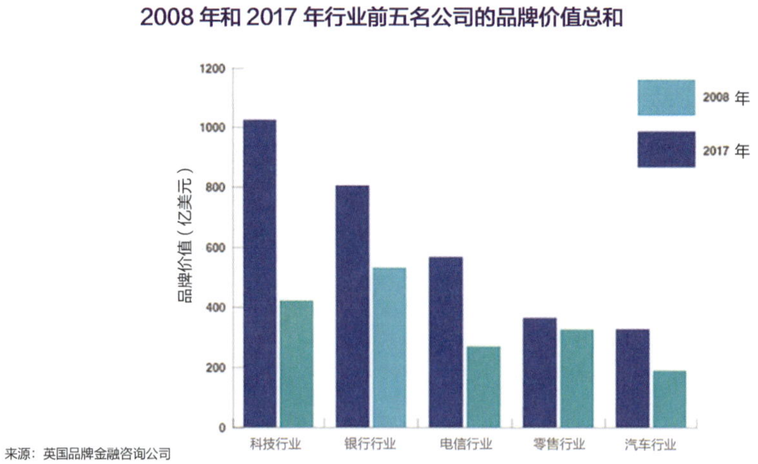

2008 年和 2017 年行业前五名公司的品牌价值总和

来源：英国品牌金融咨询公司

图 12.8　按行业划分的品牌价值动态变化

引导 5：品牌价值评估提供市场情报

同样，从地域市场的角度看，市场为传统品牌所有者提供了宝贵的信息和激励，促使他们专注于自己的品牌并大力投资，因为竞争正在变得更激烈。

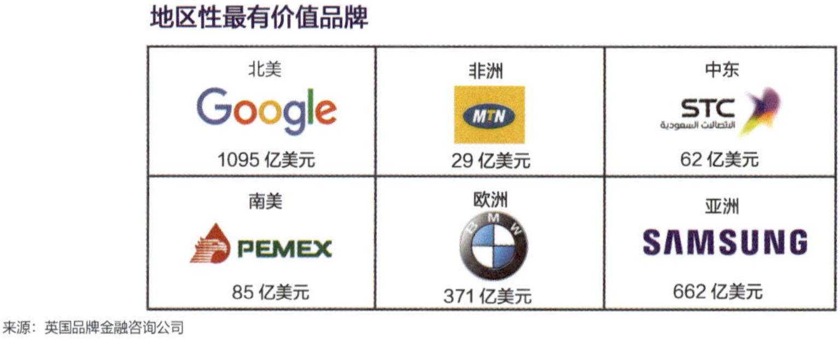

地区性最有价值品牌

北美	非洲	中东
Google	MTN	STC
1095 亿美元	29 亿美元	62 亿美元
南美	欧洲	亚洲
PEMEX	BMW	SAMSUNG
85 亿美元	371 亿美元	662 亿美元

来源：英国品牌金融咨询公司

图 12.9　最有价值的品牌（按地理区域划分）

关键的事实是，中国品牌及其价值已经显著增长，而且还在继续增长。戴维评论道："中国现在有非常强劲的资质：是世界第二大经济体；中国的 15 亿［原文有误，应为 14.0005 亿（2019 年）］人口正变得越来越富有——中国的亿万富翁和百万富翁比其他任何地方都多——这些财富正通过中产阶级慢慢流下来。中国有巨量的金融资源；中国人的行为也发生了变化：从历史上看，中国人更倾向储蓄而不是消费，但现在他们正认真地开始消费。"

一个简单的数字可以说明：中国的品牌价值在 10 年内增长了 10 倍。具体来说，在 BrandZ 整理的全球百强品牌中，中国品牌的数量从 2006 年的 1 个增加到了 2015 年的 14 个。中国现在是仅次于北美的第二大品牌价值增长中心。

戴维补充道："茅台是中国白酒的一个品牌，它突然超过尊尼获加，成为中国最大的饮品品牌。中国人消费强劲，他们更喜欢购买中国品牌，因此这些品牌正在崛起，变得越来越有价值。中国人现在在想：'我们创造了大量的财富和需求，为什么不收购国外品牌，并创造更多的品牌呢？'"

《现代管理杂志》（注 5）估计，2015 年，仅在欧洲，中国对西方企业的新兴投资价值就超过 300 亿美元；2000 年以来，中国在英国的对外直接投资总额已经超过 1000 亿美元，这促使欧盟开始考虑保护主义法规。

例如，最受尊敬的服装品牌之一萨维尔街（Savile Row）旗下的君皇仕（Gieves & Hawkes）被中国企业利邦集团（Trinity Group）收购。现在该品牌在中国有 400 家商店，而且它们正在蓬勃发展。还有很多其他的例子：海尔以 54 亿美元的价格收购通用电器；安邦保险（Anbang Insurance）以 143 亿美元竞购喜达屋酒店（Starwood Hotels）（注 6）。这种模式在所有行业都存在：中国投资公司拥有希思罗机场（Heathrow Airport）10% 的股权，大连万达集团的王健林拥有马德里竞技俱乐部（Atletico Madrid）20% 的股权。

品牌价值增速正转向中国

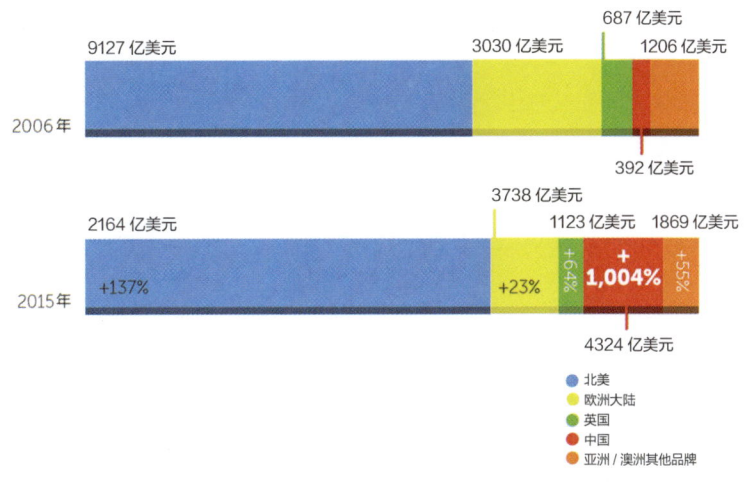

来源：BrandZ 公司，华通明略公司

图 12.10　10 年来中国品牌价值的大幅增长

戴维补充道："一段时间以来，'中国制造'的概念已经从白色标签制造商转变为品牌所有者和建设者。中国人正迅速进入专业品牌领域，因为他们认为品牌很重要。他们正在建立一整套关于品牌测量和管理的标准，以及专门的品牌研发机构。10 年或 20 年后，你可能会发现中国人在品牌管理科学方面处于领先地位，就像他们现在在制造业一样。他们发现，获取附加价值的方法就是增加营销和品牌建设——他们决心弄清楚这是如何运作的。"

综上所述，我们主张持续关注品牌价值的增长，并以"温度计"和"根本原因分析师"的身份，利用具有战略洞察力的品牌价值评估。不要因为品牌融资的实际数字可能与 BrandZ 公司或国际品牌公司不同而感到不安——品牌价值评估不仅仅是一个数字，而且是一种洞察和做出明智决定的框架。的确，专业评估与情景、策略和技巧有关，远不止一个绝对数字，专业评估和数字本身一样有用。

战略型品牌的驱动价值

我们接着讨论品牌价值的第二部分，它源自战略型品牌：它能够、应该、也将会传递许多可持续的效益。

战略型品牌的领导者

挖掘战略型品牌内在的全部价值始于领导层。戴维解释说："管理层还没有普遍认识到，品牌和营销不仅直接影响企业的价值，还会影响企业的稳定性。

"许多首席执行官和首席财务官都在谈论某个特定品牌的声誉是好是坏，但声誉本身并不是一种资产，它与品牌紧密相连，无论是沃达丰、劳斯莱斯还是大众。

"品牌的声誉驱动着企业的业绩。除非首席执行官和首席财务官们真正接受这一点，否则这个行业仍将处于投资不足的状态，你将无法充分优化利用品牌声誉管理业务的方式——除了那些已经建立、考虑、开发和管理的持久战略型品牌。

"许多经营公司的人花很多时间谈论品牌，说它有多重要。但他们并不一定会把资源、组织和自己完全投入其中。我们需要建立一种普遍的文化，在这种文化中，品牌和声誉，以及你管理和优化它们的方式，与敲定战略一样重要，与正确的运营成本或融资战略一样重要，或与企业业绩的任何其他主要方面一样重要。"

当然也有很多例外，尤其是在快消品和奢侈品行业。在这本书中，我们将其中的一些视为"模范品牌"。

品牌背后的大趋势

尽管并非所有的首席营销官都重视品牌，但大多数（如果不是全部的话）行业对企业品牌重要性的认识都在增长，而且将继续增长。联合利华、宝洁和玛氏过去相当沉默。如今，他们在企业最高目标、背书和保证方面变得非常明显和坦率。

公用事业、航空、水泥或钢铁等行业历来没有品牌。品牌现在越来越被认为是一种质量保证，也是在竞争日益激烈的世界中的一种竞争手段。钢铁行业产能严重过剩，服务过度；水泥和混凝土行业也是如此。一个强大的品牌会得到超过其合理份额的需求，并有更大的生存机会。

持久战略型品牌价值的各种重要来源

从强大的战略型品牌转型为价值创造的案例贯穿全书。关于这方面的文献很多，但为了使其简单并适用于现实生活，我一直在思考这一过程，并总结出了 8 个价值输出程序或者说价值来源（简称 SoV），如图 12.11 中的八角形所示。

其中一些价值来源，或它们的组合，在我职业生涯的不同时期一直都很流行。

作为嘉实多的首席执行官，利润率、增长和市场准入三者的结合，绝对是我们打造这个品牌的目的。嘉实多品牌的主要角色、持久和转型的作用是建立一个主要和差异化的新市场准入条件和更强大的渠道；留住和获取更多的消费者和更高质量的客户；并获得较高的单位利润率。

来源：《品牌竞争力：如何打造 持久战略型品牌（上册、下册）》

图 12.11　持久战略型品牌的价值来源八角形

在"和平时期"的英国石油公司，品牌价值来源的神奇组合是运营资格、市场准入和变革。由于英国石油公司开采它们所拥有的资源需要各国政府的积极支持与合作，因此运营资格是第一位的。当然，我们需要强大和高质量的市场准入，以及为所有相关方进行和支持转型的能力。

在每一个角色中，作为价值来源的"效率"都是必须的，也是迫切的业务需求和信誉的基础。这是印度公司通常热衷的纪律。

非常重要的一点是，在构建品牌的过程中，要清楚什么是核心和持久的价值来源。这样品牌才能成为指导企业议程和行为的中心。随着时间的推移，我学会了如何制定和表达品牌战略，然后相应地团结同事（尽管我只是在职业生涯的后期才做到了这一点）。因此，我建议首席执行官、首席营销官以及他们的同事尽早形成这一清晰的观点，并坚持下去。

价值来源 1：公司价值与股票价格

《起义》（Uprising）一书的作者斯科特·古德森（Scott Goodson）提出了一个很好的问题："当印度塔塔汽车从福特手中收购捷豹和路虎时，它们买了什么？工厂？原材料？员工？不，高盛和摩根士丹利帮助福特以25.6亿美元的价格把这些品牌卖给了塔塔，这些品牌的价值超过了其他所有成分的总和。"同样，如前所述，当格瑞曼德（Grand Met）以10亿美元收购斯诺夫（Smirnoff）时，当卡夫（Kraft）以195亿美元收购吉百利时，当四季酒店有限公司（Four Seasons Hotels Inc.）以38亿美元将自己出售给比尔·盖茨和瓦利德·本·塔拉尔王子（Prince Al-Waleed bin Talal）时，情况也是如此。百威啤酒、沃尔沃、双龙汽车（SsangYong）以及其他许多公司也榜上有名，它们都是因为各自的品牌或品牌屋而被收购的。

我们之前提到过强势品牌股票的独特财务表现。图 12.12 为这一点提供了另一个证据，因为它显示出,在 2006 年至 2015 年间,WPP 集团下 BrandZ 公司排名中 100 家品牌价值最高的公司的总股票价值增长了 102.6%。

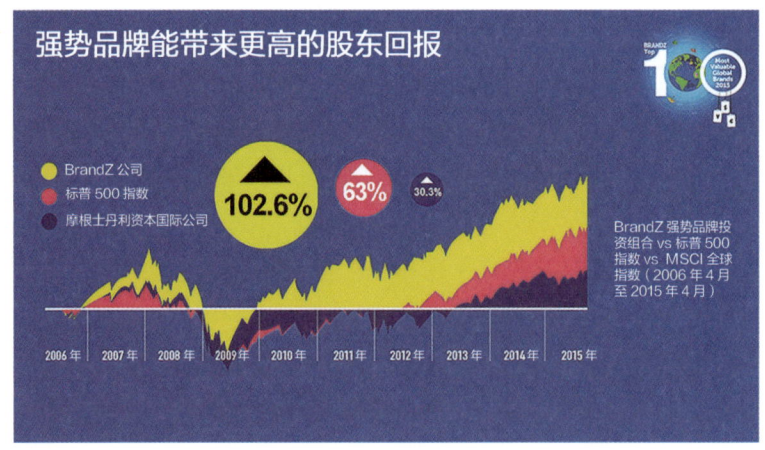

来源:BrandZ 公司排名

图 12.12　最强品牌股价涨幅超过 100%

戴维·黑格进一步指出:"Solactive AG 与英国品牌金融咨询公司在 2016 年合作推出了股票指数,即 Solactive BrandFinance® European Leaders Select 30 Index 和 Solactive BrandFinance® European Leaders Low Risk 30 Index。

"这些指数将作为投资产品和目标投资者的基础,这些投资者们将首先投入 10 亿或 20 亿美元。投资者们将寻求投资于与企业价值相比品牌价值较高、且表现出特定的股息收益率和波动性特征的公司。这是一个独特的概念,因为这些指数关注的是能够产生竞争优势并有利于公司业绩的无形资产。他们认识到,品牌价值可能与定价溢价、更高的客户忠诚度和市场份额有关。这些因素会对公司的盈利能力产生影响,在所有因素相同的情况下,更有价值的品牌有望产生更多的现金流。

"观察发现,在过去 10 年里,情况正是如此:这群具有某些特征的强势品牌化公司的表现优于其他公司,而且预计未来也将优于其他公司。简而言之,这些指数试图抓住这种业绩溢价。"

以上只是证明战略型品牌是相当大的价值创造者这一事实的众多方法之一,即使仅仅因为这些品牌可能为它们的企业吸引大量资金。

价值来源 2:盈利能力

正如我们之前报道的,在 2017 年之前的 5 年里,苹果的全球品牌价值一直位居榜首。这是否说明苹果有能力获得高利润率,从而实现盈利?故事始于一个数字:苹果历史上的毛利率始终保持在 40% 左右,在一个竞争异常激烈的市场上,这是一个惊人的数字。这绝对是战略型品牌在起作用。

事实上,无论苹果宣布什么,都有一个共同的、统一的战略在起作用,那就是追求和保护高单位利润率。从理性角度来看,苹果一直在思考"每卖出一件产品,我能赚多少钱?"新 iWatch 腕带的多样性、以内容为重点的苹果电视（Apple TV）的重启，以及大型 iPad Pro 的发布，三者之间有着完美的一致性。苹果在这里并不是为了销售最多的产品；它的首要目标很简单，就是创造尽可能多的利润，而且每一单位的利润率都不能低于设定的水平。在一个困难和具有挑战性的市场中，这是一种极具诱惑力的简单方法。为此，它建立并利用其战略型品牌，"命令"人们整夜在商店前排队，成为第一个购买该品牌最新昂贵装备的人。

以品牌一致性为例，他们对以下挑战的反应是：当销售停滞不前时，苹果推出了 iPad，其他公司通常会通过降价或在现有价格上增加功能和增强功能来刺激需求。换句话说，他们会侵蚀他们的单位利润率，希望通过更大的销量产生更大的绝对利润。大多数价格战就是这样开始的，结果往往对大多数参与者的打击都是毁灭性的。这就是苹果坚决拒绝参与其中的原因——相反，它已经发展出了不必在竞争中挣扎的品牌强度。

苹果应对 iPad 停滞不前的品牌策略是进一步进军高端市场。苹果没有通过降低 iPad 的价格来对抗来自三星和其他安卓阵营的竞争，而是进入了一个更高的价格区间，配备了 iPad Pro，成为其首款二合一设备。更广泛地说，苹果正在建立一个强大的品牌生态系统，以建立一种更有"黏性"的客户关系，并增强其定价能力。

价值来源 3：顶线增长

继续以苹果为例。在投资组合层面，苹果利用其品牌快速发展高利润服务，如 iTunes、各种应用商店、苹果音乐、苹果支付、苹果护理和授权收入。分析人士过去常常忽略服务，转而关注苹果庞大的硬件数量，但随着该公司利用其庞大的已安装用户基础，这一领域正变得越来越重要，并吸引了更多的关注。

一个惊人的数字显示：在 2017 年第一季度，苹果的服务销售额为 71.7 亿美元，同比增长 18%。2016 年全年，服务销售额占集团净销售额的 11%，达到 243 亿美元，同比增长 22%。这与集团总收入下降 8% 形成了鲜明对比。

进一步计算后你会发现，苹果的毛利率服务收入估计在 59% 左右，进一步估计，其中 90% 为应用程序商店，70% 为苹果医疗健康以及 30% ~ 40% 来自 iTunes，集团 2016 年平均毛利率为 39.1%。谈到增长，截至 2016 年底，苹果音乐预计已经创造了 20 亿美元的收入，并在全球发展了 2000 万付费用户。

如果"强大的品牌是企业发展的关键"这种说法有点太过绝对，那么可以这样形容：强大的品牌通常被视为企业增长的引擎。就拿印度、中国、巴西、俄罗斯、南非、印度尼西亚、尼日利亚和其他许多国家快速增长的中产阶级来说：这些消费者购买品牌，通常是高档品牌。现在消费者的很多东西都是通过网络和电话购买的，这意味着消费者必须对他们从谁那里购买有相当大的信任，而不是对他们购买的是什么有足够的信任。

因此，我们有理由这么做，但挑战依然存在：如何以一种明显而清晰的创造增长的方式，明确地建立、维持并继续发展一个战略型品牌？请记住我们的品牌价值 – 品牌强度矩阵左上角"高品牌强度 – 低品牌价值"。结合马克·德·斯万·阿伦斯（Marc de Swann Arons）

提出的'游玩方式'（Way to Play）：以一种新的方式来描绘市场，并将你的市场份额从85%降低到3%（第七章）。战略型品牌在这里具有惊人的增长潜力。

价值来源4：效率

我一直认为，如果一个战略型品牌是价值之父，那么它也是效率之母。效率是必需的，是我们现代经济中一切事物的先决条件。

从2008年至2010年，当英国石油公司凭借"拥有所有要素"（All of the Above）拥有行业品牌空间时，投资于传播领域的每一美元都获得了巨大的回报。可以说，这让财务困难的英国石油公司得以暂时压缩投资。品牌团队不喜欢降价，但这是可以容忍的，因为该品牌的实力，以及我们同行的传播在很大程度上归功于英国石油公司。

就增长效率而言，战略型品牌可以建立忠诚度，从而降低收购成本（见第七章的O2公司）；它建立权威，因此降低了渠道的成本（见第四章的爱彼迎）；它更容易传播，因此需要减少投资（见第八章的海尔公司）等。我发现，品牌所有者往往低估了效率的重要性，尽管这对大多数首席执行官和首席财务官来说都是非常宝贵的。

正如苏铭天早些时候提到的，随着企业对品牌投资、成本效益和回报的审视，对建立和利用品牌效率的质疑比以往任何时候都要频繁。作为一种平衡措施，现代营销中有不断改进的方法和工具可以评估品牌投资：鉴于数字渠道的日常演变，这是有必要的。我们指的是零基础营销预算和其他类似的方法。在第九章，我们讨论了英国广告从业者协会（IPA）在2016年底在英国采取的宝贵举措，即"营销效应周"（Marketing Effectiveness Week），14个行业协会及其成员、领先的市场推广人员和4个学习中心共同回顾和分享了现代营销效率的见解、工具和技术，尤其是在商业和传播选择激增的背景下。

价值来源5：变革

以一个正处于挑战和变革时期的行业为例。在这种时候，依靠一个强大的品牌会让日子更好过。

在电缆、电视和宽带领域，许多公司进入了市场，像NTL和其他公司一样，它们的表现并不是特别好，它们的品牌也不是特别受欢迎。另一方面，维珍传媒（Virgin）是一个很小的市场参与者，但它的品牌很受欢迎。两家大公司收购维珍传媒，就是因为他们想要维珍传媒的品牌；他们觉得如果这样做，便可以获得更大、更稳定、更强健的关注；客户的反应会很好（他们确实这样做了）。因此，在一个高度动态的行业，人们正在破产并重新安排业务，对维珍品牌的依赖起到了巨大的帮助。

我最近与天空数码（Sky Digital）的负责人进行了交谈，他也表达了类似的热情：正是天空数码的品牌激励并引导着团队在竞争异常激烈的领域完成了复杂而快速的转型的艰难选择。

在不同的行业，还有很多其他的例子，比如品牌在大规模结构变革期间粉饰隔阂，好让业务顺利进行。我们在第六章和第八章中分别列举了IBM品牌和通用电气品牌，作为支持大型企业转型的典范。

价值来源 6：运营资格

运营资格是品牌价值越来越重要的源泉，也是企业品牌存在的主要理由，原因在于全球经济及其组织的两大趋势：政府和监管机构对经济的重要性和干预程度迅速上升；受到严格监管的行业在世界秩序中的规模和影响日益扩大。

因此，所谓的 B2G（企业对政府）品牌扮演着非常重要的角色。

没有强有力的运营资格，英国石油公司就无法开展业务，同样的情况也适用于所有资源类企业，如能源和矿业以及汽车等行业。汽车行业在排放水平上受到严格监管，未来的交通工具如自动驾驶也受到严格监管。还有制药业，这也是一个受到严格监管的行业，药品评估和发放往往依赖于政府机构。还有银行业，它是由详细且不断发展的规则所驱动的，这些规则与行业是否发展稳固、提供什么产品以及有怎样的管理实践等相关。

这些只是几个例子，图 12.13 反映了更多信息。

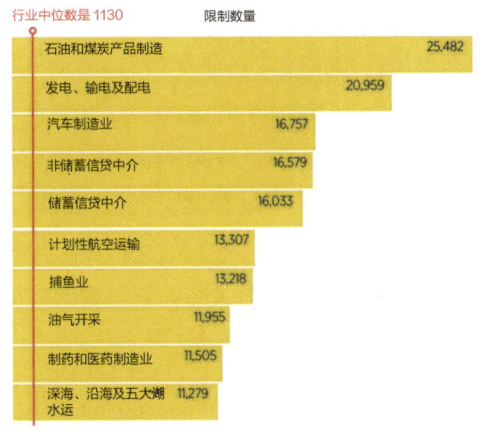

图 12.13 监管最严格的十大行业

在这些领域，品牌的作用是巨大的，但仍未得到充分发挥。除了少数军工企业外，几乎没有企业能够一次又一次地开发出真正意义上的 B2G 战略型品牌，这对企业的经营许可产生了重大影响。也许英国石油公司已经接近成功了，我已经看到了它确实存在时品牌发挥的决定性影响。

价值来源 7：市场准入

我在英国石油公司的大多数上游同事都没有真正接触到"品牌"这个词，更不用说对它进行任何投资了。但他们都承认，要想与几乎所有他们想要的人取得联系，尤其是政府官员，英国石油公司的名字是相当有用的。

除了本质上是 B2G 企业外，英国石油公司主要还是一个 B2B 企业，其客户包括航空公司、海运船东、化工集团、燃油和润滑油分销商、批发商、零售商等。

实际上，B2B 是绝大多数经济部门（包括 B2B2C 企业）中大多数企业的普遍模型。在新的市场中，获得最好的 B2B 中间商和最好的运营商是至关重要的，而这种市场准入的质量实际上是由品牌主导的，并在很大程度上由品牌决定。

价值来源 8：企业处于逆境或危机情境时的防护盾

一般而言，企业主要可能面临两种类型的危机：具有挑战性的大环境，例如 2008 年的全球金融危机；自己制造的特定危机，比如大众汽车的尾气排放丑闻。

关于前者，由于消费者们在消费上更加谨慎和自觉，没有哪一种类型的企业可以幸免。但品牌价值评估，尤其是品牌强度指数表明实力较强的品牌不仅存活了下来，而且表现得比实力较弱或影响力较小的品牌好得多（见第七章的美国运通或第十一章的塔塔集团）。此外，战略型品牌在危机后的复苏和进一步扩张速度远远快于它们的同行，因为人们重拾信心，希望再次把钱花在真正吸引他们的东西上。因此，一个战略型品牌在危机期间会有更好的抵抗力，在危机过后会有更快的增长。

而关于自己制造的危机，让我们听听戴维·黑格对大众和马来西亚航空的看法："大众品牌非常强大。可以说，该公司可能会因为减排而遭受严重的经济损失，但事实是，人们对它们汽车的需求仍然很高。在这种情况下，丑闻的责任必须归咎于管理层，而不是品牌。大众汽车是一家高品质的企业，这个品牌有望带领公司渡过难关。

"马来西亚航空的品牌从根本上来说比较弱。这是一个实力较低的品牌；然后发生了两次事故，但都不是他们的错。由于这两场灾难，人们停止乘坐马来西亚航空的飞机。现在，我想如果那是英国航空公司，英国航空公司可能会因为他们强大的品牌而幸存下来。"

战略型品牌 13 项要素中的每一项都是至关重要的价值驱动因素

考虑到这 8 个价值来源，任何品牌都需要明确其在战略价值创造方面的优先次序。因此，有许多与品牌价值相关的关键问题。品牌应该持续发展的优先价值来源是什么？它是否像许多快消品品牌一样，支持增长和盈利？还是带领企业完成技术品牌最需要的必要转型？或者帮助建立一个有用的监管环境——这是企业品牌常常渴望实现的目标？

这个关于价值优先级的问题在第五章中有阐述，我们主张在首席执行官选择首席营销官时，应考虑到他的个人履历是否最符合组织核心的持久目标。当然，有人可能会说"以上所有"——希望品牌服务于所有价值来源也有一定的道理。但在现实中，有而且应该有优先级——就像人一样，某些品牌在某些方面就是比其他品牌做得更好。

创建一种清晰的"品牌价值模型"

一旦确定了这些战略价值优先级，接下来需要考虑的是：我们如何为组织实现这些目标？

什么样的模式能让品牌一次又一次地带来所期望的战略价值结果？

正如戴维·惠尔登所言，这个"品牌商业模式"问题的答案往往是不确定的——许多营销人员失去了他们的优势，发现要让这个"品牌商业模式"变得清晰、直接、易于理解并得到组织的遵守，是一种挑战。我们应该不遗余力地实现这种主导权，然后在整个组织中嵌入并管理由此产生的"品牌商业模式"。

这就是战略型品牌的不同之处——因为，正如图12.14的矩阵所示，以下两者之间存在直接联系：战略型品牌的必要元素以及以战略性和持久性的方式实现组织核心价值目标的品牌能力。

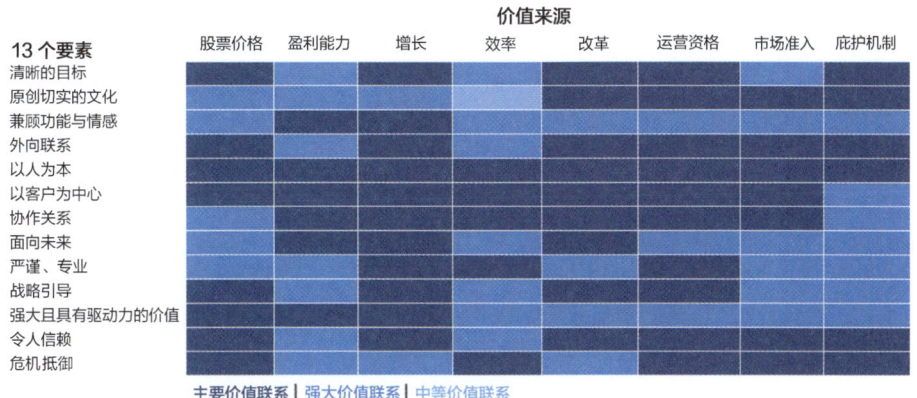

图12.14 战略型品牌的13项要素对每种价值来源的提升

简单来说，战略型品牌的要素是企业商业模式的"投入"，一旦它们被建立起来，就一定会推动所期望的性能"产出"和目标的交付。见以下案例说明：

我相信这个矩阵提供了13项战略型品牌要素（作为输入）与8个价值来源（作为输出）之间的联系。毫无疑问，这种联系普遍都比较强（深蓝和中蓝色），并且大多数是最强的（深蓝）。如果你想让品牌成为组织议程、优先事项和持久的绩效交付的核心，那么打造一个真正的战略型品牌至关重要……反过来，一个真正的战略型品牌将是你最大、最自然的价值驱动因素。

战略型品牌要素传递价值的4个案例

我们没有对每一个案例进行评论，而是选择了一些似乎对许多组织的疑问、挑战和抱负至关重要的例子：它们对我来说肯定是如此。它们被融入这本书的各个章节，并解释如何令品牌要素创造价值。

案例1：以人为本

正如第五章所讨论的，一个品牌如果在"人"的要素上不成功，它是不可能接近战略型品牌的，因为它对每一个价值来源都做出了至关重要的贡献：矩阵中的"领导者和员工"一栏全都是一致的深蓝色。

在本书中，我们将宝马（第三章）、捷步（第五章）、IBM（第六章）、塔塔等公司的实力归根于"人"的要素。让我们简要地看一下谷歌，它在2016年《财富》100家最适合工作的公司中排名第一（注7）。

谷歌已经上榜10年了，2016年是它第7次荣登榜首，这要归功于它能够激发其才华横溢、薪水高昂的员工的想象力，以及它为本已令人眼花缭乱的免费产品增加了额外福利。去年，该公司通过在总部提供虚拟医生就诊、二次咨询服务和乳腺癌筛查，扩大了医疗覆盖面。一位谷歌员工解释道："公司文化确实让员工有这样的感觉：我们作为人是被重视和尊重的，而不是机器上的齿轮。谷歌的福利是惊人的——从每天三顿有机食品和无限量的零食、手工咖啡和茶，到免费的个人健身课程、健康诊所、现场换油、理发、一辆水疗车、一辆自行车维修卡车、午睡舱、现场洗衣房，以及有补贴的洗衣和折叠服务。"

谷歌的福利清单是无穷无尽的，因此对员工的调查结果不言自明（见图12.15）：还有哪个组织能宣称95%的员工"愿意付出额外的精力来完成工作"？

▶ 在这里我们有特别和独特的福利 – **97%**
▶ 我很自豪告诉别人我在这里工作 – **96%**
▶ 这里的人们愿意付出额外的精力来完成这项工作 – **95%**
▶ 我有足够的资源和设备来完成我的工作 – **95%**
▶ 在商业实践中的管理是诚实和道德 – **95%**

来源：2016年《财富》100家最适合工作的公司：最佳职场研究所

图12.15　谷歌"以人为本"要素的益处

从更广泛的意义上说，一个真正"以人为本"的战略型品牌的业绩、成果和成就是无与伦比的。评估这一点的一个指标是员工的自愿离职率。正如《最佳职场》（Great Place to Work）报告所呈现的，与行业内的其他公司相比，这一指标在100家最适合工作的公司中要低一半。当涉及传递任何核心价值来源时，有什么比坚持并充分发挥你精心挑选的、高度发展的团队才能更重要的呢？我是在2010年英国石油公司"深水地平线"危机的核心时期重新认识到这一点的，当时已经很低的员工流失率甚至又下降了一半——忠诚和被动员起来的英国石油团队为解决问题和重建公司做出了巨大贡献。

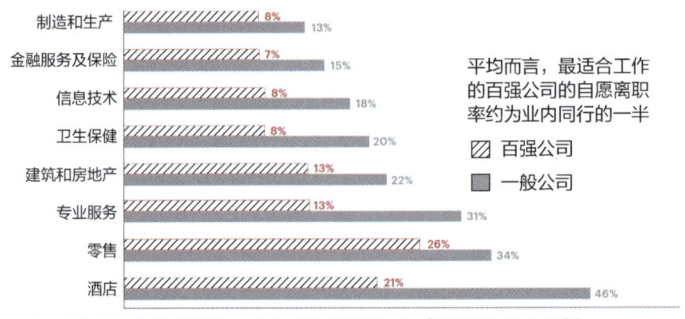

来源：2016年《财富》100家最适合工作的公司：最佳职场研究所

图12.16　"以人为本"视野中较低的员工流失率

战略型品牌有利于企业人力资源的例子有很多。联合利华给我们留下了深刻的印象。自从该公司将"可持续生存"放在核心位置以来，它已成为最受欢迎的雇主之一，其求职人数激增了65%。

案例2：清晰简单的目标

在第一章中，我们注意到一个真正的战略型品牌要素的关键表现是"简单"，尤其是它的目标。在第七章和其他章节中，我们展示了阿尔迪（Aldi）、谷歌、网飞（Netflix）、麦当劳和宜家等公司如何专注于开发和提供简单的服务、低而透明的价格、高质量的产品和优质的客户服务。

清晰的目标和简单会带来回报：64%的消费者愿意为简单的体验支付更高的价格。简单的目标能获得分享：61%的消费者更可能推荐一个品牌，因为它简单。简单使股价表现更优：过去6年的数据显示，由全球前10中最简单的上市品牌组成的股票投资组合，其表现比主要指数高出400%以上（见图12.17）。

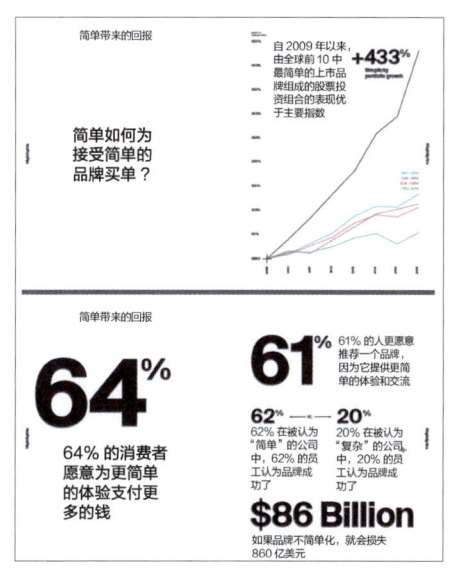

来源：思睿高（Siegel + Gale）2016年简单指数报告（注8）

图12.17　简单创造价值

案例3：以客户为中心

如第七章所述，以客户为中心不仅仅是一种态度；这不仅仅是口头承诺"顾客至上"或"提供卓越服务"的问题。这是一种文化，是围绕你的客户的需求、偏好和行为来持续地建立你的业务，无论你的最终客户是谁。

当你真正做到了以客户为中心，你就会获得前所未有的力量来改变你的业务，实现新的增长。图12.18显示了一些跨公司研究的结果；我们在第七章中做了更多说明。

除了这些业绩表现指标之外，还要能够识别出有风险的客户，并为他们提供及时的服务，以保留他们的业务，这就是为什么以客户为中心能在经济上如此强大。

- ▶ **比同行多获取 60% 的利润**
  以客户为中心的公司
  2015 年德勤会计事务所

- ▶ **增加 17% 的销售额**
  通过识别和最大化最佳客户的价值
  彼得•法德博士（Dr. Peter Fader），宾夕法尼亚沃顿商学院

- ▶ **增加 25% 到 95% 的利润**
  通过增加 5% 的客户保留率
  弗雷德里克•赖希菲尔德（Frederick Reichheld），贝恩公司（Bain & Company）

来源：德勤，法德博士，贝恩公司

图 12.18　以客户为中心带来的价值

在当今世界，企业能够以前所未有的方式收集与偏好相关的客户数据和行为，从而填补许多孤立的内部系统。在这些丰富的信息中，蕴藏着宝贵的洞察力，可以驱动更大程度的以客户为中心，并帮助公司转型为一个战略型品牌，取得卓越的业绩。

案例 4：令人信赖与企业声誉

在第十一章中，我们讨论了战略型品牌的"信任"要素，并建立了信任与声誉之间的联系。从"品牌价值模型"矩阵来看，信任是绝大多数价值来源的主要输入口。

毫无疑问，信任和声誉会带来可观的价值。图 12.19 展示了声誉提高 5% 如何导致主动推荐增加 8.5%。这是一个重大影响，对于那些"净推荐者"分数至关重要的组织（注 9）来说尤其如此。

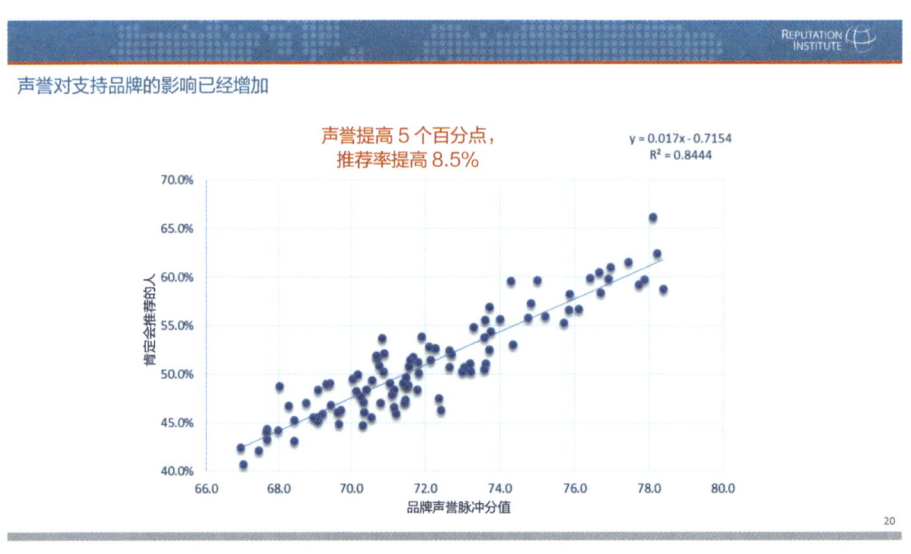

来源：品牌声誉研究所，2016 年声誉追踪

图 12.19　信任产生强大的正面推荐价值

到 2005 年，英国石油公司已经在社会上建立了很高的信任度（至少对一家能源公司来说是这样）。当年得克萨斯城炼油厂爆炸事件后，英国石油公司的复苏在很大程度上得益于其战略型品牌——它所带来的信任延伸到了这样一种信念，即这次爆炸确实是

偶然事件，并且英国石油公司将做正确的事情。这对持续经营的公司及其重要的经营许可证来说是无价的。

品牌即价值

我们可以进一步展开详细的分析，无限地增强战略型品牌与持久战略绩效之间的实证相关性。多年来，我得出了一个简单的结论：绩效表现是规则合理性的唯一检验标准。如果品牌与绩效之间的因果关系被明确确立，那么品牌将被置于公司议程的中心。花必要的时间建立"品牌商业模式"，并相应地建立战略型品牌，对组织的业绩及所有相关人员来说将是变革性的。

第十三章
危机抵御

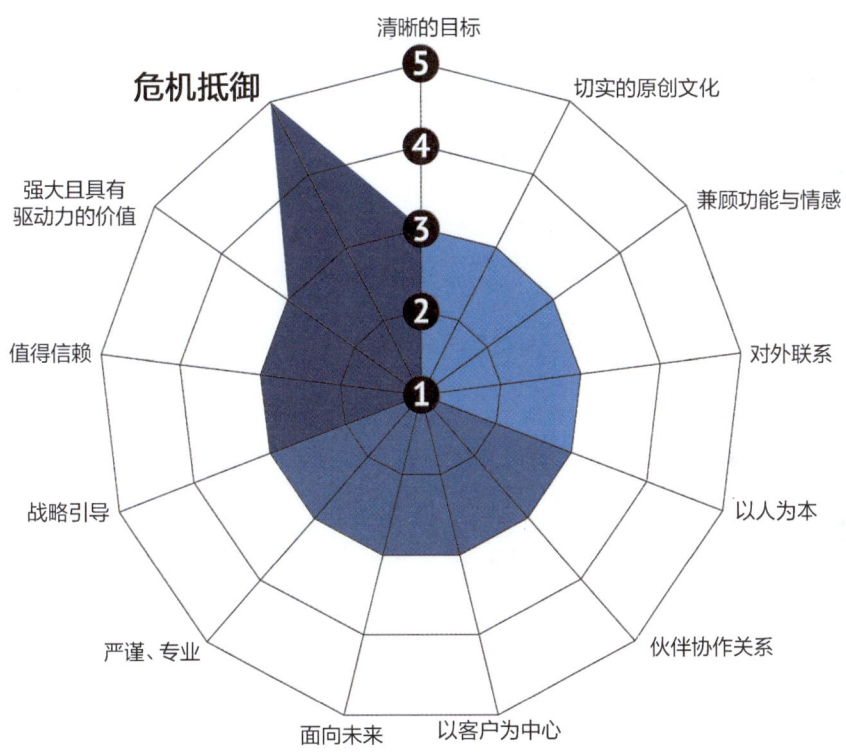

"除了做正确的事之外,最重要的是让人们知道你在做正确的事。"

——约翰·D. 洛克菲勒(John D Rockefeller)

2010年4月20日，星期二，这一天将永远铭刻在我的脑海里。我们都记得生活中的一些"公共"时刻，仿佛它们就在昨天。对我而言，这些时刻包括戴高乐将军逝世、肯尼迪总统遇刺以及"9·11"事件（那时我在新加坡）。

但对我个人来说，2010年4月的那个星期二仍然是我情绪波动最大的日子。

一大早，我就接到组里一个同事的电话，他告诉我，我们在墨西哥湾的一个钻井平台发生了爆炸。当时我在英国，而时差意味着这一切都发生在前一天晚上的美国。

紧接着，我从墨西哥湾战略执行负责人詹姆斯·杜普雷（James Dupre）那里听到消息：发生了一起重大事故，事故管理小组已经介入，许多机组人员仍然下落不明，首要任务是找到这些失踪的工人。当时我们面临着大量的不确定性和未知数。

那一天，位于路易斯安那州东南约40英里的墨西哥湾"深水地平线"海上石油钻井平台发生爆炸，造成11人死亡，17人受伤，这是美国历史上最严重的漏油事件之一。

来源：盖蒂图片社

图13.1　"深水地平线"钻井爆炸画面

对于已逝工人的家人和朋友来说，那是可怕的一天。我将永远缅怀他们。

英国石油公司再也不会和以前一样了。我们伟大的公司几乎要完蛋了。最终，我们看着它收缩了三分之一的产业，见证了该品牌在自身发展历史上的重大危机。公司经历了6年的磨难，在美国几乎没有发展空间。在危机事件发生之前似乎不可能的事情变成了当时的常态。

但在那一刻，在清晨，我们的首要任务是确保工人的安全。作为保守的一步，品牌团队停止了英国的所有广告，我们开始考虑在美国的传播计划。一切都取决于形势的发展。来自英国的航线因冰岛火山爆发而严重中断，所以我们留在伦敦观察并制订计划。我们知道墨西哥湾救援队正在竭尽全力营救现场的工人。

我还无法确定的是，这次危机会持续多久。对我来说，这意味着要在位于休斯敦的英国石油公司（西湖4号大楼3楼）的同一间办公室里待上数周。在那里，公司首席执行官托尼·海沃德、未来的公司首席执行官鲍勃·达德利（Bob Dudley）和包括现任上游业务首席执行官伯纳德·卢尼（Bernard Looney）在内的十几个人联合指挥了主体应对行动。这意味着我们将会用更多的时间来思考、体验和感受这场发生在美国的危机。

品牌危机

英国石油公司、三星、丰田、西门子、大众、东芝、美国国际集团、国际足联、富国银行等众多品牌在危机方面有什么共同之处呢？

如今，危机管理已成为每一家企业的新常态：从最复杂、最危险的危机，到看似无害的危机。我从未想过自己会如此深入地参与到帮助管理这场危机的极端情况中，这场危机几乎把英国石油公司拖垮，对品牌来说无疑是一场灾难。

虽然我在现场，但我不会关注事件本身的顺序：关闭油井的工程步骤或搞政治游戏。关于事件的处理已经被记录在其他地方，并继续对许多人产生深刻的情感影响。相反，我将依据自己的第一手经验来阐述：危机在促进和检验一个真正的持久战略型品牌方面的作用。在英国石油公司历史上的这个关键时刻，我还将从品牌的角度，通过一系列的品牌传播步骤来提出一个问题：我们能从这个极端的危机管理案例中学到什么？在评估一个品牌是否真的是一个战略型品牌时，危机不是最能说明问题的时候吗？我们现在应该做些什么来防止潜在的危机？而且，如果危机真的发生了，我们如何在和平时期打造一个品牌，让企业能够平安度过危机？

这些问题在某种程度上类似于极端的银行压力测试，即确保一个品牌尽可能做好应对危机的准备，然后从危机中复苏。

我将首先对比两个品牌（大众的排放危机和强生的"泰诺"危机）在危机情境下的表现，并以此作为一种思考和建设品牌的方式，让每年卷入类似危机的数百个组织有所参照。然后，我将回顾英国石油公司墨西哥湾漏油事件中的品牌表现。

因为，在经历了英国石油公司最困难时期的风暴眼之后，我可以肯定的一点是：没有一个品牌是100%对危机免疫的，也没有一个品牌时刻准备好了应对危机。品牌的环境变化之快令人吃惊，即使是最受尊敬的组织和品牌，也容易受到意外事件的影响。

大众的排放危机

2017年1月12日，大众承认三项重罪，同时支付43亿美元的罚款，以了结美国司法部对柴油车排放丑闻的调查。

这一处罚包括28亿美元的刑事罚款，这是继英国石油公司"深水地平线"事件之后，美国历史上第二大环境主题方面的刑事和解案。2016年6月，大众与美国联邦政府、州政府和车主达成部分民事和解，同意支付153亿美元罚款。2016年12月，大众还宣布支付10亿美元罚款（涉及3升引擎的车型）。经过15个月的持续斗争，大众被罚款210亿美元。

事件进展

2015年9月3日，大众向美国环境保护署承认，其公司2.0升柴油发动机安装了非法的"减效装置"，以绕过美国的排放测试。该软件可以检测出柴油发动机何时被测试，并相应地改变性能以操纵结果。几周后，也就是9月18日，监管机构向全世界披露了大众的丑闻，该事件也被称为"排放门"或"柴油门"。随后，一系列事件接踵而至：9月23日，大众首席执行官马丁·温特科恩（Martin Winterkorn）辞职。他承认对排放丑闻负有责任，但声称没有个人过错。他还表示，他对大众集团出现如此规模的不当行为感到震惊。9月25日，保时捷前老板马赛厄斯·米勒（Matthias Mueller）被任命为大众集团新任首席执行官。

在调查柴油违规行为并致力于改善公司的管理和合规行为的过程中，这位新任首席执行官誓言要保持最大程度的透明度。自2008年以来，大众集团的1100万辆汽车安装了减效装置。2016年4月22日，大众汽车公布了其历史上年度亏损最大的一份年度报告。

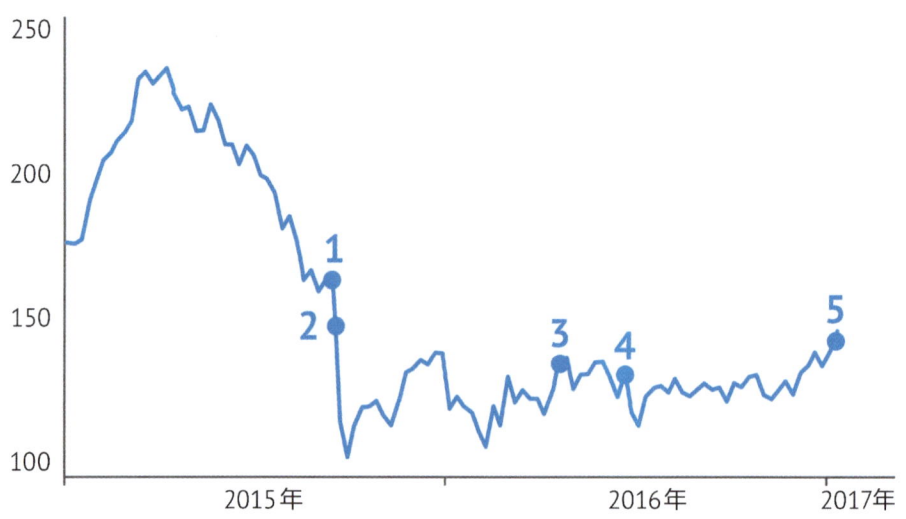

大众排放危机中的关键节点
股价（欧元）

1. 2015年9月18日，美国监管机构揭露大众汽车排放丑闻
2. 2015年9月23日首席执行官马丁·温特科恩辞职
3. 2016年4月22日大众汽车报告其最大年度亏损
4. 2016年6月28日大众同意支付高达153亿美元的美国民事和解费用
5. 2017年1月10日大众同意支付43亿美元美国刑事和解费用

来源：汤森路透

图13.2　大众集团股价在危机中的表现

主要的人事变动包括奥迪集团的标志性领导人乌尔里克·哈肯伯格（Ulrich Hackenberg）、奥迪技术总监和美国大众集团首席执行官迈克尔·霍恩（Michael Horn）的离职。这一丑闻还导致了对文化、品牌和企业战略计划的深切反思。2016年6月，马赛厄斯·米勒承诺进行有史以来最大的变革，重点是扭转表现不佳的大众品牌的颓势。变革包括文化变革，例如大

众汽车的自主品牌和区域运营将获得更大的自治权，摆脱了之前自上而下的模式（即几乎所有决策都由沃尔夫斯堡的总部做出）。

2016年6月22日，大众宣布了一项新战略："携手共进−2025战略"，详细阐述了它将如何变革核心业务。其中一个关键特点是：公司开发了30款新型纯电动汽车，并承诺到2025年实现电动汽车年销量200万辆，相当于总销量的20%~25%。

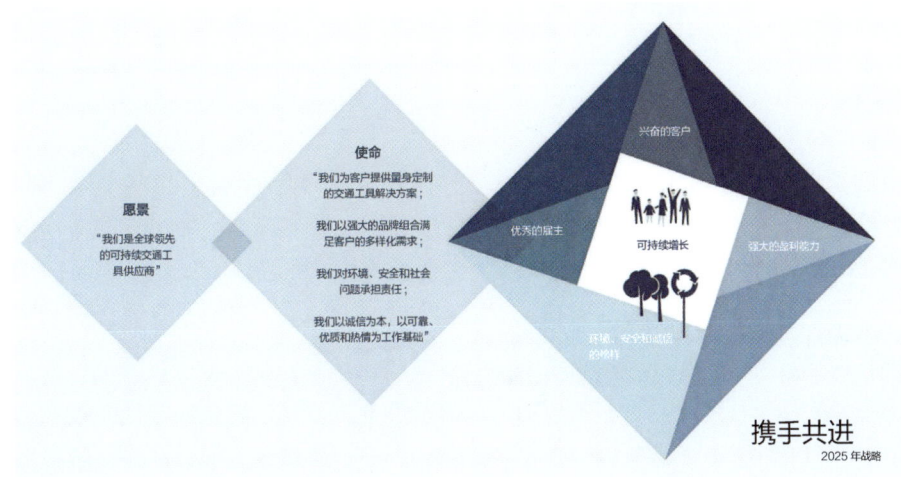

图13.3　大众汽车"携手共进-2025战略"

我不会进一步按照顺序详述在美国解决这件危机的相关活动，也不会详述大众集团持续不断地在欧洲、韩国和其他市场遭遇索赔和相关赔偿费用的影响。相反，在反思"危机生存力"对于战略型品牌的必要性时，我将着重关注我从大众集团的排放危机中获得的4个教训。

1. 依赖作为品牌声誉仓储的品牌定位。
2. 充分利用客户的信任。
3. 尽早制定危机管理策略。
4. 仔细审视品牌文化。

依赖作为品牌声誉仓储的品牌定位

我很了解大众集团，因为我与其合作已经超过了25年。采购管理委员会成员弗朗西斯科·加西亚·桑兹（Francisco Garcia Sanz）长期以来一直是一位和我关系亲密的同事，他实际上负责监管"柴油问题的系统处理"。我与前首席执行官马丁·温特科恩以及集团的许多其他高管有定期且规律的互动。

我一直非常尊重大众和它的领导能力，这是大众品牌的精髓所在，是对卓越技术的热情信仰。费迪南德·皮耶希（Ferdinand Piech）是一位令人敬畏的工程师，当他将大权移交给继任者时，出于同样的原因，他选择了时任奥迪首席执行官的马丁·温特科恩。

我曾多次看到马丁·温特科恩在工作中积极追求卓越的技术。我记得在主要经销商活动或年度全球采购会议上，马丁不会在其他与会者身上花费时间，他会绕着车辆转圈，与工程师交谈并询问细节问题，以确认在他面前的车辆有着最高标准的技术。这种对卓越技术的热情追求源于奥迪品牌的口号"领先科技（Vorsprung durch Technik）"，它的最佳翻译是"通过技术实现进步"，奥迪美国分公司使用的是"工程中的真理"这一说法。大众集团的12个品牌都从这一卓越的技术中受益并做出了贡献。

因此，我对大众集团应对排放丑闻的最大质疑是：它根本就没有品牌！我的意思是，他们当然使用了他们的标识，但他们没有依靠自身的战略型品牌。在危机时期，组织应该依靠自己的力量，充分利用自己的差异化定位和已经积累的声誉。

大众的回应颇为复杂，并涉足了许多领域，包括未来的电动汽车。尽管电动汽车可能颇具吸引力，但这并不是其积极的声誉资本所在。大众的多元视角并没有简单而明显地触及该品牌独特的技术优势的核心，也没有对已经积累起来的丰富的声誉储备加以利用。

我希望看到并建议他们采用一种简单、谦逊但自信的叙述："是的，我们作弊了。我们追求的核心目标是为客户和社会提供卓越的技术。我们犯了一个大错误，深感抱歉。我们将根据所能开发的最佳技术解决方案加以回应、修复和改进。我们将依靠我们的技术专长，首先专注于修复所有涉及此次风波中的汽车，在未来，我们将继续为客户开发在所有类型中性能最好的汽车，完全遵守所有法律法规。"

充分利用客户的信任

对于大众来说，这次危机中有一些好消息，那就是他们的客户投出了惊人的信任票。由于该集团在技术、声誉和品牌定位方面的卓越表现，其销售一直表现得非常强劲。尽管包括奥迪、保时捷、西亚特（SEAT）、斯柯达和大众在内的旗下12个品牌的汽车销量在2015年下降了2%（下降到993万辆），但该集团在2016年的汽车销量达到创纪录的1030万辆，较2015年增长了近4%。

大众凭借这一销售业绩，成为2016年全球最大的汽车制造商，超过丰田的1010万辆。尽管危机确实影响了美国和南美地区，销售额下降了25%（其中德国下降了3%），但该公司最大的市场，即中国市场的销售额增长了12%，足以弥补这一损失。

我们研究了数以百计的证据，以更好地了解大众集团的危机生存能力，结果都指向了同一个结论："追求卓越的技术。"这一简单的品牌定位，以及消费者对大众汽车作为世界上最好的汽车之一的持久信任，就是大众品牌在其有史以来最严重的危机中获得保护的原因。

尽早制定危机管理战略

随着大众的危机在美国蔓延，我认识到危机与危机之间有很多相似之处，尤其是美国司法部的行动，与我们在英国石油公司"深水地平线"事故中所经历的类似。我非常希望这家汽车制造商能够充分吸取英国石油公司的教训，并采取行动。如果他们这样做了，他们就会从危机刚开始的时候就采取战略立场，并能更好地预料到美国司法部的一些行动。

事实上，在危机爆发18个月后，正如我在2017年3月所写的，这些事件与英国石油公司的遭遇完全相同。例如：在和解谈判与和解前公告的最大压力下，美国联邦调查局逮捕了大众的高管。在这种时刻，人为制造压力是一种常见的策略，用来夸大形势。我们在英国石油公司也遇到了同样的事情：在一个周六的早晨，一些和我关系亲密的同事在家里被逮捕，他们在孩子面前被戴上手铐。

品牌所得到的教训是：要在危机发生的早期，日日夜夜地勾画未来可能的情景；想象一下，从民事到刑事，从早期的和解到可能的人员遭遇逮捕，并在18个月后确定一项被广泛认可的立场，想象这些具体的步骤会是什么样子。尽早起草是很重要的，利用别人的经验，接受你不可能预料到每一个细节的事实。从这一实践中，应该形成一个清晰持久的观点，我称之为"危机管理战略"。然后，企业需要以此观点为支柱进行传播与行动，与所有利益相关者进行大规模和反复的沟通。

这样可以掌控局面，对所有反对者和难以避免的原告群体采取最好的防御措施，也是对该品牌现在和未来声誉的最佳辩护。一个品牌在危机中必须向前看。它需要一个早期的观点。它必须坚持它的含义和立场。它必须是透明的。它需要做正确的事情。它应该使回应的每一环节都具备人性化特质。

企业必须把一切都建立在品牌之上。这需要稳定、自信的领导群体，他们需要有适应能力，并对正确的事情充满热情。

仔细审视品牌文化

大众的内部文化已经被讨论过很多次了，据说是排放危机的根源。本书的论点是：自上而下、中央集权、权威的文化和领导行为给工程师们施加了巨大的压力，并可能导致他们隐藏自己无法实现技术目标的事实。相反，他们开发了一种减效装置来达到目标，这远远不符合公司所要求的道德标准。

从我个人的经验来看，毫无疑问，在团队的顶层有个性强且要求苛刻的技术专家，为自己和团队设定了非常雄心勃勃的技术目标。毫无疑问，该组织是集中化的，正如这位新任首席执行官自己承认的那样："德国比圣保罗更了解巴西。"然而，媒体将此描述为"独裁"似乎太过夸张，这不一定是确切的事实。

图13.4的要素评估揭示了大众作为战略型品牌的强大，尽管它在"真实可信的企业文化""强大的领导者与员工"和"喜悦"（如果我们添加的话）等方面较弱。事后看来，它提醒我们，要想成为一个真正的、低风险的、持久的战略型品牌，在所有13项要素上都保持强大是多么重要。品牌需要在弱势要素上采取行动，以避免潜在的风险。

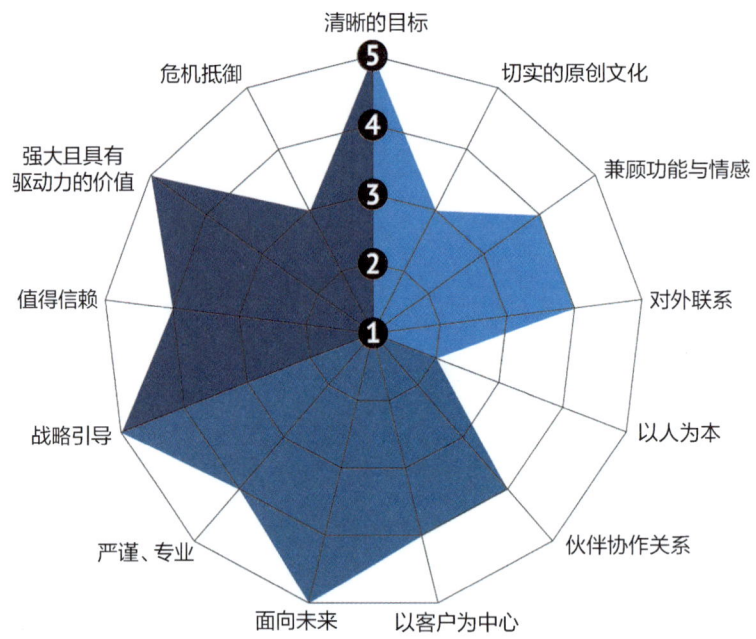

图 13.4 大众持久战略型品牌要素

强生的"泰诺"危机

泰诺是美国最成功的非处方产品,拥有超过 1 亿的用户,在止痛药领域处于领先地位,占有 37% 的市场份额。1982 年秋,泰诺胶囊中被发现了氰化物,导致 7 人死亡。

强生公司不得不面临前所未有的意外危机:公司最令人信赖的产品之一竟然杀了人。以下将展示他们应对危机的做法,将一场可能发生的灾难转变成教科书式的危机管理的最佳案例(注1)。

危机与回应

死亡的消息最初是由芝加哥的一名记者提供给强生的。强生首席执行官詹姆斯·伯克(James Burke)立即承担起责任,召集了一个七人小组,目的是制定应对策略。任何危机管理计划都不适合处理泰诺中毒这样规模的悲剧,那么他们从哪里获得引导呢?强生求助于他们的信条,时任强生总裁的戴维·R. 克莱尔(David R. Clare)表示:"正是这种信条促使我们做出了正确的早期决定,最终才能够东山再起。"

这一信条是 20 世纪 40 年代中期由执掌该公司 50 年之久的罗伯特·伍德·约翰逊(Robert Wood Johnson)撰写的。他认为企业对社会有责任,长期的可持续发展和企业的成功将来自这种责任。这一信条扩展到"使用其产品的消费者和医疗专业人员、员工、员工工作和生活的社区以及股东"。遵循这一信条,强生将以公众利益为目标而渡过危机,伯克的团队得出了一个非常简单的危机战略框架:

- 保护公众；
- 拯救产品。

这一极其简单的战略被转化为3类行动：保护与补救、整顿、沟通。

保护和补救

公司立即采取了关键行动来保护公众。通过大众媒体，他们提醒全国的消费者不要继续使用泰诺，直到公司发出进一步的通知。尽管发现更多氰化物胶囊的可能性很小，他们还是在全美召回了所有胶囊。他们停止了所有与泰诺相关的生产活动和广告。在采取这些行动的过程中，强生证明了他们不会将公众的安全置于危险之中，无论公司付出怎样的代价。

补救计划包括向受害者家属提供支持、咨询和补偿。这种帮助一直持续，直到强生被确定与胶囊氯化物无关，这对公众舆论产生了明显的积极影响。

整顿

与美国食品药品监督管理局合作，强生开发了一种三重密封包装，其中包括一些首次应用的技术，这种包装能够阻止破坏行为。药片由公司自身更换，因此难以被掉包。他们还在生产过程中采用了新的检验程序，如装运前的最后控制。这些做法成了非处方的行业标准。

公司所有的回应行动都经过了正式的沟通，并让尽可能多的人看到它们。

沟通

在危机期间，强生使用了大量的付费广告，并寻求免费媒体加以传播。这一过程从警示公众不要使用泰诺的全国性警报开始，并每日加以告知提示。公司同时设立1–800热线，回应市民的询问。随后，通过在强生总部举行的几次新闻发布会以及在全国范围内的广播，强生制订了一项严谨、系统的媒体关系计划。同时，公司首席执行长詹姆斯·伯克参加了《60分钟》等精选高端节目。

强生利用所有可用的渠道进行大规模宣传，足以配得上"自约翰·F. 肯尼迪总统遇刺以来最火爆的美国新闻报道"这一界定。一开始，媒体把这个事件渲染得很感人，很耸人听闻，他们关注的是玛丽（Mary）、亚当（Adam）、斯坦利（Stanley）、特蕾莎（Theresa）等人的悲剧，并把他们的名字与泰诺品牌联系起来："直到现在，泰诺都是令人信赖的消费品。"平面媒体的标题同样具有毁灭性，包括"泰诺，杀手还是治愈"或"泰诺恐慌"。在一周内，就有90%的美国人知晓了"泰诺"事件，这很惊人。

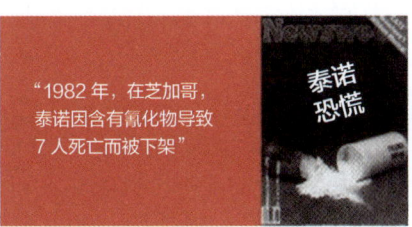

图13.5　泰诺危机过程中的媒体活动

当时强生的公关能力有限,因此不得不严重依赖广告。它呼吁与媒体建立一种积极的(如果可能的话)合作关系,这是很少有组织意识到的应该在和平时期就做好的事情(做好准备以防万一)。另一方面,强生的文化和品牌始终是领导层回应的核心,这产生了强大而积极的影响。

结果

通过保护、补救、整顿等行动,强生赢得了"宽恕"之战。人们感受到了公司的行动和发展,觉得公司把他们放在了公司利益之前。泰诺的销售在危机爆发后的一年内就有了回弹,尽管召回的成本和其他损失超过了1亿美元。如图13.6所示,强生股票的回弹甚至更为积极。尽管在危机初期,强生股价暴跌近20%(B点),但在危机爆发43天后,它又回到了危机前的水平(A点和C点),并在1983年1月前进一步上涨约10%。

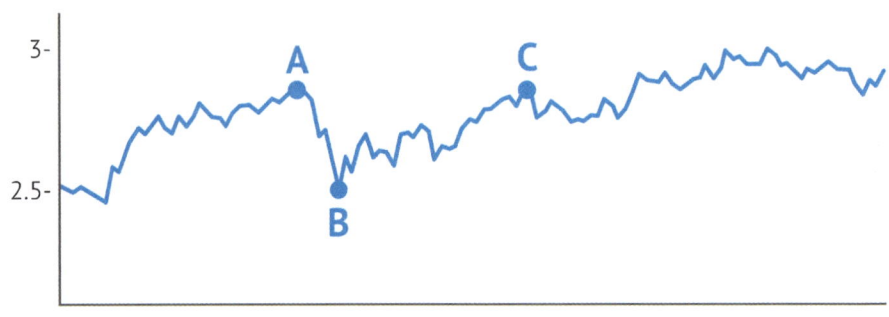

来源:1982年9月至1983年2月,雅虎金融

来源:汤森路透

图13.6　1982年9月至1983年2月强生股价

强生也赢得了"同情"之战。对公共安全的持续关注和传播,是品牌的根基。他们让一切都很人性化。由于该事件很快被归咎于敌对方的干扰,因此强生后来也被视为受害者。

在今天,强生和泰诺已经完全恢复了它们的声誉和市场份额。尽管已经过去35年,并且有着完全不同的传播领域,但"泰诺"危机处理和回应这一案例仍然是最佳案例。这一战略和行动可以为任何危机应对计划或面临类似现实时的品牌提供指导。2009年,如果强生对美林(Motrin)的"隐形召回"采取了同样出色的应对措施就好了。

英国石油公司的"深水地平线"危机

正如大众和强生的例子所证明的那样,在危机时期,品牌的核心和灵魂得到了前所未有的暴露。如果品牌只是一个"外壳",一个标识或一个电视广告,危机将使它崩溃。

回到英国石油公司墨西哥湾危机,我完全同意托尼·海沃德所说的:"英国石油公司作为一个战略型品牌,是我们的北极星。"

英国石油公司品牌的核心成分影响了我们的员工和文化,激励我们"做正确的事",并将我们团结成一个整体,在我们商业生涯中最具挑战性的 88 天里,不分昼夜地工作,努力堵住泄漏。在石油停止泄漏后的很多年里,品牌理念继续引导着我们,我们继续控制并修复原油泄漏造成的损害。

战略型品牌:"危机的大救星"

在美国以外的地方(之后会详述),托尼·海沃德相信:"英国石油公司的品牌是我们最大的救星。每个人都知道英国石油公司是一个做正确事情的好公司,安全、负责地进行运营。基于公司的行为与品牌文化,我们赢得了世界各国政府和社会的极大信任,这让我们在 2010 年夏天成功抗击了巨大的风险。"

他补充说:"如果我们没有自己的品牌,那么我们将会在美国以外受到惩罚,虽然是以不同的方式,但一定会受到惩罚。我们得到了广泛的支持,在我离开英国石油公司之前的五六个月里,我会见了许多政府首脑。每个人都在说:'我们不能相信美国对你们公司做了什么,这不是你们应得的。'"

让我们先来按照顺序描述事件,然后说明危机过程中品牌的故事。

前期 88 天的戏剧性事件

对于英国石油公司在美国的发展来说,2010 年 4 月 20 日是值得庆祝的一天。这一天,美国奥运会和残奥会代表队对华盛顿特区进行了传统形式的访问。数百名美国最优秀的运动员来到联邦首都与总统见面,并与该市的政界和社区人士进行互动。

事件:那一天改变了英国石油公司的一切

作为美国奥委会的重要合作伙伴,英国石油公司有幸成为庆祝活动的主导环节:运动员出现在英国石油公司当地的加油站;英国石油公司参加了白宫玫瑰园招待会等。我们还在最高法院大厅为运动员举行了晚间招待会,这是我们公司的一大荣誉。英国石油公司的奥运团队为这些活动付出了相当大的努力,我主管这一小组的工作。

参议员哈奇(Hatch)充满信心地谈到了像英国石油公司这样的赞助商的重要性,以及他们对奥运梦想的支持,并得到了运动员和与会者的热烈掌声。

人们普遍认可与英国石油公司的合作关系,并对其潜力感到极大的兴奋。但当我们得知"深水地平线"钻井平台爆炸的悲剧后,尽管当时我们能够获知的信息很有限,但整个房间的兴奋之情顿时消失了。

没有人确定我们正遭遇一系列组合出现的独特事件,这些事件在媒体和公众的视线中停留了相当长的一段时间。多数危机往往会迅速爆发,然后几乎以同样的速度消退。但与之不同的是,原油泄漏的发展缓慢,且是多路径灾难。

事件:长达 88 天的多面危机

2010 年 4 月 22 日,钻井平台沉没,原油开始流入墨西哥湾水域。直到 2010 年 7 月 15 日,泄漏才完全停止。在那 88 天里,气氛极其紧张,我们多次试图关闭油井,但频频失败。

每次尝试都是技术上的第一次，而且每一次都比前一次更好。当这些尝试失败时，对邻近区域和整个美国来说，都是一个引人注目的、令人失望的打击。

然后是与泄漏直接相关的人们的命运，不仅是失去亲人的家庭，还有墨西哥湾地区的人们：渔民、捕虾者、旅游业人士和许多其他人，包括石油工业本身。这些人如何从这场灾难中恢复呢？错过了墨西哥湾收获的季节，别的工作他们也无法胜任或能力有限。他们的环境未来是什么样子的？他们赖以生存的墨西哥湾海岸将在何时、以何种方式得到恢复？当下，墨西哥湾地区的运营安全已经遭遇巨大损坏，对他们从事的行业来说，未来将如何发展？

政治舞台是这样表现的：奥巴马政府努力避免重蹈卡特里娜飓风的政治惨败；一些国会议员执迷不倦地试图通过发起一系列调查来表明自己的政治立场，迫使英国石油公司屈服；墨西哥湾地区的地方政客在持续用装腔作势相互竞争，等等。

司法程序是这样的：各级法院，包括州和联邦法院、民事法院和刑事法院，收到了大量的诉讼。一个引人注目的里程碑事件发生在 2010 年 6 月 2 日，司法部长埃里克·霍尔德（Eric Holder）宣布，他正在调查这起民事和刑事违法事故。

5 月下旬，"封顶法"未能成功阻止漏油，奥巴马政府将愤怒发泄到英国石油公司身上。如后来所述，我们的股票暴跌，公司濒临破产。公司需要采取一项重大的稳定行动，并与时任总统奥巴马在白宫会晤；在那里，一项 200 亿美元的基金被同意用于赔偿原油泄漏的受害者。

这种复杂的多面反应持续了数周，直到 7 月 15 日原油停止泄漏。完成清理和恢复受影响的经济花了数月时间，解决核心诉讼花了数年时间。

我自己的职责并没有逃脱多方面的监督和深入的审查。例如，2010 年 8 月 17 日星期二，美国国会发出了一份正式请求，要求提供自危机开始以来我们在传播沟通方面的经费支出的信息（稍后将对此进行详细说明）。我无数次把亨利·福特（Henry Ford）的这句话当作鼓励的话："当一切似乎都对你不利时，记住飞机是逆风起飞的，而不是顺风。"

图 13.7 总结了危机前 3 个月发生的一些最具戏剧性的事件，在我许多同事乃至我自己的生命中，这段时间既是最短的，也是漫长的。我将在下文把品牌主要的里程碑与这些事件联系起来，特别是与图 13.14 和图 13.21 结合加以说明。

在这场风暴的中心，英国石油公司正在处理放射性沉降物，它的第一个任务是堵住油井，阻止原油泄漏到墨西哥湾水域；然后解决直接受灾害影响的人们的需求，同时面临来自各个方面的攻击和挑战。所有人都想要一只替罪羊。

事件：停止原油泄漏并减轻泄漏的后果

在最初的 3 个月里，英国石油公司首先集中精力关闭油井。我们聘请了来自世界各地的专家，与海岸警卫队和美国政府密切合作，制定了短期和长期的修复方案。

公司立即采取的第二项主要行动是减轻损害。我们开始在广大海面大规模收集原油，在墨西哥湾 5 个国家建立了大规模的索赔程序，在 25 个关键地点建立了社区中心，与野生动物基金会合作帮助受影响的动物，并收集各种环境样本以监测对生态系统的影响。

2010年危机回应时间表		2010年与企业相关的政治活动时间表	
日期	活动	日期	活动
4月20日		4月30日	路易斯安那州捕虾者对英国石油公司和平台所有者提起第一起集体诉讼
4月22日	"深水地平线"钻井平台爆炸	5月10日	泄漏成本已经远远高于先前的估计
5月2日	减压井钻探开始；200艘船开始处理泄漏	5月28日	时任总统奥巴马表示，英国石油公司将为造成的损失"支付每一分钱"
5月8日	安全壳圆顶失效	6月2日	时任司法部长埃里克•霍尔德宣布他正在调查这起民事和刑事犯罪的灾难
5月10日	墨西哥湾地区开始喷洒石油分散剂	6月9日	英国石油公司的市场份额进一步下滑，跌至危机前的40%
5月30日	封顶作业失败	6月16日	白宫批准200亿美元托管基金
6月4日	拥有第一道安全盖；石油流减少	6月17日	托尼•海沃德出现在一个调查这次灾难的国会委员会面前
6月	持续的大规模技术和清理工作	6月30日	时任总统奥巴马指示官员们起草一份长期的团队计划，以帮助该地区在漏油事件后恢复元气
7月12日	新的油帽插入，油流量进一步减少	7月27日	鲍勃•达德利接替托尼•海沃德出任集团首席执行官
7月15日	安全盖翻新，原油泄漏停止	7月27日	英国石油公司从收益中扣除了322亿美元的损失
八月	减压井成功，并永久关闭		

图13.7　危机回应与企业活动时间表

尽管这些实际行动在量与度两个方面，都不足以抵消批评的声音，但英国石油公司的集体信念是：尽可能以行动为导向，以解决问题为主导，促使正在进行的活动更有意义（尽管遭遇质疑）。这一信念也最终被证明具有决定性意义。在很多方面，牧师兼作家查尔斯•斯温德尔（Charles Swindoll）的话可以成为我们共同的座右铭："生活的10%在于我身上发生了什么，90%在于我对它的回应。"

事件：一次前所未有的回应

通过共享"承诺和行动"使命来"与品牌共生"，英国石油公司从危机爆发的第一天起就把"做正确的事，忠于我们的承诺"作为首要任务。之后会详述品牌故事。

英国石油公司的回应达到了前所未有的规模，具体包括：
- 投入140亿美元，用于清理、修复和恢复事务；
- 与美国政府达成协议，为"深水地平线"漏油信托基金设立200亿美元的基金，以便让那些受到影响的人们能够迅速得到公正的补偿；
- 动员了48 000名回应人员（是麦迪逊广场花园的2倍）、6500艘舰艇（是美国现役海军舰艇的23倍）和100多架飞机参与清理工作；
- 帮助勘测了4300英里的海岸线（是加州海岸线长度的5倍）；
- 捐款12亿美元，用于资助有史以来规模最大的墨西哥湾生态系统科学研究；
- 投资近2亿美元，用于资助墨西哥湾沿岸各州的旅游推广；
- 拿出8200万美元，用于对墨西哥湾的海鲜加以检测与推广；
- 在墨西哥湾沿岸的早期修复项目中，承诺向国家鱼类和野生动物基金会提供10亿美元，用于建立针对野生动物的漏油修复基金。

我们与众多专家就复杂工业过程和事故方面对"深水地平线"灾难的方方面面进行了研究。英国石油公司率先从这一悲剧事件中吸取教训。现在，它在全公司范围内使用这些安全教训经验，并在全球范围内与其他公司分享。

来源：英国石油公司网站

图 13.8　参与到应对活动中的船只、飞机、清洁海滩的工人、指挥中心和野生动物专家

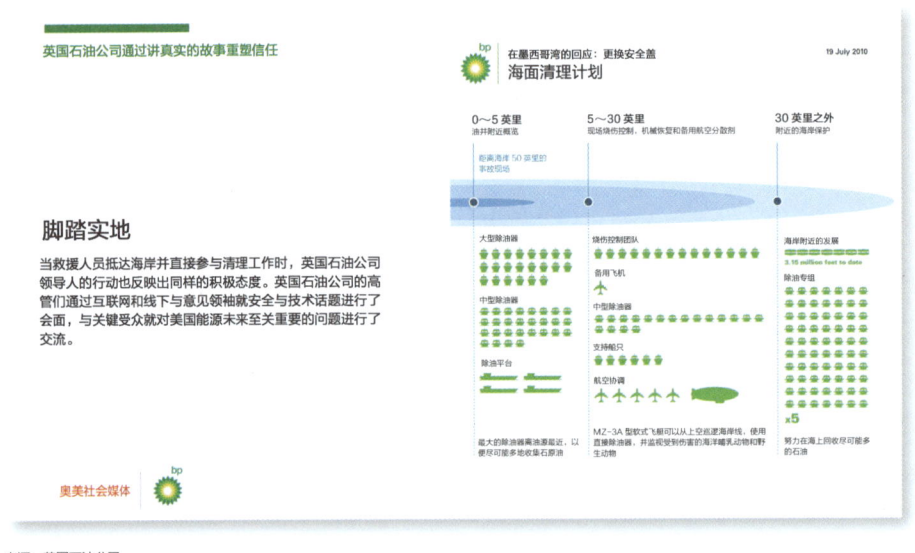

来源：英国石油公司

图 13.9　海面回应计划中应用的资源和资产

最终，这形成了一个令人难以置信的危机回应案例。托尼注意到，从来没有人反对我们对危机的实际回应，他也不认为任何人会反对。"它的规模，它的全面性，我们愿意承担责任的意愿，接受现状并在各方面开展回应。这是一个令人难以置信的回应过程：涉及 1 万艘船，5 万人。人们反对漏油事件本身，但不反对公司的回应。"

事件：精心准备的危机回应计划

我们是怎么做到的呢？英国石油公司制订了完善的危机回应计划，其危机回应的规制结构（governance structure）既是地区性的，也是全球性的。

托尼详细解释道：

"如果你在实践中拥有这样的结构，你就可以做到。我们只是不断扩大规模，并持续进行扩展……最大的挑战不是沟通渠道，也不是工作能力，而是在很短的时间内将 5 万人聚集在一起。只有大型的全球性组织才能做到这一点，因为我们吸收了来自世界各地的英国石油公司员工，包括我们的承包商和我们承包商的承包商。事实是，我们拥有用于危机管理的规制结构和明确的问责制，这才使妥善的危机回应成为可能。

"我们发现，这种应对策略是可扩展的，我们可以继续扩展它。很明显，我们不仅要处理路易斯安那州的漏油事故，还要处理亚拉巴马州、密西西比州和佛罗里达州的漏油事故。我们复制了在路易斯安那州建构起来的经验，来处理亚拉巴马州、密西西比州和佛罗里达州的漏油事故。"

事件：英国石油公司濒临破产的那一天

在西湖四号的三楼，有些日子会比其他日子更紧张。当然，2010年6月初就有这样的日子，当时几乎发生了不可思议的事情：英国石油公司几近崩溃，一家所有人都认为"大到不能倒"的公司在悬崖边上摇摇欲坠。

原油泄漏已经使公司市值蒸发了数十亿英镑。有传言称，英国石油公司正在为其美国分公司申请破产保护，时任总统奥巴马可能会迫使其不支付股息。受此影响，英国石油公司的股价暴跌，6月1日跌至36.52美元，比危机前低了近40%。

最近，我和托尼回忆起那些日子，尤其是6月7日、9日和10日，那时我们几乎无法交易，破产近在咫尺。托尼讲道："它开始于阵亡将士纪念日的那个周末，就在'封顶法'失败之后。市场认为我们解决不了这个问题。这就是为什么CDS（指英国石油公司的信用违约掉期，即为公司债务提供保险的成本）飙升至1500英镑，而我们的重要短期信贷需求却得不到流动。"

我记得有一次我和托尼聊天，他直接告诉我情况有多糟糕。他怎么能保持如此冷静？托尼说："老实说，我觉得我无法形容这种感觉。我对这家公司信心十足。我认为，如果这件事发生在三、四年前，情况就会大不一样，因为公司的表现已经不如那时了。我一直相信我们会解决这个问题，我们的资产负债表会帮我们渡过难关。我觉得我只是相信而已。"

事件：拯救英国石油公司

两次特殊的事件最终拯救了英国石油公司。第一次是在"封顶法"失败之后，当时奥巴马政府对英国石油公司大发雷霆，而我们则在银行破产的边缘摇摇欲坠。一项重要的稳定措施是必须的，同时我们与时任总统奥巴马于6月16日在白宫举行会面，会上同意向原油泄漏的受害者提供200亿美元的赔偿。

第二次是在7月15日，当时在漏油处加装了一个安全盖，原油泄露完全停止了。从那时起，复苏阶段可能就开始了。

英国石油公司面临有史以来最大的品牌风暴

就品牌和传播而言，危机每小时都在演变。但我确实记得在一些关键时刻，当情绪改变时，我们也必须在回应时有所改变。

品牌风暴：情绪的变化

在此次危机的初期，即从4月20日左右到5月8日，媒体的焦点不是英国石油公司的品牌，而是钻井平台所有者和运营商越洋钻探公司（Transocean）。在这一阶段，我们虽然受到了批评，但也有一些关于英国石油公司所作所为的正面报道，尤其是关于托尼·海沃德的回应。报道的重点是我们如何利用一切可能的资源来支持越洋钻探公司，试图阻止原油流动，并采取一切必要措施来支持当地的人们。我们认为当时的媒体报道是相当平衡和公正的。

但后来情况开始恶化。

5月13日是一个关键的日子，人们开始对英国石油公司有了负面看法。我记得那天越洋钻探公司向休斯敦的联邦法院提交了一份申请，要求限定他们对这起事故的总体责任。这是非同寻常的，因为与此同时，英国石油公司正专注于解决运营问题。这两家公司采取了截然不同的方式。

我在英国办公室工作到很晚，负责修订传播策略，因为等事件发展到某个阶段，传播策略是必须的。我在凌晨1点左右接到了托尼办公室打来的电话。"我们输掉了媒体大战，你能来休斯敦吗？"那天上午稍晚一些的时候，我乘飞机过去，我们开了一个紧急战略会议，计划在飞机着陆后立即进行品牌传播。

品牌风暴：媒体海啸

我们当时面临着前所未有的负面媒体报道。这一悲惨的事件在媒体上被大肆报道了几个月，直到泄漏停止以及清理和恢复工作得以顺利进行。英国石油公司正处于一个无情的、"永远在线"（always on）的新闻报道圈里。

一些图片确实"置英国石油公司于死地"，我将特别提到两张图片。第一张是我们自己的水下ROV摄像机拍摄到的：海平面以下5000多英尺（1500多米），原油从破裂的油井流入墨西哥湾的画面。这成为一些频道的持续特写报道，尤其是CNN，它在屏幕上全天候播放。第二张是一张沾满原油的鹈鹕的照片，同一天刊登在许多报纸的头版上，这张照片深深触动了世界各地的人们。

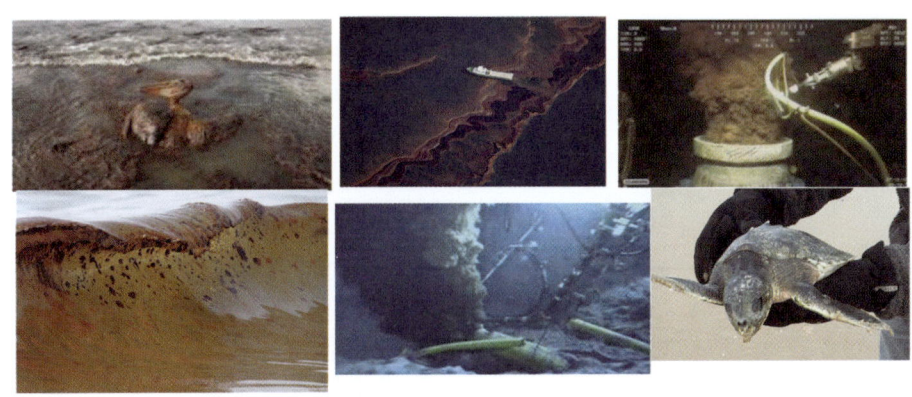

来源：上层图片从左到右：2010年盖蒂图片社，路透社，英国石油公司／下层图片从左到右：美联社2010，英国石油公司，野生动物信托

图13.10 "置英国石油公司于死地"的一些图片

对危机的报道需要大量的技术和专业的科学知识。当媒体试图报道控制泄漏的努力并对环境和经济损失的程度做出可靠的估计时，顺便需要向人们介绍一系列新术语和概念。因此，媒体发现自己陷入了一场复杂的、技术性的、持久的长篇叙事中，同时无法将其按照可预见的政治和意识形态规则加以细分。他们是在向美国公众进行报道，而美国公众对漏油事件表

现出了极大的兴趣。

品牌风暴：前所未有的媒体报道和公众兴趣

此次漏油事件引发了前所未有的媒体关注。在事件发生后的3个多月里，漏油事件一直是主流媒体中的主导新闻，占整个新闻的22%。皮尤研究中心表示："尽管媒体对大多数灾难的报道都是'一周奇迹'，但墨西哥湾漏油事件是一场慢动作的灾难，远远超出了媒体通常的关注度持续时间。"（注2）

墨西哥湾漏油事件的内容（包括清理和控制行动以及灾难影响）是主要的关注点，占总报道的47%。其次是英国石油公司的角色（占报道的27%）。第三大主线是华盛顿，即奥巴马政府的反应和行动（17%）。

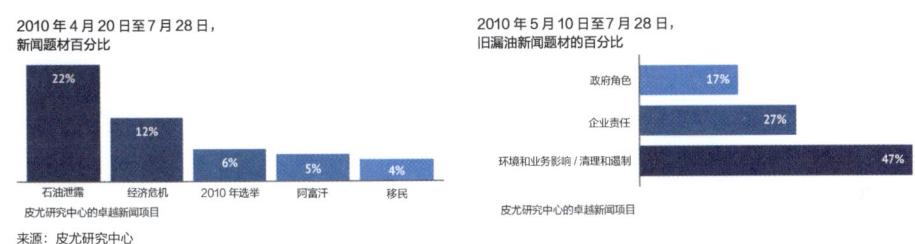

图 13.11　漏油事件的新闻主题总体比例（公众关注的主要话题）

墨西哥湾漏油事件首先是一个电视故事。它在有线电视新闻上的报道最多（占研究时段的31%）。CNN对它投入了大量的报道（42%的播出时间）；正如之前所指出的，无论在任何时间，无论他们正在报道什么话题，CNN屏幕底部的一个方块都在持续展示原油正在源源不断地涌出。

所谓的"英国石油公司漏油事件"在14周内5次登上社交媒体头条。在那几周里，公众舆论对事件中几乎所有的主角都持怀疑态度。

如果有什么不同的话，公众对墨西哥湾漏油事件的兴趣甚至超过了主流媒体的报道水平，如图13.12所示。根据皮尤研究中心与媒体研究中心的调查，50%～60%的美国人表示，他们在这100天里"非常密切地"关注着这个事件。这超过了医疗改革辩论最关键时刻的公众关注水平。

凯茜·利奇当时是英国石油美国分公司的品牌总监。她很清楚这个故事为什么会一直流传下去，以及它产生的影响。"在没有太多其他消息的时候，你的夏天过得很慢；你可以看到鹈鹕和海豚在海滩上的动人画面；不幸的是，媒体抓住了这一话题，并将其视为大话题，大肆夸大对墨西哥湾的损害。

"突然之间，没有人再去墨西哥湾了，因为人们认为每一平方英里都被五英尺深的石油覆盖着，但事实并非如此。这意味着你会处处看到关于被破坏的旅游业的故事。因为没有人再吃墨西哥湾地区的海鲜了，所以海鲜产业就衰落了。

"因此，在这个旅游旺季，这次危机对这些国家的宏观经济产生了重大影响。难怪这是一条重大新闻：这是一条政治、经济和社会新闻，充斥着简单而有吸引力的叙述：'大型石油公司或大型公司通常不值得信任。'"

图 13.12　公众的高涨兴趣

品牌风暴：对品牌来说太糟糕了

用营销术语来说，你无法确定地将这次危机界定为品牌的前所未有的知晓度提升机会，也不能界定为品牌建构的一次时机。不过至少可以说，这无疑是一个决定性的时刻。

在这场危机中，英国石油公司的品牌遭遇了各方面的批评，包括日常新闻报道以及商业、政治、娱乐和文化等各个领域。英国石油公司的品牌标识遭遇污名化。

面对这种冲击，英国石油公司几乎无话可说，无法让所有人对这个品牌抱有更积极的看法。在公司内部，我们扪心自问，在这种情况下，英国石油公司的品牌究竟意味着什么？究竟代表着什么？当然，一个重要的答案是：最终评判英国石油公司员工的标准将是他们如何通过自己的行动来"与品牌共生"。或者至少，这是他们深信不疑并希望的东西……他们充满激情地认可这个品牌。

图 13.13　英国石油公司品牌标识"太阳神"遭遇的丑化

由员工和文化所界定的危机中英国石油公司的品牌

正如我们在强生事件中所看到的那样,大多数处于危机中的个人和组织都回归到自己本来的身份,回归到他们所知道的东西本身,他们的深厚文化、目标和价值观驱动着他们的行动。从一开始,到危机最严重的时候,英国石油公司没有人考虑"品牌"本身,但每个人通过自己的行动所做的,绝对是忠于品牌的。这正是我所说的真正战略型品牌的概念。

文化:利用英国石油公司的价值观念来"做正确的事"

英国石油公司的人没有考虑到谁最终要负责任,也没有考虑到他们的行动会带来什么后果,他们立即承担起了封堵油井、清理油污的责任,并为所有受爆炸和漏油影响的人提供尽可能多的帮助。

从首席执行官开始,英国石油公司的员工所兑现的承诺都超出了"做正确的事"的范畴。他们试图拓展几乎不可能的"前沿"(参考第一章)。他们总是可以参与进来,与那些受影响的人以及更广泛的社会团体进行对话并开展相关活动。我当时就在那里:我从未想过我会看到一家公司的品牌如此深入人心;即使在最紧张激烈的时刻(我们的危机传播不总是完美的),我也会看到如此深入的品牌化回应(稍后会对此详述)。

并不是只有我们在做正确的事情。来自世界各地成千上万的人、企业和社会组织本着同样的精神联合起来。我想特别指出海军上将萨德·艾伦(Thad Allen),他是"深水地平线"原油泄漏事故联合指挥部的国家事故指挥官,时任总统奥巴马任命他领导危机回应行动。尽管他随时都能与总统直接联系,而且可能面临着相当大的压力来执行"扼住英国石油公司的喉咙"的命令,但我确信艾伦上将的判断和决定始终服从于更大的利益。

文化:将品牌文化转化为实际的行动框架

英国石油公司的品牌宗旨被转化为一个"承诺和行动"的框架,这将在下一幅图中简单概括。在2010年4月20日之后的数年里,这个品牌框架一直是我们团队的指导方针。

"承诺和行动"框架:

– 与品牌共生存;

– 承担责任;

– 做正确的事情;

– 让人们了解一切;

– 分享我们的知识和经验;

– 忠于美国。

文化:作为统一战线的英国石油公司大家族

英国石油公司的员工坚定地站在了那些受到灾难影响的人们和公司的一边。即使在美国,员工们的家庭不仅在工作中受到挑战,而且在学校和社区也受到挑战,但他们做出了最令人钦佩的品牌回应。最好的证据是：在危机期间，员工流动率大约是英国石油公司正常情况下已经很低的流动率的十分之一。

我和托尼讨论了公司是如何前所未有地走到一起的："事情变得越艰难，英国石油公司员工们的关系就越紧密。所以，逆境越是明显，英国石油公司一致对外的感觉就越强烈……每个人都互相支持，每个人都在与这件事抗争。当然，如果你像我这样生活在美国，你会觉得自己是在和全世界作对。有人会告诉我他们如何飞了半个地球，离开了他们的家人。对于一个联合起来的公司来说，这是一个独特的时刻。每个人都能看出我们在努力做正确的事情。我们没有躲在字里行间，而是尽最大努力在危机中完全负起责任。危机就是战斗口号。"

凯茜记得当时有一种压倒性的感觉："我们必须做正确的事，我们必须清理我们自己的烂摊子。公司做得很棒，迅速地组织人员，然后说：'看吧，很明显你们对所做的事情并不熟练。例如，你要去运行一个社区中心，这只是在做正确的事情而已。我们相信你们能做到这一点。'这就是大家所做的事情。员工们本可以跌跌撞撞地停下来，但他们没有。他们只做正确的事情，而且是在令人难以置信的情况下无私地做到了这一点。因为那是'我们在做分内之事，互相支持，一起努力。'"

这就是一个经久不衰的战略型品牌所做的；借用凯茜之前的比喻：战略型品牌不是靠"讲"，而是靠"做"。我们的员工是英国石油公司"战略型品牌"的最佳体现，他们做正确的事情，并努力正确的事情。

她认为英国石油公司的品牌在这些动荡的事件中幸存下来的原因之一，是因为它对危机的回应方式和其目的是一致的："如果一个公司遇到危机，它需要挖掘员工和合作伙伴的潜力，让他们达到前所未有的水平，你必须有一个更大的目标。这远不是对企业加以修复，而是让事务恢复到应有的样子，或加以改进。这是一个更高的社会性目标。"

英国石油公司的回应策略

正如我们在讨论大众和强生危机时所谈到的，我一直认为，危机管理就像国际象棋：在行动之前，你需要看得更远。这就是我们在危机中跟英国石油公司品牌一起试图做的。

品牌回应策略：战略型品牌用行动说话

如果说我们学到了什么，那就是我们没有随意行事。我们制定了一个品牌沟通策略，涵盖从 2010 年 5 月 10 日到之后的几个月甚至几年内的危机事件的不同阶段。具体如下：

- 广告："兑现我们的承诺，让人们了解最新信息"。
- 清晰界定信息传递的阶段："相关的、有用的内容"。
- 回应和修复的 7 个关键词，便于人们轻松理解。

　　　　回应：要求、海滩、清理、野生动物。

　　　　修复：经济的、环境的、健康与安全。

- 语气："作为仆人的英国石油公司"；谦逊、实事求是、忠诚和关心他人。

这个框架与以下两件事有关：正在发生什么事情、英国石油公司正在做什么来兑现它的承诺。正如图 13.14 中的总结，我们根据危机的发展阶段，逐步确立品牌传播内容，以最好地满足那些受影响的人们的需求。

图 13.14　品牌危机传播关键阶段总结

凯茜回忆道："我曾多次对人们说：'你真正需要了解的是它的规模。我们对社区中心了解多少？几周后，我们建起了 25 个社区中心，那里的船只比诺曼底登陆日的船只还多！英国石油公司出乎意料地说：'我们怎样才能统辖所有人员？' 因此，我们每个员工都非常勇敢，非常坚定，这促使上述一切都实现了。如果你重提战略品牌的观念，我们已经显示：我们做对了。"

根据凯茜的评论，一系列的标签得以完成。这些标签整合了相关的信息、最新动态以及相互的关联，见图 13.15。

图 13.15　英国石油公司广告的投放地

品牌回应策略：战略型品牌是人性化的、真实可信的

图 13.16 是英国石油公司沟通与回应一个例子。这则广告从 2010 年 7 月底开始播出，主角是英国石油公司的一名员工弗雷德·莱蒙德（Fred Lemond），他来自墨西哥湾地区，

在泄漏的原油到达海岸之前,他参与了追踪和清理工作。你可能会注意到这个框架的应用方式:"信息""相关的",以及7大关键词中的"清理"和"人员"。

的确,尽管我们的战略是要提供帮助,但我们希望把英国石油公司人性化。雷切尔·肯尼迪·卡贾诺(Rachel Kennedy Caggiano)当时是奥美公司的数字影响群组高级副总裁。她回忆道:"我们的策略变成了:我们如何讲述所有与英国石油公司相关的人员的故事,如何让人们面对英国石油公司的员工,而不是以一个令人讨厌的大公司的形象出现。"

来源:英国石油公司

图 13.16　英国石油公司回应传播案例:弗雷德

这则广告于 2010 年 7 月 14 日在佛罗里达州的坦帕市和伊利诺伊州的芝加哥市投放："弗雷德是可爱的。他来自佛罗里达州，我很喜欢。他是真实的个人，而不只是穿着西装的公司职员。看起来像我这样的人在帮忙清理。在看到的那些船只和其他各种不同的技术中，我喜欢直升机各处借助红外线进行搜索。他们在展示正在发生的事情，并承担起责任。我很欣赏这一点。为什么他们只在电视上给你看坏东西，而不是好东西？告诉我 6 个月后他们会做什么。他经常使用'我'这个词，所以我觉得他是在主动出击，在推动英国石油公司前进。"

以下是这些焦点小组成员在看完"清理"后对英国石油公司的评价："发声总比不发声好。我永远不会厌倦他们说英国石油公司承担了全部责任。我想听听他们是怎么把事情做对的。最终，我是会原谅他们的，但我将拭目以待。他们应该继续告知公众，一个知情的公众是不会那么害怕的。当我看到广告的时候，我的印象已经改变了，我现在相信他们是关心我的，并且真的在努力抓住这个机会；之前我不这么觉得。他们做的比我想的要多。我确实担心他们无法保持偿付能力，我担心他们会破产。媒体忘记了为此而努力的人们应该受到称赞，他们倾向公开指责和推卸责任。"

品牌回应策略：为品牌传播投入 2.5 亿美元

正如焦点小组所证明的，我们绝对需要让别人听到我们的声音，并采取行动保护我们的品牌。我们完全致力于做正确的事情，但反馈对我们有压倒性的怀疑。我们必须想办法让人们知道我们正在对自己的行为负责。我们需要恢复人们对我们公司的信任，并找到一种方法来打破这种"一门心思使坏"的媒体环境。

在短短几周的时间里，我们投资了 2.5 亿美元与美国进行谈判。我记得时任总统奥巴马在"封顶法"失败后立即明确要求英国石油公司停止通过广告进行传播……而我在那天决定将传播幅度增加一倍。其他所有人都盯着"封顶法"失败的直接后果，并盯着确保公司生存的流动资金；而我当时可能不太受欢迎，但也没有被解雇。

尽管有总统和政府的强烈反对，但我们仍需要大力宣传英国石油公司的品牌和承诺，这是有特殊原因的。我最近问了托尼·海沃德有关这笔支出和政府承担的风险的问题。托尼表示："在与美国进行对话的几周中，我们花了 2.5 亿美元，当时我从很多人那里得到的反馈是：这是有效的，听到公司的声音非常重要。除了支付费用外，没有其他方法能让英国石油公司发出自己的声音。任何新闻频道的报道都不客观，根本就没有我们说话的空间。所以唯一能被听到的方式就是付费广告。当然，我们建立了历史上最大的社交媒体项目之一，尽管我怀疑我们的社交媒体应用应该从这个事件开始，如果现在做的话会更好。"

凯茜同意我们必须大声发出自己的声音，因为从品牌的角度来看，我们处于一个很特别的位置："我们没办法讲述我们自己的故事，因为媒体报道太负面了。把他们拉到幕后，告诉他们，看，事情是这样的；我们有一座大山要爬，但在我们开始做广告之前，没人告诉我们这方面的情况。"

这一行动面临诸多挑战。我记得，美国国会在 2010 年 8 月发出了一份正式请求，要求我们提供与"深水地平线"漏油事件以及救援、恢复以及与恢复工作相关的企业广告和营销支出的详细信息。这是极其棘手的，因为我们可以看到，这些问题会引出一个潜在的故事，即"英国石油公司正在投入巨额资金，以恢复自己的声誉，而不是为渔民或酒店业主采取实际行动，以恢复他们的生计"。但事实并非如此，我们也有责任通过沟通帮助受影响的人们，并与公众分享英国石油公司品牌的故事。

当然，我们非常谨慎地按照要求提供了完全可审计的数据。我们还进一步明确了我们是如何使用这笔钱的，比如与墨西哥湾沿岸居民分享有关清理工作的信息，对特定的商业部门提供支持，宣传《1990 油污法案》（OPA）索赔程序，或者履行我们在恢复过程中告知美国公众的承诺。但愿这种不请自来的额外透明度会抵消诋毁。

令我们感到惊喜的是，除了政治和媒体领域在与英国石油公司所有相关问题上的一贯做法之外，我们几乎没受到任何质疑或指责，也没有主要的公众和媒体引用这些数据。

英国石油公司的回应实践

评论家们从品牌和传播的视角出发，对英国石油公司处理危机的方式作出了不同的评价：从"优秀"到"糟糕"。当然也有很多不足之处，但是让我们先浏览一下好的方面。

品牌回应实践：所有渠道都讲述英国石油公司的故事

这是在"回应"的第一阶段所做的具体工作，目的是告知墨西哥湾地区的人们，以及面临危机的更大范围的美国人：

- 英国石油公司在全球范围内停止了所有计划中以及正在进行的广告活动；
- 通过报纸和电视广告，英国石油公司承担了这样的责任：不断向人们通报堵漏和减轻危机影响的情况和进展；
- 建立危机传播是为了向受到漏油影响的公众提供信息，这些信息覆盖墨西哥湾沿岸所有地区，并通过全天候的热线电话提供索赔信息，以及受伤的野生动物和水中、陆地上的清理要求信息，等等；
- 通过建立多个社交媒体渠道（包括 Facebook、YouTube、Twitter 和 Flickr 等），并创建跨所有时区的团队，为在墨西哥湾地区受影响的公众以及一般公众提供实时解答；
- 英国石油公司对广大立足于旅游业、渔业等的小型企业提供了支持，这种支持同时也进行了确确实实的传播，以促使这些小型企业在各自的社区里支持修复进程。

我们需要切入不同类型受众的关注点并与他们进行交流。我们需要让人们了解正在进行的活动，使用满足如下要求的内容：能够让人们自行判断英国石油公司的努力是否真实、是否真正服务于受漏油影响的所有人的需求。我们竭尽全力，使用所有能够使用的渠道，连石块下方都清理到位。

品牌回应实践：倾听，不断地倾听

我们倾听并了解什么样的故事是最关键的。英国石油公司利用社交媒体和搜索引擎的数据收集舆论，针对人们真正关心的事情对传播内容加以策划。

图 13.17　动用的所有传播渠道

这有助于在英国石油公司、墨西哥湾地区居民和更广泛的美国公众之间建立真正的联系，并提供一个人们愿意倾听的环境。

我们发布了一系列原始视频，展示了作为墨西哥湾地区居民的英国石油公司员工（如弗雷德）在危机修复中的主要工作。当地居民开始从真正生活在这里的人身上体会修复过程中的成就感。这种诚实、人性化的视角揭示了英国石油公司努力的个性化一面，并将之后的注意力引向那些致力于恢复墨西哥湾的各种各样的员工身上。

品牌回应实践：严谨、专业

我们不允许犯任何错误。在我们的传播中，任何不恰当的词语、数字、图片、特点都会出现在所有密切关注我们的媒体的头条新闻中，并将英国石油公司置于死地。我们也将失去继续通过唯一且有效的渠道发出我们的声音的能力。

由于英国石油公司品牌专业人士和我们的代理合作伙伴组成了一支出色的团队，尽管在过程中付出了巨大的努力，但我不记得发生过任何错误。我们审核每一条电视广告、平面广告和社交媒体帖子，共有多少次？用了多少个晚上？我们在全国各地组织了多少次焦点小组访谈？有时甚至是每天组织一次。

品牌回应实践：正确的组织架构

与运营团队一样，我们必须考虑集团所有的传播和品牌潜能，并将所有可能的资源用于应对危机。

不同组织的品牌和营销团队会有不同的结构。我们的品牌机构位于伦敦总部，并在各个地区设有分支机构。英国石油公司还拥有地区/国家企业事务、政府关系和新闻办公室。所有这些团队都将是危机管理的核心。

同时，我们也有大量的品牌领导者和产品营销人员在核心团队确定的框架和边界内开展工作。我们需要大多数的专业员工专注于他们各自的业务和关系，因为他们是我们的品牌与社会的关键触点。

我们最重要的业务之一是美国零售业务。英国石油公司在美国各地拥有数千家品牌零售网点。美国人的愤怒往往指向英国石油公司这些"街角小店"，这些小店主要由独立的业主和经营者管理。在这个充满挑战的时期,我们有责任支持他们。我们协同传播的主导主题是提醒美国人:英国石油公司加油站是社区的邻居和支柱,我们通过"本地拥有/本地运营"的平台实现了这一点。我已经在第四章"外向联系"中进行了说明。我认为我们应该进一步与英国石油公司的批发商和经销商开展协同传播。

在危机期间,我们保持着团队结构的完整性,为如下危机回应人员提供全天不休的后勤支持:总部的公司团队、众多全球范围内精选出来的人员、我们的合作伙伴。

品牌回应实践:作战室

2010年7月初,随着危机回应的规模和速度在几个月里有越来越大的趋势,我们在休斯敦韦斯特莱克1号的22层设立了一个"作战室",供所有参与沟通的团队使用,包括法律团队。他们将负责协调我们的所有沟通活动,分享关于缓解原油泄漏和修复其影响的努力和进展方面的准确信息。这里一面墙上覆盖着9个电视屏幕,每个屏幕都调到不同的频道,这样团队就可以随时了解媒体的最新报道,另一面墙上则显示了英国石油公司的应对措施。第三面墙是我们的品牌战略回应框架,用以对整个团队提供持续的引导。团队中枢,就是中心的大操作台。

在危机期间,凯茜是我们的品牌的"地勤"。我记得我给她家里打过电话,让她收拾行李,搭上飞往休斯敦的第一班飞机。当时,她的儿子尼尔(Neil)只有10个月大。我们以为工作只会持续三、四天的时间,然而我不得不请她留下来过周末……我们这才意识到:这将是一个漫长的过程。

虽然离开年幼的孩子让她很难过,但凯茜现在回忆起这些充满挑战的时段,依旧认为这是她职业生涯中最有意义的几个月。

"我从来没有这么努力过,学到了这么多。几乎没有遇到什么办公室政治。如果我需要批准什么东西,就转过身来说:'请批准这个。'如果5分钟后还没有发布,我会再次回头说:'我现在就需要它。'我会走到律师面前说:'我明天拍这个广告;你能看看这个吗?'所以,在平时生活中所有令人恼火的障碍都消失了,我们都身处一项共同的任务中,没有废话。我们做了我们必须做的,并互相支持,一起努力。我很荣幸能参与其中。"

凯茜认为"作战室"对我们的持续努力非常重要,尽管一开始她并不相信。"但在作战室呆了两天之后,我想:'是的,这完全正确。'"

从一开始,我们就在世界各地(纽约、西海岸、香港、伦敦和悉尼)建立了危机传播中心,确保能够全天不休地运转。负责建立大规模社交媒体以应对危机的雷切尔·肯尼迪·卡贾诺回忆道:"我们的每个办公室都有团队负责移交事务,所以当美国东海岸交给西海岸时,会有直接的电话联系。当纽约和香港(正好相隔12小时)的同事交接时,也需要同样的操作。他们会说:'我刚做完这个,现在把它交给你。'因此,我们确保有一个完美的流程,可以实时地将信息从一个办公室转移到另一个办公室。"

品牌回应实践:传遍全球范围的社交媒体只需4小时

凯茜指出,这次信息宣传活动是人们倾听我们的意见并发泄他们愤怒的安全的方式。她

第十三章 危机抵御

还记得，在社交媒体上，别说正面内容，如果有人胆敢说一些关于英国石油公司的不那么负面的内容，"他们就会被我们频道里所有愤怒的人们群起攻击。"

危机让我们在很多事情上开始进行艰难的学习，其中之一就是社交媒体。在"深水地平线"事故发生之前，英国石油公司在Facebook、Flickr、Twitter或YouTube上都没有什么存在感。

这一情况发生了戏剧性的变化，雷切尔回忆道："这很特别，因为我们在不到4小时的时间里，从一无所有变得很有规模。在接下来的48小时内，我们建立了一个由80名来自世界各地的人昼夜不停工作的流程。后勤系统包括我前面提到的伦敦、纽约、华盛顿、休斯敦、芝加哥、旧金山、香港和悉尼之间的协作。它是巨大的，我们必须立即建立起最佳实践和标准操作的程序。在社交媒体上有很多充满敌意的人表达他们的担忧；与他们所有人互动是一项相当艰巨的任务，我们不应对此轻描淡写。"

事实上，每个人都在夜以继日地工作，以实现这一目标。凯茜最近提醒我，为了确保我们能在全天候模式之下快速回应并实现大规模运行（更新最新信息细节），我给大家施加了不少压力："你和我一直忙到午夜。第二天早上，我和奥美公司的社交媒体团队坐在一起，你过来问我：'凯茜，社交媒体渠道怎么样了？'我回答说：'卢克，我和你在一起一直到半夜，我没时间查看社交媒体。明天应该可以查看。'你看着我说：'嗯，你有2小时。'你只是祝我们大家好运，然后走了出去。我记得我低下头喃喃：'我现在该怎么办？'当然，当时我们连密码都没有，公关公司博然思维（Brunswick）掌握着这些密码，因为本应该由他们运营社交媒体账号。不得不说我们并没有在2小时内完成任务，但是在4小时内，我们就把4个频道都搞定了。你很高兴。"

社会媒体是危机领导团队的一个主要、独特的支柱，让我们对此做进一步探讨。

英国石油公司在社交媒体上的回应

雷切尔指出，建构我们在社交媒体上的传播，远不止简单地使用这些平台。

社交媒体回应：目标驱动

实际上，我们决定为我们的传播渠道确定一项非常明确的目标与策略，并要坚持，最终我们实施了整整两年。

雷切尔说："我们真正做的是为墨西哥湾和英国石油公司建立一个新闻通讯社。当时的媒体并没有给予最佳报道，很多时候他们都把事实搞错了，他们急着发布新闻，而且无法理解技术的很多细微差别。后来，当墨西哥湾地区的人们仍然需要新闻的时候，他们却离开了，变得不感兴趣了。我们创建了自己的媒体，自己的新闻工作平台，来对信息加以平衡，提高信息的质量和全面性。"

关键的一步是要认真倾听。英国石油公司的品牌传播计划的核心，是倾听公众、搜索营销和内容管理活动。

社交媒体回应：价值驱动

社交媒体工具能更好地理解人们最关心的事务是什么。通过粗略的高级搜索效果，可以更好地确定沟通内容的关键话题，然后帮助确定指向对话和争论的回应内容，无论是线上还是线下。图 13.18 是向路易斯安那州受影响的社区和人们提供的信息指标的示例。

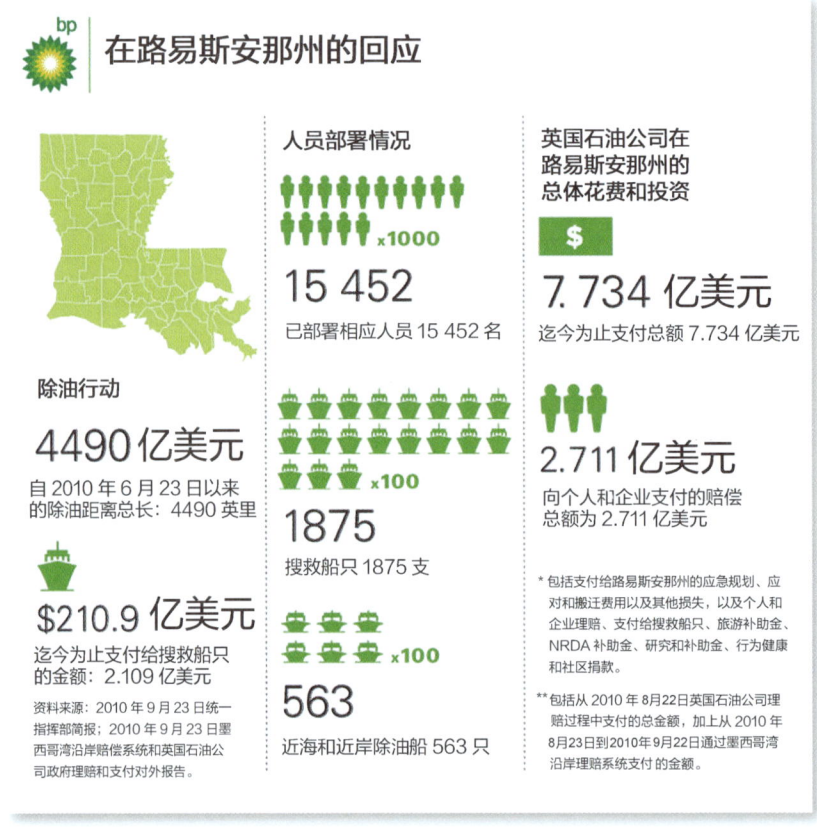

图 13.18　提供给路易斯安那州受到影响的人们的信息

雷切尔和她的全球团队每天都会分析人们在谷歌搜索的情况，并利用这些信息来指导我们当天或第二天要准备的内容。她说："所以，我们可以说：'人们对此有疑问；或者他们需要更多的信息；或者他们对此有更多的疑问；或者他们真的对这方面感兴趣'。"

数据以滚动的方式输入到内容策划团队中。谷歌付费搜索数据也是一个常规的情报来源，帮助我们时刻进行优化，并技术性地引导我们找到正确的方向。英国石油公司因其首创的新搜索技术而受到赞扬，这些搜索技术的起步很简单，如提前买下谷歌和雅虎的搜索头条，像"原油泄漏"这样的搜索关键词。当然，英国石油公司也建立了精细的搜索算法。

社交媒体回应：影响驱动

这些数据的规模巨大，同时在英国石油公司的社交渠道上经常获得数百万次的印象数。凯茜评论说："（墨西哥湾漏油事件）这是第一次利用社交媒体应对的一次全面危机。"图 13.19 举例说明了一些指标。

以下是关于英国石油公司当时的社交媒体活动规模的更多数据：

－ 英国石油公司的在线社区：Facebook 粉丝有 430 000+，Twitter 粉丝有 67 000+，

YouTube 用户有 9500 +；
- 英国石油公司的内容：触达超过 5.45 亿人（超过了美国和英国人口的总和）；
- 发布了成千上万条内容：1 万个帖子，1.8 万条推文，500 多个视频；
- 分享和点赞量高达 20 万 +，转发数高达 2.5 万 +。

渠道	指标	合计（不包含 11 月 4 日）
facebook	每周总印象数；累计总印象数	1 802 919 80 000 000
YouTube	累计播放量；前 53 位视频浏览量	8 200 000 679 476
twitter	每周发布数量；推特发布总数量	2 524 000 67 000 000
flickr	总观看量	195 000
Search	每周印象数；平均排名	102 963 698 1.35

来源：英国石油公司

- 在 Facebook 上达到了 8 000 万印象数的社交媒体里程碑，在 Twitter 上达到了 3 300 条发布的推文，在 Flickr 上发布了 1 000 多张照片
- 已成为与媒体相关的追随者、政客和相关利益团体对英国石油公司和墨西哥湾主题新闻的参考来源。
- 每天通过多个帖子和实时"Facebook 聊天"讲述英国石油公司的故事。
- 提供热点话题的实时监控；跟踪博客作者，媒体和公众的情绪；尽早捕捉新发生的故事。
- 通过深度调查报告，对英国石油公司或墨西哥湾的重要事件进行重点监控；收集观点，以便在争论初期进行干预。

图 13.19 截至 2010 年 10 月底的社交媒体测评数据

在当今社会，社交媒体是生活的一部分，人们很容易忘记：在 2010 年，只有 47% 的"在线"美国成年人使用社交网络（参考皮尤研究中心的数据）；而在 2015 年，这一比例为 65%。

社交媒体回应：人员引导

我们付出了相当大的努力，通过那些与当地居民最关心的话题联系最密切的员工来建构同理心。例如，当地居民想要直接接触英国石油公司的决策者——因此，英国石油公司的墨西哥湾沿岸恢复组织的首席执行官迈克·乌茨勒（Mike Utsler）主持了 4 场坦诚的 Facebook 问答，说明 2010 年 9 月至墨西哥湾事件发生两年来在墨西哥湾取得的进展。

我们的社交媒体渠道在减轻员工的压力方面也发挥了关键作用。正如雷切尔所说："这给了人们一个发泄的出口。这是一个我们可以有所回应的地方，而不是去加油站向英国石油公司员工扔油漆什么的。受众实际上可以用一种让他们觉得被倾听的方式来表达他们的愤怒，我认为这对他们来说是一种非常健康的发泄方式。"

社交媒体回应：一个不同寻常的时刻

凯茜、雷切尔和我都记得，在危机期间的某个时刻，我们毫无疑问地确定：我们在社交媒体上的努力正在发挥作用。那一天，我们正准备试着用水压封堵那口井。我们都坐在作战室里观看 CNN 的新闻报道，他们的评论者出现了一些事实错误，错误地报道了仪表是用来测量"气压"的，而不是用来测量"水压"的，并说设备即将爆炸。这非常令人担忧，所以我们的媒体应对人员打电话给 CNN 制片人大喊大叫："你弄错了，你弄错了……"不管出于什么原因，CNN 制片人不会相信他所听到的，所以我们事先在推特上公布仪表测量的准确信息，来澄清水压与气压。还是在电话中，我们告诉 CNN 的制作人去看看英国石油公司刚

刚发布的消息。CNN主持人沃尔夫·布利策（Wolf Blitzer）在推特上信口开河："事情看起来像是这样：英国石油公司在看这个节目并倾听我们的报道，他们只是想澄清……"那一刻，英国石油公司的首席执行官鲍勃·达德利走进房间，看到最后这一幕，说："我再也不会低估社会媒体的力量了。"

这是一个不同寻常的时刻，在一个非常艰难的时期出现了短暂的曙光。我记得我们都站起来鼓掌。几周后，鲍勃告诉我，如果不是因为英国石油公司的品牌和我们在社交媒体上的共同努力，他认为公司早就倒闭了。

雷切尔认为，我们在社交媒体上的努力也反映了我们作为战略型品牌的核心。"如果我们把英国石油公司说成一家在努力做正确事情的公司，在社交媒体上敞开心扉，以便在这样一个可怕的时代，用不那么正式的、更亲密的方式与人接触，这很能说明这家公司的文化。这表明这家公司在可怕危机中努力做正确的事情。"

对托尼·海沃德和"英国石油"的惩罚

但是，在危机传播的努力中，并非一切都进展顺利。英国石油公司品牌的本质、角色和2.5亿美元的计划是合理一致的，所以我在这里不说品牌，而是赢得的媒体传播，这对品牌也有重大影响。

英国石油公司内部对所传播信息的内容、布局和语气有不同意见，当时我们还没有与英国石油公司所有顾问的意见取得一致。

危机传播：不同的视角

因此我们很清楚，沟通被分成两个相互之间密切协作的主要部分：一方面是日常的新闻和媒体，另一方面是品牌、社交媒体和全球业务的协调。英国石油公司新闻办公室主任安德鲁·高尔斯（Andrew Gowers）负责前者，而我负责后者。人们经常把这个项目视为一个整体（从外部来看也是正确的），但我认为，像我们迄今所做的那样，对两者分别对待，是有重大价值的。

有一件事一直留在我的记忆中。2010年5月23日，星期天，我们从伦敦飞回休斯敦，这距离我从西湖办公楼出发已经过去36小时了。当时乘坐的是四人商务飞机，托尼·海沃德、艾伦·帕克（Alan Parker，宾士域集团的主席）、安德鲁和我。我们花了大半个晚上来讨论未来的传播策略，我记得我和艾伦·帕克之间的主要分歧，当时我们都各执己见。我们在长期和短期的视角上都无法达成一致。从我的角度来看，是存在长期和短期两种视角的。

艾伦非常注重即时的政治策略，如果这不是长期观点以及英国石油公司品牌定位的一部分的话，我是不会接受的。艾伦还希望托尼在媒体上"永远在线"，而我建议他采取一种更有选择性的方式。事后看来，我知道英国石油公司的许多人都同意这一点，艾伦的选择在很大程度上导致了托尼的下台。这也提醒了我们选择外部顾问的重要性，因为他们需要接受公司文化和工作方式的核心成分，甚至和尤其可能在危机情境下。

说一个我和艾伦之间争论的一个例子。我记得自己曾经在6月1日正式说过："每一次，英国石油公司都会评估成功的机会或概率，随后失败。这会破坏可信度，我们就不应该估计概率。鲍勃·达德利在《面对全国》（Face the Nation）节目中谈到了这一点，他说海底管道盖帽法的风险更小，也没有'封顶法'那么复杂。这就引出了一个问题：'如果风险和复杂性都较低，为什么不先采用这种方法呢？'我的建议是：每一次尝试都是 a）提醒人们我们同时在研究几种方法；b）不要评估成功的概率。因为如果不成功，只会再次削弱可信度。"

回到我们晚上在飞机上的辩论，虽然托尼记得它"非常有帮助"，说实话，我输掉了大部分的战斗……就目前而言。这没什么，因为我来这里不是为了得分，而是在这种情况下为墨西哥湾和英国石油公司的品牌做最好的工作。但我担心的是，我们已经制作完成的一条 60 秒的广告，在 5 月 24 日被放弃了。广告中，托尼在英国石油公司的"NASA 式"指挥中心道歉，并表示会投入大量资源阻止原油泄漏。5 月 25 日，来自华盛顿特区的政治竞选机构"紫色战略"（Purple Strategies）加入了我们，为我们未来的一些沟通提供帮助。我们研究出来的第一个创意是一条广告，主角也是托尼，不过改为下个周末在海滩上拍摄。从这一点出发，我们对危机采取了一种双重代理模式：奥美公司和"紫色战略"。回顾过去，尽管与两个截然不同的机构的合作很有挑战性，但我们在过去几个月甚至几年里共同开展的应对工作是有效的，基本上符合英国石油公司的品牌特征，这是所有人努力的结果。

危机传播："杀手"的失误

5 月 30 日，星期日，我们飞往路易斯安那州的威尼斯，托尼将在那里提供一份关于清理工作的报告，并拍摄新的视频片段。托尼几乎已经忙活了一整天，因为他一大早就和我们的行动小组在"蜂巢"里待了很长时间。这是用来监视我们在海床上远程操作车辆的房间，在这里你可以经常见到能源部长朱棣文（Steven Chu）和其他知名人士。"蜂巢"位于西湖四号楼三楼走廊的另一边。

威尼斯有很多记者。当托尼说如下这句话的时候，就出现了一个臭名昭著的时刻："没有人比我更想要回到自己原来的生活。"

度过非常纠结的几天，包括"封顶"尝试的失败，托尼筋疲力尽。他刚刚完成了一系列的正式采访以及视频的拍摄。我记得他刚刚接到家人的一个简短电话，然后几句话从他嘴里说了出来。这并不是为他说这些话找借口，我只是提供一些大家从未了解的背景。

此时，随着原油继续泄漏到墨西哥湾，托尼的可信度已经受到了侵蚀。6 月 8 日，奥巴马在接受电视采访时发表的言论更是加剧了这一问题：他说托尼"在我的那些声明之后就不会为我工作了"。

托尼在华盛顿参加听证会两天后，有人看到他在怀特岛附近的游艇上，他的儿子正在那里参加游艇比赛。这再次成为世界各地的头条新闻。托尼有 3 个月没见到他的儿子了，在船上只待了 6 小时……但这确实是一个重大失误。时任白宫办公厅主任拉姆·伊曼纽尔（Rahm Emanuel）批评了他，称划船事件"只是一长串公关失策和错误的一部分"。

所有这一切使得托尼的离开成为"深水地平线"原油泄漏的一个不可避免的后果，他在 2010 年 7 月 27 日辞去了英国石油公司首席执行官的职务。

和英国石油公司的许多人一样，当这一切发生的时候，我恨这些负面事件，它们带来了很大损害。但在那个时代，托尼的故事还有另一个鲜为人知的方面：他努力带领大家封堵泄漏；他动员了 5 万人进行回应；他最终承诺拿出 500 亿美元"做正确的事"。正因为如此，我记得在英国石油公司内部以及外部的一些比较紧密的圈子里，曾经有很多人站出来为托尼长久叫好。

时任英国石油公司墨西哥湾修复活动的负责人的鲍勃·达德利接替托尼担任英国石油集团首席执行官。鲍勃在密西西比州度过了他的童年，在几个月里，他被证明是英国石油公司与美国媒体关系密切的领导者和非常有效的喉舌。

后来，托尼告诉 BBC 财经节目，如果我们早一点阻止原油泄漏，事情就会大不一样了。"如果我们在 6 月的第一周就成功封堵了这口井，那么很多事情就都会有所不同。至少我可能还是英国石油公司的首席执行官。"

他还表示，他对漏油事件以及人们反应的评论，加剧了人们对他的愤怒。他说："如果我在皇家戏剧艺术学院获得一个学位，而不是地质学学位，我可能会做得更好，但我不确定这会改变结果。"

我和托尼在反思，英国石油公司的品牌在美国受到了多么严重的惩罚，与它在其他地方的回弹性形成了鲜明对比。托尼回忆道："这很讽刺。就在'深水地平线'爆炸前一周，我还在白宫与（时任）总统奥巴马和他的能源主管卡罗尔·布劳纳（Carol Browner）讨论如何帮助他们通过气候法案。我们是唯一真正想要进步的公司。同时，由于我们在当地的日常工作以及我们对卡特里娜飓风的回应，他们都明确在美国需要的时候英国石油公司所做的事情。但这一切都因为美国的政治而化为乌有。我们本可以拥有世界上最强大的品牌，但这没有多少意义：一旦共和党人认为这是一个打倒奥巴马的机会，他们早就会有了决定，这就变成了政治的走向。"

当时任奥巴马总统称呼英国石油公司的全称而不是简称时，凯茜反思了我们的品牌所受到的损害："突然间，一家外国公司在美国的土地上搞砸了。这让事情变得更糟。总统一直在广播中谈论'扼住英国石油公司的喉咙，让他们做应该做的事情……'。"

从 2011 年开始的品牌修复

当漏油在 2010 年 7 月被成功堵住，同时油井最终在 8 月关闭时，英国石油公司对墨西哥湾沿岸修复的承诺仍然在继续。

修复：支持墨西哥湾沿岸的品牌传播

品牌传播继续进行，并坚持按照有意义的方式进行。社交媒体充当了该地区所有事务的资料库，付费媒体和赢得媒体支持着墨西哥湾沿岸的重建。

如果英国石油公司的故事是一个童话，那么这应该就是它的结局。当然，重建和修复品牌远远超出了我们对危机的短期回应。我对英国石油公司对这一地区的长期承诺深感自豪，成千上万的人参与进来，实现了如下成果：在海滩和湿地上，被清洗的不仅是英国石油公司的石油，还有多年累积的其他石油污染以及大量由卡特里娜飓风带来的污染。当捕鱼中断期结束时，捕鱼水域重新开放，渔网比以往任何时候都更满。自那以后，该地区的旅游业每年都创下新高，这主要归功于英国石油公司为推广墨西哥湾地区旅游业而开展的宣传活动。这一活动涉及电视、印刷、广播和社交媒体，这让美国其他地区的人们对墨西哥湾沿岸的"糖砂（sugar sands）"、美食和娱乐有了了解，这也是第一次大规模地为整个地区做旅游广告。在英国石油公司采取行动之前，许多小镇会通过小型电台或印刷媒体开展宣传活动，但这些活动本质上彼此之间是相互抵触的。

图 13.20　2011 年，英国石油公司对墨西哥湾地区旅游业的广告支持

英国石油公司通过传统广告、社交媒体和营销工具参与社区事务，这无疑产生了重大影响。事实上，总体传播触达人数达到 43 亿人。

修复：英国石油公司品牌努力恢复

英国石油公司逐渐实现了显著的品牌修复效果，好感度测试结果显示：公众的信任度迅速恢复，主要表现在以下几个方面：

- 全球多数地区的品牌好感度很快恢复到危机前的水平。在许多地区，支持率甚至在 2012 年年中超过了危机前的水平，因为意见领袖和舆论影响者相信英国石油公司将成为安全能源的领导者。
- 德国是个例外，英国石油公司的品牌一直排在亚拉油品（Aral，英国石油公司所有）之后，英国石油公司在德国遭遇负面评价。
- 在英国本土市场，不到几个月，英国石油公司的就超越壳牌，重新排名第二。但多年来，它的支持率一直低于漏油事故前的水平。

美国仍是主要挑战。然而，持续不断的全面的社区参与，与公众和舆论领袖、媒体甚至是我们最强烈的批评者之间的联系发挥了重要的作用。它们使品牌受欢迎程度迅速恢复，品牌指数从漏油事件期间的最低 19 到 2012 年 9 月的 39，显示出稳步改善，恢复到漏油事件前的 45。2013 年上半年，英国石油公司的品牌又迈出了积极的一步，尽管仍低于危机前的领先水平，但它在同类品牌中的信任度和好感度方面重新获得第二名。有趣的是，品牌得分最高的地区是墨西哥湾地区，在那里人们可以直接看到英国石油公司对自己的承诺。

2012年5月，克里斯托弗·赫尔曼（Christopher Helman）在《福布斯》杂志上写道："这种转变的范围，在商业史上荣登令人难以置信的企业复苏故事之列。"当然，没有什么是完美的，但如果不是因为一系列的公关失误和失态，我可能会倾向赫尔曼的观点。但这些错误确实在现实中发生了，并掩盖了很多其他的错误，这让我对一些事情感到愤怒，主要是托尼没有得到更多的保护。

即使一起采取所有这些"行动"，且都取得了明显的进展，也不足以重建英国石油公司的品牌资产。英国石油公司的每个人都知道，我们需要做更多的工作来获得公众对公司的承诺和行动的认可。为英国石油公司品牌赢得信任的需求是显而易见的，这是整个公司（尤其是品牌团队）决心要做的……而且，重大且高风险的法律诉讼将持续到2016年年中，且会持续带来很恐怖的约束。

"那些杀不死你的东西，只会让你更强大。"如果我们仍然决定要改变，并从危机中汲取独特的教训，这将是真的。前提是：英国石油公司仍然忠实于其品牌含义以及它永远代表的含义："做正确的事情"。

修复：深入思考品牌、文化与价值观

公司决心不放过任何一个机会，并尽一切可能确保这一事件"不再发生"。这段历程始于文化和价值观念：我们是否像许多人在危机期间声称的那样，贪婪、鲁莽、偷工减料等？我们需要深刻地改变我们的文化和信仰吗？我们如何才能恢复信任，并证明我们在安全、负责任地经营，为我们的利益相关者创造长期价值？对下一代来说，英国石油公司的品牌版图会是怎样的？它将如何表达？

图 13.21　对未来品牌版图与品牌表达的自我询问

这种自我反省在一年的时间里进行了好多次。我们都想把这件事做好。我们的执行董事伊恩·康恩（Ian Conn）和一个敬业的团队负责这一事务，以深入探讨英国石油公司的文化和价值观念。品牌团队到达世界各地，与外部合作伙伴和受众进行了频繁的会面与讨论。

结果相当惊人。我们最初认为，我们的文化可能需要一个巨大转变。但结果正好相反：英国石油公司的核心价值在很大程度上得到了人们的认可。事实上，英国石油公司深厚的文化将是企业未来发展的最强有力的支柱，并将为公司的运营方式与安全事务的转变奠定基础。最后，企业价值在很大程度上被认可，我们也做了一些调整，并通过改进后的形式进行了重新表达。

我们还研究了英国石油公司服务社会从而与社会建立联系的方式。就在世界迫切需要找到每一点石油和天然气的时候，"深水地平线"事故以及紧随其后的福岛核灾难，把能源供应安全和能源安全问题推到全球能源议程的更高位置。人们认为，英国石油公司有责任发挥领导作用（尽管地位卑微），分享其在安全事务方面的经验教训。

修复：重申英国石油公司的品牌宗旨、文化以及价值观

因此，基于三大支柱，英国石油公司制订了一份品牌声明，并将其公诸于世："我们做什么""我们代表什么"和"我们珍视什么"。与过去的品牌和公司的文化与战略相一致，品牌的精髓体现着英国石油公司"以更好的方式提供能源"的承诺。

> **我们做什么**
> 我们寻找、开发和生产基本的能源。我们把这些资源变成人们都需要的产品。世界需要能源，而且这种需求正在增长。这种能源将以多种形式存在。它对世界各地的人们和各地的发展至关重要。我们期望在我们的工作中执行高标准。我们努力成为行业的安全领导者、世界级的运营商、良好的企业公民和优秀的雇主。我们是英国石油公司。
>
> **我们代表什么**
> 最重要的是，我们要从安全和卓越的运营开始。这是我们成功的基础。我们的方法是建立在尊重、坚持和有勇气去做正确的事情的基础上的。我们相信成功来自我们员工的活力。我们有决心去学习，把事情做得更好。我们依靠开发和部署最好的技术，并建立持久的关系。我们致力于提供当今世界所需的能源以及在不断变化的未来世界中发挥真正的作用。我们是一个团队。我们是英国石油公司。
>
> **我们珍视什么**
> 安全、尊重、卓越、勇气和团队。

来源：英国石油网站

图13.22　英国石油公司对品牌目标、文化和价值的重申

在准确而真实地反映了我们的承诺和期望之前，这个企业品牌声明一共经历了很多版。我是不会告诉你具体经历了多少版的！

修复：由内而外的品牌内容与传播

随后，我们创建了一个代表真实人员、专家和经营者的品牌表达和沟通的"容器"（container），大家在其中共同协作，努力建构更好、更安全的技术驱动的方式，为社会提供能源。沟通严格按照由内而外的方式进行，展示一线英国石油公司员工的行动。这些故事很实用，无论看起来还是感觉起来都非常谦逊。

品牌在公司内部传播我们重申的目标和价值方面发挥了相当大的作用。在真正的"由内而外"方法中，内部受众将一直是我们关注的重点，直到我们成为基于我们的信仰和传播过程的同一个英国石油品牌。

关于英国石油公司的品牌表述存在相当多的争论，尤其指向如下几个关键问题：

- 在战略方面，我们能在"安全"领域走多远？正如英国石油公司所承诺的那样，通过传达我们对安全的承诺，我们难道不会导致巨大的期望和风险，即承诺过高而兑现不足吗？如果在我们深入了解安全的各个方面并进行转型时又发生了事故怎么办？
- 考虑到美国的品牌环境有很大不同，在沟通方面，我们会在多大程度上、以及我们能在多大程度上将美国与世界其他地区区分开来？但是，我们生活在一个永远在线的地球村，我们如何在跨国语境中保持品牌一致性？
- 在"深水地平线"事故发生后的 5 年里，英国石油公司在美国承受着多重、持续和压迫性的诉讼压力，那么，一场真正的沟通活动还有多少空间？这场法律战的关键在于该公司的未来，它在漏油事件后的行动将如何被判断，以及由此产生的任何和解或判决将会多支付几个数十亿美元？从很多方面来看，路易斯安那东部地区的联邦法官巴比里（Barbier）都是英国石油公司任何沟通活动的关键受众，这是因为在 2010 年 8 月，他受命审理与"深水地平线"漏油事件相关的案件。

当我们考虑到所有这些战略问题时，英国石油公司正处于严格的法律监管之下，并受制于常规判决和裁决的节奏；这些判决和裁决本身大多是不利的。

从现在开始，英国石油公司的品牌将始终努力通过其使命和价值观念来体现承诺。我继续密切关注英国石油公司的品牌发展，但这不是我的职责，这里也不是评论继续发生的事情的地方，因为它属于英国石油公司本身。但我赞赏英国石油公司的坚定承诺：安全地、负责任地满足世界各国的能源需求，并对公众提供深切关爱。

没有任何东西，甚至是由马克·沃尔伯格（Mark Wahlberg）主演的歪曲事实的好莱坞电影，应该也永远不会抹杀这些人的奉献精神：他们沉浸在一个"想要做正确的事情"的品牌文化之中。

战略型品牌的危机框架

这些关于大众、强生和英国石油公司的 3 次危机的总结，促使我采取了一项包含 16 项要点的实用指南来观察每一品牌，来测试它们在和平时期的稳健性以及对潜在危机的应对力，以及危机发生时的管理状态。

1. **保护与补救**。事实胜于雄辩，品牌首先应关注企业如何对人员或资产加以保护。行动迅速，有决心。坚决果断地行动。毫不犹豫地投入更多的资源进行补救，以便尽快取得成果。让每个人都知道并相信：我们正在尽一切努力来补救这场危机。泰诺出色地完成了这一切。

2. **接受问责并尽早道歉**。可能需要多次真诚道歉，信息应当集中表明组织自愿承担责任的意愿，以保护和修复对社会最直接的回报。在这一方面，英国石油公司态度明确。

3. **首先对事实加以确认**。不要急于就问题的实质原因进行沟通。相反，在表明立场之前，要对危机的真正事实加以理解。一旦你掌握了可靠版本的事实，尽管它可能是不完整的，你也必须坚信这一事实不被误导。

4. **客观地评估品牌危机的本质**。弄清楚问题的主要原因是缺乏竞争力还是公司自身的特性，或者两者兼而有之？泰诺遇到的问题来自前者，因此，人们将根据它如何补救和防止其他事件的发生来评判这家公司。大众的危机主要来自企业个性以及企业文化。英国石油公司既有粗放的企业文化，又有技术上的缺陷，后者是因为原油泄漏的时间跨度太长，而且出现了接二连三的堵漏失败。这两种危机需要一种非常不同的应对方法。

5. **尽早制定一个清晰的、影响深远的战略**。应对战略需要对可能发生的事情进行长远的考虑，并采取所有行动以及所有形式的沟通来改善可能发生的情况。英国石油公司和大众应该充分整合美国司法部通常的"配方"，并从一开始就采取相应的行动。

6. **言出必行**。这是要付诸实践的最具挑战性的指导方针之一。以英国石油公司为例。如果我们只适度保证减压井是堵住泄漏的方式，一旦到 8 月还没有成功，并且其他方法也没成功，那么我们就可以在不招致批评的情况下延期。但是，因为到时人们早已经无法容忍继续拖下去，所以到时候我们可能会失去对整个过程的控制权。

7. **策划一条简单、持久主动的信息**。强生一心一意要支持社会。英国石油公司同样清楚"正确地做事"及其含义。目前除了大众电动汽车的计划，大众集团信息的含义尚不明确。

8. **与"真正"的品牌协调行动和沟通**。建立在你自己的品牌基础上，充分利用你的良好声誉。有大约四分之一的美国人始终对英国石油公司保持信心，所以英国石油公司没有丧失这一人群。大众始终可以依赖他们的客户，这些客户一直基于对大众技术的信任而购买汽车。这两个品牌本可以做得更好，真正按照自己的品牌定位行事：英国石油公司理所应当成为环保冠军，而大众汽车则成为技术领袖。

9. **面向广泛的社会和那些受影响的人们，认真策划每一次活动与传播项目**。在这一方面强生做得很好。英国石油公司也很坚定地致力于此，虽然修复的程度和用时难以让所有人信服。

10. **要完全透明，并确保别人认为你是透明的**。在最开始分享所有的坏消息，因为没有什么比明显的隐瞒更有害的了。怀疑会取代一切，媒体决心揭开秘密，利益相关者只能用不信任的眼光来看待品牌。强生在分享、整理和抢先公布事实和信息方面一丝不苟，让人们感觉自己有明显的参与感。

11. **做真实的自己**。如果可能的话，你的员工和其他外来的声音会赋予你的声音以真诚和真实性。不应该有任何看起来圆滑、过度程序化和自私的表现。强生和英国石油从一开始就是这样做的。

12. **大幅沟通**。你发出的声音以及品牌发声的响亮程度是至关重要的。确定清晰的渠道策略，并实时、全天候运作。

13. **保护好首席执行官，选择最佳发言人**。托尼·海沃德暴露得太多了。马赛厄斯·米勒一开始就很脆弱。有一次，经过一天漫长的飞行后，40 名记者出其不意地向他抛出大量问题，导致他说"我们没有撒谎"，这个说法随后就揭露了一个谎言。强生首席执行官詹姆斯·伯克扮演了完美的角色，因为背后有精心组织的团队的支持。

14. **在和平时期积累品牌声誉**。一个战略型品牌会做到这一点：创建一个"危机抵御"能力强的品牌。英国石油公司和大众拥有强大的声誉储备，这挽救了它们，但当然无法对抗各自的危机。

　　15. **在和平时期建构重要的协作关系和协作过程**。应与主要媒体的主要记者建构起日常的伙伴关系。在危机来袭之前，应该与顾问建立起伙伴关系；在危机期间，这些顾问将是有效整合文化的关键助手。在这方面，我要感谢奥美的首席执行官约翰·赛弗特，他在整个危机期间乃至危机之后都提供了教科书式的支持。

　　16. **在和平时期确定工具和流程**。危机管理计划是一项久经实践的领域。要强化它，并把品牌作为保护和利用的首要对象。托尼·海沃德提到了英国石油公司危机管理计划的重要性，还说明了这一计划可以根据需要进行可能的拓展的方式。

　　在和平时期考虑这些指导方针，将有助于在危机时期打造一个更有韧性的品牌，一个适应所有情境的更有影响力的品牌。根据我的经验，重大的"危机测试"是一个非常好的方法，来对一个品牌进行强化或转型，促使其成为一个真正持久战略型品牌。所以，让我们一起开始吧！

结论

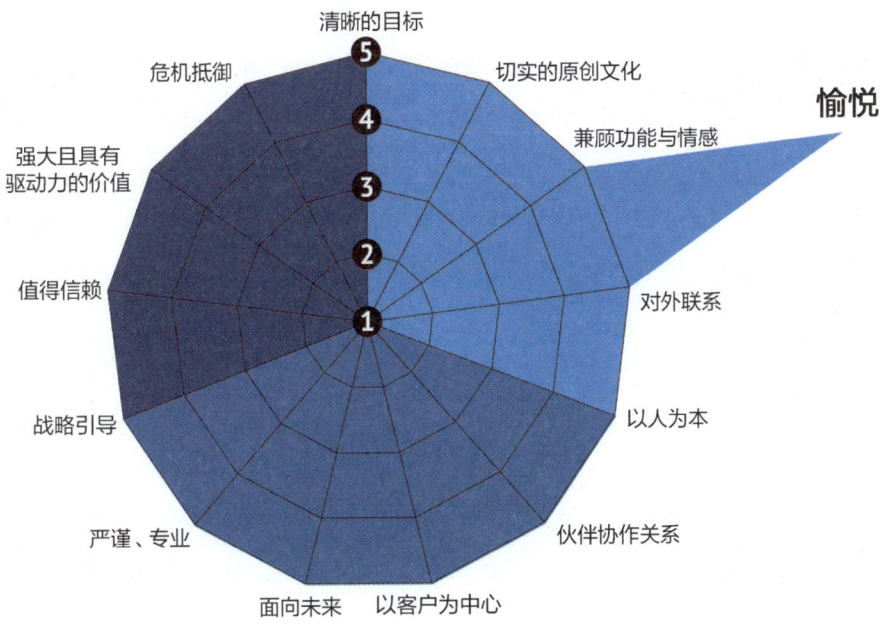

"不要为了成功而努力,要为了有价值而努力。"

——阿尔伯特·爱因斯坦

在撰写这本书的过程中，我们发现了战略型品牌的第 14 项要素。它就是"愉悦"（Joy）。

愉悦是融入品牌与企业的一种正能量，可以建构前行的道路和奔向未来的势头。2010 年"深水地平线"危机过后，英国石油公司在修复品牌的过程中，最需要的就是愉悦。我们与奥运会与残奥会的协作创造了这种积极的能量，在我们的员工最需要的时候，这种能量反复鼓舞着他们。

奥运会与残奥会协作伙伴为英国石油公司带来的愉悦

英国石油公司参与 2012 年伦敦奥运会的协议，在 2008 年就签订了，两年之后发生了墨西哥湾漏油事件。在我们承诺对墨西哥湾漏油事件加以修复的过程中，我们对奥运会的承诺，尤其是对运动员的支持，并没有改变。

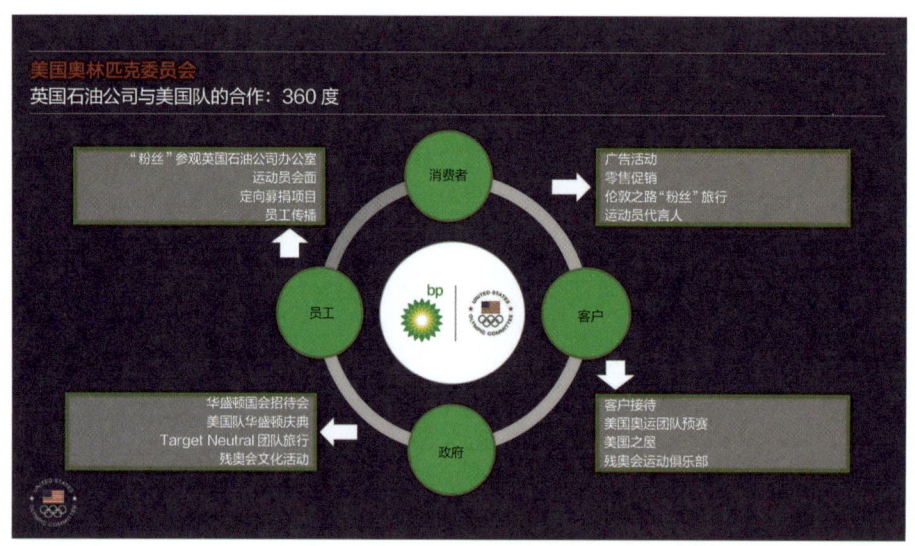

来源：美国奥委会

图 C.1　英国石油公司与美国队的 360 度合作

当然，这在美国有着特殊意义。在那儿，我们聚焦于 9 位勇敢的运动员（全球范围内共关注 60 位）。我记得曾请教过美国奥委会的首席执行官斯科特·布莱克曼（Scott Blackmun），他明智地建议我选择优秀的运动员，同时这些运动员需要和英国石油公司一样，深处逆境，奋斗拼搏，努力追求卓越。他们都具有最能代表英国石油公司的特征，这让我们的员工对品牌产生了强大的内部参与感。

同时，这种热情也俘获了我们外部利益相关者的心灵和思绪。从运动员备战伦敦奥运会的第一天开始，我们就通过摄影、图像、新闻简报甚至增强现实（AR），将"粉丝"带到幕后，带到运动员的真实生活中。

社交媒体发挥了关键作用。在美国奥运会与残奥会选拔赛期间，Instagram 的实时更新被转发到美国队的 Facebook 和 Twitter 的账号上，为"粉丝"提供了全面的报道以及富有吸引力的幕后花絮。英国石油公司开展了社交媒体培训，这样运动员可就以在各自的社交平台通过各自的社交网络分享内容。通过有效地利用运动员们自有的"粉丝"基础,我们进一步拓展了相关内容可以触达的群体规模,也进一步发展了我们的社群。

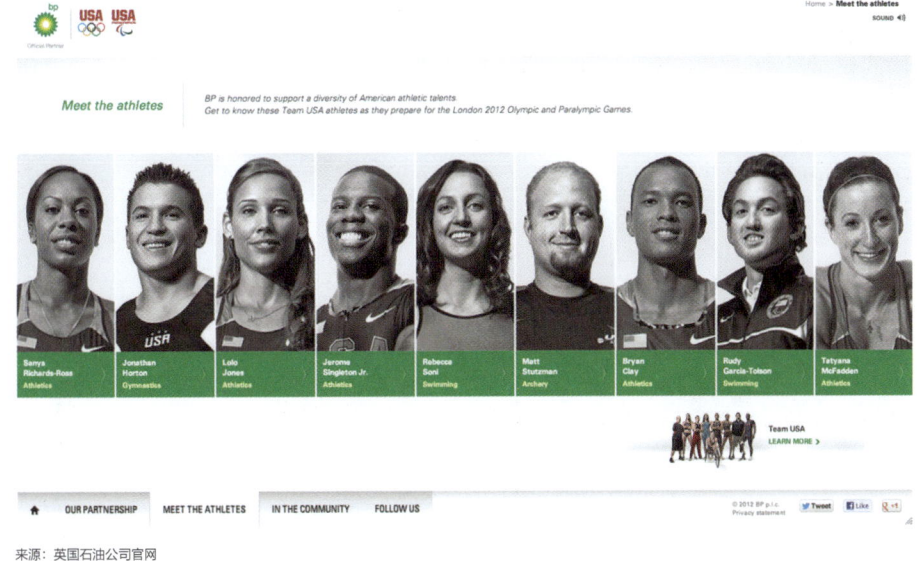

来源:英国石油公司官网

图 C.2　英国石油公司的 9 位美国知名的品牌代言人

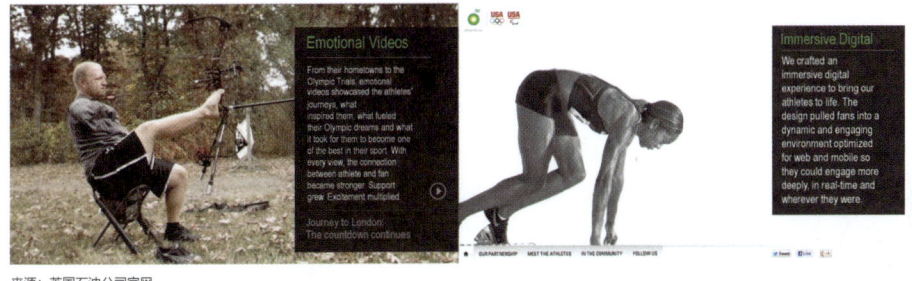

来源:英国石油公司官网

图 C.3　社交媒体的"幕后故事"

下面是一系列与美国队合作的结果(见图 C.4):
- 有 18% 的目标受众知晓英国石油公司对美国奥委会的赞助,这个数字是赛前知晓度的 3 倍,超过了美国奥委会的其他主要赞助商:花旗银行(14%),宝马(7%)。
- 舆观(YouGov)的调查结果显示,赛前英国石油公司的总体品牌态度是 −2.6,赛后变为 +5.9。这在所有奥运会赞助商中排名第二,第一名是 Visa。
- 粉丝的情绪相当积极。Facebook 的所有互动中,有 82% 是正面的,合计触达 3900 万人。
- 洛洛·琼斯(Lolo Jones)在 100 米栏获得第 4 名,这一帖子获得的关注度最高:91 000 次赞,2300 条评论,1300 次分享。
- 与英国石油公司合作的运动员共获得 7 块金牌、3 块银牌、1 块铜牌,创造 3 项世界纪录。

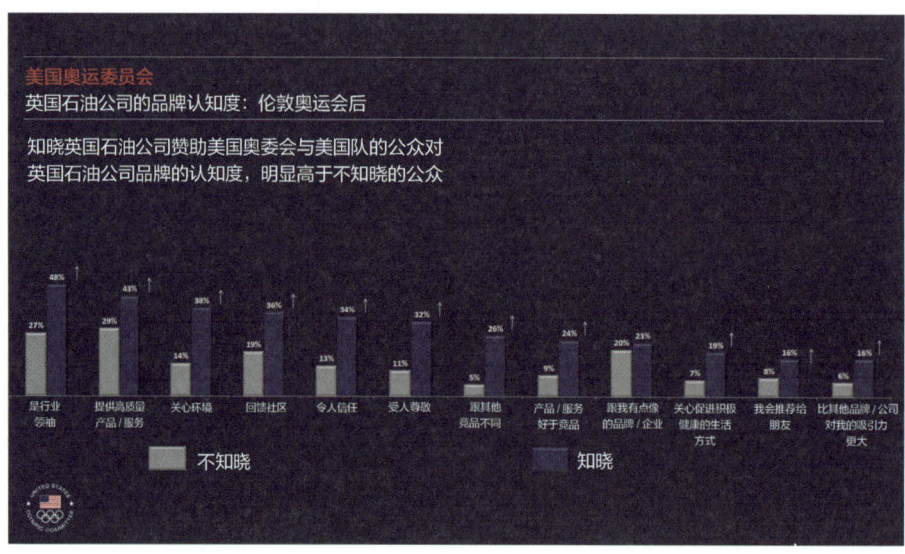

来源：美国奥委会

图 C.4　英国石油公司在美国的品牌认知度与 2012 年伦敦奥运会的关系

我们也将奥运会与残奥会的精神成功带到了其他国家。在英国，英国石油公司品牌总监邓肯·布莱克（Duncan Blake）回忆说："在我们 2012 年的广告中，杰西卡·恩尼斯 – 希尔（Jessica Ennis–Hill）跑过海滩，斯特夫·里德（Stef Reid）跑过一家生物燃料工厂，威廉·沙尔曼（William Sharman）在大不列颠博物馆里跳过一尊塑像。所有这些情景都显示着英国石油公司对奥运会的贡献。当我第一次看到广告机构提供的版本时，我就觉得这条广告是对的，音乐、画外音、图像都很搭。"

来源：英国石油公司

图 C.5　在英国石油公司 2012 年伦敦奥运会的第一条广告中的斯特夫·里德

同时，我们没有将奥运会与残奥会区别对待。在残奥会期间，我们在公园开展了"每天下午 4 点的英国石油公司"项目，邀请来自全世界的 2～4 位残奥会运动员向观众讲述他们的故事。这一活动越来越知名，越来越多的人事先等着来倾听这些强大人物对勇气、决心、乐观与愉悦的表达。

所以，在这一时刻，当人们谈论奥运会、残奥会以及英国石油公司品牌时，英国石油公司的历程越来越全面：从 2000 年"超越石油"概念的诞生，到 2007 年品牌重申以便适应改变的世界，到 2010 年的"深水地平线"危机，再到我们对 2012 年伦敦奥运会的承诺与支持，最终慢慢恢复。正如邓肯·布莱克说的："在提高士气方面，我们与 2012 伦敦奥运会的协作，是最成功的。它帮助英国石油公司融入奥运会的神秘光环之中，也融入英国当时正在进行的神奇历程之中。它帮助英国石油公司的员工重拾自信与自豪。当然，它也成功帮助品牌走出了困境。"

愉悦的战略力量：第 14 项战略型品牌要素

当我开始撰写《持久战略型品牌》时，思路很清晰：建构战略型品牌需要 13 项要素。但是随着写作不断进展，当我关注众多品牌并选择其中一些作为最佳案例加以分析时，一条共通线索浮现出来，大部分持久成功的品牌都有的要素："愉悦"。

跟愉悦相伴的是：积极的、幸福的、乐观的。正如本章一开始说的，愉悦是一种正能量，赋予组织以目标，将人们团结起来共同为企业、利益相关者以及同事获取更好的未来。

拥有愉悦的品牌

宝马与爱彼迎、国际奥委会以及其他众多组织的相似之处是什么？成功与愉悦，或者说是：通过愉悦获得成功。如下是我们对一些具有"愉悦"要素的典范品牌的思考。

宝马的伊恩·罗伯逊（Ian Robertson）表示："宝马品牌核心的情感语境是'愉悦'。这是我们希望我们的员工拥有的、希望我们的顾客体验到的、希望我们的产品可以传递的、希望我们的传播活动传达的。我们从来没有改变过，这一点很稳定持久。我们从没有说过：'现在愉悦已经足够了，我们改变一下吧。'"

伊恩对用以传达宝马品牌中的含义加以表达的活动进行了说明："2009 年，我们开展了'愉悦'活动。全世界都被经济低迷搞得一团糟，我们决定提振企业内部员工以及外部相关人员的士气。当这一'愉悦'活动在全世界其他地区开展了一年，而在中国持续了 3 年之久。我们的'愉悦'从来不因为一次特定的活动而开始或结束，它就在那里。"

国际奥委会的蒂莫朗姆（Timo Lumme）说："从 2013 年 9 月份托马斯·巴赫（Thomas Bach）成为国际奥委会主席开始，他已经会见了超过 140 位国家元首。据传闻说，这些国家元首告诉他，虽然当今世界发生了那么多负面事件，但他们认为奥林匹克主义是积极正面的，是希望的灯塔。"

爱彼迎的布莱恩·切斯基（Brian Chesky）说："跟 1 000 000 人喜欢你相比，更好的是有 100 人爱你。"爱来自努力为其他人带来愉悦。布莱恩指出："如果你想创造一件伟大的产品，你只需要聚焦一个人。你需要确认：一个人也会拥有最神奇的体验。"

丰田想的是："用微笑回报：可能是最伟大的回报。"

其实不只是"我们的"战略型品牌：很多不同的研究都界定并列举了不少的"愉悦"或"幸福"品牌，以下是一些经常被提及的例子。

想想可口可乐的口号：1979年"喝杯可乐，微笑一下"；2000年"享受"；2009年"打开幸福"。

尊尼获加最近推出的口号"愉悦会带你走得更远"，已经触达3亿多人。

有意思的是，皇冠纸品位列"愉悦"品牌之首，它坚持通过其品牌图标"皇冠小狗"，持续40多年传达幸福感受。

美国零售商塔吉特希望"通过其魔力，带给顾客好情绪"，甚至投放了"哦，愉悦！"（Oh Joy）塔吉特产品组合。

我们的品牌是否也拥有"愉悦"？我们的员工是否都愉悦？我们是否投射愉悦？我们是否提供愉悦？如果愉悦在今天很重要的话，我预测随着千禧一代在全球市场上的"钱包份额"中占据主导地位，它会越来越重要。

如果你的答案是"是"，那么其对内对外的影响将是惊人的。对内而言，正如《战略的愉悦》（The Joy of Strategy）的作者艾莉森·里姆（Allison Rimm）指出的："提升工作中的愉悦，是任何组织保护其最宝贵资产的最简单方式。"（注1）对外而言，正如欧洲工商管理学院欧莱雅市场营销教授皮埃尔·钱登（Pierre Chandon）说的："能够创造情感性愉悦的品牌，很少见。"他强调，一旦某品牌的确创造了愉悦，那品牌就为自己建构出了情感性依恋，会促成更好的记忆效果和更好的喜爱程度，最终会在消费选择时获得更好的效果。一个很好的例子是：美捷步（Zappos）的顾客中，有75%是回头客。

愉悦的科学

你是否相信有愉悦的科学？首先，我们在第三章中，说明了我们的前额皮质决定着愉悦和幸福。我发现以下5点框架，有助于我们思考品牌与愉悦的关系（注2）。

1. 愉悦与幸福是贯穿始终的

美捷步的创始人谢家华写过一本书，名叫《传递幸福》（Delivering Happiness）。书的开头聚焦于文化与员工的幸福："当员工从工作中获得更多时，他们就会更加不计较地从事工作。"随后他说："为员工建构愉悦与满足感，以便为顾客与更广泛的公众传递幸福感。"与之类似，宝马在内外各个触点都融入愉悦。塔吉特也以幸福感为设计方向。

2. 回到我们儿童时代的愉悦

乐高在21世纪最初几年开始复兴，这得益于它试图让人们获得愉悦。关键的做法是：将创造性强或不强的人们都聚集起来，创造市场热爱的产品。可口可乐和坎贝尔是另外两个充分借助怀旧情绪的品牌。

3. 归属感与获得尊重带来的愉悦

通过吸引顾客充分参与到关于生活方式的讨论之中，J.Crew获得成功。丰田普锐斯和特斯拉驾驶者都觉得自己是领跑者中的一员，他们通过巧妙的技术选择来保护环境。爱彼迎强调"归属感"，它最近拓展的社区几乎可以给每一个人提供归属感带来的愉悦。

4. 逃离常规的愉悦

麦当劳与星巴克可以为很多人（从母亲到独立工作者）提供从日常事务中短暂中断的机

会，也就是一种逃离的愉悦。星巴克强调："迷你休息，最大开心（mini break, maximum happy）。"麦当劳强调："向全球 24 个城市提供开心时刻（brings moments of Joy to 24 cities across the globe）"。逃离的愉悦当然还可以采取更多其他的形式，比如：苹果 iPod 可以提供音乐愉悦，Skype 提供联系互通的愉悦。

5. 成功带来的愉悦

正如钱登教授（Professor Chandon）所说："我们使用的产品的品牌，就是我们向人们展示我们是谁的方式。"这也关乎人们的地位。耐克将所有人视为运动员，并通过"说做就做"（Just Do It），使人们觉得自己也是运动员。耐克的竞争者安德玛（Under Armour）在诸如 MapMyFitness 之类的 APP 上，建构了超过 1.65 亿人的健康社群，使用者在这里可以分享各自的成就。多芬让人们"比自己想象的更美丽"。宝马让人们感到更成功。

对很多人来说，愉悦的终极化身是圣诞节。让我们应用一下 5 点框架：节日庆典本身就是为了愉悦；圣诞节重现童年的愉悦，让人们感到有更强的归属感，且有机会获得逃离感带来的愉悦。而且圣诞节也给人们提供了绝佳理由，可以去看最欢乐的电影《34 街的奇迹》（Miracle on 34th Street）。试想一下：难道圣诞节不是终极的持久战略型品牌吗？如果是，难道圣诞节品牌不是愉悦与战略型品牌相互渗透的令人信服的证据吗？

愉悦：第 14 项持久战略型品牌要素

鉴于愉悦的重要作用，我想将其提升为战略型品牌要素之一。很多人会认为：它显得更像是一种策略，而不像是一种"基础"。这种认知正是我想改变的，愉悦是以一种真正的战略的方式接近和建立的。

战略型品牌是系统性的。愉悦提供更大的机会，促使品牌成为战略型品牌。假如你所在组织的品牌或作为品牌的你自己是令人愉悦的，或者能够建构愉悦，试想一下：愉悦是否可以与跟你互动的人们建构起情感（兼具功能与情感）？是否可以更容易跟他们联系（持续联结）？与他们的合作是否更简单（有效的协作关系）？愉悦是否能够帮助建构信任并获得信任（值得信赖）？通过愉悦，当你面临危机或遭遇挑战时，人们是否会与你站在一起或支持你（危机应对）？愉悦是否可以通过简化接近与互动渠道来建构价值（强大且具有驱动力的价值）？总之，难道愉悦不会在很大程度上定义和强化品牌吗？

如果你想看另外的例子：表情符号（Emojis）是当前拥有明确愉悦诉求的载体。表情符号为我们持续的在线互动带来了乐趣和情感色彩。表情符号还有能力让你真实确定你的跟随者对你的品牌、企业或人物形象的感受。所以，对你的品牌而言，什么是好的情感版图呢？你的表情符号又是什么呢？

来源：首席执行官 Meabh Quoirin 及共有者，远见工厂

图 C.6　每一次沟通和品牌联想中的愉悦表情符号

一个品牌就是一个人，一个人就是一个品牌：你的个人品牌

在商业中有一个被很多人忽视的重要领域，即自己的个人品牌。这是一项挑战。你能像看待一盒香皂那样全面整体地看待自己吗？你的品牌的价值观是什么？你怎样跟不同类型的利益相关者互动，你是否始终如一？你的态度与行为是否意味着人们想重复"购买"？

至今为止我还没见过哪一位领导者可以在自我品牌管理过程中保持完全的明晰一致。我认为这是一个失去的、潜在的机会。

实际上，除了将"13+1"的品牌要素系统应用到你的企业品牌中，你还可以将其应用到自己的个人品牌上。

你是自己最重要的品牌

人们本身就是品牌。想一想亨利·福特、丰田喜一郎、史蒂夫·乔布斯、华伦·巴菲特、比尔·盖茨、理查德·布兰森（Richard Branson）、杰夫·贝佐斯、马云或者伊隆·马斯克

（Elon Musk）。我们很多人或许都能够勾勒出这些创始人的品牌，并认识到这些人是如何从根本上定义了他们企业的品牌。其实你如果拥有强大的个人品牌，并不一定是企业创始人。比如比尔·艾伦（Bill Allen）、安迪·格鲁夫（Andy Grove）、路·格斯特纳（Lou Gerstner）、杰克·韦尔奇（Jack Welch）、英德拉·努伊（Indra Nooyi），可能都是我们知道的领导者，在未见面时，我们对他们都会有自己的认知……这其实就是说他们本身就是一个品牌。

你带给别人更多的价值和更大的体验，你的品牌就会更强大。跟其他的战略型品牌相似，你的个人品牌也指向你的行为与你本人。宝洁前全球营销总监吉姆·斯坦格尔（Jim Stengel）不是曾经告诉我们吗：那些以改善人们生活为核心业务的品牌，更能与消费者产生共鸣，并以此超越竞争者。所以，你是否通过努力改善你身边人们的生活来超越你的竞争者呢？当帝亚吉欧的首席执行官伊万·德梅内塞斯（Ivan Menezes）说如下这句话的时候，我们可以学到什么呢："我将我的目标界定为：充分实现员工和企业的潜力。"

我个人的品牌历程

我不喜欢讨论我自己。但是，我的个人品牌是我可以没有限制地任意使用的唯一实践案例。

在工作中我有自己的品牌。我展示的很多特征跟真实的我很接近；但也有一些存在明显不同。随着时间的推移，我越来越放松，越来越靠近真实的我自己，我发现同事们仍然坚持对我的历史认知，所以第一印象仍在持续。

多年来，我得到了很多帮助与回馈，就像你在大企业中所做的一样。对此我很感激：私人辅导、年度360度评估、DiSC、Meyers & Briggs、VIA 调查、ITIM 文化意识测评等。这些帮助我更清楚地知道我的目标、文化、价值、优点与待改进之处。

我从聚焦"我在做什么"转变为更多关注"我是谁"，这个历程消耗了我很多年。或者用营销话语来表述，即：将行动与感知并行，整合推与拉。

其中一个原因是，实现这一状态并不容易。要坚持自我，坚持真实舒适的自我，需要巨大的自信。也需要在风格上花功夫，这样就不会因为真实的"你"不被表现而遭遇"翻译中的损失"（loss in translation），类似于"一个伟大的品牌，但却是一个令人困惑的广告"这种风险。

我得到的启示是：只有当你的表现与你自己真实的品牌内在一致时，才可能得到欣赏。

另一个深层原因是：更好地做好工作，并传达更多的信息，他人的感知自然会有所改进。当然我也理解，在一定程度上，只有当个人表现与自己真实的品牌内在一致时，才可能得到人们的认可。这是因为，假如你不确定你不了解什么，那么"但是"就会始终潜藏："但是，他没有充分建设好队伍"或"但是，他对群体的回报重视不足"或者其他。

将自己的个人品牌"企业化"

当我跟一些高级主管交谈时，他们很少真正建构起个人品牌并与之共生。这是很大的浪费。

《人的目标》(People with Purpose)(注3)的作者凯文·穆雷(Kevin Murray)是一位商业、品牌与领导力专家,他也认同:"很少有领导者与管理者关注自己的优点、信念与价值观念……在生活中我们也很少思考我们是什么类型的人、其他人怎么看待我们以及我们的行为对他人有什么影响。我们都能够应付特殊情境,但我们认真建构的自我形象,在与其他人的互动过程中,是否始终密切地保持一致呢?"

凯文引用卡里连建筑公司(Carillion)和贝克公司的主席菲利普·内维尔·格林(Philip Nevill Green)的话:"作为一名领导者,你会持续地进行仔细观察,而其他人也会细致分析你的所有行为。如果你的行为不能体现你相信的东西,不能体现你的价值观念,如果人们看不到这些,你的可信度将丧失;而可信度是领导者的保护层。"

奥观的一项调查很有意思。这项调查发现,94%的管理者在工作中很坦诚,却只有63%的员工认可这一点。90%的管理者认为自己始终坚持言行一致,但只有54%的员工认可这一点。在遵从价值观念方面,双方的分歧是91%对53%。

因此这要求所有的领导者反思:我是否建构了我的品牌?我是否熟悉我希望成为的样子以及我希望得到的特定的感知方式?最重要的是,我是否做到了我自己?"13+1"品牌要素系统在这一方面大有帮助。

凯文表示:"行动胜过话语……作为一名领导者,意味着你要像领导者那样着装、行事、走动、讲话。有无数次领导者都会忘记他们正身处透明鱼缸里,无时无刻不被他人关注着。一幅受挫的样子、在办公室里心事重重地走动却对他人置之不理、跟他人讲话时紧皱眉头等,所有这些都是明显的信号,员工都会捕获并加以细致解读……同样,没有比说一套做一套更具有损害性的了……明显热爱正在做的事情的领导者,会在做事时的一举一动中表现出来;这样的领导者才极具感染力。"

有意识地、系统地、踏踏实实地通过可以给自己带来自信的方式建构自己的品牌,就可以改变人们对你的认知。

将"持久战略型品牌"系统应用到个人品牌

应用"13+1"品牌要素系统时,有3个主要的领域可以有效建构你的个人品牌。

1. 你的个人品牌与真实的"你"

使用上述提及的几种工具(DiSC,Meyers & Briggs,VIA调查和自我反省),对照"13+1"品牌要素,对真实的你自己进行全方位的深入了解。

通过辅导、360度评估和其他反馈,衡量和了解你的品牌在别人眼中的形象。在真实的"你"跟你的品牌之间会存在一致、不同或差距,但这就是人们感知你的方式(见图C.7左侧雷达图)。

凯文:"更好地做自己。真实性是领导者的关键要素。如果跟随者不信任你并且不相信你是一个正直的人,他们就不会忠诚于你……当你自己很明确你真正关心的事情的时候,你会情不自禁地、充满热情地讲给他们。能够持续一贯地利用并展示这种热情与承诺的能力,比演讲技巧更重要。要更有效地沟通,而不是更追求完美雕琢的言辞。你必须忠于自己,但你也必须学会更好地'表演'自己。"

这会引出大厨杰弗里·扎卡里安（Geoffrey Zakarian）的建议："确定你是谁、你的品牌是什么、你不是什么。其他的都是噪音。"

2. 你的品牌与企业的品牌

当已经理解了真实的"你"和你的品牌，现在应当将"13+1"品牌要素系统应用到企业的品牌上。和前面一样，这会指向一致与差异的领域（见图C.7右侧雷达图）。

如果你不能证明你的目标和价值观与企业的目标和价值观相符，你就应当严肃地问问自己：你是否还想要更久地留在这个企业中。我已经看到太多这样的例子，有很多杰出的人，因为与企业文化不匹配，他们失败了，或者至少没能发挥出他们的潜力。

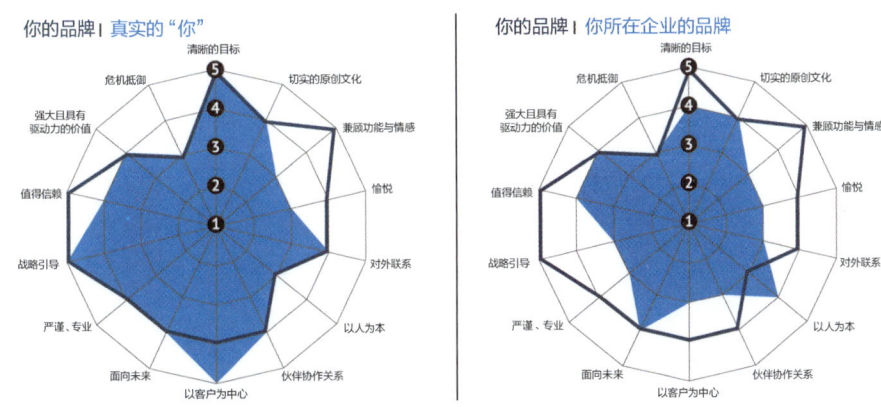

图C.7　你的品牌／真实的"你"／你所在企业的品牌

3. 你的品牌与其他人的品牌

最后，观察你周围其他人的品牌：你的老板、同事与团队成员。当你观察他们的时候，可以系统地应用"13+1"的品牌要素系统。这样做可以帮助你改进你跟这些个体的联系，也可以帮你确定他们对你的看法，也就是从他们的角度看你的个人品牌。

"13+1"品牌要素 = 更加战略型的个人品牌

我们相信"持久战略型品牌"系统可以完全应用到你的个人品牌中。那么，你如何更有效地使用它呢？

为什么／谁：

你的品牌应该来自"为什么"和"谁"：你的目标的清晰程度、你的文化与价值观念及其真实的表达、你的特征与愉悦感受、你跟其他人互动与联系的固有方式。

如何：

"如何"的要素会帮助你回答如下问题：你是哪种类型的领袖？在跟其他人互动时，你在多大程度上是以他人为中心的？你是否可以自然而然建构起相互有益的关系？你是更怀旧还是更面向未来？人们是否可以在你身上看到纪律或严谨，或看到你更加随意？

什么（WHAT）：

最后你可以测试一下你的影响力：是否是"你是谁"引导着你的行动，而不是你周围的影响因素？你是否是人们相信的人？你是否被认为是成功者？最后，其他人在多大程度上帮助你度过艰难时期？

真实的"你"/你的品牌（感知到的）/企业品牌

作为一个例子，我们在图C.7中，通过个人品牌，简要说明"13+1"品牌要素系统。假设那就是"你"。

左侧的雷达图表示真正的"你"（浅蓝色）与你的品牌（感知到的）（深蓝色线条）。理想状态下，真实的"你"跟你的品牌完全重合。在真实的"你"超过你的品牌的区域，比如图C.7中的"以客户为中心"，要么是你自我评价过高，要么是你有机会通过更多的自我展示来提升自己的品牌。

在真实的"你"低于你的品牌的区域，空白会非常明显，比如上图的"兼顾功能与情感"，就复杂一些：一方面，恭喜你，你的品牌超出了真实的"你"；另一方面，这要求密切注意并强化管理，避免当真实的"你"展示出来时，其他人会有失落，因为真实的"你"与他人强烈的认知与期望不符："哦，我本来认为她是情感丰富的。"

右侧的雷达图表明你的品牌与你所在企业的品牌。在该案例中，在"目标"与"文化"两个方面，你的品牌跟你所处企业的品牌都很接近。不过在"战略引导"方面，你的品牌显得更加严谨地遵守战略，而企业显得更加灵活。这种不同在彼此互动过程中会更加明显，无论好坏，这都要求给予更多考虑。

应当重视个人品牌的重要性。使用"13+1"品牌要素系统，会有效帮助你更自信地展示而不是讲述，同时变得更真实可信，对你的受众更富有说服力。

名人品牌

作为顶级个人品牌的代表，我们研究了人们最希望哪些人物还健在。无疑我们会想到如下人物：约翰·F.肯尼迪、马丁·路德·金、华特·迪士尼，以及戴安娜王妃、罗宾·威廉姆斯、约翰·列侬。被提及最多的名字之一，是纳尔逊·曼德拉，我们的战略型品牌系统评估了他的个人品牌，相当强大。如果要说哪位商业领导者对自己的个人品牌进行了精细的管理，从而值得我们详尽学习的话，那应该是史蒂夫·乔布斯。

唐纳德·特朗普的品牌

我们不对上述任何一位名人加以说明，而是总结唐纳德·特朗普在2016年美国总统大选过程中的品牌。我们是否喜欢他不重要，因为这是另外一个问题。如下的说明仅从技术层面关注品牌，并不代表政治观点或个人观点。

这一选择的动力是："特朗普"包含品牌的所有要素，虽然对一些人来说它具有争议性，不过特朗普竞选成功，可以说是来自对"特朗普"品牌的精细管理。

从战略型品牌的视角看，美国总统大选似乎是一个"性格与情感"主导的品牌——特朗普2016年的胜利，而不是一个更加"功能"驱动的品牌——希拉里·克林顿的胜利。

特朗普品牌的简明核心

特朗普的品牌精髓与表达显得简明一致,基于如下几项文化与目标的要素:

- 表现出明显的不完美但真实可信的强大性格;
- 交易高手式的文化;
- 一个鼓舞人心的集体目标的战斗口号:让美国再次强大。
- 人们对他支持什么与反对什么,有明显不同的看法。

无论正确与否,对比之下,克林顿表现出明显的积极的功能性能力,但对很多人来说,显得不那么真实可信,而且看起来是由更狭隘的目标所驱使:"我"和"胜利"。

特朗普的战略型品牌

特朗普的关键优势之一,是他对自己作为一个品牌的高度认知和想要成为一个品牌的无限渴望。在2016年竞选之前,他早就说过:"如果你的企业不是一个品牌,那就只是一件商品。"

我们将战略型品牌要素系统地应用到特朗普品牌的分析中(见图C.8)。我们说明几点关键发现。

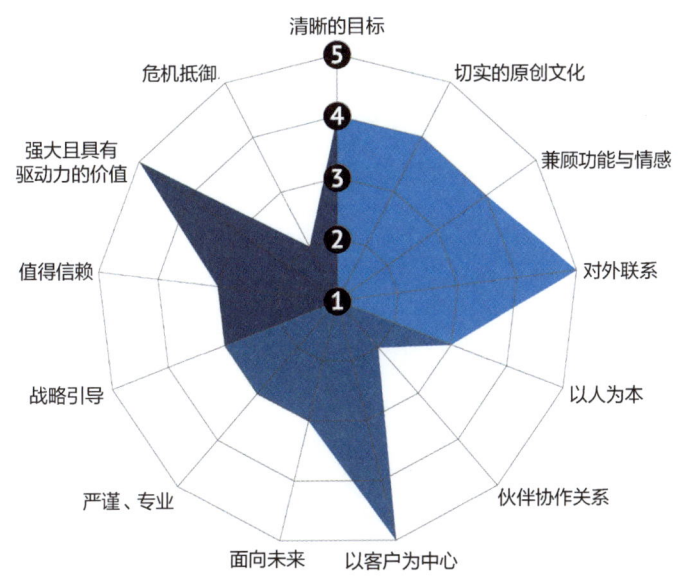

图 C.8　特朗普的持久战略型品牌要素

强大价值(5): 特别明显。唐纳德·特朗普在 2017—2020 年担任美国总统!同时他早就是一名成功的商人。

他对人们对当前事务的看法非常敏感,这让他的个人品牌相当具有关联性,明显是以"顾客/选民"为中心的。

外向联系(5): 特朗普的品牌目标"让美国再次强大",与其目标对象(男性、中产阶级等)高度关联,深切触及这些人群的怀旧情绪、需求与自豪感。相反,按照优先程度,他基本上忽略那些与他没有多少关联的人群(女性、少数种族群体)。

从触达的视角看,他还在竞选期间科学利用了所有渠道,并通过其 Twitter 账号向其

2300万粉丝直接传送实时信息，从而避免了他认为的传统媒体报道的过滤。

顾客中心（5）：跟上述的"外向联系"一致，他始终一致地聚焦目标受众，也就是他的"顾客选民"。他很明确人们想"购买"什么，所以他会在优先区域非常努力地争取这些受众。

信赖（4）：为他投票的人相信他会说到做到。相反，不支持他的人却相当反对与怀疑。

"特朗普"品牌的简明目标是通过个人的非传统方式体现的，这一目标对其受众来说显得很真实。

目标（4）："让美国再次强大"是一项明晰、简单且富有情感的品牌目标。因为他强调对改革加以管理，这一集体目标具体化为对建制派、自由贸易与堕胎权的反对，对移民管理、化石燃料工业以及酷刑使用的支持。这都是他的受众认可的事情。

文化（4）：他以真实的个人形象出现。他并不完美，甚至比较冲动、敏感、好斗。他曾在生意上失败过……然后又获得了成功。他的妻子是移民。他的家人支持他……

严谨、专业（3）：他看起来不怎么遵守规则。不过品牌专家可能会认为，他相当一贯地做真正的自己。这就是说，长远来看，对他情感的极端反应可能会打破规则。

接下来的时间会揭示这一品牌在多大程度上实现其政策、采取实际行动并获得结果，进而实现其目标。

战略引导（3）：这是唐纳德·特朗普2016年当选的主要原因。他致力于与其品牌和目标相一致的行动（5）。他执政的最初几周应该给人们带来了意外，因为他做到了之前所说的，并遵守承诺签署了行政命令。如果人们对他的做法不满意，他会不断地明确他竞选的初衷。不过他无法在一段时间内实现所有这一切（2）。

面向未来（3）：他是企业家，对未来很有远见。同时，他也是交易型的，以短期结果为导向。带领人们走向未来将取决于他的团队。

不持久的特朗普战略型品牌

在竞选过程中，"特朗普"明显是一个战略型品牌。有不少潜在因素会持续保持，不过我们无法确定这一品牌会是一个持久的战略型品牌。性格、协作关系（2）、领导者（2）、危机应对（2）方面的不足很明显，这些都对这一品牌的可持续性带来明显风险。

以人为本（4&2）：他似乎是一个天生的领导者，他有自信，也很坦率（4）。他被描述为偏向等级分明、命令和控制，不太接受讨论，包容度低。他任命了内阁中的重要人物，但如果成员不再能够一致，他会辞退这些人员，就像他解雇许多竞选活动的顾问那样（2）。

协作关系（2）：他会对他认为可以或应该共事的人付出很多。对那些不是由他"选"出的人，他会什么都不给。这种做法在竞选期间疏远了很多人，在国会、一些国家以及其他重要选区也可能如此。

危机抵御（2）：他的品牌看起来很脆弱，容易遭遇阻力。甚至可能在深度挑战下崩溃，尤其是当他无法兑现选民的承诺时。所以，这一不足可能会有生出事端或事业中断的风险。

随着 2021 年 1 月 20 日特朗普的离任，战略资源随之变化，他的品牌必然会受到巨大的影响。

持久战略型品牌的转型优势

现在要开始总结"持久战略型品牌"了，我尽量清晰明确。

这是一本战略著作，不是对理论或战术的总结。它不是要提升，而是要转变。这本书是由身处一线的最高管理者们为他们的同行、董事会成员、首席执行官和首席营销官撰写的，他们分享了日常的价值创造过程中的高潮与低谷。

主流现实是很清楚的。品牌虽然很关键，但却很少真正处于企业战略的核心。事实上，很少有研究、文章、报告或机构将"品牌"与"战略"关联起来，很少聚焦于战略型品牌的长远发展，进而将其视为一种生存方式。

同时，紊乱已经成为新的常态，商业领导者需要面对持续的挑战和错综复杂的现实，以便在强大的新世界中发展并维持他们的品牌。

我们一直试图说明：最佳企业都是基于战略型品牌的。该结论来自对 40 多位最高领导者进行的坦诚有效的访谈，以及对 20 多个品牌的分析，这些品牌包括宝马、英国石油公司、爱彼迎、塔塔等。

这些经验和经典实践都是建构与发展战略型品牌所需的东西。这本书为战略型品牌提供了一套包含"13+1"项关键要素的有效系统。整合这些框架与经验，你可以为自己的战略型品牌建构出持久的要素。无论渠道、技术与兴趣发生多大、多快的转变，这些要素都将持续确定有效。

它将助力你的企业胜过竞争者，并可持续地为利益相关者提供最佳回报。

我必须承认，当我还在岗时，我自己从"持久战略型品牌"的战略框架中获益匪浅。所以让我将其作为建构品牌战略的一种号角，因为它将给你带来转型。这是一种劝告，帮助你把持久战略型品牌建构为你的企业和你自己获得成功的最终武器。

可行的步骤与立竿见影的效果

所以这本书的潜在价值，是从"13+1"品牌要素系统以及贯穿各章的经典品牌最佳实践中获得指导并加以应用。

你的第一步，应该是参见"13+1"品牌要素系统，对你的企业品牌加以战略性的自我评估。比如，在第八章中，作为"面向未来"的战略型品牌，海尔接受了诊断，如图 C.9 所示。

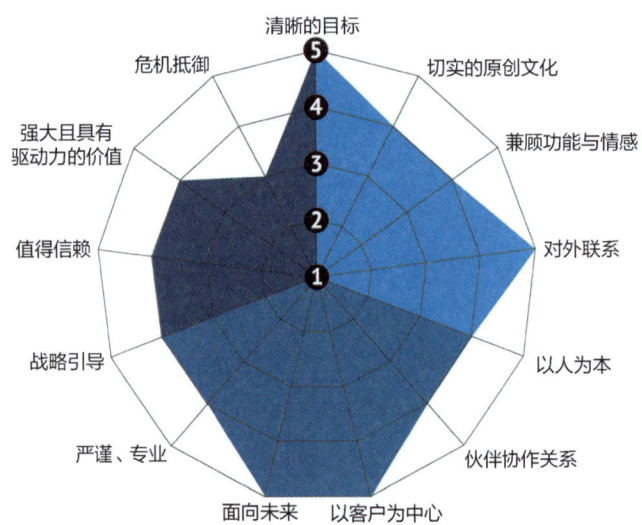

图 C.9　使用"13+1"品牌要素系统评估企业品牌——海尔

在这一诊断之后，这本书的各章（遵照"13+1"要素）中提供了详尽的视角、标准以及来自最佳企业的最佳案例。这些最佳案例被整理进了经验库。但是，这些案例真正的丰富性来自对品牌故事本身的总结。通过这些品牌故事，每一家企业都可以直接学到最渴望获得的启示。

比如，我们仍旧以海尔为例。在对海尔的"以客户为中心"进行评估时，基于的是客户中心性（customer centricity）的原理。这也许是你也想给自己的品牌开展的评估（见图 C.10）。

Haier

1. 文化与观念　　　　5
2. 目标导向　　　　　5
3. 总体体验设计　　　5
4. 一体化趋势　　　　5
5. 客户即协作者　　　5
6. 跨职能团队　　　　5
7. 一线人员决策　　　5
8. 吸引人才　　　　　5
9. 前所未有的发展　　5
10. 我们就是平台　　　5

1：低；5：很高

图 C.10　"以顾客为中心"要素的品牌诊断：海尔

我热切地认为，这本书里提及的顶级从业人员提供的丰富的战略见解与体验，可以提供深切的含义，也可以提供宝贵的引导，帮助你建构持久战略型品牌。

我个人对"持久战略型品牌"的总结

我觉得很有必要写这本书。我热衷于品牌，因为我有多年的工作与学习实践，也跟企业、政府或学界的领导者与朋友有过众多的讨论。

在当今全球化、个性化与数字化的世界中，我见证了太多的品牌转变，但很多基本方面保持不变。所以我不得不由内而外写这本书。

我不用自己的话语来总结，而是使用 24 条引语来总结。这些引语处于"持久战略型品牌"的核心。

1. 战略型品牌：宝马董事会成员伊恩·罗伯逊

"战略型品牌能够驱动整个企业。你的品牌必须有灵活性，以便有所发展，但品牌的基本核心应该是持续的。在当今世界，两辆汽车之间的不同，比以往任何时候都要小，品牌主张的语境也因此越来越有影响力。"

2. 战略型品牌：康卡斯特 NBC 环球企业品牌营销执行总监凯西·利奇

"战略型品牌会行动，会展示，不会仅仅讲述。我们（墨西哥湾的英国石油公司）就进行了展示，我们做对了。"

3. 战略型品牌：联合利华营销传播总监基斯·韦德（Keith Weed）

"所有东西都数字化了，我们正处于第四次工业革命中。我们不再开展'数字营销'，但品牌与营销仍旧处于数字世界里，所以营销人员需要拥抱科技，以便继续前行。"

4. 清晰的目标：英国石油公司前首席执行官约翰·布朗勋爵

"优秀的战略型品牌需要与伟大的观念关联。所以我们不止生产利益相关者价值，也投射未来。这就是伟大的观念，也是很清晰的目标。"

5. 原创切实的文化：丰田董事会成员、执行副总裁迪迪尔·勒罗伊（Didier Leroy）

"我们身处剧变的环境，我们需要始终坚持几项基本的价值观念，这些价值观念应当是企业过去积累的优势所在，也可以跟新技术和谐相处。这就是两类企业之间的差异。一类企业始终在追寻最新趋势，并遗忘过去。另一类企业立足于坚实的基础，从历史中获取启示与灵感，同时始终保持灵活性、弹性以及完全的适应性。"

6. 兼顾功能与情感：宝马董事会成员伊恩·罗伯逊

"创造伟大产品的是情感。创造伟大营销的是情感。提供伟大服务的是情感。其他的部分都是可以培训的。所以品牌核心的情感语境是关键。"

7. 外在联系：爱彼迎首席营销官乔纳森·米尔登霍尔（Jonathan Mildenhall）

"没有哪个超级品牌真正持续地基于所在社群的创造性、背书、能量与故事的驱动。我们从我们的社群汲取故事，并由此建构品牌，进而将其融入营销内容之中。我们试图通过释放社群的创造能力来建构社群驱动的超级品牌。在之前从没有人成功过。"

8. 以人为本：IBM 总裁与首席执行官吉尼·罗梅蒂（Ginni Rometty）

"IBM 每一代人都有机会也有责任对企业加以重新改造。这是我们的时代。"

9. 员工：美捷步首席执行官谢家华

"在美捷步，我们内部的边界线并不清楚。我们的目标是招聘个人价值观与我们的十项核心价值观匹配的员工，所以每一位员工都自动与品牌共存，无论是在家、在办公室还是在社交媒体。我们不聚焦于工作与生活之间的区分，而是聚焦于工作与生活的整合。"

10. 领导者：美国运通前首席营销官约翰·海耶斯

"在美国运通的伟大历史中，领导者相信可以促使人们与客户觉得受到尊重，觉得很重要。在整个业务中，这很普遍……因为为了让我们的员工对客户更好，我们需要对我们的员工更好；他们需要觉得自己获得了尊重，自己是重要的。"

11. 协作关系：世界经济论坛创立者与执行主席克劳斯·施瓦布教授

"鉴于创新与分销的高速率，客户体验的世界、基于数据的服务、通过解析方法进行的资产绩效，都需要新的协作形式……当企业通过协作式的创新来分享资源时，关键价值就会被创造出来，这对协作双方以及协作所处的经济体都有利。"

12. 协作关系：IBM品牌系统和员工支持前副总裁凯文·毕晓普

"协作关系是我们的DNA的关键，是我们行动的核心，因为这来自IBM开创初期的理念：IBM为什么存在以及给谁提供服务。"

13. 以客户为中心：O2首席营销官尼娜·毕比

"如果对你有好处，那对我们也有好处。"

14. 以客户为中心：凯度·沃米尔（Kantar Vermeer）首席营销官马克·德·斯万·阿伦斯（Marc De Swaan Arons）

"每个市场中的每个从业人员都需要回望思考：我们的市场到底是什么？比如，Skype、FaceTime、爱彼迎或优步正在争取并挑战的市场是什么？所以它们重新进行市场细分……并用新的方式来对市场加以界定，我们将这种方式叫'游戏方式'（Way to Play）。问题是：'市场、客户及其担心的是什么？'评定结果的标题是'你的市场份额刚从85%降到了3%。要确保！'没有比它创造的机会更好的消息了。"

15. 以客户为中心：赫兹国际集团总裁米歇尔·塔瑞德（Michel Taride）

"从品牌的立场看，风险将变成一件纯商品；因为丧失了与客户的直接联系，人们会认为这一切都是价格的问题，瞬间就可以将你和其他人进行对比。无疑，品牌仍旧是一种保障因素，客户往往愿意为熟知的品牌支付价格溢价，但只是在一定程度而已。"

16. 面向未来：海尔首席执行官张瑞敏

"我想把企业转化为基于互联网的企业，不受边界限制的企业……我们认为，不再存在企业'内部'与'外部'。有能力的任何人都可以来跟我们一起工作。我们海尔有很多创业者，都不在公司内部工作……长远来看，将不再会谈及任何员工，只有海尔这个平台……你或许发现你正跟一群昨天还不认识的人员一起工作，明天就可能就走向了完全不同的道路。人们因为特定的项目聚到一起，结束之后就各自散去了。"

17. 面向未来：通用电气副主席约翰·赖斯

"我们前行能力的主体部分来自我们帮助所有人理解'为什么'。你怎样促使30万人购买？当我们做出牺牲，投资开展数字营销活动时，人们就更容易回答这个问题了，这是我们的关键。"

18. 严谨、专业：美国奥委会首席营销官丽莎·贝尔德

"或许有影响力的品牌不是由中心控制，而是由围绕在企业周围的人们共同拥有的，按照前进的方向自然发展，遵从企业自身的意愿。我认为这就是奥林匹克品牌的内在逻辑。"

19. 严谨、专业：凯度艾德惠研全球首席执行官巴特·米歇尔斯（Bart Michels）

"总体来说，战略型品牌综合了两个非常重要的方面：定位完美的品牌，执行有效的品牌。你需要很明确：谁是你的客户，他们需要什么，他们为什么感兴趣，如何改变他们的生活，他们在理性上、情感上以及在可量化方面都在追求什么。"

20. 战略引导：联合利华营销传播总监基斯·韦德

"品牌的观点严谨地界定并引导着战略，因为品牌目标完全内在于商业模式之中。我们一直明确：'可持续生存'计划并不仅仅是我们正在做的事情，因为它是一种道义责任或应当做的一件好事。我们一直确定这是一种经济战略，它现在开始回报了。"

21. 令人信赖：塔塔集团首席道德官、塔塔全球可持续委员会主任穆昆·拉詹博士

"当人们建构起信任，信任会持续几代。2013年新加坡航空公司与塔塔集团合作时，没有什么原因；没有承诺，没有法律约束合同。但是新加坡航空公司强烈认为：塔塔是他们能够相信的协作者。最初计划被提出之后很多年，我们最后同意合作，共同创建了 Vistara 航空公司。"

22. 强大且具有驱动力的价值：WPP 集团首席执行官马丁·索雷尔爵士

"《经济学人》指出，'品牌是企业最宝贵的财富，往往比财产与机械更宝贵，像苹果和麦当劳这样多元化的企业都是如此。'WPP 的明略行公司估计，在标准普尔 500 企业的股票市值中，有超过 30% 来自品牌……'你向我们的年度 BrandZ 调查的前 10 位品牌投资，收益会比向摩根士丹利资本国际（MSCI）全球指数企业投资好近 3 倍。'"

23. 强大具有驱动力的价值：帝亚吉欧公司首席营销创新官西尔·萨勒

"营销必须成为业务发展的引擎，如果营销人员不是业务人员，就不会成为引擎。如果不够严谨，就不会有可信度。同时，如果没有一点魔力，企业就不会发展。"

24. 危机防御：英国石油公司前首席执行官托尼·海沃德

"英国石油公司的品牌是我们的最大救星。所有人都知道，英国石油公司是一家优秀的企业，做着正确的事情，安全负责任地进行着操作。同时，我们通过英国石油公司的活动与品牌，获得了世界范围内政府与社会的信任，在 2010 年夏季帮我们渡过了巨大的风险……假如我们没有这一品牌，我们就会在美国之外的地区遭遇惩罚，即使方式不同，但我们一定会遭遇惩罚。但现实是，我们获得了广泛的支持。"

Facebook 欧洲、中东和非洲区副总裁尼古拉·门德尔松告诉我："当今，没有任何一条线能够完全不被打乱。"所以，当身处混乱时期，我们要怎样改写规则？对所有人来说，答案是戴上"搅局者"（disruptor）的帽子。彼得·德鲁克（Peter Drucker）指出："预测未来的最佳方式，就是建构未来。"

要做到这一点，没有比建构一个持久的战略型品牌更有效的方式了，要建构你自己的持久战略型品牌。因为如果没有它，世界必然会改变！

衷心感谢！

你们是人生导师与岗位模范，是亲密好友或真挚同事，是杰出领导与品牌代表……我指的是以上所有人。你们持续影响着我的生活以及《品牌竞争力：如何打造持久战略型品牌（上册、下册）》这本书。这种影响超乎你们的想象。衷心感谢！

伊莱恩·雅顿（Elaine Arden）

伊莱恩·雅顿从 2010 年开始，就一直担任苏格兰皇家银行的首席人力资源官，那是一个银行与金融服务领域急剧转变的时期。伊莱恩毕业于思克莱德大学，是苏格兰特许银行学会（Chartered Institute of Banking in Scotland）与特许人事与发展学会（Chartered Institute of Personnel & Development）会员。

丽莎·贝尔德（Lisa Baird）

作为美国奥委会首席营销官，丽莎·贝尔德已经帮助美国队品牌成长为世界上最知名、最受尊敬也最成功的体育品牌之一。贝尔德对创意营销的执着，已经帮助她成为妇女运动基金会的董事会以及 GK 精英（GK Elite）董事会成员。GK 精英是世界体操与啦啦队服饰与制服领域的领导者。在 2009 年加入美国奥委会之前，丽莎曾在 NFL、IBM、通用汽车、宝洁担任高级营销职务。她曾获"年度智慧女性"称号以及"体育商业杂志游戏改变者"称号。

安德鲁·贝斯特尔（Andrew Bester）

安德鲁·贝斯特尔在 2012 年 7 月加入劳埃德银行集团，担任集团董事与商业银行业务首席执行官。他担任集团的"包容与多元性"（Inclusion & Diversity）项目与集团大使项目（Group Ambassador's Programme）的执行发起人，劳埃德银行发展资本的主席，全球金融市场协会董事会成员。此前，他在渣打银行、Xchanging、德意志银行担任各种管理职务。安德鲁是剑桥大学"可持续领导力"（Sustainability Leadership）项目咨询委员会成员、威尔逊亲王的英国企业领袖集团的成员。

尼娜·毕比（Nina Bibby）

尼娜·毕比是 O2（西班牙电讯英国公司）的首席营销官。在此之前，她担任巴克莱信用卡（Barclaycard）的首席营销官、洲际酒店集团国际品牌管理高级副总裁、迪阿吉奥商业战略主管。尼娜在欧洲工商管理学院获得 MBA 学位。她担任巴莱特建筑发展公司非执行董事、营销协会董事会成员、英国营销集团理事会成员。她也是"伦敦妇女广告俱乐部"（WACL）的组织成员。

凯文·毕晓普（Kevin Bishop）

凯文·毕晓普曾在 IBM 做过 31 年的营销、销售与渠道管理工作，并在 2009 年 10 月到 2012 年 12 月期间，负责 IBM 的品牌系统与员工支持系统。在担任"首席品牌官"期间，IBM 全球品牌价值提升了 16%，超过 7550 亿美元（见 Interbrand，2012 年 9 月）。与此同时，凯文是 IBM 英国信托基金、IBM 与剑桥大学的合作执行人、知名营销人员工会秘书长。凯文是真正的品牌领袖，一位具有创造性、系统的叙述型思考者，也是革新的有效领导者。他在纽约生活和工作，为大型企业与非营利组织就战略、营销与大型周年庆典活动的管理提供咨询。

邓肯·布莱克（Duncan Blake）

邓肯·布莱克是英国石油公司全球品牌主管。他从 2000 年英国石油公司启用"太阳神"标识以及"超越石油"口号之后就一直为英国石油公司的品牌服务。他通过强大的品牌身份以及一系列成功的诸如"街头的英国石油公司"与"能源图示"之类的全球广告活动，为英国石油公司的品牌建构起明显的差异性。他领导全球传播项目，对英国石油公司的 2012 年伦敦奥运会的赞助加以支持，也领导着英国石油公司与国际残疾人奥林匹克委员会的国际协作。

约翰·布朗勋爵（Lord John Browne）

布朗勋爵是英国皇家学会院士、皇家工程院院士，毕业于剑桥大学与斯坦福大学，拥有众多荣誉学位与会员资格。他在 1966 年加入英国石油公司，在 1992 年加入董事会，1995 年到 2007 年担任集团首席执行官。他曾经担任英特尔、戴姆勒·克莱斯勒集团、高盛、史克必成的董事会成员。他现在担任 L1 能源（L1 Energy）的董事长、牛津大学布拉瓦特尼克政府学院国际顾问委员会主席。他还担任众多其他顾问委员会委员。

马克·德·斯万·阿伦斯（Marc de Swaan Arons）

从 2014 年开始，马克·德·斯万·阿伦斯一直是凯度维米尔（Kantar Vermeer）的首席营销官与执行委员会委员。在 2001 年到 2014 年期间，马克担任全球营销咨询公司 EffectiveBrands 的执行主席。这家咨询公司由马克于 2000 年创立，在纽约、伦敦、阿姆斯特丹、新加坡与东京都设有办公室。他在联合利华开始其职业生涯。在十几年期间，他在联合利华担任过不同的高级营销职位。马克是一名全球营销顾问与品牌专家，与最优秀的首席营销官与全球品牌领导者持续进行直接的协作，经常作为主题演讲嘉宾出现于多种媒体上。在 2010 年，他出版了《全球品牌首席营销官：创建终极营销机器》（*The Global Brand CEO: Building The Ultimate Marketing Machine*）。最近，他联合负责"营销 2020"研究。

保罗·戴顿勋爵（Paul Deighton）

保罗·戴顿勋爵是希思罗机场控股公司董事会主席，领导希思罗机场完成了第二阶段的发展，并支持其愿景：为乘客提供世界上最好的机场服务。戴顿勋爵在离开高盛之后，担任2012年伦敦奥组委首席执行官，成功促使伦敦奥运会获得国际赞誉。随后他成为英国财政部商务大臣，负责英国国家基础设施计划。

约尔格·多曼（Jörg Dohmen）

约尔格·多曼负责宝马品牌与客户机构，在全世界16个地区运营5项不同的培训项目。约尔格曾在德国与法国学习商业管理与国际管理，并在福特开始职业生涯，之后一直在汽车行业工作。他离开福特之后，成为德国路虎的营销总监，再之后去到宝马，并在宝马的不同部门（包括销售、营销）担任多个管理岗位。

汤姆·法德洪克（Tom Fadrhonc）

汤姆·法德洪克曾在纽约与华盛顿电信领域工作。之后在耐克（包括在欧洲和美国的足球领域）工作了12年，之后担任全国总经理以及欧洲、中东和非洲领导团队的成员。从2008年开始，他成为itim国际的联合合伙人，负责商业、体育与教育领域的咨询团队。

大卫·海格（David Haigh）

大卫·海格是品牌金融公司（Brand Finance）的创立者与首席执行官，还是伦敦的普华会计师事务所的注册会计师。他先在国际金融管理领域工作，之后进入营销服务行业。随后他创立了金融营销咨询公司，并做了5年的主管，之后进入国际品牌集团（Interbrand）担任品牌价值总监，并在1996年离开，创立品牌金融公司。

约翰·海斯（John Hayes）

约翰·海斯担任美国运通首席营销官，在过去的21年中，负责美国运通在全世界范围内产品、战略、销售与运行。在这期间，约翰在金融服务领域开创了众多最具创意的营销项目。最近，他负责美国证券交易所的很多新的数字商业业务，在这一领域中强化了很多关键关系。在进入美国运通之前，约翰担任过睿狮广告公司的总裁，同时担任过格尔杜布瓦（Geer DuBois）、灵狮广告公司、康普顿盛世长城广告公司的高级管理岗位。

托尼·海沃德（Tony Hayward）

托尼·海沃德担任嘉能可（Glencore）的总裁，也是吉尼尔能源公司的创始人。他在2007年到2010年期间担任英国石油公司的集团董事长，之前担任集团财务主管以及勘探与生产业务主管。他在伯明翰的阿斯顿大学学习地质学，并在爱丁堡大学完成博士学位。

杰克·霍利斯（Jack Hollis）

杰克·霍利斯是丰田汽车北美公司的集团副总裁以及丰田品牌部的总经理，具体负责丰田区域销售办事处与分销商的销售、营销、市场表现、客户体验、客户保持。霍利斯也担任丰田全球奥运赞助事务的全球营销顾问。霍利斯在斯坦福大学获得经济学学士学位。他也曾在两个赛季作为斯坦福的 NCAA 全国棒球锦标赛以及辛辛那提红人队的成员。

罗伯特·琼斯（Robert Jones）

罗伯特·琼斯是沃尔夫奥林斯的战略咨询师、东英吉利大学的客座教授，著有《品牌化：通识读本》（Branding: A Very Short Introduction）。罗伯特在沃尔夫奥林斯工作25年，与五十多家机构合作过，包括：英杰华、巴克莱银行、柯莱特信息系统公司、Skype、牛津饥荒救济委员会、泰莱公司、国家信托。他在沃尔夫奥林斯负责新的思维与学习方式，并与东英吉利大学联合开展了一门免费网络课程，是 FutureLearn 平台上的第一门课程。

克里斯托弗·朱安（Christophe Jouan）

克里斯托弗·朱安是消费者分析公司远见工厂（Foresight Factory）的首席执行官与联合所有者，主导趋势分析。具体说，远见工厂是消费者分析与新数据技术领域的先驱者与领袖，就建构面向未来的新路径方面提供专业服务。克里斯托弗发展并提供战略远景，负责结构性与机构性的转变。在过去二十多年中，他一直在全球范围内为企业的决策提供趋势服务，并通过各种公共演讲，热情分享有关趋势的深度知识。

雷切尔·肯尼迪·卡吉亚诺（Rachel Kennedy Caggiano）

雷切尔·肯尼迪·卡吉亚诺在奥美工作，现在北美地区从事内容事务工作，尤其与知名品牌协作，包括：美国运通、福特、雀巢、All-Clad、摩森康胜、轩尼诗、英国石油公司。她作为创始成员，负责引领本机构内容的快速发展趋势以及社交媒体的内容。她被 PRWeek 的"2013年度40位40岁以下杰出人士"（40 Under 40）称为"开路者"，因为她在2010年英国石油公司墨西哥湾漏油事件中成功地领导了一个团队。

夏兰泽（Shelly Lazarus）

夏兰泽是奥美的名誉主席，从1997年到2012年6月期间，一直担任奥美的总裁。她在奥美工作的40多年期间，一直面向所有产品类型提供服务，协助为世界最知名品牌建构品牌。她拥有品牌专业知识与商业头脑，担任众多企业、非营利组织以及学术机构的董事会成员，包括：黑石集团、国防事务委员会、美国金融业监管局、通用电气、默克集团、纽约长老会医院、世界野生动物基金会、林肯中心、哥伦比亚商学院。

凯茜·利奇（Kathy Leech）

凯茜·利奇是一位备受赞誉的品牌沟通领袖，通过不同平台策划并执行品牌与声誉战略。她现在是康卡斯特企业品牌与广告执行董事。在此之前，她在2010年英国石油公司的墨西哥湾漏油事件中负责美国的广告与社交媒体回应事务。凯茜现在和其丈夫及两个儿子生活在费城。

迪迪尔·勒罗伊（Didier Leroy）

迪迪尔·勒罗伊在1982年开始在雷诺工作，开启他的职业生涯。他在长达16年的时段里，在其生产装配系统经历多个高级岗位，并与卡洛斯·戈恩（Carlos Ghosn）密切合作。勒罗伊先生在 1998 年 9 月加入丰田法国生产公司，并在 2010 年担任丰田汽车欧洲公司的首席执行官。2015 年 6 月，他成为丰田汽车集团的执行副总裁和董事会成员，这是这一岗位上的第一位非日裔人员。他也是丰田汽车集团的首席竞争官，负责推进丰田在全球范围内的竞争力。

蒂莫·朗姆（Timo Lumme）

蒂莫·朗姆是国际奥委会电视与营销服务的总经理，属于国际奥委会的营销部门。蒂莫负责销售奥运会赛事的转播权、奥林匹克全球合作伙伴的谈判与销售、被称为"TOP"的国际奥委会全球赞助项目的管理。他的职责包括：国际奥委会的战略营销计划的策划与执行、奥林匹克全球营销项目的监管。蒂莫是一名合格的律师，能够讲 5 种语言（芬兰语、英语、法语、意大利语、德语）。

尼古拉·门德尔松（Nicola Mendelsohn）

尼古拉·门德尔松自 2013 年开始担任 Facebook 的欧洲、中东和非洲市场业务副总裁。她是创业产业协会的联合主席，也是英国数字、文化、媒体和体育部与商业、能源和工业战略部秘书处的联合主席。这一秘书处是英国创意产业与政府之间的联合论坛。2014 年，她成为迪阿吉奥的非执行董事。她也是女性小说奖的主管，也是伦敦市商业顾问委员会的成员。尼古拉和她的丈夫是慈善机构 Norwood 的联合总裁。在 2015 年，她因为英国创意产业提供的服务，被授予英帝国司令勋章。在加入 Facebook 之前，尼古拉在广告行业工作了 20 多年，包括：百比赫广告公司（BBH）、葛瑞伦敦（Grey）、卡玛拉玛公司（Karmarama）。她的最大幸福来自她的丈夫乔恩及她的 4 个孩子：加比、丹尼、萨姆、扎克。

巴特·米歇尔斯（Bart Michels）

巴特·米歇尔斯是凯度艾德惠研（Kantar Added Value）的品牌与营销顾问业务的全球首席执行官，自 2003 年开始一直与 WPP 协作。巴特是富有经验的品牌营销从业者，其职业生涯开始于客户一侧，在 Kellogg's、可口可乐、葛兰素史克、维珍传媒担任高级营销人员，具体岗位包括：媒体主管、营销创意主管、集团品牌与传播主管。巴特毕业于英国伦敦大学学院经济学专业，也是伦敦商学院校友。

乔纳森·米尔登霍尔（Jonathan Mildenhall）

乔纳森·米尔登霍尔在伦敦广告行业开始其职业生涯，共工作 15 年。2006 年，他加入可口可乐公司，担任副总裁，负责全球广告战略与创意业务。在 2014 年 6 月，乔纳森加入爱彼迎担任首席营销官。他的工作勤奋、精明且富有创新精神。

凯文·穆雷（Kevin Murray）

凯文·穆雷在过去三十多年中，持续担任广告领导者与领导团队成员。他聚焦于领导力辅导、战略传播，且在全世界就领导力话题发表演讲。他一直担任英国航空公司媒体主管以及 Chime 集团公共关系部的主管。他已经出版的著作包括《领导者语言》（*Language of Leaders*）、《激发导向的沟通》（*Communicate to Inspire*）等。两本书都获得了 CMI 年度最佳管理图书奖,并在全世界以多语种出版。

斯蒂芬·奥德尔(Stephen Odell)

斯蒂芬·奥德尔是福特汽车公司的执行副总裁,负责全球营销、销售与服务业务,通过与全球客户更加紧密地关联起来,来提升福特的形象。当福特拓展为兼有汽车与移动服务公司时,奥德尔负责通过诸如福特派(FordPass)等之类的新渠道,重新建构客户体验,同时也将消费者引到新的移动方案选项。所有这些最终将改变消费者的交通方式,促使福特更有效地强化其持续提倡的主张:提供更可靠的交通方案,并改进所有人的生活。在此之前,奥德尔负责福特欧洲公司,在福特工作的 37 年间,他在几个不同的领域担任管理职务,包括:产品研发、采购、营销、销售、服务运营。

伊兹·普格(Izzy Pugh)

伊兹·普格在凯度艾德惠研(Kantar Added Value)负责全球文化事务。在过去 15 年间,她一直促使客户理解将其品牌更有效地跟文化关联起来的方法。

慕昆·拉詹(Mukund Rajan)博士

慕昆·拉詹博士担任塔塔集团的首席道德官,并领导塔塔全球可持续发展委员会。在塔塔工作的 22 年中,拉詹博士担任过多个高管职位,包括:塔塔集团电信业务首席执行官、私募股权负责人、塔塔有限公司(Tata Sons)的集团执行委员会成员。2007 年,世界经济论坛授予拉詹博士"全球青年领袖"称号。1989 年,拉詹博士毕业于德里的印度理工学院,获得科技专业学士学位,之后获得牛津大学罗德奖学金,并在这里获得国际关系专业硕士与博士学位。

约翰·赖斯(John Rice)

约翰·赖斯是通用电气的副主席、位于中国香港的通用电气全球成长总部总裁与首席执行官。他在 1978 年加入通用电气,历经多个领导岗位,其中包括通用电气运输系统与通用电气能源公司的首席执行官。在 2005 年到 2010 年期间,他开始担任通用电气的副总裁、通用电气工业的首席执行官,然后担任通用电气的副总裁和通用电气基础设施公司的首席执行官。

伊恩·罗伯逊(Ian Robertson)博士

伊恩·罗伯逊博士(名誉理学博士)一直是宝马的董事会成员,从 2008 年开始负责全球销售与营销业务。1979 年,伊恩拿到海事管理学士学位,并加入罗孚汽车集团,自此之后一直在汽车行业工作。从 1988 年开始,他从事不同的高管岗位,从 1994 年开始担任路虎汽车的总经理。1999 年,他被任命为宝马南非公司总经理,之后在 2005 年担任劳斯莱斯汽车有限公司的主席和董事长,主席职务一直延续到 2012 年。

希尔·萨勒(Syl Saller)

希尔·萨勒是迪阿吉奥的首席营销官,也是其执行委员会成员。迪阿吉奥是世界领先的优质饮料企业，在180多个国家开展业务，拥有400多个品牌，包括尊尼获加、斯米诺、添加利、吉尼斯。希尔在全球范围内负责迪阿吉奥奢侈酒品业务的全球营销、设计、创新与储存。此前，希尔担任迪阿吉奥的全球创新总监，负责迪阿吉奥的创新战略，包括所有新产品的开发、投放与研发。再之前，他担任迪阿吉奥英国公司的营销总监。

克劳斯·施瓦布（Klaus Schwab）

克劳斯·施瓦布教授是世界经济论坛与国际公私合作组织的创始人与执行主席。在1998年，他创建施瓦布社会企业家基金会。他获得了众多国际与国家级荣誉。

约翰·塞弗特（John Seifert）

约翰·塞弗特是世界最大营销传播企业之一的奥美的全球主席和首席执行官。他在奥美工作38年，工作内容包括客户关系、一般管理、多领域全球品牌团队，服务世界上最知名品牌，包括美国运通、英国石油公司、杜邦、西门等。约翰经常到大学与企业论坛演讲，关注"企业品牌化"话题。他是非营利组织buildOn的全国委员会成员，这一组织聚焦于全美国最危险的城市社区中的高危高中生。

苏铭天爵士（Sir Martin Sorrell）

苏铭天爵士是世界最大广告与营销服务集团WPP的创始人与首席执行官。WPP在112个国家开设有3 000多处办公室，合计聘用员工约200 000人。2016年10月，《哈佛商业评论》将苏铭天爵士命名为英国最佳首席执行官。2000年1月，因为对传播行业提供的服务，他获授骑士爵位。

蒂姆·史蒂文森（Tim Stevenson）

蒂姆·史蒂文森是庄信万丰（Johnson Matthey）的主席。再之前，他担任摩根先进材料公司和Travis Perkins的主席。蒂姆·史蒂文森的管理生涯包括多种高管职位，其中包括嘉实多和嘉实多国际的首席执行。

米歇尔·塔里德（Michel Taride）

米歇尔·塔里德在1980年加入赫兹开始职业生涯，在法国南部的戛纳机场担任车站经理。他现在是赫兹国际的集团总裁，负责欧洲、中东、非洲、亚太、拉丁与中美地区的汽车租赁业务。他负责制定移动战略，并对共享经济充满热情。

米歇尔是世界旅行与旅游合作组织（GTTP）顾问委员会的主席，在12个国家开展培训业务，并已加入世界旅游及旅行理事会（WTTC）的会员资格审查委员会。米歇尔很早就有旅行的热情，他现在跟其妻子和孩子居住在伦敦，喜欢航海、音乐和登山。

艾德里安·特里普（Adrian Tripp）

艾德里安·特里普从大学毕业就开始了他的创业旅程，将Quest Media发展成为全球知名的客户管理信息出版商。在企业出售后，艾德里安聚焦于欧洲企业奖，而社会企业则聚焦于孕育并创建更紧密的企业社群，为欧洲企业服务。肩负着这一使命，他已经将这一奖项发展为世界范围内最大的企业奖项。在这一奖项之外，他还成功创建了影视生产企业Tracc Films。

内山田武（Takeshi Uchiyamada）

2012年6月，内山田武被任命为丰田汽车集团董事会的副主席，并在2013年6月被任命为主席。他在1969年加入丰田，担任了多种职务，其中包括第二汽车研发中心总工程师。这一中心研发了世界第一款批量生产的油电混合动力汽车普锐斯。在1998年6月，他被任命为董事会成员，之后从1998年开始负责第三汽车研发中心的工作，从2000年开始负责第二研发中心的工作，从2001年开始负责海外客服运营中心的工作。内山田武从2003年6月，开始承担汽车工程集团的高级常务董事以及首席官职务。在2004年6月，他成为生产控制与物流集团的首席官，在2005年6月担任执行副总裁。

尼克·尤德尔博士（Nick Udall）

尼克·尤德尔博士是当下（NOWhere）的首席执行官，也是世界经济论坛新领导模式全球议程理事会的联合创始人与前主席。尼克拥有产品设计学位，且是意识与创造力专业博士。从23岁开始，他就在全球化企业中与执行主管们协作，负责设计转型路程，设计并实施突破点，并与关键领导团队联合工作。

基斯·韦德（Keith Weed）

作为首席营销与传播官，基斯·韦德是联合利华执行委员会成员，并负责营销、传播与可持续业务。他的职责是对联合利华的愿景加以支持：在降低对环境的影响的同时推动企业发展，并提升正面的社会影响。基斯认为，可持续性是消费者引导的可盈利发展的驱动力。他负责创建了"联合利华可持续生存"计划，并开创性地探索了将可持续性融入企业业务的新方式。

格雷格·韦尔奇（Greg Welch）

格雷格·韦尔奇是斯宾塞·斯图亚特管理顾问公司的消费者实践业务的高级合伙人，并担任5年的全球事务负责人。现在他已经有20多年的实践经验，他已经为世界很多优秀品牌招募过500多位首席营销官，因此已经获得广泛认可，被视为世界顶级首席营销官招募人员。格雷格成立了专门针对营销官事务的公司，同时是"营销50"（Marketing 50）机构的联合创始人。他创建了斯宾塞·斯图亚特首席营销官年度高峰论坛，且已经成为业界首选活动。格雷格经常在业界顶级刊物发表文章，包括《福布斯》《华尔街日报》和《广告时代》。格雷格常驻伊利诺伊州芝加哥办公室。

大卫·威尔顿（David Wheldon）

大卫·威尔顿是苏格兰皇家银行的首席营销官，世界广告主联合会主席。他在盛世长城开始他的职业生涯，在代理公司工作多年之后，担任位于伦敦的劳·霍华德–斯宾克的总经理。他拥有代理机构与机构内设岗位的工作经验，为世界多个大品牌工作过，包括可口可乐、沃达丰与巴克莱银行。

惠博·沃斯顿（Huib Wursten）

惠博·沃斯顿是 itim 国际的联合创始人，他聚焦广告机构，关注如何将国际战略转化为特定国家的针对性策略。从 1989 年开始，他与财富 100 强企业合作，业务包括与 IBM、国际货币基金组织、世界银行的长期业务。

注释

所有图示来源都已经直接在书中标出。
如下注释说明其他的内容来源。

第一章

1. A study with Millward Brown Optimor:

Jimstengel 网站

Businesswire 网站

2. Campaign-Unilever

campaignlive 网站

3. Havas Group

meaningful-brands 网站

第二章

1. Th e Authentic Enterprise

An Arthur W. Page Society Report-2007

2. What is Organization Culture? And why should we care?

Michael D. Watkins, Harvard Business Review-May 15 2013

3. Good to great

Jim C. Collins-October 2001

4. Leading with Culture-Point of View 2015

Spencer Stuart-January 2015

5. An introduction to organizational behavior-v 1.0

Dr. Talya Bauer and Dr. Berrin Erdogan

6. Where does organizational culture come from?

James Th omas, Leadership & Management-May 14, 20147.

7. International marketing and culture

Huib Wursten and Tom Fadronhc

academia 网站

8. Heineken

youtube 网站

9. Nike USA

youtube 网站

10. VW

youtube 网站

11. Audi

youtube 网站

12. Pedigree

youtube 网站

13. Jaguar

youtube 网站

14. Alpha Romeo

youtube 网站

15. Nike Japan

youtube 网站

第三章

1. Unconscious Branding: How Neuroscience can empower (and inspire) Marketing

Douglas Van Praet–March 2014

2. The Science of Emotion in Marketing: How our brains decide what to share and whom to trust

Courtney Seiter–August 18, 2014

3. Neuromarketing–Emotional Ads work best

Roger Dooley–2009

4. Brain influence: 100 ways to persuade and convince consumers with Neuromarketing

Robert Dooley–2015

5. Rational versus emotional appeal in advertising: which is the right approach

Nathan King–June 17, 2016

6. Lovemarks–The future beyond brands

Kevin Roberts, Stanford Management Institute Business Book Summaries–2004

7. Emotional Branding: The new paradigm for connecting brands to people

Marc Gobe, Allworth Press–2001

8. The Hidden Persuaders

Vance Packard, Ig Publishing Reissue Ed edition–2007

9. Lovemarks–The future beyond brands

Kevin Roberts, Powerhouse Books–2004

第四章

1. iCrossing

slideshare 网站

2. Entrepreneur 2012

entrepreneur 网站

3. The Tipping Point–Malcolm Gladwell

Little Brown & Company–2000

4. Truth

truth 网站

5. The Economist July 9th，2016

economist 网站

6. theatlantic 网站

第五章

1. Fortune Magazine, October 2016

fortune 网站

2. The Insider, January 2016

businessinsider 网站

3. Spencer Stuart, 2014

spencerstuart 网站

tomorrows-cmo-chief-magic-or-logic-officer-survey-results

4. Egon Zehnder, 2017

egonzehnder 网站

5. Mckinsey Quaterly, February 2015

mckinsey 网站

6. Marc de Swaan Arons, Frank van den Driest, Keith Weed, "The Ultimate Marketing Machine", Harvard Business Review, July–August 2014

第六章

1. Strategic Partnering: Remove Chance and Deliver Consistent Success

Luc, Raphael and Guillaume Bardin–Kogan Page, November 2013

2. Intangible business, 2005

intangiblebusiness 网站

3. PwC 18th Annual Global CEO Survey

pwc 网站

4. The Fourth Industrial Revolution, Klaus Schwab

weforum 网站

5. The Harvard Business Review, 9 May 2016

hbr 网站

6. Josh Feldmeth, Interbrand-US 2016

interbrand 网站

第七章

1. Marketing 2020-Marc de Swaan Arons, Frank van den Driest, Keith Weed, "The Ultimate Marketing Machine", Harvard Business Review, July-August 2014

mbvermeer 网站

2. The Foresight Factory

foresightfactory 网站

3. Siegel + Gale Global Brand Simplicity Index 2017

siegelgale 网站

4. PwC Research 2014

declara 网站

第八章

1. The Fourth Industrial Revolution, Klaus Schwab

weforum 网站

2. Super Intelligence: Paths, Dangers, Strategies,

Professor Nick Bostrom, OUP Oxford, July 2014

3. Connectography: Mapping the Future of Global Civilization

Parag Khanna，Random House Inc, 2016

4. Ford Motor Company

corporate 网站

5. In the future of retail, we're never not shopping-Werner Reinatz

hbr 网站

6. Haier

haier 网站

7. China's Philosopher-CEO Zhang Ruimin-Strategy+Business November 2014

strategy-business 网站

8. The Haier Road to Growth-Strategy+Business April 2015

strategy-business 网站

第九章

1. The European Business Awards

businessawardseurope 网站

2. EffWeek

effworks 网站

3. CNN, July 25 2012

edition 网站

4. Olympic News–December 2016

olympic 网站

5. The Olympic Charter

stillmed 网站

第十章

1. Unilever Full Value Chain Approach

unilever 网站

第十一章

1. Readers Digest Survey, 2016

tmbi 网站

2. Edelman 2016 Trust Barometer

edelman 网站

3. Kevin Murray–People with Purpose, February 2017

The Language of Leaders, April 2013

4. The Reputation Institute 2016 Global Rep Track® 100

reputationinstitute 网站

5. Lord John Browne–Connect: How companies succeed by engaging radically with society

Virgin Digital, September 2015

6. BlaBlacar–Strategy+Business

strategy-business 网站

7. Tata, The Evolution of a Corporate Brand

Morgen Witzel, Portfolio Penguin–31 May 2012

第十二章

1. Marketing Week, November 2015–Diageo, Syl Saller

marketingweek 网站

2. Campaign June 2015–Diageo, Syl Saller

www.campaignlive 网站

3. Brandfather

John Murphy, Book Guild Publishing–January 2017

4. Brand Finance

brandfinance 网站

5. Management Today

managementtoday 网站

6. Fortune, March 2016

fortune 网站

7. 2016 Fortune 100 best companies to work for

reviews 网站

8. Siegel + Gale Global Brand Simplicity Index 2017

siegelgale 网站

9. The Reputation Institute 2016 Global Rep Track® 100

reputationinstitute 网站

第十三章

1. US Department of Defense–Crisis Communication Strategies

ou 网站

2. 100 Days of Gushing Oil–Media Analysis and Quiz, Pew Research Center, 2010

journalism 网站

结论

1. Allison Rimm, The Joy of Strategy

Routledge, October 2015

2. The Happiest Brands in the World, Forbes

forbes 网站

3. Kevin Murray–People with Purpose, February 2017

The Language of leaders, April 2013

关于作者

卢克·巴丁（Luc Bardin）

卢克为蓝筹公司、政府与学术机构就品牌、营销与协作战略话题提供咨询。在此之前，他在英国石油公司工作了12年，担任集团副总裁、集团首席销售与营销官、多个全球品牌业务首席执行官、下游业务执行委员会成员。卢克是帝国理工商学院兼职教授及其战略营销硕士咨询委员会成员。他的上一本书在2013年出版，名叫《战略协作：驱除偶然性，获取持续成功》。

克拉拉·巴丁（Clara Bardin）

克拉拉在兰斯大学以及法国国家健康与医学研究院学习医学，她拥有国际视野，关注高度互联世界中工业、品牌与病人之间的关系。

埃尔莎·巴丁（Elsa Bardin）

埃尔莎在法国凡尔赛的圣吉纳维芙酒店学习商业管理。作为一名拥有世界视野的青年与游泳健将，她的兴趣之一是体育品牌与营销。

致谢

这本书包含发自内心的信念。如果没有你们，这本书就不可能存在。衷心感谢为《品牌竞争力：如何打造持久战略型品牌（上册、下册）》做出贡献的杰出领导者们。你们是人生导师与岗位模范，是亲密好友或真挚同事，是杰出领导与品牌代表。对我来说，想把上面所有的说法送给你们。在过去的 35 年中，你们持续影响着我的生活以及这套书。这种影响超乎你们的想象。

感谢你们对"我的"品牌团队这么多年的贡献。无论身处什么岗位，伊恩·康恩（Ian Conn）、邓肯·布莱克、凯茜·利奇、夏兰泽、约翰·塞弗特、大卫·弗勒（David Fowler）都应得到最高评价，他们已经把品牌的世界教给我。

感谢嘉实多和英国石油公司的品牌，你们将我的血液染成了红色、绿色和黄色；感谢马修·史密斯（Matthew Smith）以及文雅出版社（Urbane Publications）为这套书的英文版的出版付出的努力；感谢黛博拉·帕克斯（Deborah Parkes）提供的真诚巧妙的支持；感谢菲利普·史密斯（Philip Smith）的卓越设计；感谢伊芙吉尼娅·卢丽娜（Evgenia Lunina）体贴耐心的协助。

感谢杰拉尔丁·普里奥（Geraldine Prieur）及她的罗赫·艾博瑟卢（Rouge Absolu）团队吸引力十足的封面设计，并表示他们"从已经散播到各行业的卢克·巴丁的战略型品牌知识中学到了图形与审美设计视角"。感谢我所珍爱的联合作者克拉拉和埃尔莎，感谢弗朗索瓦丝（Francoise）、拉斐尔（Raphael）、吉拉姆（Guillaume），感谢他们无尽的爱和耐心。

感谢，感谢……感谢！

卢克